Reichsgesetz

gegen den

unlauteren Wettbewerb

vom 7. Juni 1909

nebst den in Betracht kommenden Bestimmungen
des BGB., WZG. und HGB.

systematisch erläutert

von

Dr. Alfred Rosenthal
Rechtsanwalt in Hamburg.

Fünfte Auflage

Berlin und Leipzig 1922

Vereinigung wissenschaftlicher Verleger

Walter de Gruyter & Co.

vormals G. J. Göschen'sche Verlagshandlung — J. Guttentag, Verlagsbuchhandlung — Georg Reimer — Karl J. Trübner — Veit & Comp

Roßberg'sche Buchdruckerei, Leipzig

„Wie ferne sind wir noch davon, daß zum wissenschaftlichen Denken sich auch noch die künstlerischen Kräfte und die praktische Weisheit des Lebens hinzufinden, daß ein höheres organisches System sich bildet." (Nietzsche, Die fröhliche Wissenschaft.)

Vorwort zur fünften Auflage.

Die nachfolgenden Erläuterungen stimmen im wesentlichen überein mit der Rechtsauffassung des zweiten Zivilsenats des Reichsgerichts, dem die Prozesse aus dem Gebiete des Wettbewerbsgesetzes zugewiesen sind. Von dieser Auffassung weicht diejenige ab, die sich seit etwa einem Jahrzehnt in den vom sechsten Zivilsenat (auf Grund der allgemeinen Deliktsbestimmungen) gefällten Urteilen ausprägt. Während der zweite Senat, hinausstrebend über die rein gedankliche Auslegung von Einzelvorschriften, den Geist und Sinn der Rechtsordnung zu ergründen sucht, neigt der sechste Senat dazu, „Recht" und „Gesetz" gleichzustellen. Eine durchaus verschiedene Anschauung vom Wesen und Ziel der Rechtsprechung tritt hier zutage. Was in der Vollendung nur dem mit Herzensgüte und Phantasie begabten weitblickenden und willensstarken Richter zugänglich ist, glaubt der sechste Senat durch mathematische Geistesarbeit erreichen zu können. Daher sein Bestreben, abstrakte Leitsätze kundzugeben. Sicherlich bedarf es fester Begriffsbestimmungen: Nur die juristisch-technische Einteilung des Stoffs ermöglicht den Überblick und gewährleistet die Rechtssicherheit. Es gibt Begriffe von solcher Kraft, daß sie die Vielgestaltigkeit der Rechtsfälle meistern. Andererseits finden sich auch überflüssige und sogar zweckwidrige, mit den Erfahrungs- und Verkehrstatsachen nicht in Einklang zu bringende Begriffe, doktrinäre Schematisierungen, „der letzte Rauch der verdunstenden Realität". Bildungen dieser Art — vermeintlich der Wissenschaft, in Wahrheit einem Mißverstehen entflossen — tauchen in den neueren Urteilen des sechsten Senats nicht selten auf. Demgegenüber suchen die nachfolgenden Erläuterungen den Anschluß an die frühere Rechtsprechung des Senats. Hier weht ein erfrischender Zug von Wirklichkeitssinn, von instinktsicherem Erfassen des Wesentlichen; die theoretische Durchbildung der erkennenden Richter wirkt als selbstverständliche Voraussetzung. Solche Urteile, die unbekümmert um wissenschaftliche Ziele das lebendige Recht in seinen Grundströmungen erfassen und es nur dem zur Entscheidung stehenden Parteistreite dienlich machen, sind innerlich durchleuchtet von einer zwingenden Macht. Rechtsfindung ist Ausgleich zwischen dem Gesetz und dem aus unversiegbarer Quelle fließenden Recht, dessen mehr oder weniger zufälliger und lückenhafter, mit Notwendigkeit rückständiger Ausdruck die jeweils geltenden Gesetze sind. Rechtsfindung erfordert zwar methodische Beherrschung des Stoffs, ist aber nicht so sehr Wissenschaft, als gestaltende Ordnung, weltkundige, künstlerische Gestaltung: ars boni et aequi.

In der vorliegenden fünften Auflage habe ich das Wettbewerbsrecht neu dargestellt und mich dabei bestrebt, die leitenden Gesichtspunkte noch stärker hervortreten zu lassen, das Ganze organisch zu verknüpfen. Von der vierten Auflage (1913) ist kaum ein Satzgefüge stehen geblieben. Mehr als tausend neue Entscheidungen waren zu berücksichtigen. Mein Buch „Die Unterlassungsklage" (1916) hat Aufnahme gefunden.

Schwierigkeiten bereitet einer übersichtlichen Erläuterung namentlich der § 16 WettbG., vielleicht die unzugänglichste Vorschrift unserer Gesetze, jedenfalls die am weitesten verzweigte. In die Darstellung des § 16 (und des § 1) ist das materielle Warenzeichenrecht hineingearbeitet worden: Hier handelt es sich — dies hat die Rechtsprechung allmählich erkannt — um einen Ausschnitt aus dem Wettbewerbsrecht.

Herr Justizrat Ludwig Cahen, Köln, und Herr Oberlandesgerichtsrat Dr. Matthiessen, Kiel, haben eine kritische Durchsicht des Manuskripts vorgenommen. Hierfür spreche ich beiden Herren auch an dieser Stelle meinen Dank aus.

Hamburg, 20. Februar 1922.

Dr. **Alfred Rosenthal.**

Inhaltsübersicht.

A. Literatur.

Adler, Der Namen im deutschen und österreichischen Recht. 1921.
Birkenbihl, Der unlautere Wettbewerb, erläutert durch die Rechtsprechung. 1902.
Clad, Der Ausverkauf.
Damme, Das Deutsche Patentrecht. 2. Aufl. 1911.
Elster, Grundriß des gewerblichen Rechtsschutzes. 1921.
Eltzbacher, Die Unterlassungsklage. 1906.
Finger, Reichsgesetz zum Schutze der Warenbezeichnungen. 2. Aufl. 1906.
Finger, Reichsgesetz gegen den unlauteren Wettbewerb. 4. Aufl. 1911.
Fränkel, Der Rechtsschutz des Zeitungsinhalts. 1912.
Freund-Magnus, Gesetz zum Schutze der Warenbezeichnungen. 5. Aufl. 1909.
Fuld, Das Reichsgesetz gegen den unlauteren Wettbewerb. 3. Aufl. 1910.
Fuld, Rspr. zum WettbG. 1914.
Herzberg, Das Delikt der Bestechung von Privatangestellten (Dissertation). 1910.
Isay, Patentgesetz. 3. Aufl. 1920.
Isay, Die privaten Rechte und Interessen im Friedensvertrag. 2. Aufl. 1921.
Isay, Rudolf, Das Recht am Unternehmen. 1910.
Jacobsohn, Die Unterlassungsklage. 1912.
Kahn-Weiß, Das Gesetz zur Bekämpfung des unlauteren Wettbewerbes. 2. Aufl. 1910.
Kent, Das Patentgesetz. 1907.
Klöppel, Die Grundlagen des Markenschutzes. 1911.
Kohler, Der unlautere Wettbewerb. 1914.
Kohler, Warenzeichenrecht. (Recht des Markenschutzes, 2. Aufl.) 1911.
Kohler-Mintz, Die Patentgesetze aller Völker. 1905, 1912.
Lehmann, Die Unterlassungspflicht im bürgerlichen Recht. 1906.
Lobe, Das Gesetz zur Bekämpfung des unlauteren Wettbewerbes. 1896.
Lobe I., Der unlautere Wettbewerb als Rechtsverletzung. 1907.
Lobe, Beitrag zu Bindings Festschrift. 1912.
Menge, Deutsches Ausverkaufswesen. 1911.
Osterrieth, Lehrbuch des gewerblichen Rechtsschutzes. 1908.
Osterrieth, Die Washingtoner Konferenz. 1912.

Osterrieth und Axster, Die internationale Übereinkunft zum Schutze des gewerblichen Eigentums. 1903.
Pinner-Elster, Gesetz gegen den unlauteren Wettbewerb (Guttentagsche Sammlung). 7. Aufl. 1921.
Pinner-Eyck, Kommentar zum Gesetz gegen den unlauteren Wettbewerb. 2. Aufl. 1910.
Pöschl, Die Praxis des Gesetzes zur Bekämpfung des unlauteren Wettbewerbes. 1903.
Rosenthal, Die Novelle wider den unlauteren Wettbewerb. Warnungen und Vorschläge. 1908.
Seelow, Sammlung von Entscheidungen auf Grund des WettbG. 1912.
Seligsohn, Patentgesetz. 6. Aufl. 1920.
Seligsohn, Gesetz zum Schutze der Warenbezeichnungen. 1909.
Seligsohn, Julius L., Geheimnis und Erfindungsbesitz. 1921.
Stenglein, Die strafrechtlichen Nebengesetze des Deutschen Reiches. 4. Aufl. 1911.
Wassermann, Der unlautere Wettbewerb nach deutschem Recht. 2. Aufl. 1911.
Wassermann, Die Behandlung des unlauteren Wettbewerbes im Friedensvertrage. 1920.

B. Zeitschriften.

A. = Archiv für gewerbliche Rechtspflege.
ArchBürgR. = Archiv für bürgerliches Recht.
BadRspr. = Badische Rechtsprechung.
BadRechtsprax. = Badische Rechtspraxis.
BankA. = Bank-Archiv.
Bl. = Blatt für Patent-, Muster- und Zeichenwesen, herausgegeben vom Reichs-Patentamt.
BlfR. = Blätter für Rechtspflege im Bezirk des Kammergerichts.
BBörsBl. = Buchhändlerbörsenblatt.
Bolze = Die Praxis des Reichsgerichts in Zivilsachen.
DJZ. = Deutsche Juristenzeitung.
GewArch. = Gewerbearchiv.
GewRschutz = Gewerblicher Rechtsschutz und Urheberrecht, herausgegeben von Osterrieth.
GoltdArch. = Goltdammers Archiv für Strafrecht.
Gruchot = Beiträge zur Erläuterung des deutschen Rechts, begründet von Gruchot.
Handel und Gewerbe, im Auftrage des deutschen Handelstages herausgegeben von Soetbeer.
HansGZ. = Hanseatische Gerichtszeitung.
HansRZ. = Hanseatische Rechts-Zeitschrift, herausgegeben von Mittelstein.
HessRspr. = Hessische Rechtsprechung.
HoldheimsMSchr. = Monatsschrift für Handelsrecht und Bankwesen, herausgegeben von Holdheim.
Jahrbuch der Internationalen Vereinigung für gew. Rechtsschutz.
IheringsJ. = Iherings Jahrbücher für Dogmatik des bürgerlichen Rechts.
JW. = Juristische Wochenschrift, herausgegeben vom Deutschen Anwaltverein.
KGBl. = Blätter für Rechtspflege im Bezirk des Kammergerichts.

LZ. = Leipziger Zeitschrift für deutsches Recht, herausgegeben von Düringer, Ebermayer, Hachenburg, Jaeger, Koenige, Meyn und Stein.
Magnus = Entscheidungen in Patent-, Muster- und Markenschutzsachen.
Mit. = Mitteilungen vom Verbande deutscher Patentanwälte.
MuW. = Markenschutz und Wettbewerb, Monatsschrift für gew. Rechtsschutz, herausgegeben von Wassermann (zitiert nach Bänden).
OLGRspr. = Die Rechtsprechung der Oberlandesgerichte.
PharmZ. = Pharmazeutische Zeitschrift.
Puchelt = Zeitschrift für deutsches bürgerliches Recht.
R. = Rechtsprechung des Reichsgerichts in Strafsachen.
Recht = Das Recht, herausgegeben von Soergel.
RG. = Entscheidungen des Reichsgerichts in Zivilsachen.
RGSt. = Entscheidungen des Reichsgerichts in Strafsachen.
RGBl. = Reichs-Gesetzblatt.
RuW. = Recht und Wirtschaft, herausgegeben von Rathenau.
RheinArch. = Rheinisches Archiv.
RheinZ. = Rheinische Zeitschrift für Zivil- und Prozeßrecht.
ROHG. = Entscheidungen des Reichsoberhandelsgerichts.
SächsArch. = Sächsisches Archiv für Bürgerliches Recht und Prozeß.
SächsArchR. = Sächsisches Archiv für Rechtspflege, herausgegeben von Degen.
SächsAnn. = Annalen des Sächs. Oberlandesgerichts Dresden.
SchlHolstAnz. = Schleswig-Holsteinische Anzeigen.
SeuffA. = J. A. Seufferts Archiv für Entscheidungen der obersten Gerichte in den deutschen Staaten.
SeuffBl. = J. A. Seufferts Blätter für Rechtsanwendung.
UW. = Unlauterer Wettbewerb. Vom 5. Jahrgang ab unter dem Titel: Markenschutz und Wettbewerb (MuW.).
Warn. = Warneyer, Rechtsprechung des Reichsgerichts.
ZArbR. = Zeitschrift für Arbeitsrecht.
ZIndR. = Zeitschrift für Industrierecht, herausgegeben von Tolksdorf und Landenberger.

C. Gesetzesmaterialien.

I. Entwurf = Entwurf eines Gesetzes zur Bekämpfung des unlauteren Wettbewerbs. Dem Reichstage vorgelegt am 3. Dezember 1895. Abgedruckt in Stenographische Berichte über die Verhandlungen des Reichstags, IX. Legislaturperiode, vierte Session. Berlin 1896. Erster Anlageband Nr. 35 S. 98.

II. Kommissionsbericht = Bericht der 6. Kommission zur Vorberatung des Entwurfs eines Gesetzes zur Bekämpfung des unlauteren Wettbewerbs. Stenographische Berichte usw. Zweiter Anlageband Nr. 192 S. 1196.

III. Vorläufiger Entwurf = Vorläufiger Entwurf (nebst „Erläuterungen") eines Gesetzes, betreffend die Abänderung des Gesetzes zur Bekämpfung des unlauteren Wettbewerbs, vom 27. Mai 1896 (Carl Heymanns Verlag, Archiv Nr. 4369). Veröffentlicht im Deutschen Reichsanzeiger vom 16. Dezember 1907. Abgedruckt in MuW. 7 48.

IV. Reichstagsvorlage = Entwurf eines Gesetzes gegen den unlauteren Wettbewerb („Reichstagsvorlage") nebst „Begründung". XII. Legislaturperiode, erste Session, Nr. 1109 der Anlagen. Abgedruckt in MuW. 8, Sonderbeilage zu Nr. 5.

V. Erste Beratung des Entwurfs im Plenum des Reichstages. 193. Sitzung, den 25. Januar 1909. XII. Legislaturperiode, erste Session 1907/09, S. 6523—6552.

VI. Kommissionsbericht = Bericht der 35. Kommission, dem Reichstag erstattet am 5. Mai 1909. XII. Legislaturperiode, erste Session, Nr. 1390 der Anlagen. Carl Heymanns Verlag, Verlagsarchiv Nr. 4638.

VII. Zweite Beratung des Entwurfs im Plenum des Reichstages; 259. Sitzung, den 17. Mai 1909. XII. Legislaturperiode, erste Session 1907/09, S. 8496—8522.

VIII. Dritte Beratung des Entwurfs im Plenum des Reichstags; 260. Sitzung, den 18. Mai 1909. XII. Legislaturperiode, erste Session 1907/09, S. 8542—8543.

D. Abkürzungen.

Bek. = Bekanntmachung.
Ber. = Bericht (Kommissionsbericht).
BGB. = Bürgerliches Gesetzbuch.
EG.BGB. = Einführungsgesetz zum Bürgerlichen Gesetzbuch.
EG.GVG. = Einführungsgesetz zum Gerichtsverfassungsgesetz.
Erl. = Erlaß.
GewO. = Gewerbeordnung.
GVG. = Gerichtsverfassungsgesetz.
HansOLG. = Hanseatisches Oberlandesgericht.
HGB. = Handelsgesetzbuch.
KG. = Kammergericht.
KO. = Konkursordnung.
KommB. = Kommissionsbericht.
LG. = Landgericht.
OLG. = Oberlandesgericht.
PBl. = Patentblatt.
PatA. = Patentamt.
PatG. = Patentgesetz.
PreßG. = Preßgesetz.
RG. = Reichsgericht.
RGKomm. = Kommentar der Reichsgerichtsräte.
SchöffG. = Schöffengericht.
StGB. = Strafgesetzbuch.
StPO. = Strafprozeßordnung.
Verf. = Verfasser.
WettbG. = Gesetz gegen den unlauteren Wettbewerb.
WZG. = Gesetz zum Schutze der Warenbezeichnungen.
ZPO. = Zivilprozeßordnung.

Einleitung.

Vor 1894 gab es in Deutschland kein Sondergesetz gegen den unlauteren Wettbewerb. Wohl bestanden gesetzliche Vorschriften, die gegen gewisse Erscheinungsformen unlauteren Geschäftsgebarens anwendbar waren, so die Urheberrechtsgesetze, das Patentgesetz, das Gesetz zum Schutze von Mustern und Modellen, das Markenschutzgesetz, die Artikel des Handelsgesetzbuches zum Schutze der Firma, schließlich die allgemeinen Bestimmungen des derzeitigen bürgerlichen Rechts betreffend sittenwidrige Handlungen.

Die Sondergesetzgebung gegen den unlauteren Wettbewerb begann damit, daß im Gesetze zum Schutze der Warenbezeichnungen vom 12. Mai 1894 (§§ 15 und 16) die unbefugte Nachahmung von Ausstattungen zwecks Täuschung des Verkehrs und die Verwendung unrichtiger Ursprungsangaben verboten wurde. Anläßlich der Reichstagsberatung dieser Bestimmungen wurde der Wunsch laut nach einem allgemeineren Schutz gegen den unlauteren Wettbewerb. Der Reichstag ersuchte die verbündeten Regierungen um baldige Vorlegung eines Gesetzentwurfs.

Die Reichsregierung entsprach der Aufforderung, indem sie die Vorarbeiten in Angriff nahm und einen Ausschuß von Sachverständigen berief. Daneben wurden Beratungen veranstaltet von verschiedenen Handelskammern, dem Deutschen Handelstage und dem Deutschen Verein für den Schutz des gewerblichen Eigentums.

Der Entwurf eines Gesetzes zur Bekämpfung des unlauteren Wettbewerbes wurde am 3. Dezember 1895 dem Reichstage vorgelegt, der das Gesetz am 8. Mai 1896 annahm. Die Veröffentlichung im Reichsgesetzblatt erfolgte am 30. Mai (Nr. 13 S. 145). Am 1. Juli 1896 ist das Gesetz in Kraft getreten.

Am 16. Dezember 1907 wurde der Entwurf einer Novelle im Reichsanzeiger veröffentlicht. Im Januar 1909 ging der verbesserte Entwurf nebst Begründung dem Reichstage zu; aus der Kommission kam er mit vielen Abänderungen im Mai wieder ins Plenum. Am 18. Mai 1909 wurde das Gesetz angenommen. Die Veröffentlichung im Reichsgesetzblatt (S. 499) erfolgte am 7. Juni 1909. Am 1. Oktober 1909 ist das Gesetz in Kraft getreten.

Die wesentlichsten Abänderungen des neuen Gesetzes gegenüber demjenigen von 1896 sind: Einführung einer Generalklausel, Vorschriften über Ausverkauf und Bestechung, Erweiterung des Schutzes für Namen, Firmen, gewerbliche Bezeichnungsmittel, Vorlagen und Vorschriften technischer Art, Gewährung der Unterlassungsklage gegen den Geschäftsinhaber als solchen, Verschärfung der Strafen.

Gesetz gegen den unlauteren Wettbewerb.

Text des Gesetzes vom 7. Juni 1909.

§ 1.

Wer im geschäftlichen Verkehre zu Zwecken des Wettbewerbes Handlungen vornimmt, die gegen die guten Sitten verstoßen, kann auf Unterlassung und Schadensersatz in Anspruch genommen werden.

Text des Gesetzes vom 27. Mai 1896.

§ 1.

Wer in öffentlichen Bekanntmachungen oder in Mitteilungen, welche für einen größeren Kreis von Personen bestimmt sind, über geschäftliche Verhältnisse, insbesondere über die Beschaffenheit, die Herstellungsart oder die Preisbemessung von Waren oder gewerblichen Leistungen, über die Art des Bezuges oder die Bezugsquelle von Waren, über den Besitz von Auszeichnungen, über den Anlaß oder den Zweck des Verkaufs unrichtige Angaben tatsächlicher Art macht, welche geeignet sind, den Anschein eines besonders günstigen Angebots hervorzurufen, kann auf Unterlassung der unrichtigen Angaben in Anspruch genommen werden. Dieser Anspruch kann von jedem Gewerbetreibenden, der Waren oder Leistungen gleicher oder verwandter Art herstellt oder in den geschäftlichen Verkehr bringt, oder von Verbänden zur Förderung gewerblicher Interessen geltend gemacht werden, soweit die Verbände als solche in bürgerlichen Rechtsstreitigkeiten klagen können.

Neben dem Anspruch auf Unterlassung der unrichtigen Angaben haben die vorerwähnten Gewerbetreibenden auch Anspruch auf Ersatz des durch die unrichtigen Angaben verursachten Schadens gegen denjenigen, der die Angaben gemacht hat, falls dieser ihre Unrichtigkeit kannte oder kennen mußte. Der Anspruch auf Schadensersatz kann gegen Redakteure, Verleger, Drucker oder Verbreiter von periodischen Druckschriften nur geltend gemacht werden, wenn dieselben die Unrichtigkeit der Angaben kannten.

Die Verwendung von Namen, welche nach dem Handelsgebrauch zur Benennung gewisser Waren dienen, ohne deren Herkunft bezeichnen zu sollen, fällt unter die vorstehenden Bestimmungen nicht.

Im Sinne der Bestimmungen des Absatzes 1 und 2 sind den Angaben tatsächlicher Art, bildliche Darstellungen und sonstige Veranstaltungen gleich zu achten, die darauf berechnet und geeignet sind, solche Angaben zu ersetzen.

Unter Waren im Sinne dieses Gesetzes sind auch landwirtschaftliche Erzeugnisse, unter gewerblichen Leistungen auch landwirtschaftliche zu verstehen.

§ 2.

Unter Waren im Sinne dieses Gesetzes sind auch landwirtschaftliche Erzeugnisse, unter gewerblichen Leistungen und Interessen auch landwirtschaftliche zu verstehen.

§ 2.

Für Klagen auf Grund des § 1 ist ausschließlich zuständig das Gericht, in dessen Bezirk der Beklagte seine gewerbliche Niederlassung oder in Ermangelung einer solchen seinen Wohnsitz hat. Für Personen, welche im Inlande weder eine gewerbliche Niederlassung noch einen Wohnsitz haben, ist ausschließlich zuständig das Gericht des inländischen Aufenthaltsortes, oder wenn ein solcher nicht bekannt ist, das Gericht, in dessen Bezirk die Handlung begangen ist.

§ 3.

Wer in öffentlichen Bekanntmachungen oder in Mitteilungen, die für einen größeren Kreis von Personen bestimmt sind, über geschäftliche Verhältnisse, insbesondere über die Beschaffenheit, den Ursprung, die Herstellungsart oder die Preisbemessung von Waren oder gewerblichen Leistungen, über die Art des Bezugs oder die Bezugsquelle von Waren, über den Besitz von Auszeichnungen, über den Anlaß oder den Zweck des Verkaufs

§ 3.

Zur Sicherung des im § 1 Absatz 1 bezeichneten Anspruchs können einstweilige Verfügungen erlassen werden, auch wenn die in den §§ 814, 819 der Zivilprozeßordnung bezeichneten Voraussetzungen nicht zutreffen. Zuständig ist auch das Amtsgericht, in dessen Bezirk die den Anspruch begründende Handlung begangen ist; im übrigen finden die Vorschriften des § 820 der Zivilprozeßordnung Anwendung.

oder über die Menge der Vorräte unrichtige Angaben macht, die geeignet sind, den Anschein eines besonders günstigen Angebots hervorzurufen, kann auf Unterlassung der unrichtigen Angaben in Anspruch genommen werden.

§ 4.

Wer in der Absicht, den Anschein eines besonders günstigen Angebots hervorzurufen, in öffentlichen Bekanntmachungen oder in Mitteilungen, die für einen größeren Kreis von Personen bestimmt sind, über geschäftliche Verhältnisse, insbesondere über die Beschaffenheit, den Ursprung, die Herstellungsart oder die Preisbemessung von Waren oder gewerblichen Leistungen, über die Art des Bezugs oder die Bezugsquelle von Waren, über den Besitz von Auszeichnungen, über den Anlaß oder den Zweck des Verkaufs oder über die Menge der Vorräte wissentlich unwahre und zur Irreführung geeignete Angaben macht, wird mit Gefängnis bis zu einem Jahre und mit Geldstrafe bis zu fünftausend Mark oder mit einer dieser Strafen bestraft.

Werden die im Abs. 1 bezeichneten unrichtigen Angaben in einem geschäftlichen Betriebe von einem Angestellten oder Beauftragten gemacht, so ist der Inhaber oder Leiter des Betriebs neben dem Angestellten oder Beauftragten strafbar, wenn die Handlung mit seinem Wissen geschah.

§ 5.

Die Verwendung von Namen, die im geschäftlichen Verkehre zur Benennung gewisser Waren oder gewerblicher Leistungen dienen, ohne deren Herkunft bezeichnen zu sollen, fällt nicht unter die Vorschriften der §§ 3, 4.

Im Sinne der Vorschriften der §§ 3, 4 sind den dort bezeichneten Angaben bildliche Darstellungen und sonstige Veranstaltungen gleich zu achten, die darauf berechnet und geeignet sind, solche Angaben zu ersetzen.

§ 4.

Wer in der Absicht, den Anschein eines besonders günstigen Angebots hervorzurufen, in öffentlichen Bekanntmachungen oder in Mitteilungen, welche für einen größeren Kreis von Personen bestimmt sind, über die Beschaffenheit, die Herstellungsart oder die Preisbemessung von Waren oder gewerblichen Leistungen, über die Art des Bezuges oder die Bezugsquelle von Waren, über den Besitz von Auszeichnungen, über den Anlaß oder den Zweck des Verkaufs wissentlich unwahre und zur Irreführung geeignete Angaben tatsächlicher Art macht, wird mit Geldstrafe bis zu eintausendfünfhundert Mark bestraft.

Ist der Täter bereits einmal wegen einer Zuwiderhandlung gegen die vorstehende Vorschrift bestraft, so kann neben oder statt der Geldstrafe auf Haft oder auf Gefängnis bis zu sechs Monaten erkannt werden; die Bestimmungen des § 245 des Strafgesetzbuchs finden entsprechende Anwendung.

§ 6.

Wird in öffentlichen Bekanntmachungen oder in Mitteilungen, die für einen größeren Kreis von Personen bestimmt sind, der Verkauf von Waren angekündigt, die aus einer Konkursmasse stammen, aber nicht mehr zum Bestande der Konkursmasse gehören, so ist dabei jede Bezugnahme auf die Herkunft der Waren aus einer Konkursmasse verboten.

Zuwiderhandlungen gegen diese Vorschrift werden mit Geldstrafe bis zu einhundertfünfzig Mark oder mit Haft bestraft.

§ 7.

Wer in öffentlichen Bekanntmachungen oder in Mitteilungen, die für einen größeren Kreis von Personen bestimmt sind, den Verkauf von Waren unter der Bezeichnung eines Ausverkaufs ankündigt, ist gehalten, in der Ankündigung den Grund anzugeben, der zu dem Ausverkauf Anlaß gegeben hat.

Durch die höhere Verwaltungsbehörde kann nach Anhörung der zuständigen gesetzlichen Gewerbe- und Handelsvertretungen für die Ankündigung bestimmter Arten von Ausverkäufen angeordnet werden, daß zuvor bei der von ihr zu bezeichnenden Stelle Anzeige über den Grund des Ausverkaufs und den Zeitpunkt seines Beginns zu erstatten sowie ein Verzeichnis der auszuverkaufenden Waren einzureichen ist. Die Einsicht der Verzeichnisse ist jedem gestattet.

§ 8.

Mit Gefängnis bis zu einem Jahre und mit Geldstrafe bis zu fünftausend Mark oder mit einer dieser Strafen wird bestraft, wer im Falle der Ankündigung eines Ausverkaufs Waren zum Verkaufe stellt, die nur für den Zweck des Ausverkaufs herbeigeschafft worden sind (sogenanntes Vorschieben oder Nachschieben von Waren).

§ 9.

Der Ankündigung eines Ausverkaufs im Sinne des § 7 Abs. 2 und des § 8 steht jede sonstige Ankündigung gleich, welche den Verkauf von Waren wegen Beendigung des Geschäftsbetriebs, Aufgabe einer einzelnen Warengattung oder Räumung eines bestimmten Warenvorrats aus dem vorhandenen Bestande betrifft.

Auf Saison- und Inventurausverkäufe, die in der Ankündigung als solche bezeichnet werden und im ordentlichen Geschäftsverkehr üblich sind, finden die Vorschriften der §§ 7 und 8 keine Anwendung. Über Zahl, Zeit und Dauer der üblichen Saison- und Inventurausverkäufe kann die höhere Verwaltungsbehörde nach Anhörung der zuständigen gesetzlichen Gewerbe- und Handelsvertretungen Bestimmungen treffen.

§ 10.

Mit Geldstrafe bis zu einhundertfünfzig Mark oder mit Haft wird bestraft:

1. wer der Vorschrift des § 7 Abs. 1 zuwider es unterläßt, in der Ankündigung eines Ausverkaufs den Grund anzugeben, der zu dem Ausverkauf Anlaß gegeben hat;
2. wer den auf Grund des § 7 Abs. 2 erlassenen Anordnungen zuwiderhandelt oder bei Befolgung dieser Anordnungen unrichtige Angaben macht;
3. wer den von der höheren Verwaltungsbehörde auf Grund des § 9 Abs. 2 Satz 2 getroffenen Bestimmungen zuwiderhandelt.

§ 11.

Durch Beschluß des Bundesrats kann festgesetzt werden, daß bestimmte Waren im Einzelverkehre nur in vorgeschriebenen Einheiten der Zahl, des Maßes oder des Gewichts oder mit einer auf der Ware oder ihrer Aufmachung anzu-

§ 5.

Durch Beschluß des Bundesrats kann festgestellt werden, daß bestimmte Waren im Einzelverkehr nur in vorgeschriebenen Einheiten der Zahl, der Länge und des Gewichts oder mit einer auf der Ware oder ihrer Aufmachung anzubringenden

bringenden Angabe über Zahl, Maß, Gewicht, über den Ort der Erzeugung oder den Ort der Herkunft der Ware gewerbsmäßig verkauft oder feilgehalten werden dürfen.

Für den Einzelverkehr mit Bier in Flaschen oder Krügen kann die Angabe des Inhalts unter Festsetzung angemessener Fehlergrenzen vorgeschrieben werden.

Die durch Beschluß des Bundesrats getroffenen Bestimmungen sind durch das Reichs-Gesetzblatt zu veröffentlichen und dem Reichstage sogleich oder bei seinem nächsten Zusammentritte vorzulegen.

Zuwiderhandlungen gegen die Bestimmungen des Bundesrats werden mit Geldstrafe bis zu einhundertfünfzig Mark oder mit Haft bestraft.

§ 12.

Mit Gefängnis bis zu einem Jahre und mit Geldstrafe bis zu fünftausend Mark oder mit einer dieser Strafen wird, soweit nicht nach anderen Bestimmungen eine schwerere Strafe verwirkt wird, bestraft, wer im geschäftlichen Verkehre zu Zwecken des Wettbewerbes dem Angestellten oder Beauftragten eines geschäftlichen Betriebs Geschenke oder andere Vorteile anbietet, verspricht oder gewährt, um durch unlauteres Verhalten des Angestellten oder Beauftragten bei dem Bezuge von Waren oder gewerblichen Leistungen eine Bevorzugung für sich oder einen Dritten zu erlangen.

Die gleiche Strafe trifft den Angestellten oder Beauftragten eines geschäftlichen Betriebs, der im geschäftlichen Verkehre Geschenke oder andere Vorteile fordert, sich versprechen läßt oder annimmt, damit er durch unlauteres Verhalten einem anderen bei dem Bezuge von Waren oder gewerblichen Leistungen im Wettbewerb eine Bevorzugung verschaffe.

Im Urteil ist zu erklären, daß das Empfangene oder sein Wert dem Staate verfallen sei.

Angabe über Zahl, Länge oder Gewicht gewerbsmäßig verkauft oder feilgehalten werden dürfen.

Für den Einzelverkehr mit Bier in Flaschen oder Krügen kann die Angabe des Inhaltes unter Festsetzung angemessener Fehlergrenzen vorgeschrieben werden.

Die durch Beschluß des Bundesrats getroffenen Bestimmungen sind durch das Reichs-Gesetzblatt zu veröffentlichen und dem Reichstag sogleich oder bei seinem nächsten Zusammentritt vorzulegen.

Zuwiderhandlungen gegen die Bestimmungen des Bundesrats werden mit Geldstrafe bis einhundertundfünfzig Mark oder mit Haft bestraft.

§ 13.

In den Fällen der §§ 1, 3 kann der Anspruch auf Unterlassung von jedem Gewerbetreibenden, der Waren oder Leistungen gleicher oder verwandter Art herstellt oder in den geschäftlichen Verkehr bringt, oder von Verbänden zur Förderung gewerblicher Interessen geltend gemacht werden, soweit die Verbände als solche in bürgerlichen Rechtsstreitigkeiten klagen können. Auch können diese Gewerbetreibenden und Verbände denjenigen, welcher den §§ 6, 8, 10, 11, 12 zuwiderhandelt, auf Unterlassung in Anspruch nehmen.

Zum Ersatze des durch die Zuwiderhandlung entstehenden Schadens ist verpflichtet:

1. wer im Falle des § 3 die Unrichtigkeit der von ihm gemachten Angaben kannte oder kennen mußte. Gegen Redakteure, Verleger, Drucker oder Verbreiter von periodischen Druckschriften kann der Anspruch auf Schadensersatz nur geltend gemacht werden, wenn sie die Unrichtigkeit der Angaben kannten;
2. wer gegen die §§ 6, 8, 10, 11, 12 vorsätzlich oder fahrlässig verstößt.

Werden in einem geschäftlichen Betriebe Handlungen, die nach §§ 1, 3, 6, 8, 10, 11, 12 unzulässig sind, von einem Angestellten oder Beauftragten vorgenommen, so ist der Unterlassungsanspruch auch gegen den Inhaber des Betriebs begründet.

§ 14.

Wer zu Zwecken des Wettbewerbes über das Erwerbsgeschäft eines anderen, über die Person des Inhabers oder Leiters des Geschäfts, über die Waren oder gewerblichen Leistungen eines anderen Tatsachen behauptet oder verbreitet, die geeignet sind, den Betrieb des Geschäfts oder den Kredit des Inhabers zu schädigen, ist, sofern die Tatsachen nicht erweislich wahr sind, dem Verletzten zum Ersatze des entstandenen Schadens ver-

§ 6.

Wer zu Zwecken des Wettbewerbes über das Erwerbsgeschäft eines anderen, über die Person des Inhabers oder Leiters des Geschäfts, über die Waren oder gewerblichen Leistungen eines anderen Behauptungen tatsächlicher Art aufstellt oder verbreitet, welche geeignet sind, den Betrieb des Geschäfts oder den Kredit des Inhabers zu schädigen, ist, sofern die Behauptungen nicht erweislich wahr sind, dem Verletzten zum Erpflichtet. Der Verletzte kann auch den Anspruch geltend machen, daß die Behauptung oder Verbreitung der Tatsachen unterbleibe.

Handelt es sich um vertrauliche Mitteilungen und hat der Mitteilende oder der Empfänger der Mitteilung an ihr ein berechtigtes Interesse, so ist der Anspruch auf Unterlassung nur zulässig, wenn die Tatsachen der Wahrheit zuwider behauptet oder verbreitet sind. Der Anspruch auf Schadensersatz kann nur geltend gemacht werden, wenn der Mitteilende die Unrichtigkeit der Tatsachen kannte oder kennen mußte.

Die Vorschrift des § 13 Abs. 3 findet entsprechende Anwendung.

§ 15.

Wer wider besseres Wissen über das Erwerbsgeschäft eines anderen, über die Person des Inhabers oder Leiters des Geschäfts, über die Waren oder gewerblichen Leistungen eines anderen Tatsachen der Wahrheit zuwider behauptet oder verbreitet, die geeignet sind, den Betrieb des Geschäfts zu schädigen, wird mit Gefängnis bis zu einem Jahre und mit Geldstrafe bis zu fünftausend Mark oder mit einer dieser Strafen bestraft.

Werden die im Abs. 1 bezeichneten Tatsachen in einem geschäftlichen Betriebe von einem Angestellten oder Beauftragten behauptet oder verbreitet, so ist der Inhaber des Betriebs neben dem Angestellten oder Beauftragten strafbar, wenn die Handlung mit seinem Wissen geschah.

§ 16.

Wer im geschäftlichen Verkehr einen Namen, eine Firma oder die besondere Bezeichnung eines Erwerbsgeschäfts, eines gewerblichen Unternehmens oder einer Druckschrift in einer Weise benutzt, welche geeignet ist, Verwechselungen mit dem Namen, der Firma oder der besonderen Bezeichnung hervorzurufen, deren sich ein anderer befugterweise bedient, kann von diesem

satze des entstandenen Schadens verpflichtet. Auch kann der Verletzte den Anspruch geltend machen, daß die Wiederholung oder Verbreitung der Behauptungen unterbleibe.

Die Bestimmungen des ersten Absatzes finden keine Anwendung, wenn der Mitteilende oder der Empfänger der Mitteilung an ihr ein berechtigtes Interesse hat.

§ 7.

Wer wider besseres Wissen über das Erwerbsgeschäft eines anderen, über die Person des Inhabers oder Leiters des Geschäfts, über die Waren oder gewerblichen Leistungen eines anderen unwahre Behauptungen tatsächlicher Art aufstellt oder verbreitet, welche geeignet sind, den Betrieb des Geschäfts zu schädigen, wird mit Geldstrafe bis zu eintausendfünfhundert Mark oder mit Gefängnis bis zu einem Jahre bestraft.

§ 8.

Wer im geschäftlichen Verkehr einen Namen, eine Firma oder die besondere Bezeichnung eines gewerblichen Unternehmens oder einer Druckschrift in einer Weise benutzt, welche darauf berechnet und geeignet ist, Verwechselungen mit dem Namen, der Firma oder der besonderen Bezeichnung hervorzurufen, deren sich ein anderer befugterweise bedient, ist diesem zum Ersatze des Schadens auf Unterlassung der Benutzung in Anspruch genommen werden.

Der Benutzende ist dem Verletzten zum Ersatze des Schadens verpflichtet, wenn er wußte oder wissen mußte, daß die mißbräuchliche Art der Benutzung geeignet war, Verwechselungen hervorzurufen.

Der besonderen Bezeichnung eines Erwerbsgeschäfts stehen solche Geschäftsabzeichen und sonstigen zur Unterscheidung des Geschäfts von anderen Geschäften bestimmten Einrichtungen gleich, welche innerhalb beteiligter Verkehrskreise als Kennzeichen des Erwerbsgeschäfts gelten. Auf den Schutz von Warenzeichen und Ausstattungen (§§ 1, 15 des Gesetzes zum Schutze der Warenbezeichnungen vom 12. Mai 1894, Reichs-Gesetzbl. S. 441) finden diese Vorschriften keine Anwendung.

Die Vorschrift des § 13 Abs. 3 findet entsprechende Anwendung.

verpflichtet. Auch kann der Anspruch auf Unterlassung der mißbräuchlichen Art der Benutzung geltend gemacht werden.

§ 17.

Mit Gefängnis bis zu einem Jahre und mit Geldstrafe bis zu fünftausend Mark oder mit einer dieser Strafen wird bestraft, wer als Angestellter, Arbeiter oder Lehrling eines Geschäftsbetriebs Geschäfts- oder Betriebsgeheimnisse, die ihm vermöge des Dienstverhältnisses anvertraut oder sonst zugänglich geworden sind, während der Geltungsdauer des Dienstverhältnisses unbefugt an andere zu Zwecken des Wettbewerbes oder in der Absicht, dem Inhaber des Geschäftsbetriebs Schaden zuzufügen, mitteilt.

Gleiche Strafe trifft denjenigen, welcher Geschäfts- oder Betriebsgeheimnisse, deren Kenntnis er durch eine der im Abs. 1 bezeichneten Mitteilungen oder durch eine gegen das Gesetz oder die guten Sitten verstoßende eigene Handlung erlangt hat, zu Zwecken des Wettbewerbes unbefugt verwertet oder an andere mitteilt.

§ 9.

Mit Geldstrafe bis zu dreitausend Mark oder mit Gefängnis bis zu einem Jahre wird bestraft, wer als Angestellter, Arbeiter oder Lehrling eines Geschäftsbetriebes Geschäfts- oder Betriebsgeheimnisse, die ihm vermöge des Dienstverhältnisses anvertraut oder sonst zugänglich geworden sind, während der Geltungsdauer des Dienstverhältnisses unbefugt an andere zu Zwecken des Wettbewerbes oder in der Absicht, dem Inhaber des Geschäftsbetriebes Schaden zuzufügen, mitteilt.

Gleiche Strafe trifft denjenigen, welcher Geschäfts- oder Betriebsgeheimnisse, deren Kenntnis er durch eine der im Absatz 1 bezeichneten Mitteilungen oder durch eine gegen das Gesetz oder die guten Sitten verstoßende eigene Handlung erlangt hat, zu Zwecken des Wettbewerbes unbefugt verwertet oder an andere mitteilt.

Zuwiderhandlungen verpflichten außerdem zum Ersatze des entstandenen Schadens. Mehrere Verpflichtete haften als Gesamtschuldner.

§ 18.

Mit Gefängnis bis zu einem Jahre und mit Geldstrafe bis zu fünftausend Mark oder mit einer dieser Strafen wird bestraft, wer die ihm im geschäftlichen Verkehr anvertrauten Vorlagen oder Vorschriften technischer Art, insbesondere Zeichnungen, Modelle, Schablonen, Schnitte, Rezepte, zu Zwecken des Wettbewerbes unbefugt verwertet oder an andere mitteilt.

§ 19.

Zuwiderhandlungen gegen die Vorschriften der §§ 17, 18 verpflichten außerdem zum Ersatze des entstandenen Schadens. Mehrere Verpflichtete haften als Gesamtschuldner.

§ 20.

Wer zu Zwecken des Wettbewerbes es unternimmt, einen anderen zu einer Zuwiderhandlung gegen die Vorschriften des § 17 Abs. 1, § 18 zu bestimmen, wird mit Gefängnis bis zu neun Monaten und mit Geldstrafe bis zu zweitausend Mark oder mit einer dieser Strafen bestraft.

§ 21.

Die in diesem Gesetze bezeichneten Ansprüche auf Unterlassung oder Schadensersatz verjähren in sechs Monaten von dem Zeitpunkt an, in welchem der Anspruchsberechtigte von der Handlung und von der Person des Verpflichteten Kenntnis erlangt, ohne Rücksicht auf diese Kenntnis in drei Jahren von der Begehung der Handlung an.

Für die Ansprüche auf Schadensersatz beginnt der Lauf der Verjährung nicht vor dem Zeitpunkt, in welchem ein Schaden entstanden ist.

§ 22.

Die Strafverfolgung tritt mit Ausnahme der in den §§ 6, 10, 11 bezeichneten Fälle nur auf Antrag ein. In den Fällen der §§ 4, 8, 12 hat das Recht, den Strafantrag zu stellen, jeder der im

§ 10.

Wer zum Zweck des Wettbewerbes es unternimmt, einen anderen zu einer unbefugten Mitteilung der im § 9 Absatz 1 bezeichneten Art zu bestimmen, wird mit Geldstrafe bis zu zweitausend Mark oder mit Gefängnis bis zu neun Monaten bestraft.

§ 11.

Die in den §§ 1, 6, 8, 9 bezeichneten Ansprüche auf Unterlassung oder Schadensersatz verjähren in sechs Monaten von dem Zeitpunkt an, in welchem der Anspruchsberechtigte von der Handlung und von der Person des Verpflichteten Kenntnis erlangt, ohne Rücksicht auf diese Kenntnis in drei Jahren von der Begehung der Handlung an.

Für die Ansprüche auf Schadensersatz beginnt der Lauf der Verjährung nicht vor dem Zeitpunkt, in welchem ein Schaden entstanden ist.

§ 12.

Die Strafverfolgung tritt mit Ausnahme der im § 5 bezeichneten Fälle nur auf Antrag ein. In den Fällen des § 4 hat das Recht den Strafantrag zu stellen, jeder der im § 1 Absatz 1 bezeich-

§ 13 Abs. 1 bezeichneten Gewerbetreibenden und Verbände.

Die Zurücknahme des Antrags ist zulässig.

Strafbare Handlungen, deren Verfolgung nur auf Antrag eintritt, können von den zum Strafantrage Berechtigten im Wege der Privatklage verfolgt werden, ohne daß es einer vorgängigen Anrufung der Staatsanwaltschaft bedarf. Die öffentliche Klage wird von der Staatsanwaltschaft nur dann erhoben, wenn dies im öffentlichen Interesse liegt.

Geschieht die Verfolgung im Wege der Privatklage, so sind die Schöffengerichte zuständig.

§ 23.

Wird in den Fällen der §§ 4, 6, 8, 12 auf Strafe erkannt, so kann angeordnet werden, daß die Verurteilung auf Kosten des Schuldigen öffentlich bekanntzumachen sei.

Wird in den Fällen des § 15 auf Strafe erkannt, so ist zugleich dem Verletzten die Befugnis zuzusprechen, die Verurteilung innerhalb bestimmter Frist auf Kosten des Verurteilten öffentlich bekanntzumachen.

Auf Antrag des freigesprochenen Angeschuldigten kann das Gericht die öffentliche Bekanntmachung der Freisprechung anordnen; die Staatskasse trägt die Kosten, insofern sie nicht dem Anzeigenden oder dem Privatkläger auferlegt worden sind.

Ist auf Grund einer der Vorschriften dieses Gesetzes auf Unterlassung Klage erhoben, so kann in dem Urteile der obsiegenden Partei die Befugnis zugesprochen werden, den verfügenden Teil des Urteils innerhalb bestimmter Frist auf Kosten der unterliegenden Partei öffentlich bekanntzumachen.

Die Art der Bekanntmachung ist im Urteil zu bestimmen.

§ 24.

Für Klagen auf Grund dieses Gesetzes ist ausschließlich zuständig das Ge-

neten Gewerbetreibenden und Verbände.

Die Zurücknahme des Antrags ist zulässig.

Strafbare Handlungen, deren Verfolgung nur auf Antrag eintritt, können von den zum Strafantrage Berechtigten im Wege der Privatklage verfolgt werden, ohne daß es einer vorgängigen Anrufung der Staatsanwaltschaft bedarf. Die öffentliche Klage wird von dem Staatsanwalt nur dann erhoben, wenn dies im öffentlichen Interesse liegt.

Geschieht die Verfolgung im Wege der Privatklage, so sind die Schöffengerichte zuständig.

§ 13.

Wird in den Fällen des § 4 auf Strafe erkannt, so kann angeordnet werden, daß die Verurteilung auf Kosten des Schuldigen öffentlich bekanntzumachen sei.

Wird in den Fällen des § 7 auf Strafe erkannt, so ist zugleich dem Verletzten die Befugnis zuzusprechen, die Verurteilung innerhalb bestimmter Frist auf Kosten des Verurteilten öffentlich bekanntzumachen.

Auf Antrag des freigesprochenen Angeschuldigten kann das Gericht die öffentliche Bekanntmachung der Freisprechung anordnen; die Staatskasse trägt die Kosten, insofern dieselben nicht dem Anzeigenden oder dem Privatkläger auferlegt worden sind.

Ist in den Fällen der §§ 1, 6 und 8 auf Unterlassung Klage erhoben, so kann in dem Urteile der obsiegenden Partei die Befugnis zugesprochen werden, den verfügenden Teil des Urteils innerhalb bestimmter Frist auf Kosten der unterliegenden Partei öffentlich bekanntzumachen.

Die Art der Bekanntmachung ist im Urteil zu bestimmen.

richt, in dessen Bezirke der Beklagte seine gewerbliche Niederlassung oder in Ermangelung einer solchen seinen Wohnsitz hat. Für Personen, die im Inlande weder eine gewerbliche Niederlassung noch einen Wohnsitz haben, ist ausschließlich zuständig das Gericht des inländischen Aufenthaltsorts, oder wenn ein solcher nicht bekannt ist, das Gericht, in dessen Bezirke die Handlung begangen ist.

§ 25.

Zur Sicherung der in diesem Gesetze bezeichneten Ansprüche auf Unterlassung können einstweilige Verfügungen erlassen werden, auch wenn die in den §§ 935, 940 der Zivilprozeßordnung bezeichneten Voraussetzungen nicht zutreffen. Zuständig ist auch das Amtsgericht, in dessen Bezirke die den Anspruch begründende Handlung begangen ist; im übrigen finden die Vorschriften des § 942 der Zivilprozeßordnung Anwendung.

§ 26.

Neben einer nach Maßgabe dieses Gesetzes verhängten Strafe kann auf Verlangen des Verletzten auf eine an ihn zu erlegende Buße bis zum Betrage von zehntausend Mark erkannt werden. Für diese Buße haften die dazu Verurteilten als Gesamtschuldner. Eine erkannte Buße schließt die Geltendmachung eines weiteren Entschädigungsanspruchs aus.

§ 27.

Bürgerliche Rechtsstreitigkeiten, in welchen durch die Klage ein Anspruch auf Grund dieses Gesetzes geltend gemacht wird, gehören, sofern in erster Instanz die Landgerichte zuständig sind, vor die Kammern für Handelssachen.

In bürgerlichen Rechtsstreitigkeiten, in welchen durch Klage oder Widerklage ein Anspruch auf Grund dieses Gesetzes geltend gemacht ist, wird die Verhandlung und Entscheidung letzter Instanz im Sinne des § 8 des Einführungsgesetzes

§ 14.

Neben einer nach Maßgabe dieses Gesetzes verhängten Strafe kann auf Verlangen des Verletzten auf eine an ihn zu erlegende Buße bis zum Betrage von zehntausend Mark erkannt werden. Für diese Buße haften die zu derselben Verurteilten als Gesamtschuldner. Eine erkannte Buße schließt die Geltendmachung eines weiteren Entschädigungsanspruchs aus.

§ 15.

Bürgerliche Rechtsstreitigkeiten, in welchen durch Klage ein Anspruch auf Grund dieses Gesetzes geltend gemacht ist, gehören, insoweit in erster Instanz die Zuständigkeit der Landgerichte begründet ist, vor die Kammer für Handelssachen. Die Verhandlung und Entscheidung letzter Instanz im Sinne des § 8 des Einführungsgesetzes zum Gerichtsverfassungsgesetze wird dem Reichsgericht zugewiesen.

zum Gerichtsverfassungsgesetze dem Reichsgerichte zugewiesen.

§ 28.

Wer im Inland eine Hauptniederlassung nicht besitzt, hat auf den Schutz dieses Gesetzes nur insoweit Anspruch, als in dem Staate, in welchem seine Hauptniederlassung sich befindet, nach einer im Reichs-Gesetzblatt enthaltenen Bekanntmachung deutsche Gewerbetreibende einen entsprechenden Schutz genießen.

§ 29.

Welche Behörden in jedem Bundesstaat unter der Bezeichnung „höhere Verwaltungsbehörde" im Sinne dieses Gesetzes zu verstehen sind, wird von der Zentralbehörde des Bundesstaats bestimmt.

§ 30.

Dieses Gesetz tritt am 1. Oktober 1909 in Kraft.

Mit diesem Zeitpunkte tritt das Gesetz zur Bekämpfung des unlauteren Wettbewerbes vom 27. Mai 1896 (Reichs-Gesetzbl. S. 145) außer Kraft.

§ 16.

Wer im Inlande eine Hauptniederlassung nicht besitzt, hat auf den Schutz dieses Gesetzes nur insoweit Anspruch, als in dem Staate, in welchem seine Hauptniederlassung sich befindet, nach einer im Reichs-Gesetzblatt enthaltenen Bekanntmachung deutsche Gewerbetreibende einen entsprechenden Schutz genießen.

§ 17.

Dieses Gesetz tritt am 1. Juli 1896 in Kraft.

Begriffsbestimmungen.

Die der Kommentierung zugrunde liegende Rechtsauffassung. Die Beeinträchtigung der Erwerbstätigkeit erzeugt bei Widerrechtlichkeit des Tuns — aus dem absoluten, die gewerbliche Betätigung schützenden Persönlichkeitsrecht (S. 37) — die Abwehransprüche (auf Unterlassung und auf Beseitigung). Im BGB. und WettbG. (WZG., PatG. usw.) werden nur in Einzelfällen Abwehransprüche gewährt. Im WettbG. wird der Beseitigungsanspruch überhaupt nicht erwähnt, vielmehr ist stets nur vom Unterlassungsanspruch (und Schadensersatzanspruch) die Rede. Hier muß man auf die großen Zusammenhänge zurückgreifen, mögen auch die Motive zu den gesetzlichen Einzelbestimmungen entgegenstehende Darlegungen bringen. Das Eingehen auf die Motive und „die Absicht des Gesetzgebers" ist in diesem Kommentar möglichst vermieden: „Der Gesetzgeber spricht nur in e i n e r Sprache, durch die Publikation des Gesetzes. Was nicht aus dem Gesetz entnommen werden kann, ist nicht gesetzliches Recht" (RG. **27** 411). Aus dem Gesetz k a n n alles entnommen werden, was notwendig ist, um die Rechtsentwicklung in stetem Fluß zu erhalten und den sich wandelnden Verkehrserfordernissen anzupassen: Ausschlaggebend ist, was der Instinkt des Richtertums als Recht herausbildet. Das Wettbewerbsrecht kann nur in Anlehnung an die allgemeinen Grundsätze weiterentwickelt werden. Seine freie Entfaltung wird gehindert, wenn man mit S a l i n g e r (in LZ. **1919** 1207) das WettbG. lediglich als Ergänzung des 25. Titels des 2. Buches des BGB. („Unerlaubte Handlungen") ansieht und wenn man mit RG. **60** 418 die Klagen aus dem WettbG. für Deliktsklagen erklärt. Nach S a l i n g e r „ist der unlautere Wettbewerb nur ein Sammelname für eine Anzahl verschiedener gesetzlicher Tatbestände"; daher müsse „für jede dieser Vorschriften besonders untersucht werden, ob sich aus ihr der (Unterlassungs- und) Beseitigungsanspruch ergibt". Aber dies führt niemals zu einer großzügigen Rechtsprechung, wie sie gerade auf dem Gebiete des gewerblichen Rechtsschutzes geboten und unten S. 38 ff. empfohlen ist. Die von S a l i n g e r auf den Schild erhobenen gesetzlichen Einzelbestimmungen sind vom praktischen Bedürfnis schrittweise dem Gesetzgeber abgerungen worden. Sie bedeuten nicht Endgültiges.

Wettbewerb im wirtschaftlichen Sinne ist der Kampf mehrerer, mindestens zweier Personen (oder Personengruppen), von denen die eine vor der anderen einen Vorrang zu erringen strebt. Wettbewerbshandlungen sind sowohl die auf Förderung des eigenen Wettbewerbes als auch die auf Beeinträchtigung der Mitbewerber gerichteten Handlungen, wobei eigene oder fremde geschäftliche Ziele vorliegen mögen. Auch Abwehrmaßregeln können sich als Wettbewerbshandlungen darstellen. Näheres siehe § 1 „zu Zwecken des Wettbewerbes"; vgl. Lobe I S. 2 ff. sowie in MuW. **16** 129.

Erlaubt ist — kraft der allgemeinen Gewerbefreiheit — grundsätzlich jeder Wettbewerb, mag er für den Mitbewerber noch so unbequem, ja verhängnisvoll werden (§ 1 „gegen die guten Sitten"; siehe auch RG. **71** 173; OLG. Nürnberg in MuW. **13** 157). Auf eine den eigenen Vorteil hintansetzende Berücksichtigung fremder Interessen kann im Wettbewerbe nicht gerechnet werden (RG. **55** 367, **58** 217, **73** 113; RG. in MuW. **13** 490, **21** 84; Ernst Fuchs in JW. **1910** 210, **1917** 633).

Als **unlauterer Wettbewerb** ist anzusehen das Streben nach gewerblicher Betätigung: 1. durch Irreführung des Publikums; 2. durch Ausbeutung fremder Arbeitsergebnisse oder fremder Gedanken; 3. durch Anwendung von Mitteln, die aus dem Rahmen eines ordnungsgemäßen Wettbewerbes herausfallen (Näheres über diese Gruppen siehe § 1).

Daß eine an sich unlautere Handlung im geschäftlichen Verkehr vorgenommen wird, ist zur Erfüllung des Tatbestandes des unlauteren Wettbewerbes weder erforderlich noch ausreichend. Verschafft sich z. B. jemand bei einer Ausschreibung heimlich Kenntnis vom niedrigsten Gebot, um dieses dann zu unterbieten, so wird das an sich nicht unsittliche, vielmehr regelmäßig erlaubte Preisunterbieten hier unsittlich durch das Vorliegen einer Ausschreibung, an der sich alle unter gleichen Bedingungen beteiligen sollen. Andererseits stellt es noch keinen unlauteren Wettbewerb dar, wenn jemand auf sittenwidrige Weise, z. B. durch Schmuggel, sich Waren billig verschafft. Erst wenn er diese Waren zu Preisen feilhält, deren Niedrigkeit nur durch ihre Herkunft erklärbar ist, liegt unlauterer Wettbewerb vor. Dessen Tatbestand ist hiernach erst dann gegeben, wenn die Handlung in Beziehung tritt zum Wettbewerbszwecke (Lobe, GewRschutz **1910** 8; MuW. **16** 129). Verkauft also jemand die durch Schmuggel wohlfeil erlangten Waren nicht billiger als die Mitbewerber, so unternimmt er gegen diese keinen unlauteren Angriff. Ebensowenig derjenige, der sein Geschäft mit Geldmitteln betreibt, die er durch Erbschleicherei erlangt hat.

Die guten Sitten des Wettbewerbes sind nicht anders zu behandeln als der allgemeine Begriff der Sittenwidrigkeit (§ 1). Lobe (GewRschutz **1910** 8; MuW. **18** 73) verlangt, daß man bei § 1 WettbG. im Gegensatz zum § 826 BGB. den Verstoß „gegen die guten Sitten" als einen solchen „gegen die guten Sitten des Wettbewerbes" auffaßt (so auch RG. in JW. **1912** 255). Lobe glaubt nur so auch diejenigen Wettbewerbshandlungen unter den § 1 beziehen zu können, bei denen die Unlauterkeit durch ein Tun bewirkt wird, das an sich nicht unsittlich, vielmehr moralisch neutral ist, das also nur infolge seiner Beziehung zum Wettbewerbe gegen die guten Sitten verstößt. Man braucht die Lobesche Konstruktion nicht, um solche Fälle zu treffen: sie fallen ebensogut unter den § 826 BGB. wie unter den § 1 WettbG.; der Begriff der Sittenwidrigkeit ist in beiden Gesetzesbestimmungen der gleiche: stets entscheidet der Gesamtcharakter der Handlung im Rahmen der Begleitumstände (§ 1 Note 17). Dieser Charakter ergibt sich „aus der Zusammenfassung von Inhalt, Motiv und Zweck" (RG. **56** 231). Es ist also für die Anwendbarkeit auch des § 826 BGB. nicht belanglos, ob eine Wettbewerbshandlung vorliegt (RG. **77** 433). Daß der § 826 BGB. gleichberechtigt neben dem § 1 WettbG. steht, ist S. 34 dargelegt. Über die guten Sitten im wirtschaftlichen Kampf siehe § 1.

Dient eine Handlung nicht unmittelbar der eigenen Erwerbstätigkeit, vielmehr in erster Linie der Schädigung oder Ausbeutung des Mitbewerbers, so muß mit Strenge geprüft werden, ob sie als Wettbewerbshandlung zulässig ist. Es fragt sich, ob die Handlung auch ohne Beziehung zum Wettbewerbe das eigene Streben nach Kundschaft fördert (Lobe I S. 48). Wenn dies zutrifft, ist das Tun grundsätzlich erlaubt. So ist das Ausmieten eines Mitbewerbers aus einem günstig gelegenen Geschäftshause, um selbst hineinzuziehen, kein unlauterer Wettbewerb, denn der eigene Gewerbebetrieb soll unmittelbar, und zwar mit erlaubten Mitteln, gefördert werden. Will man selbst aber nicht einziehen und ist man in der Verfolgung der eigenen geschäftlichen Ziele gar nicht dadurch gestört, daß der Mitbewerber in dem Hause wohnen bleibt, so liegt eine den eigenen Gewerbebetrieb unmittelbar fördernde Handlung nicht vor; man will vielmehr nur einen Mitbewerber schädigen. Gegen dieses Tun spricht die Vermutung der Unlauterkeit. So z. B. gegen die Anmeldung des Namens einer Zeitung bei der Post, wenn der Anmeldende nicht die Absicht hat, selbst eine Zeitung herauszugeben, vielmehr lediglich den Gebrauch dieses Namens einem anderen unmöglich machen will (RG. **53** 171). Gibt jemand anläßlich einer Ausschreibung ein Gebot ab, wonach die auszuführende Arbeit so billig geliefert werden soll, daß ihm kein Gewinn verbleibt, so spricht gegen dieses Tun die Vermutung, daß es eine unlautere Unterbietung der anderen Bewerber bedeutet (Verf. in JW. **1920** 431; § 1 Note 35).

Der richterlichen Behandlung von Wettbewerbsfällen diene der folgende grundlegende Hinweis: Der Richter sollte stets zuerst darüber Klarheit zu schaffen suchen, weshalb der Beklagte zur Erreichung seiner geschäftlichen Ziele gerade die in Frage stehende Handlung vorgenommen hat. Dies gilt namentlich für die Prozesse, in denen es sich um Anpreisungen oder um Nachahmungen handelt. Hier muß gefragt werden: Weshalb hat der Beklagte gerade diese Anpreisung bzw. die Anlehnung an schon Vorhandenes „für erforderlich oder jedenfalls für zweckmäßig erachtet"? (OLG. Dresden in JW. **1918** 379). Es wird sich dann oft ergeben, daß angesichts der mannigfachen Möglichkeiten, die dem Beklagten zur Verfügung standen, die gewählte Art der Betätigung nur aus seinem Bestreben erklärbar ist, das Publikum irrezuführen oder die Arbeit des Mitbewerbers für sich auszunutzen. So erklärt OLG. München in MuW. **15** 322 zutreffend: „Würde die Bezeichnung diese (täuschende) Wirkung nicht haben, so wäre sie für den Beklagten wertlos, und er würde sicherlich nicht Mühe und Kosten aufwenden, um sie sich zu erhalten."

Die Titelfassung „Gesetz gegen den unlauteren Wettbewerb" ist nicht einwandfrei. Im WettbG. werden mehrfach Tatbestände behandelt, die den Beklagten in ethischer Hinsicht nicht belasten, für die also der Sammelbegriff „unlauterer Wettbewerb" nicht paßt (so §§ 6 ff., 13 Abs. 3, 14, 16). Deshalb schlägt Daffis (MuW. **12** 396) als Titel „Gesetz gegen den unzulässigen Wettbewerb" vor. Diese Benennung würde allerdings zutreffender sein. Keinesfalls dürfen die Gerichte im Rubrum als Streitgegenstand wahllos „wegen unlauteren Wettbewerbes" angeben. Wenn z. B. auf Unterlassung einer objektiv unrichtigen Angabe oder einer verwechselungsfähigen Firmenbezeichnung Klage erhoben ist, dann könnte eine solche Angabe die betroffene Partei zu Unrecht beschweren, namentlich im Falle einer Urteilsveröffentlichung. Der Streitgegenstand muß also in diesen Fällen anders benannt werden, z. B. „wegen Unterlassung einer Behauptung" oder „wegen Unterlassung einer Firmenbezeichnung".

Als **gewerbliche Tätigkeit** ist zu betrachten die Schaffung wirtschaftlicher Werte zu dem Zwecke, daß, und zwar aus der Tätigkeit selbst, eine unmittelbare Einnahme gewonnen wird: „Für den Begriff des Gewerbes ist eine auf Gewinn gerichtete Tätigkeit wesentlich, und daß der Gewinn nicht schon durch Ersparnisse allein, sondern durch das Endergebnis, daß die Einnahmen die Ausgaben übersteigen, gebildet werde" (RGSt. **37** 297; siehe auch RGSt. **38** 22, **39** 137, **49** 201; RG. in LZ. **1919** 885). Im Regelfalle handelt es sich „um Leistungen an andere zu dem Zwecke, von diesen Geld dafür einzutauschen" (RG. in GewRschutz **1918** 30). Daß die GewO. keine Begriffsbestimmung zur Umgrenzung der gewerblichen Tätigkeit im Sinne des WettbG. gibt, ist anerkannt (RG. **66** 145; RG. in LZ. **1920** 765). Ebenso, daß sich das WettbG. nicht auf eine Erwerbstätigkeit beschränkt, die von der GewO. geregelt wird, vielmehr die Erwerbstätigkeit in weitestem Sinne begreift (RG. **74** 169; RG. in LZ. **1920** 765). Wenn mit einer Tätigkeit „ein ideales Ziel verfolgt wird", so kann sie gleichwohl gewerblich sein (RG. in LZ. **1919** 885 in Bestätigung des vom Verf. in GewRschutz **1917** 189 dargelegten Standpunkts; siehe Näheres über soziale und wohltätige Zwecke S. 32). Über die öffentlich-rechtliche Tätigkeit im Gegensatz zur gewerblichen siehe S. 33.

Eine lediglich dem eigenen Gebrauch dienende Arbeitsleistung ist keine gewerbliche Tätigkeit. Doch werden Konsumvereine, Kasinos, Kantinen usw. gewerblich tätig, wenn sie einen Überschuß der Einnahmen über die Ausgaben erstreben zwecks Verteilung eines Gewinns unter die Mitglieder. Ob sie ihren Absatz auch auf Nichtmitglieder ausdehnen, ist für die Frage der Gewerbsmäßigkeit belanglos (bestritten). Erwerbs- und Wirtschaftsgenossenschaften üben eine gewerbliche Tätigkeit aus (Lobe I S. 20; OLG. Königsberg in MuW. **15** 212).

Gewerbetreibender ist jede physische oder juristische Person, auf deren Namen ein Gewerbe betrieben wird oder die an dem Betriebe beteiligt ist. Über den Patentinhaber als Gewerbetreibenden siehe RG. **74** 170; RG. in MuW. **10** 64. Über die im WettbG. gewährte besondere Klageberechtigung der Gewerbetreibenden siehe § 13.

Der Staat oder eine Gemeinde kommen als Gewerbetreibende in Betracht, z. B. hinsichtlich des Betriebes eines Bergwerks, einer Eisenbahn, einer Bank, einer Fabrik (RG. **20** 122, **54** 332). Über den Fiskus als Herausgeber des amtlichen Patentblattes siehe RG. in UW. **1** 94, wo der Fiskus als Gewerbetreibender behandelt wird. Über den Fiskus als Lotsen siehe RG. **39** 184. Gewerbetreibender ist auch der Postfiskus, obwohl der Postbetrieb nicht als kaufmännisch im Sinne des HGB. gilt (HGB. § 452; RG. **73** 270). Die von Staat oder Gemeinde betriebene Verwaltungstätigkeit ist nicht gewerblich (S. 33).

Künstler und Gelehrte sind Gewerbetreibende, soweit die in Frage stehende Tätigkeit eine wirtschaftlich abschätzbare Leistung darstellt (RG. in JW. **97** 212; bestritten, vgl. auch RG. **39** 137). Wer eine solche Leistung gegen Entgelt bewirkt, hat Anspruch auf den Schutz des WettbG. RG. **101** 228 erklärt, daß „Kunstproduktionen niederer Art" gewerblich sind. Die hier gezogene Grenzlinie ist nicht gerechtfertigt, auch praktisch kaum bestimmbar. Siehe S. 33; OLG. Karlsruhe in MuW. **13** 452.

Ärzte üben eine Gewerbetätigkeit aus (RG. in LZ. **1920** 765 unter Berufung auf RGSt. **37** 173; RG. **74** 169; RG. in JW. **08** 249; siehe auch RG. in MuW. **15** 47; RG. in GewRschutz **1915** 104; KG. in MuW. **19** 117; KG. in OLGRspr. **30** 257). Aufgegeben ist der frühere Standpunkt des RG., wonach die ärztliche Tätigkeit nur dann gewerblich sein sollte, wenn mit ihr das Unternehmen einer Privatkrankenanstalt verbunden war (RG. **64** 155, **66** 139).

Rechtsanwälte (Notare, Patentanwälte) üben keine gewerbliche Tätigkeit aus (bestritten). Zwar sind sie „auch in eigenem Interesse tätig, frei über ihre Leistungen verfügend und diese gegen Entgelt gewährend" (RG. **99** 190; RG. in JW. **1922** 33; Stein, Mittelstein, Hachenburg in JW. **1920** 779). Im wesentlichen aber handelt es sich um die Förderung staatlicher Aufgaben (RG. **66** 150, **75** 105; RGSt. **34** 272; KG. in MuW. **12** 578, **19** 117). Wie eine Behörde nicht deshalb znm Gewerbetreibenden wird, weil ihre Tätigkeit sich nach bestimmten Richtungen als gewerblich darstellt (S. 33; RGSt. **49** 200), so sind die Rechtsanwälte nicht deshalb Gewerbetreibende, weil ihre berufliche Betätigung gewerbliche Elemente enthält. Der in RGSt. **49** 200 als „amtlich" behandelte Wirkungskreis eines Hochbauamts umfaßte die Herstellung von Fußsteigen für Privatpersonen, ein durchaus auf Gewinn abgestelltes, rein gewerbliches Tun. Eine so geartete Tätigkeit aber kommt für den Rechtsanwalt niemals in Frage: Er hat bei jeder beruflichen Handlung in erster Linie die staatliche Aufgabe der Rechtspflege zu fördern und darf sich den Standpunkt seiner Partei nur insoweit zu eigen machen, als er die ihr günstigen Gesichtspunkte vorzubringen verpflichtet ist. Damit aber handelt er nicht „zu Erwerbszwecken in allgemeinem Sinne". Letzteres nimmt RG. **99** 190 fälschlich an, unter Mißbilligung der Darlegungen des Verf. in JW. **1911** 178. Eine Fülle von Gesichtspunkten spricht gegen die Behandlung der Rechtsanwälte als Gewerbetreibende; insbesondere auch die zu erstrebende Wechselwirkung in der Verwendung von Richtern, Verwaltungsbeamten nnd Rechtsanwälten. Nur geringe praktische Bedeutung kommt der Frage zu, ob der § 13 Abs. 1 auf Anwaltsvereine anwendbar ist, und ob ein Rechtsanwalt gegen einen anderen Rechtsanwalt aus dem WettbG. klagen kann. Letzteres verbietet sich schon durch die Regelung der Standesgerichtsbarkeit, durch die Aufsichtsgewalt des Kammervorstandes. Wenn aber ein Nicht-Rechtsanwalt den Anschein hervorruft, als ob er Rechtsanwalt („Steueranwalt") sei, dann mögen die Rechtskonsulenten gegen ihn vorgehen (§ 13 Abs. 1).

Als **„geschäftlicher Betrieb"** (im Sinne der §§ 12 und 14 WettbG.) ist dasjenige — auf eine gewisse Dauer berechnete — Unternehmen anzusehen, in dem eine gewerbliche Tätigkeit betrieben wird. Ob ein Handels- oder Gewerbebetrieb im Sinne des HGB. und der GewO. vorliegt, ist belanglos. Gewerblich ist (gemäß der S. 29 gegebenen Begriffsbestimmung) diejenige Tätigkeit, die der Schaffung wirtschaftlicher Werte zum Zwecke der Gewinnerzielung gilt. Demgegenüber legt RGSt. **50** 118 in Abweichung von der bis dahin herrschenden

Meinung dar: „Daß der Betrieb den Zweck habe, für dessen Inhaber Gewinn zu erzielen, ist nicht Voraussetzung des Begriffs des Geschäftsbetriebes. Es können darum sehr wohl auch solche Betriebe ‚geschäftliche Betriebe‘ sein, die nur soziale oder wohltätige Zwecke zum Gegenstand haben.“ — Der erste dieser beiden Sätze ist unrichtig; der zweite zieht eine nicht schlüssige Folgerung aus dem ersten. Gewiß „können sehr wohl auch solche Betriebe ‚geschäftliche Betriebe‘ sein, die nur soziale oder wohltätige Zwecke zum Gegenstand haben“. Wie der Betriebsinhaber den Gewinn seines Unternehmens einem sozialen oder wohltätigen Zwecke zuführen kann, so ist es auch denkbar, daß (so im Falle RGSt. **50** 118) die als Inhaber des Betriebes auftretende Gesellschaft „Familienheim“ den Gewinn aus sozialen oder wohltätigen Gründen ihren Gesellschaftern zufließen läßt. Immer bleibt alsdann das Ziel des Unternehmens die Schaffung wirtschaftlicher Werte zwecks Erlangung einer unmittelbaren Einnahme. Für die Gesellschaft „Familienheim“ bestand der erstrebte Gewinn in der den Gesellschaftern gebotenen Möglichkeit, billige Familienhäuser zu bewohnen. Dies ist eine wirtschaftlich abschätzbare Leistung, und deshalb stand nichts im Wege, daß RGSt. **50** 118 den Betrieb der Gesellschaft „Familienheim“ als einen „geschäftlichen“ betrachtete. Um zu diesem Ergebnis zu gelangen, bedurfte es also keineswegs der Aufstellung der oben wiedergegebenen Leitsätze. Diese gehen in ihrer allgemeinen Prägung weiter, als der Fall es erheischte. Auch die in RGSt. **50** 118 herangezogenen Beispiele können jene Leitsätze nicht stützen. Dies ist vom Verf. näher dargelegt worden in GewRschutz **1917** 189. Man muß an der Anschauung festhalten, die bisher die Rechtslehre und Rechtsprechung beherrschte, wonach Voraussetzung eines geschäftlichen Betriebes (wie überhaupt Begriffsmerkmal einer gewerblichen Tätigkeit) die Schaffung wirtschaftlicher Werte zum Zwecke einer Gewinnerzielung ist (a. M. insbesondere Fuld in GewRschutz **1917** 206; RGSt. **55** 33).

Die gesamte dem Unternehmen dienende Tätigkeit gehört zum „geschäftlichen Betriebe“, also außer dem Einkauf und dem Absatz der Waren die Erzeugung sowie die Annahme (Entlassung) von Angestellten und Arbeitern. Auch die landwirtschaftliche Tätigkeit gilt als „geschäftliche“ (RG. in MuW. **14** 260).

Ein gesetzlich verbotener oder sittenwidriger Geschäftsbetrieb genießt keinen Schutz. Auch würde es dem Sinne des WettbG. nicht entsprechen, wollte man etwa denjenigen, der mangels Konzession verbotenerweise sein Gewerbe ausübt, als „Gewerbetreibenden“ im Sinne des § 13 (§ 22) behandeln. Vgl. S. 47.

Der Begriff **„geschäftlicher Verkehr“** (im Sinne der §§ 1 und 12

WettbG.) ist weiter als der Begriff „geschäftlicher Betrieb“: Er umgreift — ohne Rücksicht auf die Zusammenfassung des Verkehrs in einem bestimmten Unternehmen — jegliche auf Erwerb gerichtete Tätigkeit im Gegensatz zu der privaten oder amtlichen. Beeinträchtigungen der Ärzte und Künstler vollziehen sich „im geschäftlichen Verkehr“ (S. 30 ff.). „Geschäftlich“ ist auch der landwirtschaftliche Verkehr (RG. in MuW. **14** 260); desgl. der Verkehr des Schriftstellers mit dem Verleger oder dem Theaterunternehmen, dem er sein Werk (seine Tätigkeit) anbietet (S. 30; Goldbaum in MuW. **18** 102).

Die von Staat oder Gemeinde betriebene Verwaltungstätigkeit ist eine öffentlich-rechtliche, amtliche. Sie erfolgt — im Gegensatz zu den vom Staat betriebenen Unternehmungen, z. B. Bergwerken, der Post und den Eisenbahnen — nicht im „geschäftlichen Verkehr“. Insbesondere liegt eine gewerbliche Tätigkeit nicht vor, wenn der Staat Betriebe unterhält, die „in erster Linie der Erfüllung öffentlich-rechtlicher Pflichten, insbesondere der Landesverteidigung dienen, oder wenn es sich um die amtliche Tätigkeit einer Verwaltungsbehörde handelt, durch die wie in einer Eigenwirtschaft lediglich die Bedürfnisse des Staates selbst befriedigt werden sollen, keineswegs aber ein Austausch zwischen Leistungen und Geld gegenüber Dritten beabsichtigt ist“ (RG. in GewRSchutz **1918** 30 unter Berufung auf RG. **37** 297; RGSt. **49** 199). Ein „geschäftlicher Betrieb“ (im Sinne der §§ 12 und 14 WettbG.) liegt selbst dann nicht vor, wenn etwa eine staatliche oder städtische Behörde einzelne Geschäfte mit dem Zwecke der Gewinnerzielung macht. Denn diese Geschäfte treten hinter die eigentlichen — öffentlich-rechtlichen — Aufgaben zurück. So RGSt. **49** 200 hinsichtlich einer städtischen Behörde, nämlich eines Hochbauamts, das die Herstellung von Fußsteigen auch für Privatpersonen übernahm, um die einheitliche und vorschriftsmäßige Ausführung solcher Arbeiten zu gewährleisten: „Es handelt sich hier überall um eine öffentlich-rechtliche, eine amtliche Tätigkeit, nicht um eine solche in einem ‚geschäftlichen Verkehr‘ (im Sinne der §§ 1 und 12 WettbG.), unter dem nur ein das Erwerbsleben betreffender Verkehr zu verstehen ist. An der Natur dieser Tätigkeit als Erfüllung einer öffentlich-rechtlichen Pflicht und auf Grund übertragener staatlicher Gewalt innerhalb des zugewiesenen Amtskreises ändert auch der Umstand nichts, daß von demjenigen, dem die staatliche Tätigkeit unmittelbar zugute kommt, eine Geldleistung erhoben wird, selbst wenn diese in der Absicht, einen Gewinn zu erzielen, über die Selbstkosten hinaus bemessen wird. Denn diese Gewinnabsicht würde gegenüber der Absicht, öffentlichen Interessen zu dienen, nur nebensächlich sein. Die Leistung und der daraus erzielte Gewinn vermittelt nicht einen Güteraustausch im Erwerbsleben, sondern behält die Natur einer öffentlich-rechtlichen Leistung an die Gesamtheit als Gebühr, Steuer und Abgabe."

Soweit ein staatliches Hoheitsrecht durch Handlungen einer Behörde ausgeübt wird, kann ein Gerichtsurteil durch Verbote in den Betrieb nicht eingreifen. Soweit dagegen eine Behörde an dem allgemeinen Erwerbsleben sich beteiligt, können ihre Organe Handlungen vornehmen, die nach privatrechtlichen Grundsätzen einen — im Rechtswege zu verfolgenden — Schutzanspruch der etwa verletzten Gewerbetreibenden begründen. So ist eine Klage gegen die Reichstelegraphen-Verwaltung zugelassen worden wegen der Behauptung, sie liefere Nebenanschlüsse besser als die Privatindustrie (RG. in GewRSchutz **1914** 88; RG. **73** 270); ferner eine Klage auf Grund des § 14 WettbG. gegen eine gemeinnützige Anstalt des öffentlichen Rechts (RG. in MuW. **18** 30).

Das Verhältnis des WettbG. und der sonstigen gewerblichen Schutzgesetze zum BGB.

Das BGB. steht gleichberechtigt neben jenen Gesetzen, kommt also nur insoweit nicht zur Anwendung, als deren Inhalt seine Anwendbarkeit ausdrücklich oder sinngemäß ausschließt. Wenn z. B. in einer Wettbewerbshandlung, die auf Grund des § 1 WettbG. verfolgbar ist, auch die Voraussetzungen des § 826 BGB. gegeben sind, so kann auch letztere Bestimmung, und zwar nur sie allein, für die Rechtsverfolgung und Entscheidung herangezogen werden (Ber. S. 47; RG. **62** 321, **66** 236, **70** 75, **73** 296, **74** 436; RGSt. **41** 81; RG. in JW. **1913** 1108, **1915** 579; RG. in MuW. **10** 282; Lobe I 258 ff.; Salinger in JW. **1916** 1244). So hat schon RG. in MuW. **9** 90 dargelegt, eine einschränkende Auslegung der bürgerlich-rechtlichen allgemeinen Bestimmungen über unerlaubte Handlungen hinsichtlich ihrer Anwendung auf das Gebiet des gewerblichen Rechtsschutzes sei nicht denkbar. RG. in MuW. **14** 228 erklärt: „Es handelt sich nicht nur um das WettbG., sondern auch um §§ 826, 852 BGB. (RG. **74** 436). Der BR. hat freilich den § 826 BGB. nicht angeführt; aber er hat Täuschungsabsicht auf seiten des Beklagten, also ein Handeln gegen die guten Sitten festgestellt, und es geht des ferneren auch eine bewußte Schadenszufügung aus seinen Feststellungen hervor." Über den Gerichtsstand siehe S. 80; über die Verjährung § 21 Note 9.

Wird die Klage auf den § 826 BGB. allein gestützt, so kann gleichwohl der Gesichtspunkt des unlauteren Wettbewerbes mit herangezogen werden. Entgegengesetzt OLG. Hamburg in

MuW. **14** 344: Es war auf Grund des § 826 BGB. die Unterlassungsklage gegen die geschäftliche Anpreisung einer mit täuschender Bezeichnung versehenen Ware erhoben worden, und zwar im Gerichtsstande des § 32 ZPO. Das LG. Hamburg hatte die Klage wegen Unzuständigkeit abgewiesen, weil der § 1 (§ 24) WettbG. in Betracht komme. Das OLG. hob auf mit folgender Begründung: „Die Klage enthält nicht die Behauptung, daß die von der Klägerin beanstandete Anzeige der Beklagten zu Zwecken des Wettbewerbes erlassen worden ist. Ohne eine solche Behauptung fehlt es an demjenigen Tatbestande, der zur Anwendung des § 1 WettbG. nötigen würde." Nunmehr erkannte das LG. in der Sache selbst, und zwar wies es die Klage ab: „Für die Beurteilung des mit der Klage angegriffenen Verhaltens scheidet der Gesichtspunkt des Handelns zu Zwecken des Wettbewerbes im geschäftlichen Verkehr aus (!). Der Klage würde also nur stattzugeben gewesen sein, wenn ohne Rücksicht auf Zwecke des Wettbewerbes im geschäftlichen Verkehr die angegriffene Handlung der Beklagten gegen die guten Sitten verstoßen hat. Wie aber in der Anzeige der Beklagten ohne Rücksicht auf den Wettbewerb mit der Klägerin ein Verstoß gegen die guten Sitten zu finden sein sollte, ist nicht erkennbar." — Wenn man für die Betrachtung einer geschäftlichen Anpreisung von Waren den Gesichtspunkt des geschäftlichen Verkehrs „ausscheidet", so bleibt wenig übrig. Und wenn man den § 826 BGB. unter Ausscheidung des geschäftlichen Verkehrs nur auf rein private Verhältnisse anwendet, dann verstümmelt man diese Vorschrift. RG. **73** 296 erklärt ausdrücklich, daß der § 826 BGB. trotz der bestehenden Sondergesetze auch „im Verkehrsleben" gilt. Nach der in letzterem Urteile angezogenen „ständigen Rechtsprechung" des RG. ist die Sittenwidrigkeit auf Grund des § 826 BGB. unabhängig von den Vorschriften der Sondergesetze des gewerblichen Rechtsschutzes festzustellen. Wenn also in einer unlauteren Wettbewerbshandlung, die auf Grund des § 1 WettbG. verfolgbar ist, die Voraussetzungen des § 826 ebenfalls gegeben sind, so kann auch diese Bestimmung, und nur sie allein, für die Rechtsverfolgung herangezogen werden (Verf. in LZ. **1916** 289; Salinger in JW. **1916** 1244; OLG. Hamburg in LZ. **1917** 219, 1195). [S. 80 über Gerichtsstand; § 21 Note 9 über Verjährung].

Die in Betracht kommenden Vorschriften des BGB.

Die §§ 823 Abs. 1, 1004 BGB. haben eine große praktische Bedeutung gewonnen für die Fälle der objektiv-rechtswidrigen Beeinträchtigung der freien Gewerbetätigkeit (siehe über den negatorischen Unterlassungsanspruch).

Der Abs. 2 des § 823 BGB. gibt einen allgemeinen ergänzenden Schadensersatzanspruch gegen die Verletzung von Schutzgesetzen. Das Verschulden braucht sich lediglich auf den Verstoß gegen das Schutzgesetz zu beziehen, nicht, wie bei § 823 Abs. 1, auf die Verletzung fremder Rechte. Der Anspruch ist insofern ergänzend, als der § 823 Abs. 2 dann nicht in Betracht kommt, wenn das Schutzgesetz selbst schon den Schadensersatzanspruch gewährt. Als Schutzgesetze gelten nur diejenigen Vorschriften, die dem Schutze des einzelnen im Gegensatz zur Gesamtheit zu dienen bestimmt sind (RG. **51** 177, **63** 324, **70** 201). Insbesondere die Vorschriften des WettbG. sind als Schutzgesetze anzusehen (RG. in JW. **05** 174). Es hätte also für sie einer besonderen Schadensersatzbestimmung in § 13 (§ 19) WettbG. nicht bedurft. Als Schutzgesetz gilt auch der § 16 WZG., denn er bezweckt den Schutz des Mitbewerbers. Da in dieser Bestimmung vorsätzliches Handeln verlangt wird, so ist solches auch Voraussetzung des Schadensersatzanspruchs aus § 823 Abs. 2, denn der volle Tatbestand des Schutzgesetzes muß jedesmal verwirklicht sein. Der § 15 WZG. kommt für den § 823 Abs. 2 nicht in Frage, denn er regelt selbst die Schadensersatzpflicht. Schutzgesetz ist der § 40 PatG. (RG. in JW. **94** 520); desgl. der § 226 BGB. (RG. **58** 214). Wegen kreditgefährdender, zugleich ehrverletzender Äußerungen kann Schadensersatz und Unterlassung auf Grund des § 823 Abs. 2 BGB. in Verbindung mit §§ 185—187 StGB. verlangt werden. Dies wird praktisch, wenn der § 824 BGB. und der § 14 WettbG. nicht in Betracht kommen, weil keine Tatsachen, sondern der Nachprüfung entzogene Werturteile behauptet werden (RG. **51** 375 ff.). Das Wissen um die Unrichtigkeit der ehrverletzenden Äußerung kommt nur für den § 187 StGB. in Verbindung mit § 823 Abs. 2 BGB. in Frage, nicht für den § 186 StGB., vielmehr genügt es hier, daß der Beklagte des ehrenkränkenden Charakters seiner Äußerung sich bewußt gewesen ist (RG. in JW. **1917** 714). Bei der Schadensersatzklage aus § 186 StGB. in Verbindung mit § 823 Abs. 2 BGB. muß der Beklagte die Wahrheit der Behauptung beweisen, während bei der Schadensersatzklage aus § 824 BGB. der Kläger beweisen muß, daß die Behauptung unwahr ist und der Beklagte die Unwahrheit kannte oder kennen mußte. Die Verbreitung wissentlich unwahrer ehrverletzender Behauptungen verstößt im Regelfall gegen die guten Sitten, so daß auch der § 826 BGB. in Betracht kommt (RG. **83** 362, 366). Die Absicht der Schädigung stempelt schon die fahrlässigerweise unwahr aufgestellte Behauptung zu einer sittenwidrigen (RG. in JW. **1917** 714; Warn. **1916** Nr. 250). Selbst *wahre* beleidigende Äußerungen sind gemäß § 192 StGB. strafbar, „wenn das Vorhandensein einer Beleidigung aus der Form der Behauptung (Verbreitung) oder aus den Umständen, unter welchen sie geschah, hervorgeht“ (RG. 82 63; OLG. Hamburg in HansRZ. **1921** 71; über die sittenwidrige Verbreitung wahrer Tatsachen siehe § 1 Note 35).

Der § 824 BGB. schützt allgemein „Erwerb und Fortkommen“ vor der Behauptung bzw. Verbreitung unrichtiger kreditgefährdender Tatsachen. Für die Schadensersatzklage aus § 824 ist notwendig, daß der Beklagte den kreditgefährdenden Charakter der Äußerung hat erkennen können (RG. in JW. **1917** 714). Über die Abgrenzung des § 824 BGB. von § 14 WettbG. siehe § 14 Note 4. Über die Kreditgefährdung durch Benutzung von fremden Bezeichnungen siehe § 16 Note 5.

Der § 226 BGB. (Schikane) kann für das Gebiet des unzulässigen Wettbewerbes materiell-rechtlich kaum praktisch werden; denn der § 226 verlangt, daß die Handlung nur den Zweck der Schadenszufügung haben konnte. Der Begriff des Wettbewerbes, bei dem stets Vorteile erstrebt werden, schließt also Schikane aus. Insoweit Abwehrmaßnahmen sich als unzulässige Wettbewerbshandlungen darstellen, sind sie als Schikane grundsätzlich nicht anzusehen. Wohl kommt der § 226 für das Gebiet des WettbG. prozessual in Betracht. Soweit nämlich auf Grund des § 13 Abs. 1 WettbG. eine Klageberechtigung der Mitbewerber und Verbände besteht, kann die Benutzung der formalen Befugnis sich als Schikane darstellen (Verf. in HansGZ. **1910** 243; § 13 Note 5). Über die Klage auf Unterlassung schikanöser Rechtsausübung siehe S. 42.

Die Ansprüche aus dem BGB.

Die objektive Rechtsverletzung erzeugt die Ansprüche auf Unterlassung und Beseitigung (die sog. Abwehrklagen), die schuldhafte außerdem den Anspruch auf Schadensersatz (der § 14 WettbG. bildet eine Ausnahmevorschrift, indem er zum Schadensersatz verpflichtet, ohne daß ein Verschulden vorliegt). Die Ansprüche auf Unterlassung, Beseitigung und Schadensersatz bestehen selbständig nebeneinander. Sie können einzeln erhoben und in derselben Klage verbunden werden. Ist eine dieser Klagen erhoben, so steht der Erhebung der anderen nicht die Einrede der Rechtshängigkeit, ist über eine dieser Klagen entschieden, so steht nicht die Einrede der Rechtskraft entgegen.

A. Der Anspruch auf Unterlassung.

Gründet man den Unterlassungsanspruch auf das absolute Persönlichkeitsrecht freier Betätigung, dann leitet sich ein einheitlicher Anspruch auf Untersagung von Störungen ohne weiteres aus dem die Persönlichkeit schützenden allgemeinen Ausschlußrechte her (siehe S. 26 über die der Kommentierung zugrunde liegende Rechtsauffassung). Im § 18 des Entwurfs eines ungarischen BGB. ist das Persönlichkeitsrecht wie folgt anerkannt worden: „Wer in seiner Persönlichkeit von einem anderen widerrechtlich verletzt oder sonst widerrechtlich gestört wird, kann von dem Störer die Beseitigung der Störung fordern und kann, wenn eine Wiederholung zu besorgen ist, darauf klagen, daß das Gericht dem anderen die Störung untersage." Lobe in GewRschutz **1917** 21 erklärt zutreffend, daß „nichts die deutsche Rechtsprechung hindert, das Vorhandensein eines dem Schutze der Persönlichkeit dienenden allgemeinen Ausschlußrechts anzunehmen". „Dann wäre mit einem Schlage die ganze Frage gelöst." Aber das RG. verweigert — bei früher schwankender Haltung — dem Persönlichkeitsrecht die Anerkennung: Es falle nicht unter den Begriff der „sonstigen Rechte" im Sinne des § 823 Abs. 1 BGB. Entgegengesetzt erklärt RG. in JW. **05** 174 unter Berufung auf RG. **22** 96, **28** 247, **45** 61: „Ein Gewerbetreibender, der in seinem freien Gewerbebetriebe beeinträchtigt wird, hat gegen solche Beeinträchtigungen die negatorische Abwehrklage" (ebenso OLG. Dresden in JW. **05** 20; DJZ. **07** 1091; MuW. **8** 285). Legt man diese Rechtsauffassung zugrunde, dann bedarf es nicht des vom RG. später konstruierten „quasi-negatorischen" und des „deliktischen", geschweige denn des — begrifflich unmöglichen — „wiederherstellenden" Unterlassungsanspruchs (Verf. in LZ. **1910** 107 und in Gruchot **61** 715; Lobe I 183 ff.; bestritten, insbesondere letzthin von Salinger in Gruchot **61** 289, **64** 263). Die einzelnen vom RG. gewährten Unterlassungsansprüche sollen im folgenden erörtert werden.

1. **Der negatorische Unterlassungsanspruch.** Der Anspruch auf Unterlassung stellt sich in seiner ursprünglichen Anwendung als negatorischer Abwehranspruch dar: So wie das Eigentum und andere dingliche Rechte (§§ 1004, 1027, 1065 BGB.), der Besitz (§ 862 BGB.), der Name (§ 12 BGB.) gegen objektiv widerrechtliche Eingriffe geschützt sind, so gilt der Schutz allen absoluten Rechten im Sinne des § 823 Abs. 1 BGB. Die neuere Rechtsprechung des RG. anerkennt ein subjektives Recht am „eingerichteten und ausgeübten Gewerbebetriebe" (RG. **51** 373, **58** 24, **65** 210, **77** 217, **79** 226; RG. in JW. **05** 430, **06** 164, **08** 133, **1911** 572, **1913** 34). Doch erklärt RG. in JW. **09** 494 „die Betätigung des Erwerbswillens im Rahmen des eingerichteten Gewerbebetriebes" für geschützt. Salinger (Gruchot **61** 300) weist nach, daß das RG. nicht nur in letzterem Urteile, sondern in allen obigen Urteilen unter dem „Gewerbebetriebe" gar nicht das gewerbliche Unternehmen versteht, sondern die Willensbetätigung des Unternehmers. Das ganze Rechts-

gebilde des „eingerichteten und ausgeübten Gewerbebetriebes" sei nicht nur „unklar gedacht", sondern auch „eine jener überflüssigen Konstruktionen, mit denen man ebensoviel Verkehrtes wie Richtiges begründen kann". Insoweit bestätigt Salinger den hier schon in den früheren Auflagen — im Anschluß namentlich an Lobe — eingenommenen Standpunkt. Der Grad der Konkretisierung einer Gewerbetätigkeit ist kein taugliches Unterscheidungsmerkmal. So liegt, worauf Osterrieth (in GewRschutz **09** 408) treffend hinweist, ein „eingerichteter und ausgeübter Gewerbebetrieb" schon dann vor, wenn ein Agent in seinem Wohnzimmer seine Geschäfte abwickelt und außer einem Notizbuch und einer an der Türe angehefteten Visitenkarte keine äußere Geschäftseinrichtung besitzt. Eine weitere ungerechtfertigte Abgrenzung liegt darin, daß das RG. eine Verletzung des Rechts am „eingerichteten und ausgeübten Gewerbebetriebe" nur dann für vorliegend erklärt, wenn die Handlung „sich unmittelbar gegen den Bestand des Gewerbebetriebes richtet, sei es, daß dieser tatsächlich gehindert oder seine rechtliche Zulässigkeit verneint bzw. seine Schließung oder Einschränkung verlangt wird" (RG. **79** 226; RG. in GewRschutz **1916** 95). Insbesondere versagt das RG. der rechtswidrigen Beeinflussung des Abnehmerkreises den negatorischen Schutz, denn eine solche Beeinflussung richte sich nicht gegen den Bestand des Gewerbebetriebes (RG. **58** 24, **64** 156, **65** 213, **73** 112, **79** 226; RG. in GewRschutz **1916** 95). Demgegenüber ist darauf hinzuweisen, daß es für die rechtliche Behandlung belanglos erscheint, ob die — rechtswidrige — Beeinflussung des fremden Abnehmerkreises (etwa durch ungerechtfertigte Warnungen oder durch unrichtige Reklame) sich zwar nicht gegen die körperliche Grundlage des fremden Unternehmens richtet, wohl aber den Unternehmer in der Ausübung der Gewerbetätigkeit hindert. Auf diesem Standpunkt hat das RG. früher auch gestanden. So erklärt zutreffend RG. in JW. **05** 174: „Auf dem Gebiete der gewerblichen Schutzrechte ist stets angenommen worden, daß ein Gewerbetreibender, der von dem Inhaber eines Schutzrechtes zu Unrecht in seinem freien Gewerbebetriebe beeinträchtigt wird, gegen solche Beeinträchtigungen die negatorische Abwehrklage hat. Er kann insbesondere auf Unterlassung unzutreffender mündlicher oder schriftlicher Berühmungen, die sein gewerbliches Tun als Verletzung des Schutzrechts hinstellen, klagen, insbesondere dann, wenn der Schutzberechtigte dazu übergegangen ist, durch Mitteilungen an die Kundschaft den freien Gewerbebetrieb des anderen zu stören. Die Möglichkeit einer Abwehr unberechtigter Untersagungsansprüche hat für die grundsätzliche Freiheit des Gewerbes (§ 1 GewO.) die gleiche Bedeutung, einerlei, ob sich der Untersagungsanspruch auf ein Individualrecht des Konkurrenten (Patent, Muster, Warenzeichen), oder ob er sich auf die gesetzlichen Bestimmungen gegen den unlauteren Wettbewerb gründet. Wie in jenem Falle, so muß auch in diesem eine entsprechende Anwendung der Bestimmung des § 1004 BGB. über den Schutz des Eigentums gegen Beeinträchtigungen Platz greifen." Dieses Urteil des RG. in JW. **05** 174 gewährt die Unterlassungsklage gleichsam als Schutzwehr, um die Lücken der im BGB. und in den Sondergesetzen enthaltenen Einzelbestimmungen auszufüllen, soweit hier Verschulden oder Verwechselungsfähigkeit oder eine Behauptung tatsächlicher Art verlangt wird. So hat RG. in GewRschutz **1911** 240 auf Grund der §§ 823 Abs. 1, 1004 BGB. die unbefugte Benutzung einer fremden Bezeichnung untersagt, weil hierdurch „der Kläger in der freien Ausübung seiner Erwerbstätigkeit beeinträchtigt wird": Die Bezeichnung Kompaß dürfe, obwohl sie keine Verwechselungen herbeiführe, vom Beklagten nicht benutzt werden, weil sie den Anschein hervorrufe, „es bestünden geschäftliche Beziehungen zwischen dem Beklagten und dem Kläger". RG. in JW. **1915** 328 erklärt: „Ob jemand die Kundschaft eines anderen wörtlich (mündlich oder schriftlich) oder durch eine weitere Tatsache, nämlich dadurch beunruhigt, daß er sie mit Klagen überzieht, ist im wesentlichen dasselbe. Nur wird regelmäßig das Überziehen mit Klagen gerade die schärfere Form der Beunruhigung der Kundschaft und damit (!) der Störung des Gewerbebetriebes bilden." Hier ist also die Beeinflussung des Abnehmerkreises als „Störung des Gewerbebetriebes" verboten worden, obwohl der störende Eingriff sich nicht „unmittelbar gegen den Bestand des Gewerbebetriebes richtet". Letztere Abgrenzung ist auch praktisch undurchführbar und steht im Widerspruch mit RG. in JW. **09** 494: Denn wenn „die Betätigung des Erwerbswillens im Rahmen des eingerichteten Gewerbebetriebes" der Schutzgegenstand ist, dann muß als Eingriff schon jede Störung gelten, die sich gegen die Betätigung des Erwerbswillens richtet, also auch die Beeinflussung des fremden Abnehmerkreises durch unrichtige Reklame (Lobe I 473 und in MuW. **6** 167, **9** 327; Degen in GewRschutz **09** 145, 408; Rudolf Isay S. 21). Siehe die vom Verf. bei Gruchot **61** 715 ff. besprochenen Fälle RG. **79** 224; RG. in JW. **1917** 712; RG. in Recht **1916** Nr. 232; siehe ferner Seligsohn in JW. **1917** 712. Salinger in Gruchot **61** 305 ff., **64** 263 ff. gibt eine umfassende Darlegung des Rechtsgebietes.

2. **Der quasi-negatorische (vorbeugende) Unterlassungsanspruch.** Ein solcher Anspruch zur Abwehr von Eingriffen in vom Gesetz geschützte persönliche Rechtsgüter und Interessen ist als Ergänzung der Schadensersatzklage zuerst vom 6. ZS. in RG. **60** 6 gewährt worden: „Dem durch einen widerrechtlichen Eingriff in ein durch das Gesetz geschütztes Rechtsgut Betroffenen steht eine actio quasi negatoria zu, wenn weitere Be-

einträchtigungen zu besorgen sind. Der Anspruch auf Unterlassung der Vornahme von Handlungen beschränkt sich nicht auf das Gebiet der unerlaubten Handlungen. Jeder auch nur objektiv widerrechtliche Eingriff in ein vom Gesetz geschütztes Recht berechtigt zu einer Klage auf Unterlassung, wenn weitere Eingriffe zu besorgen sind; das Schuldmoment kommt bei einer solchen Klage nicht in Betracht, ebensowenig die Wahrnehmung berechtigter Interessen." In JW. **1915** 29 erklärt der 2. ZS. des RG.: „Eine quasi-negatorische Unterlassungsklage wird nach ständiger Rechtsprechung des RG. demjenigen, dessen Kredit, Erwerb oder Fortkommen durch die Behauptung unwahrer Tatsachen beeinträchtigt werden, auch dann gewährt, wenn demjenigen, welcher die unwahren Tatsachen behauptet hat, ein subjektives Verschulden nicht beizumessen ist" (vgl. auch RG. **61** 366, **78** 212, **82** 59; RG. in JW. **1916** 739; RG. in MuW. **13** 24, **15** 85; über die Androhung und Vorbereitung von Rechtsverletzungen siehe S. 56). Hiernach würde die quasi-negatorische Unterlassungsklage besser als quasi-deliktische bezeichnet werden: Sie bildet eine prätorische Ergänzung des Rechts der unerlaubten Handlungen, ist als eine Klage aus unerlaubter Handlung anzusprechen (RGKomm. Vorbem. zu § 823 unter 6 III a). Mag man der Rechtsschöpfung des RG. zustimmen oder ihr widersprechen (so insbesondere Salinger in Gruchot **64** 269): Jedenfalls zeigt sie symptomatisch das wirtschaftliche Bedürfnis nach einem vorbeugenden Schutze auf Grund der objektiven Rechtswidrigkeit. Ihre Bedeutung beschränkt sich keineswegs auf die üble Nachrede, vielmehr kommen insbesondere die gewerblichen Interessenkämpfe und das berufliche Organisationswesen in Betracht (Flad in JheringsJ. **70** 379; RG. in JW. **1920** 443). Über die Einschränkungen, denen — planlos und ohne Vertiefung — die Rechtsprechung des 6. ZS. des RG. die Abwehrklagen unterwirft, siehe S. 43 (Rechtsschutzvoraussetzung), S. 51 (Wahrnehmung berechtigter Interessen), S. 65 (Wiederholungsgefahr), S. 69, 74 (öffentliche Strafandrohung). Vgl. S. 85, 88 und das Vorwort.

3. Der deliktische Unterlassungsanspruch. Mit der Anerkennung des quasi-negatorischen Unterlassungsanspruchs, der ein Verschulden nicht voraussetzt, ist der deliktische Unterlassungsanspruch überholt. Denn letzterer erfordert, daß der Tatbestand einer unerlaubten Handlung nicht nur objektiv, sondern auch subjektiv erfüllt ist. Das Ausgangsurteil für den deliktischen Unterlassungsanspruch ist RG. **48** 120, wo erklärt wird, daß da, wo kraft Gesetzes eine Schadensersatzverpflichtung oder öffentliche Strafe eintritt, auch die einfachere Form des Rechtsschutzes, die Unterlassungsklage, Platz greifen muß. Ebenso RG. **53** 400; RG. in JW. **96** 709, **00** 896, **01** 13, **03** 128. In diesen Urteilen wird der Verletzer für verpflichtet erklärt, seine mit Unrecht in den Rechtskreis eines anderen eingreifenden Handlungen zu unterlassen, und zwar nicht bloß aus Gründen der öffentlichen Ordnung, sondern auch aus Gründen des Privatrechts. So sagt RG. **48** 120: „Der § 826 BGB. enthält, wenn er auch ausdrücklich nur die Schadensersatzpflicht statuiert, doch der Sache nach zugleich den Ausdruck der Verbindlichkeit zur Unterlassung." So ferner RG. **53** 400: „Indem das Gesetz (der § 17 WettbG.) die Verpflichtung zu einer Unterlassung auferlegt, will es auch die Möglichkeit gewähren, den Anspruch hierauf gegen den zur Unterlassung Verpflichteten in dem auch sonst für bürgerliche Rechtsansprüche gegebenen Wege der gerichtlichen Klage zu verfolgen." Ebenso RG. in JW. **96** 709: Aus der Strafbestimmung des § 40 PatG. „muß auch die zivilrechtliche Befugnis gefolgert werden, eine Klage auf Unterlassung zu erheben". RG. **72** 25 hat auf Grund einer Verletzung des § 226 BGB. eine Klage auf Unterlassung schikanöser Rechtsausübung gewährt, ohne daß es auf ein dingliches oder persönliches Recht des Klägers ankommt; auch soll die Beeinträchtigung ideeller Werte oder Interessen genügen. Auf Grund des § 823 Abs. 2 BGB. kann eine deliktische Unterlassungsklage erhoben werden, soweit hinsichtlich des Verstoßes gegen das in Frage kommende Schutzgesetz Wiederholungsgefahr besteht (vgl. z. B. den Fall der Verbreitung einer beleidigenden Äußerung MuW. **10** 63; Näheres siehe S. 36 zu § 823 Abs. 2). L o b e (GewRschutz **1917** 15 ff.) bekämpft die Gewährung des deliktischen Unterlassungsanspruchs: Bei Unbotmäßigkeit gegen Verbote der Rechtsordnung erwachse nur der allgemeinen Rechtsmacht als der Verbietenden ein Anspruch auf Unterlassung; das RG. verwechsele den Verbietenden mit dem durch das Verbot Begünstigten. Dagegen stimmt S a l i n g e r (Gruchot **64** 264 ff.) grundsätzlich der Rechtsschöpfung des RG. zu.

4. **Der sog. „wiederherstellende" Unterlassungsanspruch,** den der 6. ZS. des RG. neuerdings konstruiert hat, ist eine begriffliche Unmöglichkeit. Er soll nach der Meinung des 6. ZS. dann gegeben sein, wenn der durch eine unerlaubte Handlung geschaffene Zustand die Bedingungen einer fortdauernden oder sich erneuernden Benachteiligung gesetzt hat. Der Zwang zur Unterlassung diene dann der Wiederherstellung des früheren Zustandes im Sinne des § 249 BGB. (RG. **77** 219). Aber hier handelt es sich überhaupt nicht um ein Unterlassen, vielmehr ist diese sog. wiederherstellende Unterlassungsklage entweder eine Schadensersatzklage, oder, soweit ein gegenwärtiger rechtswidriger Zustand besteht, eine deliktische Beseitigungsklage (S. 86). Eine „die Wiederherstellung des früheren Zustandes" bezweckende Unterlassungsklage ist ein monströses Gebilde: Die Unterlassungsklage wendet sich begriffsnotwendig gegen z u k ü n f t i g e Beeinträchtigungen. L o b e hat sich in GewRschutz **1917** 22 obigem Stand-

punkt des Verf. („Unterlassungsklage" S. 46) angeschlossen; zustimmend auch Salinger in LZ. **1919** 1216; Gruchot **64** 266. Flad in JheringsJ. **1921** 357 hat in Verteidigung der Rechtsprechung seines (des 6.) Senats die „wiederherstellende" Unterlassungsklage zu rechtfertigen versucht. Sie sei als „Behelf zur Beseitigung vorhandener Schadensfolgen nicht schlechthin auszuschließen, aber ersichtlich (!) auf ein sehr enges Anwendungsgebiet beschränkt": „Die wiederherstellende Unterlassungsklage richtet sich darauf, daß die Folgen der alten Verletzung nach Möglichkeit beseitigt werden." Was hat das mit Unterlassung zu tun?! Schaffeld in RGKomm. § 823 unter 6 II legt dar, es handele sich bei der wiederherstellenden Unterlassungsklage „indessen vornehmlich weniger um künftige Unterlassungen, als um die Zurücknahme von noch fortdauernden Eingriffen; so von Sperrmaßregeln gegen Gewerbetreibende". Aber soweit es sich nicht um künftige Unterlassungen handelt, kommt eine Unterlassungsklage nicht in Frage, vielmehr eine — ganz anderen Gesetzen unterworfene — Beseitigungsklage (S. 83). Letztere setzt das Bestehen eines gegenwärtigen rechtswidrigen Zustandes voraus, ein Erfordernis, das für die Unterlassungsklage entfällt. Andererseits scheidet, wenn Beseitigung verlangt wird, die Frage der Wiederholungsgefahr begriffsnotwendig aus. Gleichwohl erklärt Schaffeld, die wiederherstellende Unterlassungsklage erfordere, daß „die Fortsetzung der Beschädigung durch die Wiederholung von Handlungen derselben Art ernstlich zu befürchten steht" (!). Mansfeld in RGKomm. § 1004 unter 7 mißbilligt die „wiederherstellende" Unterlassungsklage und erklärt ihre Konstruktion zutreffend für „widerspruchsvoll" im Anschluß an Verf. in LZ. **1918** 431, **1920** 673, **1921** 741. Siehe die Anmerkungen des Verf. in JW. **1922.**

Allgemeines über den Unterlassungsanspruch.

Eine besondere Rechtsschutzvoraussetzung (außer der Wiederholungsgefahr) wird für die Unterlassungsklage nicht erfordert. Es ist insbesondere belanglos, ob ein gegenwärtiger rechtswidriger Zustand besteht, wie er Voraussetzung der Beseitigungsklage ist. Es ist ferner belanglos, ob Schadensersatz gefordert werden kann. Willkürlich lassen Neukamp in JW. **1915** 113 ff. und ihm folgend RGKomm. Vorbem. zu § 823 unter 6 III e die quasi-negatorische Unterlassungsklage nur dann zu, wenn im Einzelfall der Schadensersatz für die begangene unerlaubte Handlung nicht ausreicht, das angegriffene Rechtsgut für die Zukunft gegen ernstlich drohende Beeinträchtigungen gleicher Art zu schützen und ein anderer gesetzlicher Schutz nicht gegeben ist. Ein solcher sei z. B. gegeben, wenn die in Frage stehende unerlaubte Handlung durch ein Strafgesetz unter öffentliche Strafe gestellt wird. Die Unrichtigkeit dieser

Auffassung ist näher dargelegt unten S. 69 ff.; siehe auch Lobe in GewRschutz **1917** 20. Der Unterlassungsanspruch entsteht ohne weiteres mit der Begehung der rechtswidrigen Handlung, gegen die er sich richtet (RG. in MuW. **14** 16). Jeder neue, rechtswidrige Eingriff erzeugt einen neuen Unterlassungsanspruch, sofern ein neuer Entschluß zu der störenden Handlung vorlag (RG. in JW. **02** 101). Rechtsschutzvoraussetzung ist lediglich die Besorgnis vor widerrechtlichen Eingriffen (S. 63 ff.).

Vermögensrechtlicher Natur (im Sinne des § 546 Abs. 1 ZPO.) ist der Unterlassungsanspruch, sofern mit ihm etwas verlangt wird, was einen Vermögenswert darstellt (RG. in JW. **00** 853; RG. **61** 89, **86** 254). Dies ist selbst dann der Fall, wenn mit der Klage lediglich der Schutz der Ehre erstrebt wird. Denn eine vom Kredit, Erwerb und Fortkommen unabhängige, durch das Zivilrecht zu schützende Ehre ist nicht denkbar. Also wird mit dem Schutze der Ehre auch ein vermögensrechtlicher Schutz erstrebt (a. M. RG. in MuW. **13** 323). Näheres siehe S. 82 zur Festsetzung des Streitwertes.

Vererblich und übertragbar ist der Unterlassungsanspruch zur Abwehr eines den Geschäftsinhaber als solchen treffenden Tuns mit dem Erwerbsgeschäft; desgl. der Unterlassungsanspruch, der aus einem Recht, z. B. einem Patentrecht, fließt, mit dem Recht. Hier gilt der Unterlassungsanspruch als mitübertragen, wenn nicht ausdrücklich anderes vereinbart ist (bestritten, insbesondere in den früheren Auflagen und von Lobe I S. 332, 334). In RG. **86** 254 heißt es: „Unwahre oder nicht erweislich wahre Behauptungen, welche die Person des Inhabers eines Erwerbsgeschäfts oder dessen Kredit in den Augen der Geschäftswelt herabzusetzen geeignet sind, beeinträchtigen auch die Vertrauenswürdigkeit des von ihm betriebenen Geschäfts und damit dessen Wert. Der auf die §§ 14 und 1 WettbG. (§§ 824 und 826 BGB.) gestützte Unterlassungsanspruch geht als ein Bestandteil des Nachlasses auf die Erben über und kann mit dem Geschäft unter Lebenden übertragen werden. Auch während der Rechtshängigkeit des Unterlassungsanspruchs steht der Übertragung gemäß § 265 Abs. 1 ZPO. nichts entgegen. Nach Abs. 2 des § 265 ist die Veräußerung oder Abtretung des geltend gemachten Anspruchs auf den Prozeß ohne Einfluß. Der Prozeß wird also zwischen den ursprünglichen Parteien weitergeführt, so daß diese ungeachtet der Veräußerung die zur Fortführung und Erledigung desselben nach der Prozeßordnung erforderlichen Handlungen vorzunehmen ebenso berechtigt wie verpflichtet sind. Denn der Zweck der Gesetzesbestimmung ist der, zu verhindern, daß durch die Zession die prozessuale Lage des Gegners verschlechtert werde." ... „Allerdings wird in der Rechtslehre mehrfach die Meinung vertreten, der Unterlassungsanspruch diene zum Schutze der persönlichen Betätigung;

daher seien die Ansprüche aus der Beeinträchtigung dieses Betätigungsrechts wie dieses selbst weder übertragbar noch pfändbar, noch vererblich (§ 399 BGB., § 851 ZPO.); siehe Lobe I S. 332, 334; Rosenthal, WettbG. S. 54. Dieser Ansicht kann indes nicht beigetreten werden." — Die Auffassung des RG. entspricht dem praktischen Bedürfnis. So auch Isay PatG. S. 237, wonach der Unterlassungsanspruch mit dem Patent gepfändet werden kann und mit ihm in die Konkursmasse des Patentinhabers fällt. Über die Ansprüche dessen, dem das Recht, einen fremden Namen zu benutzen, übertragen worden ist, siehe § 16 Note 61; ebendort über die Ansprüche des Lizenznehmers an einem Warenzeichen.

Eine Beseitigungspflicht als Nebenwirkung des Unterlassungsgebots besteht in den Fällen, in denen die Pflicht zur Beseitigung (z. B. von Plakaten, Firmenschildern usw.) von der Pflicht zur Unterlassung der auf ihnen befindlichen Aufschrift mitumfaßt wird (OLG. Kiel in MuW. **13** 211; RG. in JW. **1915** 455, 456; Salinger in LZ. **1919** 1208). Unhaltbar ist der Standpunkt des OLG. Celle in MuW. **7** 115, wo zwar die von einer Baufirma gebrauchte Bezeichnung „Architekt" als unrichtig bezeichnet und der Unterlassungsklage stattgegeben wird, aber der Anspruch des Klägers, des Bundes deutscher Architekten, auf Beseitigung des an dem betreffenden Hause angebrachten Schildes „B. & K., Architekten und Bauausführung" als rechtlich nicht begründet behandelt wird: Der Klage auf Beseitigung hätte ebenfalls stattgegeben werden müssen, da sonst die vom OLG. Celle für die Zukunft verbotene Bezeichnung „Architekt" gleichwohl fortbenutzt wird. Die Zwangsvollstreckung erfolgt auch in diesen Fällen nach § 890 ZPO.

Die Erstreckung des Unterlassungsanspruchs auf die Folgen der Rechtsverletzung. Über die begangene Rechtsverletzung hinaus kann der Unterlassungsanspruch auch gegen ihre Wirkungen sich richten, so daß er nicht etwa in der begangenen Rechtsverletzung sich erschöpft. Liegt z. B. ein sittenwidriges Vertragsangebot vor, so geht der Unterlassungsanspruch nicht nur auf die Untersagung solcher Angebote, vielmehr kann ein Verbot der Vertragserfüllung erlangt werden, wobei es belanglos ist, ob der Vertrag schon abgeschlossen ist oder nicht. In der Praxis ist der Fall vorgekommen, daß eine große Flußbrücke gebaut wurde nach einem Entwurf, dessen wesentlichstes Motiv angeblich einem Konkurrenzentwurf in sittenwidriger Weise entnommen war. Hier wäre ein Unterlassungsanspruch, der sich lediglich gegen die Wiederholung einer solchen Entnahme richtet, wertlos. Vielmehr kann auf Unterlassung der Ausführung des Entwurfs geklagt werden, also auf Unterlassung des Brückenbaues. So hat RG. **81** 92 einen Unterlassungsanspruch gewährt, wonach die weitere Beschäftigung eines

Angestellten verboten wird, dessen Anstellung in sittenwidriger Weise erfolgt ist. Ebenso RG. II 412/16, wo das Verbot der weiteren Beschäftigung eines Angestellten (in einer bestimmten Abteilung des Geschäfts) gewährt und dargelegt wird, daß in solchen Fällen die Wiederholungsgefahr im Sachverhalt ohne weiteres begründet ist: „Die Beschäftigung (des Angestellten) ist aus unerlaubter Handlung entflossen und stellt in ihrer Fortsetzung eine solche dar. Es entspricht dem § 249 BGB., daß die Beklagte nicht die Früchte einer verbotswidrigen Handlung genießt" (vgl. RG. in MuW. **11** 541, **12** 561). — Im Falle des Geheimnisverrats ist ein Unterlassungsanspruch nicht nur gegen einen ferneren Verrat gegeben, sondern auch gegen die Benutzung der erlangten Kenntnis. (Siehe § 1 Note 104 über die Verwertung von Geschäftsgeheimnissen). Wenn die Erspähung eines Geheimnisses zur Anmeldung eines Patents führt, hat der Berechtigte — abgesehen von den Rechtsbehelfen des PatG. — gegen die Benutzung des Patents einen Unterlassungsanspruch (Kohler S. 281).

Die Zusammenfassung mehrerer selbständiger Unterlassungsansprüche liegt vor, wenn eine in einem Schriftstück (Buch, Reklameschrift) enthaltene Anzahl von Behauptungen den Gegenstand der Klage bildet. Hier ist nur scheinbar und äußerlich ein einheitlicher, gegen die Verbreitung des Schriftstücks gerichteter Anspruch gegeben. In Wahrheit handelt es sich — anders als bei dem Schadensersatzanspruch — um die Zusammenfassung mehrerer selbständiger Ansprüche. Gegen die Wiederholung jeder einzelnen in dem Schriftstück aufgestellten Behauptung richtet sich je ein selbständiger, von den anderen Behauptungen unabhängiger Unterlassungsanspruch. Deshalb liegen hier so viele einzelne Unterlassungsansprüche vor, als einzelne widerrechtliche Behauptungen in dem Schriftstück aufgestellt werden. Wichtig ist dies insbesondere für die Frage, ob ein Teilurteil im Sinne von § 301 ZPO. erlassen werden kann. Dies hat nach obigem zu geschehen, wenn über die je einen Klagegrund abgebende einzelne Behauptung entschieden werden kann (RG. in MuW. **11** 322). Das Verbot kann im Urteilstenor auf die Unterlassung der Verbreitung der Broschüre gerichtet werden, ohne auf den Inhalt des Schriftstücks und die darin enthaltenen Angaben einzugehen. In den Entscheidungsgründen muß dann aber dargelegt werden, welche Einzelstellen des Schriftstücks, gegen das in abgekürzter Form das Verbot sich richtet, als unzulässige Angaben anzusehen sind. Nur insoweit diese als verboten hervorgehoben werden, wirkt gegen sie das Urteil, während der übrige Inhalt der Druckschrift von dem Verbote nicht getroffen wird. Unrichtig ist es, wenn die Gerichte nur eine in dem Schriftstück enthaltene Angabe herausgreifen, feststellen, daß diese zu beanstanden ist und nur hiergegen die Untersagung richten, während im übrigen dahingestellt bleibt, ob auch die weiteren vom Kläger hervorgehobenen Angaben als unzulässig zu betrachten sind (vgl. Lobe in MuW. **8** 148). Greift aber der Kläger seinerseits nur einzelne Angaben heraus und erbittet gegen sie ein Unterlassungsgebot, dann kann er sich nicht auf den „Gesamtsinn und Zweck" des Schriftstücks berufen (RG. in MuW. **15** 88). Über Einzelangaben einer Gesamtankündigung siehe § 3 Note 26.

Die Klageberechtigung

ist im Falle der Störung eines Gewerbebetriebes davon abhängig, daß der Kläger zur Zeit der Begehung des Verstoßes den Gewerbebetrieb schon innegehabt hat. Doch ist der Unterlassungsanspruch mit dem Geschäft, zu dessen Schutze er dient, vererblich und übertragbar (S. 44). Soweit die Beeinträchtigung des Gewerbebetriebes fortdauert, hat der jeweilige Inhaber einen selbständigen Unterlassungsanspruch. Bei Androhung oder Vorbereitung rechtswidriger Eingriffe ist die Klageberechtigung gegeben gemäß den Darlegungen S. 56. Durch Verzicht auf die Strafverfolgung wird die zivile Klageberechtigung nicht berührt.

Ist in der Person mehrerer der Unterlassungsanspruch entstanden, so ist jeder von ihnen selbständig klageberechtigt. Das Urteil schafft Rechtskraft nur zwischen den Parteien. Doch befriedigt die Erfüllung des Anspruchs auch die anderen (§ 432 BGB.). Ehrverletzungen kann eine Personenmehrheit nicht verfolgen, vielmehr können dies nur die betroffenen Einzelpersonen (RG. **60** 5).

Verbände können auf Unterlassung klagen, wenn das rechtsverletzende Tun sich gegen sie selbst richtet. Nicht kann eine Übertragung der den Mitgliedern zustehenden Unterlassungsansprüche auf den Verband stattfinden, geschweige denn eine allgemeine Ermächtigung angenommen werden, wonach der Verband im eigenen Namen für seine Mitglieder die Unterlassung fordern darf (RG. **79** 325; OLG. Dresden in LZ. **1912** 569). Über die besondere Klageberechtigung von Verbänden siehe § 13 Abs. 1.

Wer ein gesetzlich verbotenes oder sittenwidriges Gewerbe betreibt, hat keine Klageberechtigung zum Schutze dieses Betriebes (S. 32).

Der Einwand, der Kläger handele selbst rechtswidrig, berührt dessen Klageberechtigung nicht. Übt jemand ein gesetzlich nicht verbotenes und nach der Gesamtrichtung nicht unsittliches Gewerbe aus, dann kann ihm die Klageberechtigung nicht deswegen abgesprochen werden, weil er innerhalb seines Betriebes Handlungen vorgenommen habe oder zur Zeit noch vornehme, die sich als rechtswidrig darstellen

(RG. **86** 254; RG. in LZ. **1910** 145; RG. in ZIndR. **1915** 96; RG. in MuW. **9** 164, **12** 571; OLG. Dresden in SächsAnn. **1911** 327). Selbst das gleichartige rechtswidrige Verhalten des Klägers schließt dessen Klage im Regelfall nicht aus. Der Beklagte mag selbst Klage (evtl. Widerklage) erheben (OLG. Dresden in SächsAnn. **1911** 357). Unter Umständen greift allerdings die exceptio doli durch.

Der Klageanspruch ist für erledigt zu erklären und statt des ursprünglich gestellten Klageantrages ist lediglich ein Kostenurteil zu erbitten, wenn im Laufe der Entwicklung des materiellen Rechtsverhältnisses — ohne Zutun des Klägers — ein Ereignis eintritt, das eine Entscheidung in der Hauptsache unnötig oder untunlich macht. Dieser Fall liegt insbesondere dann vor, wenn während des Rechtsstreits durch Entfallen der Wiederholungsgefahr die Voraussetzung für den gerichtlichen Ausspruch des Unterlassungsgebots nicht mehr gegeben ist. Ferner, wenn die mit der Klage verfolgte unrichtige Angabe nach Klageerhebung zu einer richtigen geworden ist. In der Erklärung des Klägers, daß der Klageanspruch erledigt sei, liegt weder ein Verzicht noch eine Klagezurücknahme, vielmehr wird die Entscheidung über einen beschränkten Antrag erbeten (RG. in JW. **1911** 591, **1919** 505, **1920** 558; OLG. Hamburg in LZ. **1917** 221; OLG. Kiel in ZIndR. **1917** 78. Unklar und den Stoff verwirrend ist das Urteil des 6. ZS. in RG. **100** 123, das unter Nichtbeachtung der früheren, das Rechtsgebiet klärenden Urteile ergangen ist: Verf. in JW. **1921** 730; Mendelssohn-Bartholdy in JW. **1921** 241, der sich dem vom Verf. in LZ. **1919** 1222 eingenommenen Standpunkt anschließt). Notwendig ist, daß der ursprüngliche Klageanspruch in Wirklichkeit seine Erledigung gefunden hat (RG. in LZ. **1919** 893). Ist dies nicht der Fall, oder hat der Kläger durch sein eigenes willkürliches Verhalten den Streit beendigt, dann liegt in seiner Erklärung, der Klageanspruch sei erledigt, eine unzulässige Klagezurücknahme: Die Klage muß auf Kosten des Klägers abgewiesen werden (RG. in JW. **1919** 505). Erklärt der Kläger den Klageanspruch für erledigt, dann ist es, mag auch schon zur Hauptsache verhandelt sein, belanglos, ob der Beklagte hiermit einverstanden ist (RG. in JW. **1911** 591; RG. in MuW. **18** 140). Bestreitet der Beklagte, daß der Klageanspruch tatsächlich erledigt sei, so muß in die Urteilsformel eine entsprechende Feststellung aufgenommen werden. Sonst bedarf es einer solchen nicht. Hat sie gleichwohl in der Urteilsformel Platz gefunden, dann liegt darin nicht etwa eine „Entscheidung in der Hauptsache" im Sinne von § 99 Abs. 3 ZPO. (RG. **46** 348). Klagt ein Verband auf Unterlassung, dann muß nach eingetretener Liquidation der Klageanspruch für erledigt erklärt werden. Tritt ein mit der Unterlassungsklage abgewiesener Verband in Liquidation, bevor er ein Rechtsmittel einlegt, dann ist in der demnächstigen mündlichen Verhandlung der Klageanspruch für erledigt zu erklären, nachdem vorerst das Urteil der Vorinstanz in vollem Umfange angefochten worden ist (RG. in JW. **1918** 510). — Statt sich darauf zu beschränken, ein Kostenurteil zu erbitten, kann der Kläger — bei Vorliegen eines rechtlichen Interesses an der alsbaldigen Feststellung eines erloschenen Rechtsverhältnisses — den ursprünglichen Leistungsantrag umwandeln in einen Antrag auf Feststellung, wonach das Klagebegehren zur Zeit der Klageerhebung begründet, z. B. der Beklagte bis dahin zur Unterlassung verpflichtet war. Hier handelt es sich aber um eine prozessuale Befugnis des Klägers, nicht um eine Pflicht (RG. in MuW. **18** 140). Ferner kann der Kläger, anstatt ein Kostenurteil zu erbitten, gemäß § 268 Nr. 3 ZPO. „wegen einer später eingetretenen Veränderung" Schadensersatz, nämlich „das Interesse" fordern (RG. **88** 132). Für die Kostenverteilung findet bei Erledigung des Klageanspruchs der § 91 ZPO. nicht unmittelbar, sondern nur sinngemäß Anwendung: Die Kosten treffen diejenige Partei, die unterlegen sein würde, wenn der Erledigungsgrund nicht eingetreten wäre. Maßgebend ist die Rechtslage unmittelbar vor Eintritt des Erledigungsgrundes (RG. in JW. **1911** 591; RG. in MuW. **18** 140). Wenn der Kläger, anstatt rechtzeitig den Klageanspruch für erledigt zu erklären, auf Verurteilung des Beklagten gemäß dem ursprünglichen Klageantrage besteht, müssen ihm unter Abweisung der Klage die gesamten Kosten des Rechtsstreits auferlegt werden (RG. in LZ. **1917** 1252).

Für die weiteren Instanzen gelten die gleichen Grundsätze, wie sie oben für die erste Instanz dargelegt sind: Der Kläger muß unter Umständen noch in zweiter oder dritter Instanz den Klageanspruch für erledigt erklären. Es liegt auf der Hand, daß solchenfalls nicht etwa mangels ausreichenden Streitwerts die Revision für unzulässig erklärt werden darf. Es genügt, daß zur Zeit der Einlegung des Rechtsmittels die Revisionssumme vorhanden war (RG. in JW. **96** 283, **98** 662, **00** 437, **02** 422). Unter Verletzung des § 137 GVG. erklären dann RG. **74** 325, **76** 292; RG. in JW. **1920** 558 den Zeitpunkt der mündlichen Revisionsverhandlung für maßgebend. Diese Auffassung dient zwar der Entlastung des RG., bringt aber die klagende Partei in die Zwangslage, den Prozeß zu verlieren entweder, weil der Klageanspruch nicht für erledigt erklärt worden ist, oder aber, weil infolge dieser — vom Kläger nicht vermeidbaren — Notwendigkeit der Streitwert unter die Revisionsgrenze gesunken ist. Der neue Standpunkt des RG. führt hiernach zu einer Vernichtung gesetzmäßiger Rechte. Vgl. Buzengeiger in JW. **1920** 558: „Der Schutz erworbener Rechte liegt im öffentlichen Interesse.

Dieser Grund überwiegt an Tragfähigkeit den auf Beschränkung der Revisionen abgestellten"; vgl. auch S. 82 und Verf. in JW. **1921** 730.

Klageänderung liegt, wenn die in erster Instanz auf das WettbG. gestützte Klage in zweiter Instanz, etwa gegenüber der erhobenen Verjährungseinrede, auch auf das BGB. gestützt wird, insoweit nicht vor, als der in erster Instanz vorgetragene Sachverhalt unter Bestimmungen des BGB. fällt (RG. in JW. **09** 499). Werden rechtsverletzende Tatsachen geltend gemacht, die sich erst im Laufe des Rechtsstreits ereignet haben, so ist das nur dann eine Klageänderung, wenn die neuen Tatsachen außerhalb des Rahmens des ursprünglichen Klagebegehrens liegen (RG. in JW. **1920** 898). Fordert der Kläger statt des ursprünglich gestellten Unterlassungsantrages oder neben diesem später Schadensersatz, so liegt darin keine Klageänderung (Isay PatG. unter Berufung auf RG. **61** 258; RG. in JW. **01** 651; a. M. RG. in MuW. **20** 33). Die Unterlassungsklage darf in die Löschungsklage umgewandelt werden (RG. in MuW. **12** 573; KG. in MuW. **11** 489). Der Anspruch auf Löschung unterscheidet sich nur graduell vom Anspruch auf Unterlassung. Dasselbe muß für den Anspruch auf Widerruf gelten, der mit dem Löschungsanspruch wesensverwandt ist (a. M. RG. **88** 133 mit unzutreffender Begründung und im Widerspruch zur Vorinstanz, dem KG.). Wird Unterlassung der Benutzung einer Bezeichnung beantragt, nachdem ursprünglich auf Löschung geklagt war, dann kann dem Kläger wegen Zuvielforderns ein Teil der Kosten auferlegt werden. Wird zuerst Schadensersatz und dann gegenüber der Verjährungseinrede die Bereicherung gefordert, so liegt darin keine Klageänderung (RG. **71** 358; RG. in JW. **09** 499). Muß der auf Unterlassung gerichtete Klageanspruch für erledigt erklärt werden, dann kann der Kläger, anstatt sich mit einem Kostenurteil zu begnügen, einen Feststellungsantrag stellen oder „das Interesse" (§ 268 Nr. 3 ZPO.) fordern (Näheres siehe S. 48 über die Erledigung des Klageanspruchs). Vgl. S. 84 und § 3 Note 65.

Die Beweislast hat der auf Unterlassung in Anspruch genommene Beklagte insoweit, als er beweisen muß, daß er zur Fortsetzung seines Verhaltens berechtigt ist. So erklärt RG. **61** 370, daß „der Beklagte die Wahrheit des von ihm verbreiteten Vorwurfs dartun muß". Diese Regelung entspricht derjenigen des § 14 Abs. 1 WettbG. (§ 14 Note 23). Der Kläger braucht lediglich zu beweisen, daß die in Frage stehende Handlung begangen worden ist und daß er durch sie beeinträchtigt wird. Besonderes gilt, wenn der Beklagte in Wahrung berechtigter Interessen gehandelt hat (S. 51). Führt der Beklagte Umstände an, die sein Verhalten als nicht rechtswidrig (sittenwidrig) erscheinen lassen, so trifft ihn hierfür die Beweislast (RG. in MuW. **12** 470, 521). Über die Beweislast für die Wiederholungsgefahr siehe S. 67—69. Über die Glaubhaftmachung siehe S. 53. Über den Beweis für die Verursachung (prima-facie-Beweis) siehe S. 93. Über die Beweislast hinsichtlich der mangelhaften Beaufsichtigung siehe S. 94. Vgl. S. 36.

Die Beweisführung ist streng zu trennen von der Beweislast. Während letztere unabänderlich feststeht und eine „Verschiebung“ oder „Umkehrung“ nicht in Betracht kommt, handelt es sich bei der Beweisführung um die — auf der freien richterlichen Würdigung beruhende — Frage, wie der Beweis zu führen und unter welchen Umständen er als geführt anzusehen ist. Hierbei ist den Erfahrungssätzen, der Wahrscheinlichkeit und Billigkeit, überhaupt der besonderen Lage des Einzelfalls Rechnung zu tragen. Verkehrt ist es dagegen, mit Rücksicht auf die Wahrscheinlichkeit oder Billigkeit eine „Umkehrung der Beweislast“ eintreten zu lassen. Es bedarf einer „Umkehrung“ nicht: Aus der Lehre von der Beweisführung ergibt sich die Darlegungspflicht des Beklagten, seine konkrete Widerlegungslast (vgl. die der Leonhardschen Beweislast-Theorie gewidmeten Abhandlungen des Verf. in JW. **08** 257, 647 und die Entgegnung Stölzels in JW. **08** 393). Würde die Rechtsprechung die Leonhardsche Lehre allgemein annehmen, dann wäre der unfruchtbare Streit zwischen den beiden Theorien der Beweislast, der Einwendungs- und Leugnungstheorie, beigelegt. Stölzel hat mit seiner Leugnungstheorie das Beweislastproblem wie eine mathematische Aufgabe lösen zu können geglaubt. Aber es ist „für die Behandlung der Beweislastfragen unendlich wichtiger, daß praktisch brauchbare Ergebnisse erzielt werden, als daß es gelingt, alle Einzelfragen auf ein einheitliches Grundprinzip zurückzuführen und nach logisch deduktiver Methode zu entwickeln“ (Verf. a. a. O. S. 257 [648]).

Bei Wahrnehmung berechtigter Interessen (§ 14) des Beklagten kann der Kläger die Unterlassung der Behauptung nur dann verlangen, wenn er den Nachweis der Unwahrheit erbringt. Diese in RG. **95** 339 (im Widerspruch zu RG. **61** 370) gegebene Regelung entspricht derjenigen im § 14 Abs. 2 WettbG., nur muß es sich dort außerdem noch um „vertrauliche Mitteilungen“ handeln. Das Urteil RG. **95** 339 ist im Endergebnis zu billigen. Verfehlt ist nur die Begründung: „Zunächst wird der Äußerung durch die Wahrnehmung berechtigter Interessen der Charakter der Widerrechtlichkeit genommen, aber die Interessen hören auf, berechtigte zu sein, sobald der Betroffene bewiesen hat, daß die Äußerung objektiv unwahr ist.“ Diese Konstruktion ist verfehlt. Die Unwahrheit der Äußerung datiert doch nicht erst von dem Zeitpunkt, in dem der Beweis geglückt ist! Die Verbreitung einer unwahren kreditgefährdenden Behauptung ist objektiv widerrechtlich, auch wenn der

Verbreiter berechtigte Interessen wahrt und die Unwahrheit noch nicht bewiesen ist (zustimmend Salinger in Gruchot **64** 277 ff.). So erklärt RG. **60** 6, daß „bei der actio quasi negatoria Wahrung berechtigter Interessen nicht in Betracht kommt". Das Vorhandensein eines berechtigten Interesses schließt nur die subjektive Widerrechtlichkeit aus. RG. **60** 7 erwägt sogar, „ob nicht anzunehmen ist, daß (durch die Wahrnehmung berechtigter Interessen) nur die Schadensersatzpflicht wegfällt, daß aber trotzdem eine unerlaubte Handlung vorliegt". RG. in MuW. **10** 128 nimmt einen objektiv widerrechtlichen Eingriff an, wenn eine Behauptung „unter der Deckung des § 193 StGB." aufgestellt wurde: „Das RG. hat gerade dagegen Schutz durch die Unterlassungsklage gewähren wollen, daß jemand in Wahrnehmung berechtigter Interessen durch unwahre Behauptungen den Kredit oder Erwerb eines anderen schädigt und sich dem Beweise gegenüber, daß seine Behauptungen unwahr sind, unbelehrbar zeigt." Es kommt also nur auf die objektive Unrichtigkeit der Behauptung an. Trotz der Wahrheit einer Behauptung kann Unterlassung dann gefordert werden, „wenn das Vorhandensein einer Beleidigung aus der Form der Behauptung oder Verbreitung oder aus den Umständen, unter welchen sie geschah, hervorgeht" (§ 192 StGB.; RG. **82** 63; OLG. Hamburg in HansRZ. **1921** 71). Der in RG. **95** 339 gegebenen Konstruktion bedarf es nach alledem nicht. Wäre diese Konstruktion richtig, dann läge, wenn erst im schwebenden Prozeß „eine Behauptung als falsch erwiesen wird", bei Klageerhebung noch gar kein Klagegrund vor: Es gibt keine Klage gegen ein Tun, das nicht einmal objektiv rechtswidrig ist. Zutreffend erklärt RG. **61** 371: „Das was bei einer Verurteilung des Beklagten zu einer Unterlassung auferlegt wird, kann dem Übel und dem Nachteile, die ihn bei einer Bestrafung oder bei der Verurteilung zum Schadensersatz treffen, keineswegs gleichgestellt werden." [In RG. **61** 370 wird im Gegensatz zu RG. **95** 339 dem Beklagten, obwohl er in Wahrung berechtigter Interessen gehandelt hat, die Beweislast für die Wahrheit seiner Behauptungen auferlegt. Dann erklärte unvermittelt der 6. ZS. des RG. in Recht **1916** Nr. 441: „Unrichtig würde es sein, die Wahrnehmung berechtigter Interessen für den Unterlassungsanspruch schlechthin auszuschalten; ist diese festgestellt, so fehlt es am Tatbestande der unerlaubten Handlung der Beleidigung oder der Kreditgefährdung auch gegenständlich; das Handeln ist nicht rechtswidrig. Aber ein berechtigtes Interesse daran, eine als falsch erwiesene Behauptung immer wieder zu verbreiten, kann regelmäßig nicht anerkannt werden." Dieses Urteil, gegen das Verf. in LZ. **1916** 997 und in der „Unterlassungsklage" S. 18—20 Stellung genommen hat, konnte nur so verstanden werden, daß ein Unterlassungsanspruch überhaupt versagt werden sollte, wenn der Beklagte in Wahrung berechtigter Interessen gehandelt hat. RG. **95** 339 hat dann den oben dargelegten Rechtszustand geschaffen (Verf. in JW. **1920** 247)].

Liegt eine allgemein gehaltene, in Wahrung berechtigter Interessen aufgestellte Behauptung vor, dann sind an den nach obigem dem Kläger obliegenden Wahrheitsbeweis milde Anforderungen zu stellen. Der Beklagte mag gegenbeweislich bestimmte einzelne Fälle zum Beweise der Wahrheit seiner Behauptung anführen. Man darf dem Kläger, der sich gegen die Wiederholung unwahrer, allgemein gehaltener Behauptungen wendet, keinen unmöglichen Beweis zumuten.

Die Glaubhaftmachung (soweit nicht gemäß § 921 ZPO. davon abzusehen ist) hat sich darauf zu erstrecken, daß die in Frage stehende Handlung begangen (die Behauptung aufgestellt oder verbreitet) worden ist (siehe § 25 über einstweilige Verfügungen). Ferner muß der Antragsteller glaubhaft machen, daß er durch die in Frage stehende Handlung beeinträchtigt wird (hiervon befreit auch der § 25 WettbG. nicht). Richtet sich die beantragte einstweilige Verfügung gegen unwahre kreditgefährdende Behauptungen, dann muß der Antragsgegner die Wahrheit glaubhaft machen, es sei denn, daß er in Wahrnehmung berechtigter Interessen gehandelt hat und dies glaubhaft macht. Alsdann muß der Antragsteller die Unwahrheit glaubhaft machen. Nach der herrschenden Meinung soll der Antragsteller die Unwahrheit der Behauptung auch dann glaubhaft machen müssen, wenn der Antragsgegner nicht in Wahrnehmung berechtigter Interessen gehandelt hat; denn im Verfahren betr. einstweilige Verfügungen seien die sämtlichen Voraussetzungen des Unterlassungsanspruchs zu bescheinigen (RG. in JW. **07** 750; RG. in MuW. 8 246; RG. in Bl. **10** 293; RG. in SeuffA. **60** Nr. 20; OLG. Dresden in JW. **1920** 912). Die gegenteilige Auffassung vertritt RG. in MuW. **5** 17 und in Anschluß hieran Verf. (4. Aufl. § 14 Note 62). Das RG. erklärt in diesem zu § 14 WettbG. ergangenen Urteil vom 7. Juli 1905 (II. 124/05): „Die Beklagte (Antragsgegnerin) muß die Wahrheit der von ihr aufgestellten oder verbreiteten Behauptungen beweisen oder wenigstens glaubhaft machen.“ Nur dieser Standpunkt ist praktisch brauchbar. Denn der Antragsgegner, der ohne Wahrung berechtigter Interessen kreditgefährdende Behauptungen verbreiten zu sollen glaubt, möge die Wahrheit dieser seiner Behauptungen glaubhaft machen; nicht aber kann man dem Antragsteller eine Glaubhaftmachung zumuten, die häufig überhaupt nicht zu erbringen ist. Kann der Antragsgegner die Wahrheit seiner Behauptungen nicht glaubhaft machen, dann braucht er sich nicht zu beklagen, wenn ihm die fernere Verbreitung vorerst durch einstweilige Verfügung verboten wird. Damit kann der Antragsteller je nach Sachlage vor unabsehbarem Schaden bewahrt bleiben. Die herrschende Meinung dagegen, die nur allzuoft den Erlaß dringend gebotener einstweiliger Verfügungen verhindert, setzt sich in einen — praktisch unerträglichen — Widerspruch zu den obigen für das Hauptverfahren geltenden Grundsätzen. Soweit aus § 14 WettbG. eine einstweilige Verfügung erbeten wird, ist das richterliche Verlangen, der Antragsteller solle die Unwahrheit glaubhaft machen, eine offenkundige Gesetzesverletzung; denn gemäß § 14 Abs. 1 braucht der Kläger nur die Behauptung (Verbreitung) der Tatsache und Gefährdung seines Geschäftsbetriebes zu beweisen (§ 14 Note 23, 24). Hieraus ergibt sich ohne weiteres, was glaubhaft zu machen ist. Soweit aber der § 14 nicht in Betracht kommt, liegt in der herrschenden Meinung ebenfalls eine Gesetzesverletzung, nur ist sie weniger offenkundig. Wenn man, anstatt eine starre Gedankenreihe durchführen zu wollen, das Leben beobachtet, ergibt sich die richtige Lösung von selbst. Siehe auch § 14 Note 12.

Beklagter

ist der Störer als solcher, es sei denn, daß er ohne freie Selbstbestimmung, lediglich als Werkzeug eines anderen, tätig geworden ist. Alsdann haftet dieser allein als Störer. Ob der Störer in fremdem Interesse handelt, ist belanglos; desgl., ob der Urheber einer unrichtigen Behauptung seinen Gewährsmann angibt (RG. in JW. **04** 342; RG. in UW. **3** 82). Jeder neue, rechtswidrige Eingriff erzeugt einen neuen Unterlassungsanspruch, sofern ein neuer Entschluß zu der störenden Handlung vorlag. Wer sich die rechtswidrige Handlung eines anderen zu eigen macht oder die durch das rechtsverletzende Verhalten des anderen hervorgerufene Beeinträchtigung für sich ausnutzt, ist selbst als Störer anzusehen (RG. in JW. **99** 545, **03** 128; RG. in UW. **1** 94, **3** 82; Lobe I 351). Unter Umständen ist das Zueigenmachen und Ausnutzen rechtswidrig, ohne daß die Handlung des anderen rechtswidrig zu sein braucht. Wenn z. B. jemand die unrichtige Behauptung über ein Konkurrenzerzeugnis, die ein anderer — etwa als Gutachter — ausgesprochen hat, als die Meinung des anderen verbreitet, so verbreitet er eine unrichtige Behauptung, nicht kann er sich darauf berufen, er habe nur Richtiges behauptet, daß nämlich der andere jene Meinung ausgesprochen habe: § 14 über „Tatsachen behaupten und verbreiten“. Daß vertragliche Verpflichtungen des Beklagten gegenüber Dritten durch die vom Kläger verlangte Unterlassung berührt werden, kann nicht eingewandt werden. So ist z. B. einem Beklagten, der einen — früher beim Kläger beschäftigten — vertragsbrüchigen Handlungsgehilfen eine Tätigkeit ausüben läßt, die der Kläger als rechtswidrig verbieten kann, die Fortsetzung des

Dienstverhältnisses zu untersagen ohne Rücksicht auf die vertraglichen Beziehungen, die zwischen dem Beklagten und dem Handlungsgehilfen bestehen.

Auch Anstifter (Gehilfen) haften auf Unterlassung: sie sind in bewußtem und gewolltem Zusammenwirken mit dem Handelnden tätig (RG. **99** 94; RG. in UW. **5** 27; RG. in GewRschutz **05** 60; RG. in Recht **1916** Nr. 445). RG. **99** 94 legt dar: „Der Wille des Gehilfen geht auf Förderung der Begehung der Haupttat. Er muß daher wissen, daß derjenige, dessen Tat er fördert, auch subjektiv sich einer Verbotsübertretung schuldig macht; dazu genügt aber die Annahme, daß der Dritte mit bedingtem Vorsatz handele, wie es andererseits auch beim Gehilfen selbst ausreicht, daß er sich der Möglichkeit bewußt ist, seine Handlung könne die verbotene Handlung des Dritten fördern, und er diese Handlung doch vornimmt mit dem Willen, eine solche Förderung gegebenenfalls herbeizuführen."

Wenn ein Vertreter mit Wissen und Wollen des Vertretenen die zur Unterlassung verpflichtende Handlung vorgenommen hat, so haftet auch der Vertretene auf Unterlassung (RG. in MuW. **11** 426). Ob der Vertreter auch für sich gehandelt hat, ist belanglos; es genügt, daß er zugleich für den Vertretenen gehandelt hat und handeln sollte (RG. in GewRschutz **1912** 317). Daneben haftet auch der Vertreter auf Unterlassung (zustimmend RG. in JW. **1917** 223 mit dem Hinweise, daß „in erster Linie der Störer im Sinne des § 1004 BGB. haftet"; zustimmend ferner OLG. Dresden in JW. **1919** 255 hinsichtlich des Vertreters einer GmbH.). Ein besonderes Rechtsschutzinteresse dafür, die Unterlassungsklage auch gegen den Vertreter bzw. auch gegen den Vertretenen zuzulassen, wird nicht erfordert (RG. in JW. **1917** 223).

Mehrere Störer haften jeder auf Grund der eigenen Rechtsverletzung, nicht, wie bei der Schadensersatzklage, als Gesamtschuldner. Das gleiche gilt für Anstifter und Teilnehmer. Die §§ 830 und 840 BGB. sind nicht anwendbar. Auch liegt keine notwendige Streitgenossenschaft vor (RG. in DJZ. **01** 340; Lobe I 348).

Unzurechnungsfähigkeit oder Willensunfreiheit des Beklagten steht dem Unterlassungsanspruch entgegen. Denn Beeinträchtigung eines Rechts ist gewollte Tat. Es handelt sich hier also nicht um die Frage des Verschuldens (Salinger in LZ. **1919** 1158; Finger S. 206; a. M. Eltzbacher S. 175).

Gegen juristische Personen als solche ist die Unterlassungsklage zu richten, soweit eines ihrer Organe innerhalb seines Wirkungskreises für sie tätig gewesen ist (RG. **31** 249, **79** 321; RG. in JW. **00** 21, 219; RG. in OLGRspr. **30** 264). Hat z. B. der Vorsitzende eines eingetragenen

Vereins eine rechtswidrige Handlung vorgenommen, dann kann die beklagte juristische Person dem Kläger nicht entgegenhalten, der Vorsitzende habe „keinen Auftrag erhalten, so wie geschehen die Grenzen des Erlaubten zu überschreiten". Vielmehr genügt es, „daß die Wahrnehmung der Angelegenheit durch den Vorsitzenden innerhalb der Zwecke des Vereins lag und nicht nur gelegentlich vorgenommen wurde" (RG. in UW. **3** 63). Daneben kann nach den allgemeinen Grundsätzen von dem als Störer Auftretenden die Unterlassung verlangt werden, wobei es belanglos ist, ob er als Organ der juristischen Person, etwa als Vorstandsmitglied oder als ihr Vertreter gehandelt hat (bestritten, insbesondere von Lobe I 353). Der hier eingenommene Standpunkt ist neuerdings bestätigt worden durch RG. in JW. **1917** 223: „Vor allem ist der gesetzliche Vertreter selbst legitimiert; denn er ist derjenige, durch dessen Handeln die angebliche Beeinträchtigung des Rechts stattgefunden hat und weiter zu besorgen ist, also in erster Linie der Störer im Sinne des § 1004 BGB. Darauf, ob die Störung für eigene Rechnung des gesetzlichen Vertreters oder nur im Interesse der Gesellschaft stattfindet, kommt es nicht an. Es bedarf für die Gewährung der Unterlassungsklage gegen den gesetzlichen Vertreter auch nicht der Darlegung, daß ein besonderes Rechtsschutzbedürfnis gegeben sei, die Klage außer gegen die Gesellschaft auch gegen den Vertreter zuzulassen."

Gegen eine Firma und einen nicht rechtsfähigen Verein kann die Unterlassungsklage gerichtet werden, wenn in deren Namen gehandelt wurde (Lobe I 352, bestritten; doch argumentieren die Gegner vorwiegend mit der — hier ausscheidenden — Verschuldensfrage und mit § 831 BGB. in bezug auf die Schadensersatzhaftung). Die Vollstreckung gegen nicht rechtsfähige Vereine ist die gleiche wie gegen rechtsfähige Vereine: es genügt ein gegen sie ergangenes Urteil (vgl. §§ 54 BGB.; 735, 736 ZPO.).

Gegen die Rechtsnachfolger (Erben) kann die Unterlassungsklage fortgeführt werden, wenn sie das widerrechtliche Tun auch ihrerseits vornehmen oder wenn ein erneuter Eingriff droht. Sonst ist der Klageanspruch hinsichtlich der Hauptsache für erledigt zu erklären und ein Kostenurteil zu erbitten (RG. in JW. **95** 486; bestritten). Die Unterlassungsklage gegen den Geschäftsinhaber als solchen (aus §§ 13 Abs. 3, 14 Abs. 3, 16 Abs. 4 WettbG.) ist ohne weiteres auch gegen seinen Rechtsnachfolger gegeben.

Die Androhung oder Vorbereitung eines rechtswidrigen Eingriffs kann „eine so erhebliche Störung des Rechtsfriedens darstellen, daß darin ein widerrechtlicher Eingriff im Sinne des für die Gewährung der vorbeugenden Unterlassungsklage zu Erfordernden gefunden werden kann. Es entspricht dem Grundgedanken, den die Rechtsprechung bei der Anerkennung dieses Rechtsbehelfs verfolgt hat, unter den vorausgesetzten Umständen die Unterlassungsklage schon dem drohenden erstmaligen Eingriff gegenüber zu gewähren" (RG. **101** 340; vgl. auch RG. **67** 153; RG. in MuW. **8** 204; KG. in JW. **1915** 293). RG. in JW. **99** 239 läßt es genügen, daß „die tatsächlich begründete Besorgnis für einen Rechtseingriff vorliegt", und RG. in JW. **00** 301, daß „Tatsachen vorliegen, welche die Annahme rechtfertigen, daß rechtswidrige Eingriffe vorbereitet bzw. beabsichtigt sind". RG. VI. 140/16 (Urteil vom 6. Juli 1916) hat unter Bestätigung von KG. 22. U. 5423/15 dem Beklagten untersagt, ein bestimmtes kreditgefährdendes Rundschreiben, dessen Veröffentlichung geplant und vorbereitet wurde, zu veröffentlichen oder sonst zu verbreiten. RG. **97** 345 erklärt, daß „regelmäßig schon eine Bedrohung mit Freiheitsberaubung als eine Verletzung der Freiheit zu erachten ist". Siehe auch S. 74 und § 1 Note 20.

Berühmt sich jemand des Rechts zur Vornahme widerrechtlicher Handlungen, so steht dies der Androhung oder Vorbereitung gleich. Es gelten die obigen Grundsätze (RG. **70** 443).

Im Prozeß oder in einer Strafanzeige aufgestellte unrichtige Behauptungen können den Gegenstand einer Unterlassungsklage bilden, denn Wahrung berechtigter Interessen kommt nicht in Betracht (siehe den vom OLG. Breslau gemäß MuW. **12** 299 entschiedenen Fall). Hier liegt aber eine Wiederholungsgefahr nur unter besonderen Umständen vor (S. 63; RG. **88** 131). Demgegenüber erklärt RG. **78** 215 (ähnlich RG. in MuW. **14** 76): „Der Grundsatz, daß Wahrnehmung berechtigter Interessen nicht in Betracht kommt, darf nicht auf solche Kundgebungen angewendet werden, denen selbst das Merkmal der objektiven Widerrechtlichkeit völlig abgeht. Dies ist der Fall, wenn eine höher als bloß privates Interesse stehende, namentlich eine öffentlich-rechtliche Pflicht die Äußerung über die betreffende Tatsache gebietet und dabei die Bekundung nach bestem Wissen, ohne Rücksicht darauf, ob die Tatsache anderweit bewiesen oder erweislich ist, erstattet werden muß. Eine solche Verpflichtung besteht für den Zeugen vor Gericht; sie kann nach Umständen vorliegen bei einer verantwortlichen Vernehmung in einem ehrengerichtlichen Verfahren." — Aber in solchen Fällen wird stets eine Wiederholungsgefahr nicht feststellbar sein, womit obige Bedenken des RG. sich erledigen. Ergibt sich aber die Besorgnis, daß die — objektiv unrichtigen kreditgefährdenden — Behauptungen gegenüber dritten Personen aufgestellt werden, dann besteht ein Unterlassungsanspruch (siehe S. 64 über den „Willenszustand" des Beklagten). Die Darlegung, solchen Äußerungen ginge „selbst das Merkmal der objektiven Widerrechtlichkeit völlig ab", ist, soweit eine unrichtige kreditgefährdende Äußerung objektiv vorliegt, unhaltbar. OLG. Hamburg in HansRZ. **1921** 71 hat zutreffend ein beantragtes Verbot unter Berufung auf den „Sinn der Klage" dahin eingeschränkt, daß die fragliche Behauptung „außerhalb des Rahmens des Privatklage- und Betrugsverfahrens" nicht aufgestellt werden darf. Siehe auch S. 52.

Gegenüber dem Verletzten oder einem agent provocateur aufgestellte Behauptungen können durch ein Unterlassungsgebot allgemein verboten werden, wenn die Gefahr besteht, daß der Beklagte seine Äußerung gegenüber dritten Personen wiederholt. RG. in UW. **1** 164 behandelt den — durch eine Strafandrohung verbotenen — Verkauf einer Druckschrift an einen agent provocateur. Hier nimmt das RG. mit Recht an, das Verbot sei durch einen solchen Verkauf verletzt worden. Denn daß der agent provocateur eine Weiterverbreitung nicht vornehmen wird, liegt abseits: Worauf es ankommt, ist die Willensrichtung desjenigen, der die Behauptung aufgestellt hat. So erklärt RG. in Recht **06** Nr. 3174, es sei unerheblich, ob dem Mitteilungsempfänger die Tatsache bereits bekannt war. Im Falle RG. **101** 340 hat der Beklagte dem Kläger „eine sehr ungünstige Auskunft erteilt in der Meinung, einen Dritten vor sich zu haben". In Übereinstimmung mit dem hier eingenommenen Standpunkt erklärt das RG.: „Mit Grund hat der Kläger geltend gemacht, daß er hieraus entnehme, in welcher Weise der Beklagte Dritten gegenüber überhaupt sich über ihn äußern werde, wenn man bei dem Beklagten Auskunft einholt." Unhaltbar ist, was KG. in OLGRspr. **30** 286 (zu § 14 WettbG.) darlegt: „Die Äußerung muß zum Bewußtsein von Personen gekommen sein, die durch sie veranlaßt werden können und sollen, dem Äußernden einen geschäftlichen Vorteil zuzuwenden." Diese Meinung findet weder im § 14 WettbG. noch in rechtlichen Erwägungen allgemeiner Art eine Stütze: Entscheidend ist (auch gemäß § 14), daß die behauptete Tatsache zur Schädigung „geeignet ist", nicht etwa, daß die Art des Behauptens (Verbreitens) diese Eignung besitzt (a. M. Lobe in UW. **1** 165).

Angestellte und Beauftragte (Reisende, Gehilfen, Angehörige, Bedienstete), soweit eine eigene und freie Tätigkeit vorliegt, haften neben dem Inhaber des Geschäfts. Es ist zu prüfen, inwieweit die Selbstbestimmung des Angestellten (Beauftragten) die von ihm vorgenommene Handlung veranlaßt hat: der Bote, der eine rechtsverletzende Anzeige zur Zeitung bringt, die Schreiberin, der sie diktiert worden ist, kommen als Beklagte regelmäßig nicht in Frage, wohl aber der Angestellte, der die Anzeige abgefaßt hat, mag er sich auch mit dem Geschäftsinhaber besprochen und mag er auch unter dessen Einfluß gestanden haben; hier handeln beide. Das gleiche muß gelten, wenn der Geschäftsinhaber die rechtsverletzende Handlung nach vorheriger Verabredung durch einen Angestellten vornehmen läßt. Hat der Geschäftsinhaber das rechtsverletzende Tun seines Angestellten (Beauftragten) angeordnet, macht er es sich zu eigen oder nutzt er es für sich aus, so haftet er gemäß den Darlegungen S. 54 ff.

Bei mangelnder Beaufsichtigung von Angestellten (Beauftragten) haftet der Geschäftsinhaber auf Unterlassung der von diesen vorgenommenen rechtswidrigen Handlungen. Es besteht eine Aufsichts- und allgemeine Leitungspflicht des Geschäftsinhabers. Er kann sich nicht lediglich damit entlasten, daß er den Angestellten (Beauftragten) sorgfältig ausgewählt habe. Vielmehr „muß er dafür Sorge tragen, daß sein Angestellter die ihm erteilte Befugnis nicht mißbraucht"; sonst ist anzunehmen, daß er „in der Lage gewesen ist, das zur Unterlassung Erforderliche zu tun" (RG. in JW. **03** 128). Der Geschäftsinhaber „würde gegen die Klage nur geltend machen können, daß es ihm unmöglich gewesen sei, die zur wirksamen Verhütung des Mißbrauchs nötigen Einrichtungen zu treffen, oder daß der Angestellte denselben zuwider gehandelt habe, ohne daß er dies habe verhindern können" (RG. a. a. O.). A. M. Finger 233 und Lobe I 350. Letzterer legt dar, die Unterlassungsklage sei nur insoweit gegen den Geschäftsinhaber gegeben, als dieser das rechtswidrige Tun kannte, und auch fahrlässiges Nichtkennen genüge nicht. Aber bei solcher Auffassung würde gegen den Geschäftsinhaber, der seine Angestellten gewähren läßt, eine Abwehrklage nicht durchführbar sein. Zutreffend ist es allerdings, wenn Lobe darlegt, es handle sich hier nicht um Schadensersatzhaftung für fremdes Tun, sondern um eine mit der Unterlassungsklage zu verfolgende Leistung des Handelnden. Der Geschäftsinhaber soll ja auch gerade nur wegen seines eigenen Tuns, nämlich wegen seiner unzureichenden Beaufsichtigung, herangezogen werden. Die Unterlassungsklage muß gegen ihn gerichtet werden, damit er seiner Pflicht zur Überwachung nachkommt (über die Beweislast für die mangelnde Beaufsichtigung siehe S. 94). Der Klageantrag geht je nach Sachlage auf Unterlassung oder darauf, Sorge zu tragen, daß der Angestellte die Handlung unterläßt (§ 13 Note 28). Siehe auch S. 92, 94.

Der Klageantrag (die Urteilsformel)

soll den Sinn (das Wesen) der zu verbietenden Handlung (Kundgebung, Bezeichnung, Ausstattung) treffen, gemessen an der Auffassung des in Frage kommenden Publikums: RG. in LZ. **1914** 178 (unter Mißbilligung von RG. in JW. **00** 858); RG. in GewRschutz **1916** 195 („die

Quintessenz" der zu verbietenden Handlung sei zum Ausdruck zu bringen; siehe die folgenden Darlegungen). Der Klageantrag muß andererseits so bestimmt umgrenzt sein, daß der Beklagte sich erschöpfend verteidigen kann (siehe die Fälle RG. in JW. **1912** 592; RG. in MuW. **13** 68). Über die Zusammenfassung mehrerer selbständiger Unterlassungsansprüche (Verbot eines Buches) siehe S. 46.

Die Verschmelzung des Gesamtinhalts einer Kundgebung (Bezeichnung) ist unter Umständen für die Fassung der Urteilsformel unerläßlich. Denn sonst könnte manchem Beklagten niemals erfolgreich begegnet werden, vielmehr würde die gerichtliche Hilfe ständig hinter den stets wechselnden Rechtsverletzungen zurückbleiben. Deshalb muß insbesondere bei ins einzelne gehenden, in wechselnder Form sich wiederholenden Kundgebungen oder Bezeichnungen die Urteilsformel in allgemeinerer Prägung den Sinn dessen enthalten, was der Beklagte — nach der Anschauung des Publikums — getan hat. Eine so gefaßte Urteilsformel trifft dann auch die in gleicher Richtung sich bewegenden späteren Handlungen. Ob diese Handlungen das Verbot verletzen, muß bei der Entscheidung über den Antrag auf Straffestsetzung vom Vollstreckungsgericht geprüft werden (in Bestätigung der hier vertretenen Meinung RG. **99** 94; OLG. Dresden in GewRschutz **1911** 220; OLG. Kiel in MuW. **15** 32). So erklärt RG. **99** 94: „Sobald die Tätigkeit geschieht, um damit den X bei Verübung seines unlauteren Wettbewerbes zu unterstützen, fällt sie unter das Verbot. Ob dies der Fall ist oder nicht, ist erneut im Vollstreckungsverfahren festzustellen." [Als Beispiel für eine vorbildliche Fassung der Urteilsformel diene das Urteil RG. in MuW. **9** 63: Es war in wechselnder Form behauptet worden, ein Mineralwasser sei wegen seines Gehalts an Arsen kein Tafelwasser. Damit wurde der Eindruck erweckt, das Mineralwasser sei gesundheitsschädlich, während es trotz seines Gehalts an Arsen ein gutes Tafelwasser sein konnte. Das RG. verbot die Behauptung, das Mineralwasser sei wegen seines Gehalts an Arsen gesundheitsschädlich (siehe auch OLG. Köln in MuW. **13** 392). Als weiteres Beispiel diene das Urteil des OLG. Hamburg in HansRZ. **1921** 71: Unter Berufung auf den „Sinn der Klage" ist das beantragte Verbot dahin eingeschränkt worden, daß die fragl. Behauptung „außerhalb des Rahmens des Privatklage- und Betrugsverfahrens" nicht aufgestellt werden darf]. Der Zusatz „oder eine ähnliche Bezeichnung" („Ausstattung") ist nach alledem für die Fassung der Urteilsformel überflüssig, denn es kommt auf das Wesen der zu verbietenden Handlung an. Siehe § 3 Note 25; § 1 Note 93.

Die verübte Rechtsverletzung soll in der Urteilsformel untersagt werden: Es ist nicht Sache der Gerichts, etwaigen anders gearteten Verletzungen vorzubeugen oder dem Beklagten eine bestimmte Art des zukünftigen Verhaltens vorzuschreiben (RG. in MuW. **11** 537, **13** 197). So hat im Prozeß des Herausgebers der Zeitschrift „Das Echo" gegen den Herausgeber der Zeitschrift „Welt-Echo" das KG. unrichtigerweise dem Beklagten verboten, das Wort „Echo" im Titel seiner Zeitschrift zu führen. Demgegenüber betont RG. **101** 109, der Kläger besitze an dem Worte „Echo" kein Monopol, und es müsse ihm die Möglichkeit bleiben, eine zulässige Verbindung mit dieser Bezeichnung zu wählen; demgemäß sei dem Beklagten lediglich der von ihm benutzte Titel, nämlich die Bezeichnung „Welt-Echo", zu verbieten. Siehe Näheres § 16 Note 98.

Einschränkende Zusätze in der Urteilsformel sind unter Umständen nicht vermeidbar. Hier muß das über den Antrag auf Straffestsetzung erkennende Gericht den Umfang der Einschränkung feststellen. Der Fall kann z. B. so liegen, daß dem Beklagten zu untersagen ist, seinen Namen ohne ausreichende Unterscheidung von der Firma des Klägers zu benutzen. Dann hat das Vollstreckungsgericht zu prüfen, ob dem Verbote zuwidergehandelt worden ist, d. h. ob die Unterscheidung nicht ausreichend war (OLG. Dresden in GewRschutz **1911** 220). Der Grundsatz, daß die Verurteilung gegen die vom Beklagten verübte Rechtsverletzung sich wenden muß, wird hierdurch nicht verletzt, denn der Beklagte hat seinen Namen ohne ausreichende Unterscheidung benutzt. Allerdings entbehrt die Urteilsformel in solchen Fällen einer bestimmten Umgrenzung, aber dieses Bedenken muß unter Umständen hingenommen werden (a. M. RG. in MuW. **16** 239). — Solche einschränkenden Zusätze dürfen allerdings nicht dazu führen, daß das Gericht eine Entscheidung ablehnt, die über die vom Beklagten begangene Zuwiderhandlung urteilt. Wenn der Kläger die Unterlassung fordern kann, dann muß das Verbot ausgesprochen werden. So hat z. B. RG. **78** 112 in Abänderung eines im übrigen gebilligten Urteils des KG. folgendes entschieden: Die Beklagte darf ihr Bier, welches sie „Urbock-Münchener" nennt, nicht so bezeichnen, denn es erscheint damit als ein in München gebrautes. Dem hat die Beklagte unter Verletzung der Gesetze und der Rechte des Klägers durch die Art und Weise, wie sie ihr Bier bisher bezeichnet hat, zuwidergehandelt. Demgemäß war ihr einfach die bisher geschehene Bezeichnung ihres Bieres zu untersagen. Der Berufungsrichter hat das aber nicht getan. Er hat vielmehr der Beklagten nur auferlegt, sich zur Kennzeichnung ihres Bieres der Worte „Urbock-Münchener" ohne deutliche Angabe der Herkunft, insbesondere des Brauorts, zu enthalten, und damit hat er ihr zugleich gestattet: zur Kennzeichnung ihres Bieres sich der Worte Urbock-Münchener zu bedienen, wenn sie deutliche Angaben über die Herkunft des Bieres hinzufügt. Aber dieses Gestatten liegt außerhalb des Rahmens des gegenwärtigen Rechtsstreits (siehe auch RG. in GewRschutz **1911** 239 bezüglich der Bezeichnung „Kompaß"). Eine Einschränkung des Unterlassungsgebots kann auch daraus sich rechtfertigen, daß eine Bezeichnung nur hinsichtlich eines Teiles der vom Beklagten geführten Waren befugterweise benutzt wird, hinsichtlich des Restes aber mißbräuchlich. In solchen Fällen muß die Urteils formel Aufschluß geben, nicht genügt es, daß aus den Urteils gründen der Sachverhalt sich ergibt (RG. in GewRschutz **1916** 197). Siehe auch § 16 Note 7, 41, 45; § 1 Note 93.

Wegen zu unbestimmter oder zu weit reichender Fassung des Klageantrages darf die Klage nicht abgewiesen werden. Die Vorschrift des § 139 ZPO. (richterliches Fragerecht und richterliche Fragepflicht) erstreckt sich gerade auch auf die Erläuterung unklarer und auf die Ergänzung zu allgemein oder zu unbestimmt gehaltener Anträge (RG. in JW. **1912** 592). Die Nichtausübung des richterlichen Fragerechts stellt sich als Gesetzesverletzung dar, die zur Aufhebung des Urteils führen muß (RG. in JW. **09** 495, **1910** 292). Ist der Klageantrag zu weit gefaßt, dann muß das Verbot in entsprechender Beschränkung ausgesprochen werden, wobei dem Kläger wegen der Zuvielforderung ein Teil der Kosten auferlegt werden kann. Siehe S. 63.

Die Urteilsformel darf inhaltlich nicht weiter gehen als der Klageantrag. Vgl. den Fall RG. in MuW. **13** 489: Das OLG. hat dem Beklagten verboten „jeden Vergleich der Essigessenz mit dem Methylalkohol und jede Folgerung aus einem solchen Vergleiche". Das RG. erklärt diese Urteilsformel schon deshalb für unzulässig, weil sie „weit über das hinausgeht, was die Klägerin beantragt hatte". Ferner aber sei „gar nicht abzusehen, wie dem Beklagten jeder Vergleich der betr. Stoffe und jede Folgerung aus einem solchen Vergleich verboten werden könnte".

Auch gegen die Folgen einer Rechtsverletzung kann der Klageantrag sich wenden (siehe Näheres S. 45).

Der maßgebende Zeitpunkt ist der Schluß der dem Urteil voraufgehenden Verhandlung. Wird die Angabe im Laufe des Prozesses wahr, so ist der Klageantrag für erledigt zu erklären (S. 48) und ein Urteil in die Kosten zu erbitten. Unrichtig ist der Standpunkt des RG. in JW. **00** 318: Eine „reiche Auswahl von Modellen", die angekündigt, aber nicht geboten wurde, war später, im Laufe des Prozesses, vorhanden. Der Kläger forderte Verurteilung. Das RG. erklärt dieses Verlangen für gerechtfertigt, denn es genüge, daß der Klageantrag bei Anstellung der Klage begründet gewesen sei; er habe also durch Urteil zugesprochen werden müssen. Demgegenüber ist zu betonen, daß die gerichtliche Untersagung für die Zukunft wirkt und nur ausgesprochen werden darf, wenn die mit der Klage verfolgte Behauptung zur Zeit der letzten mündlichen Verhandlung unrichtig ist. Andererseits darf die etwa später eintretende Wahrheit der (einstweilen noch) unrichtigen Angabe im Urteil nicht berücksichtigt werden, z. B. bei einer Behauptung über die Auflage von Druckschriften (RG. in MuW. **11** 203). Der § 767 ZPO. ist anzuwenden (RG. in JW. **00** 211). Tritt die Rechtswidrigkeit erst im Laufe des Prozesses ein, dann kann der Kläger seinen Anspruch darauf stützen.

Der auf Einwilligung gerichtete Klageantrag stellt sich unter Umständen als die positive Form des auf Unterlassung gerichteten Klagebegehrens dar. Zuweilen empfiehlt sich diese Form, wenn es sich um ein beschränktes Verbot handelt (RG. **72** 254).

Die Wiederholungsgefahr als Rechtsschutzvoraussetzung der Unterlassungsklage.

Rechtsschutzvoraussetzung der Unterlassungsklage ist die „Besorgnis weiterer Beeinträchtigungen" (§ 1004 BGB.). Diese Besorgnis muß objektiv vorliegen; die Auffassung der Parteien über ihr Bestehen oder Nichtbestehen ist belanglos (RG. in GewRschutz **1911** 341; über die Beweislast siehe S. 67, 46). Das Gericht muß nach freiem Ermessen prüfen, ob — unter Zugrundelegung des Gesamtbildes des Falls — weitere Beeinträchtigungen zu besorgen sind. Erforderlich ist — grundsätzlich — eine auf Tatsachen sich gründende Wahrscheinlichkeit oder naheliegende Möglichkeit der Wiederholung des Eingriffs (RG. **84** 147, **98** 269; RG. in LZ. **1915** 133; doch siehe die nachfolgenden Darlegungen). Ob Wiederholungen vorgekommen sind, ist für die Feststellung der Wiederholungsgefahr weder erforderlich noch ausreichend. Stellt im schwebenden Prozeß die eine Partei gegen die andere zu ihrer Verteidigung unrichtige Behauptungen auf, so kann hiergegen eine weitere Unterlassungsklage nur dann erhoben werden, wenn eine Wiederholung außerhalb des Prozesses zu besorgen ist (S. 57). Das Verhalten des Beklagten, wie es nach Beendigung des Rechtsstreits in die Erscheinung treten könnte, muß außer Betracht bleiben; insbesondere ist es belanglos, ob der Beklagte vermutlich den Urteilsgründen Rechnung tragen und demgemäß keine Wiederholung mehr vornehmen wird (RG. **60** 6). — Über die Wiederholungsgefahr bei Klagen aus § 3 WettbG. siehe § 3 Note 64; aus §§ 6—9 § 7 Note 38; aus § 13 Abs. 3 § 13 Note 27.

„Daß ein widerrechtliches Verhalten vor Erhebung der Klage schon verwirklicht worden ist, reicht im allgemeinen zur Annahme der Wiederholungsgefahr aus. Hieraus ergibt sich die Wahrscheinlichkeit einer Wiederholung der Rechtsverletzung" (RG. **84** 147; ebenso OLG. München in Bl. **1914** 354; OLG. Hamburg in LZ. **1917** 221 in Bestätigung des vom Verf. in LZ. **1911** 888 eingenommenen Standpunkts; bestritten). OLG. Hamburg in JW. **1916** 289 erklärt: „Die Tatsache der Rechtsverletzung vor dem Prozeß wird regelmäßig genügen, um anzunehmen, daß der rechtsverletzende Wille fortdauert (Rosenthal, 4. Aufl., S. 68), wenn nicht etwa das spätere Verhalten des Beklagten sichere Garantien zugunsten des Klägers bietet ... Das Gericht ist von der Möglichkeit überzeugt, daß der Beklagte ohne verurteilendes Erkenntnis sein Verhalten fortsetzen könnte." Es gilt also der — aus den allgemeinen Erfahrungstatsachen abgeleitete — Grundsatz des prima-facie-Beweises (S. 93). Die Wiederholungsgefahr liegt in dem Fortbestehen eines Zustandes, der keine Sicherheit gegen weitere Rechtsverletzungen bietet (RG. **98** 269 unter Hinweis auf das Verkehrsbedürfnis; KG. in MuW. **12** 46; Lobe I 343). Schon in dem „Willenszustande" eines Beklagten, nämlich in seiner Auffassung, zu einer bestimmten Rechtsverletzung befugt zu sein, hat RG. **96** 245 in Übereinstimmung mit dem KG. zutreffend die Wiederholungsgefahr erblickt: „Der BR. erachtet die Willensrichtung des Beklagten auch jetzt noch für beeinflußt durch seine Auffassung, daß er zu den Angaben berechtigt sei, und schließt aus diesem Zustande und dem Umstande, daß er bereits einmal zur Verwirklichung der Willensmeinung geführt hat, daß die Verwirklichung sich wiederholen könne. In diesem Zustande des Willens liegt eine gegenwärtige Gefährdung, die über die bloß abstrakte Möglichkeit einer Wiederholung hinausgeht" (ebenso RG. **98** 269). Das OLG. München a. a. O. legt zutreffend dar: „Man muß sich insbesondere hüten, eine künftige Verletzung schon deshalb als unwahrscheinlich anzusehen, weil nur eine einzige Verletzung, vielleicht vor längerer Zeit, stattgefunden hat." Diese einzige Verletzung ist oft, namentlich bei übler Nachrede, entscheidend: das Gerücht ist in Umlauf gesetzt, „der Stein ins Rollen gekommen" (Cahn in GewRschutz **1917** 161). — Bei druckschriftlichen Kundgebungen liegt regelmäßig Wiederholungsgefahr vor (RG. in JW. **1915** 34; RG. in LZ. **1915** 133; OLG. Kiel in LZ. **1916** 347; OLG. Hamburg in JW. **1917** 257). Überhaupt sollten die Gerichte bei der Annahme von Wiederholungsgefahr weitherzig verfahren, damit die Unterlassungsklage ihrer praktischen Zweckbestimmung, der ausgleichenden Gerechtigkeit (RG. **60** 7), auch dienen kann. So ist die Auffassung zu billigen, wonach selbst der Umstand, daß der Beklagte sein Geschäft verkauft hat, die Wiederholungsgefahr nicht beseitigt; denn die Möglichkeit liegt vor, daß er ein neues Geschäft gründet und dann wieder ähnliche Kundgebungen vornimmt (OLG. Hamburg in MuW. **12** 300; OLG. Kiel bei Birkenbihl Nr. 141; KG. in OLG.-Rspr. **30** 268; Lehmann S. 226; Stephan S. 131). Siehe auch RG. **86** 254: „Durch den Tod des bisherigen Geschäftsinhabers wird die Gefahr nicht beseitigt, daß der Beklagte die fragl. Behauptungen in Zukunft wiederholt, um sich der Konkurrenz des von den jetzigen Klägerinnen im Erbgange erworbenen Geschäfts zu erwehren." Durch den Konkurs des Beklagten wird die Wiederholungsgefahr auch dann nicht ohne weiteres beseitigt, wenn es sich um eine juristische Person handelt (OLG. Frankfurt in MuW. **16** 43). [Der 6. ZS. des RG. hat — bei schwankender Rechtsprechung — in einigen Urteilen unter Verletzung des § 137 GVG. an den Nachweis der Wiederholungsgefahr willkürliche und sinnwidrige Anforderungen gestellt. So verlangt er (in MuW. **13** 24) „eine der Gewißheit sich nähernde (!) Wahrscheinlichkeit der Wiederholung". Es müsse zu befürchten sein, „der Beklagte werde denselben konkreten Sachverhalt mit den gleichen daran geknüpften Urteilen (!) über den Kläger wiederholen"! Dieser Standpunkt beruht auf einem Mißverstehen des Rechtsstoffs. Vgl. Verf. in JW. **1914** 1063, **1915** 299 und in LZ. **1916** 456. Der 6. ZS. glaubt die Anforderungen an den Nachweis der Wiederholungsgefahr erschweren zu müssen, weil „der Mißbrauch der Unterlassungsklage gegen angeblich (!) ehrverletzende oder schädigende Beurteilungen die Freiheit der Meinungsäußerung mit unzulässiger Fesselung bedroht". — Ein „Mißbrauch" der Unterlassungsklage hat zur Folge, daß der Kläger kostenpflichtig abgewiesen wird. Wo „die Freiheit der Meinungsäußerung" in eine rechtswidrige Kreditgefährdung oder Ehrverletzung ausartet, ist — auch vorbeugend — derjenige Schutz zu gewähren, den das Gesetz vorsieht. Vgl. RG. in JW. **1921** 1530 und die Anm. des Verf. in JW. **1922**].

Bei Täuschungsabsicht des Beklagten ist die Feststellung der Wiederholungsgefahr erleichtert: „Es ist selbstverständlich, daß es für die Frage, ob jemandem zuzutrauen ist, er werde später bei sich bietender Gelegenheit eine Handlung wiederholen, bedeutungsvoll ist, ob die bisherigen Handlungen aus bösem Willen absichtlich begangen wurden (RG. **98** 270; siehe auch RG. in JW. **1916** 275).

Im Zeitpunkt der Urteilsfällung muß die Wiederholungsgefahr noch vorhanden sein, genauer: zur Zeit des Schlusses der dem Erlaß des Urteils voraufgehenden mündlichen Verhandlung (RG. **60** 8, **84** 148; RG. in JW. **1913** 543; RG. in GewRschutz **1911** 80, **1914** 332; RG. in MuW. **13** 69).

Das Verhalten des Beklagten im schwebenden Rechtsstreit kann die Wiederholungsgefahr kenntlich machen und ihre Feststellung selbst dann rechtfertigen, wenn das außerprozessuale

Verhalten oder die sonstige Sachlage hierzu keinen Anlaß bieten. Unter Umständen ist die Wiederholungsgefahr schon darin zu finden, daß der Beklagte im Rechtsstreit Klageabweisung beantragt, anstatt sofort den Klageanspruch anzuerkennen (RG. **98** 269; RG. in MuW. **11** 204, **13** 69, 197; OLG. Hamburg in MuW. **6** 192; OLG. Kolmar in MuW. **13** 394; OLG. München in Bl. **1914** 354). Jedenfalls ist Wiederholungsgefahr anzunehmen, wenn der Beklagte seine Behauptungen im Rechtsstreit aufrechterhält, sei es ausdrücklich, sei es der Sache nach (RG. **56** 287, **96** 245; RG. in MuW. **12** 416; KG. in MuW. **12** 579; OLG. München in LZ. **1914** 1234; OLG. Breslau in MuW. **12** 299). Um so mehr liegt Wiederholungsgefahr vor, wenn der Beklagte im Prozeß das Recht auf Fortsetzung seiner Handlung für sich in Anspruch nimmt (RG. **60** 8, **86** 255; RG. in MuW. **13** 69, 197, 316, **14** 16). So legt RG. in MuW. **15** 358 dar, der Beklagte habe „nur zögernd und widerwillig die Verbreitung der Broschüre eingestellt und noch im Prozeß behauptet, zu seiner Handlung berechtigt gewesen zu sein"; es bleibe die Möglichkeit bestehen, daß der Beklagte die in der Broschüre enthaltenen Behauptungen weiterverbreite.

Das Zugeständnis der Rechtwidrigkeit (das Einstellen, der Widerruf) des mit der Klage verfolgten Tuns gibt im Regelfall keine ausreichende Gewähr gegen die Wiederholung des begangenen Verstoßes. RG. in JW. **1916** 275 erklärt, der Beklagte habe zwar während des Rechtsstreits das fragliche Plakat aus den Wagen der Stadtbahn entfernt, doch sei ihm „nach seinem bisherigen Verhalten zuzutrauen, daß er diese Art der Anpreisung wiederholen werde, wenn der Klageanspruch abgewiesen würde". Auch das Erbieten des Beklagten, eine Erklärung zu Protokoll abzugeben, wonach er künftige Unterlassung verspricht, reicht an sich nicht aus (RG. in MuW. **13** 316; OLG. Kolmar in MuW. **13** 394). RG. in MuW. **13** 494 legt dar: „Wenn der Beklagte in diesem Rechtsstreit obsiegte, so würde er sich an seine Zusage jedenfalls nicht gebunden erachten, würde auch daran nicht gebunden sein, weil die Klägerin diese Zusage nicht als Erledigung des Klageanspruchs angenommen hat." RG. **98** 269 trifft den Kern der Frage mit folgenden Worten: „Wenn das Berufungsgericht lediglich aus dem Umstande, daß die Beklagte der Klägerin gegenüber die Unrichtigkeit ihres Verhaltens zugegeben und die fehlerhaften Firmenabdrucke aus dem Verkehr gezogen hat, die Wahrscheinlichkeit der Wiederholung für ausgeschlossen hält, so wäre zu prüfen gewesen, ob dies alles nicht unter dem Drucke des Prozesses erfolgt ist, sondern auf wirklich gewonnener besserer Einsicht beruht, zumal die Beklagte im Rechtsstreit die Zulässigkeit des Gebrauchs der abgekürzten Firma fortgesetzt betont hat." — Eine andere Beurteilung muß Platz greifen, wenn der Beklagte zwar ein fremdes Recht verletzt, aber seinen Eingriff in Unkenntnis dieses Rechts vorgenommen hat.

Entfällt die Wiederholungsgefahr im Laufe des Rechtsstreits, dann ist der Klageanspruch für erledigt zu erklären; der Kläger muß sich mit einem Kostenurteil begnügen (RG. in GewRschutz **1912** 373, **1914** 332; RG. in MuW. **12** 183; OLG. Hamburg in LZ. **1917** 221; Näheres über die Erledigung des Klageanspruchs siehe S. 48). Nur in seltenen Fällen ist anzunehmen, daß die Wiederholungsgefahr im Laufe des Rechtsstreits entfallen ist (S. 63 ff.). Denn grundsätzlich hat der Kläger ein Recht auf den Ausspruch des Unterlassungsgebots. Ist die Wiederholungsgefahr als entfallen anzusehen, dann kann der Kläger seine Erklärung, der Klageanspruch sei erledigt, nicht davon abhängig machen, daß der Beklagte den Klageanspruch anerkennt (RG. in GewRschutz **1914** 332; RG. in MuW. **12** 183).

Klaglosstellung mangels Wiederholungsgefahr ist anzunehmen, wenn der Beklagte längere Zeit, bevor der Kläger zu gerichtlichen Maßnahmen geschritten ist, sein rechtswidriges Verhalten schon eingestellt hatte oder damals künftige Unterlassung versprochen und die dieses Versprechen verwirklichenden Anordnungen getroffen hat. Sonst hat der Kläger ein Recht auf ein das Unterlassungsgebot aussprechendes Urteil (RG. **84** 147; RG. in JW. **00** 318; RG. in MuW. **12** 183, **14** 495; OLG. Hamburg in LZ. **1917** 221; OLG. Dresden in MuW. **10** 194; OLG. Kiel in MuW. **13** 212; vgl. RG. **60** 154).

Auch für die auf Grund des WettbG. erhobene Unterlassungsklage besteht das Erfordernis der Wiederholungsgefahr (RG. **96** 244 in Bestätigung des vom Verf. vertretenen Standpunkts; so auch RG. in GewRschutz **1912** 373; RG. in MuW. **9** 63; OLG. München in Bl. **1914** 354; OLG. Hamburg in MuW. **6** 192, **8** 221, **11** 545; LZ. **1917** 221; Lobe I 343, bestritten; siehe z. B. Salinger in JW. **1916** 1243 und in Gruchot **64** 282). Die Wiederholungsgefahr ist Rechtsschutzvoraussetzung für jegliche Unterlassungsklage, denn die Unterlassungsklage richtet sich gegen zu besorgende künftige Handlungen. Die Unterlassungsklage des WettbG. und der anderen gewerblichen Schutzgesetze „hat dieselbe rechtliche Natur wie die in § 1004 BGB. geregelte Abwehrklage" (RG. **96** 244). Daß im Wortlaut der Bestimmungen des WettbG., also insbesondere der §§ 1 und 13, das Erfordernis der Wiederholungsgefahr nicht mit aufgenommen worden ist, kann also nicht — gemäß RG. in GewRschutz **1911** 80 — als Argument herangezogen werden, denn es handelt sich um ein Begriffsmerkmal der Unterlassungsklage als solcher (siehe Näheres unten zur Frage der Beweislast).

Die Beweislast für die Wiederholungsgefahr trifft bei jeglicher

Unterlassungsklage den Kläger; denn er hat nicht nur die Tatsachen zu beweisen, die zur Entstehung des Anspruchs notwendig sind, sondern auch die Rechtsschutzvoraussetzungen. Aber im Regelfall bedarf es einer Führung des Beweises der Wiederholungsgefahr nicht, da „die Tatsache, daß ein widerrechtliches Verhalten vor Erhebung der Klage bereits verwirklicht worden ist, im allgemeinen zur Annahme der Wiederholungsgefahr ausreicht" (S. 63). Insoweit hat der Beklagte gemäß der ihn treffenden konkreten Widerlegungspflicht darzutun, daß eine Wiederholung ausgeschlossen ist. Die Frage der Beweislast wird also, wie stets, so auch hier, durch die Beweisführung bestimmt, nämlich durch die — auf freier richterlicher Würdigung beruhende — Frage, wie der Beweis zu führen und unter welchen Umständen er als geführt anzusehen ist (siehe Näheres S. 93). So erklärt RG. **78** 213 in Übereinstimmung mit obigem vom Verf. in LZ. **1911** 888 eingenommenen Standpunkt, daß nach den Umständen, namentlich nach der Beschaffenheit des Eingriffs, ohne weiteren (besonderen) Beweis des Klägers eine genügende Wahrscheinlichkeit der Wiederholung feststellbar ist, so daß dann der Beklagte gegenbeweislich das Ausgeschlossensein neuer Angriffe darzutun habe. Das RG. bestätigt in diesem Urteil und neuerdings in RG. **96** 244, **98** 269 den Standpunkt des Verf., wonach es sich — entgegen RG. **60** 154 — um eine Frage der Beweisführung (-Würdigung) handelt, und daß es nach den Umständen des Falls einer besonderen Behauptung und Darlegung der Wiederholungsgefahr nicht bedarf. So erklärt RG. in JW. **1915** 30, der Beklagte sei dafür tätig gewesen, daß die in seinen Briefen aufgestellten Behauptungen bekannt wurden; es genüge, daß der Kläger dies — unter Beweiserbieten — behauptet habe.

Bei einer Verletzung des WettbG. „ist Wiederholungsgefahr regelmäßig ohne weiteres als gegeben zu erachten und daher nicht erst vom Kläger besonders nachzuweisen, vielmehr vom Beklagten im Einzelfall zu widerlegen" (RG. in LZ. **1911** 702; RG. in MuW. **15** 55, **16** 277, **17** 211). Darin liegt keine besondere Beweiserleichterung, vielmehr gelten die allgemeinen Regeln, wonach die begangene Rechtsverletzung den Schluß auf weitere Rechtsverletzungen zuläßt (S. 63). Nicht etwa sind, wie das RG. in früheren Urteilen dargelegt hat, die Sondervorschriften des WettbG. so zu verstehen, daß sie dem Verletzten einen Untersagungsanspruch ohne Aufstellung des Erfordernisses der Wiederholungsgefahr gewähren. Rechtsgrundsätzlich muß auch hier der auf Grund des WettbG. Klagende die Wiederholungsgefahr beweisen (a. M. RG. in GewRschutz **1911** 80, 276, 341, **1914** 332; RG. in MuW. **12** 183, **14** 16; RG. in Recht **1912** Nr. 3277). Siehe S. 67.

Revisionsfähigkeit. Die Frage der Wiederholungsgefahr ist regelmäßig eine Tatfrage, mithin der Nachprüfung des Revisionsgerichts entzogen (RG. **96** 245; RG. in MuW. **13** 24). Insoweit aber aus den Urteilsgründen ersichtlich ist, daß der Vorderrichter von falschen rechtlichen Gesichtspunkten ausgegangen ist, kann eine Nachprüfung stattfinden (siehe den Schulfall RG. **98** 269). So liegt zwar auch die Feststellung der Verwechselungsgefahr auf tatsächlichem Gebiete und ist mit der Revision nicht angreifbar. Gleichwohl sind die Feststellungen oberlandesgerichtlicher Urteile hinsichtlich der Verwechselungsgefahr vom RG. mehrfach aufgehoben worden, weil der Vorderrichter „die Frage der Verwechselungsgefahr nicht nach den Grundsätzen beurteilt hat, die in feststehender Rechtsprechung aufgestellt sind" (§ 16 Note 20).

Unter öffentlicher Strafandrohung stehende Handlungen können mit der Unterlassungsklage verfolgt werden. Ein „besonderes Rechtsschutzbedürfnis" ist nicht erforderlich (S. 43). Namentlich besteht kein Bedenken gegen den Ausspruch der Strafandrohung in der auf Unterlassung lautenden Urteilsformel. Dies ergibt sich schon daraus, daß vielfach „durch besondere Gesetzesvorschrift eine Unterlassungsklage gewährt ist" (RG. in MuW. **13** 74), obwohl eine öffentliche Strafandrohung besteht, so in den „Fällen, in denen das WettbG. ausdrücklich einen Anspruch auf Untersagung gibt" (RG. in MuW. **18** 16). Aber auch sonst ist der Unterlassungsanspruch in keiner Weise davon abhängig, ob — aus irgendwelchen Erwägungen — neben dem zivilen auch ein Strafschutz vorgesehen ist. Das Strafurteil will in erster Linie sühnen, nicht kann es vorbeugend schützen, wie schon die Tatsache erweist, daß trotz der öffentlichen Strafandrohung Verstöße begangen werden. Das zivile Unterlassungsgebot (in dem auch Haft angedroht werden kann!) ist ein gleichmäßig fortwirkender Schutz, der jederzeit schnell wirksam gemacht werden kann: „für jeden Fall der Zuwiderhandlung". Das Nebeneinanderbestehen von ziviler und öffentlicher Strafandrohung ist in der Rechtsprechung und im Schrifttum niemals beanstandet worden, bis plötzlich der 6. ZS. des RG. entdeckte, daß neben der öffentlichen eine zivile Strafandrohung nicht ergehen könne (RG. **77** 217, **82** 59, **88** 130, **91** 265, 350, **98** 36; in JW. **1912** 587, **1913** 35; in MuW. **12** 416). Das Ausgangsurteil für diese Rechtsprechung (RG. **77** 217) erklärt — in offenkundiger Verletzung des § 137 GVG. —, daß „im allgemeinen überall, wo die Handlung, auf deren Unterlassung geklagt wird, durch ein Strafgesetz unter öffentliche Strafe gestellt ist, für eine weitere zivilrechtliche Strafandrohung kein Bedürfnis und kein Raum ist". Anstatt diesen Satz alsbald preiszugeben, hat der 6. ZS. ihn zu halten gesucht. RG. **82** 59 läßt ihn auch für den

Fall gelten, daß die Strafverfolgung durch Privatklage zu bewirken ist. Nur „in besonders gearteten Fällen“, namentlich wenn der Strafverfolgung Hindernisse entgegenstehen, die jedesmalige Strafverfolgung die Abwehr ungebührlich erschwert oder einen ausreichenden Schutz gegen die „hartnäckige“ Wiederholung des Angriffs nicht bietet (RG. **82** 64), soll das Nebeneinanderbestehen von ziviler und öffentlicher Strafandrohung unbedenklich sein (!). Als „Hindernis“ soll auch die Verjährung der Strafverfolgung oder der Ablauf der Antragsfrist in Betracht kommen (RG. **91** 355). Diese — schon an sich höchst widerspruchsvollen — Einschränkungen werden neuerdings vom 6. ZS. lediglich auf die quasinegatorische (vorbeugende) Unterlassungsklage bezogen, nicht auf die deliktische („widerherstellende“): RG. **91** 268, 354. Umgekehrt legt der 6. ZS. in Recht **1914** Nr. 37 dar, daß die in RG. **77** 217 gemachten Einschränkungen für die quasi-negatorische (vorbeugende) Unterlassungsklage keine Geltung haben: „Jene Entscheidung (RG. **77** 217) betraf eine auf Wiederherstellung gerichtete Unterlassungsklage. Von der einen bloß objektiv widerrechtlichen Eingriff voraussetzenden quasi-negatorischen (vorbeugenden) Unterlassungsklage handelt jenes Urteil nicht; sie sollte weder eingeschränkt noch ausgeschlossen werden“ (!). Also schon im Fundament liegt ein Mißverständnis. So erklärt RGKomm. § 823 Vorbem. 6 III: „In RG. **77** 217 erscheinen die Unterlassungsklage auf Wiederherstellung und die vorbeugende Unterlassungsklage nicht vollständig scharf geschieden; es ist darin eine Unterlassungsklage auf Wiederherstellung angenommen; der entschiedene Fall scheint (!) jedoch auf die vorbeugende Unterlassungsklage hinzuweisen“! Diese gesamte Rechtsprechung des 6. ZS. ist scholastisch; sie verstößt gegen den Sinn und Geist unserer Gesetze; ihre praktische Undurchführbarkeit ergibt sich schon aus der verwickelten Schachtelung, mit der die einzelnen Urteile des 6. ZS. den in RG. **77** 217 aufgestellten Rechtsgrundsatz verklausuliert haben, so daß der Praktiker eine klare Übersicht nicht mehr zu erlangen vermag. Zutreffend bemerkt OLG. Kiel in LZ. **1916** 347: „Es ist hinsichtlich der Zulässigkeit zwischen jenen beiden Arten von Unterlassungsklagen kein Unterschied zu machen (Rosenthal JW. **1914** 1062). Beide richten sich gegen die Gefahr weiterer Störung eines bedrohten Rechtsguts. Es ist nicht erfindlich, weshalb die eine Klageart von strengeren Voraussetzungen als die andere abhängig sein soll.“ — Die neueste Rechtsprechung des 6. ZS. hat die Verwirrung mehr und mehr verstärkt. In RG. **91** 268 erklärt der 6. ZS.: „Es gibt keine zivilrechtliche Klage gegen den Beleidiger auf Unterlassung weiterer Beleidigungen.“ Hierauf ist zu entgegnen, daß es sich nicht um Beleidigung, sondern um Kreditgefährdung handelt, nicht um „Rache“ (RG. **98** 38), sondern um vorbeugenden Schutz. In MuW. **10** 64 erklärt zutreffend der 2. ZS. des RG.: „Die Veröffentlichung kann als Ausdruck der Geringschätzung eine Beleidigung im Sinne des § 185 StGB. darstellen und gemäß § 823 Abs. 2 BGB. den Anspruch auf Unterlassung weiterer Verbreitung des Artikels sowie auf Schadensersatz begründen. Diese Ansprüche ließen sich auch aus § 826 BGB. rechtfertigen." Hier wird also die Unterlassungsklage gewährt, weil die Äußerung beleidigend ist! So geben RG. **48** 120, **53** 400 die Unterlassungsklage, weil die Handlung strafbar ist oder zum Schadensersatz verpflichtet. Für den Betroffenen, der sich gegen die drohende Wiederholung des Verstoßes wehren möchte, wirkt der Hinweis des 6. ZS. auf den durch die bestehende Strafandrohung gegebenen Schutz wie eine Verhöhnung. Das vom 6. ZS. geforderte „besondere Rechtsschutzbedürfnis" ist stets gegeben, wenn Wiederholungsgefahr vorliegt. — Die Instanzengerichte sind dem 6. ZS. nicht durchweg gefolgt. So OLG. Kiel in LZ. **1916** 347; OLG. Hamburg in JW. **1917** 557; OLG. Hamburg in HansRZ. **1921** 71; OLG. Hamm in MuW. **15** 392; KG. in OLGRspr. **35** 274. Vgl. auch LG. I Berlin in LZ. **1915** 1259: „Es wäre um das Zivilrecht schlimm bestellt, wenn es hier versagen sollte." Neukamp hat die Rechtsprechung des 6. ZS. des RG. zu rechtfertigen versucht (Festschrift für Zitelmann 1913 und JW. **1915** 113—120). Die Darlegungen Neukamps zeigen ein umfassendes Mißverstehen der Frage. Vgl. die Entgegnung des Verf. an Neukamp in JW. **1915** 299—306; vgl. auch Verf. in LZ. **1912** 607, **1913** 899, **1916** 997, **1918** 431, **1920** 673; MuW. **15** 104; JW. **1914** 1059, **1918** 133, 167, **1919** 942, **1920** 245; Delius in JW. **1913** 6. Zustimmend Mansfeld in RGKomm. § 1004 unter 7; Schmidt in JW. **1913** 669; Teich in JW. **1914** 612; Weinmann in JW. **1914** 1007, **1915** 212; Recken in JW. **1915** 271; Besser in ArchBürgR. **38** 102; Finger in MuW. **17** 133; JW. **1919** 564; Kohler UnlWG. S. 17; Ernst Fuchs in RuW. **1917** 225; Lobe in LZ. **1916** 644 und in GewRschutz **1915** 15, **1917** 20; Lehmann in JW. **1919** 722, 1001; Krückmann in JW. **1921** 177; Gierke, Deutsches Privatrecht Bd. III S. 974 Anm. 92: „Wenn das RG. neuerdings die Unterlassungsklage versagt oder einschränkt, falls die Handlung mit öffentlicher Strafe bedroht ist, so wird diese ungerechtfertigte Verkümmerung des zivilen Rechtsschutzes schwerlich durchdringen." Salinger in LZ. **1919** 1156 erklärt: „Das Bedenkliche dieser Rechtsprechung (RG. **77** 217) ist der Umstand, daß das RG. dem Richter die Prüfung der Frage überträgt, ob für einen zivilrechtlichen Anspruch ein Rechtsschutzbedürfnis besteht oder nicht. Diese Prüfung hat nach dem Gesetz und nicht nach freiem Ermessen zu geschehen". Zu dem Standpunkt des 6. ZS. neigen hin (außer Neukamp a. a. O.) Ulrich in JheringsJ. **64** 225, 255; Schaffeld in RGKomm. vor § 823 unter 6 (gegen Mansfeld in RGKomm.

§ 1004 unter 7); Dernburg BGB., 4. Aufl., II, 2 S. 776; Silberschmidt in MuW. **17** 137; Flad in JheringsJ. **1921** 337.

[Von den Bedenken, die dem Standpunkt des 6. ZS. entgegenstehen, sollen im folgenden noch einige besprochen werden: Ein wirksamer Schutz von Ehre und Kredit wird vereitelt, wenn gegen die nebenbei auch mit Strafe bedrohten Handlungen eine Unterlassungsklage nicht gegeben ist. Ob eine kreditgefährdende Behauptung sich als strafbar gemäß §§ 185 ff. StGB. erweist, kann derjenige, der durch diese Behauptung „Nachteile für seinen Erwerb oder sein Fortkommen" (§ 824 BGB.) befürchtet, im Regelfalle vorerst nicht wissen. Er erfährt vielfach weiter nichts, als daß die Behauptung gegen ihn im Umlauf ist. Findet er den Urheber nicht mit Sicherheit heraus, dann kommt ein Strafverfahren überhaupt nicht in Frage, während eine Unterlassungsklage erhoben und dem Beklagten der Eid über seine Urheberschaft zugeschoben werden kann. Steht aber der Urheber fest, so kann der Verletzte nicht wissen, ob die subjektiven Strafbarkeitsvoraussetzungen vorliegen. Und ferner: Ist die Behauptung in Wahrung berechtigter Interessen (§ 193 StGB.) aufgestellt worden, dann kann das Strafgericht an die Prüfung der objektiven Unrichtigkeit überhaupt nicht herantreten. Jegliche Aufklärung des Sachverhalts ist damit unmöglich gemacht. Aus dieser Erwägung hat noch ein Jahr vor der Entscheidung RG. **77** 217 der 2. ZS. des RG. (MuW. **10** 128) betont: „Das RG. hat gerade dagegen Schutz durch die Unterlassungsklage gewähren wollen, daß jemand in Wahrnehmung berechtigter Interessen durch unwahre Behauptungen den Kredit oder Erwerb eines anderen schädigt und sich dem Beweise gegenüber, daß seine Behauptungen unwahr sind, unbelehrbar zeigt." Die Verbreitung einer beleidigenden Äußerung ist im Regelfall kreditgefährdend; denn sie ist „geeignet, Nachteile für Erwerb oder Fortkommen (des Betroffenen) herbeizuführen" (§ 824 BGB.). Nun versagt der 6. ZS. (Recht **1915** Nr. 44) regelmäßig die Unterlassungsklage gegen beleidigende Äußerungen, „wenn dem Beleidigten die Möglichkeit gegeben ist, im Wege der Privatklage eine Bestrafung des Beleidigers herbeizuführen: Die bloße (!) Wiederholungsgefahr vermag hier für sich allein den Anspruch auf Unterlassung nicht zu rechtfertigen". Also eine kreditgefährdende Äußerung, die in eine n i c h t beleidigende Form gekleidet ist, soll ohne weiteres mit der Unterlassungsklage verfolgbar sein (RG. **60** 6, **61** 366; RG. in JW. **1915** 29), nicht aber eine solche Äußerung, die — ein Plus gegenüber dem Minus — der Kreditgefährdung eine Beleidigung hinzufügt. Zu diesem Widersinn kommt der weitere, daß gemäß RG. **77** 217 juristische Personen hinsichtlich der Unterlassungsklage privilegiert sind, denn mit einer Strafklage können nur die betroffenen, als Organe in Betracht kommenden Personen vorgehen (RG. **60** 5). Und ferner: Wenn sogar den Sachgütern gemäß § 1004 BGB. der vorbeugende zivile Rechtsschutz ohne Rücksicht auf eine etwaige öffentliche Strafandrohung zukommt, dann muß für die Persönlichkeitsgüter sicherlich dasselbe gelten (Lobe in GewRschutz **1917** 15; Finger in MuW. **17** 134; Fuchs in RuW. **1917** 225; Lehmann in JW. **1919** 722). Übrigens will der durch eine kreditgefährdende Behauptung Bedrohte regelmäßig überhaupt keine „Bestrafung" des Gegners, sondern für sich Schutz. Diesen Schutz versagt der 6. ZS. Statt dessen gibt er dem Angreifer, der, weil sein Tun strafbar ist, im Prozeß obsiegt, die Möglichkeit, triumphierend darauf hinzuweisen, er habe die fragliche Behauptung aufgestellt, aber die gegen ihn gerichtete Klage sei abgewiesen worden. Der 6. ZS. fügt also zu der privaten Kreditgefährdung noch eine behördliche, mit der Autorität des Staates umkleidete. Zugleich vergröbert er unseren Rechtsbetrieb, indem er den nur auf Klarstellung Bedachten an die Strafgerichte verweist. Zutreffend erklärt Krückmann in JW. **1921** 177: „Kulturell ist es ein Rückschritt, wenn die Parteien auf die strafrechtlichen Rechtsbehelfe hingedrängt werden" ... „Entweder gibt es die Unterlassungsklage immer, oder es gibt sie gar nicht." Soweit der 6. ZS. in „besonders gearteten Fällen" die Unterlassungsklage gewährt hat, ist die Abgrenzung verschwommen und bildet eine Quelle der Rechtsunsicherheit. RG. in Recht **1915** Nr. **44** erklärt in dem nicht veröffentlichten Teile der Urteilsgründe: „Daß ein besonders gearteter Fall hier vorläge, dafür bietet das Vorbringen des Klägers keinen Anhalt, so daß die Abweisung des auf Unterlassung gerichteten Klageantrages zu rechtlichen Bedenken keinen Anlaß gibt." Das „Vorbringen des Klägers" bestand darin, daß der Beklagte die Behauptung verbreite, der Kläger habe „ihm eine Schreibmaschine entwendet und sich eines Vertrauensbruchs schuldig gemacht": „Der Kläger macht des weiteren geltend, der Beklagte habe diese Behauptung auch Privatpersonen gegenüber wiederholt (!) und bis in die neueste Zeit, ja selbst nach Erhebung der gegenwärtigen Klage, noch verbreitet" (!). Hier läßt der 6. ZS. den Kläger ohne jeden zivilen Rechtsschutz, vielmehr vertröstet er ihn auf „die Möglichkeit (!), im Wege der Privatklage eine Bestrafung (!) des Beklagten wegen der von diesem angeblich (!) begangenen Beleidigung (!) herbeizuführen": Ein bedrängter Mensch erbittet nichts als Klarstellung, die vielleicht für sein Lebensschicksal bestimmend ist. Er wird nach den Mühen, Erregungen und Kosten von drei Rechtszügen in einem höchstrichterlichen Urteil darüber belehrt, daß er sich mit seinem Gegner vor dem Schöffengericht hätte auseinandersetzen müssen, vielleicht ohne jede Aussicht, damit das zu erlangen, worauf es ihm einzig und allein ankommt: Klarstellung].

Einstweilige Verfügungen gegen kreditgefährdende Äußerungen sind mehrmals versagt worden unter Berufung auf RG. 77 217: Da angesichts der öffentlichen Strafandrohung eine Unterlassungsklage nicht gegeben sei, könne auch eine einstweilige Verfügung nicht erlassen werden (so z. B. OLG. Hamburg in LZ. **1920** 534; hiergegen Verf. in LZ. **1920** 673; siehe auch Verf. in JW. **1920** 246 und in HansRZ. **1921** 73 sowie die Anmerkungen des Verf. in JW. **1922**). Der Standpunkt des OLG. Hamburg in LZ. **1920** 534 bedeutet eine objektive Rechtsverweigerung. Wenn das Rechtsschutzmittel der Unterlassungsklage gar nicht existieren würde, so müßte gleichwohl durch einstweilige Regelung gemäß § 935 ZPO. die weitere Verbreitung des in Frage stehenden beleidigenden Flugblatts verhindert werden. Das gemäß § 935 ZPO. zu schützende „Recht" braucht nicht gerade ein Recht auf Unterlassung zu sein. Zutreffend erklärt Dernburg in JW. **1905** 161: „Die Befugnis, daß die Ehre nicht angetastet wird, ist ein Recht." Der § 935 ZPO. verlangt als Voraussetzung für den Erlaß einer einstweiligen Verfügung lediglich, „daß durch eine Veränderung des bestehenden Zustandes die Verwirklichung des Rechts einer Partei vereitelt oder wesentlich erschwert werden könnte". Unter Umständen ist dem Bedrohten schon damit geholfen, daß das Gericht in seinem Bescheide auf den Antrag, mit dem eine einstweilige Verfügung erbeten wird (mag es ihm stattgeben oder ihn ablehnen), eine vorläufige tatsächliche Feststellung trifft, deren Weitergabe bzw. Veröffentlichung dem Antragsteller freisteht (§ 23 Note 2; § 25 Note 6). Zu verweisen ist auf das gute Urteil des OLG. Hamburg in HansRZ. **1921** 71 und auf RG. VI 140/16, wo der 6. ZS. des RG. unter Bestätigung von KG. 22 U 5423/15 die geplante Veröffentlichung eines kreditgefährdenden Rundschreibens untersagt hat. Würde es bei dem Standpunkt des OLG. Hamburg in LZ. **1920** 534 verbleiben, wonach unser Recht keine Handhabe bietet, die Verbreitung eines beleidigenden Flugblatts durch einstweilige Regelung zu verhindern (so daß also jeder vorbeugende Schutz gegen Ehrverletzungen entfällt und der Betroffene dem Angreifer vorerst preisgegeben wird), dann hätte damit die oben bekämpfte Rechtsprechung des 6. ZS. des RG. ihre endgültige Bestätigung erlangt, und es wäre ein Rechtszustand bei uns eingetreten, der sich als unerträglich erweisen müßte (siehe das Vorwort sowie § 14 Note 12).

Der Einfluß des Konkurses auf die Unterlassungsklage.

1. Der Konkurs des Beklagten beeinflußt die Unterlassungsklage wie folgt:

a) Soweit die Konkursmasse durch das Klagebegehren nicht berührt wird, kann der Rechtsstreit gegen den Beklagten (Gemeinschuldner) weitergeführt werden. Die Konkursmasse wird nicht berührt, wenn bloß tatsächliche Störungshandlungen in Frage stehen, bei denen sich der Störer nicht auf ein angebliches Recht stützt. Eine weitere Unterlassungsklage kann erhoben werden gegen den Konkursverwalter, der den Betrieb fortsetzt, sofern er die rechtswidrigen Handlungen des Gemeinschuldners sich zu eigen macht oder die durch dessen Verhalten hervorgerufene Beeinträchtigung für die Masse ausnutzt (S. 54).

b) Soweit die Konkursmasse berührt wird, tritt eine Unterbrechung des Verfahrens gemäß § 240 ZPO. ein. Alsdann kann die Klage gegen den Konkursverwalter weitergeführt werden (§ 10 KO.). Eine Weiterführung der Klage gegen den Gemeinschuldner kommt nicht in Frage, da er gemäß § 6 KO. die Berechtigung verloren hat, sein zur Konkursmasse gehöriges Vermögen zu verwalten oder darüber zu verfügen (RG. **89** 114). Nur wenn der Konkursverwalter die Aufnahme des Rechtsstreits ablehnt, kann gemäß § 10 KO. der Gemeinschuldner die Aufnahme bewirken. Die Konkursmasse wird berührt, wenn die Unterlassungsklage sich gegen ein Verhalten des Gemeinschuldners richtet, das den Bestand oder die Verwertbarkeit der Konkursmasse beeinflußt. Hatte z. B. der Gemeinschuldner bestimmter Vorzüge einer von ihm vertriebenen Ware sich berühmt und war dieserhalb auf Unterlassung verklagt worden, dann ist der Rechtsstreit gegen den Konkursverwalter weiterzuführen; denn die Berechtigung zur Aufstellung einer derartigen Behauptung erhöht die Verwertbarkeit der Masse. Es ist zu verweisen auf RG. **45** **374**, wo die Frage grundlegend behandelt wird: Der Beklagte hatte behauptet, sein — ihm patentiertes — Erzeugnis habe bestimmte Vorzüge vor anderen Erzeugnissen. Das RG. legt dar: Durch das Gebot der Unterlassung der Behauptung werde die Absatzfähigkeit der Ware des Beklagten beeinträchtigt und damit auch die Ausbeutung seines Patents. Das Patent und seine Ausbeutung bildeten einen Bestandteil der Aktivmasse (so auch RG. **89** 114). Diese werde also durch den Rechtsstreit berührt. Die Aufnahme habe nicht nach § 9 (jetzt § 11) KO. zu erfolgen, da es sich nicht um einen Aussonderungsanspruch handele. Vielmehr erfolge die Aufnahme nach § 8 (jetzt § 10). Denn in Frage stehe ein zur Vermehrung der Teilungsmasse dienender Anspruch des Gemeinschuldners. Dieser verfolge seinerseits das Recht zur unbeschränkten Ausbeutung des Patents. Durch die öffentliche Behauptung des Klägers werde der Absatz des vorrätigen Warenbestandes der Konkursmasse beeinträchtigt. Zur Fortsetzung des Verfahrens sei insoweit der Beklagte persönlich nicht befugt, da er die Berechtigung verloren habe, sein zur Konkursmasse gehöriges Vermögen zu verwalten. Isay, der (GewRschutz **1917** 10) in verdienstvoller Untersuchung auf dieses, bis dahin in der Rechtslehre anscheinend noch nicht verwertete Urteil des RG. hingewiesen hat, erklärt zutreffend, daß der Standpunkt des RG. nicht nur theoretisch einfach und ungekünstelt ist, sondern auch zu einem praktisch befriedigenden Ergebnis führt: Der Rechtsstreit wird zwischen denjenigen Parteien fortgesetzt, für die allein er noch ein Interesse hat. Isay tritt in überzeugender Beweisführung den Meinungen von Lobe, Jäger und Lehmann entgegen, deren Standpunkt er folgendermaßen zusammenfaßt:

1. Der Unterlassungsanspruch berührt die Konkursmasse niemals, der Rechtsstreit wird niemals unterbrochen (Lobe, Ztschr. f. ZP. **39** 493 ff.; Lobe I 348);
2. der Unterlassungsanspruch ist ein Aussonderungsanspruch dann, wenn der Gemeinschuldner ihm die Berufung auf ein pfändbares Gegenrecht entgegensetzt, anderenfalls berührt er die Masse nicht (Jäger, Komm. z. KO.);
3. der Unterlassungsanspruch ist ein Aussonderungsanspruch schon dann, wenn der Gemeinschuldner sich ihm gegenüber auf sein Recht zum freien Gewerbebetrieb berufen kann (Lehmann, Ztschr. f. ZP. **38** 85 ff. und in LZ. **1910** 815).

Demgegenüber betont Isay zutreffend, daß gemäß RG. **45** 374 von der Aussonderung eines Rechts auf bestimmte Reklamebehauptungen keine Rede sein könne, daß also ein solches „Recht" nicht als Bestandteil der Masse in Frage komme. Vielmehr handele es sich lediglich darum, daß eine zur Masse gehörige Ware — je nach der Entscheidung des Rechtsstreits — in ihrem Werte (ihrer Absatzfähigkeit) vermehrt oder vermindert werde. Zutreffend bemerkt Isay ferner, daß es für diese Betrachtungsweise belanglos ist, ob es sich um eine patentierte Ware handelt oder nicht. In Frage steht lediglich die Zulässigkeit einer — die Masse in ihrem Bestande oder in ihrer Verwertbarkeit berührenden — Reklamebehauptung (a. M. OLG. Frankfurt in MuW. **16** 43). Wird die Klage gegen den Konkursverwalter weitergeführt, und nimmt dieser nach Eröffnung des Konkurses selbständig die mit der Klage verfolgten Handlungen vor, so können diese Handlungen des Konkursverwalters in demselben Prozeß verfolgt werden (Isay a. a. O. S. 14; Lobe a. a. O. S. 501; abweichend Jäger § 59 Anm. 4).

2. Für den Konkurs des Klägers gilt Entsprechendes:

a) Soweit die Konkursmasse durch das Klagebegehren nicht berührt wird, kann der Kläger die von ihm erhobene Unterlassungsklage trotz des schwebenden Konkursverfahrens weiter verfolgen. Dies gilt z. B. für den Fall, daß er mit der Klage den Schutz seiner persönlichen Kreditwürdigkeit erstrebt.

b) Soweit die Konkursmasse durch das Klagebegehren berührt wird, soweit also die Unterlassungsklage sich gegen ein Tun wendet, das die Konkursmasse in ihrem Bestande oder in ihrer Verwertbarkeit beeinflußt, wird das Verfahren gemäß § 240 ZPO. unterbrochen. Der Konkursverwalter kann gemäß § 10 KO. den Rechtsstreit aufnehmen. Lehnt er die Aufnahme ab, so kann sowohl der Gemeinschuldner als auch der Gegner die Aufnahme bewirken.

Die Zwangsvollstreckung

aus dem ein Unterlassungsgebot enthaltenden Urteile richtet sich in allen Fällen nach § 890 ZPO. Dies gilt auch dann, wenn die Pflicht zur Beseitigung (z. B. von Plakaten, Firmenschildern usw.) von der Pflicht zur Unterlassung der auf ihnen befindlichen Aufschrift mit umfaßt wird (S. 45). Ist z. B. der Beklagte zur Unterlassung einer bestimmten Firmenbezeichnung verurteilt worden, entfernt er aber das Firmenschild nicht, dann kann auf Grund der bestehenden Strafandrohung ein neuer Strafbeschluß gegen ihn erlassen werden. [Ist auch auf Beseitigung geklagt worden, dann findet für die Zwangsvollstreckung der § 887 ZPO. Anwendung.] Zutreffend bemerkt Salinger (in LZ. **1919** 1216), daß man der Eigenart von Dauerdelikten durch Androhung entweder einer hohen Strafe oder einer für jeden Tag der Dauer der Beeinträchtigung zu bestimmenden Strafe Rechnung tragen sollte.

Eine Strafandrohung muß gemäß § 890 ZPO. der Vollstreckungsmaßregel vorhergehen. Enthält das Urteil die Strafandrohung nicht (was einen Antrag erfordert), so muß sie im Zwangsvollstreckungsverfahren — nach vorheriger Anhörung des Beklagten — erlassen werden (§ 891 ZPO.). Gegen die Entscheidung ist die sofortige Beschwerde gegeben. Über die Zuwiderhandlung gegen die Strafandrohung sind gegebenenfalls Beweise zu erheben; eine Glaubhaftmachung genügt nicht.

Die Festsetzung der angedrohten Strafe unterliegt dem freien Ermessen des Gerichts, welches dabei an den Parteiantrag nicht gebunden ist. Ob eine Schädigung des Antragstellers durch die Zuwiderhandlung bewirkt worden ist, kommt nicht entscheidend in Betracht.

Verschulden des Beklagten ist Voraussetzung für die Verhängung der Strafe, mag auch die Strafandrohung auf Grund eines nur objektiv widerrechtlichen Verstoßes erlassen worden sein (RG. **36** 419). Auch bei ferneren Zuwiderhandlungen ist jedesmal vor Festsetzung der Strafe die Frage des Verschuldens zu prüfen. Irrtum über den Inhalt oder den Umfang des Verbots schließt das Verschulden aus (RG. in JW. **98** 172). Handelt es sich um eine Strafandrohung gegen den Geschäftsinhaber als solchen (wegen einer von einem Angestellten begangenen Handlung), so genügt es für die Festsetzung der Strafe, daß der *Angestellte* das Verbot schuldhaft übertreten hat. Der Geschäftsinhaber haftet nach erfolgter Strafandrohung wie derjenige, der sich gemäß § 278 BGB. eines Erfüllungsgehilfen bedient (OLG. Augsburg in LZ. **1914** 408; OLG. München in OLGRspr. **29** 254; § 13 Note 30; *Verf.* in LZ. **1915** 1217).

Schadensersatz kann bei einer Zuwiderhandlung gegen das Verbot gemäß § 893 ZPO., im übrigen nach den allgemeinen Grundsätzen gefordert werden (RG. in JW. **1915** 328).

Ist „*für jeden Fall der Zuwiderhandlung*“ eine Strafe angedroht, und wird das Verbot dadurch übertreten, daß die zu unterlassende Handlung gegenüber *mehreren* Personen vorgenommen, z. B. ein Schriftstück verbreitet wird, dann kommt es nicht darauf an, ob ein einheitlicher Entschluß vorliegt: Jede Einzelhandlung ist ein „Fall der Zuwiderhandlung“ (bestritten). Wollte man dies nicht annehmen, dann könnte dem Verbot durch eine Reklamekundgebung zuwidergehandelt werden, die dem Straffälligen einen Gewinn bringt, gegen den die fiskalische Strafe verschwindet.

Daß eine Handlung *mit öffentlicher Strafe* bedroht ist, verhindert nicht den Erlaß einer zivilrechtlichen Strafandrohung. Auch kann trotz eines in gleicher Sache ergangenen Strafurteils aus dem Unterlassungsurteil Vollstreckung genommen werden (S. 69).

Ist die verbotene Angabe *inzwischen wahr geworden*, dann ist der § 767 ZPO. anzuwenden (RG. in JW. **00** 211).

Für die durch einen *agent provocateur* veranlaßte Verletzung des Verbots besteht keine Besonderheit (Näheres siehe S. 58).

Wenn in einem *zivilrechtlichen Vergleich* eine Strafe für Zuwiderhandlungen festgesetzt worden ist, so kann die Strafe nur vollstreckt werden, wenn nachträglich ein Strafandrohungsbeschluß des Gerichts erwirkt worden ist. Eine neue Zuwiderhandlung wird nicht erfordert. Auch Grund eines im Strafverfahren abgeschlossenen Vergleichs kann bei Zuwiderhandlungen keine Strafe festgesetzt werden; auch eine Strafandrohung aus § 890 ZPO. kann nicht ergehen (vgl. *Daffis* in MuW. **12** 399).

Sicherheitsleistung kann gemäß § 890 Abs. 3 ZPO. auf Antrag des Gläubigers zur Verhinderung fernerer Zuwiderhandlungen angeordnet werden, wenn eine Verurteilung zu Geldstrafe oder Haft erfolgt ist.

Haft kann auch nachträglich angeordnet und vollstreckt werden, wenn die vollstreckte Geldstrafe den Beklagten nicht zur Unterlassung veranlaßt hat. Dagegen ist die Geldstrafe nicht wegen Uneinziehbarkeit des Geldbetrages in Haft umzuwandeln.

Kosten der Haft nach § 890 ZPO. Die Haft ist in diesem Falle nicht lediglich Zwangsmittel, wie im Offenbarungseidsverfahren, sondern zugleich Strafe (RG. **77** 222). Die Vollstreckung findet daher nicht gemäß § 904 ZPO., sondern nach der StPO. statt. Demnach hat der Verurteilte die Kosten der Haft zu tragen. Eine Kostenvorschußpflicht gemäß § 911 ZPO. kommt nicht in Frage, ebensowenig eine subsidiäre Haftung des Klägers, wenn der Beklagte zahlungsunfähig ist.

Ist die Verwendung einer bestimmten bildlichen Reklame verboten worden, so ist eine Zustellung der diese enthaltenden Urkunden an den Beklagten als Voraussetzung der Vollstreckung der angedrohten Strafe nicht erforderlich. Zu einer Auslieferung der Anlagen im Original an den Beklagten ist der Kläger nicht verpflichtet. Es genügt, wenn er die Anlagen auf der Gerichtsschreiberei niederlegt. Damit sind sie dem Beklagten (oder seinem Prozeßvertreter) zugänglich. Dieser kann sich daher nach Zustellung des Verbots über dessen Tragweite unterrichten.

Die **vorläufige Vollstreckbarkeit** des Unterlassungsurteils kann gemäß § 709 Ziff. 4 ZPO. erfolgen (RG. **40** 413). Über die vorläufige Vollstreckbarkeit der von den Oberlandesgerichten verkündeten Unterlassungsurteile besteht Streit. Vgl. hierzu Flechtheim in JW. **1912** 670, 996, sowie Breit ebenda 779 ff.: Urteile der OLG. sind ohne Rücksicht darauf, ob sie revisibel sind, für vorläufig vollstreckbar zu erklären (§ 708 Ziff. 7 ZPO.). Es fragt sich nun, ob auch das OLG. von der Befugnis des § 713 Abs. 2 Gebrauch machen kann, wonach dem Schuldner auf Antrag nachzulassen ist, durch Sicherheitsleistung oder durch Hinterlegung die Vollstreckung abzuwenden, sofern nicht der Gläubiger sich erbietet, vor der Vollstreckung Sicherheit zu leisten. Flechtheim erklärt diese Vorschrift auf Unterlassungsurteile der OLG. für nicht mehr anwendbar, weil nach der durch Gesetz vom 22. Mai 1910 in den § 717 Abs. 3 eingefügten Vorschrift der Kläger, der ein für vorläufig vollstreckbar erklärtes Oberlandesgerichtsurteil vollstreckt, dem Beklagten auch im Falle der Aufhebung des Urteils nicht mehr schadensersatzpflichtig ist. Gegen diese Ansicht wendet sich mit Recht Breit a. a. O. Die Möglichkeit einer Schadensersatzpflicht aus § 826 BGB. bleibt trotz § 717 Abs. 3 gegeben, und es ist daher gerechtfertigt, auch im Falle der Verurteilung zur Unterlassung dem Schuldner die Abwendung der Zwangsvollstreckung in gleicher Weise nachzulassen, wie im Falle der Verurteilung zu einer positiven Leistung. Handelt es sich um die Verurteilung zu einer Unterlassung, die von besonders einschneidender Wirkung für den Geschäftsbetrieb sein würde (z. B. Führung der Firma), so wird das OLG. gerade mit Rücksicht auf die mangelnde Ersatzpflicht des Klägers (im Falle einer

Aufhebung des Urteils durch das RG.) auf Antrag des Schuldners das Urteil überhaupt nicht für vorläufig vollstreckbar erklären dürfen, weil die Vollstreckung diesem einen nicht zu ersetzenden Nachteil bringen würde (§ 712 ZPO.).

Der Gerichtsstand.

Für die negatorische Unterlassungsklage ist der allgemeine Gerichtsstand der §§ 12 ff. ZPO. gegeben, für die quasi-negatorische und die deliktische Unterlassungsklage auch der Gerichtsstand des § 32 ZPO.: Ort der begangenen Handlung (Salinger in JW. **1916** 1244; LZ. **1919** 1159; Isay PatG. S. 235 Anm. 51, S. 237 Anm. 55; RGKomm. Vorbem. zu § 823 unter 9; RG. **78** 257; RG. in JW. **1915** 1023; KG. in LZ. **08** 248; OLG. Dresden in MuW. **11** 448; OLG. Hamburg in MuW. **13** 33; bestritten). Der Gerichtsstand der unerlaubten Handlung ist in jedem Gerichtsbezirk begründet, wo ein wesentlicher Vorgang aus dem Gesamttatbestande sich abgespielt hat (RG. in Gruchot **45** 1045). „Wird der Tatbestand der unerlaubten Handlung durch eine Mehrheit von Einzelhandlungen erfüllt, so ist jedes Gericht, in dessen Bezirk eine dieser Einzelhandlungen begangen ist, zur Aburteilung über die gesamte unerlaubte Handlung zuständig" (KG. in JW. **1915** 293). Wird durch Verbreitung eines Preßerzeugnisses eine unerlaubte Handlung begangen, so kann sowohl da, wo die Herstellung erfolgt ist, als auch da, von wo aus und wo die Verbreitung stattgefunden hat, geklagt werden (RG. **60** 364, **78** 258). Für die Beseitigungsklage, sowie für die Bereicherungsklage, die Klage auf Herausgabe des Erwerbes und die Klage auf Rechnungslegung gilt der allgemeine Gerichtsstand der §§ 12ff. ZPO.

Nur wenn der Klagetatbestand ausschließlich unter das WettbG. fällt, greift die Sonderregelung des § 24 WettbG. Platz. Ist sowohl aus § 32 ZPO., als auch aus § 24 WettbG. das angerufene Gericht zuständig, fällt z. B. die mit der Klage verfolgte Handlung sowohl unter den § 826 BGB., als auch unter den § 1 WettbG., so kommt es nicht darauf an, ob der Kläger die Gesetzesbestimmungen anführt oder in welcher Reihe er sie anführt (Salinger in JW. **1916** 1245; RG. in JW. **1915** 579). Die auf Grund der allgemeinen Bestimmungen des BGB., insbesondere der §§ 824 und 826 im Gerichtsstande des § 32 ZPO. erhobene Klage wird von den Gerichten zuweilen unter Berufung auf den § 24 WettbG. abgewiesen, weil diese Gesetzesbestimmung durch Schaffung eines ausschließlichen Gerichtsstandes eine Sonderregelung bringe, die nicht dadurch umgangen werden dürfe, daß der Kläger seine Klage auf die allgemeinen Bestimmungen des BGB. stützt. Dieser

Standpunkt ist unhaltbar. Wenn der Kläger in einem Gerichtsstande klagt, in dem die Bestimmungen des WettbG. infolge des § 24 WettbG. nicht berücksichtigt werden können, so darf nicht das Gericht gleichwohl den § 24 WettbG. heranziehen. Übrigens kann der Kläger einem Klagebegehren, für das mehr als eine rechtliche Grundlage in Frage kommt, eine „einschränkende Begründung" geben (RG. in JW. **1915** 750). Der § 24 WettbG. spricht nur von den „Klagen auf Grund dieses Gesetzes", also des WettbG., nicht von den Klagen auf dem Gebiete des Wettbewerbes (so treffend KG. in OLGRspr. **27** 288; siehe S. 34, wonach das WettbG. und das BGB. gleichberechtigt nebeneinanderstehen; vgl. auch die analoge Regelung in RG. **74** 436, wo einer Partei, die sich auf die 3jährige Verjährung des § 852 BGB., statt auf die 6monatige des § 21 WettbG. berief, das Recht hierzu eingeräumt worden ist: Der Kläger dürfe sich auf die ihm günstigeren Bestimmungen des BGB. stützen, „soweit sein Anspruch auf §§ 824, 826 BGB. beruht"; a. M. Lobe I S. 397; Gülland in GewRSchutz **1915** 122; Finger § 24 Anm. 3; Kirchberger in LZ. **1915** 729). Bestätigt wird der hier eingenommene Standpunkt durch RG. in JW. **1915** 579, wo es heißt: „Ob in dem Verhalten des Beklagten zugleich ein Verstoß gegen das WettbG. gelegen ist, kann dahingestellt bleiben, da der Klageanspruch darauf nicht gestützt ist und eine so begründete Klage auch bei dem angerufenen Gericht im Hinblick auf den § 24 WettbG. nicht hätte verfolgt werden können." Siehe auch RG. in LZ. **1917** 220; ebenso OLG. Hamburg in LZ. **1917** 219, 1195; KG. in OLGRspr. **27** 288. In letzterem Urteil wird treffend dargelegt: „Die Erwägung, daß bei Verfolgung der Ansprüche im Gerichtsstande des § 32 ZPO. der § 24 WettbG. umgangen werde, entbehrt der Grundlage. Die praktische Bedeutung des § 24 mag so allerdings nicht unerheblich beeinträchtigt werden; aber es bleibt ein weiter Kreis von Wettbewerbshandlungen, die nur auf Grund des WettbG. angegriffen werden können" (ebenso KG. in OLGRspr. **30** 295).

Für die Berufungsinstanz ist die örtliche Zuständigkeit stets, trotz des § 24 WettbG., gegeben, wenn der Beklagte in erster Instanz mündlich zur Hauptsache verhandelt hat, ohne die Unzuständigkeit gerügt zu haben; eine Prüfung der Zuständigkeit von Amts wegen findet nicht mehr statt (§ 528 Abs. 1 ZPO.).

Die bloße Behauptung der einschlägigen Tatsachen genügt, wenn die Zuständigkeits- und die klagebegründenden Tatsachen zusammenfallen. Ob tatsächlich das Delikt begangen worden ist, macht für die Zuständigkeit aus § 32 ZPO. einstweilen keinen Unterschied: RG. **29** 371, **61** 69; RG. in JW. **01** 798; OLGRspr. **11** 47, **25** 367; OLG. Dresden in SächsAnn. **1911** 243; OLG. Hamburg in MuW.

13 36; a. M. KG. in LZ. **1915** 456. Obige Urteile beruhen auf der Erwägung, daß unzweckmäßige Weiterungen entständen, wenn das Gericht bei Fällen der bezeichneten Art in einem besonderen Verfahren über die streitigen Behauptungen Beweis erheben und durch Urteil allein über seine Zuständigkeit entscheiden müßte (§ 275 ZPO.), obwohl es durch den gleichen Sach- und Streitstand bereits in die Lage gesetzt wäre, über den Klageanspruch selbst eine sachliche Entscheidung zu treffen. Hierbei besteht auch nicht etwa die Gefahr, daß der Beklagte durch einen unzuständigen Richter verurteilt werden könnte. Denn wird der Beweis der Klagebehauptungen nicht erbracht, so muß die Klage abgewiesen werden (RG. in MuW. **13** 15).

Der Wert des Streitgegenstandes

ist gemäß § 3 ZPO. nach freiem Ermessen des Gerichts (evtl. unter Erhebung von Beweisen) zu bestimmen. Es handelt sich beim Unterlassungsanspruch regelmäßig um einen vermögensrechtlichen Anspruch (S. 44). In erster Linie ist für den Streitwert maßgebend das Interesse des Klägers an der von ihm erstrebten Behinderung des Beklagten (RG. in JW. **96** 30, **02** 309, **03** 8, **05** 113; Lobe I S. 391). Man darf aber bei der Festsetzung des Streitwerts den Vorteil nicht unberücksichtigt lassen, den der Beklagte aus seinem Tun gezogen hat oder ziehen kann (RG. **46** 403, **49** 34; Daffis in MuW. **12** 400), sowie das Interesse des Beklagten daran, daß die Klage abgewiesen wird. Daß auch letzteres von Bedeutung ist, ergibt sich schon daraus, daß der Beklagte die Unterlassungsklage nicht abzuwarten braucht, sondern auf Feststellung der Berechtigung seiner Handlungsweise klagen kann (siehe hierzu Näheres S. 100). Allgemein ist für die Bestimmung des Streitwerts zu beachten, daß mit dem Unterlassungsanspruch eine Berechtigung (Behinderung) für alle Zukunft erstrebt wird und daß daher ähnliche Erwägungen Platz greifen müssen, wie sie z. B. den gesetzlichen Vorschriften über den Streitwert von Alimentationsansprüchen zugrunde liegen. Zu berücksichtigen ist selbstverständlich auch der Stand des Geldwertes. Schon vor der — Ende 1919 einsetzenden — Teuerung haben unsere Gerichte meistens ein zaghaftes Bestreben nach kleinen Wertsummen an den Tag gelegt, als ob das Interesse an der Unterlassung eigentlich in Geld gar nicht ausdrückbar sei (Fuld S. 65).

Für die Revisionsinstanz entscheidet das Interesse des Revisionsklägers. Ist also dem Beklagten eine Handlung gerichtlich verboten worden, so kommt für sein Interesse an der Aufhebung dieses Verbots der Wert in Betracht, den für ihn die Vornahme der Handlung hat (RG.

in JW. **99** 311, **05** 113; RG. in MuW. **13** 323). Sinkt der Streitwert ohne Zutun des Revisionsklägers unter die Revisionssumme, so kann das Rechtsmittel gleichwohl durchgeführt werden (a. M. RG. **76** 292; RG. in JW. **1920** 558; hiergegen Buzengeiger in JW. **1920** 558; Verf. in JW. **1921** 730; vgl. S. 49).

Bei Verbindung eines Unterlassungsanspruchs mit einem Beseitigungsanspruch oder einem Schadensersatzanspruch ist der Wert jedes Anspruchs für sich zu berücksichtigen unter Zusammenrechnung der Werte (Lobe I S. 391).

Klagt ein Verband auf Unterlassung, dann ist das Interesse maßgebend, das der Verband als solcher an der Unterlassung hat. Dieses Interesse umfaßt die Interessen der sämtlichen Mitglieder, wenn es sich auch nicht darin erschöpft. Denn deren Interessen wahrzunehmen, die Erwerbstätigkeit eines jeden einzelnen vor Beeinträchtigungen zu schützen, ist die Aufgabe des Verbandes. Demgemäß ist zu prüfen, ob die zu unterlassende Handlung sich gegen alle Mitglieder des Verbandes richtet (vgl. RG. in GewRschutz **1911** 241; RG. in MuW. **11** 146; Daffis in MuW. **12** 400). Verfehlt ist es, die Klagen von Verbänden hinsichtlich des Streitwerts so zu behandeln, wie wenn ein einzelner als Kläger auftritt: es muß eine Zusammenrechnung stattfinden.

Wenn eine Mehrzahl von Klägern sich vereinigt, um ihre Interessen im Prozeß gemeinsam zu wahren, so gelten die gleichen Grundsätze. Das Interesse aller Kläger ist maßgebend, sodaß eine Zusammenrechnung der Streitwerte stattfinden muß. Daffis in MuW. **12** 400 weist zutreffend darauf hin, daß durch einen Zusammenschluß mehrerer Kläger der etwa sonst nicht vorhandene revisionsfähige Streitgegenstand erreicht werden kann.

B. Die Hilfsansprüche neben dem Unterlassungsanspruch.

1. **Der Anspruch auf Beseitigung.** Auf Grund der objektiven Rechtsverletzung besteht ein quasi-negatorischer Beseitigungsanspruch (S. 85), auf Grund der schuldhaften ein deliktischer (S. 86). Eine Beseitigungspflicht besteht ferner als Nebenwirkung des Unterlassungsgebots in den Fällen, in denen die Pflicht zur Beseitigung (z. B. von Plakaten, Firmenschildern) von der Pflicht zur Unterlassung der auf ihnen befindlichen Aufschrift mitumfaßt wird (S. 45). Sowohl für die quasi-negatorische, als auch für die deliktische Beseitigungsklage gilt folgendes: Es muß ein gegenwärtiger rechtswidriger Zustand bestehen, und für den Störer muß die rechtliche und tatsächliche Möglichkeit der Beseitigung gegeben sein. Sobald die Störung nicht mehr gegenwärtig ist, muß der Klageanspruch

für erledigt erklärt werden. Wiederholungsgefahr wird für die Beseitigungsklage nicht erfordert. [Umgekehrt erfordert die Unterlassungsklage keinen gegenwärtigen rechtswidrigen Zustand, wohl aber Wiederholungsgefahr.] Klageberechtigt ist jeder, der durch die Störung in Mitleidenschaft gezogen wird. Beklagter ist der Störer als solcher, ferner Anstifter und Gehilfen. Störer ist auch derjenige, durch dessen Willen die in Frage stehende Beeinträchtigung aufrecht erhalten wird und der sie durch seinen Willen beseitigen kann (OLG. Hamburg in SeuffA. **64** Nr. 29). Näheres, auch über Unzurechnungsfähigkeit des Beklagten, siehe S. 47 ff., 54 ff. Wenn die Beseitigung der Störung nur mit unverhältnismäßigen Kosten bewirkt werden kann, darf der Beklagte eine Geldentschädigung gewähren (§ 251 BGB.; Salinger in LZ. **1919** 1212). Dies gilt aber nur insoweit, als überhaupt ein Beseitigungsanspruch besteht, nicht z. B. für die Fälle, in denen ein Gegenstand schon in den Verkehr gebracht und damit der Verfügungsgewalt des Beklagten entzogen ist (RG. in JW. **1915** 456). Für den Gerichtsstand und die Verjährung der Beseitigungsklage gilt das zur Unterlassungsklage Dargelegte. Der Lauf der Verjährung beginnt nicht vor dem Zeitpunkt, in dem der zu beseitigende Zustand eingetreten ist. Eine Klageänderung liegt nicht vor, wenn statt der ursprünglich geforderten Beseitigung wegen einer später eingetretenen Veränderung, insbesondere wegen Unmöglichkeit der Beseitigung, Geldersatz verlangt wird (RG. **88** 129; Salinger in LZ. **1919** 1213). Da die Beseitigungsklage auf ein aktives Handeln geht, nicht, wie die Unterlassungsklage, auf ein passives Verhalten, so finden für die Zwangsvollstreckung die §§ 887—888a (894—896) ZPO. Anwendung, nicht aber, wie für die Unterlassungsklage, der § 890 ZPO. Der Klageantrag (die Urteilsformel) hat sich bei der Beseitigungsklage darauf zu beschränken, die Ausräumung der widerrechtlichen Störung zu verlangen (anzuordnen). Wenn der Beklagte das Erforderliche nicht veranlaßt, muß es durch Zwangsvollstreckung geschehen (RG. **40** 184). Der Beklagte hat die durch die Ausräumung der Störung verursachten Kosten zu tragen. Soweit der Beseitigungsanspruch vermögensrechtlicher Natur ist (S. 44), gehört er aktiv und passiv zur Konkursmasse (Salinger in LZ. **1919** 1217). Für den Streitwert der Beseitigungsklage gilt (entsprechend) das zum Unterlassungsanspruch Dargelegte (S. 82).

Das Anwendungsgebiet der Beseitigungsklage umfaßt jegliches Außerwirkungsetzen von Beeinträchtigungen. So kann mit der Beseitigungsklage verlangt werden die Vernichtung (ganz oder teilweise) einer Druckschrift (RG. in MuW. **12** 659, **13** 74, 75). Der Verbreiter einer Druckschrift kann gezwungen werden, die schon in Umlauf gesetzten

Exemplare, soweit er noch über sie verfügen kann, aus dem Verkehr zu ziehen (RG. in JW. **1899** 445). Die Löschung und Umschreibung von Eintragungen in öffentlichen Registern ist vom Registerrichter auf Grund des ihm einzureichenden Urteils vorzunehmen. Waren, die unter Verletzung gesetzlicher Bestimmungen, z. B. des § 11 WettbG., feilgehalten werden, sind außer Verkehr zu setzen (RG. in MuW. **14** 332). Ferner kann mit der Beseitigungsklage erzwungen werden die Einwilligung zur Übertragung eines Formalrechts auf den Berechtigten, sowie ein ausdrücklicher Verzicht des eingetragenen Warenzeichen-Inhabers auf die Innehaltung der zu seinen Gunsten bestehenden Schutzvorschrift des § 4 Abs. 2 WZG. (§ 1 Note 64). Praktisch ist die Beseitigungsklage insbesondere auch bei Verstößen gegen die §§ 17 und 18 WettbG. Hat z. B. ein Angestellter die Abschrift eines Geheimrezepts sich verschafft, wonach er dann selbst fabriziert, so ist das Ziel der Beseitigungsklage die Vernichtung der Abschrift oder ihre Herausgabe an den Kläger. Entsprechendes gilt für das Zivilverfahren bei unbefugtem Nachdruck laut Gesetz betr. das Urheberrecht an Werken der Literatur und Tonkunst vom 19. Juni 1901, § 48.

a) Der quasi-negatorische Beseitigungsanspruch ist, wie der quasi-negatorische Unterlassungsanspruch, aus den §§ 1004, 862, 12 BGB. gefolgert worden, wo ein solcher Anspruch gegen gewisse Störungen des Eigentums, des Besitzes und des Namenrechts gegeben ist. RG. **60** 6, **61** 366 gewähren — implizite — beide Abwehrklagen, also nicht nur die quasi-negatorische Unterlassungs-, sondern auch die quasi-negatorische Beseitigungsklage zum Schutze gegen widerrechtliche Eingriffe in ein vom Gesetz geschütztes Rechtsgut oder Interesse (OLG. Hamburg in SeuffA. **64** Nr. 29 und in MuW. **18** 185; KG. in JW. **1920** 443; Lobe I S. 331, 337, 340; Kohler §§ 3, 55). Dagegen lehnt Salinger in LZ. **1919** 1155 die quasi-negatorische Beseitigungsklage überhaupt ab, will vielmehr nur eine Ausdehnung der negatorischen Klage zum Schutze gewerblicher Ausschlußrechte zugestehen. Er erklärt, daß „die Beseitigung der durch unlauteren Wettbewerb bewirkten Beeinträchtigungen nur vom Standpunkt der unerlaubten Handlung erreicht werden kann“. Hier verkennt Salinger die Bedeutung des auf der objektiven Rechtsverletzung beruhenden Schutzes. Wer — entgegen Salinger — die quasi-negatorische Unterlassungsklage als einen Fortschritt begrüßt, der muß auch der quasi-negatorischen Beseitigungsklage zustimmen (doch siehe die allgemeine Einschränkung S. 38, 41 betr. rechtliche Konstruktion). Damit ist man über den derzeitigen Schutz hinausgegangen, wonach eine Beseitigungsklage analog § 1004 BGB. nur dem Patent- oder Warenzeicheninhaber gegeben wurde, weil es sich hier um ein gewerbliches Ausschlußrecht handele. Auf Verschulden oder Wahrung berechtigter Interessen kommt es für die quasi-negatorische Beseitigungsklage nicht an (RG. **60** 6, **61** 366; S. 41). Vererblich ist der quasi-negatorische Beseitigungsanspruch, wenn das Recht, durch dessen Beeinträchtigung er entstanden ist, vererblich ist. Der Anspruch geht auch gegen die Erben des Verpflichteten (Salinger in LZ. **1919** 1160). Vgl. S. 88.

b) Der deliktische Beseitigungsanspruch ist in den Fällen gegeben, in denen durch eine unerlaubte Handlung ein den anderen dauernd schädigender Zustand geschaffen worden ist und die fortwirkenden Folgen des Tuns zwecks Wiederherstellung des früheren Zustandes gemäß § 249 BGB. zu beseitigen sind. Hier muß also der Tatbestand des jeweils in Frage stehenden Delikts objektiv und subjektiv erfüllt sein. Die Beseitigungspflicht ist alsdann ein Teil des geschuldeten Schadensersatzes und besteht in allen Fällen, in denen nach gesetzlicher Vorschrift (BGB., WettbG. usw.) eine Schadensersatzpflicht festgesetzt ist. Wenn z. B. gemäß §§ 3 (13 Abs. 2) oder 16 WettbG. Schadensersatz zu leisten ist, dann kann der Kläger auch verlangen, daß der Beklagte — in den Grenzen seiner Verfügungsmacht — die mit der unrichtigen Angabe versehenen Gegenstände aus dem Verkehr zieht (Salinger in LZ. **1919** 1209). So erklärt RG. in MuW. **16** 277: Ist ein bestimmtes Tun „aus unerlaubter Handlung entflossen und stellt in seiner Fortsetzung eine solche dar, so entspricht es dem § 249 BGB., daß der Handelnde nicht die Früchte einer verbotswidrigen Handlung genießt" (vgl. auch RG. in JW. **1914** 462; RG. in LZ. **1915** 133). RG. **56** 286 erklärt: Im Falle einer Verletzung des § 824 BGB. kann der Verletzte „seine Rehabilitation beanspruchen". Der Beklagte ist verpflichtet, „die Kundgebung außer Wirkung setzende Maßnahmen" vorzunehmen (Näheres siehe S. 87 über Widerruf). Ist eine rechtliche Befugnis unter Verletzung des § 826 BGB. erlangt worden, so kann auf die Beseitigung (z. B. des Schuldversprechens) geklagt werden (RG. **79** 194). Bei Drohung und arglistiger Täuschung schließt der Ablauf der Anfechtungsfrist des § 124 BGB. die Schadensersatzhaftung aus § 249 BGB. und damit den deliktischen Beseitigungsanspruch nicht aus (a. M. RG. **63** 270; zutreffend RG. **79** 197 und Starck im Recht **1916** 98). Der deliktische Beseitigungsanspruch ist — als Bestandteil des Schadensersatzanspruchs — abtretbar, sowie aktiv und passiv vererblich. Ein Urteil, das auf eine negative Feststellungsklage hin das Recht des Beklagten auf Schadensersatz verneint, schafft Rechtskraft gegenüber einer später erhobenen deliktischen Beseitigungsklage (Salinger in LZ. **1919** 1213). Die vom 6. ZS. des RG. als „wiederherstellende Unterlassungsklage" bezeichnete Klage (z. B. RG. **77** 219) ist in Wirklichkeit eine deliktische Beseitigungsklage (siehe Näheres S. 42). —

Für die praktische Bedeutung des deliktischen Beseitigungsanspruchs gilt dasselbe, was S. 41 zum deliktischen Unterlassungsanspruch gesagt ist.

2. **Der Anspruch auf Widerruf** kann auf Grund der objektiven Rechtsverletzung als quasi-negatorischer (§ 1004 BGB.), bei Verschulden auch als deliktischer Beseitigungsanspruch (§ 249 BGB.) geltend gemacht werden. Der Widerruf bezieht sich auf alle Kundgebungen, „durch die in ein geschütztes Rechtsgut des Verletzten eingegriffen wird oder die unter den § 826 BGB. fallen" (RG. **97** 344). Voraussetzung ist, wie bei jeglicher Beseitigungsklage, daß die störenden Folgen noch fortdauern. Dagegen ist es belanglos, ob „der Beklagte an seiner Behauptung grundlos und beharrlich festhält" (6. ZS. des RG. in JW. **1919** 994, der hier das Wesen der Widerrufsklage durchaus mißversteht; richtig OLG. Hamburg in SeuffA. **64** Nr. 29; Lehmann in JW. **1919** 994). Der Umfang des Widerrufs ergibt sich aus der Sachlage: öffentliche Zurücknahme kann nur gefordert werden, wenn ein nicht begrenzter Personenkreis Kenntnis erlangt hat. Sonst ist der Widerruf gegenüber bestimmten, im Klageantrage zu nennenden Personen vorzunehmen. Wiederholungsgefahr, die Rechtsschutzvoraussetzung der Unterlassungsklage, kommt für die Klage auf Widerruf, wie überhaupt für die Beseitigungsklage nicht in Betracht (siehe z. B. den Fall RG. **83** 362, wo mangels Wiederholungsgefahr nur der auf Widerruf, nicht aber der auf Unterlassung gerichtete Klageantrag als gerechtfertigt behandelt wird). Ob der Beklagte in Wahrung berechtigter Interessen gehandelt hat, ist für die Klage auf Widerruf belanglos. Schon hier zeigt sich, welch' große praktische Bedeutung dieser Klage zukommt. Sie tritt als vorbeugendes Rechtsschutzmittel neben die Unterlassungsklage, indem sie zugleich deren Lücken ergänzt. Das Urteil des RG. Warn. **1913** Nr. 449 betont zutreffend, daß der Widerruf oft der einzige Schadensersatz ist, der überhaupt geltend gemacht werden kann. Ebenso RG. in LZ. **1919** 1015; Dernburg in JW. **05** 162. Die Frage des „Werturteils" scheidet aus: § 14 Note 12.

Auf Grund eines Verschuldens ist gemäß § 249 BGB. der Widerrufsklage vielfach stattgegeben worden. So erklärt RG. in Recht **1915** Nr. 20: „Bei einer wahrheitswidrig und wider besseres Wissen aufgestellten Behauptung gehört zur Wiederherstellung desjenigen Zustandes, der bestehen würde, wenn der zum Ersatz verpflichtende Umstand nicht eingetreten wäre, auch die Zurücknahme jener Behauptung." Schon RG. **56** 286 hat den Anspruch auf Zurücknahme einer Behauptung sowie „auf sonstige die Kundgebung außer Wirkung setzende Maßnahmen" unter der Voraussetzung anerkannt, daß eine dauernd schädigende Wirkung der Ehrverletzung vorliegt (RG. **57** 158, **60** 20). RG. **94** 252 erblickt ein Verschulden darin, daß jemand seine Behauptung nicht zurückgenommen hat, nachdem er ihre Rechtswidrigkeit erkannt hat (S. 89). In RG. **88** 133 bestätigt der 6. ZS. des RG. die Zulässigkeit der Klage auf Widerruf, wenn durch die Kundgebung des Beklagten ein dauernder Zustand geschaffen worden ist, „der sich als stetig neu fließende und fortwirkende Quelle der Ehrverletzung und Vermögensbeschädigung darstellt und durch Zurücknahme der Kundgebung beseitigt werden kann". Ein solcher Zustand werde aber „zumeist erst durch öffentliche Angriffe auf die Ehre und den Kredit eines anderen hervorgerufen". Diese Grenzscheide dürfte sich weder aus Gründen der rechtlichen Konstruktion, noch aus dem praktischen Bedürfnis rechtfertigen lassen. Es kommt nicht darauf an, ob die kreditgefährdende Äußerung ursprünglich eine private oder gar vertrauliche war, sondern entscheidend ist ihre Wirkung. Siehe Näheres im Aufsatz des Verf. HansRZ. **1918** 379. Zutreffend erklärt RG. in LZ. **1915** 133: Der Beklagte hat gemäß § 249 BGB. den Zustand wiederherzustellen, der ohne die unrichtige Mitteilung bestehen würde. „Hierzu ist es zweckdienlich und geboten, daß demselben Kreise, in dem die unrichtige Mitteilung verbreitet ist, auch das ihre Wiederholung verbietende Urteil bekanntgegeben wird" (vgl. § 23 über die Veröffentlichung des Urteils). Nach den Erfahrungen des Lebens bewirkt jegliche Verbreitung einer kreditgefährdenden Behauptung für den Betroffenen einen Zustand, der — nicht vorauszusehende — Gefahren birgt. Der Betroffene kann also Beseitigung der Störung bzw. Wiederherstellung des früheren — unschädlichen — Zustandes verlangen. Dieses Verlangen wird nach Möglichkeit durch den Widerruf erfüllt. Mit der vom geltenden Strafrecht nicht anerkannten Ehrenerklärung hat ein solcher Widerruf nichts gemein. Zivilrechtlich handelt es sich lediglich um die Beseitigung einer Störung bzw. um die Wiederherstellung des früheren Zustandes (RG. in LZ. **1919** 1015 unter Mißbilligung von RG. **60** 12; ebenso RG. **87** 81, **88** 133; Warn. **1913** Nr. 449; Verf. in HansRZ. **1918** 379; Ernst Fuchs in JW. **1919** 7; RuW. **1917** 226).

Ohne Vorliegen eines Verschuldens ist der Klage auf Widerruf bisher nur selten entsprochen worden. So vom OLG. Hamburg in SeuffA. **64** Nr. 29; siehe auch OLG. Hamburg in MuW. **18** 185, wo unter Berufung auf Verf. in HansRZ. **1918** 379 ein Verschulden ebenfalls nicht gefordert wird. Mansfeld in RGKomm. § 1004 unter 7 erklärt: „Es ist ein Gebot der Gerechtigkeit, daß die fortdauernde widerrechtliche Beeinträchtigung ohne Rücksicht auf die Schuldfrage beseitigt werden muß."

3. **Der Anspruch auf Veröffentlichung des Urteils.** Siehe hierzu § 23.

C. Der Anspruch auf Schadensersatz.

Der Anspruch auf Schadensersatz setzt das Entstandensein eines Schadens und grundsätzlich Verschulden voraus. Der Anspruch ist übertragbar, vererblich und pfändbar. Bei Veräußerung eines Geschäfts, in dessen Betriebe der Anspruch erworben wurde, geht er im Zweifel gemäß § 25 HGB. als vermögensrechtliches Aktivum mit auf den Erwerber über. Als solches fällt er auch in die Konkursmasse, und der Konkursverwalter kann ihn geltend machen bzw. den schwebenden Prozeß aufnehmen, ohne daß er das Gewerbe fortsetzt (anders beim Unterlassungsanspruch; vgl. S. 74). Werden durch eine Handlung mehrere verletzt, so hat jeder einen selbständigen Schadensersatzanspruch. Auch aus der Person eines dritten heraus ist der Anspruch auf Schadensersatz herzuleiten (RG. **87** 150). Grundsätzlich kann in Geld nur der Ersatz von Vermögensschaden verlangt werden (§ 253 BGB.). Die satisfaktorische Bestimmung des Geldes ist allgemein von unserem Recht (leider) nicht anerkannt (nur wird in gewissen Fällen ein Genugtuungsanspruch gegeben). Aber eine Schuldverpflichtung ist möglich auf jede Leistung mit wirtschaftlicher Zweckbestimmung für den Gläubiger, auch auf ein Unterlassen (§ 241 BGB.).

Das Verschulden des Beklagten kann aus Vorsatz oder aus Fahrlässigkeit bestehen. Fahrlässig handelt, wer die im Verkehr erforderliche Sorgfalt außer acht läßt (§ 276 BGB.). Der Grad der jeweils anzuwendenden Sorgfalt ist nach objektivem Maßstabe zu bestimmen, wobei die Auffassung des normalen Verkehrs entscheidet. Der Veranstalter einer Reklame hat die Auffassung des Publikums zu prüfen (RG. in MuW. **9** 165). Unter Umständen ist eine Erkundigungspflicht anzunehmen (RG. in JW. **1900** 760). Das Unterlassen des rechtzeitigen Widerrufs einer Kundgebung kann als ein Umstand in Betracht kommen, der zum Ersatz des ferner entstandenen Schadens verpflichtet. So erklärt RG. in JW. **1919** 248: „Einer ganz besonders groben Fahrlässigkeit haben die Beklagten sich dadurch schuldig gemacht, daß sie nach der Vernehmung der Zeugen ihre Verwarnung nicht zurückgenommen haben. Der Widerruf der Verwarnungsschreiben war unter allen Umständen erforderlich, nachdem die Zeugenvernehmung erfolgt ist.“ (§ 1 Note 17, 44).

Mittäter, Anstifter und Gehilfen haften jeder wie der Täter, und zwar als Gesamtschuldner (§§ 830, 840 BGB.). Ein gemeinschaftliches Handeln kann auch bei Duldung oder nachträglicher Billigung und Benutzung des fremden Tuns vorliegen (RG. in JW. **99** 545).

Ist ein Schade noch in der Entwicklung begriffen, so ist eine Feststellungsklage zulässig, obwohl wegen des Teilbetrages eine Leistungsklage erhoben werden könnte. Hier besteht ein rechtliches Interesse an der „tunlichst einheitlichen Substantiierung und Beurteilung des entstandenen und noch entstehenden Schadens" (RG. in JW. **09** 239; RG. in MuW. **8** 156, **12** 260). Schon wegen der kurzen Verjährungsfristen des WettbG. ist für die Feststellungsklage das rechtliche Interesse an alsbaldiger richterlicher Ermittlung des — noch in der Entwicklung begriffenen — Schadens vorhanden (RG. in LZ. **1915** 357). Vgl. § 21 Note 21.

Unter Vorbehalt der Feststellung der Höhe in einem besonderen Verfahren kann Schadensersatz auch ohne die Voraussetzungen der Feststellungsklage gefordert werden, wenn der Ersatzanspruch sich als Nebenanspruch neben einem Hauptanspruch, insbesondere demjenigen auf Unterlassung, darstellt (RG. in MuW. **11** 114). Vgl. S. 101.

Der Inhalt der Schadensersatzverpflichtung ist in den §§ 249 ff. BGB. geregelt. Hiernach geht der Ersatzanspruch in erster Linie auf Naturalerstattung (d. i. Wiederherstellung der wirtschaftlichen Lage), in zweiter Linie auf Geldentschädigung (RG. **77** 101). Bei richtiger Auslegung der §§ 249 ff. BGB. müßte man in den Anspruch auf Schadensersatz den Anspruch auf Erstattung dessen einbeziehen, was der Gegner infolge seines schuldhaften Verhaltens verdient hat. Es bedürfte dann nicht des Anspruchs auf Herauszahlung des als Folge einer unerlaubten Handlung gezogenen Gewinns (S. 96). So erklärt zutreffend RG. in MuW. **16** 277: Ist ein bestimmtes Tun „aus unerlaubter Handlung entflossen und stellt in seiner Fortsetzung eine solche dar, so entspricht es dem § 249 BGB., daß der Handelnde nicht die Früchte einer verbotswidrigen Handlung genießt". Vgl. auch Reichel in MuW. **19** 18.

Der gegenwärtige Vermögensschade ist zu ersetzen. Als Vermögensschade gilt auch die Beeinträchtigung einer bloß tatsächlichen Erwerbsaussicht. Insbesondere kommt die Störung der Bezugsquellen und des Kundschaftsverhältnisses in Betracht, ohne daß ein Recht auf Fortdauer der Beziehungen zu bestehen braucht (RG. **48** 124, **68** 165; RG. in JW. **02** 283, **1911** 111; RG. in MuW. **9** 88; OLG. Naumburg in UW. **5** 140). RG. **75** 63 erklärt: „Schon in der bloßen Beeinträchtigung der auf Kundschaftsgewinnung gerichteten Tätigkeit ist eine Vermögensbeschädigung zu finden." Hiernach ist die — eine Gewinnerzielung versprechende — günstige Geschäftslage dem Vermögen zuzurechnen: Die Störung der natürlichen Beziehungen, auf denen die Erhaltung und Nutzbarmachung eines Gewerbevermögens beruht, kann sich als Vermögensbeschädigung darstellen.

Auch Ersatz des entgangenen Gewinns kann verlangt werden (nach Maßgabe des § 252 BGB.; siehe auch über den Anspruch auf Herausgabe des Erlangten S. 96). Entgangener Gewinn des Klägers ist unter

Umständen auch der Erwerb, den der Beklagte aus seiner unerlaubten Handlung gezogen hat (bestritten).

Die notwendigen Aufwendungen sind erstattungspflichtig, z. B. bei täuschender Reklame die Kosten der vom Kläger vorgenommenen Gegenmaßregeln, auch die etwa aufgewendeten Kosten einer erforderlichen Ermittlung oder Begutachtung, sowie eines zweckdienlich angestrengten Vorprozesses (OLG. Hamburg in HansGZ. Hptbl. **1909** Nr. 39, **1911** Nr. 46; RG. **91** 232).

Hat ein Verschulden des Geschädigten bei der Entstehung oder der Abwehr des Schadens mitgewirkt, so verringert sich der Ersatzanspruch oder er entfällt gänzlich gemäß § 254 BGB. Es genügt nicht, lediglich das Verschulden der beiden Teile gegeneinander abzumessen (RG. **69** 59), vielmehr kommt es wesentlich mit darauf an, inwieweit das Handeln des einen und das des anderen vorwiegend den Schaden verursacht hat (RG. in JW. **1911** 91). Die Feststellung ist revisibel. Der § 254 ist insbesondere dann anzuwenden, wenn der Kläger eine täuschende Reklame oder eine fremde irreführende Bezeichnung lange Zeit geduldet hat, um dann einen Schaden für die ganze Dauer der Beeinträchtigung zu fordern (RG. **53** 77; RG. in JW. **02** 101; Lobe I, S. 381). Gegenüber einer vorsätzlichen Schädigung ist die Beachtung eines mitwirkenden, auf Fahrlässigkeit beruhenden Verschuldens zwar nicht ausgeschlossen; die Abwägung wird aber regelmäßig zu dem Ergebnis führen, keine Minderung der Ersatzpflicht auszusprechen (RG. **69** 281, **76** 323, **78** 394). Dies gilt besonders dann, wenn der Geschädigte durch eine bewußte Täuschung zu einem von dem Täuschenden erstrebten Tun bestimmt worden ist (RG. in JW. **1919** 305; vgl. auch RG. in JW. **05** 717). Hiernach kann es „nur unter ganz besonderen Umständen dem Täuschenden gestattet werden, gegenüber dem auf sein unerlaubtes Verhalten gestützten Ersatzanspruch sich damit zu verteidigen, daß der Geschädigte bei Anwendung der im Verkehr erforderlichen Sorgfalt die Täuschung entdeckt und so den Schaden vermieden haben würde" (RG. in JW. **1911** 91). [Wenn der § 254 BGB. von mitwirkendem „Verschulden des Beschädigten" spricht, so ist diese Fassung nicht einwandfrei: Es müßte heißen: „ein vom Beschädigten zu vertretender Umstand". Denn der § 278 BGB. findet Anwendung, d. h. der Beklagte hat ein Verschulden seines gesetzlichen Vertreters und der Personen, deren er sich zur Erfüllung seiner Verbindlichkeit bedient, in gleichem Maße zu vertreten wie eigenes Verschulden (RG. **62** 106).]

Für den durch Angestellte (Beauftragte) zugefügten Schaden haftet der Geschäftsinhaber gemäß § 831 BGB. Verschulden der Angestellten (Beauftragten) wird hierbei nicht erfordert. Soweit eine Haftung nur für grobe Fahrlässigkeit angeordnet ist, kommt der § 831 BGB. nicht in Betracht.

Eine Aufsichts- und allgemeine Leitungspflicht des Geschäftsinhabers besteht hinsichtlich des ganzen Umfangs seines Betriebes. Der Geschäftsinhaber „kann sich nicht lediglich damit entlasten, daß er die Angestellten sorgfältig ausgewählt habe. Er haftet für den durch seine Angestellten (in Ausführung der ihnen übertragenen Verrichtungen) Dritten verursachten Schaden, wenn er nicht beweist, daß er bei der ihm obliegenden, sei es besonderen, sei es allgemeinen Leitung die im Verkehr erforderliche Sorgfalt beobachtet hat". Der Geschäftsinhaber „muß dafür Sorge tragen, daß sein Angestellter die ihm erteilte Befugnis nicht mißbraucht" (RG. in MuW. **14** 147). Wenn z. B. mit der Leitung einer Zweigniederlassung die Befugnis zur Veranstaltung von Reklamekundgebungen verbunden ist, so hat der Geschäftsinhaber die Verpflichtung, diese Kundgebungen zu überwachen; nicht darf er den Angestellten „völlig frei schalten und walten lassen" (RG. in MuW. **14** 147). In solchem Falle hat RG. in GewRschutz **1915** 156 auf Grund des § 831 BGB. wegen nicht ausreichender Überwachung des Filialleiters den Geschäftsinhaber für schadensersatzpflichtig erklärt: „Er mußte sorgfältig darauf achten, daß die Veröffentlichungen sich innerhalb der gesetzlichen Schranken hielten" (siehe auch RG. **53** 57, 281; **79** 105). „Wenn der verantwortliche Leiter eines geschäftlichen Unternehmens dessen Innenbetrieb in der Weise regelt, daß Tatsachen, deren Kenntnis von Rechtserheblichkeit ist, nicht von ihm selbst, sondern von einem bestimmten Angestellten zur Kenntnis genommen werden, so muß er sich im Verhältnis zu einem Dritten, der aus der Tatsachenkenntnis Rechte herleitet, die Kenntnis des Angestellten wie eine eigene anrechnen lassen. Wenn auch der Angestellte nicht sein Stellvertreter im Willen ist, eine Willenserklärung überhaupt nicht in Betracht kommt, so ist er doch zum Wissensvertreter bestellt, und der Leiter des Unternehmens würde in einem solchen Falle gegen Treu und Glauben im geschäftlichen Verkehr verstoßen, wenn er aus der inneren Geschäftsverteilung dem Dritten gegenüber den Einwand der Unkenntnis herleiten wollte" (RG. **101** 403). Die gleichen Grundsätze gelten für juristische Personen; insbesondere haftet die AG. bei mangelnder Beaufsichtigung durch den Vorstand, auch wenn dieser „einen Kreis von Verrichtungen Angestellten übertragen hat" (RG. in JW. **1911** 96). Es ist also nicht entscheidend, ob die Angestellten mit der erforderlichen Sorgfalt ausgewählt worden sind. Siehe auch S. 59. Über die Beweislast bei mangelnder Beaufsichtigung siehe S. 94.

Neben dem Geschäftsinhaber haftet auch der Angestellte oder Beauftragte, soweit ihn ein Verschulden trifft, mag er auch auf Weisung des Geschäftsinhabers gehandelt haben. Vgl. S. 58.

Die Feststellung des Schadens ist vom Gericht gemäß § 287 ZPO. nach freier Überzeugung vorzunehmen.

1. Die Ermittelung des ursächlichen Zusammenhangs zwischen Rechtsverletzung und Schadensentstehung unterliegt gemäß § 287 ZPO. der auf die Beachtung aller Umstände gestützten freien richterlichen Beweiswürdigung. „Eine Zurückweisung des Ersatzanspruchs wegen mangelnder Darlegung des ursächlichen Zusammenhangs darf nicht erfolgen, solange das Gericht unter Anwendung aller ihm zustehenden Erkenntnismittel zu einer auch nur allgemeinen Schätzung gelangen kann" (RG. in JW. **1919** 382). „Ist die Bestellung (einer Ware) noch unter dem Eindruck unwahrer Angaben erfolgt, so ist auch das weitere Verharren bei der Bestellung und der hierdurch etwa zugefügte Schade als ursächliche Folge der unwahren Angabe anzusehen. Denn ohne diese wäre eine Bestellung nicht erfolgt und ein Verbleiben bei ihr nicht möglich" (RG. **96** 246).

Es gilt der Grundsatz des prima-facie-Beweises: Aus allgemeinen Erfahrungstatsachen, die der Richter kraft seiner Lebenskenntnis beherrschen muß, ergibt sich eine der Wahrscheinlichkeit entsprechende Vermutung für den ursächlichen Zusammenhang [S. 51 über die Beweiswürdigung (Beweisführung) im Gegensatz zur Beweislast]. Diese Vermutung muß derjenige, gegen den sie spricht, im Wege des Gegenbeweises entkräften (RG. **95** 104, 249; RG. in LZ. **1918** 840, **1919** 1014; RG. in JW. **1919** 506; Verf. in DJZ. **1920** 880 und in JW. **1920** 1026, sowie in RuW. **1920** 89). Wenn gewisse Tatsachen oder Zustände „nach dem natürlichen Verlauf der Dinge" geeignet sind, einen schädlichen Erfolg herbeizuführen, „dann bedarf es, wenn der ursächliche Zusammenhang verneint werden soll, der Feststellung besonderer, durch den Ersatzpflichtigen nachzuweisender Umstände, die nicht nur selbst Ursache sein können, sondern auch jene Tatsachen (Zustände) als Ursache oder Mitursache ausschließen" (RG. **95** 104; vgl. auch RG. **97** 117). RG. in MuW. **16** 241 legt dar: „Die Annahme des Berufungsrichters findet ihre materiell wie prozessual ausreichende Grundlage in der auf allgemeinen Erfahrungstatsachen beruhenden Feststellung, daß der Umsatz des Klägers infolge der Handlungen des Beklagten irgendwie gelitten habe." Gleichwohl treffen die Instanzgerichte häufig bei entsprechender Sachlage entgegengesetzte Feststellungen, insbesondere in Prozessen, in denen Schadensersatz gefordert wird wegen rechtswidriger Benutzung einer Firma, eines Warenzeichens, einer Ausstattung usw. In solchen Fällen sind bestimmte Anhaltspunkte für eine Schädigung fast niemals vorhanden, wohl aber findet die Zuerkennung eines Schadensbetrages „ihre materiell wie prozessual ausreichende Grundlage in der auf allgemeinen Erfahrungstatsachen beruhenden Feststellung, daß der Umsatz des Klägers infolge der Handlungen des Beklagten irgendwie gelitten habe“ (RG. a. a. O.). Ergibt sich bei verständiger Würdigung der praktischen Erfahrungen des Lebens aus der Natur der Dinge, daß irgendein Schade entstanden sein muß, so ist nach freier richterlicher Würdigung ein angemessen erscheinender Betrag zuzusprechen oder der Schätzungseid aufzuerlegen (RG. in JW. **04** 156). Hiernach genügt für den ursächlichen Zusammenhang zwischen der Handlung (Unterlassung) und dem eingetretenen schädlichen Erfolge ein hoher Grad von Wahrscheinlichkeit. Es muß dann aber im Urteil ausgesprochen werden, daß auf Grund dieser hohen Wahrscheinlichkeit das Gericht die Überzeugung gewonnen habe, der schädliche Erfolg sei auf das in Frage stehende Handeln (Unterlassen) zurückzuführen (RG. **95** 249).

Bei mangelnder Beaufsichtigung hat zwar derjenige, der Rechte daraus herleiten will, die Beweislast für die Verursachung des Schadens; denn der Kläger muß die materiellen Prozeßvoraussetzungen beweisen. Ist aber ein ordnungswidriger Zustand von längerer Dauer nachgewiesen, der zunächst nur in der Versäumung der allgemeinen Aufsicht seine Erklärung findet, so hat der in Anspruch genommene Aufsichtspflichtige kraft der ihm obliegenden konkreten Widerlegungslast im Wege des Gegenbeweises darzutun, daß er die Rechtsverletzung nicht hindern konnte (RG. in JW. **06** 378; RG. in LZ. **1915** 128).

2. Eine Substantiierung der Schadenshöhe seitens des Verletzten ist nicht erforderlich, praktisch auch meist undurchführbar. Namentlich entzieht sich ein infolge beeinträchtigter Gewinnaussichten entstandener Schade fast durchweg der Substantiierung. Auch hier sind die allgemeinen Erfahrungstatsachen zu beachten, also der Grundsatz des prima-facie-Beweises (S. 93) zur Anwendung zu bringen. Das Gericht „muß ohne Rücksicht darauf, daß der Kläger Beweise für den behaupteten Schaden nicht beigebracht hat, der Prüfung der Frage nach dem Vorhandensein eines Schadens sich unterziehen. Gelangt es bei der Prüfung der Umstände auch nur im allgemeinen zu der Überzeugung, daß ein Schade entstanden sei, so darf es nicht wegen mangelnder Substantiierung des geforderten Betrages den ganzen Anspruch abweisen, sondern muß die Höhe des Schadens nach freiem Ermessen festsetzen oder von der Befugnis, den Schaden eidlich schätzen zu lassen, Gebrauch machen“ (RG. in JW. **04** 156; ebenso RG. in MuW. **18** 16). Siehe auch RG. in MuW. **10** 64 über die Meinung des Berufungsgerichts, der Schadensersatzanspruch „entbehre der notwendigen (!) Substantiierung“: „Der Richter

hat auch unabhängig von einer Darlegungspflicht des angeblich Geschädigten oder einer diesen treffenden Beweispflicht sich ein Urteil darüber zu bilden, ob ein Gewinn gemäß § 252 BGB. entgangen sei." Dabei „wird nicht gefordert, daß der Eintritt des Gewinns als unbedingt sicher und zweifellos gelten müsse. Eine nicht bloß entfernte Möglichkeit, wie sie sich bei verständiger, objektiver Würdigung der Sachlage ergibt, genügt, um die Erwartung eines Gewinns zu rechtfertigen" (RG. **68** 165). Das Gericht kann auch Umstände zur Beurteilung heranziehen, die von den Parteien gar nicht vorgebracht worden sind (RG. in JW. **09** 141). Es darf die Klage nur abweisen, wenn alle erheblichen Umstände geprüft sind (RG. in MuW. **9** 390, **10** 63).

Auf Grund des richterlichen Fragerechts (§ 139 ZPO.) ist die Sachlage nach Möglichkeit aufzuklären. Die Nichtausübung des Fragerechts stellt sich als Gesetzesverletzung dar, die zur Aufhebung des Urteils führt (RG. in JW. **09** 495, **1910** 292). „Wenn der Richter der Ansicht ist, es komme hinsichtlich einer streitigen Frage auf einen von den Parteien anders vorgetragenen, aber in seiner Tragweite verkannten Umstand an, so ist es Richterpflicht, auf die Abgabe aller für die Feststellung des Sachverhältnisses etwa noch notwendigen Erklärungen hinzuwirken und die Bezeichnung der Beweismittel zu veranlassen. Daß der Vorderrichter solche Fragen nicht gestellt hat, muß zur Aufhebung des Urteils führen" (RG. in JW. **1915** 37). Immer wieder weist das RG. darauf hin, daß „der fehlende Beweisantritt zur Ausübung des richterlichen Fragerechts veranlassen muß" (RG. in LZ. **1918** 840). Gegenüber dem Standpunkt des Berufungsgerichts, ihm „könne nicht zugemutet werden, dem Beklagten durch eine unabsehbare Beweisaufnahme erst das nötige Informationsmaterial zu beschaffen", erklärt RG. in JW. **05** 543: „In dem Zurückweisen des Beweiserbietens liegt ein prozessualer Verstoß, der zur Aufhebung des Urteils führen muß. Der Berufungsrichter hatte zum mindesten durch Ausübung des richterlichen Fragerechts dem Beklagten die Möglichkeit zu eröffnen, das angeblich noch nicht zureichende Beweiserbieten zu ergänzen. Nach Lage der Sache war übrigens für das Beweiserbieten nicht die weitgehende Konkretisierung nötig, die der Berufungsrichter verlangt." [Der § 287 ZPO. hat, wie aus obigem hervorgeht, in der Rechtsprechung des RG. eine weitreichende und großzügige Anwendung gefunden. Aber die in den grundlegenden Urteilen des RG. enthaltenen Richtlinien werden von den Instanzgerichten nicht durchweg beachtet. Das „besonders weitgehende Ermessen des Gerichts im Sinne des § 287 ZPO.", das RG. **58** 324 von den Instanzgerichten verlangt, ist in der Praxis nur selten anzutreffen. Vielmehr halten unsere Gerichte denjenigen, der Schadensersatz fordert, oft für gewissermaßen rechtfertigungsbedürftig, als ob er sich auf Kosten eines anderen zu Unrecht bereichern wolle. Der § 287 ZPO. wird von den Instanzgerichten zuweilen überhaupt nicht angewandt. RG. in JW. **1919** 382 hat ein Urteil aufgehoben, weil der Vorderrichter den § 287 ZPO. nicht beachtet und „in den Urteilsgründen nirgends erwähnt hat". (Vgl. Stein in JW. **1921** 1548). „Gerade bei einer schuldhaften Handlung des Verletzers" fordert RG. **58** 324 eine scharfe Anwendung des § 287 ZPO., weil dadurch der Verletzer selbst veranlaßt wird, einer etwa zu hohen Festsetzung der Entschädigung durch freiwillige Darlegung des Umfangs seines widerrechtlichen Tuns vorzubeugen.]

D. Ein Anspruch auf Herausgabe des Erlangten

kann, soweit er nicht vom Anspruch auf Schadensersatz umfaßt wird (S. 90 über den Inhalt der Schadensersatzverpflichtung), auf Grund ungerechtfertigter Bereicherung [auch nach Vollendung der Verjährung des Schadensersatzanspruchs (§ 852 Abs. 2 BGB.)], erhoben werden gegen denjenigen, der aus der unerlaubten Handlung ohne rechtlichen Grund auf Kosten des Mitbewerbers bereichert ist (§ 812 BGB.). Dieser Anspruch besteht auch dann, wenn die Bereicherung auf nur objektiv widerrechtlicher Handlungsweise beruht. Denn „auf Kosten" des Mitbewerbers geht schon die durch die rechtswidrige Handlung bewirkte Verschiebung der Wirtschaftslage (Lobe I S. 361). Wie gemäß § 252 BGB. der zu ersetzende Schade auch denjenigen Gewinn umfaßt, der nach dem gewöhnlichen Lauf der Dinge oder nach den besonderen Umständen, insbesondere nach den getroffenen Anstalten und Vorkehrungen, mit Wahrscheinlichkeit erwartet werden konnte, so ist hier auch diejenige Bereicherung herauszuverlangen, die auf jener Verschiebung zugunsten desjenigen, der die widerrechtliche Handlung vorgenommen hat, beruht. RG. **28** 247 legt dar, daß die den natürlichen Verhältnissen entsprechenden Erwartungen zwar keine Vermögensstücke sind, daß aber die Störung der natürlichen Beziehungen, auf denen die Erhaltung und Nutzbarmachung eines Gewerbevermögens beruht, eine vorsätzliche rechtswidrige Vermögensbeschädigung darstellen kann. Das RG. rechnet also diese Werte dem Vermögen zu. Dies ist (Lobe I S. 359 ff.) gerechtfertigt: „Denn die eine Gewinnerzielung erleichternde günstige wirtschaftliche Lage ist der übergegangene Vermögenswert." Die Vermögensverschiebung beruht, soweit sie die Folge einer rechtswidrigen Handlung ist, auf einem rechtlich nicht gebilligten Grunde (bestritten).

Auch auf Grund der sog. unechten Geschäftsführung kann gemäß §§ 687 Abs. 2, 681, 666 BGB. die Herausgabe des Erlangten gefordert werden: Unter der Behauptung, daß der Beklagte wissentlich ein fremdes Geschäft als eigenes behandelt habe, verlangt der Kläger die Herausgabe des Erwerbes (§ 667 BGB.), evtl. den Ersatz des Schadens. Inwieweit eine Bereicherung noch vorliegt, ist hier belanglos. In der Rechtsprechung und Rechtslehre wird die Bestimmung des § 687 Abs. 2 allzu einschränkend angewandt: Gemäß RG. **46** 14, **70** 253 muß die Benutzung eines fremden geistigen Eigentums oder Erfinderrechts vorliegen, nicht soll (gemäß RG. **58** 323) die täuschende Verwendung eines fremden Warenzeichens genügen: Hier handele es sich um ein auch objektiv eigenes Geschäft, das unter widerrechtlichem Eingriff in ein fremdes ausschließliches Recht vorgenommen werde. Aber weder der Wortlaut noch der Sinn des § 687 Abs. 2 zwingen zu einer so einschränkenden Auslegung (siehe hierzu S. 98 über den Anspruch auf Rechnungslegung). Es könnte sehr wohl eine Verurteilung auf Grund des § 687 Abs. 2 stattfinden zur Herausgabe des durch täuschende Warenzeichenbenutzung, überhaupt durch unlauteren Wettbewerb Erlangten. Gemäß RG. **28** 247 liegt eine Vermögensbeschädigung vor, wenn fremde Gewinnaussichten beeinträchtigt werden. Wer diese Vermögensbeschädigung wissentlich herbeiführt, indem er widerrechtlich Gewinne einzieht, die einem anderen zustehen, der behandelt ein fremdes Geschäft als sein eigenes (Verf. in GewRschutz **1920** 33: „Der Anspruch auf Herauszahlung des als Folge einer unerlaubten Handlung gezogenen Gewinns; das Recht des Fiskus auf solche Gewinne“). Die — auch von Lobe I S. 367 — vorgenommene Beschränkung der Anwendbarkeit des § 687 Abs. 2 auf die Fälle unrechtmäßiger Benutzung eines fremden Genußguts ist sachlich nicht begründet. Dem Verkehr wäre mit einer freieren Gesetzesauslegung sehr gedient. Bestätigend Schweizer Bundesgericht in MuW. **19** 18: „Der Begriff des fremden Geschäfts (im § 687 Abs. 2 BGB.) darf nicht einschränkend ausgelegt werden. Ein solches ist vielmehr immer schon dann als vorhanden anzunehmen, wenn der Handelnde Geschäfte auf eigene Rechnung und im eigenen Interesse abgeschlossen hat, die er ohne Verletzung der Rechte eines anderen nicht hätte ausführen können, wenn er also durch deren Abschluß in fremde Rechte und damit in fremdes Vermögen eingegriffen hat. Daß das Geschäft nach allen Richtungen sich als ein fremdes darstellt, ist nicht nötig.“

E. Ein Anspruch auf Rechnungslegung

ist im BGB. in zahlreichen Einzelfällen gewährt worden, so z. B. gegen den Beauftragten, gegen den unbeauftragten Geschäftsführer und gegen denjenigen, der einen Inbegriff von Gegenständen herauszugeben verpflichtet ist. Aus diesen — insgesamt etwa 20 — Einzelfällen leitet RG. **73** 288 den Grundsatz ab: „Rechenschaftspflichtig ist, wer fremde Angelegenheiten oder solche besorgt, die zugleich eigene und fremde sind." Diese Formel ist nicht erschöpfend: vor allem berücksichtigt sie nicht die Rechenschaftspflicht desjenigen, der fremde Gewinne rechtswidrig für sich eingezogen hat. Gemäß § 252 BGB. „umfaßt der zu ersetzende Schade auch den entgangenen Gewinn". Wer wegen einer gegen ihn verübten rechtswidrigen Handlung Schadensersatz zu fordern berechtigt ist, hat auf Grund des § 252 BGB. den Anspruch, daß der Verletzer ihm über seinen Gewinn Rechnung legt (in dieser Allgemeinheit durchweg bestritten). Eine solche Rechenschaftspflicht ist häufig die Voraussetzung, unter der überhaupt erst der im § 252 BGB. gewährte Anspruch (auf den entgangenen Gewinn) nutzbar gemacht werden kann. Wenn z. B. jemand durch täuschende Verwendung eines fremden Warenzeichens Gewinne gezogen hat, die dem Zeichenberechtigten hätten zufließen müssen, dann hat zwar letzterer den Anspruch auf Ersatz seines Schadens, insbesondere des ihm entgangenen Gewinns, aber er kann die Schadenssumme nur dadurch ermitteln, daß der Verletzer ihm Rechnung legt. Man darf dem Gesetzgeber, der im § 252 BGB. die Pflicht zum Ersatz des entgangenen Gewinns festgesetzt hat, nicht unterstellen, daß er selbst dem Verpflichteten den Weg gezeigt habe, wie er dieser Pflicht in den praktisch bedeutsamsten Fällen (durch Verweigerung der Rechnungslegung) sich entziehen kann. Die Rechtsprechung ist sehr wohl in der Lage, den § 252 BGB. einer sinngemäßen Handhabung zuzuführen. Wie RG. **48** 120 aus der Schadensersatzverpflichtung ohne weiteres auch die Pflicht zur Unterlassung der schadenstiftenden Handlung abgeleitet hat, so kann man aus der im § 252 festgesetzten Pflicht, den entgangenen Gewinn zu erstatten, die fernere Pflicht ableiten, bei der Ermittlung der in Betracht kommenden Summe mitzuwirken. Hierdurch wird der Beklagte nicht zu Unrecht beschwert, denn er braucht nur Auskunft zu geben bzw. die in seiner Verfügungsgewalt befindlichen Unterlagen vorzulegen, eine Verpflichtung, die der § 810 BGB. hinsichtlich Urkunden — bei berechtigtem Interesse des anderen — ganz allgemein auferlegt. RG. **89** 103/4 (RG. **103** 77) gewähren die Ansprüche auf Auskunftserteilung und Rechnungslegung als Schadensersatz gemäß § 249 BGB.: „Ist der Beklagte wegen seines Tuns aus dem Vertrage wie aus unerlaubter Handlung zum Schadensersatz verpflichtet, dann hat er nach § 249 BGB. den Zustand herzustellen, der bestehen würde, wenn der zum Ersatz verpflichtende Umstand nicht eingetreten wäre. Der im wesentlichen gleiche Zustand wird dadurch herbeigeführt werden können, daß der Kläger den Anspruch auf Auskunftserteilung und Rechenschaftsablage gegen den Beklagten hat. Er wird dadurch in die gleiche Lage versetzt, in der er sich ohne die Handlungsweise des Beklagten befunden hätte." Im Falle der Bereicherung gemäß § 812 BGB. hat RG. **90** 139 durch Heranziehung des § 260 BGB. den Anspruch auf Rechnungslegung gestützt: „Ist ein Inbegriff von Gegenständen im Sinne des § 260 BGB. (eine Mehrheit von Sachen, Rechten oder Forderungen) gegeben, so ist das Verlangen auf Vorlegung eines Verzeichnisses über die Anzahl der vertriebenen Stücke des Musters berechtigt; denn das Verzeichnis gibt zugleich Auskunft über den Bestand des Gewinns des Beklagten und vermittelt dessen Herausgabe."

Auch aus dem Gesichtspunkt der sog. unechten Geschäftsführung ohne Auftrag (§§ 687 Abs. 2, 681, 666 BGB.) läßt sich die Rechenschaftspflicht des aus § 252 BGB. in Anspruch Genommenen ableiten: Wer in Kenntnis seiner Nichtberechtigung ein fremdes Geschäft als sein eigenes behandelt, schuldet dem Verletzten Herausgabe des Erlangten und Rechnungslegung. So begründen RG. **46** 14, **70** 253 die Rechenschaftspflicht bei wissentlicher oder grob fahrlässiger Patentverletzung. Unbedenklich läßt sich der obige Rechtsgedanke umfassender, nämlich auf jegliche Vermögensbeschädigung anwenden (siehe hierzu S. 96 über den Anspruch auf Herausgabe des Erlangten). Als solche stellt sich nicht nur die widerrechtliche Verletzung eines fremden Genußguts dar, sondern auch die Störung der Beziehungen, auf denen die Erhaltung und Nutzbarmachung eines Gewerbevermögens beruht (RG. 28 247). Hierher gehört also insbesondere die Beeinträchtigung von Gewinnaussichten im Sinne des § 252 BGB. Einer so weitgehenden Auslegung widerspricht RG. **58** 321: Im Gegensatz zur Patentverletzung liege bei der Warenzeichenverletzung eine „unmittelbar auf Restitution der widerrechtlich bezogenen Vorteile gehende Verpflichtung" nicht vor, wenn auch das Maß dieser Vorteile unter Umständen für die Beurteilung des entgangenen Gewinns von Bedeutung sei. Aus den Grundsätzen der sog. unechten Geschäftsführung könne nicht, wie bei rechtswidriger Verwertung von Patentrechten, eine Pflicht zur Rechenschaftslegung und Auskunftserteilung dem Verletzer erwachsen. Allerdings müsse anerkannt werden, daß in den Fällen täuschender Warenzeichenbenutzung für den Kläger die Begründung und für das Gericht die Festsetzung eines bestimmten Schadens schwierig sei, wenn der Beklagte die Auskunft verweigere. Aber gerade bei einer schuldhaften Handlung des Verletzers erscheine ein besonders weitgehendes Ermessen des Gerichts im Sinne des § 287 ZPO. gerechtfertigt; denn hierdurch werde der Verletzter selbst veranlaßt, einer etwa zu hohen Festsetzung der Entschädigung durch freiwillige Mitteilung der Zahl und des Umfanges seiner Eingriffe vorzubeugen. Diese Darlegung des RG. (2. ZS.) erkennt zwar eine umfassende Rechenschaftspflicht als ein Verkehrsbedürfnis an, glaubt aber diesem Bedürfnis aus Gründen rechtlicher Konstruktion die Erfüllung versagen zu müssen und sucht auf dem Umwege über den § 287 ZPO. notdürftig zu helfen. Die vom RG. angeführten Erwägungen erscheinen nicht geeignet, die oben dargelegten Gründe, die für eine umfassende Rechenschaftspflicht sprechen, zu entkräften. Übrigens ist von einem — in obigem Urteile des RG. empfohlenen — „besonders weitgehenden Ermessen der Gerichte im Sinne des § 287 ZPO." in der Praxis wenig zu spüren. Der auf Schadensersatz in Anspruch Genommene hat „eine etwa zu hohe Festsetzung der Entschädigung" selten zu fürchten (siehe hierüber S. 94—95). Vgl. RG. **89** 103.

Schließlich entspricht es auch dem Grundsatz von Treu und Glauben im Verkehr, daß derjenige, der Gewinne einheimst, die er einem anderen rechtswidrig entzogen hat, diesen anderen über die Höhe des gewissermaßen veruntreuten Betrages nicht geflissentlich im Unklaren läßt und ihm damit die Verfolgung des gesetzlich gewährten Schadensersatzanspruchs erschwert oder sogar vereitelt. Die Anwendbarkeit des Grundsatzes von Treu und Glauben beschränkt sich nicht auf die vertraglichen Beziehungen zweier Personen, vielmehr hat das RG. in ständiger Rechtsprechung ganz allgemein die Unzulässigkeit eines — wenn auch formell berechtigten — Tuns betont, das darauf abzielt, einen anderen unter Verletzung von Treu und Glauben zu schädigen (§ 1 Note 26). Eine solche Schädigung liegt vor, wenn der zum Schadensersatz Verpflichtete dem Verletzten die Unterlagen geflissentlich vorenthält, aus denen sich der Umfang des begangenen Unrechts ergibt. Die Auskunftserteilung und Rechnungslegung hat aber für den Verletzten nicht nur hinsichtlich der Verfolgung seines Schadensersatzanspruchs Bedeutung, sondern sie ermöglicht es ihm unter Umständen, sofort vorbeugende Maßnahmen zur Verhütung weiteren Schadens zu treffen.

Der Gerichtsstand für die Klage auf Rechnungslegung ist der gleiche wie für die Klage auf Schadensersatz; denn der Anspruch auf Entschädigung umfaßt denjenigen auf Rechnungslegung (OLG. Dresden in MuW. **11** 448).

Der Wert des Streitgegenstandes ist gemäß § 3 ZPO. frei zu schätzen (Lobe I S. 392; RG. in JW. **97** 227).

F. Der Anspruch auf Feststellung.

Eine negative Feststellungsklage kann gegen denjenigen erhoben werden, gegen den ein Unterlassungsanspruch begründet ist. So hat RG. in MuW. **20** 105 eine Feststellungsklage für zulässig erklärt gegen denjenigen, der ein täuschendes Warenzeichen zur Eintragung angemeldet hat. Das Interesse an alsbaldiger richterlicher Feststellung (§ 256 ZPO.) liegt hier regelmäßig vor, auch wenn die Leistungsklage (auf Unterlassung) möglich ist; denn das Interesse an der Feststellung des Rechtsverhältnisses geht weiter als dasjenige an der Unterlassung (a. M. die früheren Auflagen). So darf die von einem auf Unterlassung Verklagten erhobene Feststellungswiderklage, wonach eine Berechtigung zu dem Tun vorliegt, nicht etwa schon deshalb abgewiesen werden, weil durch die Abweisung der Klage ausgesprochen wird, daß dem Beklagten die begangene Handlung nicht untersagt werden kann. Denn durch die Abweisung der Klage steht nur fest, daß ein Unterlassungsanspruch nicht besteht. Die Rechtskraft umfaßt also nur eine der Vergangenheit angehörende Handlung. Die Gründe aber, aus denen die auf sie gestützte Klage abgewiesen worden ist, werden nicht rechtskräftig und daher auch nicht der Grund, daß der Beklagte zu seinem Tun berechtigt war. Ein gleichartiger Tatbestand kann also an sich, wenn Handlungen dieser Art wieder vorgenommen werden, zu einer erneuten Klage führen. Die Feststellungswiderklage ist daher zuzulassen (RG. in MuW. **12** 332). Berühmt sich jemand eines Untersagungsrechts, dann kann gegen ihn nicht nur eine negative Feststellungsklage erhoben werden, sondern auch eine Klage auf Unterlassung der Ausübung des Rechts (vgl. Salinger in Gruchot **61** 298, 308 und die dort angeführte Rechtslehre und Rechtsprechung, insbesondere RG. **88** 438; RG. in JW. **94** 520). In den Fällen, in denen der auf Unterlassung Klagende den Klageanspruch für erledigt erklären und sich mit einem Kostenurteil begnügen muß, kann er — bei Vorliegen eines rechtlichen Interesses an alsbaldiger Feststellung eines erloschenen Rechtsverhältnisses — den ursprünglichen, auf Unterlassung gerichteten Leistungsantrag umwandeln in einen Antrag auf Feststellung, wonach das ursprüngliche Klagebegehren zur Zeit der Klageerhebung begründet, z. B. der Beklagte bis dahin zur Unterlassung verpflichtet war. Hier handelt es sich aber um eine prozessuale Befugnis des Klägers, nicht um eine Pflicht (RG. in MuW. **18** 140). Für den Gerichtsstand der Feststellungsklage gelten die Bestimmungen der ZPO. Abwegig und durch keine verständige Erwägung geboten ist die Meinung, die Klage, mit der jemand die Feststellung erstrebt, daß seine Reklame rechtmäßig ist, müsse im ausschließlichen Gerichtsstande des § 24 WettbG. erhoben werden. — De lege ferenda siehe die Vorschläge von Ernst Fuchs über den Eilfeststellungsprozeß in RuW. **1918** 116. Über die Feststellungsklage hinsichtlich eines noch in der Entwicklung begriffenen Schadens siehe S. 89—90. Ebendort über die Leistungsklage unter Vorbehalt der Feststellung der Schadenshöhe in einem besonderen Verfahren.

§ 1.

Generalklausel.

Wer im geschäftlichen Verkehr zu Zwecken des Wettbewerbes Handlungen vornimmt, die gegen die guten Sitten verstoßen, kann auf Unterlassung und Schadensersatz in Anspruch genommen werden.

§ 826 BGB.

Wer in einer gegen die guten Sitten verstoßenden Weise einem anderen vorsätzlich Schaden zufügt, ist dem anderen zum Ersatze des Schadens verpflichtet.

Inhaltsübersicht.

Jegliches Tun, das sich als unlauterer Wettbewerb darstellt, unterfällt dem § 1. Damit ist den Gerichten in weitem Umfange die Machtbefugnis gegeben, der geschäftlichen Betätigung angemessene Grenzen zu ziehen, die Verkehrsanschauungen läuternd zu beeinflussen. Über den Begriff des unlauteren Wettbewerbes siehe S. 27. Note 1.

Das Verhältnis des § 1 WettbG. zu den Einzelbestimmungen des WettbG. Erfüllt eine Handlung die Voraussetzungen einer Einzelbestimmung des WettbG. und zugleich auch diejenigen des § 1, so hat dies die Wirkung, daß beide Gesetzesbestimmungen anwendbar sind (RG. **79** 327; OLG. Dresden in LZ. **1912** 570). Note 2.

Das Verhältnis des § 1 WettbG. zum § 826 BGB. Beide Vorschriften stehen gleichberechtigt nebeneinander: Wenn in einer Wettbewerbshandlung, die auf Grund des § 1 WettbG. verfolgbar ist, auch die Voraussetzungen des § 826 BGB. gegeben sind, so kann auch letztere Bestimmung, und zwar nur sie allein, für die Rechtsverfolgung und Entscheidung herangezogen werden (S. 34 über das Verhältnis des WettbG. zum BGB.). Über den Gerichtsstand siehe S. 80; über die Verjährung siehe § 21 Note 9.

Über das **Verhältnis des § 1 WettbG. zum WZG.** siehe Note 59 ff.

Die Abgrenzung des § 1 WettbG. gegen den § 826 BGB. ist folgende: Note 3.

1. Der § 1 geht über den § 826 insofern hinaus, als bei jeder im geschäftlichen Verkehr erfolgten sittenwidrigen Wettbewerbshandlung ohne weiteres der Anspruch auf Unterlassung gegeben wird, auch wenn ein Schade nicht eingetreten ist. Daß die Entstehung eines Schadens voraussehbar war, wird für den Schadensersatzanspruch aus § 1 nicht verlangt, wohl für denjenigen aus § 826: Der Vorsatz muß die — sei es auch nur mittelbare (RG. in JW. **1912** 638) — Schadenszufügung umfassen. [Doch genügt das Bewußtsein von der Möglichkeit einer Schädigung, wenn der Schädiger diese Möglichkeit in seinen Willen aufgenommen und gebilligt hat (RG. **90** 108).] Ferner wird für den § 826 erfordert, daß dem Kläger eine Vermögensbeschädigung zugefügt worden ist: ohne diese und die Befürchtung weiteren Schadens ist sogar der Unterlassungsanspruch aus § 826 nicht gegeben (RG. **67** 153). Doch wird für den Unterlassungsanspruch aus § 826 nicht verlangt, daß die Schadenszufügung schuldhaft gewesen ist (RG. **60** 6; RG. in JW. **1916** 739; Salinger in JW. **1916** 1243). Die Klageberechtigung auf Grund des § 1 ist weiter als diejenige auf Grund des § 826: der Unterlassungsanspruch aus § 826 kann nicht von den Gewerbetreibenden und Verbänden im Sinne des § 13 Abs. 1 WettbG. geltend gemacht werden und die Unterlassungsklage gegen den Inhaber des Betriebes wegen eines Verstoßes von Angestellten und Beauftragten ist nicht ohne weiteres zulässig (§ 13 Abs. 3), sondern nur, wenn die Voraussetzungen der §§ 276, 831 BGB. gegeben sind. Siehe Note 4.

2. Andererseits geht in folgenden Beziehungen der § 826 weiter als der § 1: Er sieht ab vom Vorliegen eines Wettbewerbsverhältnisses und überhaupt vom Gebiete des geschäftlichen Verkehrs, trifft vielmehr jegliche sittenwidrige Handlung. Ferner verjähren die auf Grund des § 826 erhobenen Klagen in drei Jahren (gemäß § 852 BGB.), nicht, wie nach § 21 WettbG., in sechs Monaten (§ 21 Note 9). Schließlich ist die besondere Zuständigkeitsregelung, die im § 24 WettbG. gegeben wird, für Klagen auf Grund des § 826 nicht maßgebend (S. 80).

Verschulden als Voraussetzung des Unterlassungs- und Schadensersatzanspruchs aus § 1 wird nicht gefordert: Es soll genügen, daß jemand zu Zwecken des Wettbewerbes sich in Widerspruch mit den guten Sitten setzt. Lobe (in MuW. 8 270) Note 4.

§ 1. verlangt für den Schadensersatzanspruch aus § 1 WettbG. noch eine besondere Schuld, und zwar die vorsätzliche oder fahrlässige Beeinträchtigung der freien Erwerbstätigkeit des Mitbewerbers. Es müsse ein auf der Kenntnis des unlauteren Mittels beruhender Vorsatz (oder Fahrlässigkeit) vorliegen (GewRschutz **1910** 10). Dieser Ansicht ist nicht beizupflichten: Der § 1 regelt die Art des von ihm vorausgesetzten Verschuldens selbständig. Es ist verfehlt, dieses Verschulden erst noch anderweitig zu suchen. [Der Vorsatz des § 826 bezieht sich auf die schädigende Wirkung, nicht auf die Sittenwidrigkeit des Tuns (RG. **90** 108). Die vorsätzliche Schadenszufügung ist bei § 826 BGB. ein selbständiges Tatbestandsmerkmal n e b e n dem Verstoß gegen die guten Sitten (Salinger in JW. **1916** 1243).] Siehe auch Note 3 und 16.

Note 5. Unter **„Handlungen"** ist ein Tun irgendwelcher Art zu verstehen, gleichviel, ob öffentlich vorgenommen oder ob überhaupt nach außen hervortretend. Auch symbolische Handlungen genügen, ferner „bildliche Darstellungen und sonstige Veranstaltungen" im Sinne des § 5 WettbG. Über ein Unterlassen (Stillschweigen) als sittenwidrige Handlung siehe Note 23.

Über den Begriff **„geschäftlicher Verkehr"** siehe S. 32.

Note 6. Der Begriff **„zu Zwecken des Wettbewerbes"** (S. 26) wird im WettbG. als erschwerender Umstand verwandt (Note 35; § 14 Note 1). Es ist erforderlich, daß nicht nur (objektiv) das Tun geeignet ist, als Wettbewerbshandlung zu dienen, sondern auch, daß (subjektiv) eine auf Wettbewerb gerichtete Absicht vorliegt. Die Berechtigung (Erlaubtheit) des erstrebten Wettbewerbes bleibt für die Begriffsbestimmung außer Betracht. Daß der erstrebte Wettbewerb der eigene ist, wird nicht verlangt, vielmehr genügt die beabsichtigte Förderung fremden Wettbewerbes (RGSt. **32** 27, **45** 258). Diese Förderung kann auch jemand bewirken, der kein Gewerbetreibender ist (RG. **79** 322; RG. in GewRschutz **1911** 241). Es genügt, wenn das fragl. Tun allgemein als dem Wettbewerbe dienlich anzusehen ist; nicht braucht diese Eigenschaft im Einzelfalle vorzuliegen. Der Wettbewerbszweck kann auch darin gefunden werden, daß jemand sich oder einem anderen die Wettbewerbsfähigkeit für die Zukunft schaffen oder erhalten will. Überhaupt „gehört es nicht zum Wesen des Merkmals ‚zu Zwecken des Wettbewerbes', daß der Wettbewerb in bestimmter naher Zukunft aufgenommen werden soll" (RGSt. **51** 192). Interessenkämpfe, die dem ganzen Gewerbe dienen sollen, verfolgen keinen Wettbewerbszweck (RG. **56** 277; RG. in UW. **3** 70).

Note 7. D e r W e t t b e w e r b s z w e c k m u ß f ü r d a s i n F r a g e s t e h e n d e T u n b e s t i m m e n d s e i n, wenn das Tatbestandsmerkmal „zu Zwecken des Wettbewerbes" als erfüllt angesehen werden soll [Entsprechendes gilt für die „guten Sitten" (Note 17) und die Wahrung berechtigter Interessen (§ 14 Note 43)]. Das Gesamtbild des Falls ist der Prüfung zugrunde zu legen. RGSt. **47** 129 erklärt, es genüge, wenn die Verfolgung des Wettbewerbszwecks nur das M i t t e l sei für die Erreichung des darüber hinaus verfolgten Endzwecks. So schließe die Absicht, sich selbst lohnendere Arbeit zu verschaffen, nicht aus, daß gleichzeitig „zu Zwecken des Wettbewerbes" gehandelt werde. Diese Begriffsbestimmung ist praktisch kaum verwertbar: Es muß vom Richter festgestellt werden, ob der Wettbewerbszweck das Tun bestimmt hat oder ein anderer Zweck. Es gibt Handlungen, die im geschäftlichen Verkehr unter Umständen aus einer zwingenden Notwendigkeit vorgenommen werden, wie z. B. Warnungen vor Patentverletzung, und die unvermeidbar nebenher auch dem Wettbewerbe dienen. Hier darf das Tatbestandsmerkmal „zu Zwecken des Wettbewerbes" nicht als erfüllt angesehen werden, wenn man nicht zu praktisch unmöglichen Ergebnissen kommen will (§ 14 Note 16 ff.). Nur wenn vornehmlich der Wettbewerbszweck die Warnung veranlaßt hat und der Zweck der Warnung (was meist schon aus ihrer Fassung ersichtlich ist) nur nebenher verfolgt wurde, ist „zu Zwecken des Wettbewerbes" gehandelt worden. Nicht aber ist dieses Tatbestandsmerkmal stets dann erfüllt, wenn, wie RGSt. **47** 129 annimmt, nur nebenher ein Wettbewerbszweck verfolgt worden ist. So hat RGSt. **45** 257 zu Unrecht den Wettbewerbszweck erblickt in dem Einschreiten eines Syndikats gegen ein Syndikatsmitglied, das angeblich vertragswidrigerweise Erzeugnisse abgegeben und dadurch anderen Syndikatsmitgliedern Kunden entzogen hat: in der Wahrung des Interesses der bedrohten Syndikatsmitglieder komme „die Verfolgung eines Wettbewerbszwecks unmittelbar zum Ausdruck". Dieser Standpunkt des RG. bedeutet eine Überspannung: Das Syndikat hat sicherlich keine auf Wettbewerb gerichtete Absicht gehabt, sondern es hat pflichtgemäß der Satzung Geltung verschaffen wollen. Daß damit — unvermeidbar — auch dem Wettbewerbe einzelner Syndikatsmitglieder gedient wurde, liegt abseits. Sonst würde von mancher humanitären oder wissenschaftlichen Kundgebung, die nebenher auch einen — fremden — Wettbewerb fördert, angenommen werden müssen, daß sie „zu Zwecken des Wettbewerbes" erfolgt sei. So legt RG. in MuW. **9** 63 zutreffend dar, der Beweggrund einer — dem Wettbewerbe dienlichen — Kundgebung sei — trotz Vorliegens eines Wettbewerbsverhältnisses zwischen den Parteien — nicht im Wettbewerbe zu suchen, wenn sie „zur Klärung einer fachwissenschaftlichen Frage oder doch zur allgemeinen Belehrung der betr. Industrie geschehen ist". Andererseits ist es belanglos, ob eine in Wettbewerbsabsicht erfolgte Kundgebung in die Form einer „allgemeinen Betrachtung technisch-wissenschaftlicher Natur" gekleidet wird (RG. in MuW. **9** 389). Zutreffend erklärt RGSt. **51** 186, daß „der Zweck wissenschaftlicher und technischer Ausbildung mit dem Zwecke des Wettbewerbes keineswegs rechtsgrundsätzlich unvereinbar ist". In einer an sich gerechtfertigten Beschwerde über geschäftliche Übelstände kann nur unter besonderen Umständen ein Wettbewerbszweck gefunden werden (RG. in UW. **3** 14). Konsumvereine, die ihren Mitgliedern gute und billige Ware zu verschaffen suchen, verfolgen damit keinen Wettbewerbszweck (RG. **78** 81 läßt dies dahingestellt). § 1.

Auch Abwehrmaßregeln können „zu Zwecken des Wettbewerbes" vorgenommen werden, z. B. Handlungen, die den Verlust eigener Kunden verhüten sollen (RG. **59** 2, **60** 190; RGSt. **45** 257). Es ist nach den oben dargelegten allgemeinen Grundsätzen zu prüfen, ob für die Abwehrhandlung der Wettbewerbszweck bestimmend war. Über die rechtliche Zulässigkeit (Sittenwidrigkeit) von Abwehrhandlungen siehe Note 29. Eine Kundgebung, die der Abwehr dient, verliert diesen Charakter nicht deshalb, weil „nicht jede einzelne Wendung sich rechtfertigen läßt" (RG. in JW. **1915** 915). Note 8.

Auch die Abgabe von Urteilen kann „zu Zwecken des Wettbewerbes" erfolgen, denn das Publikum kann auch die subjektive Beurteilung durch einen Dritten als maßgebend für seine Entscheidung ansehen, wenn es dessen Urteilskraft eine zutreffende Bewertung beimißt (RG. in MuW. **11** 87; RG. in GewRschutz **1911** 240). Note 9.

Auch der Wettbewerb von Interessengruppen gehört hierher, nicht braucht der Wettbewerbszweck der Förderung eines bestimmten Geschäfts (oder mehrerer) zu gelten. Die entgegengesetzte, insbesondere von Finger vertretene Meinung wird in RG. **50** 108 mit zutreffender Begründung abgelehnt: In der Regel werde der Wettbewerb einem bestimmten Geschäft gelten; dies sei aber kein Begriffsmerkmal. Weder in dem allgemeinen Wortlaut noch in der Zweckbestimmung Note 10.

§ 1. des WettbG. sei ein Grund dafür ersichtlich, daß die Anwendbarkeit des Gesetzes auf jenen Regelfall zu beschränken sei (vgl. auch RG. in MuW. **12** 469, 521).

Note 11. Auch Verbände zur Förderung gewerblicher Interessen können zu Zwecken des Wettbewerbes handeln. So erklärt RG. **79** 322, der Angriff des beklagten Vereins (gegen Unwesen im Handel und Gewerbe) gegen die Inhaber der Sonderrabatt gewährenden Dresdener Geschäfte sei bestimmt und geeignet gewesen, diese im Wettbewerbe zurückzudrängen. Vgl. auch RG. in GewRschutz **1911** 240; OLG. München in MuW. **15** 63.

Note 12. Der sog. agent provocateur kann ebensogut wie jeder andere „zu Zwecken des Wettbewerbes" handeln (S. 58).

Note 13. Auch die Presse kann „zu Zwecken des Wettbewerbes" handeln, insoweit sie sich zugunsten einer Partei unterstützend betätigt (nicht etwa gleichmäßig beiden Parteien dient): RG. in UW. **4** 30; RG. in MuW. **8** 219. Vornehmlich kommt bei der Fachpresse der Wettbewerbszweck in Frage (RG. **50** 110; RG. in JW. **95** 486; RGSt. **32** 29). In MuW. **9** 63 legt das RG. dar, die Presse habe vorliegendenfalls nicht einem Wettbewerbszwecke gedient, sondern der „Klärung einer fachwissenschaftlichen Frage" und „der allgemeinen Belehrung" der betr. Industrie.

Note 14. Ohne Vorliegen des Wettbewerbszwecks können geschäftliche Maßnahmen auf Grund des § 826 BGB. verfolgt werden. Auch kommen die §§ 823 Abs. 1, 824, 1004 in Betracht. Gemäß diesen Bestimmungen kann der Gewerbetreibende sich dagegen verwahren, daß die Eigenart und Unterscheidungskraft seines Betriebes beeinträchtigt wird, indem der weniger gefestigte Ruf, den ein fremder Betrieb genießt, auf seinen eigenen bezogen wird. Siehe RG. in GewRschutz **1911** 240, wo auf Grund der §§ 823 Abs. 1, 1004 BGB. die unbefugte Benutzung einer fremden — nicht verwechselungsfähigen — Bezeichnung untersagt wurde, weil hierdurch „der Kläger in der freien Ausübung seiner Erwerbstätigkeit beeinträchtigt wird". Der § 824 BGB. ist verletzt, wenn durch die Anmaßung eines fremden Unterscheidungszeichens die Behauptung zum Ausdruck gelangt, es beständen Beziehungen zu einem bestimmten Unternehmen, welch' letzteres also unter Umständen durch den Ruf desjenigen, der die Anmaßung vornimmt, in Mitleidenschaft gerät (RG. in JW. **1918** 307; RG. in MuW. **8** 298). Lobe (in GewRschutz **1912** 186) legt unter Hinweis auf RG. **28** 249 und auf Entscheidungen des Schweizer Bundesgerichts zutreffend dar: Der Gewerbetreibende hat ein berechtigtes Interesse daran, „daß seine Erwerbstätigkeit und seine geschäftlichen Beziehungen in ihrer Selbständigkeit und Eigenart offenbar bleiben und daß ihm nicht solche untergeschoben werden, die nicht von ihm ausgehen. Denn hierdurch wird seine Stellung im Erwerbsleben in den Augen des Publikums notwendig verschoben". Siehe auch Note 56 über fremde Schlagworte sowie Note 41 und § 16 Note 5.

Note 15. **„Gegen die guten Sitten."** Die Feststellung der Sittenwidrigkeit einer Handlung ist vom Richter nach seiner unter Berücksichtigung der herrschenden Verkehrsauffassung zu bildenden Überzeugung — gemäß dem Gesamtcharakter der Handlung im Rahmen der Begleitumstände (Note 17) — zu treffen, wobei ein objektiver, allgemeiner Maßstab (Note 16) anzulegen ist. Praktisch kommt es meist auf die Prüfung der Frage an, ob die zu beurteilende Handlung dem sittlichen Empfinden des Richters als „eine Verletzung von Treu und Glauben und als ein Verstoß gegen die im Verkehr zu verlangende Redlichkeit" erscheint (RG. **85** 202). Das RG. hat (zuerst in RG. **48** 124 und seitdem in zahlreichen weiteren Entscheidungen) den Satz aufgestellt, der objektive Maßstab für die Beurteilung der Handlung sei aus dem herrschenden Volksbewußtsein zu entnehmen, dem „Anstandsgefühl aller billig und gerecht Denkenden". Diesen Satz hat das RG. näher dahin bestimmt, daß die Anschauung des in Frage stehenden Verkehrskreises den Ausschlag geben soll (RG. in JW. **1915** 247), es sei denn, daß diese Anschauung als eine zu mißbilligende keine Berücksichtigung verdient (Note 21 über Mißbräuche). Salinger in JW. **1917** 4 ff. hat gegen den Standpunkt des RG. geltend gemacht, daß der Richter meistens außerstande sei, festzustellen, wie „alle billig und gerecht Denkenden" oder wie der in Frage stehende Verkehrskreis die sittliche Wertung eines konkreten Falles vornehmen. Eine allgemeine Volksanschauung könne sich höchstens über Typen von Rechtsgeschäften und Handlungen bilden, nicht über den konkreten streitigen Fall, der sich nur einmal in der Welt ereignet habe. In allen Fällen solcher „Feststellungen" hätten die Gerichte in Wirklichkeit lediglich nach ihrem eigenen sittlichen Empfinden die Entscheidung getroffen oder, was auf dasselbe hinauslaufe, nach ihrer Überzeugung von der Auffassung aller billig und gerecht Denkenden. Diesen Darlegungen Salingers ist zuzustimmen; sie stehen zu der Auffassung des RG. nicht in unversöhnlichem Gegensatze. Denn auch vom RG. wird, wie Salinger nicht verkennt, die Beurteilung des Falls in das subjektive (moralische) Ermessen des Richters gestellt. Es ist ohne weiteres anzunehmen, daß der Richter, der doch unter seinen Volksgenossen lebt und wirkt, in seinem sittlichen Empfinden den Maßstab trägt für das, was im einzelnen Falle den guten Sitten — gemäß dem herrschenden Volksbewußtsein — entspricht. Der Richter muß den gesamten Sachverhalt, auch in sozialer und wirtschaftlicher Hinsicht, sich gründlich zu eigen gemacht haben, das Gesamtbild des Falls muß sich ihm plastisch und lebensvoll darstellen. Stets gilt das, was RG. **85** 120 von der exceptio doli generalis sagt: „Die Grenzen lassen sich rein theoretisch überhaupt nicht ziehen. Die Würdigung dieser Einrede muß ihrer Natur nach dem völlig freien Ermessen des Richters überlassen bleiben. Ihre Zulassung oder Ablehnung kann immer nur aus den im voraus nicht übersehbaren individuellen Umständen des Einzelfalls gefolgert werden." [Mancher Fehlspruch ist darauf zurückzuführen, daß Richter vom grünen Tisch, ohne ausreichenden Einblick in die den Fall bestimmenden Erfahrungs- und Verkehrstatsachen, ein Verhalten als sittenwidrig oder als nicht sittenwidrig beurteilt haben, das in einer anderen Instanz — infolge der besseren Lebenskenntnis der erkennenden Richter — die entgegengesetzte Beurteilung erfahren hat. Diese bessere Lebenskenntnis hat zuweilen nicht die höchste Instanz gehabt, sondern eine Vorinstanz, so z. B. in den Fällen RG. **76** 111 (besprochen Note 35), **87** 90 (besprochen Note 73); RG. in GewRschutz **1912** 70 (besprochen Note 73); RG. in GewRschutz **1918** 161; RG. in MuW. **18** 29 (besprochen Note 73). Andererseits haben RG. **71** 171 sowie RG. in JW. **1915** 579 (besprochen Note 47) verhängnisvolle Fehlsprüche der Vorinstanzen aufgehoben und entgegengesetzt erkannt (siehe auch die von Ernst Fuchs in RuW. **1918** 116 angeführten Fälle). Seltsamerweise sind die meisten Fehlsprüche nicht darauf zurückzuführen, daß die Richter einen zu strengen Maßstab angelegt haben an das, was im Verkehr als erlaubt zu gelten hat, sondern daß sie umgekehrt Handlungen als nicht sittenwidrig beurteilt haben, die in den Kreisen der Kaufleute und Industriellen allgemein als sittenwidrig betrachtet werden, so insbesondere die häufigen Fälle der Ausbeutung fremder Arbeitsleistung durch Anlehnung an die vom Mitbewerber benutzten Bezeichnungen, Motive, Ausstattungen. Allerdings darf in Fällen, die einer sicheren Entscheidung nicht zugänglich sind, ein Richterspruch, wonach jemand die guten Sitten verletzt hat, nicht gefällt werden: Die ethische Belastung kann — zeitlich unbegrenzt — für den Betroffenen die schwersten Nachteile bewirken. — Über die — in der Rechtslehre streitige — Frage, ob ein deutscher Industrieller seine gesamte

§ 1. Erzeugung einer bestimmten Ware an einen Ausländer veräußern darf, siehe Krückmann in LZ. **1916** 1457; Schreiber in LZ. **1917** 182; v. Miltner in LZ. **1917** 185. Über den Begriff „zu Zwecken des Wettbewerbes" als erschwerendes Tatbestandsmerkmal hinsichtlich der Feststellung der Sittenwidrigkeit einer Handlung siehe Note 6. Für die guten Sitten des Wettbewerbes gilt nichts Besonderes (S. 27). Über sittenwidrige Schädigung fremder obligatorischer Rechte siehe RG. **88** 361; RG. in LZ. **1920** 856: das bewußte Zusammenwirken zur Umgehung und Schädigung fremder Rechte ist sittenwidrig.]

Note 16. Ein objektiver und allgemeiner, gewissermaßen durchschnittlicher Maßstab ist anzulegen an die Beurteilung dessen, was die guten Sitten erheischen. Der Richter muß sich vergegenwärtigen, daß bei Handlungen, die im geschäftlichen Verkehr vorgenommen worden sind, nicht die Auffassung besonders vornehm gesinnter Menschen ohne weiteres als maßgeblich zugrunde gelegt werden darf. Im Erwerbsleben kann auf eine den eigenen Vorteil hintansetzende Berücksichtigung fremder Interessen nicht gerechnet werden. Ist doch „die erfolgreiche Betätigung des eigenen geschäftlichen Interesses mit einer Schädigung des Mitbewerbers verbunden" (RG. **71** 171; S. 27 zum Begriff des Wettbewerbes). Der Richter muß also die Durchschnittsanschauung zugrunde legen unter möglichster Berücksichtigung der Verkehrssitte. Hieraus ergibt sich die Belanglosigkeit der subjektiven Auffassung einzelner Personen, insbesondere derjenigen Person, deren Handlung der richterlichen Beurteilung unterliegt. Das Bewußtsein des Handelnden von der Sittenwidrigkeit seines Tuns, also ein besonderes Verschulden, wird weder für den Unterlassungsanspruch, noch auch für den Schadensersatzanspruch aus §§ 1 WettbG., 826 BGB. erfordert (Note 4). Die Kommission war der Meinung, daß ein Verstoß gegen die guten Sitten kaum denkbar sei, wenn der Handelnde der Sittenwidrigkeit seines Tuns sich nicht bewußt ist. Diese Meinung ist offensichtlich abwegig. So erklärt zutreffend RG. **79** 23: „In der Verblendung eines heftigen Kampfes, vornehmlich auf wirtschaftlichem Gebiete, wird häufig derjenige, der seine Macht in rücksichtsloser Weise zur Niederringung des Gegners gebraucht, nicht einsehen, daß seine Ziele oder seine Mittel anstößig sind, sondern überzeugt sein, nur sein berechtigtes Interesse auf erlaubtem Wege zu wahren. Der Zweck des § 826 BGB. würde nicht erreicht werden, wenn dem Handelnden das Bewußtsein der Sittenwidrigkeit seines Tuns innewohnen müßte." Allerdings kann im Gesamtbilde des Falls die subjektive Auffassung des Handelnden von Bedeutung sein (folgende Note).

Note 17. Der Gesamtcharakter des Tuns im Rahmen der Begleitumstände ist der Prüfung der Frage, ob eine Sittenwidrigkeit vorliegt, zugrunde zu legen. „Die Gesamtheit der Einzelheiten" muß in Betracht gezogen werden (RG. **58** 223). Es bedarf also einer genauen Feststellung des konkreten Tatbestandes (RG. **48** 129; RG. in GewRSchutz **1910** 87). Eine an sich unbedenkliche Handlung kann im Rahmen der Begleitumstände als sittenwidrig anzusehen sein. Hinsichtlich der Feststellung einer Sittenwidrigkeit im Sinne des § 138 BGB. hat RG. **58** 231 zutreffend betont, daß dieser Paragraph „solchen Rechtsgeschäften die Anerkennung versagen will, die nach ihrem aus der Zusammenfassung von Inhalt, Motiv und Zweck zu entnehmenden Gesamtcharakter gegen die guten Sitten verstoßen". Entgegengesetzt erklärt RG. **79** 418: „Die bloße Absicht des Beklagten kommt rechtlich nicht in Betracht; eine Handlung verstößt ohne Rücksicht auf das subjektive Meinen des Handelnden gegen die guten Sitten, wenn sie objektiv, so wie sie in die Erscheinung getreten ist, das Anstandsgefühl der billig und gerecht Denkenden verletzt." Hier wird das Erfordernis der

Objektivität, das nur für den bei der Beurteilung der Handlung anzulegenden Maßstab gilt (Note 16), irrtümlich auf die Handlung selbst bezogen (Salinger in JW. **1917** 4). Wenn gemäß RG. **56** 231 „der aus der Zusammenfassung von Inhalt, Motiv und Zweck zu entnehmende Gesamtcharakter" der Handlung entscheidend sein soll, dann ist es undenkbar, daß „die bloße Absicht des Beklagten rechtlich nicht in Betracht kommt". So erklärt zutreffend RG. **71** 112, daß „neben der objektiven auch die subjektive Seite der Sache in Betracht gezogen werden muß: es ist also zu prüfen, ob der Handelnde mit Rücksicht auf die Lage, in der er sich befand, die Handlung als gegen das Rechts- und Anstandsgefühl aller billig und gerecht Denkenden verstoßend erkennen mußte und sie nicht vielmehr nach seiner Kenntnis der tatsächlichen Verhältnisse als gerechtfertigt ansehen durfte". Und RG. **79** 24 gibt zu, „daß es nach der besonderen Gestaltung eines Einzelfalles auf die Gesinnung des Handelnden, also auf das subjektive Verhalten ankommen kann". Hiernach wird auch durch Notwehr oder Notstand regelmäßig die Annahme einer Sittenwidrigkeit des Tuns ausgeschlossen. Daß aber sonst die Handlung in der Überzeugung der Wahrung eines berechtigten Interesses vorgenommen worden ist, bildet keine Rechtfertigung (a. M. RG. **63** 148; zu weit gehend RG. in JW. **1915** 915), da das Bewußtsein des Handelnden von der Sittenwidrigkeit seines Tuns nicht gefordert wird. Ein sittenwidriger Beweggrund macht die Handlung nicht notwendig zu einer sittenwidrigen (RG. **71** 173). Andrerseits wird die Sittenwidrigkeit nicht dadurch ausgeschlossen, daß neben der Täuschung noch andere Zwecke verfolgt werden (RG. **58** 217, **62** 139; RG. in MuW. **12** 655). Ist das Gesamtverhalten oder das Ziel jemandes sittenwidrig, etwa indem die Schädigung des Mitbewerbers durch Täuschung der Abnehmer erstrebt wird, dann verstoßen die einzelnen zur Erreichung dieses Zieles vorgenommenen Handlungen ebenfalls gegen die guten Sitten (RG. in MuW. **13** 26). Auch ohne daß eine Irreführung des Publikums in Frage kommt, kann das Ziel sittenwidrig sein, so wenn die Arbeitsleistung des Mitbewerbers ausgebeutet wird (Note 49 ff. und S. 27 zum Begriff des unlauteren Wettbewerbes). Dient eine Handlung nicht unmittelbar der eigenen Erwerbstätigkeit, vielmehr in erster Linie der Schädigung oder Ausbeutung des Mitbewerbers, so spricht eine Vermutung dafür, daß sie als Gesamthandlung unlauter ist (S. 28). Wer sich die sittenwidrige Handlung eines anderen zu eigen macht oder für seine Zwecke ausnutzt, handelt selbst sittenwidrig. Wer ein — ursprünglich nicht als sittenwidrig anzusehendes — Tun fortsetzt, nachdem er sich darüber klar geworden ist, daß er damit „Täuschungen veranlaßt" oder sonst „gegen die im Verkehr zu verlangende Redlichkeit" verstößt, handelt sittenwidrig (RG. **85** 202; RG. in MuW. **14** 262; RG. in GewRschutz **1916** 155; vgl. S. 88, 89). § 1.

Die guten Sitten des Wettbewerbes bilden keine Abweichung von dem allgemeinen Begriff der Sittenwidrigkeit (siehe Näheres S. 27). Über die guten Sitten im wirtschaftlichen Wettkampf siehe Note 27. Note 18.

Fahrlässig kann ein Verstoß gegen die guten Sitten begangen werden, wenn eine Sorgfaltspflicht erheblich verletzt worden ist, so daß die Handlung in hohem Grade leichtfertig erscheint (RG. **72** 176; RG. in JW. **1912** 749, **1914** 83, **1917** 541; RG. in LZ. **1916** 1007; RG. in MuW. **13** 325). So ist die Zusicherung einer Tatsache „ins Blaue hinein" sittenwidrig, wenn der Zusichernde zu besonderer Sorgfalt verpflichtet war (RG. in JW. **1911** 585). Auch die fahrlässige Kreditgefährdung durch die Behauptung unwahrer Tatsachen zu Zwecken des Wettbewerbes kann gegen die guten Sitten verstoßen (Note 39; OLG. Kiel in MuW. **13** 212: „Der anständige Kaufmann wird sich scheuen, leichtfertige Verdächtigungen eines Mitbewerbers in die Welt gehen zu Note 19.

§ 1. lassen"). Das gleiche gilt, wenn jemand Unwahres als wahr und als seine Überzeugung hinstellt, ohne von der Wahrheit überzeugt zu sein. Die Absicht der Schädigung stempelt die fahrlässigerweise unwahr aufgestellte Behauptung regelmäßig zu einer sittenwidrigen (RG. in JW. **1917** 714). „Das Hinstellen einer völlig vagen Angabe als einer sicher feststehenden Tatsache — in Ausbeutung der Leichtgläubigkeit des Publikums — verstößt gegen die guten Sitten" (RG. in MuW. **13** 563).

Note 20. Ob vorbereitende Handlungen gegen die guten Sitten verstoßen, ist ebenfalls unter Berücksichtigung der gesamten Begleitumstände zu prüfen. So sind Handlungen, die die Ermittlung eines Betriebsgeheimnisses vorbereiten sollen, dann sittenwidrig, wenn die Ermittlung des Geheimnisses nach Sachlage gegen die guten Sitten verstößt. Auf die Unterlassung solcher Vorbereitungshandlungen kann geklagt werden (S. 56). Demgegenüber legt KG. in OLGRspr. **30** 294 dar, zwar sei der Beweggrund und Zweck einer zur Ermittlung von Betriebsgeheimnissen vorgenommenen vorbereitenden Handlung unsittlich, doch sei diese Handlung selbst „sittlich neutral"; es könne nicht auf Unterlassung geklagt werden. Diese Auffassung wird durch keinerlei sinngemäße Erwägungen gestützt.

Note 21. Eine mißbräuchliche Verkehrssitte ist vom Richter nicht als Sitte, vielmehr als Unsitte zu behandeln. Sie kann auch nicht dadurch zu einer beachtlichen werden, daß sie allgemein ist (RG. **48** 125, **53** 171, **56** 271, **60** 94). Die Rechtsprechung hat gerade die Aufgabe, mißbräuchlichen Gepflogenheiten entgegenzutreten (RG. in JW. **1914** 709; RG. in ZIndustrR. **1914** 88). Belanglos ist es daher, ob das Publikum sich an den Mißbrauch gewöhnt hat (RGSt. **36** 378, **44** 262). Es ist nicht unbedenklich, was RG. in JW. **1914** 202 über das Wesen der Verkehrssitte darlegt: „Wenn der Verkehr mit einer Angabe eine bestimmte Auffassung verbindet, also die Angabe in einem bestimmten Sinne versteht, so mag das Verstehen in diesem bestimmten Sinne in seinen letzten Gründen auf einem — ursprünglichen — Mißbrauch oder Mißverstehen beruhen. Das vermag aber nicht die Tatsache, daß nun (allgemein) die betr. Angabe in jenem Sinne verstanden wird, zu beseitigen oder als unbeachtlich erscheinen zu lassen. Es gilt in den hier fraglichen Beziehungen nicht, was ist, sondern was das Publikum dafür hält." In solcher Allgemeinheit ist diese Auffassung unrichtig, steht auch im Widerspruch zu der oben angezogenen Rechtsprechung des RG.: Nur wenn der Verkehr einen ursprünglichen Mißbrauch überwunden hat, so daß Verwirrung und Schädigung nicht mehr möglich ist, kann das Recht diesen Zustand anerkennen, sonst nicht. So erklärt RG. in MuW. **14** 13, daß ein ordnungsmäßiger Verkehrsgebrauch sich nur bilden kann, wenn „das Bewußtsein von der Rechtmäßigkeit der Übung" vorliegt. — Unter Umständen ist die Lebensstellung des Handelnden in Betracht zu ziehen: was einem Großkaufmanne als Mißbrauch auszulegen ist, kann einem kleinen Händler zu gestatten sein (RG. in DJZ. **1900** 323; RG. **66** 148, **68** 186; RG. in JW. **1912** 294).

Die Einrede der Rechtskraft kann einem Gerichtsurteil, das ein bestimmtes Tun für sittenwidrig oder nicht sittenwidrig erklärt, nicht entgegengesetzt werden, wenn die Verkehrsanschauung sich geändert hat.

Note 22. Mittäterschaft, Anstiftung oder Beihilfe hinsichtlich des sittenwidrigen Tuns liegt vor, wenn jemand in bewußtem und gewolltem Zusammenwirken mit dem anderen tätig wird. Über einen Fall der Teilnahme siehe RG. **74** 230: „Hat die Beklagte ihrerseits die Gesinnung und die Beweggründe ihres Bruders wenn auch nicht gerade geteilt, so doch gekannt und bewußterweise zur Ausführung der geplanten Schädigung mitgewirkt, dann fällt der Vorwurf einer dolosen, der

unlautersten Absicht und Triebfeder entsprungenen Handlungsweise auch auf sie, die § 1.
Mittäterin." Vgl. S. 89. — Wer die sittenwidrige Handlung eines anderen sich zu eigen macht oder die hierdurch hervorgerufene Beeinträchtigung eines anderen für sich ausnutzt, handelt selbst sittenwidrig. Siehe hierzu S. 54.

Durch Stillschweigen (Untätigkeit) kann eine sittenwidrige Hand- Note 23.
lung begangen werden, wenn Treu und Glauben mit Rücksicht auf die Verkehrssitte eine Äußerung (Tätigkeit) erfordern (RG. in LZ. **1914** 1031). So läßt RG. **76** 48 eine „geflissentliche pflichtwidrige Untätigkeit" genügen. Eine solche liegt z. B. vor, wenn jemand seine täuschende Firmenbezeichnung nicht zur Löschung bringt, so daß sie in die Adreßbücher und die Listen der Auskunfteien gelangt. Ein Verstoß gegen die guten Sitten ist auch darin zu finden, daß jemand bei Erwähnung der gewerblichen Leistungen eines Mitbewerbers die diesem günstigen Tatsachen geflissentlich übergeht (RG. in Recht **05** Nr. 237, **07** Nr. 840; RG. in MuW. **10**, 96; vgl. auch RG. **62** 149; RG. in MuW. **13** 200; RG. in JW. **1910** 470, **1911** 761, **1914** 138; RG. in LZ. **1917** 1071). Siehe § 3 Note 13.

Eine ein gesetzliches Verbot verletzende Handlung verstößt nicht schlecht- Note 24.
hin gegen die guten Sitten, wie schon der Gegensatz der §§ 134 und 138 BGB. ergibt (RG. **89** 199). Es kommt auf den Inhalt des Verbots an: Eine planmäßige, mit einer vorsätzlichen Benachteiligung anderer verbundene Zuwiderhandlung ist regelmäßig sittenwidrig. Nicht aber die — selbst beharrliche — Zuwiderhandlung gegen lediglich gewerbepolizeiliche Vorschriften, es sei denn, daß es sich um gesundheitspolizeiliche handelt (RG. **77** 220; RG. in Recht **1910** Nr. 3175; RG. in JW. **1911** 982; OLG. Jena in JW. **1919** 942). Es ist also nicht entscheidend, ob, wer die Handlung vornimmt, dies überhaupt oder zu der betr. Zeit oder an dem betr. Orte nicht soll, und ob er sich, wenn er es dennoch tut, strafbar macht (RG. **78** 82; siehe auch OLG. Dresden in SächsAnn. **1912** 150). Die Erklärung, eine gesetzlich verbotene Handlung begehen zu wollen, ist nach den gleichen Grundsätzen zu beurteilen (OLG. Dresden in LZ. **1911** 318).

Auch durch Verletzung von Vertragspflichten kann eine Note 25.
sittenwidrige Handlung begangen werden. Vgl. den vom RG. in JW. **1913** 1108 behandelten Fall, wo jemand ein Muster zwecks Prüfung der Brauchbarkeit einem anderen übergeben hat, dieser aber dann das Muster dessen Mitbewerbern aushändigt. Vgl. auch Warn. **1912** 290.

Auch wer von einem ihm formell zustehenden Recht Ge- Note 26.
brauch macht, kann gegen die §§ 1 WettbG., 826 BGB. verstoßen, wenn die Ausübung dieses Rechts in unbilliger Weise darauf gerichtet ist, einem anderen Schaden zuzufügen (RG. **58** 216, **62** 137, **66** 238; RG. in LZ. **1911** 222; RG. in MuW. **9** 90, **12** 655; OLG. Dresden in MuW. **11** 161). Siehe Note 47.

Gegen die guten Sitten im wirtschaftlichen Wettkampf Note 27.
verstoßen solche Maßnahmen, die entweder an sich und ohne Rücksicht auf ihren Erfolg nach obigen allgemeinen Grundsätzen sittenwidrig sind, oder die in ihrem Erfolge dahin zielen, die wirtschaftliche Vernichtung des Gegners herbeizuführen, oder die derart schwere Schädigungen desselben bewirken, daß die dadurch herbeigeführten Nachteile in keinem Verhältnis zu den dadurch erreichten Vorteilen stehen. Hiernach darf ein erlaubter Zweck nicht mit unerlaubten Mitteln verfolgt werden (RG. in JW. **08** 39, **1913** 135, 147). Wird öffentlich vor dem geschäftlichen Verhalten eines Gewerbetreibenden gewarnt oder wird dieser auf eine sog. „schwarze Liste" gesetzt, dann ist eine solche Maßnahme zwar grundsätzlich erlaubt, doch müssen die behaupteten

§ 1. Tatsachen durch sorgfältige Ermittlungen festgestellt worden sein; ferner müssen sie eine erhebliche Beschwerung des Warnenden darstellen (RG. **57** 428). Unter obigen Voraussetzungen kann es nicht für sittenwidrig erachtet werden, wenn dem auf die „schwarze Liste" Gesetzten die Erwerbsmöglichkeit in dem fragl. Geschäftszweige so lange völlig abgeschnitten wird, bis er sich zum Nachgeben, d. h. zur Unterwerfung unter die ihm gestellten — billigen — Bedingungen bereit findet (RG. **51** 383, **56** 275, **57** 427). Allerdings setzt jede Verrufserklärung voraus, daß sie in ihrer Form einwandfrei ist und nicht weiter geht, als der erstrebte Zweck erfordert. Ferner muß die Kundgebung von jeder irreführenden Darstellung frei sein: Der Sachverhalt muß wahrheitsgemäß so weit klargelegt werden, daß diejenigen Personen, die ihn nicht kennen, sich ein eigenes Urteil in der Sache bilden und danach ihr Verhalten einrichten können (RG. **66** 384). Siehe auch Note 102 über Warnungen.

Note 28. Für **die Feststellung der Täuschungsabsicht** genügt es im Regelfall, daß der Handelnde das Bewußtsein hatte, durch sein Tun Verwechslungen im Verkehr hervorzurufen; dieses Bewußtsein verstößt schon an sich gegen die guten Sitten (RG. in JW. **1914** 204; RG. in GewRschutz **1914** 163). Ob schon Täuschungsfälle vorgekommen sind, ist belanglos (RG. in GewRschutz **1916** 185). In RG. **77** 433 heißt es: „Das Bewußtsein der Nachahmung ergibt den unmittelbaren Vorsatz der Täuschung, wenn die Nachbildung zu Zwecken des Wettbewerbes erfolgte und dazu bestimmt war, dem kaufenden Publikum vorgelegt zu werden. Dies erfüllt den Tatbestand der §§ 1 WettbG., 826 BGB. Die Erlangung eines gewerblichen Vorteils auf Kosten des Mitbewerbers durch Täuschung der Abnehmer verstößt gegen die guten Sitten." Ebenso RG. in GewRschutz **1916** 185: „Die Beklagte hat trotz der vielen Möglichkeiten einer originellen Ausstattung mit den zum Vertriebe ihrer Ware in Benutzung genommenen Büchern gerade etwas den schon längere Zeit vorher von der Klägerin benutzten Büchern ganz Ähnliches geschaffen. Sie hat dabei darauf gerechnet und bei der genauen Nachahmung auch darauf rechnen können, durch die Nachahmung der Musterbücher und die dadurch bewirkte Täuschung der Kunden über die Identität ihrer Ware mit derjenigen der Klägerin dieser Kunden wegzufangen und dieselben zu sich hinüberzuziehen, indem sie den guten Ruf des klägerischen Erzeugnisses für sich ausbeutete." — Damit ist die frühere Entscheidung RG. **73** 257 überholt, wo es heißt: „Aus dem Bewußtsein des Beklagten von der Möglichkeit, daß die von ihm gewählte Ausstattung den Irrtum hervorrufe, seine Ware rühre von der Klägerin her, ergibt sich noch nicht die Absicht, diesen Irrtum hervorrufen zu wollen, und eine bloße Billigung des evtl. eintretenden Erfolges ist zur Annahme der Täuschungsabsicht nicht ausreichend." Dieser Ausspruch, der einen Tiefstand scholastisch-weltfremder Rechtsprechung darstellt, ist vom Verf. in HansGZ. **1911** Hptbl. S. 37 bekämpft worden, sowie von Salinger in MuW. **12** 27; siehe auch § 8 Note 19. Die in RG. **77** 433 dargelegte neuere Auffassung bedeutet eine völlige Preisgabe derjenigen in RG. **73** 257. Weitere Entscheidungen des RG. stehen mit RG. **77** 433 im Einklang: RG. in MuW. **11** 12 läßt es zur Feststellung der Täuschungsabsicht genügen, daß der Nachahmer den nachgeahmten Gegenstand gekannt hat; seine Meinung, er sei zur Nachahmung berechtigt, könne nicht beachtet werden (siehe auch RG. in MuW. **13** 577; OLG. München in JW. **1917** 745). RG. in MuW. **11** 195 legt dar: Führt die objektive Prüfung des Tatbestandes zu der Feststellung, daß die beiderseitigen Ausstattungen als verwechslungsfähig zu erachten sind, so lassen sich meist schon hieraus leicht auch Schlüsse nach der subjektiven Seite ziehen, daß nämlich die Nachahmung zum Zwecke der Täuschung vorgenommen wurde. Ebenso OLG. Hamburg in HansGZ. **1912** 187: Wo auf dem Gebiete des gewerblichen Rechtsschutzes ein objektiv zur Irreführung des Publikums geeignetes Mittel angewendet wird, ist der Rückschluß auf eine beabsichtigte Irreführung gerechtfertigt. Daß neben der Täuschung noch andere Zwecke verfolgt werden, schließt die Feststellung einer Sittenwidrigkeit nicht aus (RG. **58** 216, **62** 138; RG. in MuW. **12** 655). Siehe Note 44 ff. § 1.

Auch **Abwehrmaßregeln** können gegen die guten Sitten verstoßen. Der Zweck der Abwehr rechtfertigt es nicht, zu unzulässigen Mitteln zu greifen. Aber bei der Prüfung der Frage, ob die angewandten Mittel als zulässig zu betrachten sind, muß wesentlich der Abwehrzweck berücksichtigt werden: Mittel, die ohne den Abwehrzweck aus dem Rahmen des zulässigen Wettbewerbes herausfallen würden, können als Abwehrmaßregeln erlaubt sein (Note 8; RG. **92** 113). Allerdings darf das angewandte Mittel keinesfalls an sich unlauter sein (RG. in GewRschutz **1911** 293; RG. in MuW. **11** 471; OLG. Dresden in SächsArchR. **1912** 493; OLG. München in MuW. **15** 63). Insoweit gelten für Abwehrhandlungen diejenigen Grenzen, die überhaupt dem Wettbewerbe gesetzt sind. So kann ungeachtet des Abwehrzwecks durch gehässige Äußerungen ein Verstoß gegen die guten Sitten begangen werden (RG. in JW. **07** 333; RG. in MuW. **13** 326). Grundsätzlich ist eine weitgehende Zulassung von Abwehrhandlungen angebracht [siehe das gute Urteil des 6. ZS. des RG. in JW. **1915** 915; siehe ferner RG. **60** 1; OLG. Dresden in MuW. **19** 53, wo eine Maßnahme als nicht sittenwidrig behandelt wird, weil der Zweck der Belehrung (Warnung) überwiegt. Vgl. hierzu auch Note 102.] Regelmäßig sind alle sachlichen Aufklärungen über das geschäftliche Verhalten von Mitbewerbern als erlaubt anzusehen (RG. in JW. **05** 20; RG. in MuW. **8** 247). Es ist z. B. gestattet worden, zur Abwehr der Folgen unlauteren Wettbewerbes die strafgerichtliche Verurteilung des Gegners wahrheitsgetreu in denjenigen Kreisen zu verbreiten, auf welche dessen unredliches Geschäftsgebaren berechnet war (Recht **03** 507). Ferner ist gestattet worden, die Tatsache öffentlich bekanntzumachen, daß ein Kaufmann auf Kosten der Mitbewerber absichtlich und bewußt das Publikum täuscht (RG. in LZ. **08** 539; siehe Note 102 über Warnungen). Ferner ist es als Abwehrmaßnahme zulässig, daß ein Gewerbetreibender seine Lieferanten verpflichtet, einem Mitbewerber nicht zu liefern (OLG. Nürnberg in MuW. **13** 157; vgl. RG. **71** 171). Unzulässig ist diejenige Abwehr, die die Wettbewerbshandlungen des Gegners für sich ausnutzt und aus den von diesem gemachten Aufwendungen für sich selbst Nutzen herausholt (RG. **92** 111; Note 49 ff. über Ausbeuten fremder Arbeit; siehe auch Note 34 ff. zum Anwendungsgebiet des § 1). — Als Schikane sind Abwehrhandlungen grundsätzlich nicht verfolgbar (RG. **54** 435; Note 35). Note 29.

Die Beweislast für die Sittenwidrigkeit der Handlungsweise des Beklagten hat der Kläger. Näheres siehe S. 50 ff. Note 30

Revisionsfähigkeit. Die Frage, ob eine Handlung gegen die guten Sitten verstößt, unterliegt der Nachprüfung der Revisionsinstanz (RG. **48** 129, **51** 383, **58** 220, **59** 214, **63** 391, 81 91). In RG. **58** 220 heißt es: „Die Nachprüfung dieser Frage (der Sittenwidrigkeit) in der Revisionsinstanz ist durch den § 561 ZPO. nur insoweit eingeschränkt, als diejenigen festgestellten Tatsachen, in denen das Berufungsgericht die konkrete Betätigung des verwerflichen Handelns gefunden hat, auch für das Revisionsgericht als feststehend gelten müssen. Dagegen ist die andere Frage, ob diese Tatsachen die Begriffsmerkmale eines Verstoßes wider die guten Sitten erfüllen, keine Frage der Tatsachenwürdigung, sondern eine Rechtsfrage; die Sachlage unterliegt daher insoweit der freien Beurteilung des Revisionsgerichts.“ Es ist zu billigen, Note 31.

§ 1. daß das RG. in der Beurteilung der Sittenwidrigkeit einer Handlung das letzte Wort hat. Dies entspricht zugleich dem Bedürfnis nach einer einheitlichen Rechtsprechung. Salinger (in JW. **1917** 9) will — außer bei prozessualen Rügen, wie Nichtberücksichtigung von objektiven und subjektiven Umständen — die Revision nur zulassen, wenn ein falscher Maßstab angelegt worden ist. Es handle sich hier nicht um ein juristisches, sondern um ein moralisches Urteil des Richters, um seine freie Überzeugung. Aber das RG. soll doch darüber befinden, ob bestimmte Tatsachen die Begriffsmerkmale eines Verstoßes gegen die guten Sitten erfüllen. Die Anlegung des richtigen Maßstabes setzt hier nicht nur voraus, daß, wie bei der Beurteilung der Wahrheit oder Unwahrheit einer Tatsache, ein verstandesmäßiger Schluß gezogen wird, auch ergibt sich die Entscheidung nicht einfach aus dem sittlichen Empfinden des Richters, sondern es bedarf einer Prüfung und Inbeziehungsetzung aller der mannigfachen oben dargelegten Grundsätze, insbesondere hinsichtlich des Verschuldens, der objektiven Beurteilung, des Gesamtcharakters der Handlung, der Begleitumstände, der Würdigung von Beweggrund und Zweck, der Wahrung berechtigter Interessen, des Einflusses von Irrtum, Notwehr und Notstand, der Wertung der Teilhandlungen. Hier gehen in besonders hohem Grade die tatsächlichen und rechtlichen Fragen ineinander über. Zutreffend sagt Ernst Fuchs in JW. **1917** 634, daß vielfach „nicht der feinste Rechtschemiker die tatsächliche Beurteilung des Falls von der rechtlichen scheiden kann": „Eine vom Erdgeruch befreite abstrakte Subsumtion ist ein juristisches Unding . . . So wie man aus den Gemeinplätzen herauskommt, stößt man auf die Umstände des Falls."

Note 32. Soweit die Verwechslungsfähigkeit einer Bezeichnung (Ausstattung usw.) auf einem Verstoß gegen die guten Sitten beruht, ist auch hier die Revisionsmöglichkeit gegeben, während im übrigen die Frage der Verwechslungsfähigkeit auf tatsächlichem Gebiete liegt. Vgl. § 16 Note 20 sowie RG. in JW. **1915** 579: Gegen beide Vorinstanzen (LG. und OLG. Hamburg) bejaht das RG. die Verwechslungsfähigkeit der Bezeichnungen „X" und „Nixofix" und legt dar, der Beklagte habe in einer gegen den geschäftlichen Anstand und die guten Sitten verstoßenden Weise der Klägerin vorsätzlich Schaden zugefügt. Das OLG. habe „rechtlich geirrt", indem es die Verwechslungsfähigkeit der beiden Bezeichnungen verneinte.

Die Ansprüche.

Note 33. 1. Die Klage auf Unterlassung. Näheres siehe S. 37 ff. Klageberechtigt sind die Mitbewerber und Verbände im Sinne des § 13 Abs. 3. Über die von der Unterlassungspflicht umfaßte Beseitigungspflicht siehe S. 45.

2. Die Klage auf Schadensersatz. Näheres siehe S. 89 ff. Über die subjektiven Voraussetzungen siehe Note 4.

Das Anwendungsgebiet.

Der § 1 trifft alle unlauteren Wettbewerbshandlungen. Über den Begriff „unlauterer Wettbewerb" siehe S. 27.

Note 34. I. **Handlungen, die aus dem Rahmen eines ordnungsgemäßen Wettbewerbes herausfallen.** Die üblichen Mittel zur Gewinnung von Kundschaft dürfen nicht überboten werden durch Maßnahmen, die der ruhige und anständige Mitbewerber verschmäht. Die Rechtsprechung hat letzteren vor dem Zwang zu schützen, schließlich selbst, um nicht im Wettbewerbe zurückzubleiben, ähnliche Maßnahmen anwenden zu müssen. Ob die Grenzen des zulässigen Wettbewerbes überschritten worden sind, entscheidet sich nach dem Gesamtcharakter der Handlung im Rahmen ihrer Begleitumstände, wobei die Auffassung des in Frage stehenden Verkehrskreises als maßgebend zugrunde zu legen ist. Es gelten die für den Begriff „gegen die guten Sitten" aufgestellten Grundsätze. In der Veranstaltung einer Lotterie, die das Publikum durch Entfesselung der Spielleidenschaft anlocken soll, hat zutreffend OLG. Posen in MuW. **13** 453 ein Geschäftsgebaren erblickt, das außerhalb der im redlichen Verkehr innezuhaltenden Grenzen des Angebots liegt; ob hierbei eine Verletzung des § 286 StGB. festzustellen ist, kommt nicht entscheidend in Betracht. LG. I Berlin in LZ. **1915** 1259 behandelt das — an einen nicht begrenzten Personenkreis gerichtete — Ersuchen eines Gewerbetreibenden, ihm mitzuteilen, wie die von seinem Mitbewerber gelieferten Waren sich bewährt haben: „Ein derartiger Aufruf ist mit den guten Sitten auch dann unvereinbar, wenn der ihn Erlassende ein berechtigtes Interesse an der Ermittlung von Zeugen hat." OLG. Celle in MuW. **13** 159 erklärt eine Veröffentlichung für sittenwidrig, in der „die fahrlässige Äußerung eines anderen zu dessen Herabsetzung und zur Erhöhung des eigenen geschäftlichen Rufes benutzt wird." Auch folgende Maßnahme fällt aus dem Rahmen des zulässigen Wettbewerbes heraus: Eine Dachpappenfabrik versendet Photographien eines Gebäudes, dessen von einem Mitbewerber gelieferte Bedachung durch besondere Umstände schadhaft geworden ist, an Personen, die als Abnehmer in Betracht kommen. In einem der Photographie angefügten Rundschreiben wird mitgeteilt, die Bedachung stamme von dem Mitbewerber. Diese Kundgebung könnte nur dann mit guter Sitte vereinbar erscheinen, wenn sie durch berechtigte Abwehr (Note 29) veranlaßt worden wäre. — Gelangt eine geschäftliche Anfrage oder ein Auftrag irrtümlich nicht an den Adressaten, sondern an dessen Mitbewerber, und benutzt dieser die so gewonnene Kenntnis zum eigenen Vorteil sowie zum Nachteil des Adressaten, dann kennzeichnet sich ein solches Tun als unlauterer Wettbewerb. Siehe auch Note 29, 85 ff., 104 ff. § 1.

Note 35. Die Behauptung (Verbreitung) nachteiliger Tatsachen über die Person des Mitbewerbers kann den Wettbewerb zu einem unlauteren machen, wenn ein Vorrang erstrebt wird durch Heranziehung von Umständen, die keinerlei Beziehung haben zu den Vorzügen der eigenen oder den Mängeln der fremden Ware. Außerhalb der Grenzen berechtigter Abwehr (Note 29) dürfen selbst wahre — dem Mitbewerber nachteilige — Tatsachen zu Zwecken des Wettbewerbes nicht unter allen Umständen mitgeteilt werden, namentlich wenn für das Publikum ein Interesse an der Mitteilung nicht oder nicht mehr besteht (RG. in GewRschutz **1916** 186; RG. in MuW. **12** 416). Dies gilt insbesondere für solche — dem eigenen Betriebe nicht unmittelbar dienliche — Behauptungen, die verbreitet werden, um hierdurch dem Wettbewerbsgegner zu schaden (siehe S. 28 zum Begriff des Wettbewerbes). Ob die Behauptung als eigene oder fremde aufgestellt wird, ist hierbei belanglos. „Die Verbreitung eines Schreibens an einen Gewerbetreibenden durch diesen, in welchem sich der Schreiber über die Beschaffenheit von Waren, die ihm ein Mitbewerber des Empfängers geliefert hat, beschwert und das lediglich zu dem Zwecke geschrieben wurde, die Dienste des Empfängers in Anspruch zu nehmen, enthält nicht nur einen Vertrauensbruch gegenüber dem Schreiber des Briefes, kann vielmehr, wenn die Verbreitung zu Zwecken des Wettbewerbes erfolgte, je nach Lage der Sache die Ansprüche aus §§ 1 WettbG. und 826 BGB. begründen" (RG. in Recht **1911** Nr. 2995). Siehe auch RG. in Recht **1918** Nr. 704: Die Ausbietung einer Forderung zum Verkauf, nur um einen Mitbewerber bloßzustellen und zu schädigen, ist sittenwidrig (vgl. OLG. Kiel in

§ 1. SchlHolstAnz. **1918** 29). Über die Verwendung eines verstümmelten Briefes siehe RG. in GewRSchutz **1911** 293. Das OLG. Dresden (in LZ. **1911** 793) hat die Bloßstellung des Wettbewerbsgegners durch Veröffentlichung geschäftlicher Briefe, die dieser mit einigen seiner unzufriedenen Kunden gewechselt hat, für grob sittenwidrig erklärt. Vgl. auch RG. in MuW. **11** 436, wo die Verbreitung der — wahren — Tatsache, der Wettbewerbsgegner sei lungenleidend, als unzulässig behandelt worden ist — Sind die dem Mitbewerber nachteiligen Tatsachen auf bedenkliche Weise, etwa durch einen Vertrauensbruch, zur Kenntnis des Verbreiters gelangt, dann liegt schon aus diesem Grunde in ihrer Verwertung zu Zwecken des Wettbewerbes eine Sittenwidrigkeit. Im Falle RG. **76** 111 hat jemand wahre Vorgänge aus dem Leben seines Mitbewerbers, die durch die Presse bekanntgeworden sind, aus Zeitungsausschnitten zusammengestellt und den Abnehmern des Mitbewerbers gezeigt, um ihn als anrüchig hinzustellen. Hier hat der 6. ZS. des RG. (im Gegensatz zur Vorinstanz, dem OLG. Köln) ein zwar unvornehmes, aber doch nicht sittenwidriges Tun angenommen. Eine Sittenwidrigkeit sei nur dann in solcher Handlungsweise zu erblicken, wenn der Beklagte „weniger wettbewerbshalber gehandelt hat als hauptsächlich schikanös, um das Unternehmen der Klägerin böswillig geschäftlich zu ächten". Gegenüber dieser Auffassung ist zu betonen, daß gerade der Wettbewerbszweck ein solches Verhalten zu einem sittenwidrigen stempelt, wie das der 2. ZS. des RG. in einem ähnlich liegenden Falle (Recht **1911** Nr. 2995) besonders hervorgehoben hat (siehe auch RG. in MuW. **12** 513). Der 6. ZS. des RG. verkennt in obigem Urteil einen Grundbegriff des ganzen Rechtsgebietes: Im WettbG. wird stets der Begriff „zu Zwecken des Wettbewerbes" als erschwerender Umstand verwandt (Note 6). In obigem Falle ist ferner das Vorzeigen der Zeitungsausschnitte gemäß den allgemeinen Darlegungen S. 28 schon deshalb unlauter, weil es sich um ein Tun handelt, das nur unter dem Gesichtspunkt des Wettbewerbes verständlich, dem eigenen Betriebe des Beklagten nicht unmittelbar dienlich ist. „Hauptsächlich schikanös", wie der 6. ZS. meint, werden derartige Handlungen im geschäftlichen Verkehr nicht vorgenommen: aus Schikane macht sich keiner solche Mühe und Kosten. Die Gegenüberstellung von Schikane und Wettbewerbszweck hat keinen praktischen Wert (vgl. auch RG. in Recht **1918** Nr. 704). Schließlich übersieht der 6. ZS., daß die fragl. Handlung gemäß §§ 185, 192 StGB. sogar mit Kriminalstrafe belegt ist, weil „das Vorhandensein einer Beleidigung aus der Form der Behauptung (Verbreitung) oder aus den Umständen, unter welchen sie geschah, hervorgeht": Demgemäß „schließt der Beweis der Wahrheit die Bestrafung aus § 185 StGB. nicht aus" (§ 192 StGB.; RG. **82** 63; OLG. Hamburg in HansRZ. **1921** 71). Über den Unterlassungsanspruch auf Grund des § 185 StGB. siehe S. 36, 41. — Der Hinweis darauf, daß der Mitbewerber Ausländer ist, reicht im Regelfall nicht aus, um den Wettbewerb als unlauter erscheinen zu lassen, vorausgesetzt, daß eine Irreführung des Publikums vermieden wird. Siehe hierzu RG. in MuW. **14** 391; OLG. Köln in MuW. **14** 403; OLG. Kiel in MuW. **15** 31; RG. in MuW. **15** 87; Bondi in MuW. **15** 76.

Note 36. Eine stark gehässige Kundgebung kann als Wettbewerbsmaßnahme sittenwidrig sein (OLG. Dresden in LZ. **1911** 795). Dies ist insbesondere der Fall, wenn die angewandten Ausdrücke „sachlich unberechtigt und geeignet sowie darauf berechnet sind, den Betroffenen in den Augen des Publikums herabzuwürdigen" (RG. in MuW. **8** 248; siehe auch RG. **51** 378; RG. in MuW. **11** 196, 249). Sachlich unberechtigt ist es z. B., wenn bei einer Kundgebung

Zusätze mit veröffentlicht werden, die für die Sache belanglos, aber geeignet sind, den Angegriffenen verächtlich oder lächerlich zu machen (OLG. Dresden in LZ. **1911** 793). Als maßlose Ausdrucksweise ist die für eine Konkurrenzreklame angewandte Bezeichnung „schmutzige Prahlerei" beanstandet worden (RG. in JW. **08** 133). Die Kundgebung kann auch in einer bildlichen Darstellung oder „Veranstaltung" im Sinne des § 5 Abs. 2 bestehen (RG. in MuW. **10** 63). Bei den wirtschaftlichen Kämpfen von Interessengruppen wird die Schärfe des Ausdrucks unter Umständen milde zu beurteilen sein, namentlich wenn es sich um Fragen von allgemeinem Interesse handelt (RG. in MuW. **12** 521). Schon an sich, also ohne den Wettbewerbszweck, ist sittenwidrig „eine in beleidigender Absicht verbreitete oder in der Form gehässige, den Betroffenen persönlich herabwürdigende Darstellung von Tatsachen" (RG. in JW. **1919** 994; ebenso RG. in JW. **07** 333). Schmähungen und Verunglimpfungen des Gegners im wirtschaftlichen Kampf werden ihrer Sittenwidrigkeit nicht dadurch entkleidet, daß infolge ihrer stetigen Wiederholung die Betroffenen oder das Publikum dagegen abgestumpft sind (RG. in MuW. **12** 481). Vgl. Note 35. § 1.

Bewußt unklar (mißverständlich) gehaltene Kundgebungen können den § 1 (§ 826 BGB.) verletzen. Jegliche Kundgebung erfordert, daß demjenigen, an den sie sich wendet, ein hinreichendes Verständnis für die eigene Beurteilung der in Betracht kommenden Fragen vermittelt wird (RG. **66** 384; RG. in MuW. **11** 87). Zeitlich zurückliegende Vorgänge dürfen nicht so dargestellt werden, als ob sie noch von gegenwärtiger Tragweite seien (RG. **76** 110). Übertreibungen sind daraufhin zu prüfen, ob sie nicht den Sinn der Kundgebung entstellen. Eine Sittenwidrigkeit ist darin zu erblicken, daß jemand, der wahre Tatsachen veröffentlicht, die Leser zu einer Verallgemeinerung der mitgeteilten Einzelpunkte anreizt, „sich aber doch der Vertretung der Verallgemeinerung entzieht" (OLG. Dresden in LZ. **1911** 793; Note 38, § 3 Note 25). Note 37.

Die Zusammenstellung und Verbreitung abfälliger Urteile, die andere über die Waren oder gewerblichen Leistungen eines Mitbewerbers gefällt haben, ist als Wettbewerbshandlung unlauter, es sei denn, daß eine berechtigte Abwehr vorliegt. Da der Verbreiter die wiedergegebenen Urteile der anderen sich zu eigen macht, behauptet er nicht etwa lediglich die — wahre — Tatsache, daß andere jene Urteile gefällt haben, vielmehr hat er für jene Urteile einzustehen. Die Unlauterkeit kann schon darin liegen, daß die tadelnden Äußerungen den beteiligten Kreisen verallgemeinernd dargestellt werden (Note 37). Auch eine gemäß § 192 StGB. strafbare Beleidigung kann in der Behauptung (Verbreitung) wahrer Tatsachen gefunden werden, „wenn das Vorhandensein einer Beleidigung aus der Form der Behauptung (Verbreitung) oder aus den Umständen, unter welchen sie geschah, hervorgeht". Über den Unterlassungsanspruch auf Grund des § 185 (192) StGB. siehe S. 36, 41. Siehe auch § 14 Note 42 über die Bekanntgabe von Mängeln der Konkurrenzware. Note 38.

Eine leichtfertige Anpreisung der eigenen oder Herabsetzung der fremden Ware (gewerblichen Leistung) zu Zwecken des Wettbewerbes kann den § 1 verletzen, wobei es nicht entscheidend ist, ob die Richtigkeit der Angaben objektiv festgestellt werden kann. Namentlich seitens der chemischen Großindustrie werden zuweilen nicht ohne weiteres nachprüfbare Reklamebehauptungen über Gleichwertigkeit von Erzeugnissen aufgestellt, die aus dem Rahmen eines zulässigen Wettbewerbes herausfallen. „Wer immer in die Note 39.

§ 1. persönliche Vergleichung eintritt und die Leistungen gegeneinander abwägt, wer also ein Richteramt in eigener Sache übernimmt, muß mindestens für seine Behauptungen die äußerste Sicherheit haben . . . Es gibt Probleme des Erkennens, deren Bewältigung sich noch unseren technischen Hilfsmitteln entzieht oder mindestens nur mit einer gewissen Fehlergrenze möglich ist. Hier erscheint es besonders gefährlich, auf Grund eigener Untersuchungen eine Erklärung aufzustellen, die möglicherweise durch eine andere, genauere Untersuchung widerlegt wird. Die Behauptung der Gleich- oder Minderwertigkeit muß daher überall doppelt vermieden werden, wo sich die erkennende Technik überhaupt noch nicht sicher weiß" (Kohler in MuW. **16** 128).

Note 40. Kaufgesuche werden zuweilen durch eine vorgeschobene Person veröffentlicht, nicht mit dem Endzweck, wirklich etwas zu kaufen, sondern um zu erfahren, welche Mengen von Ware die Mitbewerber anbieten und welche Preise sie fordern. Wenn der eigentliche Urheber des Kaufgesuchs auf diesem Wege von seinen Mitbewerbern etwas zu erfahren sucht, worüber letztere eine Auskunft nicht geben würden, und wenn er die Absicht hat, diese Kenntnis im Wettbewerbe zu verwerten, dann liegt eine Handlung vor, die aus dem Rahmen des zulässigen Wettbewerbes herausfällt und als Verstoß gegen den § 1 WettbG. zu betrachten ist. Vgl. Note 104.

Note 41. Verkaufsangebote werden zuweilen durch eine vorgeschobene Person abgegeben, nicht hinsichtlich der Ware des eigentlichen Urhebers des Angebots, sondern hinsichtlich der von dessen Mitbewerbern hergestellten oder vertriebenen Ware, und zwar zu billigerem als dem vom Mitbewerber geforderten Preise, in der Absicht, auf die Preisstellung des Mitbewerbers ein ungünstiges Licht zu werfen und den Ruf der Konkurrenzware zu schädigen. Solche Verkaufsangebote verstoßen gegen den § 1 WettbG.

Note 42. Das sog. „Anreißen" hält sich außerhalb der im Verkehrsleben innezuhaltenden Grenzen des Angebots (KG. in MuW. **10** 220). Schon das aufdringliche Ansprechen von Personen, die sich außerhalb des Geschäftshauses be finden, stellt sich als „Anreißen" dar (OLG. Dresden in SächsAnn. **1911** 556). Belanglos ist es, ob die Personen vor dem Schaufenster eines Mitbewerbers angesprochen werden oder vor demjenigen des Anreißenden, oder ob sie etwa angesprochen werden, wenn sie in einer Geschäftsstraße Umschau nach den in den verschiedenen Geschäften ausgelegten Gegenständen halten (OLG. Hamm in MuW. **13** 157). Auch das Verteilen von Reklameschriften vor dem Geschäft des Mitbewerbers muß als unzulässig angesehen werden (KG. in OLGRspr. **25** 342). Über das Anreißen durch Erbieten zur Annahme fremder Rabattmarken siehe RG. **73** 113.

Note 43. Gewisse Formen der Rabattgewährung sind als unlauteres Geschäftsgebaren anzusehen. So insbesondere das Hydra- (Schneeballen-, Gutschein-, Gella-, Lawinen-) System. Darin liegt auch eine Ausspielung gemäß § 286 StGB. (RGSt. **34** 140, 321, 390; UW. **1** 26, 98; **2** 6). Die Rabattgewährung ist an sich zulässig, selbst wenn sie durch spätere Rückerstattung eines Teiles des Kaufpreises erfolgt (RG. **78** 197). Auch in Form von Rabattmarken darf der Rabatt gewährt werden. Ob die Rabattmarken in barem Gelde oder in Waren eingelöst werden, macht keinen Unterschied. Wird der Rabatt nur den Mitgliedern eines Syndikats oder einer ähnlichen Vereinigung geboten, nicht aber anderen Kunden, so ist dies an sich nicht unzulässig (RG. **78** 199; vgl.

OLG. Dresden in GewRschutz **1911** 242; SächsAnn. **1912** 253). Auch ist es erlaubt, daß ein Konsumverein mit Lieferanten nach dem Marken-Geschäftssystem ein Abkommen schließt, selbst wenn hierdurch ein Druck auf diejenigen Händler ausgeübt wird, die keine Marken gewähren; die Erwerbsfreiheit anderer wird durch ein solches Abkommen nicht aufgehoben (RG. in JW. **1912** 254; vgl. ferner RG. in JW. **1912** 359 und Finger in MuW. **11** 467). — Über den Verkauf von Spar- (Rabatt-) Marken, die ein Verein ausgibt, durch Nichtmitglieder des Vereins siehe KG. in OLGRspr. **23** 384. § 1.

II. **Die in Täuschungsabsicht erfolgende Benutzung von Bezeichnungen,** die vom Mitbewerber für seinen Geschäftsbetrieb oder für seine Waren eingeführt worden sind, verletzt den § 1 (§ 826 BGB.); und zwar genügt es, daß die Bezeichnung nach Erlangung der Kenntnis von der Verwechslungsmöglichkeit in Täuschungsabsicht weiterbenutzt wird (Note 17, Schluß; S. 88, 89): „Die Erlangung eines gewerblichen Vorteils auf Kosten des Mitbewerbers durch Täuschung der Abnehmer verstößt gegen die guten Sitten" (RG. 77 433). „Im Handel und Verkehr ist es ein, in den §§ 30, 37 HGB., § 16 WettbG. und §§ 12 ff. WZG. auch zur Rechtspflicht erhobenes Gebot der Ehrlichkeit, alles zu verhüten, was zur Verwechslung mit der Firma oder den Waren eines anderen Gewerbetreibenden führen kann. Dies gilt auch dann, wenn eine Verwechslung nur hinsichtlich eines Teiles der Kundschaft bei Anwendung der verkehrsüblichen Sorgfalt möglich ist" (RG. in MuW. **12** 294). „Die allgemeine Freiheit, die Beschaffenheit einer Ware in beliebiger Form zum Ausdruck zu bringen, findet ihre Beschränkung in der allgemeinen Verpflichtung, auf die Interessen anderer zu achten und nicht ohne Not diese anderen absichtlich zu schädigen. In der Überschreitung dieser Grenzen kann ein Mißbrauch gefunden werden. Ein mißbräuchliches Verhalten aber im geschäftlichen Verkehr, um die Arbeitserfolge eines anderen für sich selbst und die eigenen Zwecke auszunutzen, enthält regelmäßig einen Verstoß gegen die guten Sitten" (RG. in MuW. **13** 25; vgl. § 16 Note 77; RG. **85** 197; RG. in MuW. **12** 513, 646; Dunkhase in MuW. **15** 117; über die Ausnutzung fremder Arbeitsergebnisse siehe Näheres Note 49). Die Verwechslungsfähigkeit ist im Regelfall schon aus dem Vorliegen der Täuschungsabsicht zu entnehmen (§ 16 Note 19). Liegt Täuschungsabsicht (Note 28) vor, dann „kommt es auf den größeren oder geringeren Grad der Verwechslungsfähigkeit der beiden Bezeichnungsmittel nicht an" (RG. in MuW. **16** 191). Über täuschende Schlagworte siehe Note 56. Über das Verbot von Bezeichnungen, die nicht miteinander verwechslungsfähig sind, siehe § 16 Note 5. Über die Benutzung eines fremden Namens zu einer Angabe über die Bestimmung von Waren siehe § 16 Note 27. Über die täuschende Benutzung der Bezeichnung „Ersatz . . ." („System . . .") siehe § 16 Note 28. Note 44.

1. Für die Wahl und Benutzung von Firmenbezeichnungen gilt folgender Grundsatz: „Im Handel und Verkehr ist es eine durch Ehrlichkeit, Sitte und Anstand gebotene Pflicht eines jeden Gewerbetreibenden, seine Firma tunlichst von denen seiner Mitbewerber zu unterscheiden und Verwechslungen zu verhüten. Wenn im Widerspruch mit diesem Grundsatz zu Zwecken des Wettbewerbes ein Bestandteil in die Firma aufgenommen bzw. in Kenntnis der Sachlage beibehalten und benutzt wird, um Verwechslungen herbeizuführen und bei dem Publikum irrige Vorstellungen hervorzurufen, so verstößt Note 45.

§ 1. eine solche Handlungsweise gegen die guten Sitten" (siehe hierzu § 16 Note 4; RG. in MuW. **12** 513; vgl. die Fälle Maria Mumm & Co.: RG. in MuW. **8** 106; Krupp: OLG. Hamm in MuW. **8** 58; Johann Maria Farina: RG. in JW. **01** 256; Schinke: RG. in MuW. **16** 191; vgl. ferner RG. **75** 374; RG. in MuW. **11** 261; RG. in JW. **1918** 307). Ob die Wahl der — täuschenden — Firmenbezeichnung formell zulässig ist, bleibt außer Betracht. Je größer nach Sachlage die Möglichkeit war, eine die Rechte der Mitbewerber wahrende Bezeichnung zu wählen, um so leichter ist die Täuschungsabsicht feststellbar. Wird die Firmenbezeichnung für eine GmbH. (die in der Wahl ihrer Firma unbeschränkt ist) in Täuschungsabsicht gewählt, und wird die täuschende Bezeichnung geführt, so verstoßen sowohl die Gründer als auch die an der Geschäftsführung beteiligten Personen gegen die guten Sitten (RG. in MuW. **12** 513; RG. in JW. **1918** 307). Soweit täuschende „Angaben" in Firmenbezeichnungen enthalten sind, kommen ferner die §§ 3 und 4 WettbG. in Betracht (§ 3 Note 15). Siehe auch § 16 Note 71, 72.

Note 46. Durch gutgläubigen Erwerb des Geschäfts wird eine Scheinfirma (Schwindelfirma) nicht zu einer rechtmäßigen. Vielmehr steht, wenn die Firma von vornherein nicht rechtmäßig zustande gekommen ist, dieser Mangel auch dem gutgläubigen Erwerber entgegen (RG. in JW. **1903** 342; RG. in MuW. **13** 31). Dies gilt nicht nur für den Fall, daß die Eintragung der Firma gegen die Bestimmungen des HGB. verstoßen hat, sondern auch dann, wenn der § 1 WettbG. durch die Gründung der Firma verletzt worden ist. Der Registerrichter darf nicht gezwungen werden, seine fortdauernde Fürsorge einer Firma zuzuwenden, die eine Täuschung des Publikums bewirkt (bestritten). Vgl. Note 62 und § 16 Note 73 zu § 37 Abs. 1 HGB.

Note 47. 2. Herkunfts- und Beschaffenheitsangaben, durch die über Herkunft oder Beschaffenheit ein Irrtum bewußtermaßen hervorgerufen wird, verletzen den § 1 (826). Die Täuschung kann auch durch Wertverbindungen unter Benutzung einer fremden Bezeichnung bewirkt werden (§ 16 Note 27: „Weckform", „Nadeln zur Pfaff-Nähmaschine"). Siehe RG. in MuW. **9** 88 über die — nicht geschützte — Bezeichnung „Kieselkreide": Wenn auch an sich diese Bezeichnung vom Beklagten für sein Erzeugnis benutzt werden dürfe, da sie nach dem Sprachgebrauch richtig sei, so liege doch in der Benutzung eine unerlaubte Handlung, weil unter „Kieselkreide" im Verkehr das Erzeugnis des Klägers verstanden werde, es sich also in diesem Sinne um eine Herkunftsangabe handele. Die Ausübung des Formalrechts durch den Beklagten sei in einer gegen die guten Sitten verstoßenden Weise darauf gerichtet, dem Mitbewerber Schaden zuzufügen. Siehe ferner RG. in MuW. **17** 208 über die Bezeichnung „Zuckerschnitzel": „Es kann nicht als den guten Sitten im Wettbewerbe entsprechend erachtet werden, wenn eine Fabrik ihre Erzeugnisse willkürlich und bewußt mit einem Namen bezeichnet, der die in jahrelanger Übung gefestigte Bezeichnung für andere, nach einem besonderen Verfahren hergestellten Erzeugnisse geworden ist, und wenn die Fabrik in dieser Weise unter Verwirrung des Verkehrs ihren Absatz zum Schaden des Absatzes jener anderen Erzeugnisse fördert. Notwendig ist das Wort ‚Zuckerschnitzel' zur Bezeichnung unentzuckerter, getrockneter und zerschnitzelter Zuckerrüben nicht. Das Wort ‚Zuckerschnitzel' ist in anderem Sinne ein Teil des Sprachschatzes der betr. Verkehrskreise geworden, dem es nicht ohne weiteres entzogen werden kann." Siehe ferner RG. in GewRschutz **1911** 27: Die Schultheiß-

Brauerei klagte auf Grund des ihr für Bier eingetragenen Warenzeichens „Schultheiß" auf Löschung des Warenzeichens „Schultheißen", welches der Beklagten für Wein und Spirituosen eingetragen war. Alle drei Instanzen gaben der Klage statt, weil das Warenzeichen der Beklagten zur Irreführung geeignet sei. Das Wort „Schultheißen" habe die Bedeutung einer Herkunftsbezeichnung für die Waren der Klägerin erlangt; die breite Masse werde durch das Warenzeichen der Beklagten in den Glauben versetzt, daß die mit dem Worte „Schultheißen" versehenen Weine und Spirituosen aus dem Geschäft der Klägerin stammten, sei es, daß sie von ihr hergestellt oder doch von ihr vertrieben würden. — Siehe auch RG. in GewRschutz **1911** 124, betr. die — nicht geschützten — Bezeichnungen „Blitzblank" und „Überzugspolitur". RG. in JW. **1915** 579 befaßt sich mit der dem Worte „X-Haken" nachgeahmten Bezeichnung „Nixofix-Haken": „Das Charakteristische der Bezeichnung liegt in der Silbe ‚iks'; sie kommt in der neuen Bezeichnung Nixofix sogar zweimal vor. Dem konsumierenden Publikum prägt sich die Klangfarbe der Silbe ein. Wo ihm die Ware ‚Ikshaken' nicht gleichzeitig gegenübersteht, wird es sich nicht darum kümmern, ob es die Haken früher als Iks-Haken oder unter einer ähnlich klingenden Bezeichnung bezogen hat. Das OLG. hat daher rechtlich geirrt, als es die Verwechslungsfähigkeit der beiden Bezeichnungen verneinte. Wäre es der Beklagten, als sie zu der Bezeichnung ‚Nixofix' überging, ernstlich darauf angekommen, Verwechslungen ihres Erzeugnisses mit dem der Klägerin vorzubeugen, so hätte sie dies leicht bewirken können durch die Wahl irgendeiner anderen Bezeichnung der Haken, in der die Silbe ‚iks' nicht vorkommt. Sie hat aber offensichtlich gerade eine Bezeichnung gewählt, die diese Silbe enthält, sogar doppelt enthält, zu dem Zwecke, bei dem kaufenden Publikum die irrige Meinung zu erwecken, es handle sich um das von der Klägerin vertriebene und eingeführte Erzeugnis. Durch dieses Verfahren hat die Beklagte in einer gegen den geschäftlichen Anstand und die guten Sitten verstoßenden Weise der Klägerin vorsätzlich Schaden zugefügt. Sie hat den von der Klägerin für ihr Erzeugnis erworbenen Markt durch unlautere Mittel an sich zu reißen gesucht." Über Herkunfts- (Beschaffenheits-) Bezeichnungen siehe ferner § 3 Note 14, § 5 Note 3—5, § 16 Note 77, 80. § 1.

Auch im Wortsinne einer Bezeichnung kann die Täuschung liegen, z. B. wenn eine Ware, die nicht aus Fleisch, sondern aus Pflanzen hergestellt ist, „Viandol" genannt wird. Eine täuschende Angabe ist die Bezeichnung „Asbach uralt" für einen frisch bereiteten Branntwein. Es führt zur Verderbnis, wenn die Rechtsprechung dem Standpunkt folgt, den das RG. in GewRschutz **1913** 65 einnimmt: Die Bezeichnung „Asbach uralt" sei eine nur marktschreierische Angabe, weil das Publikum bei näherer Überlegung (!) sich klarmachen müsse, daß zu dem geforderten Preise kein „uralter" Branntwein geliefert werden kann. Aber das Publikum stellt normalerweise eine „nähere Überlegung" nicht an, wie das RG. in vielen Urteilen zutreffend dargelegt hat (§ 3 Note 21 ff.). Überdies empfiehlt es sich eher, den Verkehr vor unwahrhaftigen Bezeichnungen zu bewahren, als ihn dauernd zu belasten mit Reklameausdrücken, an denen der redliche Handel und ein erheblicher Teil der Verbraucher Anstoß nimmt. Urteile wie das obige wirken im geschäftlichen Verkehr als behördliche Aufmunterung zur Verwendung täuschender Bezeichnungen. Vorerst ist Stadt und Land übersät mit den — für alle Zukunft höchstrichterlich geheiligten — Plakaten „Deutscher Weinbrand Asbach Uralt". Diese Bezeichnung verletzt auch den § 3 WettbG. (siehe § 3 Note 14 über die Bezeichnung „Barimandol" für eine nicht aus Mandeln hergestellte Ware). Sogar eine Verletzung des § 4 WettbG. kommt in Betracht (siehe den Fall RG. in GewRschutz **1914** 288, wo bedingter Täuschungsvorsatz angenommen Note 48.

§ 1. und die verhängte Kriminalstrafe gebilligt wird, weil Golddoublé-Uhren zu sehr niedrigen Preisen als „goldene" angepriesen wurden).

Note 49. III. **Die Ausnutzung der Arbeitsleistung des Mitbewerbers** fällt unter den § 1 (§ 826 BGB.), wobei es belanglos ist, ob eine Irreführung geplant (bewirkt) wird. Hierher gehören die Fälle, in denen jemand im Wettbewerbe Vorteile erstrebt nicht durch die eigene Leistung, die Güte seiner Ware, sondern durch Ausnutzung des guten Rufs, den eine fremde Ware (gewerbliche Leistung) infolge der Arbeit und Tüchtigkeit des Mitbewerbers erlangt hat: „Unlauterer Wettbewerb kann auch in anderer Weise als durch Irreführung des Publikums begangen werden, insbesondere auch dadurch, daß der — unter Aufwendung von Mühen und Kosten erlangte — gute Ruf der Ware des Mitbewerbers zur Empfehlung der eigenen Ware ausgebeutet, die fremde gewerbliche Leistung als Mittel zur Reklame für die eigene Leistung verwandt wird" (RG. in MuW. **17** 156 unter Berufung auf Lobe in MuW. **16** 129, der sich seinerseits auf die Arbeiten von Dunkhase in MuW. **15** 115 und Verf. in LZ. **1915** 610 beruft).

Note 50. 1. Schon die Bezugnahme auf die Ware (gewerbliche Leistung) des Mitbewerbers kann sich als eine unlautere Ausnutzung fremder Arbeitsergebnisse darstellen. RG. **86** 125 hat in Übereinstimmung mit Verf. in LZ. **1915** 612 die Verwendung der Bezeichnung „Garlock-Ersatz", also die Berufung auf die fremde gewerbliche Leistung zur Anpreisung der eigenen, als sittenwidrig bezeichnet: Der Absatz der eigenen Ware dürfe nicht dadurch zum Schaden des Mitbewerbers erleichtert werden, daß man dessen Warennamen schlagwortartig benutzt, um der eigenen Ware Eingang zu verschaffen. Dies gelte auch für den Fall, daß die Hinzufügung von Worten wie „Ersatz" die Wirkung habe, zum Ausdruck zu bringen, daß die eigene Ware nur als ebensogut wie die fremde bezeichnet werden solle. (Siehe Näheres über dieses Urteil und über Zusätze wie „Ersatz" § 16 Note 27ff.) In dem Aufsatz von Lobe (vgl. Note 49), auf den RG. in MuW. **17** 156 Bezug nimmt, wird zutreffend dargelegt: „Die Erzeugung der Aufmerksamkeit und Erreichung des Bekanntwerdens der gewerblichen Leistung erfordert heutzutage eine ganz bedeutende Aufwendung von Arbeitskraft und Geld; in dieser Tätigkeit beruht zuweilen mehr aller Erfolg im Wettbewerbe, als in der Güte der gewerblichen Leistung. Selbst wenn daher der Mitbewerber den Ruf der fremden gewerblichen Leistung lediglich dazu benutzt, um die Aufmerksamkeit des Publikums auch auf seine Ware zu lenken, ohne zugleich diesen guten Ruf durch falsche Vorspiegelung für sich in Anspruch zu nehmen, nutzt er die Arbeitskraft des Gegners aus, um seinen eigenen Wettbewerb zu erleichtern. Schon in der bloßen Zusammenstellung des fremden Warennamens mit den Ankündigungen der eigenen Ware kann eine Ausnutzung des fremden Rufes gefunden werden, die den Wettbewerb unlauter macht." Siehe Näheres über Bestimmungsangaben § 16 Note 27.

Note 51. 2. Mannigfache sonstige Formen der Ausnutzung der Arbeitsleistung des Mitbewerbers sind in der Rechtsprechung als Verstoß gegen den § 1 (§ 826 BGB.) behandelt worden. Im Falle RG. **73** 294 bestand die Ausnutzung darin, daß der Beklagte die von der Klägerin, der Deutschen Grammophon A. G., unter erheblichen Kosten und Mühen hergestellten Grammophonplatten durch ein besonderes Verfahren nachbildete und zu so niedrigen Preisen in den Handel brachte, daß die Klägerin, die hohe Summen an die von ihr verpflichteten Künstler zu zahlen hatte, nicht mit ihm in Wettbewerb treten konnte. In diesem Verhalten des Beklagten haben LG. und OLG. Dresden unter Billigung des RG. eine Sittenwidrigkeit erblickt, weil die Klägerin um die Früchte ihrer Arbeit gebracht und mit ihren eigenen Waffen bekämpft werde. Diesen Rechtsgedanken hat das RG. in einer Reihe weiterer Entscheidungen verallgemeinernd angewendet: RG. in MuW. **13** 25 legt dar, ein den § 826 BGB. verletzendes mißbräuchliches Verhalten im geschäftlichen Verkehr, um die Arbeitserfolge eines anderen für sich auszunutzen, könne schon dann vorliegen, wenn die allgemeine Verpflichtung verletzt werde, „auf die Interessen anderer zu achten und nicht ohne Not diese anderen absichtlich zu schädigen" (siehe auch RG. und OLG. Kiel in MuW. **12** 646). In RG. **92** 111 wird es als sittenwidrig bezeichnet, daß jemand die Reklamehandlungen seines Wettbewerbsgegners, unter deren Überbietung, für sich verwertet und aus den von jenem gemachten Aufwendungen für sich Nutzen herausholt. RG. **83** 384 hat im Nachbilden und Feilhalten einer ganzen Kollektion des Mitbewerbers, insbesondere durch gleiche Nummerierung der einzelnen Katalogaufstellungen, eine Sittenwidrigkeit erblickt, weil auf solche Weise die Früchte fremden Schaffens nicht geerntet werden dürfen. RG. **88** 185 hat die Ankündigung eines Fabrikanten, er stelle das Erzeugnis eines anderen Fabrikanten in genauer Nachahmung her, als unlautere Ausnutzung fremder Arbeit behandelt. [Einer solchen Ankündigung steht es gleich, wenn eine — beim Publikum eingeführte — Ware in allen Einzelheiten genau nachgeahmt wird, ohne daß dies durch sachliche Gründe sich rechtfertigt (Note 55 über den Ablauf des Formalschutzes).] Erfolgt die Ankündigung der Nachahmung gegenüber einem Großabnehmer, so wird dieser damit auf die Möglichkeit hingewiesen, daß im Verkehr die Nachahmung mit dem Urbilde verwechselt werde. Das RG. legt (a. a. O.) dar: „Die Beklagte empfiehlt ihre Pflüge damit, daß sie sehr genaue Kopieen der Pflüge der Klägerin seien, daß sie also alle Eigenschaften der Pflüge der Klägerin besäßen, für die Brauchbarkeit und Bewertung der Ware wesentliche und unwesentliche. Die Möglichkeit der Verwechslung ist geeignet, den Anreiz zum Kauf der Pflüge der Beklagten zu erhöhen, eben weil sie dazu verwendbar sind, als Pflüge der Klägerin weiterverkauft zu werden. Es muß angenommen werden, daß die Beklagte einen Anreiz zum Ankauf ihrer Pflüge hervorrufen wollte, und dieser Anreiz kann nur gefunden werden in der der Beklagten bewußten, durch die völlig gleiche Ausgestaltung gegebenen Möglichkeit für den Großabnehmer, die Pflüge der Beklagten weiterzuverkaufen an Personen, die entweder selbst diese Pflüge mit denen der Klägerin verwechselten oder doch glaubten, daß sie sich fernere Abnehmer durch Ausnutzung der Verwechslungsmöglichkeit verschaffen könnten ... Daß die Beklagte ihre eigenen Abnehmer über die Herkunft der Ware täuschte oder daß sie sonst noch in irgendeiner Weise darauf hinwirkte, daß diese Abnehmer die durch die Eigenschaft der Ware gegebene Täuschungsmöglichkeit auch tatsächlich ausnutzten, ist nicht erforderlich. Die Verurteilung der Beklagten aus § 1 WettbG. ist gerechtfertigt." Siehe auch RG. in MuW. **12** 472: „Die Beklagte hat absichtlich ihr eingetragenes Bildzeichen dem Reklamebilde der Klägerin so gleichartig gestaltet, um auf diesem Wege die Arbeitserfolge der Klägerin, den guten Ruf ihrer Erzeugnisse und die von ihr gemachten Reklameaufwendungen für sich auszunutzen. Das ist ein unlauteres Verhalten." Auch der Mißbrauch eines fremden Adreßbuchs zwecks Herstellung eines eigenen ist als unlautere Ausnutzung eines fremden Arbeitsergebnisses behandelt worden: RG. in MuW. **13** 196; KG. in MuW. **12** 585. Desgl. die Aufnahme sog. Füllinserate: RG. **73** 269, wo dargelegt ist, durch die Aufnahme der Füllinserate werde „das geschäftliche Unternehmen (die Zeitung) des Klägers ohne Mühe und Kosten ausgebeutet". OLG.

§ 1. Dresden in MuW. **13** 213 hat in folgendem Falle einen Verstoß gegen den § 1 erblickt: Jemand hat für ein von ihm eben erst gegründetes Blatt den seit Jahren geführten Titel eines bekannten Konkurrenzblattes übernommen und den Zusatz „Großer" beigefügt. Eine solche Maßnahme, die den Mitbewerber um einen Teil der Früchte seines Gewerbefleißes bringt und dessen Blatt in den Augen des Publikums an die zweite Stelle zurückdrängt, ist als unlauterer Wettbewerb anzusehen.

Note 52. IV. **Die Ausnutzung fremder Gedanken** steht rechtlich der Ausnutzung fremder Arbeiten gleich: „Die schrankenlose Ausnutzung fremder Gedanken — auch außerhalb des Gebietes der gewerblichen Schutzrechte — ist ebensowenig unbedingt zulässig wie die schrankenlose Ausnutzung fremder Arbeiten" (RG. in JW. **1913** 1106; RG. in MuW. **20** 159 unter Berufung auf RG. **73** 294, **77** 431, **79** 415, **83** 384).

Note 53. 1. Die unbefugte Nachbildung fremder Erzeugnisse unter Entlehnung oder Preisgabe fremder, gewerblich ausnutzbarer Gedanken kann eine Verletzung des § 1 (§ 826 BGB.) darstellen, auch wenn ein Formalschutz noch nicht erlangt worden ist oder überhaupt nicht erlangt werden kann. Durch die Urheberrechtsgesetze werden die allgemeinen Vorschriften des BGB. und WettbG., die den Schutz gegen unlautere Handlungen im Verkehrsleben bezwecken, nicht ausgeschlossen, es sei denn, daß das Urheberrecht ausdrücklich den Schutz für einen bestimmten Tatbestand ablehnt. Eine sittenwidrige Nachbildung liegt insbesondere vor, wenn durch die Ausnutzung des einer fremden Arbeitsleistung innewohnenden Gedankens ein Gegenstand ohne entsprechende Aufwendungen billiger in den Handel gebracht wird, als es dem bisherigen Hersteller möglich war, so daß dieser um die Früchte seines Gewerbefleißes gebracht wird. RG. in MuW. **20** 159 hat die auf Lieferung eines Bücherschranks und Schreibtischs gerichtete Klage abgewiesen, weil eine Firma, deren Verhalten die Klägerin gegen sich gelten lassen müsse, in den dem Kaufschlusse vorangegangenen Jahren Möbelerzeugnisse anderer Firmen zum Schaden der Erzeuger nachgeahmt habe und zu befürchten sei, daß sie im Falle der Lieferung der Kaufware auch diese nachahmen werde. Demgemäß könne der Beklagten nach Treu und Glauben die Lieferung nicht zugemutet werden. RG. in JW. **1913** 1106 legt folgendes dar: „Der Gedanke der Klägerin, einen Riegel (an Klappstühlen) anzubringen, kann für sie selbst dann einen wirtschaftlichen Wert darstellen, wenn es sich nicht um eine Erfindung oder ein schutzfähiges Modell handeln sollte. Zwar kann sie dann niemandem verbieten, Stühle gleicher Art herzustellen und in den Verkehr zu bringen. Sie wird aber in den Fällen, in denen es auf die doppelte Verwendbarkeit des Stuhles ankommt, alle Aussicht haben, mit ihrer Konstruktion die sonstigen Bewerber zu schlagen, die nur Stühle der allgemein üblichen Art anbieten. Dieses Vorteils ist sie dadurch verlustig gegangen, daß der Beklagte durch die Veröffentlichung der Zeichnung allen Bewerbern den Konstruktionsgedanken der Klägerin bekanntgegeben hat." In der — unbefugten — Veröffentlichung erblickt das RG. eine sittenwidrige Schädigung der Klägerin. Auf die Neuheit und Schutzfähigkeit der Konstruktion komme es nicht an. Sollte in der Neuerung eine schutzfähige Erfindung liegen, so sei auch das Erfinderrecht verletzt, das schon vor der Erwirkung eines Formalschutzes vorhanden sei. Das allgemeine bürgerliche Recht trete auch hier ergänzend neben die besonderen Bestimmungen der gewerblichen Schutzgesetze und sei nur insoweit nicht heranziehbar, als deren Inhalt seine Anwendbarkeit ausdrücklich oder sinngemäß ausschließe. Siehe auch RG. bei Warn. 1910—1911, ErgBd. S. 87 Nr. 80: „Der Mangel eines gewerblichen Rechtsschutzes kann nicht dazu führen, daß auf dem seiner entbehrenden Gebiete jegliche illoyale

Handlungsweise zuzulassen ist, die nach ihrem wesentlichen Gehalt in einer Nachahmung des nicht geschützten Erzeugnisses besteht. Vielmehr ist unter besonders erschwerenden Umständen, die das Verhalten des Gegners als Verstoß gegen die guten Sitten erscheinen lassen, auch dagegen der gesetzliche Schutz dem § 826 BGB. zu entnehmen." Hiernach ist in allen Fällen, in denen jemand ein wertvolles Verkehrsgut erzeugt hat (z. B. durch Zusammenwirken der Konstruktion eines Gegenstandes mit der äußeren Ausstattung), ein Schutz dagegen zu gewähren, daß eine unter Mühen und Kosten hergestellte Arbeitsleistung nachgeahmt oder in ihrer Eigenart verwässert wird (Osterrieth in GewRschutz **1917** 194). § 1.

2. Das sog. Nachempfinden von Werken der Literatur, der Kunst oder des Kunstgewerbes ist auf Grund des § 1 (§ 826 BGB.) verfolgbar. Entscheidend ist für die Frage der Sittenwidrigkeit, ob die Nachahmung den geistigen Inhalt, die Idee des originalen Werkes unter Übernahme der vornehmlichen Wirkungsmittel wiedergibt, um das nachgeahmte Werk im Wettbewerbe gegen das originale zu verwerten (siehe hierzu die tiefen Betrachtungen Kohlers in GewRschutz **1919** 1 ff., aus denen namentlich für die Frage der Nachahmung musikalischer Schöpfungen neue Gesichtspunkte sich ergeben). Auf die Form der Wiedergabe des originalen Kunstwerks kommt es nicht entscheidend an, so daß der Schutz die Äquivalente umfaßt. Eine Vergleichung der beiden Werke, indem man sie nebeneinander betrachtet, ist für die Feststellung der Nachahmung ebensowenig angebracht, wie dies zu § 16 Note 12 hinsichtlich der Verwechslungsfähigkeit zweier Bezeichnungen dargelegt wird. Es kommt nicht auf die Unterschiede an, sondern der Richter hat das den beiden Werken Gemeinsame zu prüfen. Die urheberrechtlichen Gesichtspunkte berühren nicht. Insbesondere darf eine urheberrechtlich zulässige „freie Benutzung des Werks", durch die „eine eigentümliche Schöpfung hervorgebracht wird" (LitUrhGes. §§ 12 und 13), nicht ohne weiteres im Wettbewerbe mit dem Originalwerk verwandt werden. Im urheberrechtlichen Sinne mag es zutreffen, was RG. **63** 159 erklärt: „Die Motive eines Werks dürfen entlehnt werden, sofern sie in so eigenartiger Weise verarbeitet werden, daß das Erzeugnis sich als eine eigene geistige Schöpfung darstellt." Verfehlt ist es aber schon rein urheberrechtlich, wenn das RG. (a. a. O.) eine „eigene geistige Schöpfung" des als Nachahmer eines Theaterstücks in Anspruch Genommenen dann annimmt, wenn „die Vergleichung der beiden Stücke eine völlige Verschiedenheit der Dialoge und eine wesentliche Verschiedenheit im Gange der Handlung und in den Nebenfiguren ergibt". Diese Auffassung des RG. reizt an zu einer — meist leicht ausführbaren — Ummodelung von Originalwerken und fördert damit die Entrechtung des Urschöpfers zugunsten skrupelloser Erfolgsjäger. Namentlich die in letzter Zeit sich mehrenden Fälle der Nachahmung von Theaterstücken oder Filmwerken, wobei der Nachahmer die äußere Handlung abändert oder durch Hinzufügungen ergänzt, können bei obiger Auffassung nicht verhindert werden. Geradezu unbegreiflich ist der Standpunkt des von Goldbaum in MuW. **18** 103 erwähnten Urteils des LG. I Berlin im Plagiatprozeß Ludwig Fuldas gegen zwei Wiener Textschreiber wegen unlauterer Benutzung des Lustspiels „Die Zwillingsschwester": Es sei zwar nicht zu verkennen, daß „eine große und offenbar nicht bloß zufällige Übereinstimmung des stofflichen Kerngehaltes beider Werke vorliegt"; gleichwohl müsse angenommen werden, daß „durch Änderungen, Ausschaltungen und Zutaten" ein neues, selbständiges Werk (!) geschaffen worden sei, „bei dem das Entlehnte, wenngleich es die Hauptgedanken, die Fabel und die Haupt-

§ 1. personen umfaßt (!), das Eigene nicht übersteigt". Nach diesem Standpunkt des LG. I Berlin müßte man annehmen, daß jegliche Ausbeutung literarischer Werke vom deutschen Gesetz gebilligt werde. — Auch ohne daß ein Wettbewerb des nachgeahmten mit dem originalen Werk in Frage kommt, kann die Unzulässigkeit der Nachahmung darin begründet sein, daß die originale Schöpfung vulgarisiert wird, etwa indem erfolgreiche Bühnenwerke und Romane für Operetten- (auch Filmoperetten-) oder Possentexten verwertet werden (Note 14 über Handlungen ohne den Wettbewerbszweck). Erfolgt das „Nachempfinden" im Verkehr zwischen dem Schriftsteller und dem Verlags- oder Theaterunternehmen, dem ein Manuskript zum Ankauf angeboten wird, dann ist schon eine geringfügige unbefugte Entlehnung und Verwertung des Entlehnten unlauter infolge des verübten Vertrauensbruchs (Goldbaum in MuW. **18** 102; Elster in GewRschutz **1921** 117). Die gleichen Grundsätze gelten für die Verwendung oder Nachahmung fremder Druckschriften-Titel.

Note 55. 3. Die Verwertung fremder Gedanken (fremder Arbeit) nach Ablauf des Formalschutzes ist nicht ohne weiteres zulässig. So darf ein nunmehr für den Verkehr freier Gegenstand nicht unter allen Umständen hergestellt und vertrieben werden. Vielmehr ist dies nur insoweit zulässig, als dabei eine Täuschung, insbesondere über die Herkunft des Gegenstandes aus einer bestimmten Betriebsstätte, nach Möglichkeit vermieden wird. Wenn z. B. unbeschadet der Einfachheit der Herstellung eines Gegenstandes und seiner Gebrauchsfähigkeit ausreichende Unterscheidungsmerkmale angebracht werden können, dies aber zwecks Herbeiführung von Verwechslungen unterlassen wird, dann liegt eine sittenwidrige Handlung vor: Siehe RG. in JW. **1915** 579: Nach Ablauf der Schutzfrist für den sog. „X-Haken" wurde eine genaue Nachbildung dieser bekannten Wandhaken unter der Bezeichnung „Nixofix-Haken" herausgebracht; das RG. hat darin einen Verstoß gegen den § 826 BGB. erblickt, weil keinesfalls der „sklavisch nachgeahmte" Gegenstand unter der verwechslungsfähigen Bezeichnung „Nixofix" vertrieben werden durfte. (Note 47; Ernst Fuchs in JW. **1917** 634; Osterrieth in GewRschutz **1917** 194). Ob die Nachahmung unter einer nicht verwechslungsfähigen Benennung schon an sich gegen die guten Sitten verstoßen haben würde, war vom RG. in obigem Falle nicht zu untersuchen. Die Frage ist aber zu bejahen: Eine für den Gebrauchszweck entbehrliche „sklavische" Nachahmung durfte nicht vorgenommen werden, weil damit eine Täuschung des Verkehrs über die Betriebsstätte unvermeidbar wurde. (Die Form der Haken, soweit sie keine technisch funktionelle Bedeutung besitzt, fällt auch unter den Ausstattungsschutz: RG. in JW. **1921** 397; siehe ferner RG. **88** 185; besprochen Note 51). Allerdings darf der Gesichtspunkt der Aneignung fremder Gedanken nicht dazu führen, den vom Gesetz ausdrücklich nur für eine bestimmte Zeitdauer gegebenen Schutz ins Ungemessene zu verlängern. Nach dem gesetzgeberischen Zweck soll der Allgemeinheit demnächst die freie Benutzung zustehen. Daher kann man die Nachahmung eines geschützten Gegenstandes nach Ablauf der Schutzfrist nicht als ohne weiteres unerlaubte Ausnutzung fremder Gedanken oder Arbeiten behandeln und auf diesem Umwege gleichwohl verbieten. So betont RG. **73** 294, daß da, wo die Gesetze zum Schutze des gewerblichen Eigentums ausdrücklich einen Schutz ausschließen, diese legislatorische Erwägung beachtet werden müsse. Siehe auch Elster in GewRschutz **1921** 42, der zutreffend die Beeinträchtigung der Person, deren Arbeit benutzt wird, in Beziehung setzt zu dem Gewinn, den die Allgemeinheit hieraus zieht: Dieser Gewinn muß den Umfang der Beeinträchtigung rechtfertigen. Keinesfalls darf die Nachahmung weitergehen, als der Gebrauchszweck es erheischt: Werden z. B. Einzelheiten, etwa die Metallaussparungen im X-Haken, genau nachgeahmt, so ist das nicht durch das Interesse des Nachahmers oder der Allgemeinheit erfordert, vielmehr — in Verbindung mit der Nachbildung der gleichen Größenverhältnisse und der Farbentönung der früher geschützten X-Haken — nur so zu erklären, daß eine Täuschungsabsicht vorliegt (vgl. RG. **83** 384). „Die Erlangung eines gewerblichen Vorteils auf Kosten des Mitbewerbers durch Täuschung der Abnehmer verstößt gegen die guten Sitten" (RG. **77** 433). Es besteht „eine allgemeine Verpflichtung, auf die Interessen anderer zu achten und nicht ohne Not diese anderen absichtlich zu schädigen. In der Überschreitung dieser Grenzen der allgemeinen Freiheit, um die Arbeitserfolge eines anderen für sich und die eigenen Zwecke auszunutzen, liegt ein Verstoß gegen die guten Sitten" (RG. in MuW. **13** 25). Obige Grundsätze von allgemeingültiger Bedeutung dürfen in Fällen der hier besprochenen Art nicht ausgeschaltet werden, nur weil ein Formalschutz bestanden hat. Zwar darf jeder das Publikum darauf hinweisen, daß er den früher einem anderen geschützten Gegenstand nunmehr herstellt und vertreibt. Unlauterer Wettbewerb aber ist eine Anpreisung des Gegenstandes, die das Publikum in den Glauben lockt, es handle sich um eine Ware aus dem bekannten, bis dahin monopolisierten Betriebe. Einer solchen Anpreisung steht es gleich, wenn ohne sachliche Veranlassung der Gegenstand selbst oder die Verpackung so ausgestaltet wird, daß es eines besonderen Hinweises gar nicht erst bedarf, um das Publikum über die Betriebsstätte zu täuschen. In demselben Gedankengange bewegt sich das Urteil RG. **100** 9: „Es kann dahingestellt bleiben, ob ein Rechtssatz dahin in Geltung ist, daß mit dem Ablauf eines Patents auch die Bezeichnung, unter der der patentierte Gegenstand eingeführt ist, schlechthin ins Freie fällt. Hat sich aber einmal ein Wortzeichen als Benennung einer Ware so eingebürgert, daß es zum reinen Warennamen geworden ist, dem auch nicht gleichzeitig noch ein Hinweis auf eine bestimmte Betriebsstätte anhaftet, so kann ein einzelner Gewerbetreibender diesen zur Benennung der Ware allen unentbehrlichen Namen sich nicht mehr beliebig aneignen und durch Erwirkung eines Zeichenschutzes für sich monopolisieren." Übrigens hat, was RG. **100** 9 bedauerlicherweise „dahingestellt" läßt, die zeitliche Begrenzung des Patentschutzes keine Berührung mit dem — zeitlich unbegrenzten — Warenzeichenschutz (Kloeppel in JW. **1921** 1536). Nicht allerdings kann die Gestaltung einer Ware, die eine technisch funktionelle Bedeutung hat, nach Ablauf des Patentschutzes als Ausstattung geschützt und damit der Patentschutz ins ungemessene verlängert werden (Kent in JW. **1920** 397; **1921** 1536). Vgl. § 5 Note 4. § 1.

V. **Schlagworte (Kennworte),** die man im Verkehr auf eine fremde Ware (gewerbliche Leistung) bezieht, dürfen nicht ohne weiteres für Waren (gewerbliche Leistungen) anderer Gattung übernommen werden. Darin kann eine Beeinträchtigung der Eigenart und Unterscheidungskraft des fremden Betriebes liegen (Note 14 über Handlungen ohne den Wettbewerbszweck). Es ist nicht entscheidend, ob durch die Benutzung des fremden Schlagworts eine Verwechslungsgefahr herbeigeführt oder eine Irreführung des Publikums ermöglicht wird. Die Reklamewirkung der im Verkehr bekannten Schlagworte wirbt für jede Ware, die unter der gleichen Bezeichnung vertrieben wird. Es muß als Verstoß gegen den geschäftlichen Anstand betrachtet werden, daß jemand eine Bezeichnung, die durch Mühen und Kosten eines anderen in den Verkehr eingeführt worden ist, zur Kennzeichnung seines Unternehmens oder seiner Note 56.

§ 1. Waren wählt, wobei er die fremde gewerbliche Leistung als Mittel zur Reklame für die eigene Leistung benutzt. Der anständige Geschäftsmann vermeidet es, eine Warenbezeichnung, die als Kennzeichen der Waren eines anderen sich eingebürgert hat, für sonstige Warengattungen zu verwenden (OLG. Kiel in MuW. **14** 157; a. M. RG. **87** 90; RG. in JW. **1916** 194; siehe hiergegen Verf. in GewRschutz **1918** 106, **1919** 61). So ist z. B. die für eine in Deutschland hergestellte Brauselimonade gewählte Bezeichnung „Limonade Benediktine" — entgegen RG. in MuW. **13** 270 — zu beanstanden, wobei es belanglos ist, ob Likör und Brauselimonade als gleichartige Waren zu betrachten sind. Wie sich aus dem „Garlock"-Urteil (Note 50) ergibt, liegt keine Berechtigung vor, Phantasieworte (oder Namen), die nicht zu reinen Gattungsbezeichnungen geworden sind, die vielmehr im Verkehr auf das Unternehmen oder die Waren eines anderen bezogen werden, mit dem eigenen Unternehmen oder mit den eigenen Waren in eine enge Wortverbindung zu bringen. Das Publikum pflegt die bekannten Warenbezeichnungen, wie Fachinger, Odol, Gilette, Nivea usw. nicht nur auf die Ware, sondern auch auf das diese Ware herstellende (vertreibende) Unternehmen zu beziehen, so daß von einer anderen Ware gleichen Namens leicht angenommen wird, es bestehe eine Beziehung zwischen ihr und dem bekannten Betriebe. Schon aus diesem Grunde ist es unzulässig, etwa ein Haarwasser mit dem Namen „Fachinger" zu belegen. Würden nun gar m e h r e r e Gewerbetreibende für ihre verschiedenen Waren die Bezeichnung „Fachinger" benutzen, so müßte schließlich nicht nur die Unterscheidungskraft der Bezeichnung schwinden, sondern auch eine Vulgarisierung und damit eine Entwertung der Bezeichnung eintreten. Im Verkehr wird leicht eine Beziehung angenommen zwischen schlagwortartigen Bezeichnungen und Waren anderer Gattung, die unter dem Schlagwort vertrieben werden. So erklärt RG. in GewRschutz **1911** 28: „Die breite Masse wird durch das Warenzeichen ‚Schultheißen' der Beklagten in den Glauben versetzt, daß die mit dieser — auf das Geschäft der Klägerin hinweisenden — Herkunftsbezeichnung versehenen Weine und Spirituosen aus dem Geschäft der Klägerin (einer Bierbrauerei!) stammen, sei es, daß sie von ihr hergestellt oder sonst von ihr vertrieben werden." Ferner erklärt RG. in GewRschutz **1912** 239: „Wenn auch wirklich die Mehrheit — und die weitaus überwiegende Mehrheit — der beteiligten Verkehrskreise in den betr. Bezeichnungen nicht zum Ausdruck gebracht gefunden hat, daß der Kläger zu den Waren der Beklagten als Hersteller oder durch Beaufsichtigung der Herstellung oder dergleichen in Beziehungen stehe, so schließt das nicht aus, daß der übrige, vielleicht auch noch erhebliche Teil der beteiligten Kreise in den Bezeichnungen der Beklagten jene Beziehung des Klägers zu der Ware ausgedrückt findet." Siehe auch § 16 Note 29, 56.

Note 57. D i e H i n z u f ü g u n g e i n e s N a m e n s (einer Firma) zu einem Schlagwort (einer Marke) schließt die Täuschungsgefahr nicht aus: RG. in JW. **1900** 497, **05** 506; RG. in MuW. **17** 215. Mit letzterem Erkenntnis hebt das RG. ein Urteil des OLG. Düsseldorf auf: Die Klägerin (Kakao-Kompagnie Reichardt) hat seit vielen Jahren für eine bestimmte Schokoladensorte das Wort „Bona" eingeführt, und nach ihrer Angabe ist diese ihr geschützte Marke in Deutschland und vielen ausländischen Staaten als ihr Erzeugnis bekannt. Die Beklagte, die Firma Emil Tengelmann, hat früher ihren Bedarf an Kakao von der Klägerin bezogen, dann aber, bald nach Aufhören der Geschäftsverbindung, im Jahre 1914 das Zeichen „Tengelmanns Bona" für Schokolade eintragen lassen. Die von der Klägerin begehrte Löschung ist vom LG. Duisburg und OLG. Düsseldorf

verweigert worden, weil durch die „Beigesellung" des Wortes „Tengelmann" § 1.
zum Worte „Bona" ersichtlich sei, daß die Ware von der Beklagten herrühre (!). Das RG. erklärt zutreffend, daß die — vom OLG. Düsseldorf gar nicht herangezogenen — §§ 1 WettbG., 826 BGB. verletzt seien, da die Zugkraft des bekannten Schlagworts „Bona" nicht ausgenutzt werden dürfe. Über schlagwortartige Wortverbindungen wie z. B. „Garlock-Ersatz", „Weckform", „Nadeln zur Pfaff-Nähmaschine" siehe § 16 Note 27. Vgl. Kent in JW. **1922** 97.

Nur insoweit eine unzulässige Monopolisierung nicht Note 58
in Frage kommt, rechtfertigt sich der oben geforderte Schutz des Vorberechtigten. Gemäß den vom RG. für Monopolbildungen aufgestellten Grundsätzen sind Monopole nur dann unzulässig, wenn „dem allgemeinen Verkehr unbillige, unverhältnismäßige Opfer auferlegt werden" (RG. **62** 266, **99** 107, **102** 396, **103** 83). Hiernach ist für die Frage, in welchem Umfange Schlagworte dem Vorberechtigten zu schützen sind, der Gesichtspunkt maßgebend, ob eine Beschränkung des freien Verkehrs dadurch bewirkt wird, daß der Gebrauch des Schlagworts anderen Gewerbetreibenden untersagt ist. Eine solche Beschränkung liegt nicht nur in der ausschließlichen Inanspruchnahme von Gattungsbezeichnungen, sondern auch von allgemein gebräuchlichen oder naheliegenden bildlichen Ausdrücken, wie z. B. „Jungborn" für ein Erholungsheim oder „Normalzeit" für ein Uhrengeschäft. Solche bildlichen Ausdrücke sind zwar als „besondere Bezeichnungen" (siehe § 16 Note 98) anzusehen, können also Kennzeichnungskraft für ein bestimmtes Erwerbsgeschäft erlangen und dürfen dann als Geschäftsbezeichnung eines anderen nicht so benutzt werden, daß hierdurch eine Verwechslungsmöglichkeit hervorgerufen wird (RG. **78** 266; RG. in GewRschutz **1911** 239, **1912** 158). Aber ein Uhrengeschäft, das die Geschäftsbezeichnung „Normalzeit" mit Rücksicht auf die vorberechtigte Benutzung dieser Bezeichnung durch ein gleichartiges Geschäft sich nicht beilegen darf, ist deshalb nicht gehindert, Uhren mit dem Worte „Normalzeit" zu vertreiben (RG. in JW. **1915** 455). Solche bildlichen Ausdrücke können zwar als Geschäftsbezeichnung einem einzelnen Gewerbetreibenden vorbehalten bleiben, nicht aber kann an ihnen ein allgemeines Monopol erworben werden. Zu einem unrichtigen Ergebnis gelangt das die Bezeichnung „Salamander" behandelnde Urteil des RG. in JW. **1916** 194, indem es die Benutzung des Wort- und Bildzeichens „Salamander" für Papierwaren gestattet, weil die Klägerin, die Salamander-Schuhgesellschaft, kein Monopol an dem Worte „Salamander" beanspruchen könne. Hier ist zu sagen: Wenn die Klägerin bei ihrer Gründung zur Bezeichnung ihres Unternehmens und ihrer Waren ein so fernliegendes Wort wie „Salamander" gewählt hat, und wenn es ihr gelungen ist, diesem Worte eine rühmliche Bedeutung zu schaffen, dann ist nicht einzusehen, weshalb man anderen Gewerbetreibenden ein Recht an einem fremden, für sie entbehrlichen Namen (und Zeichen) einräumen will. Handel und Gewerbe hatten sich vor Entstehung der Salamander-Schuhgesellschaft erfolgreich ohne die Bezeichnung „Salamander" beholfen. Es handelt sich um ein Wort, das weder der Umgangs- noch der Handelssprache angehört, das also für keinerlei geschäftliche Unternehmungen notwendig ist oder auch nur naheliegt. Von einer unzulässigen Monopolisierung kann hier keine Rede sein.

VI. **Die unlautere Ausnutzung des Warenzeichenrechts** fällt unter die Note 59.
§§ 1 WettbG., 826 BGB. Dient doch auch das WZG. der Bekämpfung des unlauteren Wettbewerbes und „dem Schutze des Publikums, des Konsumenten" (RG. **100** 25). Soweit durch die formalen Bestimmungen des WZG. ein unlauteres Verhalten ermög-

§ 1. licht wird, dienen die §§ 1 WettbG., 826 BGB. als Schutzwehr. Treffend bemerkt Wirth (GewRschutz **1910** 319) in Billigung dieses vom Verf. in GewRschutz **1910** 172 eingenommenen Standpunkts, daß jedem Paragraphen des WZG. die Klausel beizufügen sei: „vorausgesetzt, daß kein Verstoß gegen die guten Sitten vorliegt". Ein im Widerspruch mit dem § 1 WettbG. (§ 826 BGB.) eingetragenes Warenzeichen ist nicht schutzfähig. Demgemäß entfallen sowohl die zivilen Rechtsbehelfe, die dem Inhaber des zu Recht eingetragenen Warenzeichens gegeben sind, als auch der Strafschutz (Lobe in der Festschrift für Binding II S. 195 ff., sowie RGSt. **49** 243: „Gegenüber dem Schutze der redlichen Mitbewerber kann ein nur auf die Form bezügliches Recht am einzelnen Zeichen nicht aufkommen. Dieses ist bestimmt, dem redlichen Erwerbe zu dienen und berechtigte wirtschaftliche Interessen zu schützen. Demgemäß findet es seine Schranke an dem im WettbG. geregelten umfassenden Schutze der lauteren Erwerbstätigkeit überhaupt. Es wird unwirksam, und seine Ausübung, darunter der Gebrauch des geschützten Warenzeichens, ist rechtswidrig, wenn dieses zum Deckmantel unlauteren, gegen das WettbG. verstoßenden Gebarens im Gewerbebetriebe dienen soll und verwendet wird; zu solchem Mißbrauch ist es nicht geschaffen." Der § 1 WettbG. (§ 826 BGB.) ist stets — auch einredeweise — anwendbar, wenn ein Warenzeichen auf unlautere Weise zur Eintragung gelangt ist oder in unlauterer Weise benutzt wird. Siehe Note 44, 79. Über die Feststellung der Täuschungsabsicht siehe Note 28; über die Täuschung, die jemand verübt durch Aufnahme eines fremden Warenzeichens in seine Firma, siehe § 16 Note 10. Jede Benutzung des geschützten Worts ist im Zweifel eine warenzeichenmäßige: RG. **95** 211, 295; siehe Näheres § 16 Note 76 ff. zu § 13 WZG. Die Erteilung einer Lizenz an einem Warenzeichen „ist in den Grenzen rechtswirksam, die durch den Zweck des Zeichenschutzes gezogen sind, und nur insoweit, als dadurch nicht eine Täuschung des Publikums über die Herkunft der Ware herbeigeführt wird": RG. **100** 25; vgl. auch RG. in MuW. **20** 58 und RG. **99** 92. Gegen den Standpunkt des RG. Salinger in JW. **1921** 1503. Über die Ansprüche des Lizenznehmers siehe § 16 Note 61.

Note 60. Liegt eine Täuschung des Verkehrs oder eine Ausnutzung fremder Arbeitsergebnisse vor, dann kann der Betroffene den Gebrauch des Warenzeichens auch dann verhindern, wenn ihm die Rechte aus § 9 Abs. 1 Nr. 3 WZG. nicht zustehen (RG. **55** 35; RG. in MuW. **12** 654, **20** 105). Der Zweck, den Geschäftsbetrieb eines Mitbewerbers durch Eintragung eines Warenzeichens zu stören, ist schon an sich unlauter, sofern der eigene Gewerbebetrieb nicht unmittelbar gefördert werden soll (S. 28). Ist die Eintragung zwar noch nicht vorgenommen, aber schon beantragt worden, dann kann der Betroffene auf Feststellung der Nichtberechtigung des Begehrens klagen (RG. in MuW. **20** 105, 106; einzelne Fälle rechtswidriger Warenbezeichnung siehe RG. in MuW. **11** 202, **13** 201; RG. in GewRschutz **1911** 27; über anklingende Kampfzeichen siehe OLG. Düsseldorf in MuW. **12** 259). Näheres Note 44 ff., 51.

Note 61. Die mündliche Verletzung des Warenzeichenrechts ist auf Grund des WZG. nicht verfolgbar. Der § 12 WZG. umfaßt nur den Schutz der mit dem Warenzeichen „versehenen" Waren bzw. deren Verpackung oder Umhüllung, sowie des auf Ankündigungen, Preislisten, Geschäftsbriefen, Empfehlungen, Rechnungen usw. angebrachten Zeichens. Wird eine Ware mündlich zu Unrecht mit einem geschützten Zeichen in Beziehung gebracht, etwa seitens des Verkäufers gegenüber dem Käufer, so sind die §§ 3 und 14, bei Täuschungsabsicht der § 1 WettbG. (§ 826 BGB.) heranzuziehen. Siehe Note 44 ff.

§ 1.

Ist ein Warenzeichen auf einen Erwerber übergegangen (durch Übertragung des Geschäfts mitsamt dem Zeichen), dann sollen gemäß RG. **81** 330 die Ansprüche auf Unterlassung und Löschung nur dann gegeben sein, wenn der Erwerber von einer Täuschungsabsicht geleitet wurde oder wenn er die Fortbenutzung in Täuschungsabsicht vollzieht. Diese Auffassung des RG. ist zu eng: Bedeutet schon das Eingetragensein des Zeichens eine Täuschung des Verkehrs, indem das Publikum glaubt, das Zeichen schütze die bekannte Ware eines anderen, dann darf die noch fortwirkende Täuschung des Verkehrs überhaupt nicht zu eigenem Vorteil benutzt werden. Vgl. Verf. in LZ. **1917** 1169 und Salinger in MuW. **12** 25 Anm. 1; siehe den rechtsähnlichen Fall RG. **73** 294; siehe auch Note 46 über Schwindelfirmen. Note 62.

Über die Feststellung der Verwechslungsfähigkeit siehe § 16 Note 11 ff. Der Gesamteindruck ist maßgebend; dies gilt insbesondere für Kombinationszeichen (RG. **98** 270). Wortzeichen können mit Bildzeichen verwechselt werden: Wenn auch das RG. — zu Unrecht — annimmt, daß Bildzeichen und Wortzeichen in ihren besonderen zeichenrechtlich geschützten Interessenkreis nicht gegenseitig eingreifen, so erkennt es doch neuerdings an, daß beide über die Herkunft einer Ware Verwechslungen hervorzurufen vermögen, so daß also mit beiden unlauterer Wettbewerb getrieben werden kann: RG. **98** 229, wo auch darauf hingewiesen wird, daß „um dieser Verwechslungsmöglichkeit willen Wortzeichen als Defensivzeichen für Bildzeichen eingetragen werden"; vgl. ferner RG. **98** 270. Note 63.

Die zweijährige Sperrfrist für gelöschte Warenzeichen (§ 4 Abs. 2 WZG.) „hat ihren Rechtsgrund in dem hinter jedem Zeichenrechte stehenden Gewerbebetriebe und dem seine freie Betätigung schützenden materiellen Rechte" (RG. **97** 99). Die Sperrfrist bezweckt die Verhütung unlauteren Wettbewerbes: „Die Vorschrift soll im Interesse des ursprünglichen Zeicheninhabers als eine Präventivmaßregel dienen gegen mißbräuchliche Verwendung eines vom formalen Zeichenschutz entkleideten, aber weiterhin noch mit Kennzeichnungskraft versehenen Warenzeichens zu unlauterem Wettbewerbe ... Der Zweck des § 4 Abs. 2 hat aber zur notwendigen Voraussetzung, daß es sich eben um ein Warenzeichen handelt, welches im Verkehr als solches verwandt worden ist und deshalb Kennzeichnungskraft erlangt hat. Denn nur ein solches ist ein taugliches Mittel, zu unlauterem Wettbewerbe verwandt zu werden" (RG. in LZ. **1920** 569). Der Inhaber des eingetragenen Zeichens kann gezwungen werden, auf die Beobachtung der Schutzfrist zu verzichten (RG. in MuW. **14** 217; siehe auch RG. in MuW. **13** 151, **20** 106; vgl. S. 85). Note 64.

Der Anspruch auf Unterlassung richtet sich je nach Sachlage gegen die Zeichenbenutzung schlechthin oder gegen die täuschende Benutzungsart. Unterlassung der Zeichenbenutzung schlechthin kann verlangt werden, wenn schon das Eingetragensein des Zeichens trotz lauterer Benutzung eine Rechtsverletzung bedeutet (RG. **63** 139 für den analogen Fall der Firma). Wenn aber erst die besondere Art der Benutzung des Zeichens die Verwechslungsgefahr bringt, so ist der Unterlassungsanspruch nur hiergegen gegeben (RG. **75** 346; RG. in JW. **1911** 464). Über die Beschränkung des Unterlassungsanspruchs siehe § 16 Note 41. Note 65.

Neben dem Antrage auf Löschung kann Unterlassung des Gebrauchs verlangt werden: „Der Anspruch auf Unterlassung der Warenbezeichnung wird nicht dadurch hinfällig oder in seiner Bedeutung für den Kläger gemindert, daß die Eintragung in der Zeichenrolle des PatA. gelöscht ist. Denn damit wird die Note 66.

§ 1. Warenbezeichnung nur ihres Schutzrechts entkleidet, die Beklagte aber noch nicht an dem Gebrauch und der fortdauernden Beeinträchtigung des Klägers gehindert" (RG. in GewRschutz **1912** 137). So erklärt RG. **93** 292 „die gleichzeitige Anstrengung der Löschungs- und Unterlassungsklage für zulässig". Vgl. S. 16 Note 46.

Note 67. Die Eintragung des Warenzeichens hindert die Klage auf Unterlassung nicht. Es braucht also nicht erst auf Löschung geklagt zu werden. Dies wird vom RG. insoweit anerkannt, als es sich um einen auf den § 1 WettbG. (§ 826 BGB.) gestützten Unterlassungsanspruch handelt. Denn dieser setze sich auch gegenüber einem eingetragenen Warenzeichen durch (RG. in MuW. **11** 202, **12** 472; RG. in JW. **1912** 310; RG. in GewRschutz **1913** 19; RG. **48** 233, **64** 276, **66** 239; vgl. auch OLG. Jena in GewRschutz **1912** 375). Ferner soll nach dem Standpunkt des RG. ein auf zeichenrechtliche Gründe oder auf den § 1004 BGB. gestützter Unterlassungsanspruch in seiner Geltendmachung nicht gehemmt sein, wenn die Unterlassungsklage vor der Eintragung des beeinträchtigenden Zeichens schon erhoben oder wenn sie mit der Löschungsklage verbunden worden ist (RG. in LZ. **1919** 258). Damit ist im praktischen Ergebnis der frühere Standpunkt des RG. aufgegeben worden, wonach der Unterlassungsanspruch so lange gehemmt sei, als das beeinträchtigende Gegenzeichen noch eingetragen ist (RG. in MuW. **10** 30, **11** 201; RG. **53** 434, **64** 273; RGSt. **30** 211). Das RG. hat diesen Standpunkt damit begründet, daß der Unterlassungsanspruch eine Prüfung des Gerichts nötig machen würde, ob die Eintragung nach dem WZG. rechtsbeständig sei. Diese Prüfung habe aber das Gesetz teils dem PatA., teils zwar dem Gericht, aber der besonderen Löschungsklage (§ 9 Abs. 4 WZG.) vorbehalten. Dieser letzteren Auffassung des RG. ist nicht zu folgen. Mit gutem Grunde verweist Salinger (GewRschutz **1912** 272) auf den Umstand, daß der § 9 WZG. dem Inhaber des früher angemeldeten Zeichens zwar das Recht gibt, auf Löschung des späteren Zeichens zu klagen, ihn aber hierzu nicht verpflichtet, wenn er sein besseres Recht im Wege einer Unterlassungsklage geltend machen will (siehe auch Wassermann in MuW. **18** 156).

Note 68. **Der Anspruch auf Löschung** ist gegeben, wenn ein Warenzeichen in unlauterer Weise zur Eintragung gelangt ist, wenn also die Eintragung in der Absicht bewirkt wurde, das Publikum irrezuleiten, es z. B. in den Glauben zu versetzen, das Zeichen schütze eine bekannte und eingeführte Ware. Diese Absicht muß sich im Gebrauch des Zeichens verwirklicht haben (RG. in MuW. **13** 201, **15** 136; vgl. auch RG. **66** 236; RG. in Recht **1911** Nr. 232, **1913** Nr. 894; RG. in JW. **1908** 281). Begründet der Inhalt eines Warenzeichens die Gefahr einer Täuschung, dann kann auch auf Grund des WZG. Löschung verlangt werden (§ 9 Abs. 1 Ziff. 3 WZG.). Hat jemand ein für einen anderen eingetragenes Warenzeichen als Bestandteil in seine Firma aufgenommen, so kann aus § 12 WZG. die Löschung der Firma verlangt werden: Zunächst und unmittelbar dient zwar eine Firma nur der Bezeichnung des Geschäftsbetriebes, mittelbar aber kennzeichnet sie dadurch auch die Herkunft der aus ihm stammenden Waren (RG. **100** 267; § 16 Note 10 über Zusammenstoßen). Näheres, insbesondere über die beschränkte Löschung, siehe § 16 Note 44, 45.

Note 69. **Schadensersatz** wegen Benutzung eines eingetragenen Warenzeichens kann aus § 1 (§ 826 BGB.) zugesprochen werden, auch wenn eine Widerrechtlichkeit des Tuns im Sinne von § 14 WZG. nicht vorliegt (RG. in MuW. **11** 196). Für die Frage des subjektiven Verschuldens ist es nicht entscheidend, ob etwa die Vorprüfung durch das Patentamt eine Verwechslungsfähigkeit der beiden Bezeichnungen verneint hat (RG. in MuW. **11** 202).

§ 1.

VIa. **Die Verletzung der Rechte des Vorbenutzers** durch den Antrag auf Eintragung eines Warenzeichens kann unter den § 1 (§ 826 BGB.) fallen. Diese Handlung ist aus dem WZG. nicht zu verfolgen, vielmehr greifen das WettbG. sowie das BGB. ergänzend ein, wenn die Anmeldung des Zeichens in einer gegenüber dem Vorbenutzer unlauteren Weise erfolgt ist, etwa unter Ausbeutung der von ihm geleisteten Arbeit (Note 49 ff.). Note 70.

VIb. **Defensivzeichen und Defensivwarenverzeichnisse** sind zulässig, soweit sie einem berechtigten Abwehrzwecke dienen. Der Inhaber eines Warenzeichens kann nicht wissen, wie späterhin das PatA. und die Gerichte die Verwechslungsfähigkeit seines Zeichens mit einem anderen, mehr oder weniger ähnlichen Zeichen beurteilen werden. Jedenfalls sind Defensivzeichen so lange unentbehrlich, als die Gerichte sich nicht rückhaltlos der Auffassung von Kohler (Warenzeichenrecht S. 160 ff.) anschließen, wonach das eingetragene Zeichen lediglich eine Ausdrucksform für die Idee des Zeichens ist, so daß es auf den geistigen Gehalt ankommt, nicht auf die Form, woraus sich ergibt, daß der Warenzeichenschutz die Äquivalente umfassen muß. Entsprechendes gilt für Defensivwarenverzeichnisse, soweit sie zur Zeichenrolle Waren anmelden, die mit denjenigen Waren, für die das eingetragene Zeichen bestimmt ist, eine — wenn auch nur entfernte — Verwandtschaft haben. Defensivzeichen und Defensivwarenverzeichnisse sind nur insoweit unzulässig, als sie eine unlautere Beschränkung fremder Gewerbetätigkeit bezwecken und herbeiführen. Gemäß RG. **69** 380 soll es genügen, daß das Defensivzeichen „zum besseren Schutze des Hauptzeichens wenn auch nicht erforderlich, so doch jedenfalls förderlich ist". Insbesondere kann die Unzulässigkeit eines Defensivzeichens nicht etwa daraus hergeleitet werden, daß es objektiv mit dem Hauptzeichen nicht verwechselt werden könne. Denn der Streit über die Verwechslungsfähigkeit soll ja gerade verhindert werden (Salinger in GewRschutz **1916** 102). OLG. Hamburg in MuW. **14** 188 mißversteht das Wesen der Defensivzeichen, wenn es die Frage ihrer Zulässigkeit darauf abstellt, ob Verwechslungen möglich sind. Man braucht nur die Rechtsprechung zu verfolgen, um zu erkennen, daß Bezeichnungen, die von der einen Instanz so beurteilt wurden, daß sie überhaupt nicht verwechselbar seien, von der anderen Instanz für hochgradig verwechselbar gehalten wurden (siehe z. B. RG. in JW. **1915** 579 über den Fall „Nixofix"). Die hier befürwortete weitreichende Zulassung von Defensivzeichen und Defensivwarenverzeichnissen steht nicht im Widerspruch mit dem neueren Standpunkt des RG., insbesondere RG. **101** 373, wonach der Warenzeichenschutz sich nicht auf solche Zeichen erstreckt, die nach der Absicht des Anmeldenden gar nicht dazu bestimmt sind, für einen in angemessener Zeit zu eröffnenden Geschäftsbetrieb zu dienen. RG. **101** 373 legt dar: Wie ein Warenzeichen unter Umständen als Vorratszeichen angemeldet werden kann, so darf es auch für einen bestimmten Geschäftsbetrieb und für bestimmte ihm zugehörige Waren vorsorglich angemeldet werden. „Immer aber muß sich diese Anmeldung nach den Bedürfnissen des Verkehrs nur als vorsorgliche erweisen und sonach vor allem schon bei der Anmeldung die Absicht vorliegen, die aufgeführten Waren tatsächlich zu führen, und es muß weiter auch die Verwirklichung dieser Absicht in angemessener Zeit erfolgen." Vgl. Note 63. Note 71

Die unlautere Beschränkung fremder Gewerbetätigkeit durch Defensivzeichen oder Defensivwarenverzeichnisse **verstößt gegen den § 1 WettbG. (§ 826 BGB.). Unlauter ist es insbesondere, wenn durch die Defensivzeichen nicht so sehr der Schutzbezirk des Hauptzeichens gesichert, als vielmehr eine unzulässige Monopolstellung auf Kosten der Freiheit des Verkehrs** Note 72.

§ 1. geschaffen werden soll. Hier kommt es also auf die Absicht des Anmelders der Defensivzeichen an. Entsprechendes gilt für die Defensivwarenverzeichnisse. Gegen die schikanöse Eintragung von Defensivzeichen bzw. gegen schikanöse Defensivwarenverzeichnisse ist der § 226 BGB. heranzuziehen (Salinger in GewRSchutz **1916** 102). Im übrigen gilt auch für Defensivzeichen und Defensivwarenverzeichnisse der allgemeine Grundsatz, daß der Zweck, den geschäftlichen Betrieb eines Mitbewerbers zu stören, schon an sich unlauter ist, sofern der eigene Gewerbebetrieb nicht unmittelbar gefördert werden soll (S. 28). Vgl. Note 58.

Note 73. Dem Motivschutz dienende Defensivzeichen haben sich als besonders notwendig erwiesen angesichts des Bestrebens mancher Gerichte, dem Nachahmer die Benutzung eingeführter Motive zu erlauben, anstatt umgekehrt dem Vorberechtigten seinen Besitzstand zu wahren. „Wenn gerade das Motiv (eines Warenzeichens) sich der Erinnerung des Beschauers einprägt, ist anzunehmen, daß jede andere Darstellung desselben Motivs ohne weiteres Verwechslungen hervorruft" (OLG. Celle in ZIndR. **1914** 47; ebenso RG. in ZIndR. **1915** 58). Das RG. steht zwar grundsätzlich auf demselben Standpunkt, erklärt z. B. in GewRSchutz **1912** 70, daß unter Umständen das Motiv eines Warenzeichens „schlechthin das Charakteristische bildet", und daß es dann auf die Darstellungsform nicht ankommt, vielmehr jedes dasselbe Motiv enthaltende Zeichen verwechslungsfähig erscheint. Das RG. läßt aber (a. a. O. S. 71) zu, daß ein anderer das ein charakteristisches Motiv enthaltende Warenzeichen unter „Hinzufügung weiterer Elemente" zu einem „Gesamtwarenzeichen" umgestaltet und für sich eintragen läßt. In dem betr. Falle waren für eine Firma, die Tabakwaren führt, seit längerer Zeit Hasenbilder und das Wort „Haase" (der Familienname des Inhabers) als Warenzeichen eingetragen. Die Beklagte hat sich später ein Hasenbild für ihre Tabakwaren (!) eintragen lassen, das drei Hasen auf einem Brückenbogen sitzend darstellt. Das LG. Hamburg hat die Beklagte zur Löschungsbewilligung verurteilt; das OLG. Hamburg aber hat die Klage abgewiesen: Die drei Hasen auf einem Brückenbogen seien etwas von allen Darstellungen in dem Warenzeichen der Klägerin durchaus Abweichendes; das Zeichen der Beklagten sei in seiner Gestaltung so eigenartig, daß es sich jedem Beschauer als „etwas von gewöhnlichen Hasenbildern Verschiedenes" darstelle (!). Dieses Urteil ist vom RG. bestätigt worden: „Die Hinzufügung weiterer Elemente kann den Charakter des Zeichens derart verändern", daß es „als ein Kombinationszeichen aufgefaßt werden darf, bei dem zwar das (dem Vorberechtigten geschützte) Motiv ein hervortretendes Element bleibt, sich aber doch mit den anderen gleichwertigen Elementen verbindet". Wenn alsdann „der Gesamteindruck nicht mehr zu Verwechslungen geeignet" ist, soll das Kombinationszeichen nicht beanstandet werden können. Hier gibt das RG. für einen im Wirtschaftsleben typischen, nach Beweggrund und Zweck denkbar eindeutigen Vorgang eine theoretische Konstruktion, die im Ergebnis einen ausreichenden Rechtsschutz vereitelt. Daß derjenige, der ein im Verkehr gut eingeführtes fremdes Motivzeichen sich dienstbar machen will, „weitere Elemente" hinzufügt, ist selbstverständlich und stets leicht ausführbar. Aber welche Veranlassung könnte wohl dafür gegeben sein, zu gestatten, daß jemand ein Motiv, das „schlechthin das Charakteristische" eines fremden Warenzeichens bildet, durch „Hinzufügung weiterer Elemente verändert" und dann „das Gesamtwarenzeichen" für sich eintragen läßt? Es besteht ein unerschöpflicher Überfluß an Motiven! Wenn die Klägerin ein Hasenbild zur Kennzeichnung der von ihr vertriebenen Tabakwaren gewählt hat, so bedeutet das nicht im entferntesten eine Beschränkung des Verkehrs. Hiervon kann nur dann die Rede sein, wenn ein Zeichen für die fragliche Warengattung eine erläuternde Funktion hat, naheliegt oder gebräuchlich ist (Verf. in MuW. **18** 94). Zwischen einem Hasenbilde und Tabakwaren ist ein gedanklicher Zusammenhang bisher noch nicht entdeckt worden. Wenn der Beklagte als Mitbewerber der Klägerin gerade ein Hasenbild „als Element" seines Zeichens gewählt hat, so kann über Beweggrund und Zweck ein Zweifel nicht obwalten. Die vom RG. gegebene rechtliche Konstruktion des „Gesamtwarenzeichens" muß im geschäftlichen Verkehr als Anreiz wirken, die gut eingeführten Motive des Mitbewerbers sich anzueignen und die Unterscheidungskraft bekannter Marken allmählich zu vernichten. Indem das RG. solchem Bestreben die Bescheinigung der Ordnungsmäßigkeit gibt, schützt es unberechtigte Interessen ohne erkennbaren Sinn, während es den wohlerworbenen Besitzstand unter Verkennung der Verkehrstatsachen bedrängt. Das gleiche gilt für die — vom RG. unrichtig entschiedenen — Fälle RG. in MuW. **17** 109 und **18** 29. In letzterem Falle läßt das RG. zu, daß ein Erdkugelzeichen — in bedeutungsloser Abänderung — für Schmirgelwaren übernommen wird, nachdem es vor 31 Jahren vom Mitbewerber für Schmirgelwaren (!) eingeführt wurde! Die Begründung, der Globus sei ein „schwaches Zeichen", geht fehl, denn es ist belanglos, ob für a n d e r e Warengattungen „das Bild eines Globus ein beliebtes Warenzeichenmotiv ist" (so zutreffend RG. in MuW. **16** 110 (!) unter Berufung auf einen Beschluß des PatA. vom 8. Juli 1913). Es kommt also darauf an, ob das Motiv f ü r d i e i n F r a g e s t e h e n d e W a r e n g a t t u n g „so häufig Verwendung gefunden hat, daß es von seiner Schutzfähigkeit etwas eingebüßt hat" (RG. in MuW. **16** 110). — Aber auch abgesehen von der Frage des „Gesamtwarenzeichens" gewährt das RG. keinen ausreichenden Motivschutz. Als Beispiel diene der Fall Singer Co.: Wenn die Nähmaschinen A. G. Singer Co. eine von einem Antiqua-S umschlossene, an einer Nähmaschine sitzende Frauenfigur sich hat eintragen lassen, so muß als Schutzbezirk dieses Zeichens angesehen werden die Verbindung der an einer Nähmaschine sitzenden Frauenfigur mit i r g e n d einem sie umschließenden Buchstaben. Hier ist also nicht etwa der Buchstabe oder die Näherin in der Vereinzelung geschützt, sondern die Verbindung als solche. Nicht im entferntesten wird der Verkehr oder werden die Mitbewerber dadurch beschränkt, daß diese V e r b i n d u n g Monopol der Firma Singer Co. bleibt. So hat das PatA. letzterer als Defensivzeichen a n d e r e Antiquabuchstaben in Verbindung mit der Frauenfigur eingetragen. Ferner hat das PatA. den Mitbewerbern der Singer Co. die Eintragung eines anderen Antiquabuchstabens, der die an einer Nähmaschine sitzende Frauenfigur umschließt, verweigert. Dieser Standpunkt ist zu billigen: Die Mitbewerber mögen sich ein sonstiges Motiv suchen, anstatt sich an das bestehende, im Verkehr auf eine bestimmte Betriebsstätte bezogene heranzudrängen. Wird der Bezirk des dem Motivschutz dienenden Zeichens zu eng ausgelegt, dann ist der Zeicheninhaber auf Defensivzeichen geradezu angewiesen, und die Rechtsprechung gerät auf einen verhängnisvollen Zirkel, wenn sie solche Defensivzeichen als unzulässig behandelt. Die von der Singer Co. angemeldeten Defensivzeichen waren nicht nur „zum besseren Schutze des Hauptzeichens förderlich", sondern sogar — ex post facto apparuit — „erforderlich" (RG. **69** 379). Gleichwohl erklärt — ohne Bezugnahme auf dieses schroff entgegenstehende Urteil — RG. in JW. **1915** 246: Es verstößt gegen die guten Sitten, wenn die Beklagte (Singer Co.) sich die von der Meinung der Gerichte abweichende Auffassung des PatA. zunutze macht und wenn sie durch Erwirkung von solchen Defensivzeichen, die sie gar nicht benutzen will, den Mitbewerbern die Verwendung der Kombination einer Maschinennäherin mit einem großen lateinischen Buchstaben unmöglich zu machen und damit die Mitbewerber in der erlaubten freien Ausübung ihres Gewerbebetriebes zu schmälern bestrebt ist. — Man muß fragen: Welches Recht haben die Mitbewerber auf jene Kombination? Man muß ferner fragen: Kann es irgendwie „den in den Kreisen gerecht und billig denkender

§ 1. Fabrikanten herrschenden Anschauungen" widersprechen, wenn der vorberechtigte Zeicheninhaber, der große Kosten und Mühen auf die Einführung seines Zeichens verwandt hat, sich, gestützt auf die grundlegende Entscheidung des höchsten Gerichtshofs RG. **69** 379, gegen Nachahmer wehrt, die unter Verwirrung des Verkehrs den für ihn wertvollen Motivschutz hinfällig zu machen suchen? Man muß schließlich fragen: Kann es einer Partei als Sittenwidrigkeit ausgelegt werden, daß sie sich nicht genügend bewahrt hat vor derjenigen Auffassung, die sich im Standpunkt der zuständigen Reichsbehörde, des PatA., ausprägt? Wenn es mit Unterstützung des RG. den Mitbewerbern gelungen ist, den Motivschutz und damit die Kennzeichnungskraft des Singerschen Zeichens zu zerstören, dann wird Singer sich ein neues Zeichen suchen müssen. Und wenn das neue Zeichen nach Aufwendung weiterer Kosten und Mühen schließlich Kennzeichnungskraft erlangt haben wird, dann ist zu erwarten, daß die Mitbewerber auch gegen dieses Zeichen anstürmen werden (vgl. Verf. in LZ. **1915** 965; Dunkhase in MuW. **14** 286; Salinger in GewRSchutz **1916** 99). Der Standpunkt des RG. fördert eine Täuschung des Verkehrs, anstatt umgekehrt mit Schärfe die größtmögliche Unterscheidungskraft der Warenzeichen zu gewährleisten. In RG. **87** 90 erklärt das RG., es sei „der Wille des Gesetzes, daß niemand ein Warenzeichen gänzlich für sich mit Beschlag belegen darf". Dieser Satz fordert den schärfsten Widerspruch heraus; denn das Gegenteil ist zutreffend und in RG. **69** 379 ausführlich dargelegt (Verf. in GewRSchutz **1919** 61). Dem Urteil RG. **69** 379 liegt der richtige Gedanke zugrunde, daß die Rechtsprechung in Berücksichtigung des Verkehrsbedürfnisses dem Zeicheninhaber helfen muß (!) in seinem Bestreben, „sein Warenzeichen gänzlich für sich mit Beschlag zu belegen". In RG. **87** 90 wird — entgegen dem Standpunkt beider Vorinstanzen — gebilligt, daß das Warenzeichen „Hawaka", das die Klägerin für „Massenkonsumartikel", insbesondere für Kaffee und Kakao benutzt und auch für Tee hat eintragen lassen, von der Beklagten in Form von „Ha-Ka-Wan" für Tee zur Eintragung gebracht wurde! Wohin das wirtschaftliche Bedürfnis weist, zeigt der Umstand, daß fast jedes wertvolle Zeichen durch Defensivzeichen gestützt ist. Der Anmelder des Zeichens „Ha-Ka-Wan" konnte sich irgendeine andere Phantasiebezeichnung eintragen lassen. Zutreffend hat ihm das OLG. Kiel (MuW. **14** 157) entgegengehalten, sein Zeichen sei „nur dazu bestimmt, mit dem Zeichen der Klägerin verwechselt zu werden"; der anständige Geschäftsmann vermeide es, das Warenzeichen, das als Zeichen einer anderen Firma sich eingebürgert hat, für verwandte Warengattungen zu benutzen.

Note 74. VII. **Die Verletzung des Rechts an einer Warenausstattung.**

Schon die objektiv widerrechtliche Verletzung des Rechts an einer im Verkehr anerkannten Warenausstattung läßt den Unterlassungsanspruch gegen den Verletzer entstehen. Indem das WZG. im § 15 derjenigen Ausstattung, die „innerhalb beteiligter Verkehrskreise als Kennzeichen gleichartiger Waren eines anderen gilt", Schutz gewährt, hat es ein Recht an der Ausstattung — als der charakterisierenden äußeren Zutat zu einer Ware — geschaffen: Vgl. Kohler, Warenzeichenrecht 175; Ephraim in UW. **5** 55; Salinger in MuW. **12** 23; Finger in MuW. **18** 90. Die gegenteilige Meinung stützt sich auf RG. **47** 101, **73** 255, **85** 34, wonach nur „ein gegen gewisse Eingriffe geschützter tatsächlicher Zustand" vorliegt. Diese Auffassung des RG. ist von Salinger a. a. O. mit guten Gründen bekämpft worden. Das RG. befinde sich mit den Anschauungen des Geschäftsverkehrs im Widerspruch; auch sei durch obige Urteile eine vom Gesetz nicht gewollte Belastung der Zeichenrolle mit Ausstattungsornamenten veranlaßt worden. Entscheidend spricht der folgende Gesichtspunkt gegen die Auffassung des RG.: Gemäß § 16 WettbG. bringt schon die objektiv widerrechtliche Verletzung des Rechtes am „Geschäftsabzeichen, das innerhalb beteiligter Verkehrskreise als Kennzeichen des Erwerbsgeschäfts gilt", den Unterlassungsanspruch zur Entstehung. Als Beispiel von Geschäftsabzeichen nennt die Begründung zum Entwurf des WettbG. von 1909 u. a. „die Ausstattung der Schaufenster" und „die Ausstattung der Geschäftswagen und sonstiger Wirtschaftsgegenstände". Wollte man annehmen, daß die objektiv widerrechtliche Verletzung des Rechts an der — wirtschaftlich weitaus wichtigeren und schutzbedürftigeren — Warenausstattung überhaupt keine Rechtsfolgen auszulösen vermag, daß vielmehr Täuschungsabsicht vorhanden sein muß, so läge darin ein beispielloser gesetzgeberischer Widersinn. (Der Hinweis in § 16 Abs. 3 Satz 2 berührt hier nicht). Sowohl für den Rechtsschutz der Geschäftsabzeichen, als auch für denjenigen der Warenausstattung fordert das Gesetz (§ 16 Abs. 3 Satz 1 WettbG. und § 15 WZG.) als Voraussetzung die Anerkennung innerhalb beteiligter Verkehrskreise. Diese Anerkennung ersetzt die für Warenzeichen vorgesehene Eintragung in ein öffentliches Register. Treffend betont Salinger (a. a. O. S. 24), daß die Anerkennung einer Ausstattung durch die beteiligten Verkehrskreise höher zu werten ist als die Registereintragung: Jene Anerkennung ist schon die wirkliche Publizität, während die Eintragung in die Zeichenrolle oft nur eine Fiktion der Publizität bedeutet. „An Wert steht daher der durch den § 15 WZG. geschützten Ausstattung nur dasjenige Warenzeichen gleich, das bereits im Verkehr zu einer Herkunftsbezeichnung geworden ist." Für die Frage des Rechtsschutzes kann also die Eintragung nicht entscheidend sein, wie ja auch der § 16 WettbG. die eingetragene Firma nicht stärker schützt als die nicht eingetragene Firma, den Namen und die Etablissementsbezeichnung. Allerdings liegt in fast allen Fällen der Verletzung des fremden Ausstattungsrechts Täuschungsabsicht vor: Denn da ein Recht an der Ausstattung nur entsteht, wenn sie „innerhalb beteiligter Verkehrskreise" Kennzeichnungskraft besitzt, so hat der Verletzer, der regelmäßig diesen Verkehrskreisen angehört, die Nachahmung in Kenntnis der Vorberechtigung des anderen, also in Täuschungsabsicht begangen, so daß auch die §§ 1 WettbG., 826 BGB. anwendbar sind. Vgl. Note 28 und Note 55. § 1.

Eigenartigkeit oder Neuheit der Ausstattung sind nicht Voraussetzung des Rechtsschutzes. Solche Eigenschaften gewinnen nur insoweit Bedeutung, als sie die Erlangung der Kennzeichnungskraft beschleunigen (RG. in MuW. **16** 245). Im Regelfall wird die Kennzeichnungskraft nur dann vorliegen, wenn die zu schützende Ausstattung längere Zeit hindurch benutzt wurde. Allerdings ist es denkbar, „daß eine Ausstattung sofort bei ihrem ersten Erscheinen oder doch sehr bald darauf Kennzeichnungskraft gewinnt" (RG. **77** 432). Steht eine Ausstattung im allgemeinen Gebrauch, dann kann sie keinesfalls Kennzeichnungskraft für einen bestimmten Betrieb erlangen (RG. **71** 386). Note 75.

Mit Erlöschen der Kennzeichnungskraft hört der Ausstattungsschutz selbst dann auf, wenn die Kennzeichnungskraft dadurch verlorengegangen ist, daß Mitbewerber des Vorberechtigten eine verwechslungsfähige Ausstattung mißbräuchlich benutzt haben (RG. **79** 293). Der Vorberechtigte muß sich also rechtzeitig wehren: Nicht nur muß er durch fortgesetzte Verwendung dafür sorgen, daß seine Ausstattung nicht in Vergessenheit gerät, sondern er „muß sich auch ihre Verteidigung angelegen sein lassen und ihrem Mißbrauche mit Nachdruck entgegentreten. Tut er das nicht, läßt er vielmehr lange Zeit hindurch eine Anzahl von Mitbewerbern die Ausstattung ungehindert benutzen, so daß sie ihre Eigenschaft als besonderes Kennzeichen einbüßt, so hat er den Verlust des Ausstattungsschutzes seiner eigenen Note 76.

§ 1. Nachlässigkeit zuzuschreiben". „Allerdings ist, um unlauteren Machenschaften nach Möglichkeit entgegenzutreten, ein strenger Maßstab anzulegen an die Beweisführung, ob eine Ausstattung, die erwiesenermaßen einmal Sonderbesitz gewesen ist, ihre tatsächliche Geltung als solche verloren hat" (RG. **79** 295). Maßgebend ist die Auffassung der beteiligten Verkehrskreise (RG. **77** 433).

Note 77. VIIa. **Die verwechslungsfähige Nachahmung** einer fremden Ausstattung (Verpackung) verstößt bei Täuschungsabsicht (Note 28) gegen den § 1 WettbG. (§ 820 BGB.), auch wenn die Ausstattung noch keine Kennzeichnungskraft erlangt hat, so daß ein Recht an der Ausstattung (Note 74) noch nicht entstanden ist: Auch eine Ausstattung, die noch nicht „innerhalb beteiligter Verkehrskreise als Kennzeichen gleichartiger Waren eines anderen gilt" (§ 15 WZG.), ist — bei Täuschungsabsicht des Verletzers — zu schützen. Siehe RG. in MuW. **13** 25, wonach es schlechthin gegen die guten Sitten verstößt, seine Ware gerade in der besonderen, charakteristischen Form herauszubringen, die bislang vom Mitbewerber benutzt worden ist. So erklärt RG. in MuW. **14** 180: „Der § 1 WettbG. kann sehr wohl auch Platz greifen, wo die Ausstattung jemandes die allgemeine Anerkennung innerhalb des beteiligten Publikums noch nicht gefunden hat. Auch Ausstattungen, die erst eingeführt werden sollen und die dazu bestimmt sind, sich als Kennzeichen einer bestimmten Ware eines bestimmten anderen zu entwickeln, sind den Angriffen unlauterer Wettbewerber ausgesetzt, und es ist daher auch bezüglich ihrer dem Verletzten der allgemeine Schutz zu gewähren, den gerade der § 1 WettbG. zum Schutze des ungestörten Gewerbebetriebes gegen jeden unlauteren Wettbewerb geben will." — Auch das „Nachempfinden" einer fremden Ausstattung kann als Verstoß gegen die guten Sitten in Betracht kommen. Es gelten hier die Grundsätze über die unlautere Ausnutzung fremder Arbeiten oder Gedanken (Note 52 ff.; Lobe in MuW. **16** 131).

Note 78. Die Verwechslungsgefahr wird nicht ohne weiteres dadurch beseitigt, daß der Nachahmer augenfällige Unterscheidungsmerkmale angebracht hat. Vielmehr ist entscheidend, ob durch die Ähnlichkeit des Gesamteindrucks der beiden Ausstattungen Verwechslungen ermöglicht werden. Es ist zu beachten, daß das Publikum die beiden Ausstattungen nicht nebeneinander hält und vergleicht, sondern daß es auf sein — erfahrungsgemäß recht schwaches — Erinnerungsbild angewiesen ist (siehe Näheres § 16 Note 11; die dort für die Feststellung der Verwechslungsgefahr dargelegten Grundsätze gelten auch hier, so daß stets das subjektive Verhalten, insbesondere die Unterscheidungsbemühungen des Nachberechtigten zu berücksichtigen sind). Den freien Gebrauch von Einzelheiten einer fremden Ausstattung so, daß sie für die Gesamterscheinung nicht von Bedeutung sind, erklärt das RG. für grundsätzlich erlaubt; desgleichen das Streben, dem Publikum die begehrte Ware in der gewohnten Form (!) darzubieten (RG. in LZ. **1911** 386; RG. in MuW. **16** 245). Jeder könne „Anregungen zur Ausstattung seiner Ware entnehmen, woher sie sich ihm bieten", nur dürfe die Verwertung der Anregung „keinen unerlaubten Erfolg herbeiführen" (RG. in MuW. **12** 94). Die in diesen Entscheidungen erteilte höchstrichterliche Ermächtigung ist nicht unbedenklich; denn sie wirkt im geschäftlichen Verkehr als Anreiz zu einer — mehr oder weniger vorsichtigen — Nachahmung eingeführter Ausstattungen. Es besteht eine unerschöpfliche Fülle an Motiven und Formen für die Ausstattung von Waren.

Note 79. VIIb. **Die Eintragung einer fremden Ausstattung,** soweit sie Warenzeichencharakter hat, als Warenzeichen bewirkt nicht, wie das RG. früher annahm, daß der Warenzeichenschutz den Vorrang erhält vor dem Ausstattungsschutz. Die im Verkehr anerkannte Ausstattung setzt sich einem später eingetragenen Warenzeichen gegenüber auch dann durch, wenn letzteres nicht in unlauterer Weise zur Eintragung gebracht worden ist oder benutzt wird. Derjenige, der die Ausstattung oder einen wesentlichen Teil derselben als Warenzeichen sich hat eintragen lassen, kann auf Löschung und Unterlassung des Gebrauchs schon auf Grund der objektiven Rechtswidrigkeit in Anspruch genommen werden (Note 74; Kohler, Warenzeichenrecht 175; Salinger in GewRschutz **1913** 343). Für die Priorität entscheidet der Zeitpunkt, in dem die Ausstattung Anerkennung innerhalb beteiligter Verkehrskreise gefunden hat. Unhaltbar sind die früheren — von Salinger in MuW. **12** 23 bekämpften — Urteile des RG., wonach eine Ausstattung auf Grund des § 15 WZG. nur so lange geschützt wird, als sie nicht für einen anderen als Warenzeichen eingetragen worden ist. RGSt. **49** 242 rückt von jener früheren Rechtsprechung ab: Der Grundsatz, wonach das eingetragene Warenzeichen nicht „zum Zwecke unlauteren Wettbewerbes mißbraucht werden" darf, müsse auch zugunsten des Ausstattungsberechtigten angewandt werden. Damit hat das RG. den unerträglichen Rechtszustand beseitigt, gemäß welchem (vgl. z. B. RG. in JW. **1900** 302) jemand wegen täuschender Benutzung einer fremden Ausstattung nur so lange strafbar (und schadensersatzpflichtig) war, als er nicht die Eintragung der fremden Ausstattung als Warenzeichen — in sittenwidriger Weise — erlangt hat; von diesem Zeitpunkt an war er nicht nur straffrei, sondern auch allein zur Führung der fragl. Bezeichnung berechtigt! Wenigstens hat nunmehr RGSt. **49** 242 — unter Berufung auf Lobe in der Festschrift für Binding II 185 — anerkannt, daß „die Anwendung der einschlagenden Bestimmungen des WettbG. durch die Vorschriften des WZG. nicht ausgeschlossen wird" (siehe Note 59), wonach ein im Widerspruch mit dem WettbG. eingetragenes Warenzeichen überhaupt nicht schutzfähig ist). So hat schon RG. **66** 236 die Benutzung eines Warenzeichens als sittenwidrig verboten, weil die Anmeldung in der Absicht vorgenommen wurde, Verwechslungen mit einer fremden Warenausstattung herbeizuführen; die Bestimmungen des WZG. ständen der Anwendung des § 826 BGB. ebensowenig entgegen wie der Anwendung des Schikaneverbots des § 226 BGB. (Zur Bekämpfung der früheren Rechtsprechung des RG. siehe auch Wirth in GewRschutz **1910** 320 und Verf. in GewRschutz **1910** 172.) Der auf Grund des Ausstattungsrechts erhobene Unterlassungsanspruch wird durch die Eintragung des beeinträchtigenden Warenzeichens nicht beschränkt; es braucht also nicht erst auf Löschung geklagt zu werden (Note 67).

Note 80. VIIc. Gegen den **sonstigen Mißbrauch einer fremden Ausstattung,** insbesondere gegen eine planmäßige willkürliche Veränderung, sind ebenfalls die §§ 1 WettbG., 826 BGB. heranzuziehen. Eine bestimmte, sich stets gleichbleibende Art der Ausstattung ist namentlich für Markenartikel üblich, um den Abnehmern die Ware schon äußerlich kenntlich zu machen. Der Fabrikant hat gerade bei Markenartikeln ein Interesse daran, die Gleichmäßigkeit seiner Ware durch die Gleichmäßigkeit ihrer Ausstattung kenntlich zu machen und damit die Einführung beim Publikum zu erleichtern bzw. zu erhalten. Dieses berechtigte Bestreben des Fabrikanten darf nicht von einem Zwischenhändler damit durchkreuzt werden, daß er die Ausstattung der von ihm vertriebenen Ware willkürlich — etwa durch Überklebung — verändert. Führt er die Ware des betr. Fabrikanten (wozu er nicht verpflichtet ist), so muß er die Ausstattung unverändert bestehen lassen. Hierbei ist es belanglos, daß er zugleich mit der Ware auch das Eigentum an der Verpackung erwirbt und frei verfügen kann. Wie er den Markenartikel selbst in seiner Qualität nicht verändern darf, so muß er auch die Verpackung bestehen lassen. Dies ergibt sich unter Umständen schon aus den Urheberrechtsgesetzen. Auch kann eine willkürliche Veränderung oder Vernichtung der Verpackung als Schikane anzusehen sein. Die planmäßige Durchkreuzung der vom

§ 1. Fabrikanten mit der Verpackung verfolgten geschäftlichen Ziele kann — abgesehen von obigen Gesichtspunkten — gegen die guten Sitten verstoßen. Das gleiche gilt, wenn der Händler die dem Markenartikel innerhalb der Verpackung beigefügten Reklamepapiere oder die Gebrauchsanweisung planmäßig entfernt. Ob es dem Händler gestattet ist, in die Verpackung der von ihm vertriebenen Markenartikel Reklamepapiere über andere Waren einzulegen, ist von Fall zu Fall zu entscheiden. Würde z. B. der Händler, etwa auf Veranlassung eines anderen Fabrikanten, Reklamepapiere über dessen Konkurrenzerzeugnis planmäßig einlegen, so würde ein solches Verfahren den § 1 WettbG. verletzen: Hier liegt eine unlautere Ausnutzung des vom Mitbewerber unter Mühen und Kosten erzielten Arbeitsergebnisses vor (Note 49 ff.; vgl. Elster in MuW. **18** 23, ferner Küstner in Ztschr. f. Handelswiss. u. Handelspraxis **1917** Heft 9; Finger in MuW. **18** 90). Als erlaubt ist es anzusehen, daß der Händler in die Verpackung ein Reklamepapier einlegt, in der eine mit der betr. Ware nicht konkurrierende andere Ware angepriesen wird, sofern die Verpackung nicht verletzt und die Beachtung der in ihr enthaltenen originalen Reklamepapiere nicht wesentlich beeinträchtigt wird.

Note 81. VIII. **Die täuschende Reklame,** d. i. die bewußtermaßen auf Täuschung abzielende Anpreisung von Waren oder gewerblichen Leistungen, fällt unter den § 1 (§ 826 BGB.), so daß man auf die Sonderbestimmung des § 3 WettbG. nur bei bloß objektiver Unrichtigkeit der Reklame zurückzugreifen braucht.

Note 82. Wenn ohne vorhergegangene Ankündigung der Käufer getäuscht wird, nämlich beim Verkauf selbst, so ist der § 1 (§ 826 BGB.) verletzt. (Siehe § 14 Note 9 über Handlungen als Behauptungen.) Vgl. den Fall HansGZ. Hptbl. **1902** 311: Jemand verlangt in einem Geschäft eine bestimmte Marke Margarine; der Verkäufer gibt ohne Aufklärung eine andere Marke. Vgl. ferner RG. in MuW. **8** 212: hier steht das RG. grundsätzlich auf dem obigen Standpunkt, verweist aber auf die tatsächliche Feststellung des Vorderrichters, wonach die geforderte Ware (Palmin) vom Publikum als eine Gattungsbezeichnung aufgefaßt wird, so daß der Beklagte auch eine ähnliche Marke habe geben dürfen. Siehe ferner RG. in PharmZ. **1912** Nr. 63.

Note 83. Auch die Nachahmung einer Bildreklame kommt als Verstoß gegen den § 1 in Betracht: Mit einer verwechslungsfähigen, nachgeahmten Reklame darf ein Konkurrenzerzeugnis nicht angepriesen werden. Es gelten die Grundsätze, die Note 77 hinsichtlich der Nachahmung einer Ausstattung dargelegt worden sind. Vgl. HansOLG. in MuW. **12** 577: „Unlauterer Wettbewerb kann auch in der Weise geschehen, daß jemand die Reklame eines anderen, weil er sie als originell und wirksam erkennt, nachahmt und für seine Ware verwendet in der Absicht, daß das Publikum auf diese Weise getäuscht wird und beide Erzeugnisse verwechselt. Denn das Publikum sieht derartige Reklamebilder nur oberflächlich an, so daß es mehr das Bild der Reklame als den Namen der angepriesenen Ware sich einprägt. So kann es vorkommen, daß die Früchte einer wirksamen und kostspieligen Reklame von einem anderen geerntet werden, der nunmehr mit demselben — dem Publikum vertraut gewordenen — Reklamebilde seine — andere — Ware anpreist. Wenn dies in der Absicht geschieht, das Publikum zu täuschen, so liegt ein Verstoß gegen den § 1 WettbG. vor."

Note 84. Auch für sonstige Nachbildungen, z. B. von Preislisten, Geschäftsbriefen, Empfehlungen, Rechnungen, Katalogen gilt das Note 77 über die Nachahmung einer Ausstattung Dargelegte. Als Täuschungsmittel kommt insbesondere die gleiche Anordnung und Reihenfolge des Textes in Betracht.

Über die täuschende Verwendung fremder Plakatmotive siehe Note 109.

IX. **Das Abspenstigmachen von Kunden** des Mitbewerbers ist ein an sich erlaubtes Ziel (siehe S. 26 über den Begriff „Wettbewerb"). Doch darf dieses Ziel nur innerhalb der im redlichen Geschäftsverkehr innezuhaltenden Grenzen des Angebots von Waren und gewerblichen Leistungen verfolgt werden. So ist folgende Art des Abspenstigmachens von Kunden als sittenwidrig anzusehen: Ein Gewerbetreibender richtet ein Rundschreiben an die Versicherungsnehmer einer Gesellschaft mit der Aufforderung, unter Benutzung des mitgesandten Briefumschlags ihm die Kündigung des mit der Gesellschaft geschlossenen Vertrages zu übersenden. In diesem Bestreben, dem Mitbewerber eine ganze Gruppe von Kunden abspenstig zu machen und zu sich herüberzuziehen, liegt eine Überschreitung der Grenzen des ordnungsgemäßen Angebots (KG. in OLGRspr. **25** 341; vgl. auch KG. in OLGRspr. **25** 339). Diese Grenzen sind auch in folgendem Falle überschritten: Jemand bietet sich einer Firma als Vertreter an, nur um deren Kundenlisten zu erlangen und dann unter Kündigung des Vertrages selbständig mit diesen Kunden weiterzuarbeiten. RG. **83** 388 hat ein sittenwidriges Abspenstigmachen von Kundschaft darin erblickt, daß jemand in seinem Betriebe ein Musterheft verwendet, das demjenigen des Mitbewerbers nachgebildet ist, insbesondere für die einzelnen Waren dieselben Nummern enthält. Das RG. nimmt an, daß hierdurch der Mitbewerber aus derjenigen Stellung herausgedrängt werden sollte, die er auf Grund langjähriger geschäftlicher Tätigkeit seinen Kunden gegenüber in Ansehung der gleichen Waren eingenommen hat. Über Abspenstigmachen von Kunden durch Benutzung von Ausschnitten aus einem Adreßbuch für ein Konkurrenz-Adreßbuch siehe KG. in MuW. **12** 585. Siehe auch Note 34 ff. Note 85.

X. **Das Abspenstigmachen fremder Angestellten** (die Verleitung zur Vertragslösung) kann gegen den § 1 WettbG. (§ 826 BGB.) verstoßen [und zwar ist ein Verbot nicht nur gegen ferneres Abspenstigmachen zu erlangen, sondern auch gegen die Beschäftigung des in Frage stehenden Angestellten (S. 46)]. Grundsätzlich ist es zulässig, die Angestellten fremder Betriebe zur Lösung ihres Vertragsverhältnisses, also zur ordnungsmäßigen Kündigung, zu verleiten, soweit nicht etwa die hierzu angewendeten Mittel oder der erstrebte Zweck als sittenwidrig sich darstellen. Ein unzulässiges Mittel liegt vor, wenn dem Angestellten irreführende oder stark gehässige Mitteilungen über seinen bisherigen Geschäftsherrn gemacht werden. Ein unzulässiger Zweck liegt darin, daß der Angestellte, der dem Betriebe des neuen Geschäftsherrn gar nicht nützen würde, als eine für den Mitbewerber schwer entbehrliche Kraft diesem entzogen werden soll (S. 28). Im übrigen stempelt der Wettbewerbszweck das in einem Einzelfalle erfolgende Abspenstigmachen nur unter besonderen Umständen zu einem sittenwidrigen, so z. B. wenn ein vertragliches Wettbewerbsverbot besteht oder wenn beabsichtigt wird, durch den Angestellten Geschäftsgeheimnisse zu erfahren. Gegen die guten Sitten verstößt insbesondere das an den fremden Angestellten gerichtete Ersuchen, bis zur Beendigung seines Dienstverhältnisses eine vertragswidrige Auskundschaftung wissenswerter Einzelheiten vorzunehmen (RG. in MuW. **11** 542) oder dem neuen Geschäftsherrn Kunden des Mitbewerbers zu gewinnen (RG. in JW. **06** 198). Die Sittenwidrigkeit liegt hier auch darin, daß der Angestellte veranlaßt wird, sein — noch andauerndes — Dienstverhältnis zu dem bisherigen Geschäftsherrn zu mißbrauchen, dessen Vertrauen zu enttäuschen (RG. in LZ. **1916** 1307; vgl. auch RG. in MuW. **13** 155; Marcus in UW. **4** 11; Cahn in GewRSchutz **1911** 171). Note 86.

Das planmäßige Abspenstigmachen von Angestellten (Arbeitern, Vertretern) eines Mitbewerbers „verstößt gegen den im Volke und besonders in den Kreisen von Handel und Industrie bei allen rechtlich Denkenden herrschenden Begriff von Anstand Note 87.

§ 1. und verletzt daher den § 1 WettbG.": RG. in MuW. **16** 277 unter Billigung der Auffassung des Vorderrichters, daß es sich bei einem systematischen Abspenstigmachen von Angestellten „um ein heimliches, das gegenseitige Vertrauen zwischen dem Geschäftsherrn und seinen Bediensteten untergrabendes, in den Geschäftsbetrieb auf das empfindlichste eingreifendes Tun handelt". Vgl. auch RG. in MuW. **13** 155; KG. in OLGRspr. **30** 268.

Note 88. XI. **Die Verleitung zum Vertragsbruch** ist regelmäßig als sittenwidrig auf Grund der §§ 1 WettbG., 826 BGB. verfolgbar. Die Sittenwidrigkeit des bewußten Hinwirkens zum Vertragsbruch beruht auf gemeinem deutschen Gewohnheitsrecht. Die Anwendung von Heimlichkeit ist nicht entscheidend (Degen in GewRschutz **09** 137; MuW. **8** 239; über die Beteiligung am Vertragsbruch, insbesondere durch Preisschleudern mit Markenartikeln, siehe Note 96). Dem obigen Leitsatze, der schon in den früheren Auflagen hier aufgestellt wurde, hat RG. **81** 91 zugestimmt: „Im Geschäftsverkehr ist das bewußte Hinwirken eines Dritten darauf, daß jemand vertragsbrüchig wird, in der Regel ein sittenwidriges, und nur im einzelnen Falle vermögen die begleitenden Umstände die Sittenwidrigkeit auszuschließen." Damit ist in dankenswertem Eingehen auf die Bedürfnisse von Handel und Industrie einem Satze von großer Tragweite die höchstrichterliche Bestätigung gegeben worden. [Die frühere Rechtsprechung, die (als Voraussetzung der Sittenwidrigkeit der Verleitung zum Vertragsbruch) das „Hinzutreten eines Handelns gegen die guten Sitten" verlangte, ist durch obiges Urteil überholt, insbesondere RG. in Recht **06** Nr. 2502, **09** Nr. 679; MuW. **9** 231; LZ. **1911** 844. Eine ablehnende Haltung nimmt auch jetzt noch der 6. ZS. des RG. ein (LZ. **1914** 77). Er legt dar, der obige Leitsatz des 2. ZS. „passe nicht zum System des BGB.". Wie aber soll das „System des BGB." berührt werden, wenn ein bestimmtes Tun für sittenwidrig erklärt wird?! — Ob das Tun des zum Vertragsbruch Verleiteten sittenwidrig ist, bleibt außer Betracht für die Frage, ob das Tun des Verleitenden den § 1 (§ 826 BGB.) verletzt. Es liegen durchaus verschiedene und selbständige Handlungen vor. Die unlauteren Zwecke bzw. die unlauteren Mittel des Verleitenden stempeln seine Handlung zu einer sittenwidrigen, auch wenn die Handlung des Verleiteten nicht als sittenwidrig sich darstellt (RG. **81** 90).]

Note 89. Die planmäßige Benutzung eines fremden Vertragsbruchs unterliegt der gleichen rechtlichen Behandlung wie die Verleitung zum Vertragsbruch. Die höchstrichterliche Anerkennung dieses Leitsatzes, die vom Verf. an dieser Stelle und in LZ. **1915** 1289 als ein dringendes Verkehrsbedürfnis bezeichnet wurde, ist nunmehr durch RG. **88** 9 erfolgt. Vgl. auch OLG. Kiel in LZ. **1918** 335. Siehe Näheres Note 96 ff.

Note 90. XII. **Preisvereinbarungen** können seitens eines einzelnen oder einer Personenvereinigung mit Abnehmern dahin getroffen werden, daß diese bestimmte Mindestpreise innezuhalten haben. Es ist ferner zulässig, die Abnehmer zu verpflichten, mit ihren Abnehmern zu vereinbaren, daß letztere nicht unter dem festgesetzten Preise verkaufen dürfen (RG. in GewRschutz **1915** 26). Beim Übergang des Geschäfts haftet der Nachfolger für die Erfüllung der von seinem Vorgänger übernommenen Verpflichtung gemäß § 25 HGB. (Recken in GewRschutz **1915** 27). Unzulässig ist die Preisvereinbarung, soweit es sich um eine Beeinträchtigung des Bezuges lebensnotwendiger, schwer zu ersetzender Waren handelt sowie um die Erlangung unangemessener Preise für Waren des allgemeinen und unentbehrlichen Bedarfs. Im übrigen ist es nicht entscheidend, ob etwa ein unverhältnismäßig hoher Preis künstlich aufrechterhalten wird (RG. **56** 277, **63** 399; RG. in MuW. **7** 47; Gruchot **52** 1023; doch siehe über unzulässige Monopolbildungen Note 58). Die Preisvereinbarung gilt nur zwischen den Vertragschließenden: Eine außervertragliche (dingliche) Bindung ist nicht gegeben (RG. **88** 11; RG. in GewRschutz **1910** 86; OLG. Kiel in LZ. **1918** 335; Verf. in LZ. **1915** 1289). Daneben tritt die Haftung für sittenwidriges Preisschleudern (Note 92 ff.) sowie für die Verleitung zum Vertragsbruch oder die planmäßige Benutzung fremden Vertragsbruchs (Note 96 ff.). Auch für den Vertrieb von Werken der Literatur, der bildenden Künste und der Photographie gelten diese Grundsätze. Ein durch Dritte erfolgender Verkauf unter dem vom Verleger festgesetzten Preise kann regelmäßig nicht gehindert werden, insbesondere kann von einer Bestrafung nach Urheberrecht keine Rede sein. Wirkungslos ist also der vielfach sich findende Vermerk in Büchern, demzufolge für den Verkauf ein bestimmter Preis festgesetzt und Zuwiderhandlungen mit Rechtsverfolgung bedroht werden. Das Urheberrecht als solches gewährt nicht die Befugnis, Dritte an bestimmte Mindestpreise oder an Eigentumsbeschränkungen zu binden. (Unrichtig die — vielfach kritiklos abgeschriebenen — Motive zum Urheberrechtsgesetz vom 19. Juni 1901; vgl. RG. **63** 394, **69** 243; RG. in MuW. **6** 14, 26; siehe de lege ferenda Mittelstädt in DJZ. **06** 1128.) § 1.

XIIa. **Submissionskartelle.** Vereinbarungen zwischen Gewerbetreibenden, die sich auf Grund einer Ausschreibung melden und durch ihren Zusammenschluß die Erlangung günstigerer Bedingungen erstreben, müssen, wenn die einzelnen Bewerbungen als selbständige, von den übrigen unabhängige vorgetäuscht werden, als sittenwidrig angesehen werden. Es liegt im Wesen der Ausschreibung, daß alle Bewerber unabhängig voneinander ihr Gebot machen. [So verstößt es gegen die guten Sitten, daß einer der Bewerber sich heimlich Kenntnis vom niedrigsten Gebot verschafft, um dieses dann unterbieten zu können: das an sich erlaubte Preisunterbieten wird hier unsittlich durch das Vorliegen einer Ausschreibung, an der alle unter gleichen Bedingungen teilnehmen sollen.] Meldet sich jemand — wozu er nicht verpflichtet ist — auf eine Ausschreibung hin, so gibt er damit sein Einverständnis kund, den gestellten Bedingungen zu entsprechen. Es ist aber eine conditio, quae tacita inest negotio, daß die Submission eine wirkliche und ernstliche Konkurrenz zwischen den einzelnen Angeboten ermöglicht. Hiernach ist es nicht zu billigen, daß das RG. die Submissionskartelle, insbesondere die sog. Schutzabkommen, als grundsätzlich zulässig behandelt: RG. in JW. **1913** 734, **1914** 976. Nach diesen Entscheidungen sollen Submissionskartelle nur dann sittenwidrig sein, wenn sie darauf gerichtet sind, durch Täuschung des Bestellers auf dessen Kosten unberechtigte Vorteile zu erzielen. Doch erklärt zutreffend RG. in LZ. **1916** 687 und ferner RG. in JW. **1920** 431, daß ein sittenwidriges Abkommen auch dann vorliegen kann, wenn „die berechneten Preise die Grenze der Angemessenheit trotz des — unter den Bewerbern zu verteilenden — Zuschlages nicht überschritten haben". Denn maßgebend sei bei der Beurteilung des Vertrages unter dem Gesichtspunkt der guten Sitten lediglich, „was die Vertragschließenden vereinbart und worauf sie es abgesehen haben". Unerheblich dagegen sei es, ob „die Vereinbarungen zu dem angestrebten zu mißbilligenden Erfolge auch wirklich geführt haben". So hat das RG. (a. a. O.) eine Vereinbarung für unsittlich erklärt, weil eine „auf schädigende Täuschung abzielende Vertragsabsicht" vorliegt. Hiernach soll es also auf die Angemessenheit des erstrebten Preises ankommen. Damit bleibt das RG. auf halbem Wege stehen. Zwar ist die Verbesserung gegen die frühere, weit nachgiebigere Rechtsprechung, die Verf. in LZ. **1915** 878 bekämpft hat, erheblich. Aber auch mit dem neueren Standpunkt des RG. ist praktisch nur notdürftig auszukommen. Eine wirklich sichere Bestimmung der Angemessenheit eines Preises ist selbst in wirtschaftlich ruhigen und abgeklärten Note 91.

§ 1. Zeiten kaum zu treffen. Derjenige, der die Ausschreibung erläßt, will den in Betracht kommenden ordnungsgemäßen Preis ja gerade aus den einzelnen Bewerbungen erfahren. Das kann er aber nur, wenn er selbständige Angebote erhält. Befindet sich hierunter ein Angebot, wonach die auszuführende Arbeit so billig geliefert werden soll, daß dem Bewerber kein Gewinn verbleibt, dann kann hierin nach einem allgemeinen, das ganze Wettbewerbsrecht beherrschenden Grundsatz ein sittenwidriges Tun des Bewerbers erblickt werden. Es zielt nicht auf die Förderung der eigenen Gewerbetätigkeit ab, sondern ausschließlich auf die Schädigung der Mitbewerber (S. 28). Hier sollte die Rechtsprechung den Hebel ansetzen, um „ruinöse Unterbietungen" (OLG. Hamburg in HansGZ. **1915** Beibl. S. 44) zu verhindern. Der einstweilen vom RG. festgehaltene Standpunkt trübt infolge der zugelassenen Verheimlichung das Vertrauensverhältnis zwischen demjenigen, der eine Ausschreibung erläßt, und den sich meldenden Bewerbern. Daß die gegenwärtige Rechtsprechung des RG. noch keine endgültige Lösung bedeutet, ergibt sich schon daraus, daß sie aus den Angeln gehoben wird, wenn derjenige, der eine Ausschreibung erläßt, darauf hinweist, daß die Bewerber sich von jedem Kartell freihalten müssen, und wenn er dies zum wesentlichen Inhalt des Vertrages macht, den er mit einem der Bewerber abschließt. „In erster Linie sollen unsere Gerichte die Lauterkeit des Verkehrs sowie das freie Spiel von Angebot und Nachfrage schützen" (Verf. in LZ. **1915** 878). Es ist von großer wirtschaftlicher Bedeutung, daß die Ausschreibung das bleibt, was sie nach ihrem Wesen sein soll, daß sie nicht einer Verbildung unterliegt. Der Kampf gegen „ruinöse Unterbietungen" rechtfertigt es nicht, daß der Veranstalter einer Ausschreibung planmäßig in ein Netz von Geheimklauseln gelockt wird.

Note 92. XIIb. **Preisschleudern mit Markenartikeln.** Unter „Markenartikeln" versteht man Waren, die der Fabrikant regelmäßig in gleicher Art, Güte und Bezeichnung (Ausstattung) in den Verkehr bringt, und für die er den Kleinverkaufspreis festsetzt. Diese Waren tragen ihren Preis gewissermaßen als Kennzeichen und wesentliche Eigenschaft. Das Publikum weiß im allgemeinen die Preise solcher Waren aufs genaueste. Werden sie planmäßig unter Preis abgegeben, [wozu auch die sog. Zugabe gehört (OLG. Jena in GewRschutz **1914** 89)], so ist hierin, abgesehen von jeder vertraglichen Bindung des Verkäufers, im Regelfall eine unlautere Handlung, nämlich eine sittenwidrige Anlockung von Kundschaft zu erblicken, sofern der Verkäufer weiß, daß der Fabrikant die betr. Ware unter einem Einheitspreise auf den Markt bringt und auf Beobachtung seines Preissystems dringt, also nicht etwa selbst das Preisschleudern mit seinen Marken begünstigt oder geflissentlich duldet (bestritten; vgl. insbesondere OLG. Karlsruhe in MuW. **14** 117: „Das Preisschleudern mit Markenartikeln ist unlauterer Wettbewerb"). Eine solche Preisunterbietung kann vom Publikum dahin verstanden werden, daß alle Preise in dem Geschäft dieses Gewerbetreibenden besonders billig sind, und daß die Mitbewerber ungebührlich hohe Preise verlangen. Diese, deren Geschäftsgebaren auf solche Art in ein ungünstiges Licht gerückt wird, dürfen ja nun aber Markenartikel nicht billiger verkaufen, können also nicht mit der im Wettbewerbe sonst gebotenen Gegenmaßregel antworten, daß sie auch ihrerseits, sei es selbst mit Verlust, billiger verkaufen. Der mit Markenartikeln Schleudernde bewirkt also eine Täuschung des Verkehrs, schädigt in unlauterer Weise seine Mitbewerber und den Fabrikanten, dem die Durchführung seiner Preisvorschriften vereitelt wird (zustimmend KG. in GewRschutz **1912** 319; KG. in MuW. **13** 592; LG. Kassel in MuW. **14** 28). — Daß andere Händler ebenfalls schleudern, dient nicht zur Rechtfertigung des wegen Preisschleuderns in Anspruch genommenen Händlers: OLG. Breslau in GewRschutz **1914** 123; ebenso LG. Breslau in MuW. **13** 593: „Ob auch andere Händler schleudern oder ob etwa in Händlervereinigungen das Schleudern gebilligt bzw. geduldet wird, dient dem Schleuderer nicht zur Entschuldigung." § 1.

Die besonderen Umstände des Falls können die Annahme der Sittenwidrigkeit des Preisschleuderns ausschließen. So ist es an sich unbedenklich, aus einer Konkursmasse (Liquidationsmasse) oder in der Zwangsvollstreckung erworbene Waren unter dem festgesetzten Markenpreise abzugeben, wie ja auch der Konkursverwalter und der Vollstreckungsbeamte an irgendeine Preisfestsetzung nicht gebunden sind. Da aber größere Vorräte ein und desselben Markenartikels nicht dauernd in den ungebundenen Handelsverkehr gelangen, so sollte die Rechtsprechung dem Schleuderer, der sich darauf beruft, seine Ware stamme aus einer Konkursmasse usw., den Beweis hierfür auferlegen (so treffend OLG. Jena in GewRschutz **1914** 89 und LG. Dresden in MuW. **13** 595). In der Urteilsformel kann das Verbot folgende Einschränkung erfahren: „Soweit die Ware nicht nachweislich aus einer Zwangsvollstreckung oder Konkursmasse (Liquidationsmasse) stammt." Damit ist dem Beklagten vorbehalten, den Beweis der Herkunft der Ware noch in der Zwangsvollstreckung zu führen, wenn es sich um die Frage handelt, ob er dem Verbote zuwidergehandelt hat (OLG. Jena a. a. O.). — Auch bei dem Verkauf von Markenartikeln, die beschädigt oder dem Verderbe ausgesetzt sind, kann ein Verkauf unter dem festgesetzten Preise sich rechtfertigen. Hier fehlen der Ware diejenigen Eigenschaften, die sie zum Markenartikel stempeln. Note 93.

Werden auf Schleichwegen erlangte Markenartikel verschleudert, dann liegt schon wegen der Unlauterkeit des Bezuges eine Sittenwidrigkeit vor (RG. **63** 400; RG. in MuW. **9** 231; RG. in GewRschutz **1910** 86). Hierbei ist es insbesondere als Schleichweg anzusehen, wenn der Schleuderer, dem die Fabrik, weil er ihre Bedingungen nicht erfüllen wollte, Ware zu liefern sich geweigert hat, den ordnungsmäßigen Bezugsweg (durch die Fabrik oder deren Vertreter) meidet und sich von anderen Personen die Ware verschafft. Siehe KG. in LZ. **1914** 1922: „Es liegt auf der Hand, daß der Beklagte (der seitens der Fabrik auf die Sperrliste gesetzt worden ist) als Geschäftsmann die Gepflogenheit der Klägerin gekannt hat. Er wußte daher, daß ihm die Klägerin keine Ware lieferte. Er hat infolgedessen auch keinen Versuch gemacht, bei der Klägerin selbst oder ihren Vertretern zu kaufen. Vielmehr hat er sich an andere Geschäfte gewandt. Diesen muß er entweder erklärt haben, er verschaffe sich die Ware wider den Willen der Klägerin heimlich, oder er muß ihnen dies verschwiegen haben. In solchem Verhalten ist in seiner Gesamtheit eine sittenwidrige Handlung in Sinne des § 1 WettbG. zu erblicken." Note 94.

Der billigere Einkauf von Markenartikeln kann aus dem Gesichtspunkt des unlauteren Wettbewerbes nicht verboten werden, denn eine solche Handlung tritt an sich gar nicht in Beziehung zum Wettbewerbe. Erst wenn der billiger Einkaufende auch die Verkaufspreise billiger stellt, kommt es zu einem Wettbewerbe (so unter Berufung auf Lobe in GewRschutz **1910** 8 und die Darlegungen oben S. 28 OLG. Jena in GewRschutz **1914** 89). Note 95.

XIIc. **Ein Vertragsbruch** (bzw. die planmäßige eigennützige Verwertung eines fremden Vertragsbruchs) liegt stets dann vor, wenn die unter Preis angebotenen oder verkauften Markenartikel aus einer Fabrik stammen, die ihre Waren nur gegen die — mündliche oder schriftliche — Verpflichtung, die vorgeschriebenen Kleinhandelspreise innezuhalten, abgibt: Auch der nicht gebundene Einzelverkäufer verstößt gegen die guten Sitten, wenn er unter Ausnutzung des Vertragsbruchs anderer eine Unterhaltsquelle sich verschafft, um der großen Zahl derer, die sich vertraglich gebunden Note 96.

§ 1. fühlen, als Einzelstehender Konkurrenz zu machen. In RG. 81 91 ist der Leitsatz aufgestellt worden, daß „im Geschäftsverkehr das bewußte Hinwirken eines Dritten darauf, daß jemand vertragsbrüchig wird, sittenwidrig ist". Und in RG. 88 9 ist die notwendige Ergänzung dieses Leitsatzes gegeben worden: Die planmäßige Ausnutzung desjenigen Vertragsbruchs, den der Lieferant des Schleuderers oder irgendeiner von dessen Vormännern begangen hat, macht das Preisunterbieten ebenfalls unsittlich. Die Beteiligung an einem Vertragsbruch unterliegt also der gleichen rechtlichen Behandlung, wie die Verleitung zum Vertragsbruch. Dieser Standpunkt, der schon in den früheren Auflagen hier vertreten wurde, und den Verf. in LZ. **1915** 1289; JW. **1915** 227; GewRschutz **1915** 200 mit weiteren Argumenten gestützt hat, ist also nunmehr vom RG. bestätigt worden. In RG. 88 9 heißt es: „Wenn der Erwerber weiß, daß die Ware, ein mit Preisangabe versehener Markenartikel, auf dem Wege eines Vertragsbruchs erlangt worden ist, so macht er sich durch den Erwerb regelmäßig an diesem Vertragsbruch mitschuldig und unterstützt ihn; er nutzt ihn planmäßig zu seinem Vorteil zur Schädigung aller derjenigen seiner Mitbewerber aus, die an die Abmachungen mit der Klägerin gebunden sind und sich an sie auch halten und daher nur zu ungünstigeren Bedingungen verkaufen können, als er es, lediglich zufolge seiner Beteiligung an dem Vertragsbruch, zu tun vermag. Er erlangt auf diese Weise einen durch nichts zu rechtfertigenden Vorsprung vor den redlichen Mitbewerbern." (Vgl. OLG. Jena in GewRschutz **1914** 89; OLG. Kiel in GewRschutz **1915** 45, 200; RG. in MuW. **13** 205; RG. in GewRschutz **1914** 24.) Siehe auch LG. Hamburg in ZIndR. **1915** 24: „Es gibt ein Gemeinsamkeitsgefühl der Angehörigen desselben Handelszweiges, dessen Verletzung der guten Sitte widersprechen kann, und das ist der Fall, wenn der eine dem anderen entgegenarbeitet, um ihm die Durchführung von Vertragsrechten unmöglich zu machen, die an sich nicht gegen den Verletzer gerichtet sind. Deshalb liegt in dem Schleudern mit Waren, die vom Fabrikanten nur gegen Revers abgegeben werden, eine gegen die guten Sitten verstoßende Handlung, auch wenn dem Schleuderer eine Beteiligung an einer Vertragsverletzung nicht nachzuweisen ist." [In der Rechtslehre besteht Einigkeit darüber, daß das Preisschleudern mit Markenartikeln sittenwidrig ist, wenn der Händler die Ware auf Schleichwegen, unter Mitwirkung beim Vertragsbruch oder sonst auf unlautere Weise sich verschafft hat. (Siehe die Aufsätze des Verf. LZ. **1915** 1289; JW. **1915** 227; GewRschutz **1915** 200; Finger in MuW. **14** 299; Recken in GewRschutz **1915** 24 und in LZ. **1915** 1085, **1916** 932; Reter in LZ. **1915** 1507; Wernicke in GewRschutz **1915** 35.) Einen abweichenden Standpunkt vertritt insbesondere das OLG. Hamburg in MuW. **14** 196, **15** 171, 172.]

Note 97. Das bedingte Bewußtsein des Unterbietenden davon, daß die Ware durch den Vertragsbruch seines Lieferanten oder eines von dessen Vormännern an ihn gelangt ist, reicht aus, um die Preisunterbietung zu einer unsittlichen zu machen. Hiernach genügt es, daß der Unterbietende auch nur mit einer solchen Wahrscheinlichkeit gerechnet hat, daß er also einen Verdacht gegen die Lauterkeit der Art, wie die Ware in den reversfreien Verkehr gebracht wurde, gehabt hat oder hätte haben müssen. Siehe hierzu RG. 88 9: „Der Berufungsrichter hat verneint, daß die Beklagten auch nur mit einer gewissen Wahrscheinlichkeit damit gerechnet hätten, daß der reversfreie Erwerb der Zigaretten durch den Lieferanten der Beklagten auf einem Vertragsbruch eines der Abnehmer der Klägerin beruhe. Daß etwa die Beklagten irgendeinen Verdacht gegen die Lauterkeit der Handlung des Lieferanten gehabt hätten oder hätten haben müssen, hat die Klägerin selbst nicht behauptet. Lag aber das nicht vor, und rechneten auch sonst die Beklagten nicht einmal mit der Wahrscheinlichkeit, daß die Zigaretten in unlauterer Weise in den reversfreien Verkehr gebracht seien, so ist auch ein Verstoß gegen die guten Sitten nicht dargetan. Das bloße Denken der Beklagten daran, daß es doch vielleicht auch möglich sei, daß der Lieferant der Beklagten die Zigaretten zufolge des eigenen oder (ihm bekannten) fremden Vertragsbruchs ihnen verkaufe, würde ihre Handlungsweise noch nicht als eine unlautere erscheinen lassen. Es würde, wie nicht ein Erwerb der Beklagten auf Schleichwegen, so auch nicht ein bewußtes, planmäßiges Ausnutzen einer fremden unlauteren Handlung als vorliegend anzunehmen sein." Diese Darlegungen bestätigen denjenigen Standpunkt, den Verf. in LZ. **1915** 1289 eingenommen hatte. OLG. Kiel in LZ. **1918** 335 ist unter Berufung auf diese Abhandlung des Verf. ebenfalls dafür eingetreten, das bedingte Bewußtsein als ausreichend zu behandeln. Siehe auch OLG. Kiel in MuW. **13** 595; OLG. Naumburg in LZ. **1916** 832. [Einen abweichenden Standpunkt nimmt der 6. ZS. des RG. ein (LZ. **1914** 77). Er legt dar, der Satz des 2. ZS., wonach die Verleitung zum Vertragsbruch regelmäßig sittenwidrig sei, „passe nicht zum System des BGB.". Selbst wenn dies richtig wäre — es bleibt unklar, worin insoweit das „System des BGB." bestehen soll —, so hätte der 2. ZS. einem seit Jahren eindringlich betonten Schutzbedürfnis durch Weiterbildung des Rechts Erfüllung gewährt. Es ist nicht einzusehen, weshalb nicht sollte festgestellt werden dürfen, daß die Verleitung zum Vertragsbruch sittenwidrig ist. Jedenfalls schafft der 6. ZS., indem er gegen den 2. ZS. in einer Frage von solcher Tragweite ankämpft, ohne die Entscheidung der vereinigten Zivilsenate anzurufen, auch hier wieder gerade diejenige Rechtsunsicherheit, die der § 137 GVG. zu vermeiden gebietet. Siehe das Vorwort.]

Daß der Schleuderer von der lückenlosen Durchführung des Reverssystems keine Kenntnis gehabt habe, kann er nicht einwenden, wenn er auf Umwegen die Ware, die ihm, wie er weiß, die Fabrik ohne Reversunterzeichnung nicht liefern würde, sich verschafft. Aus der Art seines Warenbezuges ergibt sich ohne weiteres seine Kenntnis oder doch zum mindesten sein bedingtes Bewußtsein von der Lückenlosigkeit des Reverssystems (RG. in LZ. **1914** 1921; OLG. Naumburg in LZ. **1916** 832; OLG. Kiel in LZ. **1918** 335). Sollte aber das System wirklich in einzelnen Fällen durchbrochen worden sein, etwa dadurch, daß ein Vertreter der Fabrik heimlich an Schleuderer geliefert hat, so könnte das doch nur gerade denjenigen Schleuderer zu seinen Preisunterbietungen befugen, an den der Vertreter geliefert hat, und auch nur dann, wenn ihm nicht bewußt war, daß der Vertreter untreu gehandelt hat. Es genügt also, daß der Fabrikant auf Innehaltung der von ihm vorgeschriebenen Preise dringt und nicht etwa die Preisunterbietungen duldet. Die Schleuderer beziehen ihre Ware fast stets durch einen in dem betr. Handelszweige allgemein bekannten sog. Schiebergrossisten. Letztere verschaffen sich die Ware, die ihnen die Fabrik nur nach Unterzeichnung des Reverses abgeben würde, durch irgendeinen Strohmann, der den Revers unterschreibt. Der Strohmann, durchweg eine vermögenslose Person, verbringt dann die Ware — meist durch eine Mittelsperson — heimlich an seinen Auftraggeber, und dieser beliefert — unmittelbar oder wiederum mittelbar — die einzelnen Schleuderer, wobei er ihnen die Reversfreiheit der Ware zusichert (siehe Verf. in LZ. **1915** 1289).

Auf die Preishöhe des Markenartikels übt das Reverssystem des Fabrikanten keinen entscheidenden Einfluß aus. Unbegründet sind die Bedenken einzelner Instanzgerichte, wonach die Verfolgung der Preisunterbietungen seitens

§ 1. der Nicht-Reverszeichner dem Fabrikanten die Möglichkeit gibt, den Preis seiner Erzeugnisse zum Schaden der Konsumenten dauernd auf einer ihrem tatsächlichen Werte vielleicht keineswegs entsprechenden Höhe zu halten. In LZ. **1915** 1292 ist vom Verf. darauf hingewiesen worden, daß sämtliche Markenartikel in ähnlicher Art und Güte von mehreren Fabrikanten angefertigt werden, so daß derjenige Fabrikant, der zu teuer ist oder die Spannung zwischen Fabrikpreis und Kleinverkaufspreis dem Händler zu hoch vorschreibt, nicht konkurrenzfähig bleibt. Das freie Spiel von Angebot und Nachfrage schafft hier von selbst Ordnung. Keinesfalls ist es Aufgabe der Gerichte, verbessernd in fundamentale wirtschaftliche Gesetze einzugreifen. Ein Schutz des kaufenden Publikums gegen Überteuerung ist hier nur insoweit geboten, als durch Monopolbildungen eine unlautere Beschränkung des freien Verkehrs bewirkt wird (Note 58 über Monopole). Handelt es sich also um ein Preissystem, das nicht etwa die Erlangung unangemessener Preise für Waren des allgemeinen und unentbehrlichen Bedarfs erstrebt, das nicht eine ungebührliche Beeinträchtigung des Bezuges lebensnotwendiger und schwer zu ersetzender Waren mit sich bringt, dann sind die vertraglichen Festsetzungen zwischen dem Fabrikanten und seinen Abnehmern nicht zu beanstanden. Bestätigend RG. 88 9: „Es ist nicht zutreffend, daß (durch das Preissystem) eine unerträgliche Bindung des Handels verursacht und dem Fabrikanten ermöglicht würde, den Preis seiner Fabrikate zum Schaden der Verbraucher dauernd auf einer ihrem tatsächlichen Werte vielleicht keineswegs entsprechenden Höhe zu halten. Es wird vielmehr nur eine Unterbindung des unlauteren Handels, eines Handels, der auf bewußtes Ausnutzen sittenwidriger Maßnahmen anderer zu eigenem Vorteil und zur Schädigung der Mitbewerber abzielt, statthaben, und es wäre auch dem Fabrikanten bei derartigen Markenartikeln, wie sie hier allein in Frage stehen und wie sie von entsprechender Art und Güte auch anderweit vielfältigst hergestellt werden, nicht möglich, den Preis übermäßig hochzuhalten; würde das der Fabrikant zu tun versuchen, so würde er die Kundschaft für seine Marke in kurzem verlieren."

Note 100. XII d. **Die Vereitelung von Kontrollmaßregeln,** mit denen zuweilen die Fabrikanten von Markenartikeln den Vertragsbruch ihrer Abnehmer zu verhindern suchen, ist als sittenwidrig anzusehen. So wird z. B. von manchen Fabrikanten eine Kontrollnummer auf der Verpackung angebracht, wobei jeder Abnehmer eine besondere Nummer erhält. Die Beschädigung der Banderole derart, daß die Nummer unkenntlich gemacht wird, ist mit Recht vom RG. (in GewRschutz **1912** 319) als sittenwidrig behandelt worden: Der Antragsgegner darf nicht dazu mitwirken, den Vertragsbruch seiner mit der Antragstellerin in Geschäftsverbindung stehenden Verkäufer zu unterstützen und der Antragstellerin die Ermittlung ihrer vertragsuntreuen und sie schädigenden Vertragsgegner zu vereiteln, um sich auf diese Weise selbst eine unlautere Quelle für den Bezug seiner Ware zu sichern. Vgl. auch OLG. Kiel in GewRschutz **1914** 46: Das Beseitigen der Kontrollnummern kann nur den Zweck haben, die Feststellung des vertragswidrigen Händlers zu verhindern. Die Beseitigung ist also ein unverkennbares Anzeichen dafür, daß der Schleuderer die Fabrikate nur durch Ausnutzung der Vertragswidrigkeit erlangt hat. Ob der Schleuderer selbst die Beseitigung vorgenommen hat, ist unerheblich; denn wenn auch die Schachteln ihm mit beschädigter bzw. beseitigter Kontrollmarke bereits zugingen, konnte er als branchekundiger Mann über den Zweck dieser Beseitigung nicht im Zweifel sein, vielmehr hat er offenbar erkannt, daß die Ware nur durch Vertragsbruch in seine Hände gelangt ist (ebenso LG. Breslau in MuW. **12** 584 und LG. Dresden in MuW. **13** 595). (Siehe Note 96 über die Beteiligung am Vertragsbruch.) Es ist also schon der Verkauf von Packungen, an denen die Kontrollnummer unkenntlich gemacht wurde, bei Kenntnis der Sachlage als Verstoß gegen die guten Sitten anzusehen. Siehe hierzu LG. Hamburg in ZIndR. **1915** 24: „Es ist kein mit guter Sitte zu vereinbarender Geschäftsbetrieb, der auf der Verheimlichung der Bezugsquelle beruht, und zwar nicht um deswillen, damit niemand die Bezugsquelle, sondern damit der Fabrikant nicht eine Vertragsverletzung der Bezugsquelle ihm gegenüber erfahre." § 1.

XIII. Für **Lockartikel** gelten entsprechende Grundsätze, wie für Preisschleudern. Demgemäß sind die §§ 1 WettbG., 826 BGB. insbesondere heranzuziehen, wenn einzelne, äußerlich nicht minderwertige Waren zu Preisen ausgestellt werden, die mit den in dem betr. Geschäft üblichen Preisen in offenbarem Mißverhältnis stehen, so daß die Abnehmer bewußtermaßen in den irrigen Glauben versetzt werden, auch andere Waren zu gleich billigen Preisen kaufen zu können. [Ein derartiges geschäftliches Verhalten kommt auch als eine „sonstige Veranstaltung" im Sinne des § 5 Abs. 2 in Betracht.] Liegt allerdings nichts weiter vor, als daß, ohne die Absicht einer Irreführung, einzelne Waren mit Verlust verkauft werden, so kann hierin eine Sittenwidrigkeit nicht erblickt werden. Eine — objektiv unrichtige — Reklame (§ 3 WettbG.) ist anzunehmen, wenn der Gewerbetreibende sich weigert, die angepriesenen (zur Schau gestellten) Waren zu den angezeigten Preisen herzugeben (RGSt. **47** 161). Dasselbe gilt für den Fall, daß zu den fragl. Preisen nur beschränkte Mengen hergegeben werden, ohne daß die Beschränkung kenntlich gemacht ist (RG. in MuW. **12** 648). Liegt der Fall so, daß eine Ware mit Preisangabe angeboten wird, nur um das Publikum anzulocken, daß aber die Abgabe dieser Ware verweigert wird und auch gar nicht beabsichtigt war, dann ist dies sittenwidrig. Die Ankündigung „für die Eröffnungswoche, solange der Vorrat reicht", ist so zu verstehen, daß größere Warenmengen nicht hergegeben zu werden brauchen (RG. in GewRschutz **06** 54). Sind die Preise niedriger gestellt worden in der Absicht, beim Verkauf selbst höhere Beträge zu fordern, dann ist der § 1 (§ 826 BGB.) verletzt. Desgl. wenn die Preise der ausgelegten Lockartikel sich auf schadhafte Stücke oder nicht gangbare Größen beziehen, ohne daß dies kenntlich gemacht wird (RG. in JW. **05** 507). Vgl. Salinger in MuW. **10** 36. Note 101.

XIV. **Warnungen (Verbotsschreiben)** verstoßen, wenn sie eine bewußt unwahre oder irreführende Sachdarstellung enthalten und in der Absicht der Schädigung erlassen werden, gegen den § 1 (§ 826 BGB.) (RG. in JW. **1917** 714). Wird eine Warnung böslich leichtfertig („ins Blaue hinein") aufgestellt oder verbreitet, so ist auch darin ein Verstoß gegen die guten Sitten zu finden (Note 19). Zuweilen werden Warnungen vor Verwechslung von dem Nachahmer einer eingeführten Bezeichnung erlassen, der aus Verwechslungen mehr Vorteile zu erhoffen als Nachteile zu befürchten hat. Wenn das Publikum bewußtermaßen zu der Auffassung gebracht wird, der Nachahmer sei der Vorberechtigte, so ist der § 1 verletzt. Siehe hierzu RG. in GewRschutz **1914** 162 sowie OLG. Cöln in OLGRspr. **30** 288. In letzterem Urteil ist dargelegt, daß die Warnung vor Verwechslungen erfahrungsgemäß oft gerade die Wirkung hat, die Verwechslungsgefahr zu vergrößern, wobei überdies dem Publikum die Ware des Wettbewerbers als minderwertige Nachahmung hingestellt wird. Über Abwehrhandlungen siehe Note 29; über Warnungen vor Patentverletzung siehe § 14, Note 16 ff. Note 102.

Auf Grund der objektiven Widerrechtlichkeit können Warnungen (Verbotsschreiben) untersagt werden, wenn sie „den freien Gewerbebetrieb eines anderen stören": RG. in JW. **1905** 174, wo dargelegt wird, daß „unzutreffende mündliche oder schriftliche Berühmungen" die negatorische Abwehrklage des Betroffenen erzeugen. Neuerdings verlangt das RG. zu Unrecht, daß die Warnung Note 103.

§ 1. eine unmittelbare Behinderung des anderen in seinen gewerblichen Betätigungshandlungen bewirkt (RG. 77 219; RG. in JW. 1915 327, 1917 712; RG. in GewRschutz 1917 125). Nicht soll es ausreichen, wenn der Eingriff sich nur gegen den Ertrag des betroffenen Geschäfts richtet. Daß eine solche Abgrenzung ungerechtfertigt ist, wird S. 38 ff. dargelegt. Siehe über Warnungen auch Note 29 (Abwehrmaßregeln).

Note 104. XV. **Die Verwertung (Mitteilung) von Geschäfts- oder Betriebsgeheimnissen** kann den § 1 verletzen, auch wenn ein Verstoß gegen den § 17 nicht vorliegt (Note 105; § 17 Note 1). In sittenwidriger Weise ist die „Kenntnis" (d. i. der Zustand des Kennens; § 17 Note 39) eines Geheimnisses dann erlangt worden, wenn der Angestellte — in Wettbewerbs- oder Schädigungsabsicht — das in ihn gesetzte Vertrauen mißbraucht, indem er heimlich eine umfangreichere oder sicherere Kenntnis von Betriebsgeheimnissen zu erlangen sucht, als sie ihm „vermöge des Dienstverhältnisses" zugänglich geworden ist (RGSt. 33 64, 48 15, 51 188; KG. in OLGRspr. 30 294). Schon mit heimlichen Aufzeichnungen, die der Angestellte vor seinem Dienstaustritt über Geschäftsgeheimnisse, z. B. über Kunden oder Vertreter des Betriebes macht, verstößt er gegen die guten Sitten (RGSt. 33 64; RG. in JW. 06 700; RG. in Recht 07 Nr. 316; OLG. Hamburg in MuW. 15 59). Eine Sittenwidrigkeit liegt selbst dann vor, wenn der Angestellte das Geheimnis „nur theoretisch, durch wissenschaftliches und technisches Studium in sich aufnimmt, und wenn er, nach seinem Ausscheiden, in der neuen gleichartigen Stellung lediglich die Ergebnisse dieser seiner wissenschaftlichen und technischen Weiterbildung, ohne Benutzung der schriftlichen oder zeichnerischen Unterlagen, verwertet, wenn er also während der bisherigen Stellung seine Weiterbildung auf solchen Unterlagen fortgeführt, bei seinem Ausscheiden aber die Unterlagen zurückgegeben, zurückgelassen oder vernichtet hat" (RGSt. 51 193). Auch der heimliche Austausch von Betriebsgeheimnissen zwischen Angestellten desselben Unternehmens kann gegen die guten Sitten verstoßen (RG. 51 192). Ohne weiteres ist die Kenntniserlangung von Betriebsgeheimnissen sittenwidrig, wenn der Angestellte lediglich deshalb in das Geschäft eingetreten ist, um — für sich oder einen anderen — Betriebsgeheimnisse zu erkunden. (Gleich steht der Fall, in dem der Angestellte während des Dienstverhältnisses planmäßig — in Wettbewerbs- oder Schädigungsabsicht — darauf ausgeht, sich über die Betriebsgeheimnisse zu unterrichten.) Es kommt dann nicht darauf an, ob die Einzelhandlung der Kenntnisnahme an sich sittenwidrig ist, vielmehr entscheiden die Begleitumstände (§ 1 Note 17). Hat jemand einem Geschäftsfreunde den Namen eines Kunden vertraulich mitgeteilt, so ist es sittenwidrig, diese Kenntnis zur Unterbietung der vom Mitteilenden geforderten Preise zu verwerten (RG. in MuW. 19 109). Über die Verleitung zum Vertragsbruch siehe Note 88 ff. (Die Anstellung Vertragsbrüchiger mit dem Zweck, von ihnen Betriebsgeheimnisse zu erfahren, ist schon an sich sittenwidrig.) Über die Verleitung zur Vertragslösung, um von dem Angestellten Betriebsgeheimnisse zu erfahren, siehe Note 86. Über vorbereitende Handlungen zur Ermittlung von Geschäftsgeheimnissen siehe S. 56. Auch die Benutzung der durch den Geheimnisverrat erlangten Kenntnis kann mit der Unterlassungsklage verfolgt werden, nicht etwa nur ein fernerer Verrat (S. 46).

Note 105. Soweit ein Verstoß gegen den § 17 WettbG. nicht vorliegt, kann gleichwohl gegen die §§ 1 WettbG., 826 BGB. verstoßen sein. Für die Frage, ob ein vom § 17 abweichender Tatbestand die guten Sitten verletzt, ist es nicht entscheidend, ob (z. B. bei einem Geheimnisverrat durch einen Angestellten nach Lösung des Dienstverhältnisses) im übrigen die — sich gegenseitig ergänzenden und dadurch in ihrer Tragweite bestimmenden — Tatbestandsmerkmale des § 17 erfüllt sind. Damit würde man den Bogen überspannen. So ist der Begriff „Geheimnis" im Sinne des § 17 überaus weit ausgelegt worden; fallen doch sogar geschäftliche Vorkommnisse oder beabsichtigte geschäftliche Maßnahmen unter diesen Begriff. Es kann keine Rede davon sein, gegen den Angestellten, der nach seinem Ausscheiden aus dem Betriebe solche Dinge „unbefugt zu Zwecken des Wettbewerbes an andere mitteilt", ohne weiteres eine Sittenwidrigkeit festzustellen. Vielmehr kommt es auf die Begleitumstände, auch auf die Art des verratenen Geheimnisses an. Die Beurteilung muß um so strenger sein, je mehr das verratene Geheimnis sich als eine wesentliche Eigentümlichkeit des in Frage stehenden Unternehmens darstellt. Es gibt Betriebsgeheimnisse in engerem und weiterem Sinne. Zu den letzteren gehören im Regelfall Kundenlisten oder Bezugsquellen. Hat der Angestellte deren Kenntnis ordnungsgemäß erlangt, dann ist es nicht sittenwidrig, wenn er sich nach Beendigung des Dienstverhältnisses an einzelne Kunden oder Lieferanten wendet. Anders wäre zu entscheiden, wenn er — in Wettbewerbs- oder Schädigungsabsicht — heimlich Abschriften genommen hat, um die Kenntnis, die er ordnungsgemäß als eine sichere und dauernde nicht erlangen konnte, zu befestigen (oben Note 104). Es ist also das Gesamtbild der Handlung zu betrachten, wenn man hinsichtlich eines vom § 17 abweichenden Tatbestandes ein sittenwidriges Tun feststellen will. Ausscheiden muß im Regelfall jegliche Verwertung von Erfahrungen und Fähigkeiten, die der Angestellte (Arbeiter) während des Dienstverhältnisses ordnungsgemäß (also nicht etwa heimlich in Wettbewerbs- oder Schädigungsabsicht) erworben hat: § 17 Note 13. Soweit Geschäfts- oder Betriebsgeheimnisse in Frage stehen, muß man zugrunde legen, daß in erster Linie die Interessen des Betriebsinhabers zu schützen sind, der seinen Angestellten und Arbeitern, auf ihre Zuverlässigkeit vertrauend, geheime Tatsachen offengelegt hat. Diese Erwägung führt dazu, die Angestellten für verpflichtet zu halten, im Regelfall auch nach Beendigung des Dienstverhältnisses die Geheimnisse zu wahren, mag eine Schweigepflicht ausdrücklich vereinbart worden sein oder nicht. Die vorsätzliche Verletzung einer hinsichtlich bestimmter Geschäfts- oder Betriebsgeheimnisse übernommenen Schweigepflicht ist stets sittenwidrig. RG. in DJZ. **04** 553 erklärt es für sittenwidrig, daß ein — durch eine Konkurrenzklausel nicht gebundener — Angestellter Betriebsgeheimnisse, deren Kenntnis er ordnungsgemäß erlangt hat, nach Lösung des Dienstverhältnisses für sich verwertet. Dagegen kommt RG. **65** 333 zu dem entgegengesetzten Ergebnis. Beide Entscheidungen mögen für den zu beurteilenden Fall das Richtige getroffen haben. Verfehlt ist nur die in RG. **65** 337 vorgenommene Verallgemeinerung, wobei fälschlich „Kenntnisse und Fertigkeiten" des Angestellten als Betriebsgeheimnisse angesehen werden. § 1.

XVI. **Die Entnahme von Abbildungen,** etwa aus dem Katalog eines Mitbewerbers in den eigenen Katalog, kann sich als sittenwidrig darstellen, insbesondere wenn der benutzte Katalog erhebliche Mühen und Kosten verursacht hat, wenn also ein fremdes Arbeitsergebnis in unbilliger Weise ausgenutzt wird, um vor dem Mitbewerber einen Vorsprung zu erzielen (Note 49 ff.). Auch dann liegt eine Sittenwidrigkeit in solcher Entnahme, wenn auf Verwechslungen gerechnet wird (RG. in OLGRspr. **25** 368 und OLG. Darmstadt in GewRschutz **08** 184). Wer den ungeschützten Plakatentwurf seines Mitbewerbers für sich als Warenzeichen eintragen läßt, kann auf Grund des § 1 auf Löschung in Anspruch genommen werden (RG. in MuW. **8** 108, **12** 80; RG. in DJZ. **1913** 1139; über die Nachahmung einer fremden Bildreklame siehe Note 83). Note 106.

§ 1.

Note 107. Künstlerische Plakatentwürfe genießen als Kunstwerk und als Erzeugnis des Kunstgewerbes im Sinne der §§ 1 und 2 des Kunstschutzgesetzes vom 9. Jan. 07 Schutz gegen Nachbildung oder Vervielfältigung, gewerbsmäßige Verbreitung und Verwertung. Die Eintragung in ein Register ist nicht vorgesehen. Es muß sich um eine individuelle künstlerische Leistung handeln, die einer selbstschöpferischen, formgebenden Tätigkeit entspringt und mit den Darstellungsmitteln der Kunst eine ästhetische Wirkung zu erzielen geeignet ist (RG. **76** 339, 344; RGSt. **34** 329). Abbildungen, die als Kunstwerke zu betrachten sind, verlieren diese Eigenschaft nicht durch die Art der Benutzung, z. B. zu Reklamezwecken. Die freie Benutzung des Kunstwerks ist zulässig, wenn dadurch eine neue eigentümliche Geistesschöpfung hervorgebracht wird (KunstUrhG. § 16). Vgl. RGSt. **23** 124; Ebner in MuW. **12** 178 und Lindner in MuW. **13** 85 ff.

Note 108. In das Geschmacksmusterregister eingetragene Plakatentwürfe genießen den Schutz als Geschmacksmuster nach dem Gesetze vom 11. Jan. 1876. Dieser Schutz ist unabhängig davon, ob das Plakat als Kunstwerk auch noch den Schutz des Gesetzes vom 9. Jan. 1907 genießt. Eintragungsfähig sind ohne Rücksicht auf den Kunstwert neue und eigentümliche Schöpfungen, die den Formen- oder Farbensinn und das ästhetische Gefühl des Beschauers anzuregen geeignet sind. Durch die Eintragung wird eine widerlegbare Vermutung für das Urheberrecht des Eingetragenen geschaffen.

Note 109. Die Anmeldung des Plakatmotivs als Warenzeichen vervollkommnet in Verbindung mit der Eintragung als Geschmacksmuster den Schutz. Ein früher zu Recht eingetragenes Geschmacksmuster geht einem später eingetragenen konkurrierenden Warenzeichen vor und umgekehrt. Das Registergericht trägt ohne Prüfung einen angemeldeten Plakatentwurf als Geschmacksmuster ein, wie auch das Patentamt die Warenzeicheneintragung vornimmt, ohne das Geschmacksmusterregister zu prüfen. Es bleibt dem früher Eingetragenen überlassen, im Wege der Klage die Löschung der späteren Eintragung zu betreiben (Lindner in MuW. **13** 92). Vgl. Note 84.

Note 110. Die nicht künstlerischen Abbildungen sind außerdem gemäß § 1 Ziff. 3 LitUrhG. geschützt, wenn sie einer individuellen geistigen Tätigkeit entsprungen sind und wesentlich einem Belehrungszwecke dienen. Hiernach genießen unter Umständen auch Abbildungen in Katalogen und sonstige Reklamebilder Schutz. Es genügt dazu, daß in ihnen aus individuell schaffender Geistestätigkeit ein darstellerischer Gedanke zum Ausdruck kommt, und daß sie als Belehrungsmittel auf Wissen und Ansichten des Beschauers erweiternd oder unterstützend zu wirken vermögen. Eine wissenschaftliche Belehrung wird nicht erfordert (RGSt. **39** 219; RG. in Recht **15** Nr. 962; Ebner in MuW. **12** 78). So sind Abbildungen von Maschinen für schutzfähig erklärt worden, weil sie die Maschinen in einer Weise wiedergeben, daß deren Beschaffenheit und Tätigkeit dem Beschauer möglichst verständlich gemacht wurde (RG. in Recht **14** Nr. 1021; vgl. auch RG. in Recht **14** Nr. 3147, **15** Nr. 1084). RG. in JW. **1911** 865 erklärt einen Katalog für schutzfähig, weil bei seiner Herstellung die geschäftlichen Beobachtungen und Erfahrungen des Geschäftsinhabers und seines Personals maßgebend waren, so daß eine eigene schöpferische Tätigkeit vorliegt. RG. **70** 266 hält einen Katalog für nicht schutzfähig, weil die Abbildungen weder technischer noch belehrender Art seien und über die rein tatsächliche Wiedergabe der Ausstattung der Ware nicht hinausreichten. So auch RG. in MuW. **9** 204.

§ 1.

Photographien sind ohne Rücksicht auf ihren künstlerischen Wert schutzfähig (KunstUrhG. § 3; RGSt. **43** 75, **44** 105). Note 111.

Muster und Modelle gewerblicher Art sind gemäß dem Gesetz vom 11. Jan. 1876 schutzfähig. Auch dieser Schutz kann für Abbildungen in Katalogen praktisch werden (RG. **70** 266). Schutzfähig ist ohne Rücksicht auf künstlerischen Wert eine Bildung, die den Formensinn des Anzeigenden in einer eigentümlichen Weise berührt und sich dadurch als das Ergebnis einer ursprünglichen formschöpferischen Kraft darstellt. Die Nachbildung ohne Genehmigung des Berechtigten in der Absicht der Verbreitung ist unzulässig, doch darf eine freie Benutzung zur Herstellung eines neuen Musters oder Modells stattfinden. Voraussetzung des Schutzes ist die Eintragung in das Musterregister (MustG. §§ 4 und 7). Note 112.

Über die Ergänzung des Formalschutzes auf Grund des § 826 BGB., § 1 WettbG. siehe Note 52 ff.

§ 2.

§ 2.

Unter Waren im Sinne dieses Gesetzes sind auch landwirtschaftliche Erzeugnisse, unter gewerblichen Leistungen und Interessen auch landwirtschaftliche zu verstehen.

Die besondere Hervorhebung von landwirtschaftlichen Erzeugnissen ist überflüssig und nur aus Gründen der Deutlichkeit erklärbar.

Über die Klageberechtigung der Landwirtschaftskammern siehe § 13.

§ 3.

§ 3.

Unrichtige Reklame.

Wer in öffentlichen Bekanntmachungen oder in Mitteilungen, die für einen größeren Kreis von Personen bestimmt sind, über geschäftliche Verhältnisse, insbesondere über die Beschaffenheit, den Ursprung, die Herstellungsart oder die Preisbemessung von Waren oder gewerblichen Leistungen, über die Art des Bezugs oder die Bezugsquelle von Waren, über den Besitz von Auszeichnungen, über den Anlaß oder den Zweck des Verkaufs oder über die Menge der Vorräte unrichtige Angaben macht, die geeignet sind, den Anschein eines besonders günstigen Angebots hervorzurufen, kann auf Unterlassung der unrichtigen Angaben in Anspruch genommen werden.

Inhaltsübersicht.

Note 1. Die §§ 3 und 4 WettbG. behandeln die Reklame, d. i. die empfehlende Ankündigung, die Interesse für ein Angebot betr. „geschäftliche Verhältnisse" erwecken soll. Der § 3 befaßt sich lediglich mit dem Unterlassungsanspruch; die Schadensersatzhaftung wird im § 13 Abs. 2 Ziff. 1 geregelt. Die §§ 3 und 4 sollen neben dem Schutze der Mitbewerber auch der Reinhaltung des gewerblichen Verkehrs im Interesse des Publikums dienen (RG. in MuW. **15** 49). Den gleichen Rechtsgedanken hat das RG. zum Ausdruck gebracht hinsichtlich der Bestimmungen des WZG. (§ 1 Note 59).

Note 2. Durch täuschende Reklame wird auch der § 826 BGB. (§ 1 WettbG.) verletzt. Belanglos ist es dabei, ob „Angaben" oder reine Werturteile vorliegen, ferner, ob eine „öffentliche Bekanntmachung" vorausgegangen ist bzw. eine „Mitteilung, die für einen größeren Kreis von Personen bestimmt ist". Siehe Näheres § 1 Note 41, 81 ff.

Note 3. Eine mittelbare Anpreisung der eigenen Ware (gewerblichen Leistung), etwa durch Herabsetzung derjenigen eines Mitbewerbers, kann unter den § 3 fallen. Denn eine und dieselbe Äußerung kann zugleich eine Herabsetzung der fremden und eine Anpreisung der eigenen Ware enthalten und dann sowohl den § 14 als auch den § 3 verletzen (RG. in JW. **01** 211; RG. in UW. **4** 22; RG. in GewRschutz **1911** 147; RG. in MuW. **13** 70).

Note 4. Wenn Angestellte oder Beauftragte die „Angaben" gemacht haben, so ist der Unterlassungsanspruch gemäß § 13 Abs. 3 auch gegen den Inhaber des Betriebes begründet.

Note 5. Die strafrechtlichen Folgen der unrichtigen Reklame sind im § 4 (§ 5 Abs. 2) geregelt. Auch „grober Unfug" im Sinne des StGB. kann durch Reklame verübt werden. Vgl. UW. **4** 8: ein Schuhwarenhändler hat Telegramme verschickt, wonach bei ihm sofort billige Schuhe gekauft werden können.

Note 6. Ob die Reklame polizeilich statthaft ist, bestimmen das PreßG. und die Landespolizeigesetze (vgl. auch GewO. §§ 6, 149 Ziff. 6). Die Polizei kann unter Umständen bei einer gemäß § 4 strafbaren Reklame durch vorbeugende Maßnahmen eingreifen, selbst wenn dadurch eine vorübergehende Beschränkung der Eigentumsbefugnisse eintreten sollte (RGSt. **13** 44, **42** 16). Über die öffentlich-rechtliche Behandlung der Reklame und über die landesgesetzliche Regelung siehe Lindner in MuW **13** 85 ff.

Note 7. Einkaufsangebote (Kaufgesuche) können ebenso unter die §§ 3 und 4 fallen, wie Verkaufsangebote. Eine Beschränkung auf letztere läßt sich aus dem WettbG. nicht deuten, wenn auch bei Schaffung des § 3 an Einkaufsangebote nicht gedacht worden sein mag. So kommen z. B. Anzeigen eines Händlers in Frage, der unter Verschweigung seiner Händlereigenschaft bestimmte Gegenstände kaufen zu wollen erklärt. Der „Anschein eines besonders günstigen Angebots" kann dadurch erweckt werden, daß vorgetäuscht wird, ein Privatmann suche die betr. Gegenstände (RG. in MuW. 18 165, 19 151; RG. in LZ. 1919 71; OLG. Dresden in MuW. 19 117; Seelow in LZ. 1918 1043; a. M. Keidel in LZ. 1918 1323). Über sittenwidrige Kaufgesuche siehe § 1 Note 40. § 3.

„Öffentliche Bekanntmachungen" oder „Mitteilungen, die für einen größeren Kreis von Personen bestimmt sind". Ein „größerer" Personenkreis ist ein nicht geschlossener; den Gegensatz bildet die Mitteilung an einen „von vornherein festbegrenzten engeren Personenkreis" (RGSt. 40 130). Die Möglichkeit der Kenntnisnahme genügt: Es reicht aus, daß die Mitteilung für einen größeren Kreis von Personen bestimmt ist und gemäß dieser Bestimmung in die Außenwelt tritt. Die Bekanntgabe an jeweils eine einzige Person genügt, wenn es sich um Mitteilungen gleichen Gedankeninhalts handelt, die für einen nicht geschlossenen Personenkreis bestimmt sind (RGSt. 45 362; RG. in JW. 1922 34; RG. in MuW. 15 231). Wird die Mitteilung unterschiedslos beliebigen Personen gemacht, so handelt es sich um einen nicht begrenzten Kreis. Es genügt, daß jemand seinen Angestellten die Weisung gibt, den einzelnen Bewerbern die Mitteilung zu machen (RG. in GewRschutz 1916 190; vgl. auch RGSt. 38 202; OLG. Düsseldorf in GewRschutz 1916 72). Ebenso genügt es, daß die Mitteilung einem begrenzten Personenkreise zugänglich gemacht wird mit dem Ersuchen um Weiterverbreitung (so in Bestätigung der schon früher hier vertretenen Meinung RG. in GewRschutz 1912 259). Das Ersuchen um Weiterverbreitung kann aus den Umständen des Falls geschlossen werden, etwa wenn die Mitteilung an den einzelnen Käufer zu dem Zwecke erfolgt ist, daß eine unbestimmt große Anzahl anderer Personen Kenntnis davon erhalte (RG. in GewRschutz 1916 190; RG. in MuW. 15 94). Gleichzeitigkeit der Mitteilung wird nicht erfordert (RGSt. 40 122; RG. in GewRschutz 1916 190). Wenn ein nur in einem Exemplar vorhandenes Schriftstück an einzelne Personen verschickt und von ihnen zurückverlangt wird in der Absicht, es zu demselben Zwecke anderen Personen zugänglich zu machen, so ist der Personenkreis unbegrenzt (RGSt. 40 131; RG. in JW. 08 370). Daß die Mitteilung auf Anfrage erfolgt, macht keinen Unterschied (RGSt. 40 130, 42 112; RG. 46 51; vgl. S. 58 über den agent provocateur). Note 8.

Alle geschäftlichen Anzeigen und Mitteilungen kommen in Betracht, z. B. Rechnungen, Speisekarten, Briefbögen (RG. in JW. 1922 34; RGSt. 45 362; RG. in MuW. 8 154, 12 335, 17 162); Kassenbons (RGSt. 49 231). Auch eine Firma oder ein Warenzeichen stellt sich als eine „Mitteilung" dar (Note 15). Ferner die Aufnahme eines geschäftlichen Hinweises, z. B. „Fabrik", ins Adreßbuch (MuW. 11 325); das Ausstellen einer Photographie (RGSt. 40 130; RG. in MuW. 13 70); eine Aufschrift auf Geschäftswagen (RG. in UW. 4 57; MuW. 7 112); eine Angabe auf der Ware selbst oder auf der Verpackung (RG. 66 171; RG. in LZ. 09 395; RG. in MuW. 7 85, 8 209). Die gemäß § 7 WettbG. einzureichenden Ausverkaufsverzeichnisse sind nicht für einen größeren Personenkreis „bestimmt" (GewRschutz 1916 127). Über die Form der „Angaben" siehe Näheres Note 13. Note 9.

Auch Etiketten können sich als „Mitteilungen" darstellen, sofern sie nämlich für einen nicht geschlossenen Kreis von Personen bestimmt sind (RG. 58 281; RG. in JW. 98 393, 04 247; RG. in MuW. 8 20, 9 56). Begrifflich wird nicht erfordert, daß die mit der Etikette versehenen Waren an einem für die Kunden sichtbaren Orte, z. B. im Schaufenster, ausgelegt werden. Auch braucht die einzelne Etikette Note 10.

§ 3. nicht für einen größeren Kreis von Personen bestimmt zu sein. Vielmehr genügt es, daß die Etiketten in größeren Mengen hergestellt und alsdann mit den Waren in den Verkehr gebracht (RGSt. **40** 129, **45** 361) oder den Kunden zwecks Aufklebens geliefert werden (RG. in MuW. **13** 441). Vgl. RG. in JW. **1922** 34.

Note 11. **„Unrichtige Angaben".** „Angabe" bedeutet: Behauptung tatsächlicher Art im Gegensatz zum reinen Werturteil (§ 14 über die Begriffe „Behaupten und Verbreiten"). Der Begriff „Angabe" steht dem im WettbG. von 1890 enthaltenen Begriff der „Angabe tatsächlicher Art" gleich. Die Streichung dieser Worte ist ohne materielle Bedeutung (bestritten). Wird die als unrichtig verfolgte Angabe im Laufe des Prozesses richtig, dann ist der Klageanspruch für erledigt zu erklären.

Note 12. „In" der „Bekanntmachung" („Mitteilung") muß die Angabe enthalten sein. Jedoch können außerhalb liegende Umstände, z. B. das sonstige geschäftliche Verhalten des Beklagten, zur Beurteilung der Kundgebung mit herangezogen werden (RG. in GewRschutz **99** 90). „In" der Bekanntmachung ist die unwahre Angabe auch dann enthalten, wenn der gesamte Inhalt der Mitteilung sich als unrichtig darstellt, wenn also Mitteilung und Angabe sich inhaltlich decken (RG. in MuW. **13** 70).

Note 13. Die Form der Angabe ist belanglos. Der schriftlichen Kundgebung steht die mündliche gleich, sowie diejenige durch Gebärde (RG. in GewRschutz **1912** 259). Auch eine Handlung kann sich als eine „Angabe" darstellen (§ 14 Note 9). Eine bildliche Kundgebung ist eine „Angabe", wenn sie „mit einem wörtlichen Gedankenausdruck verbunden ist, dem sie zur Klarstellung, näheren Bestimmung, überhaupt zur Veranschaulichung dient" (RGSt. **40** 130; vgl. auch RG. in MuW. **10** 63; OLG. Karlsruhe in MuW. **15** 323). So legt RG. in MuW. **14** 182 dar: Das Bild einer Krone in Verbindung mit dem Worte „Emser" bedeute das Wort „Königlich" oder „Echt", auch erläutere dieses Bild das Wort „Emser" im Sinne einer Herkunftsbezeichnung. Die Verwendung eines Worts in bestimmter Weise und für bestimmte Zwecke kann eine „Angabe" bedeuten (RG. in GewRschutz **1911** 240). Durch Verschweigen wesentlicher Umstände kann zwar eine Angabe „unrichtig" werden, nicht aber kann durch Verschweigen eine „Angabe" gemacht werden (RG. **96** 244; RGSt. **39** 169; RG. in MuW. **13** 494). Wohl durch Nichtverhindern, wenn z. B. die bei einer Zeitung durch einen Dritten vorgenommene Bestellung einer unzulässigen Ankündigung nicht rechtzeitig zurückgenommen wird trotz der Möglichkeit hierzu (RGSt. **36** 46; § 1 Note 23).

Note 14. Eine Herkunfts- oder Beschaffenheitsangabe (§ 5) kann eine „Angabe" darstellen. Unrichtig ist eine solche Angabe schon dann, wenn sie für ein Erzeugnis verwendet wird, auf das sie sich nach der Verkehrsanschauung nicht bezieht. Wird z. B. unter der Bezeichnung „Neuburger Kieselkreide" ausschließlich eine bestimmte kieselsaure Tonerde verstanden, so darf ein Mitbewerber, der aus einer ebenfalls bei Neuburg gelegenen Grube kieselsaure Tonerde verarbeitet, sein Erzeugnis nicht als „Neuburger Kieselkreide" in den Handel bringen (RG. in MuW. **9** 88; vgl. auch RG. in MuW. **8** 154; RG. in Bl. **09** 190). Die billigere Anpreisung des Ersatzerzeugnisses, das die Eigenschaften der originalen Ware nicht oder nur in geringerem Maße hat, ist auch geeignet, den Anschein eines besonders günstigen Angebots hervorzurufen. Wird eine Ware, die nicht aus Mandeln hergestellt ist, als „Barimandol" bezeichnet, so liegt eine unrichtige Angabe vor (RG. in MuW. **11** 9; OLG. Hamburg in MuW. **10** 318). Ob die Bezeichnung geschützt bzw. schutzfähig ist, bleibt außer Betracht. So hat RG. in GewRschutz **1911** 124 in dem Gebrauch der vom Mitbewerber für seine Ware eingeführten — ungeschützten — Bezeichnungen „Blitzblank" und „Überzugs-Politur" eine unrichtige Angabe erblickt, weil beim Publikum, das diese Worte auf die Ware des Mitbewerbers bezieht, der Schein erweckt werde, die Ware stamme aus dessen Betriebe. Siehe auch RG. **42** 26; RG. in JW. **02** 33 „Amphibolin"; OLG. Dresden in MuW. **12** 358 „Marke Borsdorf" für Apfelwein, der nicht aus Borsdorfer Äpfeln hergestellt wird. Über täuschende Herkunfts- und Beschaffenheitsangaben siehe § 1 Note 47, 48; siehe ferner § 5 Note 3—5, § 16 Note 77, 80. § 3.

Der Gebrauch einer Firma oder eines Warenzeichens stellt sich als eine „Angabe" dar. Ist die Angabe „unrichtig", erweckt z. B. eine Firma zu Unrecht den Anschein, als sei sie dem Gegenstande des Unternehmens entlehnt („Gilette-Gesellschaft m. b. H."), so ist der § 3 anwendbar (RG. in MuW. **19** 114; vgl. auch RG. in MuW. **15** 362, **16** 251). Die Beobachtung der Vorschriften des Handels- und Gesellschaftsrechts über die Firmenführung schließt die Anwendbarkeit des § 3 nicht aus (RG. **75** 370, **77** 27, **78** 265); das WZG. ist durch das WettbG. zu ergänzen (RG. in MuW. **14** 338). RG. **58** 136 hat die Solinger Firma „Solingen-Dortmunder Vereinsbrauerei" als eine „unrichtige Angabe" behandelt, weil „Dortmunder Bier" Herkunftsbezeichnung sei. Ebenso RG. in MuW. **15** 166 hinsichtlich der Firma „Braunschweiger Wurstfabrik" (vgl. Bondi in GewRSchutz **1916** 146). RG. in MuW. **17** 210 hat die Aufnahme des Wortes „Transmissionswerke" in eine Firma als „unrichtige Angabe" bezeichnet; solange mit der Herstellung von Transmissionen noch nicht begonnen worden sei, widerspreche die Bezeichnung den tatsächlichen Verhältnissen. Auf Grund des § 3 kann auch die Löschung des unrichtigen Firmenbestandteils verlangt werden, sofern jeglicher Gebrauch des Bezeichnungsmittels eine Verletzung des § 3 bedeutet: RG. in MuW. **19** 114; vgl. § 16 Note 45. Note 15.

Das Datum der angekündigten Veranstaltung kann die — im übrigen richtige — Angabe zu einer unrichtigen machen. Ist z. B. ein Plakat mit der Ankündigung von „14 billigen Tagen" in einem Zeitpunkt im Schaufenster belassen oder an das Publikum verteilt worden, in dem die 14 Tage seit der ersten Ankündigung bereits abgelaufen waren, so liegt eine unrichtige Angabe vor (RG. in ZIndR. **1914** 192). Bei Plakaten (und sonstigen durch Aushang veröffentlichten Kundgebungen) dauert im Zweifel die Bekanntmachung bis zu dem Zeitpunkt, in dem das Plakat entfernt wird; bei Anzeigen in den Tagesblättern bis zu dem Zeitpunkt, in dem die Zeitung nicht mehr gelesen zu werden pflegt (RG. **46** 55). Siehe über eine auf Künftiges gehende Ankündigung Note 27. Note 16.

Über **Werturteile** siehe § 14. Die objektive Nachprüfbarkeit entscheidet.

Für die **marktschreierische (übertreibende) Anpreisung** gilt nichts Besonderes, es sei denn, daß es sich um solche Übertreibungen handelt, deren mangelnde Ernstlichkeit auch von dem am wenigsten intelligenten Kreise der Kenntnisnehmenden zweifelsfrei erkannt wird: z. B. „schönstes Geschäft der Stadt", „vollkommenster Wohlgeschmack". Die Beurteilung muß streng sein. So ist die Anpreisung „ungeahnter Vorteile" als Verstoß gegen den § 3 behandelt worden, weil überhaupt keine besonderen Vorteile gewährt worden sind (OLG. Hamm in MuW. **17** 172). Entsprechendes gilt für Anpreisungen wie „spottbillige Preise", „ewige Haltbarkeit". Wird der Anschein besonderer Ernstlichkeit erweckt, dann ist die übertreibende Angabe stets als eine „unrichtige" zu behandeln (RGSt. **33** 442). Hinweise auf vorhandene Eigenschaften oder Zustände des Geschäftsbetriebes (der Waren oder gewerblichen Leistungen) sind regelmäßig als ernst gemeint zu betrachten, z. B. „Welthaus", „Atelier", „Industrie", „Werk", „Fabrik", „Bankier", „Bankkommissionsgeschäft", „Deutsches Immobilien- und Finanzierungsinstitut" (RG. in MuW. **15** 24; vgl. auch RG. in MuW. **15** 26; RGSt. **44** 258); Note 17.

§ 3. „Feinste Präzisionstechnik" (RG. in MuW. **14** 22). Über die Bezeichnung „Deutscher Weinbrand Asbach Uralt" siehe § 1 Note 48.

Note 18. Bezeichnungen wie „beste", „vorzügliche", „prima" kommen als bloß übertreibende Reklame namentlich dann nicht in Betracht, wenn im Handelsverkehr ein solcher Ausdruck eine besondere Qualitätsbezeichnung für die angebotene Ware darstellt. So ist z. B. die Bezeichnung „beste Terpentinseife" als Qualitätsbezeichnung anzusehen (RG. in DJZ. **09** 422), desgleichen „prima Flurfliesen" (R. **09** 3212), „Kaffee edlerer Sorten" (UW. **4** 68). „Erstklassiges Roßhaarlin" muß „aus reinem Haare" bestehen (RG. in MuW. **15** 25). Die Bezeichnung „prima Stearinkerzen" ist vom RG. in MuW. **15** 355 zugelassen worden, obwohl die Kerzen nur aus etwa 73% Stearin, im übrigen aus Paraffin bestanden; aus reinem Stearin bestehende Kerzen würden als „reine Stearinkerzen" bezeichnet: Hier dürfte, wenn der fragl. Handelsgebrauch tatsächlich bestehen, aber nicht von allen Verbrauchern anerkannt sein sollte, ein — nicht zu berücksichtigender — Mißbrauch vorliegen. Für „Schuhe prima Qualität" ist zu verlangen, daß sie aus gutem, haltbarem Leder hergestellt sind (RGSt. **36** 430; vgl. ferner RG. **46** 52, **58** 281, **66** 171). Keinesfalls dürfen Bezeichnungen wie „beste", „vorzügliche" für offenbar minderwertige Waren verwendet werden (RG. in MuW. **12** 356, **13** 320, 560; RGSt. **37** 266, **39** 171, **44** 148). Über „echt englischer Cheviot", „echt englisches Kammgarn" siehe RGSt. **47** 421; RG. in ZJndR. **1914** 85.

Note 19. Der Zusatz „Erste" in der Firma kann eine unrichtige Angabe über geschäftliche Verhältnisse darstellen, die auch geeignet ist, den Anschein eines besonders günstigen Angebots hervorzurufen. Das Publikum versteht darunter vielfach das älteste oder das leistungsfähigste gleichartige Geschäft (RG. in MuW. **12** 360). Dasselbe gilt für die Bezeichnung „Haus ersten Ranges". Die Bezeichnung „größtes Spezialbesatzhaus Norddeutschlands" ist eine nachprüfbare Angabe über geschäftliche Verhältnisse. A. M. OLG. Hamburg in MuW. **11** 16: Das Publikum lege jenem Ausdruck nicht die Bedeutung einer Angabe über die Menge der Vorräte bei. Hierauf kommt es nicht an; jedenfalls liegt eine Angabe über „geschäftliche Verhältnisse" vor. Das OLG. Hamburg erklärt, die Nachprüfung sei mit „großen Schwierigkeiten" verknüpft: Rechtlich ist die Schwierigkeit der Nachprüfung belanglos (§ 14 Note 12).

Note 20. In bildlichen Darstellungen sind marktschreierische Übertreibungen in der Regel milde zu beurteilen, insbesondere soweit sie auf dem Gebiete des Witzes und der Karikatur liegen. Das Publikum ist hier an starkes Auftragen gewöhnt. Vgl. Lindner in MuW. **13** 91. Siehe auch § 5 Note 21.

Die Feststellung der Unrichtigkeit der Angaben.

Note 21. 1. **Die Auffassung des Publikums** ist maßgebend, und zwar entscheidet die Anschauung desjenigen Kreises, an den die Ankündigung sich wendet (RGSt. **40** 438, **44** 258, **48** 40). Der Richter muß den Bildungsgrad und das Vorstellungsvermögen dieses Kreises berücksichtigen und sich vor Augen halten, daß die hinter den Bekanntmachungen liegenden geschäftlichen Verhältnisse dem Publikum regelmäßig unbekannt sind, daß es daher auf den Inhalt der Ankündigung angewiesen ist. Die durch den Rechtsstreit gewonnene Aufklärung des wirklichen Sachverhalts darf auf die richterliche Beurteilung der Angaben keinen Einfluß gewinnen (RGSt. **44** 145). Die Auffassung des erfahrenen Publikums entscheidet nicht über den Sinn der Ankündigung, wenn diese sich an jedermann wendet. Alsdann ist vornehmlich die Auffassung des unerfahrenen Publikums in Betracht zu ziehen (RG. in MuW. **13** 491). Auf die Ansicht der Fachgenossen des Ankündigenden (der Händler,

Zwischenhändler oder Fabrikanten) kommt es bei der Auslegung der Kundgebung nur dann an, wenn sie sich lediglich an die Fachgenossen, nicht an die Verbraucher wendet (RG. **92** 382; RGSt. **44** 145; RG. in MuW. **11** 436). Für die Frage, an welchen Kreis des Publikums die Kundgebung sich wendet, ist die eigene Erklärung (Auffassung) des Kundgebenden nicht ohne Bedeutung (RG. in MuW. **13** 272). Siehe auch Note 25 und 39. § 3.

Note 22. Die Durchschnittsauffassung des in Frage kommenden Personenkreises ist entscheidend (RGSt. **48** 40). Es kommt nicht darauf an, was der einzelne gedacht hat, sondern was er normalerweise denken mußte. Das nächstliegende Verständnis der Kundgebung ist für die Feststellung ihres Inhalts maßgebend. Der Sinn einer an einen bestimmten Leserkreis gerichteten Mitteilung ist das, was dieser Leserkreis bei ungekünsteltem Verhalten daraus entnimmt, nicht aber, was eine künstliche Wortauslegung, auf die kein Unbefangener kommt, ergibt (RG. in LZ. **1915** 133). Wenn das Publikum eine an sich unrichtige Angabe nicht unrichtig auffaßt, etwa weil die Bedeutung sich geändert hat, so entscheidet dies. Solange aber eine solche Auffassung nicht klar erhellt, ist anzunehmen, daß der Wortlaut einer Angabe ihrem Wortsinne entspricht und auch so vom Durchschnittspublikum verstanden wird (RG. **99** 135; RGSt. **40** 440). Ein Handelsmißbrauch kann unwahre (mißdeutbare) Angaben nicht rechtfertigen (RGSt. **36** 378, **48** 41). Ein fremdsprachliches Wort, das an sich Beschaffenheitsangabe ist, kann für deutsche Verkehrskreise sehr wohl Herkunftsbezeichnung sein, wobei die Auffassung einzelner sprachkundiger Personen nicht in Betracht kommt (RG. **99** 89).

Note 23. Daß ein Teil des Publikums (es sei denn ein „völlig unerheblicher": RG. in MuW. **20** 8) die Unrichtigkeit der Angaben nicht erkennt, ist ausreichend, mag auch die Mehrzahl der Kenntnisnehmenden, etwa aus Sachkunde oder aus sonstigen Gründen, die Kundgebung richtig verstehen (RG. **99** 135; RGSt. **36** 377, **40** 439, **44** 144, 261; RG. in MuW. **7** 179, **12** 471, **15** 355; RG. in JW. **04** 480, **1915** 1362).

Note 24. Die Auffassung des aufmerksamen Lesers ist im Regelfall nicht als maßgebend anzusehen: „Nicht mit individuell feinem Verständnis und voller Aufmerksamkeit ist zu rechnen, sondern mit der oberflächlichen Betrachtungsweise und dem Vorstellungsvermögen des großen Publikums, das in seiner Mehrheit nicht aus gebildeten, scharfsinnigen, zu genauer Unterscheidung geeigneten und je nach den Umständen gewillten Personen besteht" (RG. in Bl. **04** 310). Fast niemals kommt es auf den Eindruck an, den ein aufmerksamer Leser empfängt (RG. **58** 129; RGSt. **48** 102): „Es darf nicht von einem Leser ausgegangen werden, der die Kundgebung genau, vollständig und mit scharfer Überlegung liest, sie schon förmlich studiert" (RG. **83** 384). Vielmehr ist im Regelfall anzunehmen, daß der Leserkreis die Angaben nur ungenau zu prüfen pflegt. Insbesondere ist damit zu rechnen, daß umfangreiche Anzeigen nicht ganz durchgelesen werden (RG. in MuW. **13** 559; vgl. auch RG. in GewRschutz **1911** 81). Siehe Note 33 über Schlagworte.

Note 25. Nach ihrer Gesamtwirkung sind die Angaben zu prüfen. Entscheidend ist, ob der Eindruck der Kundgebung als Ganzes unrichtige Vorstellungen erweckt, mögen auch die einzelnen Angaben, für sich betrachtet, zutreffend sein (RGSt. **34** 163, **44** 143, 146; RG. in JW. **01** 65; **1915** 1362; RG. in MuW. **12** 475). Dies gilt insbesondere für räumlich getrennte, aber auf einem Etikett, Plakat oder in einem Buch zusammengefaßte Angaben (RG. in MuW. **15** 93). Der Richter darf nicht etwa die Ankündigung in ihre Teile zerlegen und dann prüfen, wie sich ihm

§ 3. die Teile darstellen. Vielmehr kommt es darauf an, wie das beteiligte Publikum die Kundgebung in ihrem wesentlichen Gehalt auffaßt: RGSt. **34** 163, **44** 145; RG. in MuW. **9** 63, wo mißbilligt wird, daß der Vorderrichter „die vom Beklagten einheitlich gemachten Angaben in zwei Teile zerlegt und jeden Teil besonders prüft". So erklärt RG. in ZIndR. **1914** 81, das fragl. Buch als Ganzes enthalte die Behauptung, daß alle Konkurrenzfabriken ihre Sylikatzemente unter Verwendung natürlicher Mineralien herstellen, und zwar noch zur Zeit der Verbreitung des Buches. Diesen Sinn müsse der Leser bei unbefangener, den Zusammenhang der einzelnen Abschnitte des Buches beachtender Auffassung entnehmen. — Eine Behauptung kann „so übertrieben und allgemein sein, daß sie als unrichtig anzusehen ist" (RG. in MuW. **15** 83, **18** 16). Das gleiche gilt für eine unrichtige Darstellung von Begleitumständen (RG. **75** 63; RGSt. **34** 163). Siehe auch S. 60 und § 1 Note 37, 38, 39.

Auch die äußere Aufmachung einer Kundgebung kann für ihre Wirkung bedeutsam sein (RGSt. **47** 421; vgl. auch RGSt. **44** 145).

Note 26. Bei Einzelangaben einer Gesamtankündigung muß jede für sich richtig sein. Es ist belanglos, ob eine spätere Ankündigung die frühere richtigstellt. Der Anspruch auf Unterlassung besteht auch gegen die unrichtige Teilangabe (RG. in MuW. **7** 178, **10** 33, **11** 538). Wenn eine Angabe zum Teil der Sachlage entspricht, zum Teil mit ihr in Widerspruch steht, so ist sie als unrichtig zu behandeln (RG. in MuW. **7** 178, **10** 164). Über die Zusammenfassung mehrerer Behauptungen in einem Schriftstück (Buch, Prospekt) siehe S. 46.

Note 27 Auf Künftiges gehende Anzeigen sind unrichtig, wenn nach der objektiven Sachlage im Zeitpunkt der Ankündigung davon auszugehen war, daß sie nicht (oder nicht pünktlich) erfüllt werden und daher schon damals die später eingetretene Nichterfüllung in Betracht zu ziehen war. Bei Prüfung dieser Frage sind nicht bloß die in jenem Zeitpunkt getroffenen Anordnungen, sondern das gesamte geschäftliche Verhalten und selbst die Vorkommnisse nach der Kundgebung, soweit ein Schluß auf jene frühere Sachlage möglich ist, zu berücksichtigen (RG. **46** 51). Werden gewerbliche Leistungen in Aussicht gestellt, so ist die Richtigkeit der Ankündigung davon abhängig, daß wenigstens im Regelfall die gewerblichen Leistungen gemäß der Ankündigung auch gewährt werden. Denn sonst würde sich die Ankündigung mit den wirklichen Verhältnissen nicht decken, also unrichtig sein (RG. in GewRSchutz **1913** 348). Einzelfälle, die der Ankündigung nicht entsprechen, brauchen diese noch nicht als im ganzen unrichtig erscheinen zu lassen. Alsdann muß es sich aber um Ausnahmen handeln. Im Regelfall genügt ein nur teilweise der Ankündigung zuwiderlaufendes Verhalten, diese zu einer unrichtigen zu machen (RG. in MuW. **12** 648; vgl. auch KG. in GewRSchutz **1911** 53; RG. in MuW. **12** 474).

Note 28. Geht der Inhalt der Ankündigung auf eine umfassende Veranstaltung, z. B. auf einen Ausverkauf, so liegt nicht schon dann eine unrichtige Angabe über die Veranstaltung als Ganzes vor, wenn einzelne der Ankündigung nicht entsprechende Vorgänge in dem betr. Geschäft sich ereignet haben. Es ist vielmehr zu berücksichtigen, daß die richtige Durchführung der Veranstaltung zum Teil durch das Zusammenwirken einer Mehrheit von Personen bedingt ist und daß hierbei unter Umständen trotz Anwendung großer Sorgfalt unbedeutende Verstöße nicht vermeidbar sind. Unter Berücksichtigung aller Umstände ist festzustellen, ob jene Einzelvorgänge die Angabe über die ganze Veranstaltung zu einer unrichtigen machen (RG. **46** 51).

Nicht revisionsfähig, weil auf tatsächlichem Gebiet liegend, ist die vom Note 29.
Berufungsgericht festgestellte Auffassung des Publikums (RG. in JW. **1914** 715; Note 35). Sind jedoch die Grundsätze nicht beobachtet worden, die vom RG. für diese Feststellung aufgerichtet worden sind, dann ist Revisionsfähigkeit gegeben (§ 16 Note 20).

2. **Die bloß abstrakte Richtigkeit** einer Angabe schließt nicht aus, daß sie unrichtige Note 30
Vorstellungen erweckt. Wird z. B. eine Preisermäßigung angekündigt, dann ist die Ankündigung unrichtig, wenn die in Aussicht gestellte Ermäßigung nicht auf Grund der im ordentlichen Geschäftsverkehr üblichen Preisberechnung erfolgt (RG. in MuW. **13** 560). Wenn „Zugaben" versprochen werden, dann dürfen die Preise der Waren nicht höher als üblich (angemessen) sein (OLG. Kiel in SchlHolstAnz. **1911** 29). Wenn im Preise herabgesetzte Waren ausgelegt werden, dann muß kenntlich gemacht werden, daß es sich um Ausnahmestücke handelt (RG. in JW. **05** 507). Behauptet jemand, das Tafelwasser des Mitbewerbers enthalte Arsen, so mag das der Wahrheit entsprechen, gleichwohl ist die Behauptung als unrichtig zu behandeln: „Es kann seitens des beteiligten Publikums in der gesamten Äußerung die Tatsache als behauptet gefunden werden, das Wasser der Klägerin sei für die Gesundheit schädlich, während es doch in Wahrheit trotz des Gehalts an Arsen für die Gesundheit völlig unschädlich sein kann" (RG. in MuW. **9** 63). Auch in folgendem Falle liegt eine unrichtige Angabe vor: Jemand bezieht Uhren als fertiges Erzeugnis aus der Schweiz, kauft in Glashütte ein Grundstück und errichtet auf demselben eine Geschäftsstelle, aus der er unter Angabe von „Glashütte" als Versandort Prospekte versendet und die Uhren (mit oder auch ohne Aufdruck „Glashütte") vertreibt. Siehe ferner das Beispiel Note 35: RG. in MuW. **11** 536, betr. „Kohlen, bei Mariaschein liegend". RG. in GewRschutz **1916** 189 erklärt, daß ein Tafelwasser („Brambacher Sprudel") durch das Etikett und den Prospekt als radioaktiv hingestellt wird, wenn die das Tafelwasser herstellende und vertreibende Gesellschaft darauf als Inhaberin eines „Radium-Bads" und Besitzerin einer „Radium-Mineralquelle" bezeichnet wird. Ein Etikett auf einer Flasche mit Inhalt sei nach der Auffassung des Verkehrs allein dazu bestimmt, Auskunft über Ursprung und Beschaffenheit des Inhalts zu geben; desgl. sei ein Prospekt dazu bestimmt, Angaben über die angepriesene Ware zu machen. Wenn entgegen dieser nächsten Bestimmung des Etiketts und Prospekts darin außerdem noch andere Angaben über geschäftliche Verhältnisse gemacht würden, dann müsse dies mit der erforderlichen Deutlichkeit geschehen. — Wer sich als „Apotheker" bezeichnet, macht trotz seiner Berechtigung zur Führung dieses Titels eine unrichtige Angabe über geschäftliche Verhältnisse, wenn er den Beruf als Apotheker nicht tatsächlich ausübt. Denn das große Publikum verbindet mit der Arbeitsweise eines Apothekers die Vorstellung, daß sie eine besonders genaue und sorgfältige sei (RGSt. **46** 322). Die Bezeichnung „Dr." seitens eines Dr. phil., der Inhaber eines Heilinstituts ist, verstößt gegen §§ 3 WettbG., 137 Ziff. 3 GO. Die Anpreisung „Kaffeemischung mit Zusatz von Gewürz" erfordert, daß mindestens zur Hälfte reiner Bohnenkaffee zugesetzt ist (RG. in MuW. **14** 25). Siehe Elster in GewRschutz **1917** 65. Die Kundgebung „leistungsfähige Fabrik dieser Branche" wird durchweg so gelesen (oder wenigstens verstanden), daß die Fabrik als die leistungsfähigste bezeichnet werden soll.; bei objektiver Nachprüfbarkeit (§ 14 Note 12) liegt eine unrichtige Angabe vor (a. M. OLG. Celle in MuW. **13** 160).

3. Bei **Mehrdeutigkeit** einer Angabe ist im Regelfall zu unterstellen, daß wenig- Note 31.
stens ein — beachtlicher — Teil des Publikums zu einer Auffassung geführt wird, wonach die Angabe als unrichtig erscheint. So RG. in MuW. **10** 64, **11** 204: „Zweideutig-

§ 3. keiten fallen auf denjenigen zurück, von dem sie ausgegangen sind". „Dem Publikum ist nicht zuzumuten, daß es besondere Erwägungen oder gar Nachforschungen anstellt, um den Sinn und die Bedeutung einer Ankündigung aufzuklären" (RG. in JW. **1916** 275). RG. in MuW. **11** 535 legt dar: Würde in dem Ausdruck „Industrie" gewöhnlich oder auch nur von einem erheblichen Teile des Publikums ein Hinweis auf fabrikmäßige Herstellung erblickt, so hätte der Beklagte sich dieses mehrdeutigen Ausdrucks, der einen erheblichen Teil der Kundschaft irrezuführen geeignet und insoweit unrichtig war, enthalten müssen. Ob die Unklarheit vorauszusehen war, bleibt außer Betracht (RG. in JW. **06** 40). Siehe auch RG. in JW. **1914** 203.

Note 32. 4. Die **spätere Richtigstellung** einer — an sich unrichtigen — Ankündigung, etwa durch erklärende Hinweise gegenüber den Abnehmern, ist ohne Bedeutung: Entscheidend ist, wie das Publikum die Kundgebung auffaßt, nicht, worauf es später aufmerksam gemacht wird (RG. in MuW. **11** 425, **13** 17). So ist es auch belanglos, ob etwa der Bewerber an Ort und Stelle sofort erkennt, daß es sich n i c h t um ein privates Gelegenheitsangebot handelt: Dies liegt außerhalb des gesetzlichen Tatbestandes, der sich nur mit der Ankündigung als solcher befaßt (RGSt. **46** 277; vgl. auch RG. **92** 382).

Note 33. 5. Auf die **Schlagworte** (Stichworte) einer Ankündigung ist bei der Auslegung besonderes Gewicht zu legen, desgl. auf die durch die Anordnung des Drucks herausgehobenen Stellen. Der verbindende Text, der vom Publikum oft nicht gelesen wird, vermag eine verleitliche Spitzmarke nicht wieder gutzumachen. Nur die Spitzmarke prägt sich im Regelfall dem Publikum ein, und je mehr sie Anerkennung findet, desto schneller wird die Irreführung bewirkt, so daß es auf den verbindenden Text schon aus diesem Grunde nicht ankommt. „Auch der flüchtige Leser muß sich darauf verlassen können, daß das als wesentlich Herausgehobene r i c h t i g herausgehoben ist und nicht Gleichwichtiges, das mit dem Herausgehobenen begrifflich zusammengehört und für dessen Sinn von Bedeutung ist, weggelassen ist" (RGSt. **50** 16). Siehe auch OLG. Karlsruhe in MuW. **13** 572, wo die Überschrift „Natureis ist gefährlich" als das die ganze Kundgebung beherrschende Leitmotiv gewürdigt wird: Die Überschrift müsse beim Publikum Aufsehen erregen und den Eindruck hervorrufen, daß nunmehr wichtige Enthüllungen über die Gefährlichkeit des Natureises erfolgen; von diesem Eindruck beherrscht, lese dann das Publikum und erkenne nicht, daß nur von einem besonders verunreinigten Natureis die Rede ist. — Über täuschende Schlagworte siehe § 1.

Note 34. Namentlich bei P l a k a t e n und E t i k e t t e n sind die Stichworte maßgebend. Es liegt im Wesen dieser Druckschriften, das Entscheidende in augenfälliger Weise herauszuheben, durch einzelne Worte das Ganze zu beherrschen. Erfahrungsgemäß begnügt sich das Publikum mit der Erfassung solcher Worte. Auch ist bei Plakaten (die auf der Straße oder im Innern von Geschäftsräumen hängen) ein vollständiges Durchlesen naturgemäß erschwert. Zu berücksichtigen ist ferner, ob etwa die Schlagworte schon in einiger Entfernung deutlich lesbar sind. In solchen Fällen entscheidet um so mehr der Eindruck dieser Worte (RGSt. **48** 102).

Note 35. 6. **Allgemeine Erfahrungs- (Verkehrs-) Tatsachen,** die, weil als selbstverständlich vorausgesetzt, in den Kundgebungen oft nicht besonders erwähnt werden, dürfen bei Würdigung einer Ankündigung nicht außer Betracht gelassen werden (RGSt. **44** 259). So hat RG. in MuW. **11** 536 den mit der Anpreisung von Kohlen verbundenen Hinweis „bei Mariaschein liegend", obwohl er eine Behauptung über die Güte der Kohlen an sich nicht enthält, als eine unrichtige Angabe angesehen: Die Mariascheiner Kohle erfreue sich eines guten Rufes, während die angepriesene Kohle der Beklagten nicht so gut sei und in diesem Sinne „schon der bloße Hinweis auf Mariaschein geeignet war, den Anschein hervorzurufen, daß die Kohle von der bekannten Güte der Mariascheiner Kohle sei". Eine unrichtige Angabe kann auch darin gefunden werden, daß jemand in einer Kundgebung auf — angeblich — unanfechtbare Erfahrungssätze sich beruft, die gar nicht bestehen. — Auch noch in der Revisionsinstanz dürfen allgemeine Erfahrungssätze herangezogen werden (RG. in LZ. **1914** 1847). Über mißbräuchliche Verkehrssitten siehe § 1. § 3.

„Geeignet, den Anschein eines besonders günstigen Angebots hervorzurufen." Es soll genügen, daß die „unrichtige Angabe" den Anschein eines besonders günstigen Angebots hervorzurufen geeignet ist. „Was dann weiter geschieht, ist nicht mehr von Belang. Es kommt die Auffassung in Betracht, die die beteiligten Kreise vorher, wenn sie die angepriesenen Waren, zu deren Ankauf sie angeregt werden sollen, noch nicht kennen, über die Vorzüge des Angebots haben" (RG. **92** 382). Ohne Bedeutung ist es, ob das Angebot in der Tat günstig ist (RGSt. **35** 236, **39** 171, **47** 280, 422: „Der Anschein eines besonders günstigen Angebots braucht kein falscher zu sein"). — Wo in einer Reklame „unrichtige Angaben" gemacht werden, da sind sie im Regelfall auch geeignet, den Anschein eines besonders günstigen Angebots hervorzurufen. Wie weitreichend dieser Begriff ist, ergibt sich aus den nachfolgenden Erläuterungen. Vgl. auch RG. in JW. **1922** 34. Note 36.

„Besonders günstig" bedeutet lediglich: Das Angebot muß seinem Inhalt nach günstig sein und der Wahrheit entsprechen. So erklärt RG. **96** 243: „Die Kauflust auch für eine günstige gewerbliche Leistung soll nicht durch unwahre Vortäuschung anderer, ihr nicht zukommender Eigenschaften, nicht durch den Anschein andersartiger Vorzüge angeregt werden, sondern allein durch die Angabe der ihr wirklich zukommenden Vorzüge. Die Vorzüge, die der Leistung zukommen, müssen sich mit den Angaben über die Vorzüge auch wirklich decken. Daß aus anderen Gründen das Angebot tatsächlich ebenso günstig sein kann, tut nichts zur Sache, wenn diese nicht im Angebot hervorgehoben worden sind. Die geltend gemachten Vorzüge müssen wahr sein." A. M. insbesondere Finger, S. 121, der — im Einklang mit älteren Entscheidungen — „erhebliche" Vorzüge verlangt; RGSt. **40** 128 erklärt, das Angebot müsse Vorzüge gegenüber anderen Angeboten enthalten: hierauf kommt es nicht an. Note 37.

„Angebot" ist nicht nur das Verkaufsangebot, sondern auch das Einkaufsangebot (Kaufgesuch). Näheres siehe Note 7. Note 38.

Die Auffassung des in Frage stehenden Käuferkreises entscheidet darüber, ob die Angabe geeignet ist, den Anschein eines besonders günstigen Angebots hervorzurufen. Es ist zu prüfen, ob es sich um Angaben handelt, auf die im Verkehr Wert gelegt wird, die also das Urteil des Käuferkreises zu beeinflussen geeignet sind. Bei der Entscheidung dieser Frage ist auf Gewöhnung und Herkommen, auf allgemeine Erfahrungstatsachen (Note 35), sogar auf etwaige Vorurteile des Publikums Rücksicht zu nehmen (RG. **58** 285, **66** 176, **92** 382). Als Beispiel diene der Fall RG. in GewRschutz **1916** 192: Eine Firma hat die Bezeichnung „Hoflieferanten" verwendet, obwohl ihr nur von einem einzigen Hofe der Titel „Hoflieferant" verliehen worden ist. Das OLG. entschied, es sei nichts Ungewöhnliches, daß eine Gesellschaftsfirma von sich in der Mehrzahl spreche. Das RG. erklärt die Angabe „Hoflieferanten" für unrichtig und legt dann dar: „Die Frage, ob die unrichtige Angabe geeignet ist, den Anschein eines besonders günstigen Angebots zu erwecken, wird durch die vom Berufungsrichter getroffene Feststellung nicht beantwortet, es sei nichts Ungewöhnliches, daß eine Ge- Note 39.

§ 3. sellschaftsfirma von sich in der Mehrzahl spreche. Die zu beantwortende Frage kann nur gelöst werden, wenn eine Prüfung auf Grund der Auffassung des Publikums über die Bezeichnung stattgefunden hat (RG. **80** 273). Eine solche Prüfung hat der Berufungsrichter nicht vorgenommen. Deshalb unterliegt dieser Teil des Urteils der Aufhebung und der Zurückverweisung." Näheres über die Feststellung der Auffassung des Publikums siehe Note 21. Es genügt, daß nur ein Teil des Publikums „die Vorstellung von einem günstigen Angebot gewinnt", es sei denn, daß der Teil „völlig unerheblich" ist (RG. in MuW. **20** 8).

Note 40. In irgendwelchen Vorteilen (wirklichen oder vermeintlichen) kann der „Anschein" liegen. Er ist nicht notwendig mit der Preisbemessung verknüpft. Insbesondere in der Anpreisung der Beschaffenheit der Ware ist der Anschein gefunden worden (RGSt. **40** 128), auch in dem Hinweise auf die Herkunft oder Beliebtheit der Ware (RG. **66** 171; RG. in MuW. **8** 155, **13** 69, 109) oder auf besondere Vorzüge in der Person des Ankündigenden (Arzt, Apotheker: RGSt. **46** 322; Hofjuwelier: GewRschutz **98** 157; „die besondere Fertigkeit und Zuverlässigkeit des Leistenden": RGSt. **40** 128; RG. in JW. **02** 594). Der Hinweis auf vorhandene Vorräte deutet auf den Umfang und damit auf die Leistungsfähigkeit des Geschäfts: RG. in MuW. **13** 493. Im Falle RG. in MuW. **13** 389 sind 1000 Paar Schuhe als vorrätig angepriesen worden, während nur 600 Paar vorhanden waren. Das RG. hat hierin eine Verletzung des § 3 erblickt.

Note 41 Auch der nicht unwahre Inhalt einer Ankündigung kann für die Beurteilung der Wirkung in Betracht kommen, insoweit nämlich, als dieser Inhalt geeignet ist, anzudeuten oder glaubhaft zu machen, daß und weshalb gerade dem Ankündigenden ein besonders günstiges Angebot möglich wird, und so den Anschein eines solchen Angebots zu verstärken (RGSt. **44** 146).

Note 42. Nicht in der Anzeige selbst — für sich allein unter Ausschluß des Hinzutretens anderer Umstände — braucht das besonders günstige Angebot enthalten zu sein. Es genügt vielmehr, daß die unrichtige Angabe geeignet ist, das Publikum zur Vergleichung des Warenangebotes mit anderen Angeboten zu veranlassen, und daß die Möglichkeit besteht, das Publikum könne auf Grund solcher Vergleichung jenes Angebot wegen der unrichtigen Angaben für ein „besonders günstiges" halten. Zu diesem Ergebnis darf also das Publikum auch auf Grund anderweitig erlangter Kenntnis kommen (RG. **66** 171; RG. in Recht **07** Nr. 3382).

Note 43. Wenn nur für den Fall künftiger Bezüge eine Angabe geeignet ist, den Anschein eines besonders günstigen Angebots hervorzurufen, so genügt dies unter Umständen. Siehe RG. in GewRschutz **1912** 258: Es waren Gefäße mit Etiketten, die sich als „unrichtige Angaben" darstellen, in Erfüllung eines Kaufvertrages geliefert worden. Der Vorderrichter hat angenommen, daß der Anschein eines besonders günstigen Angebots hierdurch nicht hervorgerufen werden könne. Demgegenüber erklärt das RG.: Zwar sei zuzugeben, daß die mittels der Etiketten gemachte Mitteilung nicht in bezug auf den gleichzeitig übersandten und schon früher fest gekauften Gegenstand selbst eine solche war, durch die der Anschein eines besonders günstigen Angebots hervorgerufen werden konnte. Aber für den Fall künftiger Bezüge könnten diese Etiketten eine derartige Wirkung besitzen.

Note 44. **„Geschäftliche Verhältnisse."** Unter diesen Begriff fallen Angaben über irgendwelche geschäftlichen Verhältnisse, so daß die Einzelaufzählung, die der § 3 gibt, überflüssig ist (RGSt. **49** 232). Ob die Angaben sich auf „bedeutsame Umstände" beziehen (wie Finger S. 113 verlangt), berührt den Begriff nicht: Diese Frage erledigt sich durch das weitere Erfordernis des § 3, daß die Angaben geeignet sein müssen, den Anschein eines besonders günstigen Angebots hervorzurufen. Eine Angabe über geschäftliche Verhältnisse liegt z. B. in der Bezeichnung „Kassenbon" (RGSt. **49** 230). — Über Klageänderung siehe Note 65. § 3.

Angaben über das Alter eines Geschäfts (oder eines bestimmten Fabrikationszweiges): Der Erwerber des Geschäfts darf in der Altersangabe die Zeit seiner Vorgänger mit berücksichtigen (mag auch die Firmenbezeichnung gewechselt haben), sofern wirtschaftlich keine Unterbrechung vorliegt und der wesentliche Charakter des Unternehmens unverändert geblieben ist (RG. in MuW. **5** 51, **11** 261). Note 45.

Die Behauptung des Patentschutzes oder eines sonstigen gesetzlichen Schutzes: Die Patentberühmung auf der Ware selber begründet auch gegen den Zwischenhändler den Unterlassungsanspruch (OLG. Dresden in MuW. **18** 39; siehe auch RGSt. **49** 230). Über die Unterlassungsklage auf Grund des § 40 PatG. siehe S. 41 und Witt in MuW. **10** 10. Der § 3 WettbG. geht weiter als der § 40 PatG., denn er trifft jeglichen unrichtigen Hinweis auf einen — inländischen oder ausländischen — Patentschutz oder dessen Anmeldung. Die Bezeichnung D. R. P. a. (angemeldet) ist zum mindesten mißdeutbar und daher unzulässig (RG. in Bl. **98** 144, **01** 14, **04** 395, **06** 45, 147, **07** 135; OLG. Hamburg in MuW. **10** 318; OLG. Kassel in MuW. **13** 116). Ist ein Verfahren patentiert, so dürfen die unmittelbar aus ihm gewonnenen Erzeugnisse als „patentiert" bezeichnet werden. Dem Ausdruck „patentiert" steht gleich die Verbindung des Wortes „Patent" mit einer Ware, z. B. „Patentlampe" (RGSt. **26** 192); „Patentform" (OLG. Kassel in MuW. **13** 115). Wenn nur ein Teil des als allgemein patentiert bezeichneten Gegenstandes patentiert ist, dann kommt es darauf an, ob der patentierte Teil für das Wesen der zusammengesetzten Sache ausschlaggebend ist und sie gerade seiner Beschaffenheit wegen zu einer besonders geschätzten und begehrten macht (RG. in MuW. **15** 360). So dürfen Metallmatratzen mit patentiertem Netzboden als „patentiert" bezeichnet werden, weil der Boden den Hauptteil der Matratzen bildet (RG. in Bl. **7** 117; siehe auch RG. **84** 195; RGSt. **38** 244, **42** 357). Es muß verlangt werden, daß zur Behebung jeglicher Mißdeutung der Umfang des Patentschutzes möglichst deutlich gemacht wird. — Besteht nur ein Warenzeichenschutz, dann ist die Bezeichnung „patentamtlich geschützt" unzulässig (RG. in MuW. **16** 198). Siehe auch Note 60. Note 46.

Angaben über wissenschaftliche, künstlerische, humanitäre, rein persönliche Verhältnisse gehören nicht hierher. Werden jedoch Angaben dieser Art zu Wettbewerbszwecken im geschäftlichen Verkehr gemacht, so ist unter Umständen die Generalklausel heranzuziehen. Auf die Unrichtigkeit der Angaben kommt es dabei nicht entscheidend an. Verbreitet z. B. jemand familiäre Klatschgeschichten über seinen Mitbewerber, um ihm Kundschaft abspenstig zu machen, so verstößt das gegen die guten Sitten. Note 47.

„Beschaffenheit." Der Begriff „Beschaffenheit" umfaßt alle Eigenschaften, körperliche und unkörperliche, die bei der Würdigung einer Ware (gewerblichen Leistung) in Betracht kommen. Bei Nahrungs- oder Genußmitteln kann eine unrichtige Angabe über die Beschaffenheit (oder Herkunft) auch unter das Gesetz vom 17. Mai 1879 fallen, sowie unter das Weingesetz vom 7. April 1909. Diese Gesetze stehen selbständig neben den Bestimmungen des WettbG. Eine Angabe über die Beschaffenheit kann darin gefunden werden, daß jemand einer Anpreisung seiner gewerblichen Leistungen Ab- Note 48.

§ 3. bildungen zufügt, die den Eindruck erwecken, als ob die abgebildeten Gegenstände aus seiner Werkstätte hervorgegangen sind (RGSt. **40** 132). Die Bezeichnung des Getränks „Pomril" als „Apfelsaft" ist unzulässig, da es nicht aus Äpfeln gepreßt wird (RG. in JW. **06** 577). Ein Mineralwasser mit künstlichen Zusätzen darf nicht als „natürliches" bezeichnet, ein künstliches Wasser darf nicht nach echten Quellen benannt werden (RG. in MuW. **9** 165). Über die Bezeichnung „Sprudel" siehe § 5 Note 11a. Die Bezeichnungen „koffeinfrei", „nikotinfrei", „alkoholfrei" sind nicht deshalb unzulässig, weil ein — normalerweise unwirksamer — Rest von Alkohol, Nikotin, Koffein zurückgeblieben ist (OLG. Hamburg in MuW. **8** 113). Die Bezeichnung „Kaffeemischung" ist unrichtig, wenn sie nicht aus Bohnenkaffee besteht, wobei allerdings ein üblicher Zusatz von Ersatzmitteln statthaft ist (OLG. Kiel in MuW. **11** 55). Über „Tafelhonig" und „Naturhonig" siehe RGSt. **41** 205; LG. Fürth in MuW. **7** 68. Über „Vakuumöl" siehe RG. in MuW. **9** 55. Obstschaumwein darf nicht als „Sekt" bezeichnet werden (RG. in MuW. **12** 126).

Note 49. Durch die Bezeichnung der Herkunft einer Ware wird häufig zugleich auf ihre Beschaffenheit hingewiesen (z. B. „Münchener Bier"). Vgl. auch RG. in JW. **1912** 481 und OLG. Naumburg in MuW. **12** 583.

Note 50. **„Ursprung."** Als eine unrichtige Angabe über den Ursprung ist die Bezeichnung „Emser Katarrh-Pastillen" angesehen worden (OLG. Karlsruhe in MuW. **12** 528); ferner die Bezeichnung „Singer-Nähmaschine" (RG. in MuW. **13** 108). Über die Bezeichnung „Portlandzement" siehe RG. in MuW. **10** 33, **11** 437; OLG. Braunschweig in MuW. **12** 662.

Note 51. **„Herstellungsart."** Z. B. „Naturwein" statt „Kunstwein", „mit der Hand angefertigt" statt „Fabrikware".

Note 52. **„Preisbemessung."** Insbesondere kommen die Unterschiede zwischen Fabrikpreis und Zwischenhandelspreis in Betracht, auch die verschiedenen Formen der Rabattgewährung. Eine unrichtige Angabe über die Preisbemessung kann darin liegen, daß in den Schaufensterauslagen billigere Preise notiert werden, als sie tatsächlich beim Verkauf in Rechnung kommen (RG. in JW. **05** 507), ferner darin, daß eine „Preisermäßigung" angekündigt wird, diese sich aber gegenüber einem besonders erhöhten Preise versteht (RG. in UW. **2** 76; RG. in MuW. **13** 560; Note 30).

Note 53. „Fabrikpreis" ist nach dem verkehrsüblichen Sprachgebrauch derjenige Preis, den der Fabrikant dem Händler und, wenn er im kleinen verkauft, dem einzelnen Privaten berechnet (RG. in JW. **05** 58, **1914** 200; RG. in GewRschutz **1916** 191; OLG. München in JW. **1915** 805). Wenn die Fabrik an Private nicht verkauft, dann bedeutet der Ausdruck „Fabrikpreis" („Original-Fabrikpreis"), daß dem Verbraucher derselbe Preis berechnet wird, zu dem die Fabrik an den Zwischenhändler verkauft (RG. in GewRschutz **1916** 191). Zum Fabrikpreise dürfen Barauslagen, wie Verpackungskosten und Fracht, hinzugerechnet werden. Unterhält der Fabrikant eigene Verkaufsniederlassungen, so gelten die hierfür in Betracht kommenden Miete-, Dienstlohn-, Beleuchtungs-, Steuer usw. Kosten nicht als Fabrikationskosten: Der Fabrikant darf also nicht ankündigen, daß er in seinen Verkaufsniederlassungen „zu Fabrikpreisen direkt an die Verbraucher" verkaufe. Namentlich wenn der Fabrikant selbst von „Fabrikpreis" spricht, kann das Publikum darunter nur einen solchen Preis verstehen, der im wesentlichen durch die Herstellungskosten der Ware bestimmt ist, dagegen durch die Kosten der Warenverteilung und sonstige Vertriebskosten nicht, oder doch nicht wesentlich mitbestimmt wird (RG. in GewRschutz **1914** 287; RG. in MuW. **15** 83; OLG. Hamburg in MuW. **12** 576;

OLG. Kiel in MuW. **13** 210; a. M. insbesondere OLG. München in JW. **1915** 805). § 3.
Über den Begriff „Fabrik" siehe Note 71.

Unter „S e l b s t k o s t e n p r e i s" ist nicht der vom Ankündigenden selbst bezahlte Preis zu verstehen, vielmehr ist ein Aufschlag für Fracht, Zoll usw. zulässig. Fuld (S. 119) will unter „Selbstkostenpreis" den Einkaufspreis verstanden wissen, wird aber schon durch die rein sprachliche Auslegung des Wortes „Selbstkosten" widerlegt. Es dürfen also diejenigen Kosten zu dem eigentlichen Einkaufspreise zugeschlagen werden, mit denen die Ware bis zu ihrer Einstellung ins Lager belastet ist. Nicht aber dürfen auch noch die anteiligen allgemeinen Handlungsunkosten, also Spesen, Dienstlohn, Miete usw. in den Selbstkostenpreis hineingerechnet werden. So versteht das Publikum den Ausdruck „Selbstkostenpreis" gerade n i c h t. Außerdem wäre eine solche Berechnungsart jeder Willkür des Verkäufers ausgesetzt. — Die Ankündigung „Selbstkostenpreis + 10%" ist mehrdeutig und schon aus diesem Grunde unzulässig: OLG. Düsseldorf in MuW. **13** 209 und W i l l e m s e n in MuW. **12** 327; a. M. KG. in MuW. **12** 196, wo die Einbeziehung aller Generalunkosten zugelassen wird, eine Auffassung, gegen die sich zahlreiche Handelskammern mit Recht verwahrt haben und die einen umfangreichen Anzeigenschwindel veranlaßt hat. KG. in MuW. **14** 374 hat den früheren Standpunkt aufgegeben. Eine Gesellschaft, die ihre Ware zu den Selbstkosten + 10% anbietet, führt über die Höhe der Selbstkosten irre, wenn ihre Gesellschafter bereits als solche Gewinn bezogen haben (KG. a. a. O.; a. M. RG. in JW. **1916** 275). Note 54.

„Ware (gewerbliche Leistung)" ist alles, was Gegenstand des Handels sein kann oder unter den Begriff „gewerblich" (S. 29) fällt. Sämtliche Umsatzwerte kommen in Betracht, sowohl körperliche wie geistige Erzeugnisse, z. B. Erfindungen, künstlerische oder wissenschaftliche Werke (RG. in JW. **97** 212; RG. in MuW. **6** 14; F i n g e r in MuW. **12** 39 gegen OLG. Stuttgart in MuW. **12** 27; G o l d b a u m in MuW. **18** 103), auch Grundstücke und Hypotheken (UW. **1** 126, **5** 115). Selbst der elektrische Strom ist als Ware anzusehen (RG. **67** 232). Über Waren im Arzneimittelverkehr siehe E p h r a i m in MuW. **9** 296; über Mustersendungen als „Waren" siehe RGSt. **48** 153. Note 55.

„Ü b e r d i e W a r e n" ist eine Angabe auch dann gemacht, wenn zwar keine bestimmte Ware genannt wird, aber nach der Auffassung des in Frage stehenden Publikums eine Ware als mitbetroffen anzusehen ist (RG. in Recht **1910** Nr. 2096). Nur Angaben über n o c h z u l i e f e r n d e W a r e n (gewerbliche Leistungen) fallen unter den § 3. Doch können unrichtige Angaben über das früher Gelieferte als Angaben über die B e s c h a f f e n h e i t des noch zu Liefernden in Betracht kommen, sofern der Erklärende wahrheitswidrig andeutet, die künftige Leistung werde von gleicher Art sein wie die früher bewirkte (RGSt. **40** 122, 132; RG. in GewRschutz **1912** 108; OLG. Dresden in SächsArchR. **1912** 39). Vgl. Note 43. Note 56.

„Art des Bezugs", „Bezugsquelle". Hier kommt insbesondere in Betracht, ob die Ware unmittelbar oder durch den Zwischenhandel bezogen wurde. Die Erklärung, eine Ware entstamme „einem übernommenen Fabriklager", bildet eine unrichtige Angabe über die Art des Bezugs, wenn die Ware nicht als einheitliche Masse, sondern von verschiedenen Stellen übernommen ist (RGSt. **36** 431). Note 57.

„Auszeichnung" ist alles, was einen Gewerbetreibenden in den Augen des Publikums emporhebt. Die Einengung des Begriffs auf eine von zuständiger Seite v e r l i e h e n e Auszeichnung ist ohne praktischen Wert, denn es kommt nur Note 58.

§ 3. darauf an, ob es sich um eine unrichtige Angabe über „geschäftliche Verhältnisse" handelt. (Die Ausschaltung privater Anerkennungsschreiben in RGSt. **40** 371 ist durch den § 4 in der Fassung des WettbG. von 1909 überholt). Wenn allerdings jemand einer verliehenen Auszeichnung sich berühmt, dann muß die Verleihung zu Recht bestehen und die Berühmung muß sich streng an den Inhalt der Verleihungsurkunde halten, darf also nicht Leistungen als prämiiert angeben, auf die sich die Auszeichnung gemäß der Verleihungsurkunde nicht mit erstreckt (RG. **63** 256; RGSt. **41** 163; RG. in JW. **06** 403, **07** 602; RG. in UW. 1 180; OLG. Hamburg in MuW. **6** 122; OLG. Marienwerder in MuW. **14** 309). Die von der Staatsgewalt verliehenen Titel verschaffen ein unwiderrufliches öffentliches subjektives Recht (RG. **80** 273, wo diese Frage offen gelassen wird). Soweit dagegen nur eine Vergünstigung vorliegt, z. B. die Verleihung des Hoflieferantentitels, kann sie jederzeit widerrufen werden. RG. **80** 273 erklärt, daß die Befugnis zum Gebrauch des Titels „Hoflieferant" den regelmäßigen oder doch öfter wiederkehrenden Bezug von Waren oder Dienstleistungen durch den Verleiher voraussetzt. Eine „unrichtige Angabe" liegt im Hinweise auf eine Auszeichnung auch dann, wenn eine ernstliche Prüfung durch sachkundige Beurteiler gar nicht stattgefunden hat, so etwa, wenn die Auszeichnung von einer sog. Winkelausstellung herrührt (RGSt. **41** 163; RG. in JW. **08** 603; RG. in MuW. **6** 138; vgl. Lienau in MuW. **6** 93 und die Verfügung des preußischen Justizministers zur Bekämpfung des Medaillenschwindels GewRSchutz **1910** 124). Das gleiche gilt für den Hinweis auf ein „Diplom", während nur ein Scheindiplom vorliegt, das nicht „vom Staate oder öffentlich-rechtlich anerkannten Persönlichkeiten" verliehen worden ist (RG. in MuW. **14** 78; RG. in JW. **1914** 715).

Note 59. War die Auszeichnung einem gewerblichen Unternehmen verliehen, so kann der Nachfolger von ihr Gebrauch machen, wenn er das Geschäft, sei es auch unter Vergrößerung oder Veränderung, fortführt (RG. in UW. **4** 74; HansOLG. in MuW. **6** 122; KG. in DJZ. **1911** 204). Ein austretender Gesellschafter darf die Auszeichnung nicht für sich in Anspruch nehmen, selbst dann nicht, wenn sie durch seine besondere Tätigkeit erworben wurde. Eine selbständige Tochtergesellschaft, der gestattet worden ist, Waren nach den Patenten der Muttergesellschaft anzufertigen, darf auf die von letzterer erworbenen Auszeichnungen nur so hinweisen, daß sie kenntlich macht, nicht sie selbst, sondern die Muttergesellschaft habe die Auszeichnung erworben (RG. in HansGZ. **07** 59). Die einem gewerblichen Unternehmen verliehene Auszeichnung darf nicht ohne weiteres für irgendein einzelnes Erzeugnis des Unternehmens verwertet werden, wohl für dessen wesentliche und beste Erzeugnisse, da es in diesen verkörpert ist (Mohra-Margarine, OLG. Hamburg in MuW. **6** 122). Wenn das gewerbliche Unternehmen eine Auszeichnung für sich in Anspruch nimmt, die lediglich der Person des Inhabers verliehen worden ist, so kann darin eine „unrichtige Angabe" liegen (RG. in GewRSchutz **1916** 192; OLG. Hamburg in OLG Rspr. **14** 149; Elster § 58).

Note 60. Die Anmaßung eines Patents ist eine unrichtige Angabe über „geschäftliche Verhältnisse"; ohne Belang ist also die Streitfrage, ob man ein Patent als Auszeichnung ansehen soll. Auch der § 40 PatG. kann evtl. herangezogen werden. Für die Anmaßung von Warenzeichen, Gebrauchs- oder Geschmacksmustern gilt dasselbe wie für diejenige eines Patents (RGSt. **38** 244; RG. in MuW. **12** 35). Die Bestrafung aus § 41 PatG. erfordert ebenso Wissentlichkeit des Tuns wie die Bestrafung aus § 4 WettbG.: Verf. in ZIndR. **1914** 260; bestritten. Näheres über Patentanmaßung siehe Note 46.

§ 3.

„Anlaß oder Zweck des Verkaufs.“ Diese Worte sind vornehmlich mit Rücksicht auf die Ausverkäufe in das WettbG. von 1896 aufgenommen worden. Das Ausverkaufswesen ist aber im Gesetz von 1909 in den §§ 6 bis 10 gesondert geregelt. Note 61.

„Menge der Vorräte.“ Hierher gehört z. B. die Bezeichnung „Engroslager“ und die zahlreichen sonstigen Hinweise auf die Menge der zum Verkauf gestellten Waren. Die schon abgeschlossenen Bestellungen wird man als „Vorrat“ ansehen dürfen, auch wenn die Ware noch beim Fabrikanten lagert (RG. in MuW. **8** 63; bestritten); es kommt für das Publikum nur darauf an, ob der Ankündigende zu leisten imstande ist, was er versprochen hat, z. B. die betr. Ware zu liefern. Es liegt also keine unrichtige Angabe vor, sofern eine alsbaldige Lieferung möglich ist. Note 62.

Die Ansprüche.

Schon bei objektiv widerrechtlichem Verstoß gegen den § 3 ist die Klage auf Unterlassung gegeben, die Schadensersatzklage gemäß § 13 Abs. 2 Ziffer 1. Das Allgemeine über die Ansprüche siehe S. 37ff. Note 63.

Die Wiederholungsgefahr „ist bei einer Verletzung des WettbG. durch unrichtige Reklame regelmäßig ohne weiteres als gegeben zu erachten und daher nicht erst noch vom Kläger besonders nachzuweisen, vielmehr vom Beklagten im Einzelfall zu widerlegen“ (RG. in MuW. **15** 55, **16** 277, **17** 211). Näheres über die Wiederholungsgefahr siehe S. 63ff. Note 64.

Eine Klageänderung liegt nicht vor, wenn etwa in der Klage ursprünglich eine unrichtige Angabe über die „Beschaffenheit“ usw. behauptet wurde, später aber allgemein eine unrichtige Angabe über „geschäftliche Verhältnisse“ oder etwa ein anderer Unterfall, z. B. eine unrichtige Angabe über die „Herstellungsart“ behauptet wird (bestritten; a. M. insbesondere RG. in MuW. **12** 515). Angesichts der allgemeinen Klausel „geschäftliche Verhältnisse“ haben die einzelnen „insbesondere“ angeführten Unterfälle nur die Bedeutung von Beispielen. Es kann nicht darauf ankommen, ob in der Klage eines dieser Beispiele herangezogen wird: stets handelt es sich um eine „unrichtige Angabe über geschäftliche Verhältnisse“. Übrigens sind die einzelnen Unterfälle durchaus nicht fest gegeneinander abgegrenzt. (Näheres über Klageänderung siehe S. 50.) Note 65.

1. Die Klage auf Unterlassung. Näheres siehe S. 37ff. Über die von der Unterlassungspflicht umfaßte Beseitigungspflicht siehe S. 45. Note 66.

Klageberechtigt sind auch die Mitbewerber und Verbände im Sinne des § 13 Abs. 1. Näheres über die Klageberechtigung siehe S. 47ff. und § 13.

Beklagter ist derjenige, der die — objektiv unrichtigen — Angaben vorsätzlich behauptet (verbreitet) hat. Ob die Behauptung einer eigenen oder die Verbreitung einer fremden Angabe vorliegt, ist belanglos (RG. in UW. **3** 82). So fällt folgender in einer Reklame enthaltene Satz unter den § 3 (und 14): „Frau Lehrer D. in M. schreibt: Ihre Präparate sind vorzüglich, das Backpulver weit besser als das von O., welches man stets durchschmeckt“ (RG. in JW. **04** 342). Näheres siehe S. 54ff.

Der Klageantrag kann auch dahin lauten, daß verboten werden soll, eine unter unrichtiger Angabe angepriesene Ware „in den Handel zu bringen“ oder „feilzuhalten“. Der Kürze halber empfiehlt sich zuweilen eine solche Fassung des Verbots, auch steht sie mit Art. 274 Abs. 2 des Friedensvertrages in Übereinstimmung (RG. **99** 136; Isay, Private Rechte im Friedensvertrage S. 137). Note 67.

§ 3. Über das Verbot eines Buches siehe S. 46, betr. die Zusammenfassung mehrerer Behauptungen in einem Schriftstück.

Note 68. 2. Für die Klage auf Schadensersatz sind besondere Voraussetzungen in § 13 Abs. 2 Ziff. 1 aufgestellt worden, um der Eigenart des Tatbestandes gerecht zu werden. Allgemeines über die Schadensersatzklage siehe S. 89 ff.

Daß der Handelnde die Unrichtigkeit der von ihm gemachten Angaben kannte oder kennen mußte, soll gemäß § 13 Abs. 2 Ziff. 1 genügen. Der Vorsatz bzw. die Fahrlässigkeit braucht also nur dieses eine Tatbestandsmerkmal des § 3 zu umfassen. Der Ausdruck „kennen müssen" bedeutet ein Nichtkennen infolge von Fahrlässigkeit (§ 122 Abs. 2 BGB.), also infolge Außerachtlassen der im Verkehr erforderlichen Sorgfalt (§ 276 BGB.; Lobe in JW. **09** 178; das Urteil des RG. in JW. **1900** 760, welches leichte Fahrlässigkeit als nicht ausreichend bezeichnet, hat für das WettbG. von 1909 keine Bedeutung mehr).

Note 69. Nach zugestellter Unterlassungsklage handelt der Beklagte, wenn er die unrichtigen Angaben weiter behauptet oder verbreitet, stets fahrlässig, soweit der Wortlaut der Klage ihn aufzuklären geeignet ist. Etwaige Lücken der Klagedarstellung muß er durch Erkundigungen ausfüllen.

Die Presse ist hinsichtlich der Schadensersatzhaftung gemäß § 13 Abs. 2 Ziff. 1 privilegiert. Siehe § 13.

Beispiele unrichtiger Angaben.

Note 70. Die Bezeichnung „Bank", „Bankgeschäft", „Bankkommissionsgeschäft" darf für ein gewöhnliches Geldverleihgeschäft nicht gebraucht werden. Vielmehr ist eine ständige Verbindung mit dem Geld- und Effektenmarkte bei bankgeschäftskundiger Leitung erforderlich, so daß man nach dem kaufmännischen Sprachgebrauch von einem „Bankgeschäft" sprechen kann (vgl. Wertheimer in BankA. **1911** 135; Finger in BankA. **1911** 279 ff.; RG. in JW. **1912** 960; RG. in BankA. **1911** 155; RG. in MuW. **14** 42; OLG. Dresden in SächsArchR. **1912** 193). Gegen die sog. bucket-shops ist, sofern Gewohnheitsmäßigkeit vorliegt, außer dem § 3 auch § 1 WettbG. und § 94 BörsG. anwendbar. Vgl. den preußischen Ministerialerlaß vom 25. Nov. 1910, der sich gegen die bucket-shops und die täuschende Benutzung der Bezeichnungen „Bank" und „Bankgeschäft" wendet. Wertheimer (in BankA. **1911** 135) weist darauf hin, daß auf Grund des WettbG. auch gegen einzelne Arten des Serienlosеschwindels und gegen Börsenmanöver über den Kurs eines Wertpapiers eingeschritten werden kann; ebenso gegen unrichtige Angaben eines Bankiers über die Rentabilität der von ihm empfohlenen Papiere. — Wer Effekten beleiht, darf sich deshalb nicht Bankier nennen, mag er auch einen Jahresumsatz von 10 Millionen Mark haben (RG. in JW. **1914** 714).

Note 71. Die Bezeichnung „Fabrik" ist unrichtig, wenn nicht eine Verfertigung der Waren durch abhängige Arbeiter vorliegt, und zwar in einem solchen Umfange, daß nach der Auffassung des in Frage stehenden Verkehrskreises die Bezeichnung „Fabrik" gerechtfertigt erscheint (RGSt. **37** 310, **44** 258; RG. in LZ. **09** 679; RG. **54** 185, **67** 229; RG. in JW. **99** 239, **05** 58; RG. in MuW. 8 207). Insbesondere gehört zur Fabrik im Gegensatz zum Handwerksbetriebe eine entsprechende kaufmännische Organisation; ferner gehört zur Fabrik im Gegensatz zum Handel eine selbständige Herstellung der abzusetzenden Waren zu ihrem größten bzw. wesentlichsten Teile. Hat eine hiernach mißbräuchliche Benutzung des Ausdrucks „Fabrik" beim Publikum sich eingebürgert, so ist damit die Bezeichnung nicht gerechtfertigt. Ist die Bezeichnung „Fabrik" für einen Zweig des Unternehmens zutreffend, so muß die Begrenzung zum Ausdruck kommen (RG. in GewRschutz **1914** 286). Daß im eigenen Betriebe die Herstellung der Waren erfolgt, ist nicht erforderlich; es genügt z. B., daß die Waren auf den Webstühlen von — abhängigen — Lohnarbeitern hergestellt werden (RG. in JW. **01** 657). Über den Begriff „Fabrikpreis" siehe Note 53. § 3.

Die Bezeichnung „Konfektionshaus zur großen Fabrik" ist unrichtig, wenn nicht die feilgehaltenen Konfektionswaren ganz oder zu einem erheblichen Teile von dem Ankündigenden selbst hergestellt werden (RG. in MuW. **12** 461). Note 72.

Die Bezeichnung „Engros-Lager" („Engros-Preise") ist unrichtig, wenn nicht zu solchen Preisen verkauft wird, wie sie sonst im Engroshandel gefordert werden (UW. **1** 142, **2** 105). Dagegen hat sich die Bezeichnung „Hamburger Engros-Lager" als Gattungsbegriff für große Läger mit Stapelware allmählich eingebürgert (RG. in JW. **99** 446). Note 73.

Die Bezeichnung „Pfandleihanstalt" für ein Geschäft, in dem auch neue Sachen vertrieben werden, ist unrichtig (OLG. Hamm in MuW. **15** 393). Note 74.

„Treuhänder" darf nur derjenige sich nennen, der in eigenem Namen fremdes Vermögen verwaltet und dem das Vermögen „zu treuen Händen" übergeben worden ist (RG. **99** 23). Note 75.

Die Bezeichnung „rein deutsches Erzeugnis" wird im Verkehr dahin aufgefaßt, daß die Ware aus einem deutschen, mit deutschem Kapital arbeitenden Unternehmen stammt; nicht etwa genügt es, daß die Herstellung aus deutschem Stoff, durch deutsche Arbeiter und unter deutscher Leitung erfolgt (OLG. Dresden in JW. **1918** 379). Note 76.

Die Bezeichnung „Industrie" wird im Verkehr dahin verstanden, daß eine fabrikmäßige Herstellung erfolgt, nicht liegt in jener Bezeichnung ein Hinweis auf bloß händlerischen Vertrieb (RG. in MuW. **11** 535), oder auf Urproduktion (KG. in GewRschutz **1913** 113). Note 77.

Die Bezeichnung „Werk" weist nach allgemeiner Anschauung auf ein großes industrielles Unternehmen hin, das in eigenen Fabrikräumen mit erheblicher Arbeiterzahl betrieben wird (bestätigend RG. in MuW. **17** 210; OLG. Köln in MuW. **15** 138). Wenn in einem Geschäftszweige diese Bezeichnung mißbräuchlich für kleine Unternehmungen üblich ist, so wird durch solche mißbräuchliche Verwendung an der Unrichtigkeit der Bezeichnung nichts geändert. Die Eintragung ins Handelsregister rechtfertigt den Mißbrauch nicht (KG. in MuW. **11** 156; RG. in GewRschutz **1914** 286). Über die Bezeichnung „Fahrrad-Werke" siehe RG. in ZIndR. **1914** 217. Note 78.

Die Bezeichnung „Zentrale" hat ihre ursprüngliche Bedeutung der Zusammenfassung eines aus einzelnen Teilen bestehenden geschäftlichen Unternehmens verloren und dient zur Kennzeichnung eines größeren gewerblichen Unternehmens, das seine Tätigkeit auf einen umfassenderen örtlichen Bezirk erstreckt (KG. in OLGRspr. **25** 357; KG. in MuW. **14** 373). Note 79.

Die Bezeichnung „Manufaktur" ist schon dann zulässig, wenn in einem Betriebe einzelne Warenbestandteile zusammengesetzt werden (RG. in UW. **4** 23). Note 80.

Die Bezeichnung als „Spezialgeschäft" für bestimmte Waren setzt voraus, daß diese Waren, die sonst in Geschäften des fragl. Handelszweiges mit Note 81.

§ 3. anderen zu derselben Gruppe gehörigen Waren gleichmäßig vertreten zu sein pflegen, in besonders reicher und vollständiger Auswahl unter wesentlicher Bevorzugung vor den übrigen zu derselben Gruppe gehörenden Waren feilgehalten werden; nicht aber ist erforderlich, daß die anderen Waren neben den Spezialwaren völlig zurücktreten (OLG. Hamburg in MuW. **11** 16).

Note 82. Die Bezeichnung als „direkter Import" ist unrichtig ohne Aufkauf von Waren im produzierenden Auslande bei Bezug derselben als Eigentum des Käufers für seine eigene Rechnung und Gefahr (RG. in UW. **2** 59).

Note 83 „Hamburger Importhaus" bedeutet ein in Hamburg selbst gelegenes Geschäft, nicht etwa ein Geschäft, das bloß von einem Hamburger Hause bezieht. Nur bei dieser Auffassung ergibt die Bezeichnung „Hamburger Importhaus" einen vernünftigen Sinn und entspricht der Ehrlichkeit im Verkehr. Es liegt in der Natur der Sache, daß Kolonialwaren u. dgl. über einen Hafenort eingeführt werden müssen. Wenn daher jemand sein Geschäft als „Hamburger Importhaus" bezeichnet, so hat das einen bestimmten wirtschaftlichen Sinn und bedeutet einen Gegensatz zu solchen Geschäften, die nicht an einem maßgebenden Hafen liegen (OLG. Hamm in MuW. **13** 113 und RG. in JW. **05** 352). So ist die Bezeichnung „Kölner Partiewarenhaus" unrichtig, wenn sie für ein nicht in Köln gelegenes Geschäft benutzt wird und in Köln ein Hauptgeschäft nicht vorhanden ist (RG. in MuW. **13** 562).

Note 84. Unter einem „Arzt" („Zahnarzt") versteht man einen staatlich geprüften Heilkundigen. Ein praktischer Arzt darf sich nicht ohne weiteres „Zahnarzt" nennen (OLG. Dresden in SächsAnn. **1911** 1), auch nicht „Spezialarzt für Zahn- und Mundkrankheiten" (RG. in MuW. **6** 190; OLG. Dresden in DJZ. **1910** 1304). „Approbiert" darf in Deutschland nur derjenige sich nennen, der eine der deutschen Prüfung gleichwertige Probe seiner Vorbildung abgelegt hat (RG. in JW. **04** 362, **07** 846, **1911** 376; RG. in MuW. **10** 384). Das deutsche Publikum versteht unter einem „amerikanischen Zahnarzt" bzw. einem „in Amerika approbierten Zahnarzte" nicht nur einen Zahnheilkundigen, der in den Vereinigten Staaten von Nordamerika seine Fachbildung erworben und die Befugnis, dort die Zahnheilkunde auszuüben, erlangt hat, sondern erwartet eine der Approbation des deutschen Zahnarztes entsprechende ausländische, in Nordamerika erlangte (a. M. OLG. Hamburg in HansGZ. **1910** 249: es handle sich nicht um eine unwahre Angabe des Zahnheilkundigen, sondern um mehr oder weniger richtige Folgerungen der Leser aus einer an sich wahren Bezeichnung; es sei nicht zuzugeben, daß das deutsche Publikum allgemein eine der deutschen gleichwertige Approbation aus solchen Bezeichnungen herauslese. Vgl. auch OLG. Hamburg in MuW. **9** 317; HansGZ. **1911** Nr. 65, **1912** Nr. 12, Nr. 106 und v. Dassel im Recht **1910** 203). Ist der Titel „doctor of dental surgery" von einem nur privaten amerikanischen Institut verliehen, so wird durch die Führung der unrichtige Anschein erweckt, daß eine amtliche Verleihung stattgefunden habe (RG. in JW. **04** 155). Das gleiche gilt von dem Titel Dr. chir. dent. (RG. in JW. **04** 343). Die Bezeichnung „Dentist" erweckt nicht den Anschein, als ob es sich um einen Zahnarzt handle (OLG. Marienwerder in OLGRspr. **1912** 253). Die Bezeichnung „geprüfter Zahntechniker" ist unrichtig, wenn nur ein von einer Zahntechniker-Innung ausgestellter Meisterbrief zugrunde liegt (RG. in JW. **07** 86).

Note 85. Die Behauptung von Kurpfuschern, „sichere Kuren" vornehmen zu können stellt sich regelmäßig als „unrichtige Angabe" dar (RG. in UW. **2** 84; RG. in JW

01 327; Finger in UW. 2 45, **4** 33). Die Ankündigung „schmerzlose Zahnoperationen" ist als unrichtig angesehen worden je nach der Auffassung, die der Richter dem notiznehmenden Publikum beilegt. Es fragt sich, ob dieses in den Ankündigungen die Zusage einer völligen Schmerzlosigkeit ohne jede Einschränkung bei allen Zahnoperationen erblickt. Das RG. hat die vorinstanzlichen Urteile, soweit nicht etwa ein Irrtum über Rechtssätze zutage trat, auf Grund jener tatsächlichen Feststellungen bestätigt, obwohl die Auffassung des Publikums verschieden festgestellt wurde. Voraussetzung ist, daß die angekündigten Zusagen auch tatsächlich gewährt werden. Zu verlangen ist also für jene Veröffentlichungen, daß der Ankündigende eine solche fachmännische Ausbildung genossen hat, die ihm die Kenntnis der Lage und Ausbreitung der Nerven vermittelt, deren Unempfindlichkeit gegen Schmerz durch Einspritzung von schmerzstillenden Mitteln zu bewirken ist. Liegt eine entsprechende Ausbildung nicht vor, dann ist schon deshalb die Ankündigung unrichtig (RG. in GewRschutz **1913** 348 und die dort angeführte Rechtsprechung). § 3.

Über die Bezeichnung „Architekt" siehe RG. in MuW. **7** 112; KG. in DJZ. **1911** 969.

Über unrichtige Angaben in Prospekten von Versicherungsgesellschaften siehe GewRschutz **98** 287; UW. **3** 15. Note 86.

Weitere Beispiele siehe Note 40 unter „Geeignet, den Anschein eines besonders günstigen Angebots hervorzurufen".

Im Buchhandel und Zeitungswesen kommen häufig „unrichtige Angaben" vor. Soweit eine Unsitte darin zu finden ist, kann neben dem § 3 auch der § 1 Anwendung finden. Vgl. Elster in GewRschutz **1914** 112 ff. Note 87.

Die unrichtige Angabe des Verfassers eines Buches. Manchmal wird ein berühmter Name angegeben, während ein anderer, oft unbekannter Verfasser das Buch bearbeitet hat und von den Darlegungen des Urschöpfers nichts oder nichts Wesentliches mehr übrig ist. So ist in 7. Auflage ein juristisches Buch erschienen, das im Titel einen berühmten Verfasser nennt, während sich aus dem Vorwort ergibt, daß dieser das Buch nach dem BGB. gar nicht mehr bearbeitet hat. Hier ist der § 3 anwendbar.

Die unrichtige Anführung von „Mitarbeitern". Unter „Mitarbeiterschaft" muß man gemäß dem Wortsinne eine tätige Mitwirkung verstehen, nicht etwa ein Protektorat. Note 88.

Die gleichzeitige Herausgabe mehrerer Auflagen eines Buches in Fällen, wo aus einer in üblicher Stärke erscheinenden Auflage mehrere gemacht werden, ist unzulässig. Es geschieht dies zuweilen, um den Anschein starker Nachfrage zu erwecken. Liegt der Fall so, daß bei wirklichem Bedürfnis statt einer Auflage in der für das Buch üblichen und etwa auch bisher beobachteten Zahl von tausend Exemplaren zwei Auflagen, jede zu 1000 Exemplaren, herausgegeben werden, so ist hiergegen nichts einzuwenden. Werden aber zwei Auflagen zu 500 Exemplaren herausgegeben, so ist dies als eine unrichtige Angabe zu betrachten. Über die unrichtige Angabe der Zahl der Jahrgänge einer Druckschrift siehe RG. in MuW. **5** 67 (Zurechnung der Zeit, während der die Druckschrift einen anderen Titel hatte). Note 89.

Die Vordatierung von Büchern ist ein im Buchhandel weit verbreiteter Brauch, der aber als Unsitte anzusehen ist. Wer ein von ihm verlegtes Buch mit der Jahreszahl des folgenden Jahres versieht, macht eine unrichtige Angabe über geschäftliche Verhältnisse (a. M. Goldschmidt in MuW. **9** 189; wie hier Fuld in MuW. **8** 32). Note 90.

§ 3.

Note 91. Die Auflage einer Zeitung wird unrichtig angegeben, wenn die behauptete Auflagenziffer einstweilen noch nicht erreicht ist (RG. in JW. **01** 212; RG. in UW. **1** 11, **5** 119). Die Angabe „gelesenste Zeitung" ist unrichtig, wenn eine andere in Betracht kommende Zeitung mehr ständige Leser hat (RG. in UW. **3** 53). Das gleiche muß gelten für die Behauptung, eine Zeitung sei das verbreitetste Blatt der Gegend. [Unrichtigerweise hat hier RG. in MuW. **6** 16 ein reines Werturteil angenommen.]

Note 92. Nebenausgaben einer Zeitung dürfen bei der Auflagenziffer nicht mitgerechnet werden, wenn es sich bei der Nebenausgabe nur um ein Anzeigenblatt handelt, das sonst mit der Hauptausgabe nichts gemein hat (RG. in UW. **5** 119). Die Ausgabe von sog. Nebenblättern (Kopfblättern) zu der Hauptausgabe einer Zeitung verletzt den § 3, wenn durch die Benennung nach einem bestimmten Orte der unrichtige Eindruck erweckt wird, daß die Zeitung vornehmlich den Interessen und Bedürfnissen gerade dieses Ortes dient (RG. **93** 189). Der unrichtige Eindruck wird nicht dadurch vermieden, daß der Hinweis auf die Eigenschaft als „Nebenausgabe" im Untertitel erfolgt (RG. **96** 298).

Note 93. Füllanzeigen (ohne Auftrag, nämlich aus anderen Zeitungen, abgedruckte Anzeigen) enthalten keine „Angabe" im Sinne des § 3, wohl aber kann der Abdruck als „Veranstaltung" im Sinne von § 5 Abs. 2 in Betracht kommen, die „darauf berechnet und geeignet ist, solche Angaben zu ersetzen" (RGSt. **46** 428; RG. in JW. **01** 255, **1910** 627; OLG. Hamburg in MuW. **9** 349; OLG. Kassel in MuW. **13** 158). Füllanzeigen sind zu beanstanden, wenn sie dem Publikum als Abdruck nicht erkennbar gemacht werden. (Ein Erkennbarmachen an anderer Stelle der Zeitung genügt nicht: OLG. Nürnberg in OLGRspr. **30** 263). Der Anschein eines besonders günstigen Angebots liegt darin, daß die fragl. Zeitung den Eindruck eines gesuchten Anzeigenblattes erweckt. Fuld hält Füllanzeigen (und Gratisanzeigen) für „zweifellos sittenwidrig"; aber eine Sittenwidrigkeit dürfte nur unter dem Gesichtspunkt anzunehmen sein, daß durch die Aufnahme der Füllanzeigen „das geschäftliche Unternehmen (die Zeitung) des Klägers ohne Mühe und Kosten ausgebeutet wird" (RG. **73** 269). Siehe § 1 Note 51.

Note 94. **Bildliche Darstellungen und sonstige Veranstaltungen,** die darauf berechnet und geeignet sind, die Angaben im Sinne des § 3 zu ersetzen, stehen gemäß § 5 Abs. 2 diesen Angaben gleich.

§ 4.

§ 4.

Täuschende Reklame.

Wer in der Absicht, den Anschein eines besonders günstigen Angebots hervorzurufen, in öffentlichen Bekanntmachungen oder in Mitteilungen, die für einen größeren Kreis von Personen bestimmt sind, über geschäftliche Verhältnisse, insbesondere über die Beschaffenheit, den Ursprung, die Herstellungsart oder die Preisbemessung von Waren oder gewerblichen Leistungen, über die Art des Bezugs oder die Bezugsquelle von Waren, über den Besitz von Auszeichnungen, über den Anlaß oder den Zweck des Verkaufs oder über die Menge der Vorräte wissentlich unwahre und zur Irreführung geeignete Angaben macht, wird mit Gefängnis bis zu einem

Jahre und mit Geldstrafe bis zu fünftausend Mark oder mit einer dieser Strafen bestraft. § 4.

Werden die im Abs. 1 bezeichneten unrichtigen Angaben in einem geschäftlichen Betriebe von einem Angestellten oder Beauftragten gemacht, so ist der Inhaber oder Leiter des Betriebs neben dem Angestellten oder Beauftragten strafbar, wenn die Handlung mit seinem Wissen geschah.

Inhaltsübersicht.

Der § 4 bildet zusammen mit dem § 5 Abs. 2 die strafrechtliche Ergänzung zum § 3 WettbG. Über die Verübung groben Unfugs durch Reklame und über vorbeugende Maßnahmen der Polizei siehe § 3 Note 6, 7. Über das Verhältnis des § 4 zum § 8 WettbG. siehe § 8. Note 1.

Die **objektiven** Erfordernisse sind dieselben wie im § 3. Über die Begriffe „öffentliche Bekanntmachungen" und „Mitteilungen, die für einen größeren Kreis von Personen bestimmt sind", siehe § 3; desgl. über „Geschäftliche Verhältnisse". Bezieht sich die Kundgebung auf mehrere Einzelfälle dieses Sammelbegriffs, so liegt nur e i n Verstoß vor, es sei denn, daß, nachdem etwa zuerst eine unwahre Angabe über die Beschaffenheit einer Ware gemacht wurde, später auf Grund eines neu gefaßten Entschlusses eine unwahre Angabe über die Herkunft gemacht wird; hier ist Realkonkurrenz gegeben. Über Realkonkurrenz zwischen §§ 4 und 8 siehe § 8. Note 2.

Subjektiv wird, über den § 3 hinausgehend, gefordert: Note 3.

1. daß es sich um wissentlich unwahre und
2. um wissentlich zur Irreführung geeignete Angaben handelt, sowie
3. daß die Absicht des Täters darauf gerichtet war, den Anschein eines besonders günstigen Angebots hervorzurufen.

D a s V o r l i e g e n o d e r N i c h t v o r l i e g e n d i e s e r V o r a u s s e t z u n g e n i s t i m U r t e i l f e s t z u s t e l l e n u n d z u b e g r ü n d e n: RG. in Bl. **4** 269; RGSt. **40** 442; RG. in MuW. **13** 513. In letzterem Urteil heißt es: „Der Tatbestand des § 4 WettbG. erfordert auch den Nachweis, daß die Handlungen vorgenommen sind ‚in der Absicht, den Anschein eines besonders günstigen Angebots hervorzurufen', und daß die wissentlich unwahren Angaben ‚zur Irreführung geeignet' waren. Diese beiden Begriffsmerkmale haben im Urteil überhaupt nicht Erwähnung gefunden. Darin liegt ein Verstoß gegen den § 266 Abs. 1 Satz 1 StPO." Wenn das erkennende Gericht an die Merkmale des äußeren Tatbestandes anknüpft und hinsichtlich ihrer nicht für nachgewiesen erachtet, daß der Angeklagte sie in sein Bewußtsein und seinen Willen aufgenommen hat, so muß das Urteil ersehen lassen, von welcher Rechtsauffassung es bei der Beurteilung dieser Merkmale des äußeren Tatbestandes ausgegangen ist, weil Note 4.

§ 4. nur dann nachgeprüft werden kann, ob seine Rechtsauffassung zutrifft (RGSt. **43** 399, **47** 419).

Note 5. Das Bewußtsein der Rechtswidrigkeit ist nicht Voraussetzung der Bestrafung aus § 4. Die Ansicht, daß dieses Bewußtsein bei allen vorsätzlichen Straftaten erforderlich sei, ist vom RG. wiederholt als abwegig bezeichnet worden (RGSt. **26** 265, **37** 139; RG. in MuW. **15** 90).

Note 6. Beruft sich der Angeklagte auf seine Unkenntnis der Ankündigung, etwa weil sie von einem Angestellten verfaßt worden sei, so muß das Gericht den Sachverhalt aufklären, nicht darf es die Behauptung des Angeklagten als eine solche behandeln, die „nicht ausreichend zu widerlegen ist" (RGSt. **47** 423). Den genauen Wortlaut der Ankündigung braucht der Angeklagte nicht gekannt zu haben, wenn der Inhalt „den geschäftlichen Besprechungen entspricht und insoweit bewußtes und gewolltes Zusammenwirken vorliegt" (RG. in MuW. **14** 109).

Note 7. 1. **„Wissentlich unwahre Angaben."** Erforderlich ist, daß die Angaben objektiv (§ 3) und subjektiv unrichtig sind. Über die Unrichtigkeit entscheidet die dem Täter bewußte Auffassung des in Betracht kommenden Publikums. Erscheint letzterem die Angabe nicht als unrichtig, dann kommt es auf die „Wissentlichkeit" nicht mehr an, vielmehr entfällt damit die Anwendbarkeit des § 4 überhaupt. So erklärt RG. in MuW. **12** 510: Kann eine Ankündigung von niemandem mißverstanden werden, dann ist kein Raum für die Feststellung, der Angeklagte habe mit einer anderen Auffassung des Publikums gerechnet. Für bloß marktschreierische Angaben und reine Werturteile entfällt die Strafbarkeit, soweit zivilrechtlich der § 3 nicht anwendbar ist.

Note 8. Subjektiv wird das Bewußtsein der Unrichtigkeit verlangt (RGSt. **33** 299; RG. in MuW. **12** 650). Bedingter Vorsatz genügt (RGSt. **47** 163; RG. in JW. **07** 565). Er liegt vor, wenn der Täter das Hervorrufen unrichtiger Vorstellungen über geschäftliche Verhältnisse in den beteiligten Käuferkreisen und deren Irreleitung als möglichen Erfolg seiner Reklame in Betracht gezogen und diesen Erfolg im voraus gebilligt hat (RG. in MuW. **15** 96; vgl. auch RG. in MuW. **13** 322, **15** 22; RG. in ZIndR. **1914** 217). Es genügt, wenn derjenige, der etwas als bestimmt behauptet, das Bewußtsein hat, daß seine Kenntnis nur unbestimmt ist (RG. in Recht **05** Nr. 44). Auch die Kenntnis der Zweideutigkeit der Angabe (§ 3 Note 31) reicht aus (RG. in JW. **04** 127).

Note 9. Der Irrtum über rechtliche Voraussetzungen ist, wie auch sonst im Strafrecht, belanglos. Der Vorsatz des Angeklagten soll gemäß RGSt. **47** 422 selbst dadurch nicht ausgeschlossen werden, daß Sachverständige oder Behörden das Tun als zulässig bezeichnet haben: auch hier handle es sich nur um einen Irrtum über den Inhalt und die Tragweite des Strafgesetzes. Mag man dem zustimmen, so fragt es sich aber doch, ob bei solcher Sachlage „wissentlich unwahre Angaben" festgestellt werden können.

Note 10. 2. **„Wissentlich zur Irreführung geeignete Angaben."** Dieses weitere Tatbestandsmerkmal des § 4, das zu prüfen und im Urteil festzustellen ist (Note 4), wird regelmäßig dann vorliegen, wenn die Angabe „wissentlich unwahr" ist (RGSt. **40** 442). Die Angabe muß nicht nur objektiv geeignet sein, eine Irreführung herbeizuführen, sondern sie muß auch wissentlich so aufgestellt worden sein. Subjektiv wird das Bewußtsein hiervon verlangt (RGSt. **33** 299). Bedingter Vorsatz reicht aus (Note 8). Die Angaben sind nach ihrer Gesamtwirkung (§ 3 Note 25) darauf zu prüfen, ob sie geeignet erscheinen, zur Irreführung zu dienen. Und zwar ist unter Zugrundelegung der Auffassung des maßgeblichen Publikums zu ermitteln, wie es die Ankündigung verstehen mußte, wobei außer Betracht bleibt, ob seine Vorstellung richtig oder falsch ist. Es kommt auch nicht darauf an, ob der Täter einen Irrtum des Publikums selbst hervorgerufen hat, vielmehr genügt es, wenn er ihn, z. B. durch Ausgestaltung seiner Ankündigung in einer Weise, die das Publikum nicht aufklärt, zu seinem Vorteil benutzte (RG. in MuW. **15** 93). Beeinflußt werden kann die Auffassung des Publikums auch durch mündliche Mitteilungen beim Verkauf der fragl. Ware (RG. in MuW. **15** 94). Ob eine Irreführung des Publikums tatsächlich eingetreten ist, bleibt außer Betracht, soweit die Ankündigung — nur auf diese kommt es an — ein taugliches Mittel zur Irreführung enthält. Ob später eine Richtigstellung erfolgt, ist belanglos; ferner ob etwa der durch die Ankündigung Angelockte an Ort und Stelle sofort aufgeklärt wird, z. B. erkennt, daß es sich nicht um einen privaten Gelegenheitsverkauf handelt (RG. **46** 277; § 3 Note 32). § 4.

Das Bestehen einer mißbräuchlichen Verkehrssitte schließt die Irreführung nicht aus. Es darf nicht von einer „Gewöhnung an Reklameschwindel ausgegangen werden" (RGSt. **36** 378). So erklärt RG. in MuW. **11** 88: „Was die Strafkammer dem Angeklagten zubilligt, läuft darauf hinaus, daß der Betrüger straflos bleiben muß, wenn er das Betrügen für einen in seinen Kreisen geübten zulässigen Handelsbrauch hält." Note 11.

Wenn ein beachtlicher Teil des in Frage stehenden Publikums irregeführt werden kann, so genügt dies (RGSt. **36** 378; RG. in MuW. **7** 179). Eine Irreführung darf nicht festgestellt werden, wenn der Sinn einer Angabe von jedermann leicht zu erkennen war. In solchem Falle ist kein Raum für die Feststellung, der Angeklagte habe mit einer anderen Auffassung des Publikums gerechnet (RG. in MuW. **12** 510). Note 12.

Beispiele. Eine irreführende Angabe ist in dem Gebrauch der — nicht geschützten und als Beschaffenheitsangabe gar nicht schutzfähigen, aber vom Mitbewerber für seine Ware eingeführten — Bezeichnungen „Blitzblank" und „Überzugspolitur" erblickt worden, weil beim Publikum, das diese Worte auf die Ware des Mitbewerbers beziehe, der Schein erweckt werden sollte, die Ware komme aus dessen Betriebe (RG. in GewRschutz **1911** 124). Der Hinweis „nur für kurze Zeit" ist eine irreführende Angabe, wenn der Verkauf mehrere Monate gedauert hat und diese Hinauszlehung vom Ankündigenden vorher ins Auge gefaßt worden ist (RG. in MuW. **11** 204). Über täuschende Ausverkaufsanzeigen siehe § 7. Über den täuschenden Anschein eines privaten Gelegenheitsverkaufs siehe § 5. Note 13.

3. **„Absicht, den Anschein eines besonders günstigen Angebots hervorzurufen."** Der bedingte Vorsatz genügt nicht. Ob der Anschein wirklich hervorgerufen worden ist, ob also die Absicht ihr Ziel erreicht hat, bleibt außer Betracht. „Die Ankündigung braucht nicht objektiv geeignet zu sein, die gekennzeichnete Vorstellung im Publikum wirklich hervorzurufen. Es genügt, wenn der Ankündigende sie dazu für geeignet hält (RG. in GewRschutz **1914** 285; RG. in MuW. **13** 153, **14** 44). Näheres siehe § 3. Note 14.

Für die Feststellung der Absicht genügt im Regelfall die Feststellung des Bewußtseins des Täters, daß seine — „wissentlich unwahren und zur Irreführung geeigneten" — Angaben vom Publikum als ein besonders günstiges Angebot angesehen werden (§ 8 Note 19). So erklärt RG. in MuW. **11** 473: „Hatte der Angeklagte nicht nur die Vorstellung, daß seine Angabe geeignet sei, einen Irrtum über das Bestehen eines Patentschutzes zu erregen, sondern auch die fernere Vorstellung, daß infolge des Irrtums das angebotene Mittel für besonders gut werde gehalten werden, so kann daraus seine Absicht, den Anschein eines besonders günstigen Angebots zu erwecken, gefolgert werden." Vgl. ferner RG. in MuW. **12** Note 15.

§ 4. 650: „Das Bewußtsein davon, das Publikum werde die Angaben als besonders günstige auffassen, schließt im Zweifel die Absicht des Täters in sich, daß er diese Auffassung des Publikums über seine Ankündigung auch herbeiführen wollte, wenn er mit diesem Bewußtsein vorsätzlich seine Angaben veröffentlicht hat. Es ist unerfindlich, welche andere Absicht, als eben den Anschein eines besonders günstigen Angebots hervorzurufen, er hier mit seiner — Reklamezwecken dienenden — Ankündigung sonst verfolgt haben könnte." Ebenso RG. in GewRschutz **1914** 285; RG. in MuW. **13** 153.

Note 16. **Täterschaft.** Als Täter kommt jeder in Betracht, der mit strafrechtlicher Verantwortlichkeit die in Frage stehenden Handlungen begeht, sowohl der Geschäftsinhaber, als auch seine Angestellten, Beauftragten, Bediensteten, Angehörigen, schließlich auch jeder Dritte, sofern der objektive und subjektive Tatbestand bei ihm erfüllt ist (RGSt. **35** 417; RG. in JW. **03** 147, **06** 417). Es ist belanglos, ob in eigenem Namen oder zum eigenen Nutzen gehandelt wird (RG. in JW. **1915** 361). Mittelbare Täterschaft liegt vor, wenn jemand den äußeren Tatbestand des § 4 durch einen anderen verwirklichen läßt und dieser andere nicht mit dem Vorsatz des Täters, sondern des Gehilfen handelt.

Note 17. Anstifter, Begünstiger und Gehilfen unterliegen den allgemeinen Bestimmungen des StGB. Das gewollte und bewußte Zusammenwirken mit dem Täter wird nicht dadurch ausgeschlossen, daß nur dieser den genauen Wortlaut der Ankündigung kennt (RG. in MuW. **11** 150). Der Angestellte, der den Geschäftsinhaber bei Abfassung einer Reklamekundgebung in Kenntnis der Sachlage unterstützt, ist Gehilfe, wenn er die Handlung als eine fremde will.

Note 18. **Vollendung** der Handlung liegt vor, wenn die strafbare Angabe gemacht, also die Kenntnisnahme ermöglicht ist. Dies ist bei Zeitungsanzeigen der Fall, wenn die Zeitung erschienen ist (RGSt. **33** 327; RG. in UW. **4** 92).

Note 19. **Fortgesetzte Handlung.** Wird die Handlung mehrfach begangen, erscheint z. B. eine nach § 4 strafbare Veröffentlichung in mehreren aufeinanderfolgenden Nummern derselben Druckschrift, so kommt es für die Frage, ob eine fortgesetzte Handlung anzunehmen ist, auf die Einheitlichkeit des Entschlusses an: Es wird ein Vorsatz erfordert, der im voraus auf die Begehung der mehreren einander folgenden Einzelhandlungen als einer Straftat derart gerichtet ist, daß die auf die Ausführung der Einzelhandlungen gehenden Entschließungen aus jenem Vorsatz sich herleiten (RGSt. **32** 137, **36** 42, **39** 146, **41** 99, **45** 70). Wird gleich bei Aufgabe der Anzeige der mehrmalige Abdruck erbeten, so ist eine fortgesetzte Handlung regelmäßig anzunehmen; denn es besteht alsdann unter den Einzelhandlungen ein sowohl tatsächlicher, als auch geistiger Zusammenhang: Keine ist als eine selbständig sich hervorhebende anzusehen (RGSt. **40** 101, 205). Ein Geschehenlassen (z. B. Nichtverhindern des Erscheinens der weiteren — schon aufgegebenen — Zeitungsanzeigen) steht dem positiven Tun gleich (RGSt. **36** 46).

Note 20. **Die Haftung der Presse** regelt sich nach den §§ 20, 21 PreßG. Hiernach haftet der verantwortliche Redakteur einer periodischen Druckschrift als Täter, wenn nicht besondere Umstände die gesetzliche Vermutung widerlegen. Es handelt sich um eine Beweisvermutung rein prozessualer Art (RGSt. **22** 65, **31** 213). Alle Umstände des konkreten Falls können die Vermutung widerlegen, nicht etwa nur außergewöhnliche, besonders geartete Umstände. In Frage steht der Nachweis, daß der verantwortliche Redakteur die Druckschrift nicht mit Kenntnis oder mit Verständnis ihres Inhalts vorsätzlich veröffentlicht hat (RG. in JW. **06** 795). Der Redakteur kann also geltend machen, daß er den gesetzwidrigen Inhalt zu erkennen nicht in der Lage gewesen ist (RGSt. **22** 63, **23** 254, **25** 404, **29** 40, **35** 315, **36** 215, **39** 87). Auch der bedingte Vorsatz des verantwortlichen Redakteurs muß gegenüber der Beweisvermutung widerlegt werden (RGSt. **39** 88). Nicht aber ist ausreichend ein allgemeiner Vorsatz in dem Sinne, daß der Redakteur sich vorstellt, es könne durch die Druckschrift irgendeine strafbare Handlung begangen werden, von deren wesentlichen Merkmalen er sich keinen Begriff macht. Vgl. § 13 Note 16. § 4.

Verleger, Drucker und Verbreiter kommen gemäß den allgemeinen Regeln als Täter oder Teilnehmer in Betracht, und zwar gleicherweise bei periodischen und nicht periodischen Druckschriften. Vgl. § 13 Note 18 ff. Note 21.

Wegen Fahrlässigkeit haften der verantwortliche Redakteur, Verleger, Drucker, Verbreiter gemäß § 21 PreßG. bei allen Druckschriften (soweit nicht der § 20 PreßG. Platz greift), es sei denn, daß sie die Anwendung der pflichtgemäßen Sorgfalt oder Umstände nachweisen, die diese Anwendung unmöglich gemacht haben. Hier befreit die Benennung des Verfassers, Einsenders usw. Note 22.

„Verjährung." Die Strafverfolgung verjährt in 5 Jahren (§ 67 Abs. 2 StGB.). Wird die Handlung — lediglich — durch Verbreitung von Druckschriften oder nach § 21 PreßG. begangen, so verjährt sie in 6 Monaten (§ 22 PreßG.; vgl. RGSt. **38** 71, **42** 88; RG. in MuW. **11** 436, **12** 335). Die Verjährung beginnt mit dem Tage, an dem das Publikum Kenntnis zu nehmen in der Lage ist. Handelt es sich um ein fortgesetztes Vergehen, so verjähren auch die ersten Handlungen erst mit dem letzten Akte der als Einheit aufgefaßten Handlung (RGSt. **35** 270). Note 23.

Die Einziehung der gebrauchten Reklamegegenstände kann als Nebenstrafe verhängt werden (§ 40 StGB.). Dies ist gemäß § 42 StGB. auch im objektiven Strafverfahren möglich, sofern der volle Tatbestand des § 4 erfüllt ist (§§ 477 ff. StPO.; RGSt. **42** 123). Über die Zulässigkeit der Einziehung von Etiketten, die noch nicht verwendet worden sind, aber einer unlauteren Reklame dienen sollten, siehe RG. in GewRschutz **1912** 258. Note 24.

Für Verstöße von Angestellten (Beauftragten) haftet der Geschäftsinhaber auch strafrechtlich gemäß § 4 Abs. 2. Diese Bestimmung soll die Anwendbarkeit des Abs. 1 erweitern und wird gegen den Inhaber oder Leiter erst praktisch, wenn diese nicht nach den Vorschriften des allgemeinen Strafrechts als Täter im Sinne von Abs. 1 anzusehen sind. Der § 4 Abs. 2 hat also hauptsächlich Bedeutung für solche Fälle, in denen nach dem allgemeinen Strafrecht die Teilnahmeformen der Anstiftung oder Beihilfe in Frage kommen würden: Alsdann bedarf es keines weitergehenden Nachweises, als im Abs. 2 vorausgesetzt wird (RGSt. **46** 276). Nur gegen denjenigen Inhaber (Leiter) und Angestellten (Beauftragten), gegen den der Strafantrag lautet, tritt die Strafverfolgung ein. Der § 63 StGB. ist auf den § 4 Abs. 2 nicht ohne weiteres anwendbar, da keine gemeinsame Handlung vorliegt. Über „Angestellte und Beauftragte" siehe § 13 und § 17. Note 25.

Die Handlung des Angestellten (Beauftragten) muß sich als eine Verletzung des Abs. 1 des § 4 darstellen. Liegt auf seiten des Angestellten oder Beauftragten ein Strafausschließungsgrund gemäß §§ 51, 52, 55, 56, 58, 59 StGB. vor, dann folgt die Strafbarkeit des Geschäftsinhabers nicht aus Abs. 2, sondern unter Umständen aus Abs. 1 des § 4. Der Geschäftsinhaber ist dann Alleintäter (mittelbarer Täter). Note 26.

In dem geschäftlichen Betriebe, auf den das Anstellungs- (Auftrags-) Verhältnis sich bezieht, muß die Handlung des Angestellten (Beauf- Note 27.

§ 4. tragten) begangen worden sein. Es ist belanglos, ob der Angestellte in Ausführung einer ihm zugewiesenen Verrichtung gehandelt hat, oder ob der Beauftragte innerhalb der ihm gezogenen Grenzen geblieben ist (bestritten). Über den Begriff „geschäftlicher Betrieb" siehe S. 31.

Note 28. Das „Wissen" umfaßt sowohl die Kenntnis der von dem Angestellten (Beauftragten) gemachten Angaben, als auch die Kenntnis des Umstandes, daß diese Angaben unwahr und zur Irreführung geeignet sind. Dabei ist es nicht notwendig, daß der Inhaber (Leiter) alle Einzelheiten des strafbaren Tuns (z. B. den genauen Wortlaut der Angaben) kennt; es genügt, wenn er mit dem wesentlichen Inhalt der Handlung vertraut ist, so daß sie sich ihm als einen Verstoß gegen den § 4 darstellt. Auch ist es belanglos, ob er die Zuwiderhandlung vor oder während ihrer Ausführung erfährt, sofern er sie duldet (RGSt. **36** 46). Nur darf er sie nicht erst nach der Vollendung in Erfahrung gebracht haben. In letzterem Falle ist er nicht strafbar, selbst wenn er die Tat nachher gutheißt und sie, z. B. durch Ausnutzen etwa für ihn entstandener Vorteile, sich zu eigen macht. Ein derartiges Tun kommt nur zivilrechtlich in Betracht (S. 54). Hat der Inhaber (Leiter) zwar von der strafbaren Handlung des Angestellten (Beauftragten) gewußt, war es ihm aber unmöglich, sie zu verhindern, so entfällt jede strafrechtliche Verantwortlichkeit. Dagegen genügt es, wenn er von der Straftat Kenntnis gehabt, sie aber aus Fahrlässigkeit nicht verhindert hat. Hier tritt also die merkwürdige Folge ein, daß der Inhaber (Leiter) schon bei Fahrlässigkeit strafbar ist, der Angestellte (Beauftragte) nur bei Vorsatz.

Note 29. „Inhaber des Betriebes" ist derjenige, unter dessen Namen der Betrieb geführt wird, also „der Eigentümer oder Besitzer eines gewerblichen Unternehmens" (RG. in MuW. **14** 18), demgemäß auch der Pächter oder Nutznießer. Ob der Inhaber persönlich im Betriebe tätig ist oder ob dieser auf seine Rechnung geführt wird, ist belanglos.

Note 30. „Leiter des Betriebes" ist, wer den Betrieb (ganz oder einzelne Abteilungen) — kaufmännisch oder technisch — führt oder durch andere führen läßt, z. B. Direktoren einer Aktiengesellschaft, Geschäftsführer einer G. m. b. H., unter Umständen auch Liquidatoren oder Konkursverwalter. Sind mehrere Leiter des Betriebes vorhanden, dann haften diejenigen Leiter, die das „Wissen" hatten. Ein Leiter kann neben dem Inhaber haften (bestritten). Hiergegen spricht nicht der im Gesetz gebrauchte Ausdruck „oder"; denn dabei wurde offenbar an den Regelfall gedacht, daß entweder nur der Inhaber oder aber der Leiter das „Wissen" haben. Sofern es aber beide haben, weshalb sollte das Gesetz einen von ihnen straflos lassen wollen? Und welchen von beiden?

§ 5.

§ 5.

Gattungsbezeichnungen. Bildliche Darstellungen.

Die Verwendung von Namen, die im geschäftlichen Verkehre zur Benennung gewisser Waren oder gewerblicher Leistungen dienen, ohne deren Herkunft bezeichnen zu sollen, fällt nicht unter die Vorschriften der §§ 3, 4.

Im Sinne der Vorschriften der §§ 3, 4 sind den dort bezeichneten Angaben

bildliche Darstellungen und sonstige Veranstaltungen gleich zu achten, die § 5.
darauf berechnet und geeignet sind, solche Angaben zu ersetzen.

Inhaltsübersicht.

Absatz 1. Diese Bestimmung, die sich auch im § 16 WZG. findet, soll denjenigen Note 1. Wortbildungen Rechtmäßigkeit verleihen, die ihre ursprüngliche Bedeutung, nämlich die einer Herkunftsangabe, verloren haben und vom Verkehr als Gattungsbezeichnung (Beschaffenheitsangabe) aufgefaßt werden. Der Maßstab für die Beurteilung der Frage, ob sich Recht in herkömmliches Unrecht verwandelt hat, muß streng sein (Kohler 188, 190; Katz in LZ. **1912** 721; Verf. in LZ. **1914** 345). RG. in MuW. **19** 225 betont, daß der Kläger „rechtzeitig gegen den Mißbrauch vorgehen muß". Für den analogen Fall der Warenausstattung wird dies in RG. **79** 295 ausführlich dargelegt (§ 1 Note 76). Lobe (in JW. **1920** 611) empfiehlt eine Vorschrift, wonach Ortsnamen überhaupt nicht zu Angaben über die Beschaffenheit von Waren verwendet werden dürfen. Dieser Vorschlag dürfte zu weit gehen. Die Rechtsprechung kann auf Grund der bestehenden Gesetze ausreichend helfen.

Die „Herkunft" im Sinne des § 5 umfaßt nicht nur geographische Bezeichnungen, Note 2. sondern auch den Hinweis auf eine bestimmte Betriebsstätte. Es gehören demnach auch Namen (von Erfindern oder Herstellern) hierher, wenn sie ihre ursprüngliche Bedeutung verloren haben und als Gattungsbezeichnung aufgefaßt werden (Note 4). In einer Firmenbezeichnung kann eine Herkunftsangabe für die vertriebenen Waren liegen: RG. in MuW. **15** 167 („Braunschweiger Wurstfabrik"). Ein zur Gattungsbezeichnung gewordenes Wort kann wieder zur Herkunftsangabe werden (RG. in MuW. **14** 262). Ob die Herkunft der Rohstoffe oder der Herstellungsort entscheidet, ist in jedem Falle nach den im Verkehr herrschenden Anschauungen zu prüfen (RG. in JW. **07** 565). Vgl. § 1 Note 47; § 3 Note 14; § 16 Note 77, 80.

Gattungsbezeichnungen (Beschaffenheitsangaben) dürfen unbeschränkt im ge- Note 3. schäftlichen Verkehr benutzt werden; denn „der Verkehr hat sich daran gewöhnt, unter der Bezeichnung lediglich eine besonders geartete Ware (gewerbliche Leistung) ohne Rücksicht auf ein bestimmtes Geschäft oder auf eine bestimmte Ursprungsstätte zu verstehen" (RG. **56** 166). Siehe die Beispiele Note 8ff. Über Gattungsnamen als Geschäftsbezeichnung (Etablissementsname) und Bezeichnung einer Druckschrift, über Gewerkszeichen, über Wortverbindungen mit Gattungs- oder Herkunftsbezeichnungen, über Bestimmungsangaben und die Zusätze „System . . .", „Ersatz . . ." siehe § 16. Vgl. § 1 Note 47; § 3 Note 14; § 16 Note 77, 80.

Die Verkehrsanschauung entscheidet darüber, ob eine Herkunftsangabe zur Gattungs- Note 4. bezeichnung geworden ist. Es fragt sich, ob in den beteiligten Kreisen die Erinnerung an die ursprüngliche Bedeutung des Worts erloschen ist. Zu den beteiligten Kreisen gehören alle Personen, die im Verkehr für die Verwechselungsgefahr in Betracht

§ 5. kommen, sowohl die Verbraucher, als auch die Händler. Die Verwechselungsgefahr besteht im Regelfall vornehmlich bei den Verbrauchern, und i h r e Auffassung ist daher besonders zu beachten (RG. **100** 184). Wenn ein nicht unerheblicher T e i l des fragl. Verkehrskreises dem Worte immer noch die ursprüngliche Bedeutung beilegt, so genügt dies (RG. **100** 184; RG. in JW. **1915** 1362). Beweispflichtig ist, wer das Wort als Gattungsbezeichnung in Anspruch nimmt. „Grundsätzlich ist daran festzuhalten, daß Bezeichnungen von Waren, die von dem Namen eines Orts oder einer Gegend hergeleitet sind, so lange als Bezeichnung ihrer Herkunft anzusehen sind, als nicht zweifelsfrei ihre Bestimmung lediglich als Beschaffenheitsangabe feststeht" (RG. in MuW. **15** 166). Das gleiche gilt für Personennamen (Note 2). Es reicht aus, wenn die beteiligten Kreise wissen, daß hinter der Bezeichnung überhaupt eine bestimmte Herkunfts- oder Betriebsstätte steht; die Einzelheiten brauchen nicht bekannt zu sein (RG. **100** 184). Ein in Fachkreisen als Gattungsbezeichnung geltendes Wort kann in Ankündigungen, die sich an das große Publikum wenden, Herkunftsangabe sein (RG. in ZIndR. **1913** 241). Ferner kann ein fremdsprachliches Wort, das an sich Beschaffenheitsbezeichnung ist, für deutsche Verkehrskreise Herkunftsangabe sein (RG. **99** 89). Wird ein Name von vornherein einer Ware als Beschaffenheitsangabe beigelegt und damit von der Person losgelöst, dann ist es belanglos, ob ein Teil des Publikums in der Benennung den Hinweis auf eine bestimmte Person erblickt. Vielmehr ist alsdann eine solche Auffassung irrig und daher unmaßgeblich (RG. **101** 412). Ist die Bezeichnung zur Beschaffenheitsangabe geworden, dann kommt ein etwa bestehender Warenzeichenschutz nicht in Betracht. Vgl. § 1 Note 55, 57; § 16 Note 27; RG. **100** 9, **101** 412; K e n t in JW. **1922** 97; V e r f. in LZ **1915** 610.

Note 5. G e n a u i n d e r v e r k e h r s ü b l i c h e n F o r m muß die Gattungsbezeichnung gebraucht werden, um den Schutz des § 5 Abs. 1 zu genießen. Werden Zusätze (z. B. „echt", „original"), Abbildungen oder sonstige Hinweise beigefügt, die den Eindruck, daß die Ware aus der angegebenen Gegend stammt, verstärken, dann kann die Bezeichnung wieder zur Herkunftsangabe werden (RG. in JW. **07** 565; RG. in MuW. **8** 12, **13** 108, **14** 338). So ist die Bezeichnung „Steinhäger" trotz ihres Charakters als Gattungsbegriff dann als Herkunftsbezeichnung anzusehen, wenn „echter" oder „bester" zugesetzt (RG. in GewRschutz **1915** 205) oder wenn das Wort „Steinhagen" als Herstellungsort auf der Ware angebracht wird (OLG. Hamm in MuW. **13** 330; RG. in MuW. **13** 441). Vgl. auch RG. in GewRschutz **1916** 188: „Emser Karamellen" mit beigefügter Krone.

Note 6. **Erläuternde Zusätze,** in denen eine Herkunftsangabe enthalten ist, sind unter Umständen erlaubt, wenn nämlich durch den Zusatz lediglich eine Beschaffenheitsangabe gemacht wird, und zwar eine s o l c h e , die ohne den Hinweis auf die fremde Herkunftsangabe nicht deutlich zum Ausdruck gebracht werden kann (vgl. § 16 Note 27). So ist es erlaubt, die Brauart eines Bieres durch Bezugnahme auf die Pilsener, Münchener oder Kulmbacher Brauart kenntlich zu machen. Dies entspricht einem Verkehrsbedürfnis und ist insoweit unbedenklich, als eine irreführende Heraushebung oder schlagwortartige Verwendung der auf die Herkunft hinweisenden Worte vermieden wird (siehe über den rechtsähnlichen Fall der Bestimmungsangaben § 16). Hiernach darf z. B. der Bezeichnung „Radeberger" Bier ein Text zugefügt werden, der auf die Pilsener Brauart verweist. Nicht aber darf die Gesamtbezeichnung „Radeberger Bier, nach Pilsener Art gebraut", gewählt werden, weil der Verkehr hieraus fast mit Notwendigkeit das Schlagwort „Radeberger Pilsener" bilden wird (siehe über solche Schlagwortbildungen § 16 Note 13, 29). Das RG. steht auf einem anderen Standpunkt (RG. **79**

250, RG. in MuW. **11** 425, 426, 427, 429, **12** 331, 406, 468, 515, **13** 102, 105, 106). § 5. Es gestattet nicht nur den räumlich engen Zusatz der Brauart, sondern sogar Wortverbindungen, in denen die Herkunftsbezeichnung mit dem Zusatz verschmilzt: „Radeberger Pilsener" (RG. in MuW. **11** 92). Dieser Standpunkt des RG., der gerade die wertvollsten Herkunftsangaben gefährdet, ist unhaltbar: Die Anfügung des Hinweises auf eine andere Herkunft ist begrifflich sinnlos: „Kann Pilsener nur aus Pilsen stammen, so bleibt kein Raum für die Angabe, das jeweils als ‚Pilsener' angebotene Bier stamme anderswoher, Herkunftsangaben schließen sich begrifflich aus" (KG. in MuW. **10** 30, **11** 92; ähnlich OLG. Hamburg in MuW. **8** 227). Infolge der vom RG. gewährten Erlaubnis sind Bezeichnungen wie „Radeberger Pilsener" in großer Menge aufgetaucht und haben nicht nur eine erhebliche Verwirrung des Verkehrs hervorgerufen, sondern auch den Charakter der Bezeichnung „Pilsener" als Herkunftsangabe in Frage gestellt: Jedenfalls ist die Umwandlung der Herkunftsangabe „Pilsener Bier" in eine Beschaffenheitsbezeichnung unvermeidbar, wenn das RG. auf seinem bisherigen Standpunkt beharrt. Damit wäre dann — circulus vitiosus — eine Entrechtung der Pilsener Brauereien eingetreten (Verf. in LZ. **1914** 345; zustimmend unter Anführung weiterer Argumente Dunkhase in MuW. **15** 116). Insbesondere folgende Bezeichnungen sind zu Unrecht vom RG. zugelassen worden: „Lindener-Pilsener" (RG. in MuW. **12** 406); „Deutsch-Pilsener" (RG. in MuW. **12** 468); „Engelhardt-Berliner-Pilsener" (RG. in MuW. **12** 515). Diesen Entscheidungen ist im Schrifttum fast einhellig widersprochen worden. Siehe insbesondere Heinsheimer in DJZ. **1912** 203; Lobe in LZ. **1913** 799; Seligsohn in MuW. **13** 307; Gülland-Queck in MuW. **13** 541; Dunkhase in MuW. **15** 115; Osterrieth in GewRschutz **1915** 57; Fuld in MuW. **15** 163; Salinger in GewRschutz **1916** 103 [wo auch die Eingabe des Handelsvertragsvereins v. 15. März 1914 (an den Reichskanzler) wiedergegeben wird]; Finger in MuW. **17** 74; Kohler 427; Verf. in LZ. **1914** 345. [Treffend weist Kohler 190 darauf hin, daß durch die vom RG. gestatteten Zusätze die Annahme nicht ausgeschlossen wird, es handele sich um die deutsche Filiale einer Pilsener Brauerei, oder letztere habe Leute nach Deutschland geschickt, die (als Arbeiter oder Aufsichtspersonal) die Pilsener Brauart praktisch betätigen.] Sogar die Bezeichnung „Pilsator" für ein nicht aus Pilsen stammendes Bier ist vom RG. zugelassen worden (MuW. **13** 102): Wenn auch die erste Silbe „Pils" auf ein aus Pilsen stammendes Bier hindeuten könne, so entnehme doch das Publikum aus jener Bezeichnung, daß das so bezeichnete Bier nicht aus Pilsen stamme. [Man muß nur fragen, weshalb die Bezeichnung „Pilsator" überhaupt gewählt wurde. Jedenfalls sucht diese Bezeichnung von dem guten Rufe des aus Pilsen stammenden Bieres ohne Berechtigung Vorteil zu ziehen, eine Ausbeutung, die vom RG. in einem ähnlichen Falle („Germania-Pilsener" MuW. **12** 646) für sittenwidrig erklärt worden ist. Übrigens hat das PatA. die Eintragung des dem Worte „Pilsator" gleichwertigen Wortes „Kulminator" wegen der Täuschungsgefahr (mit „Kulmbacher") abgelehnt, wie auch OLG. Dresden in SächsArchR. **1911** 538, **1912** 471 die Bezeichnung „Kulm" für ein in Dresden hergestelltes Bier verboten hat. Ferner ist die Eintragung der Bezeichnung „Pilsatia" abgelehnt worden (MuW. **12** 490). Schließlich hat das Patentamt in einer umfassend begründeten Entscheidung die Eintragung von „Wicküler Elberfelder Pilsener" abgelehnt, weil die Täuschungsgefahr durch die Zusammenstellung zweier Herkunftsbezeichnungen nicht beseitigt werde (MuW. **13** 272).] Die Bezeichnung „Radeberger Pilsener" wird vom RG. (in MuW. **13** 105, **11** 92) erneut zugelassen: Radeberg sei eine in Deutschland allgemein bekannte (?) Stadt, und ob ihre Lage — in der Nähe von Dresden — genau gekannt werde, sei ohne Bedeutung. Ferner hat das RG. die Bezeichnung „Tinzer Pilsener"

§ 5. zugelassen (RG. in MuW. 13 107). Zwar sei der Ort „Tinz" n i c h t allgemein bekannt, aber das Publikum müsse klar erkennen, daß es sich dabei um eine (anderweitige) Ortsangabe handele, womit in unzweideutiger Weise die „Entlokalisierung" des Wortes „Pilsener" erfolgt sei.

Note 7. O b g e r a d e i n d e n s c h r i f t l i c h e n A n k ü n d i g u n g e n der Eindruck einer Herkunftsangabe durch Zusätze verwischt wird, ist schon deshalb nicht ausschlaggebend, weil vielfach der Klangwirkung ein entscheidendes Gewicht beizulegen ist. Ferner ist zu bedenken, daß beim Verkauf der Ware an die Verbraucher, z. B. im Betriebe der Wirtschaften beim Verschenken von Bier, die Herkunftsangabe infolge ihres Schlagwortcharakters wieder derart in den Vordergrund tritt, daß die Zusätze ihre Bedeutung verlieren (Katz in LZ. **1912** 721ff.; Seligsohn in DJZ. **1911** 86; Verf. in LZ. **1914** 345). Demgegenüber weist RG. **79** 250 darauf hin, daß durch die mündliche Benennung des Bieres keine Mitteilung erfolge, die „für einen größeren Kreis von Personen bestimmt ist". Wieso nicht, wenn etwa der Kellner die Bezeichnung durch den Saal ruft?

„Geschäftlicher Verkehr" (siehe S. 32).

„Waren" (siehe § 3 Note 55).

„Gewerbliche Leistungen" (siehe § 3 Note 55).

Note 8. **Beispiele.** G a t t u n g s b e z e i c h n u n g e n sind: „Teltower Rüben", „Berliner Pfannkuchen", „Wiener Schnitzel", „Schweizer Käse", „Berliner Blau", „Westfälischer Schinken", „Kasseler Rippenspeer", „Mainzer Sauerkraut", „Italienischer Salat", „Englisches Pflaster", „Liebig" auf dem Gebiete der Fleischextraktherstellung (RG. **40** 61), „Haftmann" für Liköre (RG. in Bl. **2** 143), „Jäger" für Unterkleider, „Graham" für Schrotbrot. Die Bezeichnung „Liberty" ist Gattungsbezeichnung, soweit es sich um gewisse Seiden-Satinwaren handelt; die Erinnerung an die Londoner Firma Liberty ist im Verkehr erloschen (RG. **69** 311; RG. in JW. **08** 737; OLG. Hamburg in MuW. **12** 44).

Note 9. H e r k u n f t s a n g a b e n sind: „Rheinlachs" (OLG. Hamburg in MuW. **16** 257), „Gervais" (RG. in LZ. **1915** 1327; RG. **100** 182), „Camembert" (PatA. in MuW. **18** 167; nicht so weitgehend RG. in MuW. **14** 338), „Pfarrer Kneipp" für Malzkaffee (Bl. **1** 318), „Dr. Lahmann" für Baumwollwaren (RGSt. **29** 363), „Dr. Mampe" für medizinische Tropfen (RGSt. **30** 91), „Singer" für Nähmaschinen der Singer Co. (RG. in MuW. **13** 109), „Braunschweiger Wurstwaren" (RG. in JW. **1915** 1361), „Berliner Rollmops" (RG. **85** 197), „Emmenthaler" und „Allgäuer" Käse, „Meißner Porzellan", „Schwarzwälder Uhr" (Haasis in MuW. **12** 645), „Emser Pastillen" (RG. in MuW. **12** 528), „Emser Karamellen" (RG. in MuW. **13** 596), „Straßburger Gänseleber" (OLG. Kolmar in GewRschutz **1900** 364), „Helgoländer Hummer", „Ostender Austern", „Braunschweiger Konserven", „Thorner Honigkuchen" (bei Benutzung des Wappens der Stadt Thorn, sonst nicht), „Glashütter Uhren", „Solinger Stahlwaren", „Petkuser Saatroggen", „Bielefelder Leinwand", „Nürnberger Lebkuchen", „Bashenowo-Asbest" (LG. Hamburg in MuW. **12** 526). „Sardinen" ist Herkunftsbezeichnung für die an den atlantischen Küsten Frankreichs, Spaniens und Portugals sowie im Mittelmeer gefangenen Fische der Gattung clupea pilchardus; die Bezeichnung „norwegische Sardinen" ist unzulässig (RG. **99** 135).

Note 10. Für B i e r sind folgende Bezeichnungen Herkunftsangaben: „Münchener Bier" (RG. in JW. **02** 593); „Pilsener Bier" (RG. in JW. **1910** 120; RG. in GewRschutz **1910** 122; RG. in UW. **5** 18; siehe näheres Note 6ff.); „Urquell",

d. i. Bier vom Bürgerlichen Brauhause in Pilsen (RG. in MuW. 8 107); „Dortmunder Bier" (RG. in JW. **04** 369; RG. **58** 136); „Kulmbacher Bier". Desgl. die Bezeichnungen Löwenbräu, Hofbräu, Tucher. Dagegen ist „Bayrisches Bier" Gattungsbezeichnung für ein nach bayrischer Art gebrautes Bier; ebenso die für den überseeischen Verkehr gebrauchte Bezeichnung „Münchener Bier" (RG. in JW. **02** 593). § 5.

Für Wein, Schaumwein und Kognak gelten die Bestimmungen des Weingesetzes. Dieses ist in seiner auf Grund des Art. 275 des Friedensvertrages umgestalteten Fassung noch nicht bekannt. Note 10a.

Folgende Spirituosen sind Herkunftsangaben: „Danziger Goldwasser", „Aalborger Tafel-Aquavit" (OLG. Kiel in MuW. **15** 101), „Aalborger Korn", „Chartreuse", „Jamaika-Rum". Dagegen ist Gattungsname „Nordhäuser" ohne den Zusatz „echt"; ferner „Schwedischer Punsch" (RG. in Bl. **6** 208) und „Boonekamp". „Steinhäger" ohne Zusatz ist Gattungsbezeichnung, dagegen Herkunftsbezeichnung in Verbindung mit „echt", „bester" oder unter Beifügung des Wortes „Steinhagen" (RG. in MuW. **13** 441; RG. in GewRschutz **1915** 205). Note 11.

Folgende Mineralwasser sind Herkunftsbezeichnungen: „Harzer Sauerbrunnen" (MuW. **7** 29), „Rhenser", „Wildunger", „Apollinaris", „Emser Kränchen", „Original-Selter", „königliches Selter", „staatliches Selter", „natürliches Selter". Dagegen ist die Bezeichnung „Selters" ohne Zusatz eine Gattungsbezeichnung. „Sprudel" bedeutet im Verkehr mit Heil- und Mineralwassern eine natürliche, aus dem Boden hervorsprudelnde, also aus größerer Tiefe unter erheblichem Druck zutage tretende Quelle (RG. in MuW. **15** 94). Note 11a.

Für Tabak (roh oder verarbeitet) sind folgende Namen Gattungsbezeichnungen: „Virginia", „Florida", „Carolina", „Portorico", „Amsterdam", „Hamburg", „Bremen". Aber „Havanna" (und „Kuba") ist insofern Herkunftsbezeichnung, als der verarbeitete Tabak aus Havanna (Kuba) stammen muß. Die Bezeichnung „echte Havanna" bedeutet, daß auch die Herstellung in Havanna erfolgt ist. Das gleiche gilt, wenn der Eindruck der Echtheit durch irgendwelche Schrift- oder Bildzeichen hervorgerufen wird (die Rechtsprechung schwankt: RG. in MuW. **8** 12; OLG. Hamm in MuW. **14** 28; OLG. Hamburg in MuW. **17** 172; Wassermann in MuW. **19** 60). Note 12.

„Zigaretten" dürfen als „ägyptische" nur dann bezeichnet werden, wenn sie aus türkischen Tabaken in Ägypten hergestellt worden sind (RG. in JW. **09** 285; RG. in MuW. **7** 173; OLG. Hamburg in MuW. **8** 227; RG. in MuW. **13** 69). In Ägypten wird kein Tabak gebaut, doch ist das Klima der Herstellung der Zigaretten besonders günstig. Sind die Zigaretten nicht in Ägypten hergestellt worden, dann dürfen keine Schrift- oder Bildzeichen gewählt werden, die auf die Herstellung in Ägypten hinweisen. Als „türkische" („russische") dürfen Zigaretten bezeichnet werden, wenn sie aus türkischen (russischen) Tabaken bestehen; hier kommt es also auf den Herstellungsort nicht an. Doch ist es als eine unrichtige Angabe anzusehen, wenn durch besonderen Hinweis zu Unrecht der Anschein erweckt wird, als seien die Zigaretten in der Türkei (in Rußland) hergestellt worden. Unzulässig, weil irreführend, ist insbesondere der Namenszusatz „de Constantinople" (RG. in MuW. **7** 86, **8** 209; OLG. Hamburg in HansGZ. **1912** Hptbl. S. 184). Note 13.

Für Schokolade und Kakao sind die Zusätze „holländisch", „französisch" „schweizer" Herkunftsangaben. (Vgl. Finger in MuW. **7** 202.) Note 14.

§ 5.

Note 15. Die Bezeichnung „Panama“ ist Herkunftsbezeichnung für Geflechte aus Equador, Columbia und Peru.

Note 16. Für orientalische Teppiche sind Bezeichnungen wie „Perser“, „Kassak“, „Schirvahan“, „Yarmuth“, „Buchara“ Herkunftsangaben (Fuld in MuW. **6** 102).

Note 17. Die Bezeichnung von Pelzen als „sibirisch“ usw. ist Herkunftsangabe (Fuld in MuW. **7** 135).

Note 18. Folgende Zusätze zu Früchten und Gemüsen sind Herkunftsangaben: „Französische Äpfel“, „kalifornisches Obst“, „Braunschweiger Spargel“, „Braunschweiger Konserven“ (RG. in Bl. **2** 246); „Messina-Zitronen“.

Note 19. **Absatz 2:** Den „Angaben“ der §§ 3 und 4 sind bildliche Darstellungen gleichzuachten, wenn sie „darauf berechnet und geeignet sind“, wörtliche Angaben zu ersetzen. Es bedarf also des subjektiven und des objektiven Erfordernisses. Für die gemischt wörtlichen und bildlichen Angaben gilt das Gleiche, wobei der Gesamteindruck maßgebend ist (RGSt. **30** 413, **33** 441, **40** 122). Über bildliche Darstellungen, die ohne weiteres als „Angaben“ im Sinne des § 3 anzusehen sind, siehe § 3 Note 13.

Note 20. **„Bildliche Darstellungen“** sind nicht nur solche durch Zeichnung, sondern auch durch Bildhauerei, Architektur, ferner z. B. durch Einritzen auf Phonographenwalzen (RGSt. **38** 345). Unter den § 5 Abs. 2 fallen insbesondere die im Schaufenster ausgestellten Abbildungen von Arbeitsgeräten (die andeuten sollen, daß solche Geräte im Betriebe benutzt werden), oder von Fabrikanlagen (die auf einen Fabrikationsbetrieb hinweisen sollen). Hierher gehört auch die Verbreitung eines Prospekts, der Abbildungen von Maschinen enthält, ohne daß die den Prospekt herausgebende Firma solche Maschinen schon selbst hergestellt hat. In der unrichtigen Darstellung liegt der Anschein eines besonders günstigen Angebots, denn das Publikum glaubt, daß der Ankündigende durch die von ihm mittelbar behauptete Herstellung der Maschinen Erfahrungen gesammelt habe (OLG. Dresden in GewRschutz **1912** 73 unter Bezugnahme auf RG. **66** 176).

Note 21. Abbildungen von Geschäftsräumen (insbesondere auf Rechnungen oder sonstigen Geschäftspapieren), die über die Art oder den Umfang des Betriebes unrichtige Angaben zu ersetzen bestimmt und geeignet sind, kommen in der Praxis häufig vor. So wird zuweilen das Bild einer Fabrikanlage verwendet, während nur ein Verkaufsladen vorhanden ist. Nicht selten wird auch ein Nachbargebäude in irreführender Weise mit abgebildet, so daß der Betrieb größer erscheint, als er in Wirklichkeit ist. Die bildliche Darstellung der Geschäftsräume darf von der Wirklichkeit nicht wesentlich abweichen, wenn auch kleine Übertreibungen oder Ausschmückungen als erlaubt gelten müssen (§ 3 Note 20 über marktschreierische Abbildungen). Hiernach darf zwar der Eindruck, den das Gebäude macht, auf Kosten der Umgebung verstärkt werden, wie man überhaupt derartige Abbildungen als einseitige Schilderung des Unternehmens durch den Inhaber zu würdigen pflegt. Doch darf nicht etwa ein falscher Eindruck von der Bedeutung des Unternehmens hervorgerufen werden (OLG. Hamm in MuW. **13** 112; OLG. Köln in MuW. **15** 139; OLG. Dresden in SächsAnn. **1911** 356). Damit wird der „Anschein eines besonders günstigen Angebots“ erweckt (RG. in GewRschutz **1916** 191; RG. in MuW. **13** 492).

Note 22. Als **„sonstige Veranstaltung“** ist anzusehen „jede nach außen wirkende Kundgebung, die einen Gedanken in sinnfälliger Weise zum Ausdruck bringt“ (RGSt.

46 428). So kommt in Betracht der Verkauf einheimischer Waren durch Angestellte in ausländischer Tracht; ferner die durch eine äußere Herrichtung des Geschäfts bewirkte Vorspiegelung, daß ein Verkauf wegen Trauerfalls stattfindet (Lobe S. 50). § 5.

Auch das Herausheben einzelner Worte aus einer Ankündigung gehört hierher, wenn diese Worte im Text keine besondere Bedeutung haben, aber durch ihren Sperrdruck stark in die Augen fallen und eine Irreführung bewirken sollen, z. B. „Konkurs", „Räumung", „Ausverkauf". Dasselbe gilt, wenn Zusätze, die zum Verständnis der Kundgebung wichtig sind, so versteckt angebracht werden, daß sie unbeachtet bleiben (RGSt. **47** 203; RG. in UW. **5** 68: auf einem Schaumwein-Etikett war das Wort „Reims" deutlich, dagegen die Mitteilung der Fertigstellung in Deutschland unauffällig angebracht). Siehe auch RGSt. **50** 16: „Die starke Hervorhebung der Worte ‚50 % Rabatt' gegenüber dem kleingehaltenen Druck des nicht einmal auf derselben Zeile vorangestellten Wortes ‚bis' ist eine Veranstaltung im Sinne des § 5 Abs. 2." Auch bei einem flüchtigen Lesen von Ankündigungen muß man sich darauf verlassen dürfen, daß keine irreführenden, die Aufmerksamkeit des Lesers ablenkenden Veranstaltungen getroffen werden (RG. in LZ. **1916** 744). Note 23.

Wenn in einem Schaufenster Waren ausgelegt werden, und zwar von der Art der in dem betr. Geschäft gehandelten, so nimmt das Publikum an, daß diese Waren zum Verkauf stehen, nicht, daß etwa die ausgelegten Waren einem Dritten gehören und unverkäuflich sind. RGSt. **47** 161 hat eine Verletzung des § 5 Abs. 2 erblickt in solcher Auslage verbunden mit der Weigerung, die Ware abzugeben. Note 24.

Wenn der Anschein eines privaten Gelegenheitsverkaufs vorgespiegelt wird, dann kann darin eine „sonstige Veranstaltung" liegen (RG. **39** 169, **46** 275; RG. in MuW. **10** 253; **11** 87, 205; Grunow in MuW. **9** 49). Regelmäßig genügt es, daß ein Händler Zeitungsanzeigen ohne Namensnennung und ohne Hinweis auf die Gewerblichkeit des Geschäfts aufgibt, um das Publikum glauben zu machen, es handele sich um einen privaten Gelegenheitsverkauf (RG. in LZ. **1915** 1030). Ob der Bewerber an Ort und Stelle erkennt, daß es sich nicht um einen privaten Verkauf handelt, ist belanglos; denn es kommt nur auf die Ankündigung als solche an. So erklärt RG. in MuW. **11** 7: Um einen Gelegenheitskauf in Ankündigungen als privaten Gelegenheitskauf erscheinen zu lassen, bedarf es keineswegs der ausdrücklichen Hervorhebung seiner Eigenschaft als eines Privatverkaufs. Vielmehr kann ein Hinweis auf diese Eigenschaft aus den begleitenden Umständen entnommen werden; insbesondere kommt hier das Fehlen des Namens eines den Verkauf Ankündigenden in Betracht, weil hierdurch unter Umständen beim Publikum die Annahme nahegelegt wird, der Ankündigende sei ein Privatmann, der aus irgendwelchem Grunde sich gezwungen sieht, sein Eigentum unter Preis loszuschlagen. Eine solche Ankündigung kann zur Irreführung des Publikums durchaus geeignet sein. Siehe auch RG. in MuW. **15** 339: Aus dem „Fehlen eines Hinweises auf die Berufsstellung des Verkäufers und aus Form und Umständen der Anzeige" kann geschlossen werden, daß sie in ihrer Gesamtheit einen privaten Gelegenheitsverkauf ankündigt. RG. in MuW. **11** 89, 472 betont, der Anwendbarkeit des WettbG. stehe es nicht entgegen, wenn der Händler auch die Absicht hatte, durch Wahl der kleinen Annoncen die an die Zeitung zu entrichtenden Kosten möglichst niedrig zu halten. Ob die anzeigende Firma dem Publikum im allgemeinen bekannt Note 25.

§ 5. ist, kommt nicht in Betracht; denn es bleibt die Möglichkeit, daß bei einigen Lesern diese Kenntnis nicht besteht (RG. in MuW. **13** 574). Siehe auch RG. in MuW. **10** 253, **14** 43, **15** 202.

Über Füllanzeigen als „Veranstaltung" siehe § 3 Note 93.

§ 6.

§ 6.

Konkurswarenverkäufe.

Wird in öffentlichen Bekanntmachungen oder in Mitteilungen, die für einen größeren Kreis von Personen bestimmt sind, der Verkauf von Waren angekündigt, die aus einer Konkursmasse stammen, aber nicht mehr zum Bestande der Konkursmasse gehören, so ist dabei jede Bezugnahme auf die Herkunft der Waren aus einer Konkursmasse verboten.

Zuwiderhandlungen gegen diese Vorschrift werden mit Geldstrafe bis zu einhundertfünfzig Mark oder mit Haft bestraft.

Note 1. Der § 6 ist eine gewerbepolizeiliche Vorschrift: im Interesse der Lauterkeit des geschäftlichen Verkehrs werden selbst *wahre* Angaben verboten. Der erste Entwurf zum WettbG. von 1909 bestimmte lediglich, die Anzeige müsse klar erkennen lassen, ob die zum Verkauf gestellten Waren noch zum Bestande der Konkursmasse gehören oder sich bereits in anderer Hand befinden. Demgegenüber suchte *Verf.* in „Warnungen und Vorschläge" sowie in MuW. 8 192 darzutun, daß eine solche Regelung zwecklos sein werde: Verboten werden müsse *jegliche* Bezugnahme auf die Herkunft der Waren aus einer Konkursmasse. Vgl. RGSt. **45** 41ff.

Note 2. *Gegenüber dem § 4 kommt dem § 6 nur eine subsidiäre Bedeutung zu* (RG. in GewRschutz **1913** 250). Demgemäß entfällt die Anwendbarkeit des § 6, wenn die Bezugnahme auf eine Konkursmasse sich als eine unlautere Reklame im Sinne des § 4 darstellt. Insbesondere ist der § 4 verletzt, wenn das Publikum zu dem Glauben gebracht wird, es handele sich um einen wirklichen Konkursausverkauf. RG. in GewRschutz **1913** 250 hat einen solchen Hinweis gefunden in dem Zusatz „wegen vollständiger Auflösung des Geschäfts" zu der Ankündigung „Totalausverkauf des vormals S.schen Warenlagers". Über die täuschende Verwendung der Bezeichnungen „Konkurswarenverkauf", „Konkursausverkauf" siehe RGSt. **38** 369; UW. **2** 58; MuW. **6** 75).

Note 3. *Der § 6 steht gleichberechtigt neben dem § 7.* Ob der im § 6 verbotene Hinweis auf die Herkunft der Ware aus einer Konkursmasse zugleich als „Grund des Ausverkaufs" im Sinne des § 7 angesehen werden kann, ist belanglos. Das Gesetz geht davon aus, daß die Herkunft der Ware und der Grund eines Ausverkaufs nichts miteinander zu tun haben, und daß die Forderung des § 7 auch ohne Verletzung des § 6 erfüllt werden kann (RGSt. **47** 117).

Note 4. **„Jede Bezugnahme"** bedeutet, daß nicht einmal mittelbar auf „die Herkunft der Ware aus einer Konkursmasse" hingewiesen werden darf. Auch der Name der Firma, die in Konkurs geraten ist, darf in der Ankündigung nicht genannt werden. Allerdings ist es zulässig, daß der Verkauf in den Geschäftsräumen des Gemeinschuldners stattfindet. Gegen den § 6 verstoßen insbesondere Ankündigungen wie: „Verkauf des Warenlagers nach beendigtem Konkursverfahren", „Verkauf zu Preisen nach Taxe des Konkursverwalters X", „Verkauf zu billigen Konkurspreisen". Wird der Verkauf für einen

Tag angekündigt, an dem, wie der Ankündigende wußte oder voraussah, die Waren nicht mehr zur Konkursmasse gehören würden und tatsächlich nicht gehört haben, so fällt die Ankündigung unter den § 6, sogar dann, wenn sie klar zum Ausdruck bringt, daß die Waren bis zum Tage des Verkaufs in das Eigentum eines Dritten übergegangen sein werden oder inzwischen bereits übergegangen sind (RGSt. **45** 44). § 6.

„Zum Bestande der Konkursmasse gehören" bedeutet: der rechtlichen Verfügungsgewalt des Konkursverwalters unterliegen. Der Begriff ist unabhängig vom Eigentumsbegriff: Auch wenn das Eigentum beim Konkursverwalter bleibt, kann für diesen die Verpflichtung bestehen, das Warenlager gemäß der Verfügung eines anderen zu verwerten. Die Konkursmasse umfaßt das gesamte der Zwangsvollstreckung unterliegende Vermögen des Gemeinschuldners, das diesem zur Zeit der Konkurseröffnung gehört (§ 1 KO.). Auch Waren aus ausländischen Konkursmassen fallen unter den § 6. Hat der Gemeinschuldner einen Zwangsvergleich mit seinen Gläubigern abgeschlossen, dann darf er oder der Konkursverwalter keinen Konkurswarenausverkauf mehr veranstalten. Dieser Verkauf geht alsdann für Rechnung des Gemeinschuldners oder seiner Hintermänner, nicht aber gehören die Waren noch zum Bestande der Konkursmasse. Ob die gerichtliche Bestätigung des Zwangsvergleichs schon vorliegt, bleibt außer Betracht. Es ist mehrfach versucht worden, den § 6 zu umgehen, indem der Konkursverwalter einen Vertrag, z. B. mit einem Partiewarenhändler, abschloß, wonach dieser eine bestimmte Summe als Preis für das Warenlager an die Masse zahlte und der Konkursverwalter den Verkauf vornahm oder wenigstens die Ankündigung eines Konkurswarenausverkaufs erließ. Einige Gerichte haben in solchen Fällen — durchaus zu Unrecht — festgestellt, eine Verletzung des § 6 liege nicht vor, weil das Warenlager noch „zum Bestande der Konkursmasse" gehöre. Dies ist unrichtig. Die Verfügungsgewalt ist dem Konkursverwalter ja gerade entzogen. Das gleiche gilt, wenn der § 6 dadurch umgangen werden soll, daß der Partiewarenhändler als „Angestellter" oder „Geschäftsführer" des Konkursverwalters verpflichtet wird (Fuld in Recht **1912** 516 sowie OLG. Celle in MuW. **12** 99). Anders liegt der Fall, wenn der Taxator des Warenlagers dem Konkursverwalter einen bestimmten Betrag zusichert und dann den Verkauf für die Masse so vornimmt, daß er einen etwa erzielten Überschuß über die von ihm zugesicherte Summe an die Masse abführt. Dieser Fall wird vielfach dann eintreten, wenn der Konkursverwalter das Warenlager zum taxierten Betrage nicht zu verkaufen vermag und den Taxator auffordert, für seine Taxe einzustehen. Hier bleibt das Warenlager zum Bestande der Konkursmasse gehörend. Note 5.

„Öffentliche Bekanntmachungen"; **„Mitteilungen, die für einen größeren Kreis von Personen bestimmt sind"** (siehe § 3).

Dem **„Verkauf"** steht der Tausch gleich, sowie die Versteigerung, und zwar sowohl die freiwillige als auch die Zwangsversteigerung. Auch folgende Ankündigung fällt unter den § 6: „Die aus der X'schen Konkursmasse erworbenen Konversationslexika sollen geräumt werden; mit in Zahlung genommen werden ältere Auflagen". Ferner gehört hierher die Ankündigung von Gratiszugaben, denn auch diese werden verkauft, nicht stellen sie eine Schenkung dar. Note 6.

„Waren" (siehe § 3). Auch Waren aus ausländischen Konkursmassen fallen unter den § 6. Hier ist unter Umständen die Tatsache der Konkurseröffnung belanglos, soweit nämlich nach dem ausländischen Recht eine solche Eröffnung nicht stattzufinden braucht. Es ist dann nur zu prüfen, ob es sich rechtlich um einen Konkurs handelt. Note 7.

Über **Täterschaft** siehe § 4. Auch der Konkursverwalter kommt als Täter in Frage, soweit er nämlich die Ankündigung erläßt, obwohl die Waren sich nicht mehr in seiner Verfügungsgewalt befinden. Note 8.

§ 7.

§ 7.

Formvorschriften für Ausverkäufe.

Wer in öffentlichen Bekanntmachungen oder in Mitteilungen, die für einen größeren Kreis von Personen bestimmt sind, den Verkauf von Waren unter der Bezeichnung eines Ausverkaufs ankündigt, ist gehalten, in der Ankündigung den Grund anzugeben, der zu dem Ausverkauf Anlaß gegeben hat.

Durch die höhere Verwaltungsbehörde kann nach Anhörung der zuständigen gesetzlichen Gewerbe- und Handelsvertretungen für die Ankündigung bestimmter Arten von Ausverkäufen angeordnet werden, daß zuvor bei der von ihr zu bezeichnenden Stelle Anzeige über den Grund des Ausverkaufs und den Zeitpunkt seines Beginns zu erstatten sowie ein Verzeichnis der auszuverkaufenden Waren einzureichen ist. Die Einsicht der Verzeichnisse ist jedem gestattet.

Inhaltsübersicht.

Note 1. Der § 7 soll die Nachprüfung von Ausverkaufsankündigungen und die Beaufsichtigung der Ausverkaufsveranstaltungen erleichtern. (Die Saison- und Inventurausverkäufe sind durch den § 9 Abs. 2 ausgenommen). In der Kommission wurde betont, daß allerdings der § 7 unter Umständen für den Veranstalter des Ausverkaufs lästig sein werde. Aber es *solle*, namentlich durch die Forderung des Verzeichnisses, eine Erschwerung geschaffen werden. (Die Regelung des § 7 entspricht im wesentlichen dem vom Verf. in „Warnungen und Vorschläge" formulierten Gesetzesvorschlage.) Es handelt sich um ein Blanquettgesetz. Die Einzelbestimmungen der Ausverkauf verordnungen sind Landesrecht.

Absatz 1.

Note 2. **Der Begriff des Ausverkaufs (Teilausverkaufs)** umfaßt die beschleunigte, aus dem Rahmen des laufenden Geschäftsbetriebes heraustretende Veräußerung vorhandener Vorräte zum Zwecke der Beendigung des Geschäftsbetriebes im ganzen, der „Aufgabe einer einzelnen Warengattung oder der Räumung eines bestimmten Warenvorrats aus dem vorhandenen Bestande" (§ 9 Abs. 1). Die Begriffsmerkmale sind hiernach:

1. *die Veräußerung vorhandener Vorräte* (Beziehung zu einem bestimmten, fest umgrenzten Warenbestande, Note 7),

2. zum Zwecke der Räumung (im engeren Sinne einer beschleunigten, aus dem Rahmen des laufenden Geschäftsbetriebes heraustretenden Räumung, Note 8). § 7.

Maßgebend ist die Auffassung des Publikums, und zwar desjenigen Kreises, an den die Kundgebung sich wendet: Es ist zu prüfen, ob dieser Kreis (oder ein — nicht ganz unerheblicher — Teil desselben) den Gesamtinhalt der Ankündigung dahin versteht, daß ein vorhandener Bestand mit Beschleunigung geräumt werden soll. Die Wahl des Ausdrucks, insbesondere ob in der Ankündigung die Bezeichnung „Ausverkauf" verwendet wird, entscheidet nicht. Es kommt auf einzelne Ausdrücke nicht an. Insbesondere braucht für Teilausverkäufe nicht das im § 9 Abs. 1 gebrauchte Wort „Räumung" oder eine gleichbedeutende Bezeichnung verwendet zu werden. Ob ein Ausverkauf wirklich beabsichtigt ist oder stattgefunden hat, bleibt außer Betracht für die Frage, ob die Kundgebung als eine Ausverkaufsanzeige aufgefaßt wird (RGSt. **45** 45, 170, 191, 317; RG. in MuW. **13** 442, **15** 340; RG. in GewRschutz **1911** 245, **1915** 247; RG. in ZIndR. **1916** 47). Ergibt sich aus den Schlag- oder Stichworten einer Ankündigung der Eindruck, daß ein Ausverkauf angekündigt wird, dann ist es belanglos, ob im Text Sätze enthalten sind, die diesem Eindruck entgegenwirken (RG. in ZIndR. **1914** 192; siehe Näheres § 3 Note 21, 33). Note 3.

Daß im Rahmen eines bereits bestehenden Geschäfts der Ausverkauf angekündigt wird, ist nicht erforderlich, vielmehr kann es sich auch um eine Warenmasse handeln, die zur sofortigen Weiterveräußerung angeschafft worden ist, sei es seitens eines neu gegründeten Geschäfts, sei es seitens des Inhabers eines Wanderlagers, sei es seitens eines Taxators oder gewerbsmäßigen Aufkäufers von Warenmassen. Note 4.

Unrichtige Angaben in der Ankündigung fallen unter die allgemeinen Bestimmungen. Die Ankündigung ist regelmäßig als solche (ganz) unrichtig, wenn in ihr eine allgemeine Preisermäßigung versprochen wird, während beim Verkauf selbst nur einzelne bestimmte Waren zu niedrigeren Preisen verkauft werden (RG. **58** 129; SeuffA. **55** 404). Siehe Näheres § 3. Note 5.

Täuschende Ausverkaufsanzeigen fallen unter die §§ 1 und 4, insbesondere die Ankündigung eines Ausverkaufs, ohne daß ein solcher beabsichtigt ist (insoweit ist die Absicht von Bedeutung). Ob der Ankündigende seine Anzeige als eine Ausverkaufsankündigung angesehen hat, bleibt außer Betracht; es genügt, daß er alle Tatumstände gekannt hat, aus denen das Publikum den Schluß auf das Vorliegen eines Ausverkaufs ziehen konnte (RG. in MuW. **13** 144; siehe über täuschende Ausverkaufsanzeigen ferner RGSt. **44** 143, **45** 45; RG. in MuW. **11** 473, **15** 129). Note 6.

„Vorhandener Bestand" bedeutet einen Warenvorrat von bestimmt abgegrenztem Umfange. Belanglos ist es, ob der Vorrat zur Zeit der Ankündigung schon in der tatsächlichen Verfügungsgewalt des Ankündigenden ist. Um so mehr gehören Waren zu dem „vorhandenen Bestande", wenn sie beim Spediteur, in Lagerhäusern oder auf dem Bahnhof liegen und der Geschäftsinhaber darüber zu verfügen in der Lage ist. Die auf Grund abgeschlossener Bestellungen noch beim Fabrikanten lagernden Waren gehören zum „vorhandenen Bestande" des Bestellers dieser Waren (vgl. RG. in MuW. 8 63 zu dem Begriff „Vorrat"; RGSt. **45** 317). Bezieht die Ankündigung sich nicht auf einen bestimmten Warenvorrat, so liegt keine Ausverkaufsankündigung, wohl unter Umständen ein Sonderangebot (Note 20) vor. So wenn auf den besonders günstigen Verkauf einzelner fortlaufend geführter Waren hingewiesen wird, z. B. „In Note 7.

§ 7. der nächsten Zeit verkaufe ich Gartenmöbel mit 20 % Rabatt". Der billigere Dauerverkauf zurückgesetzter Waren, etwa als besondere Verkaufsabteilung, wird nicht aus einem „vorhandenen Bestande" vorgenommen (RG. I 238/14).

Note 8. Unter „**Räumung**" ist ein beschleunigter Absatz zu verstehen, der aus dem Rahmen des laufenden Geschäftsbetriebes heraustritt. Die Beschleunigung der angekündigten Räumung kann z. B. vom Publikum daraus geschlossen werden, daß besondere — wirkliche oder vermeintliche — Kaufvorteile angeboten werden (RGSt. **45** 102). Belanglos ist es, ob in der Ankündigung ein bestimmter Zeitraum für die Räumung genannt ist, z. B. „in dieser Woche" oder „nur drei Tage Dauer" (RGSt. **45** 191; RG. in ZIndR. **1916** 47). Finger in MuW. **12** 322 legt den Hauptwert auf die Vollständigkeit der Räumung. Vollständigkeit kann aber doch stets nur in der — belanglosen — Absicht des Ankündigenden liegen. Übrigens kommt eine vollständige Räumung praktisch kaum jemals vor.

Note 9. **Beispiele:** Als Ausverkaufsankündigungen sind anzusehen: „Total-Ausverkauf"; „schneller und billiger Verkauf"; „Verkauf einer Warenmasse zu billigen Preisen"; „großer Verkauf billig übernommener Waren"; „Billiger Möbelverkauf: Um zu räumen, verkaufe ich . . ." (RG. in MuW. **12** 510); „Große Posten einzelner Tisch- und Tafeltücher" (RG. in MuW. **15** 340); „Die Restbestände eines Warenlagers werden billig verkauft", „Räumungsverkauf" (RGSt. **45** 191; OLG. Naumburg in SeuffA. **66** Nr. 135; vgl. auch OLG. Dresden in SächsArchR. **1911** 315). Als Ausverkaufsanzeige ist ferner (RG. in MuW. **13** 442) folgende Ankündigung betrachtet worden: „Um mit meinem Lager in sämtlichen Winterschuhen zu räumen, veranstalte ich von . . . bis . . . 8 billige Schuhtage und verkaufe sämtliche Winterschuhe zu bedeutend herabgesetzten Preisen." OLG. Hamburg in MuW. **12** 13 erklärt, eine Ausverkaufsanzeige liege nicht darin, daß jemand in einer großen Zeitungsanzeige Korbsessel zu besonders billigen Preisen anbietet, eine Reihe solcher Korbsessel abbildet, und zwar mit der Überschrift: „Korbsessel, solange der Vorrat reicht." Hier dürfte eine Ausverkaufsanzeige vorliegen.

Note 10. **Der Grund des Ausverkaufs** ist sowohl bei den in § 7 Abs. 1 als auch bei den in § 9 Abs. 1 behandelten Kundgebungen (betr. Teilausverkäufe) anzugeben. Der Grund muß vor Beginn des Ausverkaufs vorhanden sein. Doch kann ein während des Ausverkaufs entstandener Grund, der an sich zur Veranstaltung eines Ausverkaufs berechtigen würde, nicht nur zu einer weiteren Ausverkaufsankündigung, sondern auch zur Fortführung des Verkaufs unter dem neuen Grunde dienen: Angenommen, ein Kaufmann steht vor der Verlegung seines Geschäfts und hat einen Räumungsausverkauf angekündigt: Entschließt er sich dann zur Aufgabe seines Geschäfts, so darf er diesen Grund nachschieben (bestritten).

Note 11. Die Verkehrsauffassung entscheidet darüber, ob der angegebene Grund stichhaltig ist: Es muß sich um einen wirklichen, ernsthaften Grund handeln, der im Verkehr als ausreichende Veranlassung zu einem Ausverkauf anerkannt wird (bestätigend RG. in GewRSchutz **1916** 125). Der „Grund" darf kein Vorwand sein (RG. in MuW. **12** 513): „Der Grund setzt ein Ereignis voraus, das dem Verkäufer Anlaß bietet, die Räumung herbeizuführen, das also den Entschluß zum Ausverkauf in ihm hervorgerufen hat" (RGSt. **45** 371). Unzulässig ist hiernach ein Ausverkauf „wegen Überfüllung der Läger" oder „wegen Nichtvorhandenseins bestimmter Größen und Farben" (RG. in MuW. **15** 340; OLG. Kolmar in Recht **1910** Nr. 3665). Im Falle RG. in MuW. **14** 306 wird — zu Unrecht — als ausreichender Grund die Angabe zugelassen, „daß die zur Zeit der Ankündigung im Geschäft vorhandenen angesammelten Reste und angestaubten Teile sog. weißer Waren bzw. die vorhandene angestaubte Wäsche verkauft werden sollen, um diese Reste und angestaubten Waren vom Lager abzustoßen". Aber zum Abstoßen solcher Warenmengen, die sich im Laufe einer Saison anzusammeln pflegen, sind die Saison- (Inventur-) Ausverkäufe da. OLG. Dresden in MuW. **15** 391 läßt „Überfüllung des Lagers" unter besonderen Umständen als Ausverkaufsgrund zu; dem ist ebenfalls zu widersprechen: Solche Angaben, die vorwiegend Reklamecharakter tragen, bezeichnen das Ziel des Ausverkaufs, nicht den „Grund". Man darf sie ebensowenig als ausreichenden „Grund" zulassen, wie z. B. die Angabe „wegen vorgerückter Saison" (RGSt. **45** 318; RG. in MuW. **13** 442). Eine ausreichende Grundangabe liegt in Hinweisen wie „Ausverkauf wegen Aufgabe des Geschäfts", „Ausverkauf der fertigen Kleider wegen Aufgabe dieses Geschäftszweiges", „Ausverkauf des durch Wasserschaden betroffenen Warenlager", „Ausverkauf wegen Umbaues" (wenn nach Sachlage der Umbau einen ernstlichen Grund zur Räumung des Warenlagers zu geben vermag), Ausverkauf „wegen Geschäftsverlegung" (wenn der Transport der gesamten Waren allzu erhebliche und unverhältnismäßige Kosten verursachen würde). Eine „Geschäftsaufgabe" wegen Neugründung der G. m. b. H. berechtigt (selbstverständlich) nicht zu einem Ausverkauf, wenn nur juristisch die Änderung in die Erscheinung tritt (OLG. Kolmar in LZ. **1911** 62). Über „Totalausverkauf" siehe RGSt. **43** 44; RG. in MuW. **12** 36. § 7.

„In der Ankündigung" muß der Ausverkaufsgrund, und zwar klar und allgemein verständlich, angegeben werden (RG. in JW. **1911** 253). Es ist z. B. unstatthaft, in den Zeitungsanzeigen den Grund nicht zu nennen, vielmehr nur in den Schaufensterauslagen (RG. in MuW. **10** 126). Für die Annahme, daß die Gesamtheit aller Arten von Ankündigungen, soweit sie denselben Ausverkauf betreffen, stets als einheitliches Ganzes zu betrachten sei, und daß daher die Angabe in einer Art von Ankündigung genüge, bietet das Gesetz keinen Anhalt (RG. in GewRschutz **1911** 246). Sind also mehrere voneinander verschiedene Ankündigungen eines und desselben Ausverkaufs erlassen, so muß in jeder von ihnen, auch wenn die eine auf die andere Bezug nimmt, der Grund angegeben werden (RGSt. **45** 318). Note 12.

Wenn eine Warenmasse zur sofortigen Weiterveräußerung aufgekauft wird, dann liegt eine ausreichende Grundangabe nicht schon in der Erklärung, daß der ganze Warenbestand schleunigst geräumt werden soll. Hier fehlt es an dem Ereignis, das den Entschluß zum Ausverkauf hervorgerufen hat (Note 11). Wollte man in solchen Fällen einen ausreichenden „Grund" annehmen, dann würde eine Ausverkaufsfreiheit für berufsmäßige Aufkäufer von Warenmassen und für Partiewarengeschäfte eintreten (RGSt. **45** 371). Für letztere liegt zwar der Ausverkaufsgrund im Wesen dieser Verkaufsart, doch ist damit dem Erfordernis des § 7 nicht entsprochen (in der 4. Aufl. sowie in GewRschutz **1912** 368 ist vom Verf. ein anderer — inzwischen in LZ. **1914** 1322 aufgegebener — Standpunkt eingenommen worden). Note 13.

In der Vorzeitigkeit der Veröffentlichung einer Ausverkaufsanzeige kann die mangelnde Grundangabe gefunden werden. Zeigt z. B. jemand einen Ausverkauf wegen Umbaues an, und zwar früher, als der wirtschaftliche Zweck dies erfordert, so bildet der Umbau keinen ausreichenden Grund für die Veranstaltung. Note 14.

Ist ein ungewisses künftiges Ereignis als Grund des Ausverkaufs angegeben worden, ist z. B. bei einem Ausverkauf wegen Geschäftsverlegung noch gar kein neues Haus gefunden, vielmehr nur das alte an Bewerber ausgeboten, Note 15.

§ 7. so liegt ein wirtschaftlich ausreichender Grund zu der Kundgebung regelmäßig nicht vor. Anders, wenn etwa die vorzeitige Anzeige des Ausverkaufs den Eintritt des künftigen Ereignisses fördert (ähnlich Jacubowsky in MuW. **10** 109).

Note 16. **Öffentliche Ankündigungen** müssen vorliegen, und zwar sowohl hinsichtlich des Abs. 1 des § 7 als auch des Abs. 2. Die Ankündigung muß also erfolgt sein in „öffentlichen Bekanntmachungen" oder in „Mitteilungen, die für einen größeren Kreis von Personen bestimmt sind". Über diese Begriffe siehe § 3.

Note 17 Auch durch tatsächliche Hinweise kann die öffentliche Ankündigung eines Ausverkaufs vorgenommen werden, etwa dadurch, daß jemand die bisher in seinem Geschäft übliche Herrichtung seiner Verkaufsräume oder Schaufensterauslagen durchbricht und die Warenbestände so anordnet oder bezeichnet, daß der Unbeteiligte einen Ausverkauf vermuten muß. Hierher gehört die Verwendung von Zetteln „früher M. —.—, jetzt M. —.—", wenn sie in solcher Art und in solchem Umfange geschieht, daß hierdurch der Eindruck einer Ausverkaufsveranstaltung hervorgerufen wird (RG. in MuW. **10** 216). Jeder Ausverkauf wird spätestens mit dem Beginn der Veranstaltung auch angekündigt, denn die Veranstaltung vollzieht sich naturgemäß niemals geheim, sondern macht sich dem Publikum bemerkbar (OLG. Hamburg in MuW. **13** 212).

Note 18. Auch die Konkursausverkäufe unterfallen dem § 7. Der § 117 KO. steht nicht entgegen. Denn wenn hiernach der Konkursverwalter das zur Masse gehörige Vermögen sofort in Verwaltung zu nehmen und zu verwerten hat, so darf er das eben nur unter Beobachtung des § 7 WettbG. (bestätigend KG. in MuW. **15** 234).

Note 19. Versteigerungen kommen für die Angabe des „Grundes" nur insoweit in Betracht, als überhaupt die Ankündigung einer Versteigerung im Verkehr als Ausverkaufsanzeige angesehen wird. Dies ist regelmäßig nicht der Fall. Hiernach dürfen im allgemeinen die Versteigerungen den Formvorschriften des § 7 nicht unterworfen werden, vorausgesetzt, daß nicht etwa eine Umgehung des § 7 (9) WettbG. vorliegt. RG. 2 D 741/13 hat die Ankündigung einer „Auktion" als eine Ausverkaufsanzeige behandelt und die Bestrafung des Veranstalters wegen Nachschubs gebilligt, weil aus der Art der Ankündigung für das Publikum zu entnehmen gewesen sei, daß der Veranstalter die Räumung eines bestimmten Warenvorrats aus dem vorhandenen Bestande betreibe (ähnlich OLG. Hamburg in LZ. **1914** 972; Jacubowsky in MuW. **12** 547; Meier in MuW. **15** 197). Beteiligt sich ein Auktionator an der Verschleierung eines Ausverkaufs, dann kann ihm gemäß § 35 Abs. 1, 3 GewO. die Ausübung seines Gewerbes untersagt werden (Finger in MuW. **13** 141).

Note 20. **Sonderangebote (Ausnahmetage)** fallen nicht unter die Vorschriften der §§ 7 bis 10. Mit einem Sonderangebot soll nur auf eine günstige Kaufgelegenheit hingewiesen werden: Z. B. „In dieser Woche werden Weißwaren mit 10% Rabatt abgegeben". Es fehlen die beiden Tatbestandsmerkmale des Ausverkaufs, nämlich die Beziehung zu einem bestimmten Warenvorrat und der Zweck der beschleunigten, aus dem Rahmen des laufenden Geschäftsbetriebes heraustretenden Räumung. Wenn aber das Publikum aus der Kundgebung die Merkmale des Ausverkaufs herausliest, dann sind die §§ 7 bis 10 anzuwenden (RGSt. **45** 193; RG. in MuW. **14** 305, **15** 340; RG. in GewRschutz. **1916** 125; siehe Note 7 und die in MuW. **14** 305 abgedruckten Zeitungsanzeigen).

Note 21. Verschleierte Ausverkäufe werden zuweilen in der Form von Sonderangeboten angekündigt. Wenn z. B. nach stattgehabtem Saison- oder Inventur-Ausverkauf folgende Anzeige erlassen wird: „Nach beendigtem Saisonausverkauf sollen noch 10 billige Tage stattfinden", so wird regelmäßig das Publikum aus dieser

Ankündigung entnehmen, daß es sich um die Rückstände aus dem Saisonausverkauf handelt, daß also ein fest umgrenzter Warenbestand mit Beschleunigung geräumt werden soll (§ 9 Note 6). Hier ist anzunehmen, daß entweder der § 7 verletzt ist, oder daß eine unzulässige Verlängerung des Saison- (Inventur-) Ausverkaufs vorliegt. § 7.

Die sog. „Weihnachtsverkäufe" stellen sich regelmäßig als Ausnahmeveranstaltungen dar, nicht als Ausverkäufe (RGSt. **44** 61; RG. in MuW. **10** 253). Note 22.

„Restetage" fallen regelmäßig nicht unter die Bestimmungen über Ausverkäufe (RG. in ZIndR. **1916** 47). Es gilt das für Ausnahmetage Dargelegte. Doch darf die Ankündigung nicht etwa den Eindruck erwecken, daß ein bestimmter Vorrat von Resten mit Beschleunigung geräumt werden soll (RG. in MuW. **15** 340). Als Reste sind nicht nur Rückstände von Stücken anzusehen, sondern auch übriggebliebene Stücke von Waren, die früher in bestimmter, sich gleichbleibender Art hergestellt oder vertrieben wurden. Auch lassen sich beschädigte Stücke von fortlaufend geführten Waren als „Reste" ansehen. Werden Stoffstücke in Reste zerschnitten, so dürfen diese Teile nach der Verkehrsauffassung gleichwohl als „Reste" bezeichnet werden. Die entgegengesetzte Ansicht der Motive, die im Gesetz keine Stütze findet, ist nicht haltbar. Es liegt keineswegs eine unrichtige Angabe vor, wenn jemand den Verkauf von Resten anzeigt, die er — etwa aus nicht gangbaren Stücken — vorher zugeschnitten hat. Note 23.

Absatz 2.

Mit der Anzeige ist der Verordnung Genüge geschehen. Eine behördliche Genehmigung des Verkaufs kommt nicht in Frage, vielmehr kann nach eingereichter Anzeige die Ankündigung des geplanten Ausverkaufs erfolgen (doch siehe Note 33). Auch für sich allein kann die Anzeigepflicht angeordnet werden, nicht nur zusammen mit der Verzeichnispflicht. Die höhere Verwaltungsbehörde soll das Bedürfnis zu beiden Maßnahmen prüfen und evtl. nur die eine verfügen (bestritten). Der Geltungsbereich der Ausverkaufsverordnung umfaßt alle im Zuständigkeitsgebiete der erlassenden Behörde veranstalteten Ausverkäufe (Jacubowsky in MuW. **12** 547; Finger in MuW. **13** 142). Note 24.

Ob die Verordnung gesetzmäßig erlassen und bekanntgemacht worden ist, haben die Gerichte zu prüfen. Die zuständigen gesetzlichen Gewerbe- und Handelsvertretungen müssen vorher gehört worden sein (a. M. die früheren Auflagen; Grunow in MuW. **9** 23). Aber in der Verordnung braucht nicht bezeugt zu werden, daß die Anhörung stattgefunden hat (RGSt. **45** 17). Note 25.

Rechtsungültigkeit der ganzen Verordnung tritt nicht ein, wenn in ihr vereinzelt eine das zulässige Maß überschreitende Bestimmung enthalten ist (RG. in LZ. **1914** 479). Geht aber die Verordnung allgemein über die Befugnis der sie erlassenden Behörde hinaus, dann „ist sie in ihrem ganzen Bestande rechtsungültig" (RGSt. **47** 88). Note 26.

Die Kenntnis der Verordnung ist als Voraussetzung der Strafbarkeit nicht gefordert. Selbst wenn seitens einer Behörde, z. B. der Polizeibehörde, auf Anfrage dem Angeklagten gesagt worden ist, es bedürfe der Einreichung eines Warenverzeichnisses nicht, so macht ihn dieser Umstand nicht gemäß § 59 StGB. straffrei (RG. in MuW. **11** 259). Note 27.

Nur für **„bestimmte Arten von Ausverkäufen"** gelten die erschwerenden Formvorschriften des § 7 Abs. 2. Die Fassung „bestimmte Arten" zeigt, daß es sich um eine Gruppe wesensverwandter Ausverkäufe handeln muß. RGSt. **45** 22 fordert, daß die Ausverkäufe „gewisse übereinstimmende Merkmale aufweisen, sich durch diese von Note 28.

§ 7. anderen Ausverkäufen unterscheiden und im Verhältnis zu ihnen eine mehr oder minder große, in sich geschlossene Gruppe bilden", und betont, daß es unzulässig ist, den Begriff der „Art" einseitig etwa auf „die Branche" oder „die Form" oder „den Ort" des Ausverkaufs abzustellen: „Diese und andere Umstände können möglicherweise erst in ihrem vollständigen oder teilweisen Zusammentreffen und Zusammenwirken die Bestimmung und Abgrenzung von Arten eines Ausverkaufs herbeiführen" (ebenso RGSt. **45** 194).

Note 29. Die einzelne Anführung der „bestimmten Arten" ist erforderlich, nicht darf die Verordnung nur die Ausnahmen aufzählen. Diese — schon in den früheren Auflagen hier vertretene, lebhaft bestrittene — Meinung ist inzwischen vom RG. (RGSt. **45** 23) bestätigt worden (wodurch die Mehrzahl aller auf Grund des § 7 Abs. 2 erlassenen Verordnungen sich als ungültig erwiesen hat). Ferner erklärt RG. **47** 88 unter Bezugnahme auf den hier eingenommenen Standpunkt eine Verordnung für ungültig, weil sie „so viele einzelne Fälle von Ausverkäufen anführt, daß sich kaum noch übrigbleibende finden lassen". — Wenn Ausverkäufe „wegen Räumung oder Verminderung des Warenvorrats" von der Verordnung schlechthin umfaßt werden, dann ist dies keine Hervorhebung einer bestimmten Ausverkaufsart, sondern eine unzulässige Ausdehnung der Verordnung auf alle Ausverkäufe: „Räumung oder Verminderung des Warenvorrats" ist der Zweck und das Ziel jeden Ausverkaufs, nicht ein besonderer Grund dafür. Eine solche Verordnung untersagt sonach in Wahrheit jeden Ausverkauf unterschiedslos. Damit aber geht die Behörde über ihre Befugnis hinaus (RGSt. **47** 88). Hiernach ist auch die Übernahme der gesetzlichen Begriffsbestimmung des Teilausverkaufs (§ 9 Abs. 1) unzulässig, wenn sie das Verordnungsrecht auf alle diese Teilausverkäufe erstreckt.

Note 30. Die Einbeziehung der Ausnahmetage, wie Restetage, weiße Woche usw., unter das Verordnungsrecht ist unzulässig. Denn da diese Veranstaltungen im WettbG. überhaupt nicht als Ausverkäufe behandelt werden, kann eine Verordnung, die ihr Daseinsrecht nur aus dem WettbG. herleitet, entgegen diesem Gesetze die Ausnahmetage nicht gleichwohl als Ausverkäufe behandeln und mit Erschwerungen belegen.

Note 31. Die **„höhere Verwaltungsbehörde"** wird von der Zentralbehörde des Bundesstaates bestimmt (§ 29 WettbG.).

Note 32. Die **„Stelle"**, die in den von der höheren Verwaltungsbehörde zu erlassenden Verordnungen zu bezeichnen ist, wird regelmäßig die Polizeibehörde am Orte des Ausverkaufs sein; aber auch Handels-, Detaillisten-, Gewerbekammern sind in Frage, ferner die Amts- oder Kaufmannsgerichte (Gewerbegerichte). Der Wortlaut des § 7 Abs. 2 ist so weitreichend, daß irgendwelche Beschränkung in der Wahl der „Stelle" nicht anzunehmen ist (vgl. Jacubowsky in MuW. **11** 370, der als „Stelle" die Handelskammern empfiehlt). Beim Verdacht einer Verletzung der §§ 7—10 ist die „Stelle" zu einer Nachprüfung verpflichtet; ihre Berechtigung hierzu ergibt sich ohne weiteres aus der Verordnung (vgl. Jacubowsky in MuW. **13** 437).

Note 33. **„Zuvor"** bedeutet: vor der Ankündigung des Ausverkaufs, nicht etwa vor der Veranstaltung (OLG. Hamburg in LZ. **1915** 1403). Da aber eine vorherige Ankündigung vom Gesetz nicht erfordert wird, so ist schon aus diesem Grunde der Begriff „zuvor" ergänzungsbedürftig durch die zu erlassende Verordnung der höheren Verwaltungsbehörde. Der gesetzgeberische Zweck, ein Prüfungsrecht des Publikums („jedermann") zu gewährleisten, kann z. B. durch das eine Stunde vor der Veranstaltung des Ausverkaufs eingereichte Verzeichnis nicht erfüllt werden; denn die Richtigkeit des Verzeichnisses ist nur so lange nachprüfbar, als der Verkauf noch nicht begonnen hat. In den bisher erlassenen Verordnungen findet sich regelmäßig die Bestimmung, daß die Anzeige zwei Wochen vor der Ankündigung des Ausverkaufs einzureichen sei. Diese Regelung dürfte angemessen sein. Allerdings wird damit unter Umständen eine erhebliche Erschwerung gewisser Arten von Ausverkäufen herbeigeführt. Diese Erschwerung liegt aber gerade im Sinne des § 7 Abs. 2. (Vgl. die Abhandlung des Verf. in JW. **1914** 742, die sich gegen den — die Fristsetzung für ungültig erklärenden — Standpunkt des KG. in LZ. **1914** 881 richtet; bestätigend OLG. Darmstadt in HessRspr. **1914** 139; Finger in MuW. **13** 579; Clad S. 96; Kohler S. 209; a. M. Eyck in JW. **1914** 1069; OLG. Hamburg in LZ. **1915** 1403; KG. in LZ. **1916** 1070.) § 7.

Das „Verzeichnis" kann von jedem, also auch ohne Nachweis eines besonderen Interesses, eingesehen werden. Der Einsichtnehmende darf sich eine Abschrift anfertigen. Das Verzeichnis muß die einzelnen Warenposten insoweit anführen, als dies für die Nachprüfbarkeit geboten ist. Der Wert der Ausverkaufsmasse muß sich aus dem Verzeichnis feststellen lassen. Enthält das Verzeichnis Waren, die fremdes Eigentum sind, so ist dies kenntlich zu machen. Note 34.

Über **Täterschaft** siehe § 4. Auch Konkursverwalter, Liquidatoren, Gerichtsvollzieher und Auktionatoren kommen als Täter in Betracht. Der § 117 KO., wonach der Konkursverwalter die Masse zu verwerten hat, steht nicht entgegen (Fuld in Recht **1913** 360). Note 35.

Rechtsfolgen. Die Nichtangabe des Ausverkaufsgrundes wird gemäß § 10 Ziff. 1 mit Geldstrafe bis zu 150 M. oder mit Haft bestraft. Dasselbe gilt für die Angabe eines unwahren oder eines Scheingrundes, auch eines nicht ausreichenden Grundes, desgl. für die Nichtanzeige, die unvollständige, nicht rechtzeitige oder an falscher Stelle erfolgte Anzeige von Ausverkaufsgrund und -beginn, sowie für die Nichtanfertigung des Verzeichnisses bzw. die unrichtige oder unvollständige Anfertigung. Die Verwaltungsbehörde oder die „Stelle" haben nicht das Recht, die Veranstaltung des Ausverkaufs zu hindern, vielmehr ist infolge einer nicht ausreichenden Grundangabe der Veranstalter des Ausverkaufs gerichtlich zur Verantwortung zu ziehen. Neben einer Bestrafung aus § 10 kommt die zivilrechtliche Verfolgung gemäß § 13 Abs. 1 in Betracht. Note 36.

Zivilrechtlich sind die Klagen auf Unterlassung und Schadensersatz gegeben (gemäß § 13, der zwar nicht den § 7 anführt, wohl aber den diesen Paragraphen behandelnden § 10). Note 37.

Die Wiederholungsgefahr ist bei der Unterlassungsklage auf Grund der §§ 7 und 9 (10) ohne weiteres anzunehmen. Es handelt sich hier um gewerbepolizeiliche Vorschriften, die eine Übertretungsstrafe nur wegen des Gefährdungscharakters des Verstoßes festsetzen. Bei diesen Unterlassungsansprüchen darf der Beklagte nicht damit gehört werden, daß er fortan den begangenen Verstoß nicht wiederholen wolle. Der Kläger kann nicht wissen, ob der Beklagte bei seinen ferneren Ausverkaufsankündigungen die gesetzlichen Bestimmungen beobachten wird. Das Gesetz überhebt ihn einer Prüfung dieser Frage, indem es ihm gemäß § 13 Abs. 1 den Unterlassungsanspruch gibt. Note 38.

Ob der Ausverkauf des Beklagten beendigt oder das Verzeichnis inzwischen eingereicht ist, kommt für den Unterlassungsanspruch des Klägers nicht in Betracht. Schon nach den allgemeinen für Unterlassungsklagen geltenden Grundsätzen hat die Einstellung der mit der Klage verfolgten Handlung nicht die Note 39.

§ 7. Wirkung, daß die Klageberechtigung entfällt. Vgl. Verf. in MuW. 13 483 ff. und das dort besprochene Urteil des OLG. Hamburg. In diesem wird der gegen die Einreichung eines unrichtigen Verzeichnisses erhobene Unterlassungsanspruch als „ein in die Form eines Unterlassungsanspruchs gekleideter Anspruch auf Berichtigung des eingereichten Verzeichnisses“ behandelt. Aber ein derartiger Berichtigungsanspruch ist im Rechte nirgendwo begründet, würde sich auch als eine begriffliche Unmöglichkeit darstellen, weil ein Berichtigungsanspruch nur für die Vergangenheit, ein Unterlassungsanspruch aber nur für die Zukunft denkbar ist. Das WettbG. gewährt nur Schadensersatz- und Unterlassungsansprüche, insbesondere gegen die Verletzung des § 10 Ziff. 1, 2, 3. Wenn das OLG. Hamburg (a. a. O.) darlegt, der Unterlassungsanspruch erstrecke sich „nicht auf etwaige künftige Ausverkäufe“, so ist dem entgegenzuhalten, daß ein Unterlassungsanspruch seinem Wesen nach lediglich gegen künftige Handlungen sich richtet. Wie es für den Unterlassungsanspruch auf Grund des § 3 WettbG. belanglos ist, ob der Vorrat der — unrichtig — angepriesenen Waren inzwischen verkauft wurde, so kommt es auch für den Unterlassungsanspruch auf Grund des § 10 nicht darauf an, ob der Ausverkauf, bei dessen Ankündigung der Verstoß begangen wurde, inzwischen beendigt ist. Dies zeigt am deutlichsten der § 10 Ziff. 3, wo gegen die unzeitgemäße oder zu lang ausgedehnte Veranstaltung eines Saison- oder Inventurausverkaufs ein Unterlassungsanspruch gewährt wird. Wie soll dieser Anspruch sich rückwärts gegen denjenigen Ausverkauf richten können, bei dem der Verstoß begangen wurde? Selbst wenn der Ausverkauf eine Dauer von 3 bis 4 Wochen hätte, so wäre er doch bei der Verhandlung des Rechtsstreits stets beendigt.

Note 40. **Entwurf einer Normalverordnung zur Regelung des Ausverkaufswesens.**

Auf Grund der §§ 7 Abs. 2 und 9 Abs. 2 des Gesetzes gegen den unlauteren Wettbewerb vom 7. Juni 1909 wird hierdurch nach Anhörung der zuständigen amtlichen Gewerbe- und Handelsvertretungen für das Gebiet der .... das Folgende bestimmt.

§ 1.

Wer beabsichtigt, einen Warenverkauf der in § 3 dieser Verordnung bezeichneten Art unter der Bezeichnung eines Ausverkaufs zu veranstalten, hat der (folgt Anmeldestelle) eine schriftliche Anzeige über den Grund und den Zeitpunkt des Beginns des Ausverkaufs zu erstatten, sowie ein vollständiges und übersichtliches Verzeichnis der auszuverkaufenden Waren einzureichen.

Der Ankündigung eines Ausverkaufs steht jede sonstige Ankündigung gleich, die den Verkauf von Waren wegen Beendigung des Geschäftsbetriebes, Aufgabe einer einzelnen Warengattung oder Räumung eines bestimmten Warenvorrats aus dem vorhandenen Bestande betrifft, oder die den Warenverkauf im Wege der Versteigerung vorsieht.

Das vom Geschäftsinhaber oder von seinem Vertreter zu unterschreibende Verzeichnis muß die zum Verkauf gelangenden Waren nach Art und Zahl, Maß oder Gewicht einzeln aufführen.

Sind noch Waren abzunehmen, so ist neben diesen Angaben auch der Name der zur Lieferung Verpflichteten und der Tag der Bestellung anzugeben.

§ 2.

Die Anzeige ist in doppelter Ausfertigung spätestens zwei Wochen vor der Ankündigung, das Verzeichnis spätestens eine Woche vor Beginn des Ausverkaufs einzureichen. Die Anmeldestelle kann von der Innehaltung dieser Fristen Ausnahmen gestatten, wenn eine Ware dem Verderben ausgesetzt ist oder wenn sonstige Gründe gegen einen Aufschub sprechen. § 7.

Die Einsicht des Verzeichnisses ist jedermann gestattet.

§ 3.

Folgende Arten von Ausverkäufen unterliegen den obigen Bestimmungen:

1. Ausverkäufe, die den Verkauf von Waren wegen Beendigung, Verlegung oder Übertragung des Geschäftsbetriebes, sowie wegen Umbaues der Geschäftsräume oder wegen eines entstandenen Warenschadens betreffen.

2. Ausverkäufe aus Liquidations-, Nachlaß- und Konkursmassen, sofern die Waren sich nicht mehr in der Verfügungsgewalt des Liquidators bzw. des Nachlaßpflegers bzw. des Konkursverwalters befinden.

3. Ausverkäufe, die durch gewerbsmäßige Aufkäufer fremder Warenmassen, sei es unmittelbar, sei es durch deren Rechtsnachfolger vorgenommen werden; ferner Ausverkäufe, die außerhalb der ständigen Betriebsräume stattfinden.

4. Ausverkäufe, bei denen Waren durch Gerichtsvollzieher, Auktionatoren, Taxatoren, Treuhänder oder sonstige Beauftragte feilgeboten werden, sei es im Wege der Versteigerung, sei es freihändig.

§ 4.

Die Bestimmungen der §§ 1 bis 4 finden auf Saison- und Inventurausverkäufe, die in der Ankündigung als solche bezeichnet werden und im ordentlichen Geschäftsverkehr üblich sind, keine Anwendung.

§ 5.

Die im ordentlichen Geschäftsverkehr üblichen Saison- und Inventurausverkäufe dürfen höchstens zweimal im Jahre und zwar nur in der Zeit vom ..... bis ..... und vom ..... bis ..... stattfinden.

Die Termine werden alljährlich im Dezember für das nächste Jahr festgesetzt.

§ 6.

Übertretungen dieser Verordnung werden, soweit nicht andere Strafvorschriften Anwendung finden, auf Grund des § 10 des Gesetzes gegen den unlauteren Wettbewerb vom 7. Juni 1909 mit Geldstrafe bis zu 150 Mark oder mit Haft bestraft.

§ 7.

Diese Verordnung tritt mit dem .... in Kraft.

§ 8. § 8.

Vor- und Nachschieben.

Mit Gefängnis bis zu einem Jahre und mit Geldstrafe bis zu fünftausend Mark oder mit einer dieser Strafen wird bestraft, wer im Falle der Ankündigung eines Ausverkaufs Waren zum Verkauf stellt, die nur für den Zweck des Ausverkaufs herbeigeschafft worden sind (sogenanntes Vorschieben oder Nachschieben von Waren).

§ 8. **Inhaltsübersicht.**

Note 1. Der § 8 will verhindern, daß dem Ausverkauf eine höhere Leistungsfähigkeit verliehen wird, als ihm gemäß der Ankündigung zukommt: Jeder, auch der geringfügigste Vor- oder Nachschub, der mit der Ausverkaufsanzeige in Widerspruch steht, soll verhindert werden. Der § 8 gilt auch für Teilausverkäufe, nicht aber für die „üblichen" Saison- und Inventurausverkäufe (Näheres § 9).

Note 2. Über **das Verhältnis des § 8 zum § 4** sagt RG. in GewRschutz **1913** 252: „Es ist lediglich eine Verschiedenheit in der gesetzestechnischen Fassung gegen den § 4 vorhanden. In der Sache selbst macht es keinen Unterschied, ob das Feilhalten von erst herbeigeschafften Waren für den Fall, daß ihre Ankündigung erfolgt, oder das Ankündigen als Ausverkauf von erst herbeigeschafften Waren für den Fall, daß sie feilgehalten werden, verboten wird. Auch jenes wollte nur diese unwahre Ankündigung treffen und Gewähr leisten, daß in diesem Falle die Ankündigung als unwahr gewürdigt werde. Der § 8 ist sonach lediglich ein besonderer, bereits von § 4 getroffener Fall, der gesetzestechnisch ebensogut dort hinter ‚insbesondere' mit eingefügt hätte werden können. Die Anwendung von § 4 und § 8 auf Fälle, die unter beide Vorschriften fallen, steht wahlweise zur Verfügung." Vgl. auch Lobe in der Festschrift für Wach S. 285.

Note 3. Demgemäß liegt Gesetzeskonkurrenz vor zwischen dem § 8 und dem § 4 (RGSt. **45** 45, 49, 50, 316, 371, **46** 233; RG. in GewRschutz **1913** 249 ff.; RG. in MuW. **14** 110). Ob dies auch dann gilt, wenn die Ankündigung sowohl unwahre Angaben über den Ausverkauf im Sinne von § 8, als auch unwahre Angaben über die Preisbemessung im Sinne von § 4 enthält, ist streitig. Während der 5. StS. in RGSt. **45** 45 die Meinung vertritt, daß in einem solchen Falle Idealkonkurrenz angenommen werden müsse, hat der 4. StS. in MuW. **14** 110 sich dahin ausgesprochen, daß auch hier Gesetzeskonkurrenz vorliegt, weil nur ein besonderer Fall des § 4 im § 8 gesetzlich geregelt sei, der, wie die übrigen im § 4 aufgeführten Fälle, ebenfalls nur eine Angabe über geschäftliche Verhältnisse enthalte. Aber die Frage ist ohne praktische Bedeutung, wie das Urteil MuW. **14** 110 selbst anerkennt. Vgl. auch Lobe in der Festschrift für Wach S. 288; RG. in Recht **1914** Nr. 1213.

Note 4. Auch Realkonkurrenz zwischen dem § 4 und dem § 8 kann vorliegen, allerdings nur in besonders gearteten Fällen. Siehe hierzu RG. in MuW. **14** 110: „Ebenso wie die verschiedenen im § 4 beispielsweise aufgezählten unwahren Angaben je durch selbständige, auf besonderem Vorsatz beruhende Ankündigungen gemacht werden können, so daß die Vergehen nach § 4 miteinander real konkurrieren, ebenso können auch die Ankündigungen, die vorerst nur unwahre Angaben über die Preisbemessung enthalten, auf Grund eines besonderen, auf Nachschieben von Waren gerichteten Vorsatzes zu selbständigen weiteren unwahren Angaben über den Ausverkauf werden."

Objektive Voraussetzungen.

Note 5. 1. **Eine Ausverkaufsankündigung** muß vorliegen. Demgemäß ist zu prüfen, welche Vorstellungen durch die Kundgebung nach ihrem Gesamtinhalt beim Publikum erweckt werden (§ 7 zum Begriff des Ausverkaufs).

2. **Eine bestimmte Warenmasse,** die nach der Ausverkaufsankündigung den Gegenstand des Ausverkaufs bildet, muß vorhanden sein (RGSt. **45** 172, 316; § 7 zum Begriff „vorhandener Bestand"). Ist in der Ankündigung die Räumung eines bestimmten Warenvorrats angezeigt, so wird hierdurch die Ausverkaufsmasse rechtlich abgegrenzt. Ob die Ergänzung aus dem übrigen Warenvorrat stattfindet oder anderswoher beschafft wird, ist belanglos (RGSt. **46** 236). Auch eine früher vorgeschobene Masse kann nachgeschoben werden (RG. in MuW. **13** 110). Welche einzelnen Waren vor- oder nachgeschoben worden sind, braucht nicht geprüft zu werden (RG. in MuW. **15** 50). Note 6.

3. Um eine **Ware** muß es sich handeln. Der Begriff „Ware" umfaßt nicht solche Ersatzteile, die, wie etwa Zwirn zur Ausbesserung, keine Selbständigkeit haben oder wenigstens im gegebenen Falle nicht als selbständiger Handelsgegenstand verkauft werden. So dürfen zerbrochene Uhrgläser, verlorengegangene Knöpfe ersetzt werden. Dies sind keine „nur" für den Zweck des Ausverkaufs herbeigeschafften „Waren". Das gleiche gilt für Waren, die zur Fortschaffung der eigentlichen Ausverkaufsware dienen, z. B. Säcke (RG. in JW. **1916** 333; RG. in MuW. **12** 35). Ob die herbeigeschafften Waren selbständig und in unveränderter Gestalt oder nach Verbindung mit anderen schon vorhandenen Waren als Teile der durch die Verarbeitung und Verbindung hervorgebrachten neuen Gegenstände zum Verkauf gestellt werden, ist belanglos (RGSt. **44** 283). Note 7.

Zugaben gelten regelmäßig als „Ware"; sie werden auch „zum Verkauf gestellt". Hat also der Ankündigende nach Beginn des Ausverkaufs solche Zugabewaren bestellt und zusammen mit Ausverkaufswaren abgegeben, so hat er diese Waren nachgeschoben. Der Gesichtspunkt, daß die Zugaben den Kunden nicht berechnet werden, trifft nicht zu, denn die Zugaben werden nicht verschenkt, vielmehr bei Berechnung der Verkaufspreise berücksichtigt (RG. in GewRschutz **1915** 306). Note 8.

4. Ein **Widerspruch mit der Ankündigung** muß vorhanden sein. Das Nachschieben ist bewirkt mit jeder nachträglichen Hinzufügung, die eine Ergänzung der Warenmasse enthält dergestalt, daß es an der vollen Übereinstimmung zwischen der in der Ankündigung umgrenzten und der tatsächlich ausverkauften Warenmasse fehlt. Für diesen Widerspruch kommt es nicht darauf an, von wem und in welcher Absicht die nachgeschobene Ware in der vorangehenden Zeit angekauft und aus welchem Grunde sie innerhalb des Ausverkaufs mit veräußert wurde. Insbesondere ist es belanglos, ob der Nachschub erfolgte, um irgendwelche Vertragspflicht nicht zu verletzen (RG. in MuW. **13** 110). Note 9.

Liegen unrichtige Angaben nicht vor, dann kommt regelmäßig weder Vorschub noch Nachschub im Sinne des § 8 in Frage. Kündigt z. B. jemand einen Ausverkauf wegen Brandschadens an und setzt hinzu: „Außer den durch Brandschaden betroffenen Waren stelle ich größere Posten anderer Waren, die ich billig erworben habe, zum Verkauf", dann ist es belanglos, ob diese Waren „nur für den Zweck des Ausverkaufs herbeigeschafft worden sind". Denn da in der Ankündigung eine Trennung der durch Brandschaden betroffenen von den anderen Waren vorgenommen worden ist, so kommt mangels Unrichtigkeit der Angaben weder der § 4 noch auch der § 8 in Betracht. Wohl aber ist der § 7 Abs. 1 (§ 9 Abs. 1) verletzt, denn es fehlt an der Angabe eines ausreichenden Grundes für den Ausverkauf der zugekauften Waren. Wird in der Ankündigung der Hinweis auf das Hinzufügen neuer Waren nicht mit ausreichender Deutlichkeit vorgenommen, dann verliert der Hinweis seine Kraft, so daß eine Verletzung des § 8 vorliegt (RG. in MuW. **14** 109). Note 10.

§ 8.

Note 11. 5. **„Nur für den Zweck des Ausverkaufs herbeigeschafft"** bedeutet das Hinzufügen von Waren zu dem Warenbestande, auf den die Ankündigung des Ausverkaufs sich bezieht. Es genügt, daß irgendwelche irgendwem gehörende Waren derart einem bestehenden Lager hinzugefügt werden, daß der Ausverkaufsbetrieb sich auf sie erstreckt (RGSt. **46** 235; RG. in GewRschutz **1916** 193). Eine räumliche Hinzufügung wird nicht erfordert (RGSt. **45** 168, 371, **48** 38). Auf die Anwendung von Heimlichkeit kommt es nicht an (RG. in MuW. **11** 259). Schon die Kundgabe des Willens zur Veräußerung einer Ware als Ausverkaufsware (im Widerspruch mit der Ausverkaufsanzeige) genügt: darin liegt ein bewußtes Vermehren der — durch die Ausverkaufsankündigung rechtlich abgegrenzten — Ausverkaufsmasse (RG. in JW. **1916** 333). Wurde die Ware ursprünglich nicht zum Zwecke des Ausverkaufs herbeigeschafft, sollte vielmehr erst nach Beendigung des Ausverkaufs veräußert werden, so liegt, wenn während des Ausverkaufs zufolge anderweitiger Entschließung des Geschäftsinhabers die Hinzufügung der Ware zur Ausverkaufsmasse im Widerspruch mit der Ausverkaufsankündigung erfolgt, gleichwohl strafbarer Nachschub vor. Eine solche Ware ist, wenn auch erst unmittelbar vor dem Zumverkaufstellen oder der Veräußerung, zum Zwecke des Ausverkaufs herbeigeschafft (RG. in JW. **1916** 333).

Note 12. Vor der Ankündigung des Ausverkaufs in Auftrag gegebene Waren gelten nicht ohne weiteres als „nur für den Zweck des Ausverkaufs herbeigeschafft". Vielmehr ist die Hinzufügung solcher Waren zur Ausverkaufsmasse zulässig, wenn die Bestellung seinerzeit nicht im Hinblick auf den geplanten Ausverkauf bewirkt worden ist (RGSt. **48** 1) und auch sonst durch die Hinzufügung kein Widerspruch mit der Ausverkaufsanzeige entsteht. Sind aber z. B. Waren zu einer Zeit bestellt worden, als der Besteller mit der Verlegung seines Geschäfts „hat rechnen können", und werden dann später diese Waren in den anläßlich der Geschäftsverlegung veranstalteten Ausverkauf hineingenommen, so sind diese Waren „nur für den Zweck des Ausverkaufs herbeigeschafft" (RG. in MuW. **13** 560).

Note 13. Der Ersatz einer zur Ausverkaufsmasse gehörigen Ware durch eine andere Ware während des Ausverkaufs ist unter Umständen zulässig, und zwar insbesondere dann, wenn die ersetzte Ware auf anderem Wege als durch Verkauf aus der Ausverkaufsmasse ausgeschieden ist. Wenn z. B. ein Warenposten dem Fabrikanten berechtigterweise zur Verfügung gestellt worden ist und dieser dafür in Erfüllung seiner alten, bereits vor dem Ausverkauf bestehenden Lieferungspflicht eine Ersatzware geliefert hat, so darf diese zur Ausverkaufsmasse genommen werden. Dadurch wird nicht der Bestand der den Gegenstand der Ankündigung bildenden Ausverkaufsmasse vermehrt, und auch sonst wird die Ausverkaufsankündigung hierdurch nicht zu einer unwahren (RGSt. **48** 1).

Note 14. Zur Vermeidung wirtschaftlicher Nachteile abgerufene Waren sind nicht als „nur für den Zweck des Ausverkaufs herbeigeschafft" anzusehen. Überhaupt muß dem Gewerbetreibenden auch während des von ihm veranstalteten Ausverkaufs noch eine gewisse, durch die Erfordernisse des geschäftlichen Verkehrs erheischte Verfügungsfreiheit belassen werden. Bestätigend RG. in GewRschutz **1915** 248: „Es kommt darauf an, welches Verhalten nach vernünftigen Geschäftsgrundsätzen dem Gewerbetreibenden zugemutet werden konnte und wie seine Anschauung hierbei war. Hatte z. B. die liefernde Firma die tatsächlich erfolgte Abbestellung der Waren nicht als berechtigt anerkannt, obwohl sie nach der objektiven Rechtslage dazu für verpflichtet zu erachten war, so ist zu prüfen, ob dem Gewerbetreibenden in seiner Lage vom Standpunkt eines vernünftig erwägenden Geschäftsmannes angesonnen werden konnte, sich auf einen vielleicht zweifelhaften Rechtsstreit einzulassen, ob es nicht vielmehr angezeigt erschien, die Gefahr unverhältnismäßig großen wirtschaftlichen Nachteils durch Abnahme der Ware zu vermeiden." Werden ohne Notwendigkeit Waren während des Ausverkaufs vorzeitig abgerufen und der Ausverkaufsmasse hinzugefügt, dann sind sie „nur für den Zweck des Ausverkaufs herbeigeschafft" (RGSt. **48** 328). § 8.

Aus einer Zweigniederlassung in den Ausverkauf einer anderen Niederlassung hineingenommene Waren sind als „nur für den Zweck des Ausverkaufs herbeigeschafft" anzusehen, wenn gemäß der Ausverkaufsankündigung der Warenvorrat nur des einen bestimmten Geschäfts ausverkauft werden sollte. Daß die Waren dem Inhaber des Gesamtgeschäfts gehören und er daher — an sich — frei verfügen kann, ist belanglos (RGSt. **45** 173, **46** 232 unter Mißbilligung von RGSt. **44** 61; Fuld in Recht **1914** 259). Note 15.

Der Bezug bestimmter Waren auf besondere Bestellung ist auch während des Ausverkaufs dem Veranstalter gestattet, wenn der Bezug und der Weiterverkauf von der Ausverkaufsmasse getrennt bleiben und als selbständiges Geschäft äußerlich erkennbar nebenhergehen (bestätigend RGSt. **48** 37; RG. in GewRschutz **1916** 193; vgl. auch RG. in ZIndR. **1914** 80; RG. in MuW. **13** 560). Note 16.

Soll die Maßabteilung eines Geschäfts von dem Ausverkauf, der das ganze Warenlager ergreift, ausgenommen, insoweit also das Geschäft fortgeführt werden, dann dürfen solche Waren, die für die Maßabteilung gebraucht werden, angeschafft werden, sofern die Sachlage aus der Ankündigung und der tatsächlichen Handhabung des Ausverkaufs hervorgeht. Insbesondere muß die Ankündigung auf die Fortführung der Maßabteilung hinweisen, und ferner muß die Ausverkaufsmasse von der Maßabteilung getrennt gehalten werden. Note 17.

Wird eine Warenmasse aufgekauft, oder wird ein Geschäft gegründet, um sofort einen Ausverkauf zu veranstalten, dann sind zwar die Waren „nur zum Zwecke des Ausverkaufs herbeigeschafft". Doch ist, wenn eine zum Zwecke des Ausverkaufs angekaufte Warenmasse der Ankündigung gemäß den ausschließlichen Gegenstand des Ausverkaufs bildet, der § 8 nicht anwendbar, denn der Begriff des Vor- und Nachschiebens setzt eine Masse voraus, in bezug auf welche vor- oder nachgeschoben wird. Gerade zur Behebung auftauchender Zweifel wurden die Ausdrücke „Vorschieben" und „Nachschieben" in den Text des § 8 eingestellt. In solchen Fällen liegt ein Widerspruch mit der Ankündigung nicht vor. Entgegengesetzt erklärt RGSt. **45** 371, daß hier der § 8 anwendbar ist; ebenso RG. in MuW. **13** 109; RG. in GewRschutz **1913** 253. Letzteres Urteil setzt sich mit dem vom Verf. in der 4. Aufl. und in GewRschutz **1912** 368 eingenommenen Standpunkt auseinander und räumt ein, daß die vom Verf. bekämpfte Entscheidung RGSt. **45** 371 „dem besonderen Zweck der Vorschrift vielleicht nicht ausreichendes Gewicht beilegt, wenn sie den § 8 unmittelbar auf die Fälle des Ausverkaufs ganzer Lagerbestände anwendet". Der § 8 beziehe sich allerdings „zunächst nur auf ein Vorschieben und Nachschieben, das eine Ergänzung eines bereits vorhandenen Warenlagers darstellt". Aber das Veräußern von Waren in Form eines Ausverkaufs, die überhaupt erst zum Zwecke des Ausverkaufs angeschafft waren, bedeute unlautere Reklame im Sinne des § 4, da alsdann nur ein Scheinausverkauf vorliege. Mithin sei der § 4, der mit § 8 in Gesetzeskonkurrenz steht, heranzuziehen, und auf diesem mittelbaren Wege sei auch der § 8 anzuwenden. Das Urteil erklärt: „Daß die ganze vorgängige Anschaffung zum Zwecke des Ausverkaufs erst recht Note 18.

§ 8. eine solche Ankündigung unlauter erscheinen läßt, und deshalb unter die allgemeine Vorschrift des § 4 fällt, ist nie zweifelhaft gewesen." — Aber ein „Scheinausverkauf" oder überhaupt ein unlauterer Ausverkauf liegt doch nicht jedesmal dann vor, wenn jemand eine nur für den Zweck des Ausverkaufs angeschaffte Warenmasse zum Ausverkauf bringt. Es fragt sich vielmehr, ob die Ausverkaufsanzeige — nur auf diese kommt es auch für den § 8 an — unrichtig ist. Eine Unrichtigkeit liegt aber nicht vor, wenn die Kundgebung alle in Betracht kommenden Tatsachen wahrheitsgemäß anführt. Sagt also der Aufkäufer, daß er eine Warenmasse angeschafft hat und daß er sie zum Ausverkauf bringen will, um sie gänzlich abzusetzen, dann mag man das einen „Scheinausverkauf" nennen, aber nicht einmal objektiv läßt sich hier eine unrichtige Angabe feststellen (Verf. in LZ. **1914** 1324).

Note 19. **Subjektive Voraussetzungen.** Der Täter muß das Bewußtsein gehabt haben, daß die von ihm erlassene Ankündigung eine Ausverkaufsanzeige ist, d. h. daß sie von dem in Frage stehenden Publikum als eine Ausverkaufsanzeige angesehen werden konnte (RG. in MuW. **10** 216; siehe über den Begriff der Ausverkaufsanzeige § 7). Die Handlung des Zumverkaufstellens erfordert Vorsatz bzw. bedingten Vorsatz; die Handlung des Herbeischaffens die Absicht, Waren in der Form des Ausverkaufs mit abzusetzen, für deren Veräußerung der Ausverkauf gemäß dem angegebenen Grunde nicht veranstaltet wurde. [Der Vorbehalt, die im Ausverkauf nicht abgesetzten Waren anderweit, z. B. auf Jahrmärkten, zu verkaufen, ist belanglos (RG. in JW. **1916** 333).] Bedingter Vorsatz genügt hier nicht. Soweit aber überhaupt ein vorsätzliches Zumverkaufstellen solcher Warenbestände vorliegt, wird stets auch der Absichtsvorsatz feststellbar sein. Praktisch ist der Fall undenkbar, daß jemand, der vorsätzlich sein Lager in mißbräuchlicher Weise ergänzt, statt der „Absicht", diese Ergänzungsware in der Form des von ihm angekündigten Ausverkaufs mit abzusetzen, nur die Billigung dieses eventuell eintretenden Erfolges vornimmt. Dies gilt auch für die in § 4 WettbG. und § 15 WZG. verlangte Absicht (vgl. § 1 Note 28). Die irrige Annahme des Täters oder Teilnehmers darüber, daß Vorschub oder Nachschub in gewissem Grade erlaubt sei, ist (als Irrtum über ein Strafgesetz) für die Anwendung des § 8 belanglos.

Note 20. Über den Begriff **„Ankündigung"** siehe § 7.

Note 21. **„Zumverkaufstellen"** bedeutet die im Betriebe des Ausverkaufs erfolgende entgeltliche Verwertung. Es wird nicht gefordert, daß die Ware in dem Verkaufsraum ausgelegt ist. Vielmehr genügt es, daß sie zur Verfügung der Angestellten in den Lagerräumen bereitliegt. Finger verlangt einschränkend tatsächliches Feilbieten. Fuld läßt — zu weitgehend — schon Anbieten der Ware in der Ankündigung genügen: Beide werden damit dem Begriff des „Zumverkaufstellens" nicht gerecht. Wie hier Ebermayer in Stenglein S. 1036. Nicht ausreichend ist das Vorrätighalten der Waren, sei es im eigenen Lager oder gar beim Lagerhalter.

Note 22. Der Begriff „Verkauf" ist weit zu fassen. Eingeschlossen ist der Tausch und der Kreditkauf mit Inzahlunggabe von Waren. Es ist also unzulässig, daß der Ausverkaufende vom Publikum begehrte Waren bei jemandem auf Kredit kauft gegen dessen Verpflichtung, für den vereinbarten Preis Ausverkaufswaren in Zahlung zu nehmen (RG. in MuW. **11** 260; RG. in GewRschutz **1915** 306).

Note 23. Über **Täterschaft** siehe § 7 und § 4. Derjenige, der die Ankündigung erlassen hat, braucht nicht derjenige zu sein, der die Waren zum Verkauf stellt; ferner braucht derjenige, der die Waren zum Verkauf stellt, nicht derjenige zu sein, der sie zum Zwecke des Ausverkaufs herbeigeschafft hat. Doch ist die Kenntnis aller Tatumstände erforderlich, wenn Bestrafung eintreten soll.

§ 8.

Beihilfe liegt vor, wenn jemand in bewußtem Zusammenwirken mit dem Täter die Ware bestellt und dem Täter übersandt hat. Darin liegt keine Mittäterschaft, denn es fehlt noch die Handlung des Hinzufügens zum Ausverkaufslager und des Zumverkaufstellens. Diese letztere Tätigkeit ist in obigem Falle nicht als eigene gewollt, sondern sollte nur als fremde gefördert werden (RG. in MuW. **13** 561). Note 24.

Vollendet ist der Verstoß gegen den § 8 mit dem Zumverkaufstellen. Hat der Ausverkauf noch nicht begonnen, ist aber die vorgeschobene Ware schon zur Ausverkaufsware hinzugefügt worden, so wird man Vollendung annehmen müssen. Note 25.

Die Beschlagnahme der vor- oder nachgeschobenen Waren kann gemäß §§ 94 ff. StPO. erfolgen. Hiernach sind Gegenstände, die als Beweismittel für die Untersuchung von Bedeutung sein können, in Verwahrung zu nehmen oder in anderer Weise sicherzustellen. Note 26

§ 9.

§ 9.

Teilausverkäufe — Saison- und Inventurausverkäufe.

Der Ankündigung eines Ausverkaufs im Sinne des § 7 Abs. 2 und des § 8 steht jede sonstige Ankündigung gleich, welche den Verkauf von Waren wegen Beendigung des Geschäftsbetriebs, Aufgabe einer einzelnen Warengattung oder Räumung eines bestimmten Warenvorrats aus dem vorhandenen Bestande betrifft.

Auf Saison- und Inventurausverkäufe, die in der Ankündigung als solche bezeichnet werden und im ordentlichen Geschäftsverkehr üblich sind, finden die Vorschriften der §§ 7 und 8 keine Anwendung. Über Zahl, Zeit und Dauer der üblichen Saison- und Inventurausverkäufe kann die höhere Verwaltungsbehörde nach Anhörung der zuständigen gesetzlichen Gewerbe- und Handelsvertretungen Bestimmungen treffen.

Inhaltsübersicht.

Absatz 1.

Der § 9 Abs. 1 bezweckt lediglich, die Teilausverkäufe den sonstigen Ausverkäufen gleichzusetzen. Es wäre gesetzestechnisch richtig gewesen, diese Gleichsetzung in den § 7 mit aufzunehmen. Überdies enthält der § 9 Abs. 1 einen redaktionellen Fehler, indem nur der Abs. 2 des § 7 genannt wird, nicht der Abs. 1. Die beiden Absätze des § 7 hängen untrennbar zusammen; der § 9 Abs. 1 bezieht sich fraglos auf beide. Es würde jeden verständigen Sinnes entbehren, wenn für Teilausverkäufe nur der Abs. 2 des § 7, nicht aber der Abs. 1 gelten sollte. So in Bestätigung der hier vertretenen Ansicht jetzt auch RGSt. **45** 46 mit der treffenden Begründung: Wenn man dem Gesetzgeber den Sinn unterlegt, daß der § 7 Abs. 1 nur auf solche Ankündigungen anzuwenden sei, in denen der Ausdruck „Ausverkauf" gebraucht wird, dann hätte er Note 1.

§ 9. damit den Weg zur Vereitelung der von ihm verfolgten wirtschaftlichen Zwecke, nämlich einer wirksamen Bekämpfung der im Ausverkaufswesen hervorgetretenen Mißstände, selbst gewiesen (ebenso KG. in OLGRspr. **1912** 359; RG. Warn. Erg. Bd. **1914** S. 371; RG. II 209, 15; RG. in GewRschutz **1915** 247). Siehe Näheres § 7.

Absatz 2.

Note 2. **Die Saison- und Inventurausverkäufe,** soweit sie im ordentlichen Geschäftsverkehr üblich sind, erhalten durch den Abs. 2 des § 9 eine Sonderstellung. Sie sind keine Ausverkäufe im Sinne der §§ 7 und 9 Abs. 1, sondern bedeuten lediglich eine beschleunigte Form des Warenabsatzes im lebenden Organismus des Geschäfts. Über die Rechtsfolgen eines Verstoßes gegen den § 9 Abs. 2 siehe § 10 Ziff. 3; über Täterschaft siehe die Erläuterungen zu § 7.

Note 3. Saisonausverkäufe sind Verkäufe, die, verschieden für die einzelnen Warengattungen, nach stattgehabter Hauptverkaufszeit zwecks beschleunigten Absatzes der Restbestände veranstaltet werden.

Note 4. Inventurausverkäufe sind die anläßlich der Aufnahme des Lagerbestandes, sei es vor, sei es nach derselben, zu üblichen Zeiten vorgenommenen beschleunigten Verkäufe. Die Inventurausverkäufe sind fast durchweg nichts anderes, als die den Sommersaisonausverkäufen entsprechenden Wintersaisonausverkäufe.

Note 5. Die vorzeitige Ankündigung eines Saison- oder Inventurausverkaufs genießt nicht den Schutz des § 9 Abs. 2, wenn (was regelmäßig der Fall ist) das Publikum in den Glauben versetzt wird, der Verkauf solle sofort beginnen. Das Publikum pflegt die Ankündigung nur oberflächlich zu lesen und nicht genau auf das Datum zu achten (§ 3 Note 21 ff.).

Note 6. Verschleierte Saison- oder Inventurausverkaufsanzeigen sind alle diejenigen Kundgebungen, die auf eine Preisherabsetzung nach beendigter Saison oder gelegentlich der Inventuraufnahme hinweisen, z. B.: „Nach der Saison herabgesetzte Preise", „Verkauf zur Vorbereitung der Inventur" oder „nach abgeschlossener Inventur". Vor und nach den Saison- und Inventurausverkäufen pflegen Anzeigen zu erscheinen, in denen unter Hervorhebung der Worte „Saison" oder „Inventur" irgendwelche besonderen Vorteile angeboten werden. In diesen Fällen tritt der Schutz des § 9 Abs. 2 nicht ein, soweit nicht die Verkäufe innerhalb der laut Verordnung bestimmten Zeitgrenze stattfinden. Siehe § 7 Note 21.

Note 7. **Die Wahl des Ausdrucks** ist nicht streng an die Worte „Saisonausverkauf" und „Inventurausverkauf" gebunden, sofern die von der höheren Verwaltungsbehörde festgesetzte Zeit und Dauer beobachtet wird (bestritten). Zulässig sind Ausdrücke wie Saisonverkauf, Inventurräumungsverkauf, Sommerverkauf, Januarverkauf. Die Worte in § 9 Abs. 2 ... „als solche bezeichnet ..." sind weit auszulegen; es ist auch im Gesetz nicht gesagt, daß die Bezeichnungen „Saisonausverkauf" oder „Inventurausverkauf" gebraucht werden müssen. In kleinen Orten findet man für den Saisonausverkauf vielfach die Bezeichnung „Sommerverkauf". Wegen einer mehr oder weniger geringfügigen Abweichung in der Bezeichnung dieser im übrigen von allen Fesseln gelösten Veranstaltungen darf der Gewerbetreibende nicht bestraft werden. Bestätigend OLG. Hamburg in LZ. **1916** 88; LG. Hamburg in GewRschutz **1912** 287; entgegengesetzt OLG. Düsseldorf in OLGRspr. **1911** 391. Selbst die Bezeichnung „wegen vorgerückter Saison" ist als ausreichend angesehen worden (OLG. Hamburg in MuW. **11** 548).

Note 8. Liegt eine Irreführung in der Wahl des Ausdrucks, dann sind die §§ 1, 3, 4 heranzuziehen; so wenn der Anschein erweckt wird, daß es sich um eine Totalräumung handelt. Auf eine solche weisen Bezeichnungen hin wie: „Räumungsverkauf" (LG. Hamburg in GewRschutz **1912** 288), „Räumung infolge Inventarisierung des gesamten Lagers", „Räumungspreise". Eine eigentliche Räumung ist hier nicht beabsichtigt. Die Wahl des Ausdrucks „Ausverkauf" dürfte daher ebenfalls unzulässig sein. § 9.

„üblich" ist ein Saison- und Inventurausverkauf nur in den einem schnellen Modewechsel unterworfenen Geschäftszweigen, nicht aber für Möbel (OLG. Düsseldorf in MuW. **13** 209), Porzellan, Galanteriewaren usw. Note 9.

Nicht übliche Saison- und Inventurausverkäufe fallen unter die §§ 7, 8 und 9. Demnach ist alsdann der Grund, der zu dem Ausverkauf Anlaß gegeben hat, anzugeben, und die Formvorschriften des § 7 Abs. 2 finden Anwendung. Werden in Warenhäusern oder in sonstigen eine Vielheit von Waren führenden Geschäften Handelsgegenstände, bei denen, wie z. B. bei Möbeln, ein Saison- oder Inventurausverkauf nicht üblich ist, in die Veranstaltung mit hineinbezogen, so gilt der § 9 Abs. 2 für diese Verkäufe nicht. Note 10.

„In der Ankündigung" ist nicht dahin zu verstehen, daß die Saison- und Inventurausverkäufe vorher als solche angekündigt werden müssen, vielmehr kann die Ankündigung auch in der Veranstaltung selbst gefunden werden (Näheres § 7 Note 17). Note 11.

Das Verbot des Vor- und Nachschubs von Waren (§ 8) gilt nicht für die „üblichen" Saison- und Inventurausverkäufe. Auch nicht etwa durch die §§ 3 oder 4 wird solches Vor- und Nachschieben getroffen. Es liegen keine „unrichtigen Angaben" im Sinne dieser Bestimmungen vor, wenn die Warenrückstände aus der Saison vor angekündigtem Saisonausverkauf durch Waren ergänzt werden, die lediglich zum Zwecke des Ausverkaufs herbeigeschafft wurden, oder wenn nach angekündigtem Saisonausverkauf zu der Ausverkaufsmasse neue Waren, die nur für den Ausverkauf herbeigeschafft wurden, zugefügt werden (bestritten). Denn wenn ein Saisonausverkauf angekündigt wird, so ist damit nicht gemeint und wird auch vom Publikum darunter nicht verstanden, daß lediglich Saisonrückstände zum Verkauf gelangen sollen. Auch ist Zahl, Zeit und Dauer dieser Verkäufe einer einheitlichen Regelung unterworfen, womit die Bedeutsamkeit des Vor- und Nachschubs im wesentlichen entfällt. Aus dem wirtschaftlichen Bedürfnis, das zur Ausnahmebestimmung des § 9 Abs. 2 geführt hat, muß die Auslegung vorgenommen werden: Bei manchen Warengattungen wird unter Umständen das noch in der Fabrikation begriffene Erzeugnis schon durch die Mode überholt und entwertet. Hier muß der Fabrikant die Möglichkeit haben, sich dadurch vor Verlusten zu schützen, daß er die Ware in den Saison- (Inventur-) Ausverkauf seiner Abnehmer bringt. Sonst wäre er gezwungen, zum Schaden des ordentlichen Geschäftsverkehrs sich an sog. Ramschgeschäfte, Wanderläger oder Auktionatoren zu wenden. Note 12.

Ob eine **Inventurerrichtung** tatsächlich stattgefunden hat, ist für den Inventurausverkauf belanglos (bestritten). Es kommt nur darauf an, ob in dem betr. Handelszweige zu der fragl. Zeit Inventurausverkäufe üblich sind. Der Inventurausverkauf steht dem Saisonausverkauf völlig gleich und darf auch als solcher bezeichnet werden. Inventurausverkauf bedeutet Winter-Saisonausverkauf. Die Ansicht, daß lediglich solche Waren in den Inventurausverkauf hineingenommen werden dürfen, die in einer vorhergegangenen Inventur aufgeführt sind, kann nicht gebilligt werden. Denn abgesehen davon, daß vielfach die Inventurausverkäufe gerade vor der Inventuraufnahme das Lager zu verringern bestimmt sind, ist auch der ursprüngliche Anlaß des Verkaufs, nämlich die Inventurerrichtung, bei der Gesetzesbestimmung in § 9 Abs. 2 zurückgetreten: Beabsichtigt war die Privilegierung derjenigen „üblichen" Verkäufe, die im „ordent- Note 13.

§ 9. lichen Geschäftsverkehr" unter der Bezeichnung „Saison- und Inventurausverkäufe" zu gewissen Zeiten stattzufinden pflegen. Verlangt das Gesetz die gleichzeitige Veranstaltung der Inventurausverkäufe, dann muß man davon absehen, wann der einzelne Kaufmann seine Inventur aufmacht. Dies richtet sich vielfach nach den besonderen Verhältnissen der einzelnen Geschäfte.

Note 14. **Das Verordnungsrecht der höheren Verwaltungsbehörde** soll verhindern, daß die den Saison- und Inventurausverkäufen eingeräumte Sonderstellung mißbraucht wird. Für die einzelnen Handelszweige kann die höhere Verwaltungsbehörde eine verschiedene Zeit und Dauer der Ausverkäufe, auch eine verschiedene Zahl derselben festsetzen. Doch ist eine möglichst einheitliche Regelung erwünscht. Über ungültige Verordnungen siehe § 7; desgl. den Entwurf einer Normalverordnung.

§ 10.

§ 10.

Strafbestimmungen.

Mit Geldstrafe bis zu einhundertfünfzig Mark oder mit Haft wird bestraft:

1. wer der Vorschrift des § 7 Abs. 1 zuwider es unterläßt, in der Ankündigung eines Ausverkaufs den Grund anzugeben, der zu dem Ausverkauf Anlaß gegeben hat;
2. wer den auf Grund des § 7 Abs. 2 erlassenen Anordnungen zuwiderhandelt oder bei Befolgung dieser Anordnungen unrichtige Angaben macht;
3. wer den von der höheren Verwaltungsbehörde auf Grund des § 9 Abs. 2 Satz 2 getroffenen Bestimmungen zuwiderhandelt.

Note 1. Bei dieser Bestimmung handelt es sich um die Bestrafung des Zuwiderhandelns gegen die in den §§ 7 und 9 enthaltenen Formvorschriften. Der — vorsätzliche oder fahrlässige — Verstoß gegen die §§ 7 und 9 wird als Übertretung angesehen und demgemäß mit Geldstrafe bis 150 Mark oder mit Haft bestraft (vgl. RGSt. **38** 104). Die Strafverfolgung geschieht von Amts wegen (§ 22). Näheres siehe zu §§ 7 und 9.

Note 2. Die Bekanntmachung der Verurteilung kann auf Grund des § 10 nicht angeordnet werden, wohl ist die Bekanntmachung der Freisprechung möglich (§ 23 Abs. 3).

Buße kann gemäß § 26 verlangt werden.

Note 3. Zivilrechtliche Ansprüche. Der objektiv rechtswidrige Verstoß gegen die §§ 7 und 9 erzeugt den Unterlassungsanspruch gemäß § 13 Abs. 1, der schuldhafte den Schadensersatzanspruch gemäß § 13 Abs. 2 (vgl. § 7 Note 37ff.). Die Haftung für Angestellte und Beauftragte ist in § 13 Abs. 3 geregelt.

§ 11.

§ 11.

Warenmengen- und Herkunftsverschleierung.

Durch Beschluß des Bundesrats kann festgesetzt werden, daß bestimmte Waren im Einzelverkehre nur in vorgeschriebenen Einheiten der Zahl, des Maßes oder des Gewichts oder mit einer auf der Ware oder ihrer Aufmachung anzubringenden Angabe über Zahl, Maß, Gewicht, über den Ort der Erzeugung oder den Ort der Herkunft der Ware gewerbsmäßig verkauft oder feilgehalten werden dürfen. § 11.

Für den Einzelverkehr mit Bier in Flaschen oder Krügen kann die Angabe des Inhalts unter Festsetzung angemessener Fehlergrenzen vorgeschrieben werden.

Die durch Beschluß des Bundesrats getroffenen Bestimmungen sind durch das Reichs-Gesetzblatt zu veröffentlichen und dem Reichstage sogleich oder bei seinem nächsten Zusammentritte vorzulegen.

Zuwiderhandlungen gegen die Bestimmungen des Bundesrats werden mit Geldstrafe bis zu einhundertfünfzig Mark oder mit Haft bestraft.

Der § 11 bildet eine Ermächtigung an den Bundesrat zum Erlaß gewisser Verordnungen. Die Vorschrift bezweckt einerseits den Schutz der Gewerbetreibenden (siehe § 13 WettbG.), andererseits auch den Schutz der Abnehmer. Diese sollen bewahrt werden vor einer schwer wahrnehmbaren Verminderung üblicher Warenmengen. Man hat für die gemäß § 11 zu treffende Regelung den Weg der Verordnung statt der Gesetzgebung gewählt, weil man, dem schnell wechselnden Verkehrsbedürfnis Rechnung tragend, eine einfache Abänderung ohne Gesetzesänderung ermöglichen wollte: Der Bundesrat kann die erlassenen Verordnungen jederzeit zurücknehmen oder durch andere ersetzen. Die Verordnungen brauchen sich nicht auf das ganze Reichsgebiet — nur der inländische Verkehr kommt in Betracht — zu beziehen, sie können vielmehr auch für einen örtlich begrenzten Teil eine Regelung verfügen. Note 1.

Nur bestimmte Waren im Einzelverkehr unterliegen dem Verordnungsrecht des § 11. Es darf sich nicht etwa um ganze Warenklassen als solche handeln, z. B. Kolonialwaren. Einzelverkehr ist der geschäftliche Verkehr zwischen dem Kaufmann bzw. Erzeuger und dem Verbraucher. Note 2.

Subjektive Voraussetzung des Verstoßes gegen den § 11 ist nur die vorsätzliche oder fahrlässige Verletzung der Verordnung (vgl. § 7 Note 27). Note 3.

Vollendung der Übertretung liegt vor mit dem Verkauf bzw. mit dem Feilhalten, ohne daß irgendein Erfolg eingetreten zu sein braucht. Das Feilhalten und Verkaufen bilden in der Regel eine Handlung, desgleichen das Feilhalten und Verkaufen verschiedener vorschriftswidriger Waren, soweit der Entschluß einheitlich ist. Doch ist auch Realkonkurrenz denkbar (RGSt. **6** 34, **12** 301, **26** 419, 114, **41** 205). Note 4.

Eine öffentliche Bekanntmachung der Verurteilung ist nicht vorgesehen, wohl aber des Freispruchs (§ 23 Abs. 3 WettbG.). Note 5.

Eine Einziehung der vorschriftswidrig feilgehaltenen oder verkauften Waren kann nicht stattfinden, da die Voraussetzungen des § 40 StGB. (Verbrechen oder Vergehen) nicht vorliegen. Note 6.

Die zivilrechtlichen Folgen der Übertretung des § 11 sind in § 13 WettbG. behandelt. Die Ansprüche der Abnehmer gegen den zuwiderhandelnden Veräußerer richten sich nach den allgemeinen Grundsätzen, insbesondere kommen die Klagen aus dem Vertrage in Betracht, unter Umständen auch die §§ 823ff. oder §§ 119ff. BGB. Note 7.

§ 11. I. Bestimmungen über das gewerbsmäßige Verkaufen oder Feilhalten in vorgeschriebenen Einheiten der Zahl, des Maßes oder des Gewichts.

Note 8. Nur der gewerbsmäßige Verkauf (das gewerbsmäßige Feilhalten) wird durch den § 11 getroffen. Gleich steht der gewerbsmäßige Tausch, wobei allerdings die erfolgte Übertragung vorausgesetzt ist (RGSt. 11 241). Für den Begriff „Feilhalten" genügt es, daß an einer zum Verkauf bestimmten Stelle mit der Verkaufsabsicht dem Publikum oder einem bestimmten Teile desselben Waren zugänglich gemacht werden (RGSt. 4 275, 11 242, 14 428, 436). „Feilhalten" ist ein engerer Begriff als „Vorrätighalten", denn es umfaßt auch das Feilbieten. Die in den Lagerräumen oder beim Spediteur befindliche Ware wird also nicht feilgehalten (RGSt. 25 242). Der Begriff des Feilhaltens und des Verkaufens zusammengenommen bildet den Begriff des „in Verkehr bringen".

Note 9. Über den Begriff der Gewerbsmäßigkeit des Verkaufens oder Feilhaltens siehe S. 29.

Note 10. Einheiten des Maßes umfassen auch Hohlmaßeinheiten. Eine besondere Regelung gibt der Abs. 2 des § 11 für Bierflaschen und Bierkrüge.

II. Bestimmungen über das gewerbsmäßige Verkaufen oder Feilhalten von Waren mit einer auf der Ware oder ihrer Aufmachung anzubringenden Angabe über Zahl, Maß, Gewicht, über den Ort der Erzeugung oder den Ort der Herkunft der Ware.

Note 11. Es ist in das Ermessen des Bundesrats gestellt, ob er die Bestimmungen sub I und sub II verbinden will, dergestalt, daß eine bestimmte Ware nur in vorgeschriebenen Zahl-, Maß- oder Gewichtseinheiten und zugleich mit den vorgeschriebenen Angaben über Zahl, Maß usw. verkauft werden darf. Dem widerspricht nicht die alternative Fassung des Textes.

Note 12. Die vom Bundesrat vorgeschriebenen Angaben sind entweder auf der Ware selbst oder auf deren Aufmachung anzubringen. Schreibt die Bundesratsverordnung nicht vor, wo die Angaben zu machen sind, dann ist es dem Gewerbetreibenden erlaubt, entweder die Ware selbst oder deren Aufmachung für die Anbringung zu wählen.

Note 13. Die Aufmachung einer Ware ist alles, was um die Ware gelegt ist (RGSt. 21 218), was irgendwie mit ihr verbunden ist, insbesondere die Verpackung, die Umhüllung, die Anhängsel, die Ausstattung.

Note 14. Durch das Erfordernis der Angabe des Orts oder der Herkunft sollen Täuschungen verhindert werden über die Herkunft und den Ursprung der Ware, worin meist eine Qualitätsverschleierung liegt. Waren, die in Betracht kommen, sind z. B. Konserven, Seife, Teig und Farbwaren.

Note 15. Vorschriften über die Angabe des Ursprungs und der Herkunft von Waren finden sich z. B. auch im Margarinegesetz (Gesetz betr. den Verkehr mit Butter, Käse und Schmalz und deren Ersatzmitteln vom 15. Juni 1897), sowie im Weingesetz vom 7. April 1909, und im Süßstoffgesetz vom 7. Juli 1902, wo in § 5 Abs. 2 ebenfalls dem Bundesrat die Befugnis gegeben ist, Bestimmungen darüber zu treffen, daß die mit Zusatz von künstlichem Süßstoff hergestellten Waren nur unter bestimmten Bezeichnungen und bestimmten Verpackungen feilgehalten oder abgegeben werden dürfen. Diese Vorschriften können mit denjenigen des § 11 WettbG. konkurrieren.

III. Bestimmungen über den Einzelverkehr mit Bier in Flaschen oder Krügen. § 11.

Der Bundesrat darf Bestimmungen über den Einzelverkehr mit Bier treffen, nicht etwa auch für andere Flüssigkeiten, wie Wein oder Schaumwein. Unter „Bier" im Sinne von § 11 WettbG. sind auch Surrogate zu verstehen (vgl. Müller S. 107; Fuld S. 245). Die in § 1 des Brausteuergesetzes vom 15. Juni 1909 festgestellte Bedeutung des Begriffs „Bier" ist hier nicht maßgebend. Note 16.

Nur um den Einzelverkehr mit Bier in Flaschen und Krügen handelt es sich. Ob diese Gefäße offen oder geschlossen sind, ist für das Verordnungsrecht des Bundesrats gleichgültig. (Pinner-Eyck S. 82; Kohler S. 147; a. M. Fuld S. 246; Kahn-Weiß S. 67 unter Hinweis auf das hier gar nicht in Betracht kommende Gesetz vom 20. Juli 1881.) Unter „Krügen" nur solche mit verengtem Halse zu begreifen, wie Finger S. 150 will, ist ungerechtfertigt. Note 17

Der Bundesrat kann nur die Angabe des Inhalts anordnen, nicht aber, in welchen Maßeinheiten und auf welche Weise die Angabe erfolgen soll. Über diese Punkte enthält das Gesetz betr. die Bezeichnung des Raumgehalts der Schankgefäße vom 20. Juli 1881 mit Abänderung vom 24. Juli 1909 Bestimmungen. Das Gesetz bestimmt die Art der Raumbezeichnung auf Schankgefäßen — mit Ausnahme von festgeschlossenen Flaschen sowie von Krügen und Gefäßen von $^1/_{20}$ Liter abwärts — für Wein, Obstwein, Most, Bier in Gast- und Schankwirtschaften. Note 18

Reichsgesetz vom 20. Juli 1881, betr. die Bezeichnung des Raumgehalts der Schankgefäße.

§ 1.

Schankgefäße (Gläser, Krüge, Flaschen usw.), welche zur Verabreichung von Wein, Obstwein, Most oder Bier in Gast- und Schankwirtschaften dienen, müssen mit einem bei der Aufstellung des Gefäßes auf einer horizontalen Ebene den Sollinhalt begrenzenden Strich (Füllstrich) und in der Nähe des Strichs mit der Bezeichnung des Sollinhalts nach Litermaß versehen sein. Der Bezeichnung des Sollinhalts bedarf es nicht, wenn derselbe ein Liter oder ein halbes Liter beträgt.

Der Strich und die Bezeichnung müssen durch Schnitt, Schliff, Brand oder Ätzung äußerlich und in leicht erkennbarer Weise angebracht sein.

Zugelassen sind nur Schankgefäße, deren Sollinhalt einem Liter oder einer Maßgröße entspricht, welche vom Liter aufwärts durch Stufen von $^1/_2$ Liter, vom Liter abwärts durch Stufen von Zehnteilen des Liters gebildet wird. Außerdem sind zugelassen Gefäße, deren Sollinhalt $^1/_4$ Liter beträgt.

§ 2.

Der Abstand des Füllstrichs von dem oberen Rande der Schankgefäße muß a) bei Gefäßen mit verengtem Halse, auf dem letzteren angebracht, zwischen 2 und 6 cm, b) bei anderen Gefäßen zwischen 1 und 3 cm betragen.

Der Maximalbetrag dieses Abstandes kann durch die zuständige höhere Verwaltungsbehörde hinsichtlich solcher Schankgefäße, in welchen eine ihrer Natur nach stark schäumende Flüssigkeit verabreicht wird, über die vorstehend bezeichneten Grenzen hinaus festgestellt werden.

§ 3.

Der durch den Füllstrich begrenzte Raumgehalt eines Schankgefäßes darf a) bei Gefäßen mit verengtem Halse höchstens $^1/_{50}$, b) bei anderen Gefäßen höchstens $^1/_{30}$ geringer sein als der Sollinhalt.

§ 11.

§ 4.

Gast- und Schankwirte haben gehörig gestempelte Flüssigkeitsmaße von einem zur Prüfung ihrer Schankgefäße geeigneten Einzel- oder Gesamtinhalt bereitzuhalten.

§ 5.

Gast- und Schankwirte, welche den vorstehenden Vorschriften zuwiderhandeln, werden mit Geldstrafe bis zu 100 Mark oder mit Haft bis zu vier Wochen bestraft. Gleichzeitig ist auf Einziehung der vorschriftswidrig befundenen Schankgefäße zu erkennen; auch kann die Vernichtung derselben ausgesprochen werden.

§ 6.

Die vorstehenden Bestimmungen finden auf festverschlossene (versiegelte, verkapselte, festverkorkte usw.) Flaschen und Krüge, sowie auf Schankgefäße von $^1/_{20}$ Liter oder weniger nicht Anwendung.

§ 7.

Dieses Gesetz tritt am 1. Januar 1884 in Kraft.

Gesetz wegen Änderung des Schankgefäßgesetzes vom 24. Juli 1909 (RGBl. 891).

Artikel I.

Das Gesetz, betreffend die Bezeichnung des Raumgehalts der Schankgefäße, vom 20. Juli 1881 (RGBl. S. 249) wird wie folgt geändert:

1. An die Stelle des § 1 Abs. 3 tritt folgende Vorschrift: Zugelassen sind nur Schankgefäße, deren Sollinhalt einem Liter oder einer Maßgröße entspricht, welche vom Liter aufwärts durch Stufen von $^1/_2$ Liter, vom Liter abwärts durch Stufen von Zehnteilen und von $^1/_2$ Liter abwärts durch Stufen von Zwanzigteilen des Liters gebildet wird.

2. Im § 2 Abs. 1 wird eine neue lit. b eingefügt in folgender Weise:

b) bei Schankgefäßen für Bier zwischen 2 und 4 Zentimeter,

c) wie bisher b.

3. Dem § 2 werden folgende Absätze 3 und 4 hinzugefügt: Die höhere Verwaltungsbehörde ist ferner befugt, den in Abs. 1 zu b bezeichneten Mindestbetrag des Abstandes für Gefäße von einem halben Liter Inhalt und darüber bis auf 3 Zentimeter zu erhöhen.

Bis zum 1. Oktober 1913 ist der Gebrauch von Schankgefäßen für Bier mit einem Mindestabstande von 1 Zentimeter gestattet.

Artikel II.

Dieses Gesetz tritt am 1. August 1909 in Kraft.

Zugleich mit der Anordnung der Inhaltsangabe muß der Bundesrat eine angemessene Fehlergrenze festsetzen. Damit ist die statthafte Abweichung des tatsächlichen Inhalts vom Soll-Inhalt gemeint. Die Angabe der Fehlergrenze ist integrierender Bestandteil des Bundesratsbeschlusses. Die Inhaltsangabe kann vom Gewerbetreibenden selber vorgenommen werden, sie braucht nicht etwa durch Eichung zu geschehen.

An Bundesratsbeschlüssen gemäß § 11 des Gesetzes sind bisher ergangen:

A. Bekanntmachung, betr. Bestimmungen für den Kleinhandel mit Garn, vom 20. November 1900 (RGBl. 1014).

Auf Grund der Vorschriften im § 5 Abs. 1 des Gesetzes zur Bekämpfung des unlauteren Wettbewerbs vom 27. Mai 1896 (RGBl. 145) hat der Bundesrat die nachstehenden Bestimmungen, betr. den Kleinhandel mit Garn, beschlossen:

§ 1. § 11.

Zum Einzelverkauf aufgemachte baumwollene, wollene und halbwollene Garne aller Art dürfen nur in bestimmten Einheiten des Gewichts und unter Angabe der Gewichtsmenge im Einzelverkehre gewerbsmäßig verkauft oder feilgehalten werden, baumwollene Garne bis zur Gesamtlänge von 100 m jedoch auch in bestimmten Einheiten der Länge unter Angabe der Länge.

Die Vorschriften dieser Verordnung finden keine Anwendung

a) auf Garne, die zum Zwecke der Fertigstellung von halbfertigen Waren in Verbindung mit diesen feilgehalten werden,

b) auf baumwollene Nähgarne, die auf Holzrollen aufgemacht sind,

c) auf Garne, die dem Käufer zugemessen oder zugewogen werden.

§ 2.

Als Mengeneinheiten werden zugelassen

a) Gewichtseinheiten zu 1, 5, 10, 20 und 50 g oder zu einem Vielfachen von 50 g,

b) Längeneinheiten für baumwollene Garne zu 5, 10, 20, 30 usw. bis 100 m.

Die Vereinigung mehrerer Mengeneinheiten ist nur insoweit zulässig, als sie zusammen eine zulässige Mengeneinheit darstellen.

§ 3.

Als Gewicht gilt das Trockengewicht der Garne ohne Umhüllung, Einlage usw. (Nettogewicht) und ohne Beschwerung, soweit diese nicht durch die Fabrikation bedingt ist, nebst einem Normalfeuchtigkeitszuschlage, der bei Baumwollgarn $8^1/_2$, bei halbwollenen Garnen (sogenannten Mischgarnen) 10, bei Kammgarn $18^1/_4$ und bei Streichgarn 17 Hundertteile des Trockengewichts beträgt.

§ 4.

Das Gewicht darf nicht um mehr als 3 Prozent bei Mengen über 50 g, 5 Prozent bei Mengen von 10 bis 50 g und 10 Prozent bei Mengen von 1 oder 5 g, die Länge darf nicht um mehr als 5 Prozent bei Längen von 10 bis 100 m und 10 Prozent bei Längen von 5 m hinter den angegebenen Beträgen zurückbleiben.

§ 5.

Das Gewicht ist in Grammen, die Länge in Metern anzugeben; die Angaben sind an der Ware selbst oder an ihrer Aufmachung, Verpackung oder Umschließung leicht erkennbar anzubringen.

Bei Vereinigung mehrerer Stränge im Gesamtgewichte bis zu 50 g genügt es, wenn die Gewichtsangabe auf der gemeinsamen Verpackung angebracht ist, bei Mengen über 50 g ist sie auf jedem einzelnen Stück anzubringen. Garne in Knäueln, sowie Garne, welche nach der Länge verkauft werden, müssen stets mit einer Mengenangabe versehen sein.

§ 6.

Vorstehende Bestimmungen treten mit dem 1. Januar 1903 in Kraft.

B. Bekanntmachung, betr. Bestimmungen für den Kleinhandel mit Garn, vom 17. November 1902 (RGBl. 278).

Auf Grund der Vorschriften im § 5 Abs. 1 WettbG. vom 27. Mai 1896 (RGBl. 145) hat der Bundesrat beschlossen, was folgt:

In der Bekanntmachung, betr. Bestimmungen für den Kleinhandel mit Garn, vom 20. November 1900 (RGBl. 1014) wird § 1 Abs. 2 wie folgt abgeändert:

§ 11. Die Vorschriften dieser Verordnung finden keine Anwendung

a) auf Garne, die zum Zwecke der Fertigstellung von halbfertigen Waren in Verbindung mit diesen feilgehalten werden,

b) auf baumwollene Nähgarne, die auf Holzrollen oder auf Papierhülsen (Pappkops) aufgemacht sind,

c) auf Garne, die dem Käufer zugemessen oder zugewogen werden.

Berlin, den 17. November 1902.

C. Bekanntmachung, betr. Bestimmungen für den Kleinhandel mit Kerzen, vom 4. Dezember 1901 (RGBl. 494).

Auf Grund der Vorschriften im § 5 Abs. 1 UWG. vom 27. Mai 1896 (RGBl. 145) hat der Bundesrat die nachstehenden Vorschriften, betr. den Kleinhandel mit Kerzen, beschlossen.

§ 1.

Packungen mit Stearin- und Paraffinkerzen sowie mit Kerzen, die überwiegend aus diesen Stoffen hergestellt sind (Kompositionskerzen), dürfen im Einzelverkehre nur in bestimmten Einheiten des Gewichts und unter Angabe der Gewichtsmenge gewerbsmäßig verkauft oder feilgehalten werden.

§ 2.

Als Einheiten für das Rohgewicht der Packungen werden 500 g, 330 g und für Packungen, bei welchen die einzelne Kerze 25 g oder weniger wiegt, auch 250 g zugelassen.

§ 3.

Das Reingewicht der in den Packungen enthaltenen Kerzen muß bei einem Rohgewicht von 500 g mindestens 470 g, von 330 g mindestens 305 g, von 250 g mindestens 225 g betragen.

§ 4.

Auf der Außenseite der Packungen ist sowohl das Rohgewicht als das Reingewicht in leicht erkennbarer Weise anzugeben. Die Angabe ist in Gramm oder in Bruchteilen von Kilogramm auszudrücken.

§ 5.

Weder das Rohgewicht noch das Reingewicht darf um mehr als 10 g hinter dem angegebenen Betrage zurückbleiben.

§ 6.

Die Vorschriften treten mit dem 1. Januar 1903 in Kraft.

Berlin, den 4. Dezember 1901.

Zu dem Beschluß ist das folgende preußische Ministerialreskript ergangen:

Es ist zu erwarten, daß nach dem zum 1. Januar 1903 bevorstehenden Inkrafttreten der Bekanntmachung vom 4. Dezember 1901 (RGBl. von 1901 S. 494), betreffend den Kleinhandel mit Kerzen, aus den Kreisen des verbrauchenden oder des mitbewerbenden Publikums oder auch von Amts wegen durch die Polizei häufig Beanstandungen und Denunziationen wegen Übertretung der Vorschriften durch die Verkäufer erfolgen werden. Soweit es sich dabei um Zuwiderhandlungen formaler Natur — unvorschriftsmäßige oder unvollständige Aufschriften — handelt, wird die Feststellung des Tatbestandes keine Schwierigkeiten bereiten. Voraussichtlich wird aber meistens der wirkliche Roh- und Reingewichtswert der Packungen authentisch festzustellen sein. Hierzu dürften die polizeilichen oder gerichtlichen Behörden nicht immer imstande sein, da bei der Enge der festgesetzten Fehlergrenzen eine Nachprüfung, welche auf einer der im Handelsverkehr üblichen, wenn auch geeichten Handelswage vorgenommen wird, unter Umständen nicht genügend zuverlässige Ergebnisse liefern kann. Hat z. B. eine Packung, welche 500 g wiegen soll, also nach der Verordnung mindestens 490 g wiegen muß, ein tatsächliches Gewicht von 492 g, so ist es nicht ausgeschlossen, daß eine Nachwägung auf einer gewöhnlichen Handelswage, welche noch innerhalb der im Verkehr zulässigen Grenzen richtig ist, einen Wert von 487 g ergibt. In einem solchen Falle würde der Verkäufer zu Unrecht bestraft werden, in dem entgegengesetzten Falle würde er selbst bei einer erheblichen Übertretung der Vorschriften straffrei ausgehen können. § 11.

Sie wollen daher die Ihnen nachgeordneten, zur Mitwirkung bei der Strafverfolgung berufenen Organe der Polizei darauf hinweisen, daß es im Interesse einer zweifelsfreien Ermittelung des Tatbestandes liegt, zur Ausführung der Prüfungen technisch geschulte und mit den nötigen feineren Hilfsmitteln versehene Personen heranzuziehen. Als solche würden in erster Linie die Eichbeamten in Betracht kommen. Die überwiegende Zahl der Eichämter hat die Befugnis zur Eichung von Handelsgewichten und ist daher mit den erforderlichen empfindlicheren Wagen und genaueren Gewichten ausgerüstet, um die in Rede stehenden Wägungen mit der nötigen Sicherheit vorzunehmen.

Um den Eichbeamten für diese Tätigkeit die nötige Weisung zu geben und eine zuverlässige und — auch hinsichtlich der Gebührenerhebung — einheitliche Durchführung des Prüfungsgeschäftes sicherzustellen, habe ich, der Minister für Handel und Gewerbe, die beigefügte Anleitung zur Feststellung des Roh- und Reingewichts von Packungen mit Kerzen erlassen. Insoweit andere Sachverständige, etwa beeidete Chemiker oder Apotheker, zu den Gewichtsfeststellungen berufen werden, würde auch diesen die Anleitung nützliche Fingerzeige bieten.

Der Minister des Innern. Der Minister für Handel und Gewerbe.

An die Herren Regierungspräsidenten und den Herrn Polizeipräsidenten in Berlin.

Anleitung zur Feststellung des Roh- und Reingewichts von Packungen mit Kerzen nach Maßgabe der Bekanntmachung vom 4. Dezember 1901 (RGBl. 1901 S. 494).

§ 1.

Die zur Gewichtsfeststellung bestimmten Kerzen sind in oder mit ihrer handelsmäßigen Aufmachung gut verpackt mit einem Begleitscheine, welcher

die Bezeichnung und den Zustand der Packung (Nummer, Zeichen, ungeöffnet oder geöffnet u. dgl.) die Angabe der Kerzensorte (Stearin-, Paraffin-, Kompositionskerzen) und den Namen des Einsenders

enthalten muß, an die mit der Untersuchung zu betrauende Eichbehörde einzusenden; sie werden hier mit den Angaben des Begleitscheins in ein fortlaufend numeriertes Untersuchungsregister eingetragen. Falls die Packung schon einmal geöffnet war, wird der Zustand der Umhüllung möglichst genau vermerkt.

§ 2.

Zur Bestimmung des Rohgewichts wird die Packung in ihrer handelsmäßigen Aufmachung auf der Eichamtswage Nr. 3 austariert (siehe Instruktion zur Eichordnung, Abschn. IV. 4d). Werden nunmehr an Stelle der Packung Normalgewichte auf die Wage gelegt, bis dieselbe wieder einspielt, so ist das Rohgewicht gleich der Summe der erforderlichen Normalgewichte.

§ 11.

§ 3.

Nach erfolgter Bestimmung des Rohgewichts (§ 2) wird die Umhüllung gelöst und sorgfältig aufbewahrt, hierauf aber das Reingewicht der Kerzen, also für Gewicht ohne die handelsmäßige Aufmachung, in gleicher Weise bestimmt, wie das Rohgewicht.

§ 4.

Zur Kontrolle ist zum Schlusse das Gewicht der Umhüllung zu ermitteln. Weicht dieses Ergebnis von der Differenz der beiden ersten Zahlen (Rohgewicht weniger Reingewicht) um mehr als 1 g ab, so sind die beiden letzten Wägungen — des Reingewichts und der Umhüllung — zu wiederholen und danach das Endresultat festzustellen.

§ 5.

Bei Packungen zu 250 g ist außerdem das Gewicht von zwei einzelnen Kerzen zu bestimmen.

§ 6.

Als Normalgewichte dienen die Gebrauchsnormale für Handelsgewichte von 500 g bis 1 g, und von 500 mg an abwärts, Präzisionsgewichte.

Die einzelnen Gewichtsfeststellungen haben auf 0,1 g zu erfolgen oder sind auf 0,1 g abzurunden.

§ 7.

Die Wägungsergebnisse sind einzeln unter Angabe der Zehntelgramme in das Register einzutragen; in einer besonderen Spalte ist zu vermerken, ob hiernach die Packung vorschriftsmäßig war oder nicht.

§ 8.

Über das Resultat der Untersuchung wird eine amtliche Bescheinigung ausgestellt, die außer den Angaben des Begleitscheins und der Nummer des Untersuchungsregisters das Rohgewicht, das Reingewicht und deren Abweichungen von ihren Sollgewichten, den Vermerk, ob hiernach die Packung vorschriftsmäßig war oder nicht, und schließlich den Beitrag an Untersuchungsgebühren enthalten soll.

§ 9.

Die Gebühr für Untersuchung einer Packung beträgt 1 Mark. Für eine Abschrift der amtlichen Prüfungsbescheinigung einer Packung sind 0,20 Mark zu entrichten.

Note 19. In Bayern ist zum Vollzuge der Bekanntmachung des Bundesrats (vgl. oben) die Bayerische Bekanntmachung des Ministers der Justiz und des Innern vom 5. Mai 1903 (Justizministerialblatt Nr. 14 S. 172ff.) zwecks Untersuchung des Trockengewichts von Garnen ergangen.

§ 12.

§ 12.

Schmiergeldverbot.

Mit Gefängnis bis zu einem Jahre und mit Geldstrafe bis zu fünftausend Mark oder mit einer dieser Strafen wird, soweit nicht nach anderen Bestimmungen eine schwerere Strafe verwirkt wird, bestraft, wer im geschäftlichen Verkehre zu Zwecken des Wettbewerbes dem Angestellten oder Beauftragten eines geschäftlichen Betriebes Geschenke oder andere Vorteile anbietet, verspricht oder gewährt, um durch unlauteres Verhalten des Angestellten oder Beauftragten bei dem Bezuge von Waren oder gewerblichen Leistungen eine Bevorzugung für sich oder einen Dritten zu erlangen.

Die gleiche Strafe trifft den Angestellten oder Beauftragten eines ge- § 12.
schäftlichen Betriebs, der im geschäftlichen Verkehre Geschenke oder andere Vorteile fordert, sich versprechen läßt oder annimmt, damit er durch unlauteres Verhalten einem anderen bei dem Bezuge von Waren oder gewerblichen Leistungen im Wettbewerb eine Bevorzugung verschaffe.

Im Urteil ist zu erklären, daß das Empfangene oder sein Wert dem Staate verfallen sei.

Inhaltsübersicht.

Im Entwurf zum Gesetz von 1909 war die Bestechung nicht behandelt, weil der Re- Note 1.
gierung die Frage noch nicht spruchreif erschien. Eine Bewegung zugunsten des Schmiergeldverbotes setzte in Handel und Industrie ein. Verf. hat in „Warnungen und Vorschläge" eine Gesetzesbestimmung formuliert. Die Reichstagskommission hat beschlossen, das Schmiergeldverbot aufzunehmen.

Der § 12 hat einen ergänzenden Charakter: Er findet nur Anwendung, Note 2.
soweit nicht nach anderen Bestimmungen eine schwerere Strafe verwirkt ist (RGSt. **49** 200). In Frage kommen außer den §§ 331, 333, 335 StGB. (Beamtenbestechung) und der VO. gegen Bestechung und Geheimnisverrat nicht beamteter Personen vom 3. Mai 1917/12. Februar 1920 (RGBl. S. 393, 230) namentlich die §§ 263, 266 StGB. (Betrug und Untreue), die §§ 89, 95 BörsG., die §§ 312, 325 Nr. 9 HGB., der § 146 des Gesetzes betr. die Erwerbs- und Wirtschaftsgenossenschaften und der § 110 des Gesetzes über die privaten Versicherungsunternehmungen. Da hiernach für die gleichzeitige Anwendung des § 12 und einer der anderen Bestimmungen kein Raum ist, so kann Idealkonkurrenz oder Gesetzeskonkurrenz nicht in Frage kommen (vgl. die — eine gründliche Untersuchung bringende — Dissertation von Herzberg S. 35 und Wehner in SächsArchR. **1910** 208; a. M. Finger S. 159, der Idealkonkurrenz, und Ebermayer in Stenglein S. 1041, der Gesetzeskonkurrenz annimmt). Wenn (bei der aktiven Bestechung) der Bestochene infolge der Bestechung eine Straftat begeht, für die vom Gesetz ein höheres Strafmaß festgesetzt ist als für den § 12, so ist aus der Anstiftung zu dieser Straftat zu bestrafen, nicht aus § 12. Das gleiche gilt, wenn der Bestochene infolge der Bestechung einen strafbaren Versuch jener Straftat begeht, sofern hierfür ein höheres Strafmaß festgesetzt ist als für den § 12.

§ 12. Bei der passiven Bestechung, der eine Straftat des Bestochenen folgt, liegt nach der — zu billigenden — herrschenden Meinung Realkonkurrenz vor. Buße gemäß § 26 WettbG. kann nur verlangt werden, wenn der Täter aus dem WettbG. verfolgt wird.

Note 3. Antragsberechtigt sind gemäß § 22 Abs. 1 die in § 13 Abs. 1 bezeichneten Gewerbetreibenden und Verbände (in Betracht kommt vor allem der „Verein zur Bekämpfung des Bestechungsunwesens"). Für das Mitbewerberverhältnis (§ 13: „Waren oder Leistungen gleicher oder verwandter Art") kommt sowohl die Verwandtschaft mit den Waren, die der Liefernde vertreibt, in Frage, als auch die Verwandtschaft mit den Waren desjenigen, an den die Lieferung erfolgt. Z. B. Öllieferungen an eine Maschinenfabrik: antragsberechtigt sind die Öllieferanten und Maschinenfabriken. — Der Geschäftsherr des Angestellten (Beauftragten) ist antragsberechtigt; er ist „Verletzter" im Sinne des § 65 StGB. (bestritten). So betont RGSt. **50** 118, der § 12 wolle nicht nur den redlichen Mitbewerber davor schützen, durch unlauteren Wettbewerb mittels Bestechung von Angestellten beeinträchtigt zu werden, sondern der Schutz gelte auch dem durch solche Mittel gefährdeten Geschäftsherrn des Angestellten. Siehe § 22 Note 8.

I. Die aktive Bestechung.

Note 4. **Täter** ist, wer im geschäftlichen Verkehr zu Zwecken des Wettbewerbes den Angestellten oder Beauftragten eines geschäftlichen Betriebes besticht. Hiernach kommen als Täter nur die Mitbewerber oder solche Personen in Betracht, die für einen Mitbewerber im geschäftlichen Verkehr tätig sind. Der § 12 ist also z. B. nicht anwendbar, wenn ein Privatmann, der ein Automobil besitzt, oder sein Chauffeur den Reisenden einer Benzinfirma besticht.

Note 5. Teilnehmer kann jeder Dritte sein, ohne Rücksicht auf ein Mitbewerberverhältnis.

Note 6. Als Mittäter, Anstifter oder Gehilfe kann der Bestochene bei der aktiven Bestechung nicht in Frage kommen, da hier ein selbständiges Delikt — die passive Bestechung — vorliegt.

Note 7. Über den Begriff **„geschäftlicher Verkehr"** siehe S. 32.

Note 8. Über den Begriff **„geschäftlicher Betrieb"** siehe S. 31. Um eine ausschließliche Angelegenheit des geschäftlichen Betriebes braucht es sich nicht zu handeln, vielmehr ist ausreichend ein Zusammenhang mit dem geschäftlichen Betriebe, so daß die angestrebte Tätigkeit des Angestellten (Beauftragten) als ein Verhalten in der Eigenschaft als Angestellter (Beauftragter) des geschäftlichen Betriebes sich darstellt. Es kommt insbesondere nicht darauf an, ob der Betriebsunternehmer demjenigen, der durch die Einwirkung auf den Angestellten (Beauftragten) eine Bevorzugung für sich oder einen Dritten erstrebt, unmittelbar als Vertragschließender gegenübersteht (RGSt. **47** 185; vgl. auch das in ZIndR. **1916** 160 abgedruckte Gutachten des Verf.). Siehe Note 41, Schluß.

Note 9. Über **„Angestellte und Beauftragte"** siehe § 13 und § 17.

Note 10. **„Anbieten"** ist jede dem zu Bestechenden erkennbar gemachte Willensgeneigtheit, Geschenke oder andere Vorteile zu gewähren (RGSt. **37** 171). Das Anbieten ist ein einseitiger Akt (RGSt. **19** 208, **26** 424) und kann nur in einem positiven Tun des Bestechenden gefunden werden. Die Form des Anbietens ist bedeutungslos. Ausdrücklichkeit ist nicht erforderlich; schlüssige Handlungen sich ausreichend (RGSt. **26** 424). Der angebotene Gegenstand braucht nicht genau bezeichnet zu werden (RG. **23** 141). Das

Anbieten ist empfangsbedürftig: Ein strafbares Anbieten (bzw. Versprechen) liegt erst vor, wenn es mit Willen des Täters zur Kenntnis des Angestellten gelangt ist. § 12.

„Versprechen" ist jede — formlose — Zusage (RGSt. **10** 3, **32** 268). Auch in dauernder Übung kann ein Versprechen erblickt werden, wenn auf die Fortsetzung der Gewohnheit gerechnet werden konnte. Das Versprechen ist empfangsbedürftig (bestritten). Note 11.

„Geschenk" ist jede einen Vermögenswert darstellende unentgeltliche Zuwendung aus dem Vermögen des Gebenden oder eines Dritten in das Vermögen des Geschenknehmers. Das Versprechen oder Anbieten eines dem Gegenstande nach unbestimmten Geschenks genügt (RGSt. **23** 141). Die Gewährung von sog. Korkengeldern fällt unter den § 12 (RGSt. **48** 293). Note 12.

„Andere Vorteile" sind alle Zuwendungen, die sich als ein Entgelt für die Vornahme der vom Geber gewünschten Handlung darstellen. Ob die Vorteile die rechtliche oder wirtschaftliche Lage des Empfängers zu verbessern geeignet sind, bleibt außer Betracht. Es genügt, daß sie nach Ansicht des Täters auf den Willen des zu Bestechenden einzuwirken vermögen (RGSt. **23** 141). Note 13.

Eine Leistung, für die eine Verpflichtung besteht, kann sich als „Vorteil" darstellen, wenn sie in einer Art oder zu einer Zeit angeboten wird, wie oder zu der sie nicht zu verlangen ist. Note 14.

Nur mittelbar brauchen die Vorteile dem Bestochenen zugute zu kommen, z. B. seinen Verwandten oder ihm sonst nahestehenden Personen. Werden die Vorteile vom Bestechenden solchen Dritten zugewendet, so genügt es nicht zur Anwendung des § 12, daß der Dritte nur als Fürsprecher gewonnen werden sollte (RGSt. **13** 396). Note 15.

Gefälligkeiten und Gratifikationen, die üblich sind und nach der Sachlage unbedenklich erscheinen, kommen als Schmiergeld nicht in Betracht, z. B. übliche Weihnachtsgeschenke und übliche Trinkgelder. In solchen Fällen wird auch der Wettbewerbszweck nicht vorliegen. Note 16.

„Bezug von Waren oder gewerblichen Leistungen." Getroffen wird sowohl der Fall, in dem der Geschäftsherr des Bestochenen, als auch der Fall, in dem der Bestechende selbst (oder ein anderer Gewerbetreibender durch ihn) Waren oder gewerbliche Leistungen bezieht. Über Mustersendungen als „Waren" siehe RGSt. **48** 153; RG. in ZIndR. **1915** 69: „Mustersendungen können Warensendungen sein, wenn der Inhalt der Sendungen aus Erzeugnissen besteht, die aus einem auf Gewinn abzielenden Unternehmen im Bereiche der Schaffung neuer Gegenstände oder des Handels in den wirtschaftlichen Verkehr gebracht werden (RGSt. **42** 186). Wenn aber nur Muster überschickt werden, die zur Erforschung fremder Geschäfts- oder Betriebsgeheimnisse geeignet waren und dazu dienen sollten, so wird es sich regelmäßig nicht um den Bezug einer Ware im Sinne des § 12 handeln." Note 17

„Bevorzugung" ist jede, auch die mittelbare Begünstigung, sei es bei Aufgabe der Bestellung, sei es bei Lieferung, Entgegennahme, Prüfung, Beanstandung, Bezahlung usw. (siehe Näheres RGSt. **48** 296). Durch den bestochenen Angestellten (Beauftragten) braucht die Bevorzugung nicht vermittelt zu werden (bestritten). Siehe auch Note 8. Note 18.

Subjektive Voraussetzungen. Es ist die Absicht des Bestechenden erforderlich, eine Bevorzugung für sich oder einen Dritten zu erlangen. Wie die Bevorzugung nicht durch den bestochenen Angestellten (Beauftragten) vermittelt zu werden braucht, so ist es auch nicht erforderlich, daß die Absicht des Täters hierauf gerichtet ist (a. M. Note 19.

§ 12. die übrigen Kommentare). Es wird keinerlei in dieser Richtung wirkendes positives oder negatives Tun des Angestellten (Beauftragten) erfordert. Das Gesetz geht nur von der Absicht des **Bestechenden** aus: „um zu erlangen". Wird z. B. ein Arbeiter bestochen, damit er das vom Mitbewerber gelieferte Öl vor der Benutzung mit Wasser verdünnt, so ist diese Bestechung unter den § 12 zu bringen, auch wenn der Arbeiter infolge seiner untergeordneten Stellung gar nicht imstande ist, dahin zu wirken, daß der Firma des Bestechenden die ferneren Lieferungen übertragen werden. Es ist belanglos für die Vollendung des Verstoßes gegen den § 12, ob eine Bevorzugung **erfolgt** ist, ob also die Absicht des Täters ihr Ziel erreicht hat.

Note 20. **Der Täter muß sich bewußt sein**, daß das von ihm erstrebte Verhalten des Angestellten (Beauftragten) unlauter ist, und daß es sich um einen „geschäftlichen Betrieb" handelt, für den der Angestellte (Beauftragte) tätig ist (RG. in MuW. **14** 260). Es genügt bedingter Vorsatz, d. h. es kommt nicht darauf an, ob der Bestechende ein unlauteres Verhalten des Angestellten (Beauftragten) als sicher erwartet, sondern nur darauf, ob er ein solches Verhalten als möglichen Erfolg der Bestechung sich vorgestellt und diesen Erfolg für den Fall seines Eintretens im voraus gebilligt hat (RGSt. **48** 297).

Note 21. Ob der **Angestellte (Beauftragte)** das Bewußtsein der Unlauterkeit hat, ist für die aktive Bestechung belanglos (a. M. insbesondere **Finger** S. 190).

Note 22. Der Begriff **„unlauteres Verhalten"** entspricht dem Begriff der Sittenwidrigkeit in § 1 WettbG. und § 826 BGB. Demgegenüber legt RGSt. **48** 293 dar, die Begriffe „gegen die guten Sitten" in § 1 und „unlauteres Verhalten" in § 12 seien nicht gleichbedeutend: Gemäß der Entstehungsgeschichte des § 12 habe man unter „unlauterem" Verhalten ein Handeln gegen Treu und Glauben zu verstehen, das sich aber nicht mit Rücksicht auf das **allgemeine** Volksbewußtsein bestimme, sondern im Rahmen des Wettbewerbsverhältnisses betrachtet werden müsse. Demnach sei ein Verhalten dann unlauter, wenn es dem Anstandsgefühl des in Betracht kommenden Verkehrskreises widerspricht. — Diese — übrigens praktisch unbrauchbare — Unterscheidung ist verfehlt: **Stets** kommt es auf die Anschauung des bestimmten — in Frage stehenden — Kreises an (§ 1 Note 15). So erklärt RG. in JW. **1915** 246, 247, für die Feststellung dessen, „was die Beobachtung guter Sitten im gewerblichen Verkehr im Sinne von § 826 BGB., § 1 WettbG. fordere", seien entscheidend die „in den Kreisen gerecht und billig denkender Fabrikanten (insbesondere der Nähmaschinenfabrikanten) allgemein herrschenden Anschauungen über das, was im Verkehr als anständig angesehen wird". Hier ist zutreffend auch hinsichtlich der §§ 826 BGB., 1 WettbG. nicht das „allgemeine" Volksbewußtsein als maßgebend behandelt, sondern die Anschauung eines bestimmten Verkehrskreises. Daß aber, wie RGSt. **48** 293 betont, das „unlautere Verhalten" im Sinne des § 12 „im Rahmen des Wettbewerbsverhältnisses zu betrachten ist", ergibt sich schon aus dem im § 12 WettbG. enthaltenen Tatbestandsmerkmal „zu Zwecken des Wettbewerbes".

Note 23. **Ob gegenüber dem Geschäftsinhaber oder dessen Mitbewerbern** das Verhalten des Angestellten (Beauftragten) unlauter ist, bleibt außer Betracht. Fast stets wird allerdings die Unlauterkeit sich auch gegen den Geschäftsinhaber richten. Doch ist dies für den Tatbestand des § 12 belanglos (bestätigend RG. in JW. **1921** 338). Selbst wenn der Geschäftsinhaber die Bestechung seines Angestellten gebilligt haben sollte, ist der § 12 anzuwenden. Überhaupt kommt es auf die Absicht, den Dienstherrn des Angestellten zu schädigen, nicht an: „Auch wer den fremden Angestellten besticht, um bei einem sonst ganz ehrlichen Geschäft im Wettbewerbe den Vorzug vor anderen zu erhalten, unterliegt der Strafandrohung des § 12. Nicht gegen Betrug beim Handeln richtet sich diese Bestimmung, sondern gegen das unlautere Mittel der Angestelltenbestechung im Wettbewerbe" (RG. in MuW. **14** 259. Vgl. RGSt. **47** 185, **48** 296, **55** 33). § 12.

Wenn durch die Bestechungsmittel beeinflußt der Angestellte die Waren (gewerblichen Leistungen) des Täters (oder dessen Geschäftsherrn) gegenüber denjenigen des Mitbewerbers bevorzugen soll, so liegt darin regelmäßig ein „unlauteres Verhalten". Als ein Beispiel von Unlauterkeit führt der KommB. das Verhalten eines Angestellten an, der die Geschäftsverbindung mit dem bisherigen Lieferanten, dessen Waren zu keiner Beanstandung Anlaß gegeben haben, nur deshalb abbricht, weil ihm der Mitbewerber Vorteile angeboten hat (RG. in MuW. **11** 151). RG. in JW. **1921** 338 erblickt zutreffend die Unlauterkeit darin, daß der Kläger „veranlaßt werden sollte, beim Absatz der Zigarren die des Beklagten aus eigennützigen Erwägungen, nicht aus rein sachlichen, in der Art und Beschaffenheit der Ware liegenden Gründen, vor der Ware anderer Lieferer zu bevorzugen". Ebenso RG. in MuW. **14** 260: „Der Angeklagte wollte durch die Geschenke die Chauffeure veranlassen, ihn ihren Firmen zu empfehlen, auch gegenüber ebenso günstigen Angeboten anderer gleichartiger Geschäfte. Nach seiner Absicht sollten die Chauffeure dieses ihnen zugemutete Verhalten um der ihnen gewährten Geschenke willen beobachten, auch dann, wenn ein sachlicher Grund, dem Angeklagten den Vorzug vor anderen Geschäftsleuten zu geben, nicht vorlag. Das so gekennzeichnete Verhalten der Chauffeure ist ein unlauteres." Andererseits hat RG. in GewRschutz **1915** 103 ein „unlauteres Verhalten" als nicht vorliegend erachtet, weil für denjenigen, der das Geschenk angeboten hat, der Vorteil auf rechtmäßigem Wege bereits erworben war und der Angestellte nur dahin wirken sollte, daß dieser Vorteil nicht durch andere Firmen rückgängig gemacht werde. Als Beispiel für ein unlauteres Verhalten im Sinne des § 12 verweist Goldbaum (in MuW. **18** 103) darauf, daß ein an einem Theater angestellter Regisseur oder Dramaturg von dem Verfasser eines Bühnenstücks Tantiemen verlangt, damit er das Werk vor anderen dem Theaterunternehmen angebotenen Werken bevorzuge. Note 24

Mißbräuche stellen sich nicht als Sitte, sondern als Unsitte dar, auch wenn sie sich eingebürgert haben und infolgedessen stillschweigend geduldet werden (§ 1 Note 21). Der Täter kann sich hierauf nicht berufen. Der § 12 ist in das Gesetz aufgenommen worden, gerade um mit dem überhandnehmenden Unwesen der Schmiergelder aufzuräumen. Vgl. RG. in MuW. **14** 260: „Hätte der Angeklagte angenommen, daß das Verhalten der Konkurrenten ihn zu einem gleichen Verhalten berechtige, so würde er unbeachtlicherweise über Inhalt und Tragweite des § 12 geirrt haben." Wenn Schmiergelder gezahlt wurden, um während des Krieges angesichts feindlicher Absperrungsmaßnahmen die deutschen Vorräte zu ergänzen, so kann eine Notstandshandlung in Frage stehen: RG. in JW. **1921** 401 und Kirchberger ebendort. Note 25.

Über den Begriff **„zu Zwecken des Wettbewerbes"** siehe § 1. Der Wettbewerbszweck wird in den vom § 12 WettbG. umfaßten Fällen zuweilen darin zu finden sein, daß der Bestechende sich oder einem anderen die Wettbewerbsfähigkeit für die Zukunft hinsichtlich weiterer — erhoffter — Geschäfte zu erhalten bestrebt war. Allerdings kann der Einzelfall so liegen, daß, wie RG. in GewRschutz **1915** 103 erörtert, „das Geschäft schon so gut wie abgeschlossen, die Konkurrenz aus dem Felde geschlagen war und die versprochenen Vorteile nur ein Entgelt für die glatte Erledigung bei Aufstellung der Öfen, ihrer Instandhaltung und Bedienung darstellen sollten". Note 26.

§ 12.

Note 27. **Ob der Bestochene** zu Zwecken des Wettbewerbes handelt und ob der Täter dies weiß, ist beides belanglos. Fuld (S. 276) nimmt Erheblichkeit an, ohne im Gesetz eine Stütze für diese Meinung zu haben. Dort findet sich nirgendwo ein Hinweis darauf, daß der Täter durch den Wettbewerbszweck des Bestochenen berührt werde; vielmehr ist nur verlangt, daß der Täter ein „unlauteres“ Verhalten des zu Bestechenden hervorzurufen beabsichtigt.

Note 28. **Vollendet** ist die aktive Bestechung entweder mit dem Anbieten bzw. Versprechen oder mit dem Gewähren der Bestechungsmittel. Besteht die Bestechung in einem Anbieten oder Versprechen, so ist die Annahme der Zuwendung zur Vollendung nicht erforderlich (RGSt. **26** 424).

II. Die passive Bestechung.

Note 29. **Täter** ist der Angestellte oder Beauftragte eines geschäftlichen Betriebes. Nur diese können Täter sein, Teilnehmer nach den allgemeinen Regeln auch andere, außer dem Bestechenden, der eine selbständige Tat — die aktive Bestechung — begeht. Es ist erforderlich, daß das Angestellten- oder Auftragsverhältnis zur Zeit der Begehung der Tat noch besteht, nicht auch zur Zeit der Bevorzugung.

Note 30. Das **„Fordern“** braucht nicht ausdrücklich, kann auch durch schlüssige Handlungen geschehen. Die **Absendung** des Aufforderungsschreibens reicht aus. Mangelnde Ernstlichkeit des Forderns kommt nur in Betracht, wenn sie erkennbar hervortritt (RG. in LZ. **1919** 1122 für einen rechtsähnlichen Fall).

Note 31. Ein **„Sichversprechenlassen“** liegt in jedem Verhalten des Angestellten (Beauftragten), das einen Rückschluß auf seine Bereitwilligkeit zur Entgegennahme von Geschenken oder anderen Vorteilen gestattet.

Note 32. **„Annehmen“** kann ein passives Verhalten sein; ein Nichtzurückweisen der gewährten Schmiergelder ist ausreichend. Ein Annehmen liegt auch in dem Geschehenlassen seitens des Angestellten (Beauftragten), daß ein Dritter die Zuwendung von dem Geber entgegennimmt. Es genügt, daß der Angestellte den Zweck der Zuwendung erst **nach** der Annahme erfährt.

Note 33. Der **„andere“** ist entweder der Bestechende oder ein Dritter. Ob der „andere“ Gewerbetreibender ist, bleibt außer Betracht.

Note 34. **Subjektive Voraussetzungen.** Der Angestellte (Beauftragte) muß das Bewußtsein haben, daß die Bevorzugung, die er verschaffen soll, dem von einem anderen verfolgten Wettbewerbszwecke dient. Ferner ist erforderlich, daß der Angestellte im Zeitpunkt des Forderns, Sichversprechenlassens oder Annehmens das Bewußtsein hat, der Geber gewähre ihm die Zuwendung, damit er oder ein anderer durch sein (des Angestellten) unlauteres Verhalten eine Bevorzugung erhalte. Es wird nicht verlangt, daß der Geber dieses Bewußtsein des Angestellten erkennen kann. Der bedingte Vorsatz des Angestellten genügt. Ob er eine Bevorzugung in Wirklichkeit verschafft oder zu verschaffen gewillt ist, bleibt außer Betracht. Es genügt (sofern die obigen Voraussetzungen erfüllt sind) für die Strafbarkeit des Angestellten, daß er glaubt, er bekomme die „Vorteile“, um dem Geber eine Bevorzugung zu verschaffen, mag dieser sie nur als eine Erkenntlichkeitsgabe betrachten.

Note 35. **Vollendet** ist die passive Bestechung mit dem Fordern oder Sichversprechenlassen oder Annehmen der Zuwendungen. Gleich steht der Fall, daß der Angestellte die Zuwendung nach Erkenntnis ihrer Bedeutung behält.

III. **Die Strafe** kann aus Gründen der Strafzumessung für den Bestechenden höher oder niedriger bemessen werden als für den Bestochenen. Note 36.

Die Verfallerklärung ist Nebenstrafe der Bestechung, kann also nur gegen den Täter und Teilnehmer ergehen, nicht gegen denjenigen, gegen den das Strafverfahren eingestellt worden ist. Sowohl für die aktive als auch für die passive Bestechung ist die Verfallerklärung auszusprechen (RGSt. **54** 216). „Das Empfangene oder sein Wert" ist demjenigen Bundesstaate verfallen, dessen Gericht geurteilt hat. Die Verfallerklärung **muß** vom Gericht ausgesprochen werden; aber dieser Ausspruch kann nur erfolgen, wenn feststellbar ist, was empfangen worden und was demnach verfallen und gegen wen die Verfallerklärung zu erlassen ist. Gegen denjenigen, der das Bestechungsmittel oder dessen Wert in Händen hat, ist die Verfallerklärung zu erlassen. Hiernach hängt es von den Umständen des Einzelfalls ab, ob sie nur gegen den Bestochenen oder nur gegen den Bestechenden oder gegen beide, sei es nach Anteilen oder in Gesamthaftung, zu ergehen hat. Das Empfangene (oder sein Wert) soll also von der Verfallerklärung nur da erfaßt werden, wo es sich befindet (RGSt. **54** 217). War der empfangene Gegenstand schon vor der Bestechung in der Verfügungsgewalt des erst später damit Bestochenen, so steht das der Feststellung nicht entgegen, daß er zum Zwecke der Bestechung „empfangen" worden ist (bestritten). Vgl. RGSt. 55 33. Note 37.

Über die Vollstreckung siehe § 483 StPO. Die Kosten trägt gemäß § 497 StPO. der Verurteilte. Note 38.

Eine Ergänzung des Urteils ist möglich, wenn der empfangene Gegenstand nicht bezeichnet worden ist. Ist aber die Verfallerklärung überhaupt nicht erlassen worden, dann kommt eine Ergänzung des Urteils nicht in Frage. Note 39.

IV. **Die zivilrechtliche Haftung** des Täters ist nicht davon abhängig, daß der volle Tatbestand des § 12 erfüllt ist. Dies ergibt sich aus § 13 Abs. 2 Ziff. 2, wo dem vorsätzlichen Verstoße der fahrlässige gleichgestellt wird. Für die Ersatzansprüche des Geschädigten genügt es also, daß ein fahrlässiges Verhalten die objektiven Tatbestandsmerkmale der aktiven oder passiven Bestechung darstellt. Dem Geschäftsinhaber haftet der Angestellte (Beauftragte) aus dem Vertrage. Über den Anspruch des Geschäftsinhabers, daß der von einem anderen Geschäftsinhaber bestochene Angestellte von diesem nicht beschäftigt werde, siehe S. 45—46. Note 40.

Einen Anspruch auf Herausgabe der empfangenen Schmiergelder hat der Geschäftsinhaber gegen den Angestellten (Beauftragten) auf Grund der §§ 675, 667 BGB., wenn nicht das Empfangene dem Staate für verfallen erklärt wird (bestritten; abweichend insbesondere die früheren Auflagen; wie oben Staub, 10. Aufl., § 59 Anm. 49). Im Verhältnis zwischen dem Geschäftsinhaber und dem Angestellten stehen die Schmiergelder keinesfalls dem letzteren zu, der dadurch nur zu einem unredlichen Verhalten angespornt werden würde. Andererseits hat der Geschäftsinhaber nur dann einen Anspruch auf die Schmiergelder, wenn sie nicht gemäß § 12 Abs. 3 dem Staate für verfallen erklärt werden. Dieser gesetzlichen Regelung ist in erster Linie Geltung zu verschaffen, nicht darf sie damit durchkreuzt werden, daß der Geschäftsinhaber „das Empfangene oder seinen Wert" sich vom Angestellten geben läßt (oder durch Klage von ihm erlangt) und so die Einziehung (die nur gegen Täter und Teilnehmer verfügt werden kann) vereitelt. Es ist nicht angängig, mit Staub (a. a. O.) die Möglichkeit der Verfallerklärung davon abhängig zu machen, ob der Geschäftsinhaber sich früher in den Besitz der Schmiergelder gesetzt hat, als das Urteil gegen den Angestellten gefällt werden konnte. Die Veranstaltung eines solchen Wettrennens Note 41.

§ 12. widerspricht dem Sinne des § 12. — Unter die Herausgabepflicht fällt grundsätzlich „jeder für den Beauftragten persönlich bestimmte Vorteil, der ihm aus irgendeinem mit der Geschäftsführung in innerem Zusammenhange stehenden Grunde zugewendet und die Besorgnis zu rechtfertigen geeignet ist, der Geschäftsführer könnte durch ihn veranlaßt werden, die Interessen des Geschäftsherrn nicht nach jeder Richtung hin auf das gewissenhafteste zu berücksichtigen. Er ist ‚aus der Geschäftsbesorgung‘ erlangt, wenn er in ihr seinen wirtschaftlichen Grund, seine wirtschaftliche Rechtfertigung und Erklärung findet" (RG. 99 33; siehe auch OLG. Hamburg in MuW. 14 233; OLG. Kiel in LZ. 1920 64; vgl. S. 96, 97 über die Ansprüche auf Herausgabe des Erlangten und auf Rechnungslegung).

§ 13.

§ 13.

Zivilrechtliche Ansprüche.

In den Fällen der §§ 1, 3 kann der Anspruch auf Unterlassung von jedem Gewerbetreibenden, der Waren oder Leistungen gleicher oder verwandter Art herstellt oder in den geschäftlichen Verkehr bringt, oder von Verbänden zur Förderung gewerblicher Interessen geltend gemacht werden, soweit die Verbände als solche in bürgerlichen Rechtsstreitigkeiten klagen können. Auch können diese Gewerbetreibenden und Verbände denjenigen, welcher den §§ 6, 8, 10, 11, 12 zuwiderhandelt, auf Unterlassung in Anspruch nehmen.

Zum Ersatze des durch die Zuwiderhandlung entstehenden Schadens ist verpflichtet:

1. wer im Falle des § 3 die Unrichtigkeit der von ihm gemachten Angaben kannte oder kennen mußte. Gegen Redakteure, Verleger, Drucker oder Verbreiter von periodischen Druckschriften kann der Anspruch auf Schadensersatz nur geltend gemacht werden, wenn sie die Unrichtigkeit der Angaben kannten;
2. wer gegen die §§ 6, 8, 10, 11, 12 vorsätzlich oder fahrlässig verstößt.

Werden in einem geschäftlichen Betriebe Handlungen, die nach §§ 1, 3, 6, 8, 10, 11, 12 unzulässig sind, von einem Angestellten oder Beauftragten vorgenommen, so ist der Unterlassungsanspruch auch gegen den Inhaber des Betriebs begründet.

Inhaltsübersicht.

Note 1. Der § 13 ist durch die Kommission geschaffen worden, um eine Zusammenfassung zu geben und einzelne strafrechtliche Bestimmungen zivilrechtlich zu ergänzen. Allgemeines über die Ansprüche siehe S. 37 ff.

§ 13.

Die besondere Klageberechtigung, die der § 13 Abs. 1 (als Popularklage) schafft, beruht auf dem Gedanken, daß das allgemeine Interesse geschädigt wird, wenn eine Verfolgung der in Frage stehenden Rechtsverletzungen lediglich dem Belieben des unmittelbar Betroffenen anheimgegeben ist. Soweit durch einen Verstoß gegen das WettbG. private Interessen berührt werden (z. B. bei einer den § 14 verletzenden Kreditgefährdung), haben die Verbände nur dann eine Klageberechtigung, wenn sie auch selbst durch den Verstoß betroffen werden. Nicht aber kann eine stillschweigende Übertragung der den Mitgliedern zustehenden Unterlassungsansprüche auf den Verband angenommen werden, oder gar eine allgemeine Ermächtigung seitens der Mitglieder, daß der Verband in eigenem Namen die Unterlassung fordern dürfe (RG. **79** 325; OLG. Dresden in LZ. **1912** 569). Die besondere Klageberechtigung aus § 13 ist davon abhängig, daß ein vernünftiges Interesse an der Rechtsverfolgung besteht (Note 5). Der § 13 schafft zwei Gruppen: Note 2.

1. Gewerbetreibende, die Waren gleicher oder verwandter Art herstellen oder in den geschäftlichen Verkehr bringen.
2. Verbände zur Förderung gewerblicher Interessen.

1. **„Gleicher oder verwandter Art“.** Es entscheidet die Anschauung von Handel und Verkehr darüber, ob ein Wettbewerbsverhältnis zwischen den Parteien besteht bzw. ob die Angabe (Handlung) im Wettbewerbe erfolgt ist. Eine entfernte Möglichkeit des Wettbewerbes genügt. Überhaupt ist der Begriff „Verwandtschaft“ weit auszulegen (RG. **83** 426). Werden Leistungen als „ärztliche“ angepriesen, so kommt es für die Klageberechtigung nicht darauf an, ob sie wirklich ärztliche sind (RG. in MuW. **15** 49; RG. in GewRSchutz **1916** 194). Ein Schmiermittelvertrieb kann Unterlassung der Führung des Wortes „Transmissionswerke“ (in der Firmenbezeichnung eines anderen Schmiermittelvertriebes) fordern, ohne selbst ein Transmissionswerk zu besitzen oder mit Transmissionen zu handeln, wenn der Beklagte die Transmissionen in Verbindung gebracht hat mit dem Vertriebe des Schmiermittels (RG. in MuW. **17** 210). Wie die Gewerbebetriebe sich bezeichnen und ob Unterschiede im Umfang oder in ihrem Kundenkreise vorhanden sind, ist belanglos (RG. in JW. **99** 447, 709; RG. in MuW. **7** 169). So kann ein Handwerker gegen eine Fabrik klagen, ein Spezialgeschäft gegen ein Warenhaus, ein Zahnarzt gegen einen Zahntechniker (RG. in JW. **07** 86); ein Arzt gegen einen Heilkundigen (RG. in GewRSchutz **1915** 104). Wenn in der Gewährung von Leistungen der Gewerbebetrieb besteht, so kann gleichwohl auch gegen unrichtige Angaben hinsichtlich von Waren vorgegangen werden (RGSt. **37** 173; RG. in MuW. **12** 476). Note 3.

Schon zur Zeit der mit der Klage verfolgten Wettbewerbshandlung muß die Eigenschaft des Klägers als Mitbewerber bestanden haben, und sie muß fortdauern bis zum Schluß derjenigen mündlichen Verhandlung, die der Urteilsfällung voraufgeht. Erlangt der Kläger die Eigenschaft als Mitbewerber erst nach der fragl. Handlung, so kommt es darauf an, ob diese fortdauert (RG. **60** 419; RG. in JW. **05** 410). Die Vorbereitung eines gleichartigen Betriebes reicht zur Schaffung der Klageberechtigung aus (OLG. Dresden in SächsAnn. **1911** 356). Vgl. Note 11. Note 4.

Ist schon eine Klage erhoben worden, sei es von einem einzelnen Gewerbetreibenden, sei es von einem Verbande, so können ein anderer Gewerbetreibender oder ein Verband, auch Mitglieder des klagenden Verbandes, eine weitere Klage erheben. Der Beklagte hat weder den Einwand der Rechtshängigkeit noch denjenigen der Rechtskraft. Aber soweit durch die Klageerhebung die Note 5.

§ 13. in Frage kommenden Interessen gewahrt worden sind, steht den weiteren Klagen der § 226 BGB. (Schikane) entgegen, wenn nicht ein besonderer Grund für das erbetene Urteil geltend gemacht werden kann. Siehe S. 37.

Note 6. **„Herstellen"** betrifft auch die Erzeugung von Naturgütern. Stellt jemand nicht selbst die Ware her (oder bringt er sie nicht selbst in den geschäftlichen Verkehr), ist er aber am Vertriebe beteiligt, so genügt dies (RG. **74** 171).

Note 7. **„In Verkehr bringen"** bedeutet das Angebot der Waren (gewerblichen Leistungen), das Feilhalten und alle Formen der Veräußerung. Auch Agenten kommen in Betracht. Der Umfang des Inverkehrbringens ist belanglos (RG. in UW. **2** 90; RG. in LZ. **09** 166).

„Geschäftlicher Verkehr" siehe S. 32.

„Gewerbe" siehe S. 29.

Note 8. **„Gewerbetreibender"** siehe S. 30 ff. „Der Begriff des Gewerbetreibenden nach § 13 ist kein anderer als der nach §§ 1 und 3" (RG. **99** 190). Auch der Fiskus kann Gewerbetreibender im Sinne des § 13 sein (OLG. Celle in MuW. **18** 67).

Über gesetzlich verbotene oder sittenwidrige Gewerbebetriebe und über den Einwand, der Kläger handele selbst rechtswidrig siehe S. 47.

Note 9. 2. **Verbände zur Förderung gewerblicher Interessen.** Es kommt sowohl eine Anzahl natürlicher Personen in Frage, die sich unter gemeinsamem Namen zusammengeschlossen haben, als auch eine Anzahl von Verbänden. Die Verbände sollen Klageberechtigung haben, soweit sie „als solche" in bürgerlichen Rechtsstreitigkeiten klagen können. Dies sind gemäß § 50 ZPO. die Verbände, die aktive Parteifähigkeit besitzen, also rechtsfähig sind. Verbände zur Förderung der Interessen von Verbrauchern haben keine Klageberechtigung aus § 13 (RGSt. **45** 360). Ob die Mitglieder der Verbände auch klageberechtigt sind „als Gewerbetreibende, die Waren oder Leistungen gleicher oder verwandter Art herstellen," ist belanglos: Es wäre widersinnig, wenn der § 13 die Klageberechtigung der Verbände davon abhängig machen würde, daß jedes Verbandsmitglied für sich allein gegen das fragl. Tun klagen kann. Der § 13 verlangt, wie sein Wortlaut ergibt, lediglich, daß der Verband eine „Förderung gewerblicher Interessen" bezweckt, und daß er „als solcher in bürgerlichen Rechtsstreitigkeiten klagen kann" (so RG. in JW. **1922** 34 unter Berufung auf den hier eingenommenen Standpunkt). RG. **99** 191 erklärt: „Da der Verband gerade die Interessen seiner Verbandsangehörigen wahrnehmen will, darf sein Mitgliederbestand auch aus keinen anderen Personen als denen bestehen, die in §§ 1, 3 als klageberechtigt in Betracht kommen." Nach dem Zusammenhang, in dem dieser Satz steht, läßt sich nicht annehmen, daß der Senat z. B. den Vereinen gegen Unwesen in Handel und Gewerbe die Klageberechtigung aus § 13 absprechen wollte. In diesen Vereinen befinden sich regelmäßig Mitglieder, die auf Grund des WettbG. als Einzelpersonen gegen das in Frage stehende Tun nicht klagen können. Bisher ist die Klageberechtigung der Verbände noch niemals von dem Nachweise abhängig gemacht worden, daß auch jedes einzelne Mitglied klagen kann. Eine solche Auslegung des § 13 braucht ernstlich nicht erwogen zu werden. Vgl. auch RGSt. **45** 355 über den gleichliegenden Fall der Strafantragsberechtigung: „Es kommt nicht darauf an, ob die Mitglieder des betr. Verbandes, sofern sie Gewerbetreibende sind, in vollem Umfang oder zum Teil als Wettbewerber von der unerlaubten Wettbewerbshandlung getroffen werden." „Dabei bedarf es ebensowenig, wie bei dem einzelnen Gewerbetreibenden, des jedesmaligen Nachweises eines im Einzelfall begründeten Interesses an der Verhinderung der jeweiligen Handlung unlauteren

Wettbewerbes. Es kommt nur darauf an, daß die Verfolgung einer Wettbewerbs- § 13.
handlung von der Art der jeweilig vorliegenden überhaupt in den Bereich der gewerblichen Interessen fällt, zu deren Förderung der Verband berufen ist."

Die verfassungsmäßigen Aufgaben des Verbandes entscheiden über den Umfang seiner Klageberechtigung. Letztere reicht so weit, als die Sicherung oder Förderung jener Aufgaben erstrebt wird. Das gleiche gilt für die Befugnis des Verbandes zur Stellung von Strafanträgen. Handelt es sich also um einen solchen Verstoß gegen das WettbG., dessen Verfolgung außerhalb der Zwecke des Verbandes liegt, dann ist eine Klageberechtigung, wie auch ein Strafantragsrecht nicht gegeben (RGSt. **45** 360). Note 10.

Schon zur Zeit der zu verfolgenden Wettbewerbshandlung muß die Klageberechtigung (Antragsberechtigung) des Verbandes bestanden haben, und sie muß bis zum Schluß derjenigen mündlichen Verhandlung fortdauern, die der Urteilsfällung voraufgeht (RGSt. **46** 325; RG. **60** 419; RG. in JW. **05** 410). Der Verband muß also vor Vollendung des in Frage stehenden Verstoßes die Rechtsfähigkeit erlangt haben. Handelt es sich um eine fortgesetzte Straftat, so umfaßt der Antrag auch die vor Erlangung der Rechtsfähigkeit begangenen Einzelhandlungen (RGSt. **50** 66). Sind die Voraussetzungen der Klageberechtigung (Antragsberechtigung) entfallen, dann ist der Klageanspruch für erledigt zu erklären (das Strafverfahren einzustellen). Vgl. Note 4, Note 11.

Folgende Verbände zur Förderung gewerblicher Interessen kommen insbesondere in Betracht: Detaillistenverbände, Verbände der Fabrikanten, Vereine gegen Unwesen in Handel und Gewerbe (Note 9), Ärztevereine (UW. **1** 115, 156), Zahnärztevereine (UW. **3** 63), Architektenvereine (MuW. **7** 112), auch landwirtschaftliche Vereine (gemäß § 2 WettbG.). Ferner Innungen (§§ 86, 81 GewO.); Innungsausschüsse, sofern ihnen durch die Landeszentralbehörde Rechtsfähigkeit verliehen ist (§ 101 Abs. 3 GewO.); ferner Innungsverbände, sofern sie durch Beschluß des Bundesrats Rechtsfähigkeit erhalten haben (§ 104 g GewO.); Zwangsinnungen (§ 100 n GewO.); Zünfte; eingeschriebene Hilfskassen (§ 5 des Gesetzes vom 7. April 1876; bestritten); Erwerbs- und Wirtschaftsgenossenschaften. Dagegen sind Krankenkassen nicht als Verbände im Sinne des § 13 Abs. 1 anzusehen, denn sie verfolgen keine gewerblichen Interessen. Über Anwalts-(Patentanwalts-)Vereine siehe S. 31. Note 12.

Auch die durch gesetzlichen Zwang gebildeten Vertretungskörper gehören hierher, also insbesondere Handels-, Gewerbe-, Detaillisten-, Handwerks-, Landwirtschafts- und Ärztekammern. Das Gesetz spricht in § 13 von „Verbänden", nicht von „Vereinen". Der Verbandsbegriff kann auch auf obige Gebilde angewendet werden. Der Zweck des Gesetzes legt eine erweiternde Auslegung nahe (RGSt. **43** 47, **44** 143; RG. in GewRschutz **1912** 259; RG. in MuW. **12** 35; Ebermayer in Stenglein S. 1043; a. M. Finger und Pinner-Eyck, die unter dem Ausdruck „Verbände" nur privatrechtliche Vereinigungen verstanden wissen wollen). Note 13.

Die besonderen Voraussetzungen des Schadensersatzanspruchs. Der Abs. 2 des § 13 regelt die Voraussetzungen des Schadensersatzanspruchs für eine Anzahl zivilrechtlicher und strafrechtlicher Bestimmungen des WettbG. Diese Voraussetzungen sind im WettbG. nicht gleichmäßig festgesetzt worden; auch erwähnt der § 13 nicht alle Schadensersatzansprüche, die das Gesetz enthält. Neben den in § 13 Abs. 2 geregelten Note 14.

§ 13. §§ 3, 6, 8, 10, 11, 12 kommen noch die §§ 1, 14, 16 und 19 in Betracht. Näheres siehe bei diesen Paragraphen.

Note 15. **Die Haftung der Presse.** Der § 13 Ziff. 1 Satz 2 regelt für die von ihm privilegierten Personen der Presse die Schadensersatzhaftung aus § 3, und zwar dahin, daß jede dieser Personen nur bei eigener Kenntnis der Unrichtigkeit der Angaben haftet. Hinsichtlich des Unterlassungsanspruchs sowie des Schadensersatzanspruchs aus den anderen Bestimmungen des WettbG. gilt für die Presse nichts Besonderes. Daneben tritt die allgemeine Haftung aus unerlaubter Handlung. Die Stellung des verantwortlichen Redakteurs begründet, wie RG. in JW. **1917** 714 darlegt, „eine gewisse tatsächliche Vermutung dafür, daß er von den in sein Blatt aufgenommenen Artikeln Kenntnis erlangt und genommen hat, so daß ihm der Gegenbeweis obliegt, daß diese Kenntnis nicht vorhanden war ... Den Inhalt der aufzunehmenden Artikel nach jeder Richtung zu prüfen, die Wahrheit oder Unwahrheit von Tatsachen zu ermitteln, das vermag er allerdings nicht; wohl aber kann er, wenn er von dem Artikel Kenntnis nimmt, auch beim flüchtigen Lesen erkennen, ob darin Tatsachen enthalten sind, die, wenn sie unwahr (§ 824 BGB.) oder nicht erweislich wahr (§ 186 StGB.) sind, einen anderen in seiner Ehre, seinem Kredit, seinem Erwerb und Fortkommen zu schädigen geeignet sind. Das genügt für den Tatbestand des § 186 StGB. wie für denjenigen des § 824 BGB. Ein Verschulden dahin, daß der Täter die Unwahrheit der ehr- oder kreditgefährdenden Tatsachen kenne, erfordern die Tatbestände dieser unerlaubten Handlung nicht; er muß nur des ehrenkränkenden Charakters sich bewußt gewesen sein (§ 186 StGB.) oder die kreditgefährdende Eigenschaft des Artikels haben erkennen können (§ 824 BGB.). Das Wissen um die Unrichtigkeit der Tatsachen kommt nur für die Anwendung des § 187 StGB. in Verbindung mit § 823 Abs. 2 BGB. sowie des § 826 BGB. in Frage" (vgl. auch RG. **83** 362, 366). Über die Wahrung berechtigter Interessen durch die Presse siehe § 14.

Note 16. Als periodische Druckschriften gelten gemäß § 7 PreßG. Zeitungen und Zeitschriften (auch ausländische), die in monatlichen oder kürzeren, wenn auch unregelmäßigen Fristen erscheinen. Liegt eine periodische Druckschrift hiernach nicht vor (z. B. Kataloge, Plakate), dann tritt die Haftung nach allgemeinen Grundsätzen ein. Von periodischen Druckschriften sind zu unterscheiden die Lieferungswerke (RGSt. **14** 279). Auf die Art der Druckschriften kommt es nicht an, so daß z. B. auch Musikwerke und Photographien hierher gehören. Auch Teile von Druckschriften kommen in Betracht.

Note 17. „Redakteur" ist, wer über das Zustandekommen des Inhalts der Druckschrift zu verfügen hat, also insoweit verantwortlich ist (vgl. Ebermayer in Stenglein S. 1044; RGSt. **27** 246, **35** 271, **36** 215; a. M. Finger S. 220; Pinner-Eyck S. 103). Sind die einzelnen Abteilungen unter mehrere Redakteure geteilt, dann haftet nur der hiernach in Frage kommende Redakteur. Das Gesetz bezieht sich sowohl auf den verantwortlichen als auch auf den nicht verantwortlichen Redakteur.

Note 18. „Verleger" ist derjenige, dem die Herstellung der Druckschrift vertragsgemäß überlassen worden ist, ohne daß es auf Gewerbsmäßigkeit ankommt. Nicht der Eigentümer der Verlagshandlung ist im einzelnen Falle Verleger im Sinne des § 13, sondern es entscheidet die tatsächliche Beteiligung an der Veröffentlichung der Druckschrift: „Verleger" kann auch derjenige sein, der für den Inhaber der Verlagshandlung tätig wird (RGSt. **19** 358).

§ 13.

„Drucker" ist, wer im Einzelfalle den Druck besorgt (RGSt. 16 145). Regelmäßig kommt der Inhaber der Druckerei in Betracht, doch ist Gewerbsmäßigkeit nicht gefordert. Der Setzer, der als Gehilfe des Druckers die mechanische Vervielfältigung übernimmt, haftet nicht (a. M. Finger S. 221, der ihn als Teilnehmer heranzieht). Note 19.

„Verbreiter" ist, wer die Druckschrift einem größeren Kreise von Personen zugänglich macht. Gewerbsmäßigkeit des Verbreitens ist nicht gefordert. Gemäß den allgemeinen Grundsätzen gelten diejenigen nicht als „Verbreiter", die nur als Werkzeuge des eigentlichen Verbreiters in Betracht kommen. Als Verbreitung gilt gemäß § 1 PreßG. auch das Anschlagen der Druckschrift und das Ausstellen derselben an Orten, wo das Publikum Kenntnis nehmen kann. Note 20.

Die Berichtigung der Angaben (auch des Anzeigenteils einer Zeitung oder Zeitschrift) kann gemäß §§ 11 und 19 PreßG. vom verantwortlichen Redakteur verlangt werden. Note 21.

§ 11 PreßG.

Der verantwortliche Redakteur einer periodischen Druckschrift ist verpflichtet, eine Berichtigung der in letzterer mitgeteilten Tatsachen auf Verlangen einer beteiligten öffentlichen Behörde oder Privatperson ohne Einschaltungen oder Weglassungen aufzunehmen, sofern die Berichtigung von dem Einsender unterzeichnet ist, keinen strafbaren Inhalt hat und sich auf tatsächliche Angaben beschränkt.

Der Abdruck muß in der nach Empfang der Einsendung nächstfolgenden, für den Druck nicht bereits abgeschlossenen Nummer und zwar in demselben Teile der Druckschrift und mit derselben Schrift, wie der Abdruck des zu berichtigenden Artikels geschehen.

Die Aufnahme erfolgt kostenfrei, soweit nicht die Entgegnung den Raum der zu berichtigenden Mitteilung überschreitet; für die über dieses Maß hinausgehenden Zeilen sind die üblichen Einrückungsgebühren zu entrichten.

§ 19 PreßG.

Mit Geldstrafe bis zu einhundert und fünfzig Mark oder mit Haft werden bestraft:

1. Zuwiderhandlungen gegen die §§ 6, 7 und 8, welche nicht durch § 18 Ziffer 2 getroffen sind;
2. Zuwiderhandlungen gegen den § 9;
3. Zuwiderhandlungen gegen die §§ 10 und 11.

In den Fällen der Ziffer 3 tritt die Verfolgung nur auf Antrag ein, und hat das Strafurteil zugleich die Aufnahme des eingesandten Artikels in die nächstfolgende Nummer anzuordnen. Ist die unberechtigte Verweigerung im guten Glauben geschehen, so ist unter Freisprechung von Strafe und Kosten lediglich die nachträgliche Aufnahme anzuordnen.

Die Haftung für Angestellte und Beauftragte. Die Unterlassungsklage gegen den Betriebsinhaber ist gegeben, wenn von einem seiner Angestellten oder Beauftragten Verstöße gegen §§ 1, 3, 6, 7, 8, 9, 11, 12, 14, 16 WettbG. begangen worden sind, die, wenn er selbst sie begangen hätte, den Unterlassungsanspruch gegen ihn hätten entstehen lassen (§§ 13 Abs. 3, 14 Abs. 3, 16 Abs. 4). Klageberechtigt sind auch hier die Mitbewerber und Verbände im Sinne des § 13 Abs. 1. Ob der Betriebsinhaber seine Angestellten sorgfältig ausgewählt und überwacht hat, bleibt außer Betracht; desgleichen ob er in der Lage war, das Tun zu verhindern. Die Klage richtet sich gegen den Betriebsinhaber als solchen; daher kann sie gegen den Übernehmer des Be- Note 22.

§ 13. triebes erhoben bzw. weitergeführt werden. Über den Begriff „Inhaber des Betriebes" siehe § 4. Der Leiter des Betriebes haftet aus § 13 Abs. 3 nicht.

Note 23. Der volle Tatbestand der in § 13 Abs. 3 angezogenen Gesetzesbestimmungen muß jeweils erfüllt sein, wenn der Betriebsinhaber aus § 13 Abs. 3 für das Tun seiner Angestellten (Beauftragten) auf Unterlassung in Anspruch genommen werden soll. Soweit das Erfordernis des Wettbewerbszwecks aufgestellt ist, also bei Verstößen gegen die §§ 1 und 14, muß der Angestellte (Beauftragte) zu Zwecken des Wettbewerbes des Betriebsinhabers gehandelt haben (RG. **83** 427).

Note 24. „In dem geschäftlichen Betriebe", auf den das Anstellungs-Verhältnis sich bezieht, muß der Verstoß erfolgt sein. Es ist belanglos, ob der Angestellte in Ausführung einer ihm zugewiesenen Verrichtung gehandelt hat. Vielmehr genügt es, daß die Handlung ganz allgemein in den Rahmen der ihm übertragenen Tätigkeit fällt (OLG. Dresden in JW. **1918** 379; bestritten). Über den Begriff „geschäftlicher Betrieb" siehe S. 31, § 12 Note 8.

Note 25. Zu den „Angestellten" gehören alle in einem geschäftlichen Betriebe tätigen, den Weisungen des Inhabers unterworfenen Personen, ohne Rücksicht auf die Art, den Zweck oder die Dauer der Beschäftigung und die Form der Entlohnung. Durch den Vertragsabschluß wird das Angestelltenverhältnis begründet; ob der Dienst schon angetreten worden ist, bleibt außer Betracht (RGSt. **50** 131; RG. in Recht **1916** Nr. 1671). „Angestellte" sind auch Reisende, Lehrlinge, Volontäre, Techniker, Arbeiter, Redakteure einer Zeitung. Agenten sind zwar keine Angestellten (da sie den Weisungen des Geschäftsinhabers nicht unterworfen sind), wohl aber „Beauftragte" (Note 26). Mäkler, stille Gesellschafter, Aufsichtsratsmitglieder sind weder als Angestellte noch — ohne weiteres — als Beauftragte anzusehen. Hat der Angestellte eines Angestellten (Beauftragten) den Tatbestand der in § 13 Abs. 3 bezeichneten unzulässigen Handlungen erfüllt, so besteht sowohl gegen den unmittelbaren als auch gegen den mittelbaren Betriebsinhaber (Auftraggeber) das Klagerecht. — Private Vertragsverhältnisse des Betriebsinhabers, z. B. zum Chauffeur seines — nicht dem Betriebe dienenden — Kraftwagens, berühren hier nicht.

Note 26. Für „Beauftragte" wird insoweit gehaftet, als die Handlung in den Rahmen der Tätigkeit fällt, die nach dem Inhalt des Auftrags verrichtet werden sollte (RG. in OLGRspr. **25** 360). Eine gelegentliche Auftragserteilung genügt. RG. **83** 426 fordert, daß der Beauftragte „in dem betr. geschäftlichen Betriebe tätig ist". Die Abwegigkeit dieses Standpunkts ergibt sich schon daraus, daß im Gesetz der Beauftragte neben dem Angestellten genannt ist.

Note 27. Wiederholungsgefahr muß, wie bei jeder Unterlassungsklage, so auch hier bestehen (S. 63 ff.): Es muß die Besorgnis vorliegen, daß ein Angestellter des betr. geschäftlichen Betriebes in Zukunft Verstöße begeht. Die Unterlassungsklage aus § 13 Abs. 3 richtet sich gerade gegen die zu besorgenden weiteren Verstöße der — jetzigen oder künftigen — Angestellten (OLG. Karlsruhe in MuW. **15** 386). Aber die Tatsache, daß durch den in Frage stehenden Angestellten (Beauftragten) ein widerrechtliches Verhalten vor Erhebung der Klage bereits verwirklicht worden ist, reicht im allgemeinen zur Annahme der Wiederholungsgefahr aus (S. 63). Als beseitigt kann die Wiederholungsgefahr dann gelten, wenn der Betriebsinhaber schon vor Klageerhebung ausreichende vorbeugende Maßnahmen getroffen hat oder wenn er den Angestellten sofort, nachdem er von dessen Tun Kenntnis erhalten hat, entlassen oder derart gemaßregelt hat, daß ein erneuter Verstoß (dieses oder eines anderen Angestellten) nicht mehr zu erwarten ist (OLG. Celle in MuW. **15** 210). Wird der Angestellte erst im Laufe des Rechtsstreits entlassen, so entfällt dadurch die Wiederholungsgefahr regelmäßig nicht (S. 66). Sonst könnte der auf Grund des § 13 Abs. 3 in Anspruch genommene Betriebsinhaber unter allen Umständen die Durchführung der Klage verhindern und den Kläger zwingen, den Klageanspruch für erledigt zu erklären. Ist der Angestellte (Beauftragte) mit verklagt worden, dann ist durch seine Entlassung auch für die gegen ihn gerichtete Klage die Wiederholungsgefahr nicht ohne weiteres entfallen. Denn es besteht die Möglichkeit, daß der Betriebsinhaber seine Beziehungen zu ihm wieder aufnimmt (LG. Breslau in MuW. **15** 371). **§ 13.**

Die Urteilsformel soll dahin lauten: Der Beklagte (der Betriebsinhaber) hat dafür zu sorgen, daß sein Angestellter (Beauftragter) die Handlung fortan unterläßt. Diese Fassung der Urteilsformel ergibt sich allerdings nicht unmittelbar aus dem Gesetz, vielmehr erklärt der § 13 Abs. 3 vorbehaltlos „den Unterlassungsanspruch gegen den Betriebsinhaber für begründet". Wollte man dies eng auslegen, dann müßte dem Betriebsinhaber etwas verboten werden, was er gar nicht getan hat und was zu tun er unter Umständen gar nicht in der Lage ist. Im praktischen Ergebnis führt die oben empfohlene Urteilsformel zu dem vom Gesetzgeber erstrebten Zweck. Besteht die Gefahr, daß auch andere Angestellte (Beauftragte) die Handlung vornehmen, dann kann in der Urteilsformel das Verbot auf alle Angestellten (Beauftragten) des Betriebes ausgedehnt werden. — Gegen den hier eingenommenen Standpunkt ist dargelegt worden, daß, wenn der Betriebsinhaber selbst die Handlung vornimmt, dies nur durch eine neue Klage verhindert werden könne; daher sei die Urteilsformel so zu fassen, daß der Betriebsinhaber selbst zur Unterlassung verurteilt wird (OLG. Dresden in JW. **1918** 380; LG. Breslau in MuW. **15** 370; Recken in GewRSchutz **1914** 141). Dieser Einwand ist abwegig. Der § 13 Abs. 3 befaßt sich überhaupt nicht mit Handlungen des Betriebsinhabers, sondern lediglich mit solchen von Angestellten oder Beauftragten. Begeht der Betriebsinhaber einen Verstoß gegen das WettbG., dann kommen die §§ 1, 3 usw. in Betracht, nicht aber der § 13 Abs. 3. — Über das Rubrum siehe S. 29. Note 28

Für die Zwangsvollstreckung findet der § 890 ZPO. Anwendung, nicht der § 888 ZPO.: es handelt sich um das Gebot einer Unterlassung, nicht darum, daß dem Betriebsinhaber ein bestimmtes Tun vorgeschrieben wird. Dies zeigt sich schon darin, daß mit einer bestimmten Handlung dem Gebote nicht Genüge geschähe. Die Urteilsformel stellt ihrem Sinne nach ein Unterlassungsgebot dar, mag ihr Wortlaut die Sorge für das Tun eines anderen fordern. Dies ergibt sich auch daraus, daß es dem Betriebsinhaber überlassen bleibt, wie er weitere Verstöße seiner Angestellten verhindert. Ein Anspruch auf ein bestimmtes Tun besteht gegen ihn nicht (OLG. Augsburg in LZ. **1914** 409; HansOLG. in OLGRspr. **29** 257; Keidel in LZ. **1914** 655; a. M. OLG. München in OLGRspr. **29** 253). Ist die Strafe auf Grund des § 888 ZPO. festgesetzt worden, so ist sie gleichwohl nach § 890 ZPO. gültig. Note 29.

Die Verhängung der Strafe erfordert eine schuldhafte (vorsätzliche oder fahrlässige) Zuwiderhandlung des Angestellten (Beauftragten) gegen das gerichtliche Verbot. Ob der Inhaber des Betriebes schuldhaft den Verstoß seines Angestellten (Beauftragten) nicht verhindert hat, oder ob er überhaupt in der Lage war, die Handlung zu verhindern, bleibt außer Betracht. Es kommt lediglich auf das Verschulden des Angestellten (Beauftragten) an. Für diesen haftet der In- Note 30.

§ 13. haber des Betriebes nach erfolgter Strafandrohung wie derjenige, der sich gemäß § 278 BGB. eines Erfüllungsgehilfen bedient (OLG. Augsburg in LZ. **1914** 408; OLG. München OLGRspr. **29** 254; Recken in GewRschutz **1914** 142). Hiernach ist es erforderlich und ausreichend, daß der Angestellte (Beauftragte) das gerichtliche Verbot schuldhaft übertreten hat. Keidel (in LZ. **1914** 656) meint, es könne nicht in der Vollstreckungsinstanz einem urteilsmäßig festgestellten Anspruch ein Einwand (mangelndes Verschulden des Angestellten) entgegengesetzt werden, der nicht zur Abwendung der Verurteilung selbst geeignet ist. Aber dieser Einwand wird nicht dem urteilsmäßig festgestellten Anspruch entgegengesetzt, vielmehr bildet das Vorliegen eines Verschuldens die Voraussetzung der Strafverhängung (S. 77, 78).

Note 31. Die Kosten muß der Inhaber des Betriebes tragen, auch wenn er zur Klageerhebung keinen Anlaß gegeben hat und den Klageanspruch sofort anerkennt unter Ausräumung der Möglichkeit weiterer Verstöße (bestritten, insbesondere von Pinner-Eyck und Schmidt in MuW. 7 82). Ist die Klage schikanös erhoben worden, dann braucht der beklagte Betriebsinhaber nicht anzuerkennen, sondern kann Abweisung der Klage beantragen.

Note 32. Geht der Geschäftsbetrieb über, nachdem die auf Grund des § 13 Abs. 3 zu verfolgende Handlung des Angestellten (Beauftragten) stattgefunden hat, dann kann die Unterlassungsklage auch gegen den Übernehmer erhoben werden, denn der Betriebsinhaber haftet als solcher.

§ 14.

§ 14.

Betriebsgefährdung.

Wer zu Zwecken des Wettbewerbes über das Erwerbsgeschäft eines anderen, über die Person des Inhabers oder Leiters des Geschäfts, über die Waren oder gewerblichen Leistungen eines anderen Tatsachen behauptet oder verbreitet, die geeignet sind, den Betrieb des Geschäfts oder den Kredit des Inhabers zu schädigen, ist, sofern die Tatsachen nicht erweislich wahr sind, dem Verletzten zum Ersatze des entstandenen Schadens verpflichtet. Der Verletzte kann auch den Anspruch geltend machen, daß die Behauptung oder Verbreitung der Tatsachen unterbleibe.

Handelt es sich um vertrauliche Mitteilungen und hat der Mitteilende oder der Empfänger der Mitteilung an ihr ein berechtigtes Interesse, so ist der Anspruch auf Unterlassung nur zulässig, wenn die Tatsachen der Wahrheit zuwider behauptet oder verbreitet sind. Der Anspruch auf Schadensersatz kann nur geltend gemacht werden, wenn der Mitteilende die Unrichtigkeit der Tatsachen kannte oder kennen mußte.

Die Vorschrift des § 13 Abs. 3 findet entsprechende Anwendung.

Inhaltsübersicht.

- „Tatsache" (Note 8, 9).
- „Behaupten und Verbreiten" (Note 10, 11).
- Werturteile (Note 12—15).
- Warnungen vor Patent-, Warenzeichen-, Gebrauchsmuster- usw. Verletzung (Note 16 bis 20).
- „Nicht erweislich wahr" (Note 21, 22).
- Beweislast (Note 23, 24).
- „Schädigung des Geschäftsbetriebes" (Note 25).
- „Schädigung des Kredits des Inhabers" (Note 26).
- Die Schutzgegenstände.
  1. Das Erwerbsgeschäft eines anderen (Note 27, 28).
  2. Die Person des Inhabers des Geschäfts (Note 29).
  3. Die Person des Leiters des Geschäfts (Note 30). § 14.
  4. Waren und gewerbliche Leistungen eines anderen (Note 31).
- Die Ansprüche (Note 32).
  1. Die Klage auf Unterlassung (Note 35).
  2. Die Klage auf Schadensersatz (Note 35).
- „Vertrauliche Mitteilungen" (Note 36, 37).
- „Der Wahrheit zuwider behauptet oder verbreitet" (Note 38).
- Der Einwand der Wahrung berechtigter Interessen (Note 39—43).
- Haftung für Angestellte und Beauftragte (Note 44—46).

Der Schwerpunkt in der Anwendung des § 14 liegt in der Be- Note 1.
handlung des Tatbestandsmerkmals „zu Zwecken des Wettbewerbes". Die im § 14 gegebene Regelung ist so außerordentlich scharf, daß an das Erfülltsein dieses Tatbestandsmerkmals strenge Anforderungen gestellt werden müssen. Der Begriff „zu Zwecken des Wettbewerbes" ist nirgendwo im WettbG. so sehr erschwerender Umstand (§ 1 Note 6, 35) wie im § 14: Wer ohne jedes Verschulden eine nicht erweislich wahre Tatsache vorsätzlich behauptet oder verbreitet, soll nicht nur auf Unterlassung, sondern auch auf Schadensersatz haften, wenn er „zu Zwecken des Wettbewerbes" gehandelt hat. Bei Feststellung des Wettbewerbszwecks ist das Gesamtbild des Falls zugrunde zu legen und vor allem zu berücksichtigen, daß manche geschäftliche Maßnahme, wie z. B. eine Warnung vor Patentverletzung (die unter Umständen einer zwingenden Notwendigkeit entspringt), nebenher auch noch dem Wettbewerbe dienlich ist. Hier darf das Tatbestandsmerkmal „zu Zwecken des Wettbewerbes" nicht als erfüllt angesehen werden (siehe Näheres Note 7 und § 1 Note 6 ff.). Ein weiterer Ausgleich der Schärfe des § 14 ist zu suchen in der Behandlung des Tatbestandsmerkmals „nicht erweislich wahr" (Näheres Note 21).

Ein Überblick über das Anwendungsgebiet der §§ 14 und 15 Note 2.
soll durch folgendes Beispiel gegeben werden: Ein Landrat warnt amtlich vor einem Futtermittel durch eine Kundgebung, in der nicht erweislich wahre Behauptungen aufgestellt werden; ein Schullehrer wiederholt ohne eigene Sachkunde diese Warnung; ein Mitbewerber des Herstellers des Futtermittels wiederholt die Warnung in gutem Glauben an die Richtigkeit der in ihr behaupteten Tatsachen „zu Zwecken des Wettbewerbes"; ein sachkundiger Dritter wiederholt die Warnung in Kenntnis des Umstandes, daß sie unrichtige und kreditgefährdende Tatsachen enthält. Gegen den Landrat kann eine Klage nicht durchgeführt werden, weil er mit seiner Kundgebung ein staatliches Hoheitsrecht (S. 34) ausgeübt hat. Gegen den Schullehrer ist eine Klage aus §§ 14, 15 WettbG., 824 BGB. nicht gegeben. Der Mitbewerber haftet aus § 14 WettbG. auf Unterlassung und Schadensersatz. Der sachkundige Dritte haftet aus der — vom Wettbewerbszweck absehenden — Bestimmung des § 15 WettbG. (in Verbindung mit § 823 Abs. 2 BGB.) auf Unterlassung und Schadensersatz, ferner aus § 15 WettbG. auch strafrechtlich.

Das Verhältnis des § 14 zur Generalklausel: Erfüllt ein Note 3.
Verstoß gegen den § 14 zugleich den Tatbestand der Generalklausel, so ist diese ebenfalls anwendbar (§ 1 Note 2). In solchem Falle ist auch die Klageberechtigung der Verbände gemäß § 13 gegeben (OLG. Dresden in LZ. **1912** 570; § 13 Note 2).

§ 14.

Note 4. Das Verhältnis des § 14 zum § 824 BGB. Unter den § 824 BGB. fallen alle kreditgefährdenden Behauptungen, ohne daß sie zu Zwecken des Wettbewerbes aufgestellt zu sein brauchen und ohne daß es darauf ankommt, ob der Betroffene ein Erwerbsgeschäft betreibt. Aber Schadensersatz kann aus § 824 — im Gegensatz zum § 14 — nur verlangt werden, wenn der Beklagte die Unrichtigkeit der Tatsache kannte oder kennen mußte. Ferner ist Voraussetzung des Schadensersatzanspruchs aus § 824 BGB., daß der Beklagte des kredit- (betriebs-) gefährdenden Charakters seiner Äußerung sich bewußt gewesen ist (RG. in JW. **1917** 714). Andererseits kommt es für den § 824 BGB. auf die Vertraulichkeit der Mitteilung nicht an.

Note 5. **Subjektive Voraussetzung** eines Verstoßes gegen den § 14 ist lediglich, daß der Beklagte „zu Zwecken des Wettbewerbes" gehandelt hat. Weder für den Unterlassungs- noch auch für den Schadensersatzanspruch wird gefordert, daß der Beklagte des kredit- (betriebs-) gefährdenden Charakters seiner Äußerung sich bewußt gewesen ist (vgl. Note 4). Über die Unterlassungsklage siehe S. 40 ff. Schon „nach Analogie der Bestimmungen in §§ 12, 862, 1004 BGB. ist demjenigen, dessen Kredit, Erwerb oder Fortkommen durch Behauptung unwahrer Tatsachen beeinträchtigt wird, eine quasinegatorische Unterlassungsklage auch dann gewährt, wenn dem Beklagten ein subjektives Verschulden nicht beizumessen ist": RG. in JW. **1915** 29.

Note 6. Verschulden hinsichtlich der Unrichtigkeit der behaupteten (verbreiteten) Tatsache wird für die Anwendbarkeit des Abs. 1 des § 14 nicht erfordert. Vielmehr soll der Umstand, daß jemand „zu Zwecken des Wettbewerbes" nicht erweislich wahre Tatsachen vorsätzlich behauptet oder verbreitet hat, durchaus genügen, und zwar nicht nur für den Anspruch auf Unterlassung, sondern auch für den Anspruch auf Schadensersatz. [Das Gegengewicht zu dieser überaus strengen Regelung liegt in der Behandlung des Begriffs „zu Zwecken des Wettbewerbes"; siehe Note 1]. So erklärt RG. in UW. **1** 31: „Der § 14 ist ein Sondergesetz; für seine Anwendung sind nur die in ihm enthaltenen Voraussetzungen maßgebend, nicht auch die allgemeinen Vorschriften über Haftung aus Delikten. ... Es wird nicht verlangt, daß der Beklagte die Unwahrheit seiner Behauptungen gekannt habe oder habe kennen müssen, oder daß er die Möglichkeit einer Schädigung habe voraussehen müssen." Ferner erklärt RG. in JW. **01** 809: „Ein besonderes Verschulden wird weder für den Schadensersatzanspruch noch für den Verbotsanspruch verlangt, vielmehr wird in subjektiver Hinsicht nur gefordert, daß die nicht erweislich wahre Behauptung zu Zwecken des Wettbewerbes aufgestellt oder verbreitet ist." So auch RG. in LZ. **1919** 886. Mag derjenige, der die kreditgefährdende Tatsache behauptet hat, noch so gutgläubig gewesen sein, mag er etwa aus triftigem Grunde die Wahrheit der Behauptung als feststehend angesehen haben, mag er das bloß gerüchtweise Lautwerden der von ihm verbreiteten Tatsache betont haben, mag selbst eine Verwechselung der Person des durch die Äußerung betroffenen Gewerbetreibenden vorliegen, so berührt dies alles die Haftung in keiner Weise (RG. in JW. **01** 809; Staub in UW. **1** 7). Es ist auch unerheblich, ob dem Mitteilungsempfänger die Tatsache bereits bekannt war (RG. in Recht **06** Nr. 3174). Wahrung berechtigter Interessen schützt nur, wenn die behauptete (verbreitete) Tatsache sich als eine „vertrauliche Mitteilung" im Sinne des § 14 Abs. 2 darstellt (Note 23 über die Beweislast).

Note 7. Über den Begriff **„zu Zwecken des Wettbewerbes"** siehe § 1 Note 6ff. [In der Behandlung dieses Tatbestandsmerkmals liegt das Gegengewicht zu der überaus strengen Regelung, die der § 14 enthält; siehe Note 1]. Fehlt der Wettbewerbszweck, dann können die §§ 824 BGB., 15 WettbG. Platz greifen (§ 1 Note 14).

„Tatsachen behaupten oder verbreiten." „Tatsachen" sind bestimmte — gegenwärtige oder der Vergangenheit angehörende — Vorgänge oder Zustände. Es gibt äußere und innere Tatsachen. Innere Tatsachen sind z. B. Behauptungen über die Absicht jemandes. RG. in JW. **01** 125 behandelt die Erklärung, jemand beabsichtige bei der Verschweigung der Herstellungsart seiner Waren eine Täuschung des Publikums: Hier ist die Behauptung einer Tatsache (Note 12) angenommen, weil „das Vorhandensein der Absicht aus einer gleichfalls behaupteten äußeren Tatsache — dem Verschweigen — gefolgert und somit der innere Vorgang mit einer äußeren Tatsache in Verbindung gebracht wird". Auch eine als Verdacht sich gebende Äußerung kann die Behauptung einer Tatsache darstellen (RG. **95** 339). Auf die Form der Behauptung kommt es nicht an: Unter Umständen genügt schon eine Gebärde (siehe Note 13 und § 3 Note 13). Auch durch Verwendung eines Worts in bestimmter Weise und für bestimmte Zwecke kann eine Tatsache behauptet werden. Von Bedeutung ist stets, wie das in Betracht kommende Publikum die Behauptung auffaßt (§ 3). Was der Behauptende (Verbreitende) gemeint hat, ist belanglos (Note 6 über Verschulden). Der Verbreiter braucht nicht die Absicht zu haben, die Behauptung einem größeren Personenkreise zugänglich zu machen, vielmehr kann auch in der „streng vertraulichen Mitteilung" an einen einzelnen eine Verbreitung liegen (RGSt. **30** 226; bestritten). Die Verbreitung einer schriftlichen Behauptung liegt vor, wenn die Urkunde in den Gewahrsam eines anderen übertragen wird mit der Absicht, daß der andere oder ein Dritter Kenntnis davon nehme. Ob die Art der Aufstellung (Verbreitung) der Behauptung geeignet zur Kreditschädigung ist, bleibt außer Betracht; diese Eignung wird nur für die behauptete Tatsache selbst verlangt (S. 58). Etwas Herabsetzendes braucht in der Behauptung nicht zu liegen (RGSt. **44** 158, wo es sich um die Äußerung handelt, der Mitbewerber komme in diesem Jahre nicht in die Stadt). Eine Behauptung über die eigene Ware kann zugleich eine solche über die fremde enthalten. So fällt der folgende — in einer Reklame enthaltene — Satz unter die §§ 3 und 14: „Frau Lehrer D. in M. schreibt: Ihre Präparate sind vorzüglich, das Backpulver weit besser als das von O., welches man stets durchschmeckt" (vgl. RG. in UW. **3** 82). Über Behauptungen, die nur gegenüber dem Verletzten oder gegenüber einem agent provocateur aufgestellt worden sind, über die Androhung der Verbreitung sowie über die Ausnutzung von Behauptungen siehe S. 54 unter „Beklagter". Note 8.

Auch eine Handlung kann eine Behauptung darstellen, wenn nämlich das in Betracht kommende Publikum die Handlung als eine Äußerung behauptender Art auffaßt. So liegt in der ohne Aufklärung erfolgenden Übermittlung einer anderen als der verlangten — bekannten und beliebten — Ware die Behauptung, die verabfolgte Ware sei die geforderte (RG. **60** 189; RG. in LZ. **1910** 851; GewRschutz **1910** 304; RG. in JW. **05** 237, **1911** 252; RG. in MuW. **9** 166, **10** 96; § 1 Note 82). Das stillschweigende Abbrechen einer Geschäftsverbindung kann eine Behauptung im Sinne des § 14 nicht darstellen, wohl das öffentliche Verweigern bisher gewährten Kredits oder das öffentliche Ausbieten von Forderungen (bestritten). Siehe § 3 Note 13 über die Form der „Angaben". Note 9.

Eine Tatsache, die jemand von sich selbst behauptet, soll — gemäß Staub in UW. **1** 7; RG. in MuW. **17** 111 — im Falle der Verbreitung durch einen anderen gegen diesen nicht die Haftung aus § 14 begründen können. Jeder müsse das als wahr gegen sich gelten lassen, was er selbst sagt. Dies ist in solcher Allgemeinheit unrichtig. Wenn z. B. jemand seinem Gläubiger schreibt, er müsse den Konkurs anmelden, wenn er keine Stundung erlange, dann darf diese Note 10.

§ 14. Tatsache nicht weiterverbreitet werden, am wenigsten durch einen Mitbewerber, der zufällig von dem Inhalt des Briefes Kenntnis erhält. Siehe § 1 Note 35.

Note 11. Über eine zusammengefaßte Anzahl von Behauptungen siehe S. 46: Die Behauptung einer Tatsache ist auch darin zu finden, daß mehrere Äußerungen, aus denen in der Vereinzelung jene Tatsache nicht geschlossen werden kann, in einem Schriftstück oder in einer zeitlich zusammenhängenden Reihe von Anzeigen zusammengestellt werden. Maßgebend ist der Gesamteindruck der Kundgebung (§ 3 Note 25).

Note 12. **Werturteile** fallen unter den § 14 (§ 3), wenn sie auf ihre Richtigkeit objektiv nachgeprüft werden können. Dies ergibt sich schon aus dem Tatbestandsmerkmal „nicht erweislich wahr" („unrichtige Angaben": § 3). Die Konstruktion des — überflüssigen — Begriffs „Werturteil" hat zu einer Verwirrung der Praxis geführt. Entscheidend ist lediglich, ob die Richtigkeit der Behauptung (Angabe) durch einen mit genügender Sachkunde ausgestatteten Beurteiler ermittelt werden kann. Es ist nicht einzusehen, weshalb man außerdem die Abgrenzung zwischen „Behauptungen tatsächlicher Art" und „Werturteilen" für notwendig hält. RG. **58** 209: „Auch die Aufstellung einer Ansicht, eines subjektiven Urteils, kann eine Behauptung tatsächlicher Art enthalten, wenn nämlich darin zugleich etwas als geschehen oder vorhanden, also in einer Weise gesagt wird, daß die Richtigkeit oder Unrichtigkeit des zur Rechtfertigung des Urteils Behaupteten objektiv festgestellt werden kann". RG. in MuW. **20** 150 erklärt zutreffend: „Wenn die Möglichkeit gegeben ist, das Urteil auf seine Richtigkeit nachzuprüfen, so liegt darin die Behauptung einer Tatsache. Dies entspricht der ständigen Rechtsprechung des RG." (RG. in JW. **01** 658; RG. in MuW. **5** 17). Ob die Nachprüfung Schwierigkeiten verursacht, bleibt außer Betracht (RG. **58** 209; RG. in MuW. **9** 349; OLG. Celle in MuW. **12** 668). Der 2. ZS. des RG. erklärt in JW. **01** 125, die Äußerung, daß jemand „bei der Verschweigung der Art der Herstellung seiner Bettstellen eine Täuschung des Publikums beabsichtigt", sei eine Behauptung tatsächlicher Art: Es werde „das Vorhandensein einer Absicht, d. h. eines im Innern sich vollziehenden Vorgangs" behauptet. Der 1. StrS. des RG. hat (MuW. **5** 27) die Äußerung „die Maschinen sind minderwertig, taugen nicht" als eine Behauptung tatsächlicher Art behandelt: „Sie läßt die Auslegung zu, daß die Maschinen nach den mit ihnen gemachten Erfahrungen nicht leisten, was von ihnen gefordert werden muß." Diese Auffassung, die das — nachprüfbare — Werturteil als solches genügen läßt, mag auch keine „Rechtfertigung des Urteils" angefügt sein, ist zutreffend; sie allein führt zu praktisch brauchbaren Ergebnissen, während sonst Umgehungen des Gesetzes erleichtert, ja sogar gefördert werden. So muß die Äußerung, ein Geschäft „ist nicht reell, es sind schon unreelle Sachen vorgekommen", selbst dann als eine nachprüfbare Behauptung behandelt werden, wenn der Hinweis darauf, daß „schon unreelle Sachen vorgekommen sind", fehlt. Nach der Auffassung des Verkehrs enthält die Äußerung, ein Geschäft sei nicht reell, ohne weiteres die Behauptung, es seien schon unreelle Sachen vorgekommen. Der 2. ZS. des RG. erklärt in MuW. **14** 17, bei Fehlen des Hinweises liege nur ein — nicht nachprüfbares — Werturteil vor. Diese Unterscheidung ist scholastisch; sie erzieht die Gewerbetreibenden nicht zur Redlichkeit, sondern zur vorsichtigen Verschlagenheit. Ob ein Geschäft „reell ist", läßt sich mindestens ebensogut objektiv nachprüfen wie die — sogar als Grundlage einer kriminellen Bestrafung vom RG. für ausreichend erklärte — Äußerung „Maschinen sind minderwertig, taugen nicht". (Siehe hierzu die Beispiele Note 13 und Note 15, sowie Note 16 ff.) Der Gewerbetreibende, gegen den der Vorwurf unreellen Geschäftsgebarens erhoben wird, ist in seiner bürgerlichen Ehre und beruflichen Existenz nicht davon abhängig, ob dieser Vorwurf als tatsächliche Behauptung oder als Werturteil konstruiert wird. Insbesondere ist es ein Gebot der Rechtssicherheit, daß der durch eine kreditgefährdende Äußerung Bedrohte auf Grund seines Unterlassungsanspruchs eine einstweilige Verfügung (S. 74) erbitten kann. — Der 6. ZS. des RG. erklärt in JW. **1921** 1530, die Behauptung des Patentanwalts T., daß der Patentagent W. „in Fragen des Warenzeichenrechts als Gutachter überhaupt nicht in Frage kommen kann, da er weder technisch noch wissenschaftlich vorgebildet ist", stelle sich — ungeachtet des „zur Rechtfertigung des Urteils" zugefügten Hinweises — als ein nicht nachprüfbares Werturteil dar: „Der Beklagte hat nur ein Urteil abgeben wollen und hat nur ein Urteil abgegeben." „Die Äußerung des Beklagten kann niemals als Tatsache, sondern nur als Urteil angesprochen werden." Auch „eine strafbare Handlung im Sinne der §§ 185, 186, 187 StGB. liegt nicht vor". Die hier vom 6. ZS. gegebene Begründung, mit der jeglicher Schutz grundsätzlich versagt wird, ist geradezu verhängnisvoll unzutreffend. Nach dieser Rechtsauffassung darf z. B. jemand die — nach Sachlage völlig sinnlose und im Widerspruch mit der Überzeugung aller Eingeweihten stehende — Behauptung verbreiten, ein Arzt oder Jurist sei zur Ausübung seines Berufs unfähig, „da er technisch und wissenschaftlich nicht hinreichend vorgebildet ist". Weder eine Klage aus § 824 BGB., noch eine Strafklage soll, wie der 6. ZS. annimmt, möglich sein! — Es gibt kaum eine kreditgefährdende Äußerung über geschäftliche (berufliche) Verhältnisse, die nicht auf ihre Richtigkeit objektiv nachgeprüft werden kann. Bestehen Zweifel, so sollte im Interesse der Reinlichkeit des Verkehrs eher die Äußerung verboten, als der in seinem Kredit Gefährdete schutzlos gelassen werden. Wenn ohne nähere „tatsächliche" Begründung über jemanden die Äußerung verbreitet wird, er sei zur Ausübung seines Berufs unfähig, dann ist es ihm ein schlechter Trost, wenn die Juristen ihm klarmachen: Dein Gegner hat keine Tatsache behauptet, vielmehr nur ein „reines Werturteil" abgegeben, welch' letzteres nicht untersagt werden kann (Quidquid delirant reges, plectuntur Achivi). Siehe V e r f. in JW. **1921** 1530 und Oertmann ebendort. Letzterer kämpft gegen etwas an, was gar nicht zur Erörterung steht, und übergeht den Gesichtspunkt, der allein entscheidend ist: Es handelt sich nicht, wie er meint, um „Ersatzpflicht", sondern darum, daß — zum Schutze der Allgemeinheit — die weitere Verbreitung von Äußerungen, d e r e n U n r i c h t i g k e i t o b j e k t i v f e s t s t e l l b a r i s t, durch gerichtlichen Zwang verhindert werden soll. Wer nicht erweislich wahre Äußerungen verbreiten zu müssen glaubt, die „geeignet sind, den Kredit eines anderen zu gefährden oder sonstige Nachteile für dessen Erwerb oder Fortkommen herbeizuführen", der wird nicht beschwert, wenn das Gericht ihm d i e W i e d e r h o l u n g u n t e r s a g t (RG. **61** 371; S. 41, 52, 88). Eine Schadensersatzpflicht kommt für den Verbreiter nur dann in Betracht, wenn ihn ein Verschulden trifft (§ 824 Abs. 1 BGB.) oder wenn er einen Wettbewerbszweck verfolgt hat (§ 14 Abs. 1 WettbG.). Liegt Wahrung berechtigter Interessen vor, dann mildert sich bzw. entfällt seine Schadensersatzpflicht gemäß § 14 Abs. 2 WettbG., § 824 Abs. 2 BGB. D i e s e r e n t s c h e i d e n d w i c h t i g e P u n k t w i r d f a s t s t e t s ü b e r s e h e n. S o a u c h v o n O e r t m a n n. Er betont (a. a. O.) die Möglichkeit der objektiven Nachprüfung könne „nicht den Ausschlag geben, da auch Urteile, selbst reine Werturteile, auf ihre Richtigkeit nachprüfbar sind und in der Rechtsprechung alltäglich nachgeprüft werden". Dieser schief gedachte Satz zeigt, wie verfehlt die ganze Begriffsbildung des „reinen Werturteils" ist. Denn letzteres soll ja § 14.

§ 14. gerade dadurch gekennzeichnet sein, daß seine Richtigkeit nicht nachprüfbar ist! „Reine Werturteile", die „auf ihre Richtigkeit nachprüfbar sind", stellen — bestenfalls — überflüssige Gebilde dar. Schließlich ist die psychologische Einstellung, von der Oertmann und seine Anhänger ausgehen, fehlsam: Wir leiden in Deutschland wahrlich nicht daran, daß „die Freiheit der wissenschaftlichen, künstlerischen und gewerblichen Kritik unterbunden wird". Wir leiden gerade an dem Übermaß und der Zügellosigkeit dieser Kritik. Oskar A. H. Schmitz (Englische Gesellschaftsprobleme, München 1914) schreibt: „Es ist ausgemacht, daß man nirgends ein so loses Maul haben darf wie in Deutschland. Weshalb das Schimpfen überhaupt erlauben?" In LZ. **1920** 673 hat Verf. dargelegt, daß „ein hochstehendes Richtertum dem Hang zur Streitsucht und zur üblen Nachrede entgegentreten sollte" (Verf. in JW. **1922**).

Note 13. Die Form der Äußerung ist nicht entscheidend. Eine nachprüfbare Behauptung kann auch dann vorliegen, wenn der Urheber der Äußerung in ihr erklärt, er wolle nur ein Urteil abgeben und wisse nicht, ob es zutreffend sei. [Eine solche Äußerung kann in hohem Grade den Kredit des Betroffenen gefährden.] Daß der Urheber „nur ein Urteil hat abgeben wollen", ist belanglos (unrichtig RG. in JW. **1921** 1530). Maßgebend ist lediglich, wie die Äußerung in die Erscheinung tritt. Der 2. ZS. des RG. behandelt in MuW. **9** 62 in vorbildlicher Weise die Behauptung, ein bestimmtes Mineralwasser sei „wegen seines Gehalts an Arsen kein Tafelwasser". Der Senat legt dar: „Seitens des beteiligten Publikums kann trotz des nur als Schlußfolgerung sich gebenden Teils der Äußerung in der gesamten Äußerung mit Rücksicht gerade auf die vorangegangene Begründung die Tatsache als behauptet gefunden werden, das Mineralwasser der Klägerin sei für die Gesundheit schädlich (während es doch in Wahrheit trotz des Gehalts an Arsen für die Gesundheit völlig unschädlich sein kann)." Siehe auch RG. in MuW. **13** 563, wo als Sinn einer Kundgebung die Behauptung gefunden wird, derjenige sei „töricht", der in Geschäften kauft, die Rabattmarken verteilen: „Es ist nicht richtig, daß es sich bei dieser Kundgebung lediglich um ein Urteil handelt." „Es ist vielmehr die positive tatsächliche Behauptung aufgestellt, daß jeder mehr bezahlen müsse, teurer einkaufe." — Wenn durch die Behauptung unrichtiger, als unanfechtbare Erfahrungssätze hingestellter Tatsachen ein das Publikum irreführendes Urteil zu begründen versucht wird, so kann auch darin eine Verletzung des § 14 liegen.

Note 14. Fachwissenschaftliche Untersuchungen. „Wissenschaftliche Erkenntnis, die ihrerseits wieder angefochten werden kann, führt nur zu einer relativen Wahrheit; die Richtigkeit der darauf beruhenden subjektiven Wahrnehmungen ist daher regelmäßig nicht objektiv feststellbar" (RG. in JW. **1914** 645). Doch kann im Rahmen wissenschaftlicher Erörterungen sehr wohl ein Verstoß gegen die Bestimmungen des WettbG. oder BGB. begangen werden. Der Gewerbetreibende, der seiner Reklame ein wissenschaftliches Mäntelchen umhängt, darf sich nicht ohne weiteres darauf berufen, daß die Frage noch ungeklärt sei. Vgl. Kohler in MuW. **16** 128: „Wer immer in die persönliche Vergleichung eintritt und die Leistungen gegeneinander abwägt, wer also ein Richteramt in eigener Sache übernimmt, muß mindestens für seine Behauptungen die äußerste Sicherheit haben. Es gibt in der Technik Probleme des Erkennens, deren Bewältigung sich noch unseren technischen Hilfsmitteln entzieht oder mindestens nur mit einer gewissen Fehlergrenze möglich ist. Hier erscheint es besonders gefährlich, auf Grund eigener Untersuchungen eine Erklärung aufzustellen, welche möglicherweise durch eine andere genauere Untersuchung widerlegt wird." — Ob das, was Kohler „eigene Untersuchung" nennt, von dem Gewerbetreibenden selbst vorgenommen wird oder von Sachverständigen, die er beauftragt hat, ist belanglos. **§ 14.**

Note 15. Beispiele. Objektiv nachprüfbar ist die Äußerung, die fettarmen Kakaos seien ein Getränk ohne Saft und Kraft (RG. in MuW. **10** 386: darin liege die nachprüfbare Behauptung der Wertlosigkeit); die Art der Gewinnverteilung bedeute eine unzulässige Rabattgewährung (RG. in MuW. **12** 274); jemand habe einen Angestellten „unter gesuchten Gründen entlassen" (RG. in UW. **2** 39); jemand werde „von seinem Lieferanten überteuert" (OLG. Hamburg in MuW. **9** 320). Die Behauptung eines Kurpfuschers, seine „Methode sei sicher", ist als „Angabe" (im Sinne des § 3) betrachtet worden. Die unter Bezugnahme auf einen bestimmten Gewerbetreibenden aufgestellte Behauptung, wonach „ein Kaufmann, der Sonderrabatte gewährt, unfair handelt", ist auf ihre Richtigkeit objektiv nachprüfbar (RG. in LZ. **09** 935). Die Bezeichnung eines Gewerbetreibenden als „Schwindler" sowie die Bezeichnung seiner Angaben als „Schwindel" sind nachprüfbare Behauptungen: „die aus Anlaß jener behaupteten Tatsachen erfolgte Bezeichnung als Schwindler enthält zugleich eine Verallgemeinerung, stellt den Betroffenen gleichsam als Schwindler von Beruf dar, der nicht nur die bezeichneten Schwindeleien sich habe zuschulden kommen lassen, sondern überhaupt einen zu Schwindeleien neigenden Charakter habe" (RG. in MuW. **11** 49). Die Behauptung, ein bestimmtes Geschäft sei „nicht zu empfehlen, man laufe Gefahr, betrogen zu werden", soll gemäß RG. in MuW. **14** 17 ein nicht nachprüfbares Werturteil darstellen; doch ist diese Auffassung fraglos rechtsirrig und befindet sich im Widerspruch zu der sonstigen Rechtsprechung des RG.

Note 16. **Warnungen vor Patent- (Warenzeichen-, Gebrauchsmuster-) Verletzungen,** die objektiv nachprüfbar sind (Note 12), unterfallen dem § 14, wenn sie „zu Zwecken des Wettbewerbes" erlassen wurden. Der § 824 BGB. kommt nur bei Verschulden in Betracht. Hiernach wird die Untersuchung, inwieweit Warnungen vor Patentverletzung objektiv nachgeprüft werden können, für die Frage der Schadensersatzpflicht des Patentinhabers erst erforderlich, wenn entweder der Wettbewerbszweck oder Verschulden vorliegt. In manchen Fällen, in denen die Gerichte ihre Entscheidung auf die Frage des Werturteils abgestellt haben, brauchte diese Frage überhaupt nicht geprüft zu werden, weil weder ein Wettbewerbszweck in Frage kam noch Verschulden, so daß weder aus § 14 WettbG. noch aus § 824 BGB. eine Verurteilung des Patentinhabers zu Schadensersatz — hierauf kommt es praktisch vorwiegend an — erfolgen konnte. Der Schwerpunkt liegt nicht in der Frage des „Urteils" (Note 12), sondern in den — unten zu 1 und 2 erörterten — Gesichtspunkten des Wettbewerbszwecks und des Verschuldens. Hier muß zugunsten des warnenden Patentinhabers eine weitherzige Auffassung Platz greifen angesichts des Umstandes, daß der Patentverletzer nur bei grober Fahrlässigkeit haftet. (Insoweit richtig Isay PatG. S. 263, der im übrigen — wie auch das gesamte sonstige Schrifttum — den hier und in LZ. **1919** 1112 dargelegten Standpunkt des Verf. nicht teilt).

Note 17. [Zur Unterlassung kann der Patentinhaber verurteilt werden, wenn seine Warnungen sich als objektiv „unzutreffende mündliche oder schriftliche Berühmungen" darstellen, die „den freien Gewerbebetrieb des anderen stören": RG. in JW. **05** 174, wo dargelegt wird, daß „ein Gewerbetreibender, der von dem Inhaber eines gewerblichen Schutzrechts zu Unrecht in seinem freien Gewerbebetriebe beeinträchtigt wird, gegen solche Beeinträchtigungen die negatorische Abwehrklage hat". Siehe Näheres zum negatorischen und quasi-negatorischen Unterlassungsanspruch S. 38 ff.]

Note 18. 1. „Zu Zwecken des Wettbewerbes" (§ 1 Note 6) ist eine Warnung nicht erlassen worden, soweit — objektiv und subjektiv — der Warnungszweck

§ 14. reicht. Der Patentinhaber kann nach der Gerichtspraxis den — vom PatG. als Voraussetzung der Schadensersatzverpflichtung des Verletzers geforderten — Nachweis grober Fahrlässigkeit nur führen, wenn er vorher gewarnt hat. Bei der weitreichenden Haftung, die der § 14 festsetzt (Note 5), liegt es auf der Hand, daß eine Verurteilung des warnenden Patentinhabers aus § 14 nur erfolgen sollte, wenn der Wettbewerbszweck zweifelsfrei feststellbar ist. Erscheint eine Warnung nach den allgemeinen geschäftlichen Erfahrungstatsachen oder nach den besonderen Umständen des Einzelfalls als angebracht, dann kann nicht festgestellt werden, daß auch nur nebenher (§ 1 Note 7) ein Wettbewerbszweck verfolgt wurde. Hiernach darf die Warnung nicht in eine Reklame für die eigene oder in eine Herabsetzung der fremden Ware ausarten, sondern muß rein sachlich gehalten sein und sich auf die notwendigsten tatsächlichen Feststellungen beschränken. (So hält sich z. B. die in RG. **58** 208 behandelte Kundgebung nicht innerhalb des Warnungszwecks, ist vielmehr mit Recht als „zu Zwecken des Wettbewerbes" erfolgt angesehen worden.) Soweit für den Warnungszweck eine nicht öffentliche Benachrichtigung des vermeintlichen Patentverletzers zum Schutze des Patentinhabers ausreichend erscheint, kann eine gleichwohl öffentlich vorgenommene Warnung die Feststellung rechtfertigen, daß sie „zu Zwecken des Wettbewerbes" (oder schuldhaft im Sinne des § 824 BGB.) erlassen worden ist. [Eine private Warnung ist eine „vertrauliche Mitteilung" im Sinne des § 14 Abs. 2, so daß eine Schadensersatzverpflichtung nur in Frage kommt, wenn der Warnende „die Unrichtigkeit der Tatsachen kannte oder kennen mußte".] Der Nachweis der groben Fahrlässigkeit kann durch eine private Warnung ebensogut vorbereitet werden wie durch eine öffentliche. RG. **94** 27 geht zu weit, wenn ganz allgemein gesagt wird: „Der Überzeugung, die der Patentinhaber durch gewissenhafte Prüfung sich gebildet hat, darf er auch öffentlich Ausdruck geben." Nur wenn die Anrufung der Öffentlichkeit zu seinem Schutze angebracht erscheint, ist eine solche den Verkehr unter Umständen verwirrende Maßnahme zulässig. Isays Meinung (in MuW. **9** 366), der Patentinhaber könne nicht privat warnen, da der andere gemäß § 25 WettbG. durch einstweilige Verfügung eine solche Warnung verbieten dürfe, beruht auf einer petitio principii.

Note 19. 2. Verschulden gemäß § 824 BGB. liegt nur vor, wenn der warnende Patentinhaber die nach Sachlage notwendige Sorgfalt außer acht gelassen hat. Er haftet also selbst dann nicht auf Schadensersatz, wenn seine — auf gewissenhafter Prüfung beruhende — Warnung sich später als objektiv ungerechtfertigt herausstellen sollte. Mit Grund bezeichnet RG. **94** 276 die Anschauung als „ganz verfehlt, daß ein Patentinhaber über den Umfang seines Patents nichts Sicheres wissen könne, bevor nicht in einem Verletzungsprozeß der 1. ZS. des RG. gesprochen habe." „Vielmehr kann er für sich allein ebensogut das Richtige finden wie später, wenn es zum Prozeß kommt, die höchste Instanz. Es ist sein gutes Recht, vor der Begehung von Verletzungen zu warnen; er braucht nicht abzuwarten, bis solche begangen sind". Die Warnung muß widerrufen werden, sobald der Warnende von dem Mangel der Berechtigung sich überzeugt hat (RG. in JW. **1919** 248). Hiernach hat der Patentinhaber, der — nach ausreichender Prüfung des Schutzumfangs seines Patents und der sonstigen in Betracht kommenden Umstände — einen vermeintlichen Patentverletzer unter Beschränkung auf den Warnungszweck warnt, nicht zu befürchten, später auf Schadensersatz in Anspruch genommen zu werden. Nur ein Unterlassungsanspruch wäre — gemäß der Darlegung in Note 17 — gegen ihn durchzuführen. [Auf Grund des § 15 WettbG., der vom Wettbewerbszweck absieht, ist ein Schadensersatzanspruch gegen den Patentinhaber nur dann gegeben, wenn seine Warnung „wider besseres Wissen“ erfolgt ist.] Erläßt der Inhaber eines Gebrauchsmusters Warnungen, so unterliegt die Frage des Verschuldens einer besonderen Behandlung. Denn der Gebrauchsmusterschutz wird ohne sachliche Prüfung erteilt (§§ 2, 3 GMG.). Der Inhaber erlangt ein formales, aber kein irgendwie gesichertes Recht (RG. **94** 277; RG. in MuW. **16** 112). Wenn also der Inhaber eines Gebrauchsmusters warnt, so muß er sich vorher nach gewissenhafter Prüfung die Überzeugung von der Wirksamkeit seines Gebrauchsmusters verschafft haben; ferner muß er fortdauernd besonders genau prüfen, ob die Wirksamkeit noch besteht (RG. in JW. **1919** 247). § 14.

3. Auf die Frage der objektiven Nachprüfbarkeit der Warnung braucht erst eingegangen zu werden, wenn entweder die oben zu 1. oder die oben zu 2. behandelten Voraussetzungen vorliegen. In RG. **58** 208 hat der 2. ZS. zutreffend als objektiv nachprüfbar die Äußerung behandelt: „Der durch doppelte Übersetzung wirkende Hebelmechanismus ist bedeutend einfacher und stabiler konstruiert als der bisher im Gebrauch befindliche.“ In unlöslichem Widerspruch zu dieser Rechtsprechung erklärt derselbe 2. ZS. des RG. in RG. **88** 438: „Ein unter Vorführung der tatsächlichen Grundlagen erhobener Vorwurf der Patentverletzung gliedert sich logisch in die Angabe des Patents, die Angabe der Handlungen, die der Gegner begangen haben soll, und das Urteil, daß diese Handlungen in das Patent eingreifen. Dies letzte ist ein reines, auf der Würdigung der vorangegangenen Angaben beruhendes Urteil. Ist der Bestand des Patents unstreitig, so kann ein solcher substantiierter Vorwurf der Patentverletzung eine unwahre Behauptung von Tatsachen nur dann enthalten, wenn der Angegriffene die Handlungen, die ihm nachgesagt werden und in denen die Verletzung des Patents gefunden wird, nicht begangen hat. Werden aber die Handlungen, durch die das Patent verletzt sein soll, gar nicht angegeben, so liegt eine Behauptung von Tatsachen überhaupt nicht vor.“ In diesem Falle werden die Handlungen nicht unbestimmter angegeben als in obigen Vorentscheidungen. Eine objektive Nachprüfung ist hier wie dort ermöglicht. Es bleibt unklar, weshalb RG. **88** 438 die Angabe von „bestimmten Handlungen“ vermißt (siehe Näheres Verf. LZ. **1919** 1109). In JW. **01** 658 behandelt der 2. ZS. die Warnung vor Patentverletzung zutreffend als nachprüfbare Behauptung: Die Beklagte hat behauptet, ihr Erzeugnis und dasjenige des Klägers seien identisch, der Kläger habe somit ihr Patent verletzt bezüglich der Vorrichtung des Deckels und des Zapfhahns. „Die Hervorhebung der die Folgerung der Patentverletzung begründenden Beschaffenheit der eigenen Fabrikate der Beklagten einerseits und der nach ihrer Aufstellung hiermit identischen Fabrikate des Klägers andererseits läßt diese ganze Behauptung als eine im wesentlichen tatsächliche erscheinen. Es ist hierdurch ermöglicht, die Richtigkeit oder Unrichtigkeit des Behaupteten an der Hand der zur Begründung des Urteils angeführten Tatumstände objektiv festzustellen. Die Behauptung in ihrer Gesamtheit ist daher keine bloß subjektive Ansicht, sondern ein durch Anführung angeblicher Tatsachen begründetes Urteil und soweit eine Behauptung tatsächlicher Art im Sinne des § 6 (§ 14) WettbG.“. Die hier vorliegende Behauptung betrifft die „Beschaffenheit des Fabrikats“. Von „Handlungen, die der Angegriffene begangen haben soll und in denen die Verletzung des Patents gefunden wird“, ist nicht die Rede. Hierauf kann es auch nicht ankommen. RG. **88** 438 durfte nicht feststellen, daß RG. in JW. **01** 658 „nichts Widersprechendes enthält“. Der Widerspruch ist schneidend scharf. Wollte das RG. die bisherige Rechtsprechung und die darin aufgestellten Rechtsgrundsätze beachten, dann mußte die objektive Nachprüfbarkeit des Behaupteten als entscheidend behandelt werden. Ob Note 20.

§ 14. die Nachprüfung leicht oder schwierig ist, bleibt außer Betracht (Note 12). So heißt es zutreffend in RG. **58** 209: „Das Gesetz enthält keine Ausnahme zugunsten solcher Behauptungen, die auf neuen, durch Gebrauch und Erfahrung noch nicht erprobten Unterlagen beruhen; gerade in solchen Fällen ist die üble Nachrede besonders geeignet, den Geschäftsbetrieb des Erwerbsgenossen zu schädigen. Mögen auch die fragl. Mitteilungen technische Erörterungen über neue Konstruktionen enthalten, so ist doch weiter zu untersuchen, ob nicht damit Angaben tatsächlicher Art gemacht worden sind." Wenn also „die Vorführung der tatsächlichen Grundlagen" (RG. **88** 438) als eine dem Werturteile angefügte Erläuterung sich darstellt, die eine objektive Nachprüfung gestattet, liegt nach dem gerade vom 2. ZS. in zahlreichen Urteilen aufgestellten Rechtsgrundsatze eine Tatsachenbehauptung vor, kein reines Werturteil. Man müßte sonst annehmen, daß es trotz „Vorführung der tatsächlichen Grundlagen" nicht objektiv feststellbar sei, ob jemand ein Patent verletzt hat (Verf. in JW. **1917** 361 und in LZ. **1911** 176). Der in RG. **88** 438, **94** 271 eingenommene Standpunkt ist nur verständlich aus dem — an sich berechtigten — Bestreben des RG., die — vielfach gar nicht vermeidbaren — Warnungen des Patentinhabers zu schützen. In diesem Bestreben vergreift sich das RG. im Mittel, wenn es dem warnenden Patentinhaber eine möglichst allgemein gehaltene Kundgebung — ohne Angabe bestimmter, das Patent verletzender Handlungen — empfiehlt. Zutreffend hat Isay (in MuW. **9** 367) dargelegt, es könne „nicht dem mindesten Zweifel unterliegen, daß unter dem Gesichtspunkte der Lauterkeit des Wettbewerbes gerade die Warnung mit einem spezialisierten Inhalt loyal, die allgemein gehaltene hingegen höchst illoyal" sei. Daß die Frage des Werturteils gar nicht der Angelpunkt der Frage und in der Mehrzahl der praktischen Fälle für die Entscheidung belanglos ist, zeigt sich wieder im Falle RG. **94** 271: Hier ist die D.-Grammophon-A.-G. auf 400000 M. Schadensersatz in Anspruch genommen worden, weil sie die Klägerin vor einer Verletzung ihrer Patente gewarnt hat, während sich später durch die Urteile des KG. und des 1. ZS. des RG. herausstellte, daß der Klägerin die — von der ersten Instanz angenommene — Patentverletzung zu Unrecht vorgeworfen worden ist. In den von der Klägerin beanstandeten Kundgebungen der Beklagten gibt diese die Formeln (und Stellen aus den Entscheidungsgründen) verschiedener zu ihren Gunsten ergangener Urteile wieder; sodann legt sie die Patente aus und erklärt, Verletzungen nicht dulden, vielmehr staatsanwaltschaftliche Hilfe dagegen anrufen zu wollen. Im Anschluß an RG. **88** 438 hat RG. **94** 271 obigen Tatbestand als eine unrichtige Behauptung im Sinne des § 14 WettbG. (824 BGB.) nicht ansehen zu können erklärt. Bestimmte Handlungen, in denen die Patentverletzung liege, seien gar nicht angegeben worden. Die Beklagte habe die Schlußfolgerungen mitgeteilt, die sie aus den Patentschriften und aus den bis dahin ergangenen Gerichtsentscheidungen hinsichtlich des Umfangs der Patente gezogen habe. Dies sei die Wiedergabe einer logischen Urteilstätigkeit, nicht aber die Behauptung von Tatsachen. Auch falle — dies ist zutreffend — der Beklagten nicht etwa ein Verschulden zur Last. Die ganze die Frage des Werturteils betreffende Prüfung, die RG. **94** 271 und die Vorinstanz, das KG., vornehmen, schwebt in der Luft. Denn wenn diese Prüfung zu dem umgekehrten Ergebnis gekommen wäre, daß kein reines Werturteil, vielmehr eine nachprüfbare Behauptung vorliegt, dann hätte die Klage gleichwohl abgewiesen werden müssen, weil offensichtlich ein Wettbewerbszweck nicht erstrebt wurde und Verschulden nicht vorlag, so daß weder aus § 14 WettbG. noch aus § 824 BGB. eine Verurteilung erfolgen konnte. Die Billigkeitserwägungen, mit denen sowohl der erste als auch der zweite ZS. des RG. den Schutz des — Warnungen erlassenden — Patentinhabers erstreben, sind schon in den gesetzlichen Tatbestandsmerkmalen der §§ 14 WettbG., 824 BGB. berücksichtigt worden (siehe Näheres Verf. in LZ. **1919** 1112). **§ 14.**

„Nicht erweislich wahr" sind die behaupteten (verbreiteten) Tatsachen, wenn ihre Richtigkeit im Prozeß nicht erweisbar ist (über den Begriff „unrichtig" siehe § 3 Note 21 ff.). Unter Umständen muß die richterliche Würdigung des vom Beklagten erbrachten Beweises weitherzig sein: Es gibt Dinge, die ein Außenstehender nicht voll beweisen kann. Angesichts der außerordentlichen Schärfe der im § 14 gegebenen Regelung (Note 1) sollte hier, wenn die Sachlage es rechtfertigt, durch eine milde Beurteilung des Beweisergebnisses ein Ausgleich geschaffen werden. Note 21.

Besteht eine Kundgebung aus mehreren Einzelangaben, so muß jede für sich nach ihrem Gesamtinhalt wahr sein. Hiernach ist es belanglos, ob in einer angefügten weiteren Kundgebung eine Richtigstellung erfolgt oder ob die Einzelkundgebung im Zusammenhang ihre Aufklärung findet. Es ist also ein Anspruch aus § 14 auch gegen unrichtige Teilbehauptungen gegeben (RG. in MuW. **11** 538). Siehe Näheres § 3 Note 26. Über die Zusammenfassung mehrerer selbständiger Unterlassungsansprüche siehe S. 46. Note 22.

Die Beweislast liegt beim Abs. 1 des § 14 dem Beklagten ob. Der Kläger braucht lediglich die Behauptung (Verbreitung) der Tatsache und die Gefährdung seines Geschäftsbetriebes zu beweisen (RG. in JW. **01**, 86, 310; RG. in UW. **1** 60; RG. **61** 370; **65** 310). Hat gemäß dem Abs. 2 des § 14 der Beklagte zu Recht den Einwand der vertraulichen Mitteilung und der Wahrung berechtigter Interessen erhoben, dann ist es Sache des Klägers, seinerseits nachzuweisen, daß die behauptete (verbreitete) Tatsache unrichtig ist und, sofern er Schadensersatz fordert (gemäß Abs. 2 Satz 2 des § 14), daß der Beklagte die Unrichtigkeit kannte oder kennen mußte. Entsprechend liegt die Beweislast bei der auf Grund der objektiven Rechtswidrigkeit erhobenen allgemeinen (quasinegatorischen) Unterlassungsklage (S. 40). Note 23.

Über die Glaubhaftmachung siehe S. 53. Der Antragsteller hat die Behauptung (Verbreitung) glaubhaft zu machen, sowie die Gefährdung seines Geschäftsbetriebes. Der Antragsgegner muß die Wahrheit seiner Behauptung glaubhaft machen oder das Vorliegen der Ausnahme des § 14 Abs. 2. Alsdann hat der Antragsteller die Unwahrheit glaubhaft zu machen (bestritten; Näheres siehe S. 53). Note 24.

„Schädigung des Geschäftsbetriebes." Als Schädigung gilt nicht nur die Störung, sondern auch die Erschwerung des Betriebes (RG. in JW. **01** 310). Schon die — naheliegende — Möglichkeit einer Schädigung genügt, so z. B., wenn eine minderwertige Ware unter dem Namen einer besseren, bekannten Ware verkauft wird (RG. in UW. **1** 11; RG. in MuW. **10** 96). Geeignet zur Schädigung ist auch eine Anzeige bei einer Behörde; denn es besteht „die Möglichkeit einer Bekanntwerdung im Kundenkreise" (RGSt. **31** 68). Über den Begriff des Geschäftsbetriebes siehe S. 31 („geschäftlicher Betrieb"). Note 25.

Die **„Schädigung des Kredits des Inhabers"** steht der Schädigung des Geschäftsbetriebes gleich. Nur um den Kredit des Inhabers handelt es sich, nicht auch um denjenigen des Geschäftsleiters. Letztere Schädigung fällt unter den § 14, wenn es sich zugleich um eine Betriebsgefährdung handelt. Über die Begriffe „Inhaber und Leiter des Betriebes" siehe § 4 Note 29, 30. Note 26.

Die Schutzgegenstände.

1. **„Das Erwerbsgeschäft eines anderen."** Unter den Begriff „Erwerbsgeschäft" fällt jegliche gewerbliche Tätigkeit (S. 30) ohne Rücksicht auf das Bestehen eines Note 27.

§ 14. Geschäftsbetriebes. Es genügt, daß die Behauptung sich auf ein einzelnes geschäftliches Vorkommnis bezieht (RGSt. **31** 67). Auch nur mittelbare Behauptungen gehören hierher: die Beziehung der Behauptung zum Erwerbsgeschäft reicht aus; denn dadurch wird die Behauptung zu einer solchen „über" das Geschäft (RG. in MuW. **12** 563). Ist z. B. dem in Betracht kommenden Kundenkreise bekannt, daß jemand als Generalagent die Waren eines anderen vertreibt, dann ist eine Behauptung über das Erwerbsgeschäft des letzteren mittelbar eine solche über das des ersteren (RG. **75** 63).

Note 28. „*Eines anderen*" bedeutet, daß die Behauptung auf einen bestimmten anderen sich beziehen muß, sei es auch, daß dieser nur *mit*betroffen wird (RG. in MuW. **9** 390). Maßgebend ist, ob der „andere" für denjenigen, an den sich die Behauptung richtet, erkennbar ist. Ein unmittelbarer Hinweis, insbesondere eine *namentliche* Bezeichnung des „anderen" ist hiernach nicht erforderlich. Es genügt, wenn die Kundgebung „nur die Auffassung zuläßt, daß nach den Umständen des Falls" der geschäftliche Betrieb eines bestimmten anderen gemeint ist (RG. **50** 107; OLG. Hamburg in MuW. **11** 264). Demgemäß kann eine Behauptung, die jemand über die Gesamtheit seiner Mitbewerber aufstellt, von jedem einzelnen Mitbewerber verfolgt werden (RG. in GewRSchutz **1916** 195 läßt dies dahingestellt, nimmt die Klageberechtigung aber ohne weiteres für den Fall an, daß ein Mitbewerber „in erster Linie betroffen ist"). Richtet sich die Behauptung gegen einen Begriff, z. B. das Warenhaussystem als solches, so kann zugleich ein Angriff gegen einzelne Warenhausbesitzer vorliegen. Es ist aber zu prüfen, ob nicht nach Sachlage von den einzelnen bestehenden Warenhäusern abgesehen, vielmehr etwas von ihnen Verschiedenes, rein Gedachtes, bezeichnet wird (RG. in MuW. **11** 86, 147, **12** 478).

Note 29. 2. **Die Person des Inhabers des Geschäfts.** Über diesen Begriff siehe § 4 Note 29. Es genügt, daß der Geschäftsinhaber durch die fragl. Behauptung *mit*betroffen wird (Note 28 über den Begriff „ein anderer").

Note 30. 3. **Die Person des Leiters des Geschäfts.** Als Geschäftsleiter ist derjenige anzusehen, der, ohne Inhaber zu sein, in selbständiger Stellung einen Geschäftsbetrieb leitet. Behauptungen über Personen in unselbständiger Stellung können sich als Behauptungen über das Erwerbsgeschäft oder über die Waren (gewerblichen Leistungen) darstellen.

Note 31. 4. **Waren und gewerbliche Leistungen eines anderen.** Über den Begriff „ein anderer" siehe Note 28. *Mit*betroffen kann jeder sein, der die den Gegenstand der Behauptung bildende Ware vertreibt (RG. **75** 63).

Note 32. **Die Ansprüche.** *Klageberechtigt* ist nur der verletzte Geschäftsinhaber, nicht auch der Leiter; letzterer auch dann nicht, wenn die behauptete Tatsache sich gegen ihn richtet. Denn auch in diesem Falle ist der Geschäftsinhaber als solcher der Verletzte, und auch nur ihm gegenüber ist der Wettbewerbszweck gegeben (siehe Note 28 über „ein anderer"). Verbände können auf Grund einer Verletzung des § 14 die in § 13 gewährte Popularklage nicht erheben, es sei denn, daß zugleich ein Verstoß gegen den § 1 vorliegt. Sonst steht die Klage aus § 14 einem Verbande nur dann zu, wenn er durch die kreditgefährdende Behauptung selbst betroffen ist. Das Allgemeine über die Klageberechtigung siehe S. 47 ff.

Note 33. *Beklagter* ist derjenige, der die kreditgefährdende Tatsache behauptet oder verbreitet hat. Er braucht nicht Gewerbetreibender zu sein, wohl muß er „zu Zwecken des Wettbewerbes" gehandelt haben (doch siehe § 15). Näheres über den Beklagten siehe Note 5 und S. 54 ff.

§ 14.

Für die Presse tritt volle Haftung aus § 14 ein; doch siehe über Wahrung fremder Interessen Note 41. Ergänzend ist der § 824 BGB. heranzuziehen, der ein Handeln „zu Zwecken des Wettbewerbes" nicht verlangt. Allgemeines über die Haftung der Presse siehe § 13 Note 15ff. Note 34.

1. Die Klage auf Unterlassung. Sie ist unabhängig davon, ob ein Schade entstanden ist. Der Gesetzesausdruck „Verletzter" soll nur auf denjenigen hinweisen, über den die zur Schädigung geeigneten Behauptungen aufgestellt worden sind (RG. **55** 201). Die von der Unterlassungspflicht umfaßte Beseitigungspflicht ist S. 45 behandelt. Über das Rubrum siehe S. 29. Note 35.

2. Die Klage auf Schadensersatz. Näheres siehe S. 89.

„Vertrauliche Mitteilungen" sind solche, deren vertrauliche Behandlung ausdrücklich zur Pflicht gemacht ist oder aus der Sachlage sich von selbst ergibt. Es ist nicht entscheidend, ob einer Mitteilung, die zur Verbreitung bestimmt ist, der Vermerk „vertraulich" beigefügt wird (RG. in MuW. **9** 390). Als „vertraulich" sind insbesondere Mitteilungen anzusehen, die einer Behörde unterbreitet werden (siehe den Fall RG. in MuW. **14** 15). Note 36.

„Und" im Abs. 2 des § 14 ist nicht alternativ zu verstehen, wie Kohler (S. 240) annimmt. Er legt dar, daß sonst „jede häusliche Äußerung" in Betracht komme und daß, „wer um der Verteidigung willen Dinge behauptet, flüstern müßte, um nicht rechtlich gefaßt zu werden". Kohler scheint zu übersehen, daß der § 14 Abs. 2 ebenso den Wettbewerbszweck erfordert wie der § 14 Abs. 1. Note 37.

„Der Wahrheit zuwider behauptet oder verbreitet" heißt objektiv unwahr (siehe Note 21 zu „nicht erweislich wahr"). Note 38

Der Einwand der Wahrung berechtigter Interessen. Sowohl der mit der Unterlassungs- als auch der mit der Schadensersatzklage Belangte kann, anstatt den Wahrheitsbeweis für seine Äußerung anzutreten, den Einwand der Wahrung berechtigter Interessen erheben. Eine Berücksichtigung von Amts wegen findet nicht statt. Für die Feststellung eines berechtigten Interesses ist zugrunde zu legen die verständige Betrachtung des Einzelfalls in allen seinen Beziehungen. Es reicht aus, daß die Interessen nur mittelbar berührt werden (RGSt. **30** 41). Ein objektiv berechtigtes Interesse muß vorliegen, nicht genügt eine nur vermeintliche Berechtigung. Insoweit gilt für den § 14 das gleiche wie für den § 824 BGB. (RG. **51** 369). Doch ist die Frage nicht darauf abzustellen, ob im konkreten Falle die beanstandete Äußerung zur zweckentsprechenden Rechtsverfolgung oder -verteidigung notwendig war. So ist z. B. eine Prozeßbehauptung schon dann als ein zur Wahrnehmung objektiv berechtigter Interessen erfolgtes Vorbringen anzusehen, wenn sie an und für sich geeignet ist, der Rechtsverfolgung oder -verteidigung zu dienen, ohne Rücksicht darauf, ob sie im konkreten Falle für die Entscheidung des Rechtsstreits maßgebende Bedeutung besitzt (RG. **85** 443). Abweichend von §§ 14 WettbG. und 824 BGB. genügt für den § 193 StGB. ein bloß vermeintliches Interesse. Eine fernere Abweichung vom § 193 StGB. liegt darin, daß durch die §§ 14 WettbG. und 824 BGB. sowohl ein berechtigtes Interesse des Mitteilenden als auch des Mitteilungsempfängers geschützt wird. Note 39.

Mitteilungsempfänger ist derjenige, für den die Mitteilung bestimmt ist, also nicht z. B. der Angestellte, der anstatt des Geschäftsinhabers den Brief geöffnet und gelesen hat. Werden dritte Personen zur Aufstellung oder Verbreitung kreditgefährdender Behauptungen benutzt, so muß das berechtigte Interesse bei Note 40.

§ 14. demjenigen vorhanden sein, der sich ihrer bedient (wenn es nicht in der Person des Mitteilungsempfängers gegeben ist).

Note 41. Auch die Wahrnehmung fremder Interessen genießt den Schutz des § 14 Abs. 2, wie auch denjenigen des § 824 Abs. 2 BGB., wenn „der Handelnde zur Wahrnehmung der fremden Interessen berufen war oder die Angelegenheit ihn auch selbst nahe angeht" (RG. **51** 378). Diesen Standpunkt schränkt RG. **83** 364 zum Nachteil der Presse allzusehr ein: „Ein allgemeines Recht der Tagespresse, vermeintliche Übelstände und wirtschaftliche Gefahren öffentlich zu erörtern, besteht nicht; doch ist ein solches Recht dann anzuerkennen, wenn der besprochene Gegenstand den Täter wegen einer besonderen Beziehung angeht." Hier ist einer Zeitung die Wahrung berechtigter Interessen zugebilligt worden, deren Verleger einem Vereine gegenüber vertraglich verpflichtet war, in der Zeitung Angelegenheiten zu erörtern, die die Interessen der Vereinsgenossen berühren. Diese „besondere Beziehung" ist recht äußerlich. Den hohen Aufgaben einer guten Presse wird der Standpunkt des RG. nicht gerecht. — Wenn die Fachpresse einen die Interessen der Fachgenossen berührenden Gegenstand erörtert, soll sie nach der herrschenden Auffassung den Schutz des § 14 Abs. 2 genießen. Aber den Handelsteil einer Zeitung will RG. **83** 364 nicht ohne weiteres zur Fachpresse rechnen. RG. **60** 1 billigt Wahrung berechtigter Interessen einem literarischen Unternehmen, nämlich einem Konversationslexikon, zu, das aufklärende Belehrungen gibt. Nach alledem müßte die Rechtsprechung gegenüber der Presse einen weitherzigeren Standpunkt einnehmen. Als Vorläufer zu begrüßen ist das Urteil des RG. in JW. **1915** 913: Hier wird für schwer beleidigende Presseäußerungen der Schutz der Wahrung berechtigter Interessen zugebilligt, weil das allgemeine Interesse diese scharfe Form einer öffentlichen Bekämpfung der Mißstände erfordert habe. Vgl. RG. in LZ. **1921** 752.

Note 42. Nicht lediglich aus dem Zwecke des Wettbewerbes darf die Feststellung eines berechtigten Interesses vorgenommen werden. Dieses muß vielmehr außerhalb eines solchen Zweckes vorhanden sein (RG. in JW. **02** 594, **04** 185, **09** 670, **1910** 43; RG. in MuW. **6** 90, **9** 200). So genießt eine Behauptung, die nur den Zweck hat, Kunden zu werben, nicht den Schutz des § 14 Abs. 2, wohl dagegen eine dem Wettbewerbe dienliche Kundgebung, mit der in sachlicher Form Angriffe abgewehrt werden (RG. in UW. **4** 15; RG. in JW. **01** 125; über Abwehrhandlungen siehe § 1). Die Bekanntgabe von Mängeln der Konkurrenzware kann durch ein berechtigtes Interesse des Mitteilenden geboten sein. Hier ist aber zu prüfen, ob nicht der Hauptbeweggrund in der Beseitigung der Mitbewerberschaft liegt. Jedenfalls muß in der Kundgebung die Sachlage richtig dargestellt werden. So ist die Behauptung, die Konkurrenzware sei gefährlich, unter Verschweigung, daß sie nur gefährlich werden kann, wenn die beigegebene Gebrauchsanweisung nicht beobachtet wird, durch Wahrung berechtigter Interessen nicht gedeckt (RG. in MuW. **11** 376). Siehe § 1 Note 38.

Note 43. Dem Recht oder den guten Sitten zuwiderlaufende Behauptungen sind durch Wahrung berechtigter Interessen nicht gedeckt. So ist ein berechtigtes Interesse an der Aufstellung (Verbreitung) einer als unwahr erwiesenen Behauptung nicht anzuerkennen (RG. in Recht **1916** Nr. 441). Der Beweggrund der Rachsucht oder das Bewußtsein der Schädigung schließt die Feststellung nicht aus, daß in Wahrung berechtigter Interessen gehandelt worden ist (RG. in JW. **1919** 993). Es kommt darauf an, wodurch das Handeln entscheidend bestimmt wurde (Verf. in LZ. **1919** 1106 zur rechtsähnlichen Frage des Wettbewerbszweckes; Lehmann in JW. **1919** 993; vgl. § 1 über den Wettbewerbszweck).

§ 14.

Ist von einem **Angestellten oder Beauftragten** ein Verstoß gegen den § 14 begangen worden, dann kann gemäß § 14 Abs. 3 die Unterlassungsklage gegen den Geschäftsinhaber als solchen gerichtet werden. Näheres siehe § 13. Note 44.

Der Einwand der Wahrung berechtigter Interessen (im Falle vertraulicher Mitteilung) steht dem Geschäftsinhaber auch im Falle des § 14 Abs. 3 zu. Das berechtigte Interesse ist aber hier — abgesehen von dem des Mitteilungsempfängers und Dritter — nicht dasjenige des Angestellten oder Beauftragten, sondern das eigene. Note 45.

Für die Schadensersatzklage wegen einer Zuwiderhandlung von Angestellten und Beauftragten gegen den § 14 verbleibt es bei den allgemeinen Regeln. Insbesondere gilt der § 831 BGB. (vgl. S. 92). Der Geschäftsinhaber kann auch hier den Einwand der Wahrung berechtigter Interessen (im Falle vertraulicher Mitteilung) erheben, anstatt den Exkulpationsbeweis des § 831 BGB. anzutreten. Allerdings kommt es dann hinsichtlich des § 14 Abs. 2 Satz 2 auf das Kennen oder Kennenmüssen des betr. Angestellten oder Beauftragten als Vertreters des Geschäftsinhabers an (§ 166 BGB.). Kannte letzterer die Unrichtigkeit oder mußte er sie kennen, hat aber ohne seine Kenntnis der Angestellte die Behauptung in Wahrung berechtigter Interessen vertraulich gemacht, dann ist der Geschäftsinhaber nicht schadensersatzpflichtig, es sei denn, daß der Angestellte die Unrichtigkeit kannte oder kennen mußte. Kannte nur der Geschäftsinhaber die Unrichtigkeit oder mußte er sie kennen und hat der Angestellte auf seine Weisung gehandelt, dann kann die Unkenntnis des Angestellten den Geschäftsinhaber nicht von der Haftung befreien (§ 166 Abs. 2 BGB.). Note 46.

§ 15.

§ 15.

Strafbare Betriebsgefährdung.

Wer wider besseres Wissen über das Erwerbsgeschäft eines anderen, über die Person des Inhabers oder Leiters des Geschäfts, über die Waren oder gewerblichen Leistungen eines anderen Tatsachen der Wahrheit zuwider behauptet oder verbreitet, die geeignet sind, den Betrieb des Geschäfts zu schädigen, wird mit Gefängnis bis zu einem Jahre und mit Geldstrafe bis zu fünftausend Mark oder mit einer dieser Strafen bestraft.

Werden die im Abs. 1 bezeichneten Tatsachen in einem geschäftlichen Betriebe von einem Angestellten oder Beauftragten behauptet oder verbreitet, so ist der Inhaber des Betriebs neben dem Angestellten oder Beauftragten strafbar, wenn die Handlung mit seinem Wissen geschah.

Nur die Betriebsgefährdung wird — im Gegensatz zum § 14 — im § 15 behandelt. Doch liegt in einer Betriebsgefährdung regelmäßig auch eine Kreditgefährdung. Der § 15 sieht vom Wettbewerbszweck ab. Eine **obligatorische Veröffentlichungsbefugnis** ist im § 23 Abs. 2 bestimmt, wenn „in den Fällen des § 15 auf Strafe erkannt wird". Siehe Näheres § 23. Zwischen den §§ 187 StGB. und 15 WettbG. besteht Gesetzeskonkurrenz, nicht Idealkonkurrenz: Anzuwenden ist die speziellere Bestimmung des § 15 da, wo seine Tatbestandsmerkmale verwirklicht sind (RG. in MuW. **10** 349; bestritten, insbesondere in RGSt. **31** 84). Siehe § 14 Note 2. Note 1.

§ 15.

Note 2. Täter ist derjenige, der die betriebsgefährdende Behauptung aufgestellt oder verbreitet hat. Geschieht dies in Gegenwart eines anderen und in dessen Interesse, ohne daß letzterer sofort widerspricht, dann macht er sich der Beihilfe schuldig. Nur unter besonderen Umständen wird Mittäterschaft vorliegen. Über einen solchen Fall siehe OLG. München bei Birkenbihl S. 113 Nr. 267: Jemand hat nach vorgängiger Vereinbarung im Interesse eines Gewerbetreibenden in dessen Gegenwart und ohne seinen Widerspruch einem Besteller erklärt, der Mitbewerber sei krank und könne deshalb nicht liefern.

Note 3. Subjektive Voraussetzung ist das Bewußtsein des Täters, daß seine Behauptung geeignet ist, den fremden Geschäftsbetrieb zu gefährden. Bedingter Vorsatz genügt (RGSt. **31** 68; RG. in MuW. **10** 96). Zu Zwecken des Wettbewerbes braucht die Behauptung (Verbreitung) nicht erfolgt zu sein, nicht einmal im geschäftlichen Verkehr (RGSt. **31** 65, 87; RG. in MuW. **10** 96).

Note 4. Der Begriff „wider besseres Wissen" ist der gleiche wie in den §§ 164, 187 StGB. Vgl. § 4 über den Begriff „wissentlich".

Note 5. Ob Wahrung berechtigter Interessen vorliegt, ist belanglos. Der § 193 StGB. kann nicht herangezogen werden (RGSt. **31** 66, **44** 441).

Note 6. Daß eine Schädigung der wirtschaftlichen Existenz des Betroffenen eingetreten oder beabsichtigt ist, bildet keine Voraussetzung der Strafbarkeit, denn das Vergehen des § 15 ist kein Erfolgs-, sondern ein Gefährdungsdelikt (RGSt. **31** 64, **44** 160).

Note 7. Über die Begriffe „Behaupten" und „Verbreiten" siehe § 14. Beide Begriffe sind gleichgestellt. Beruht eine Verurteilung auf der einen Alternative — obgleich nach den tatsächlichen Feststellungen die andere gegeben ist —, so ist das kein Revisionsgrund. Die ferneren Tatbestandsmerkmale des § 15 sind dieselben wie im § 14.

Note 8. Ist durch die Presse ein Vergehen gegen den § 15 begangen worden, dann kommen für die Strafverfolgung die Bestimmungen des PreßG. §§ 20ff. zur Anwendung, namentlich der die Verjährung der Preßdelikte behandelnde § 22.

Note 9. Die Vollendung des Vergehens tritt ein mit der Behauptung (Verbreitung). Sind die Angaben in verschlossenen Druckschriften enthalten, so liegt Vollendung bei Empfangnahme vor.

Note 10. Die Strafen sind die gleichen wie bei § 4. Eine Kompensation gemäß § 199 StGB. kommt für den § 15 nicht in Betracht.

Note 11. Antragsberechtigt ist der verletzte Geschäftsinhaber, auch wenn die Behauptung sich gegen die Person seines Geschäftsleiters richtet. Letzterer hat kein Antragsrecht (bestritten). Verbände im Sinne des § 13 Abs. 1 haben aus § 15 kein Klagerecht und kein Strafantragsrecht. Diese nach dem Gesetz versagte Befugnis ist auch dann nicht gegeben, wenn das Vergehen nach § 15 mit demjenigen nach § 4 im Sinne von § 73 StGB. zusammentrifft. Da die Verletzung beider Bestimmungen der Strafverfolgung nur unterfällt, wenn gerade gegen diese Verletzung der Strafantrag sich richtet, so ist die Strafverfolgung wegen beider Verletzungen auch in obigem Falle nur dann zulässig, wenn wegen beider Strafantrag gestellt ist. Andernfalls kann nur diejenige Verletzung bei der Strafverfolgung und Aburteilung berücksichtigt werden, wegen deren ein Strafantrag vorliegt (RGSt. **46** 47).

Note 12. **Für Verstöße von Angestellten (Beauftragten)** haftet der Geschäftsinhaber auch strafrechtlich gemäß § 15 Abs. 2. Diese Bestimmung soll die Anwendbarkeit des Abs. 1

erweitern und kommt gegen den Leiter oder Inhaber erst zur Anwendung, wenn sie nicht nach den Vorschriften des allgemeinen Strafrechts als Täter im Sinne von Abs. 1 anzusehen sind. Siehe die Darlegungen § 4 Abs. 2, die entsprechend auch für den § 15 Abs. 2 gelten. § 15.

Der Leiter des Betriebes (über diesen Begriff siehe § 4) ist statt des Inhabers (neben dem Inhaber) strafbar, wenn die Tatbestandsmerkmale des Abs. 2 des § 15 auf ihn zutreffen. Zwar ist im Text des § 15 Abs. 2 — im Gegensatz zum § 4 Abs. 2 — der Leiter des Betriebes nicht genannt. Aber eine Ausschließung des Leiters würde jeder inneren Berechtigung entbehren. Es liegt offensichtlich ein Redaktionsfehler vor. Zu diesem Schluß zwingt auch die Entstehungsgeschichte des Abs. 2: In der Kommission war die Einführung des § 15 Abs. 2 durch Verweisung auf den § 4 Abs. 2 beantragt worden. Dieser Antrag wurde auch angenommen, und die Redaktionskommission hat dann den Beschluß ausgeführt, indem sie den Wortlaut des § 4 Abs. 2 sinngemäß auf den § 15 Abs. 2 übertrug; dabei wurde aber der Geschäftsleiter versehentlich nicht erwähnt (KommB. S. 39). Note 13.

Zivilrechtliche Folgen: Schadensersatz wegen eines Verstoßes gegen den § 15 kann jedenfalls dann verlangt werden, wenn zugleich eine Zuwiderhandlung gegen den § 14 vorliegt. Ferner kommt der § 823 Abs. 2 BGB. in Betracht, da der § 15 WettbG. ein Schutzgesetz ist. Unter Umständen sind die §§ 1 WettbG., 824, 826 BGB. heranzuziehen. Note 14.

Die deliktische Unterlassungsklage folgt ohne weiteres aus einer Verletzung des § 15 WettbG. Die Unterlassungsklage aus § 14 ist gegeben, wenn der Beklagte „zu Zwecken des Wettbewerbes“ gehandelt hat. Note 15.

Die Unterlassungsklage gegen den Geschäftsinhaber als solchen bei Zuwiderhandlungen seiner Angestellten ist, abgesehen von § 15 Abs. 2, gegeben, wenn die Zuwiderhandlung gegen den § 15 auch eine solche gegen den § 14 umfaßt, da der Anspruch alsdann aus § 14 Abs. 3 (§ 13 Abs. 3) folgt. Eine Ausdehnung dieser Vorschrift auf Zuwiderhandlungen gegen den § 15, die nicht unter den § 14 (oder den § 1) fallen, ist unzulässig (a. M. Goldschmidt in GewRschutz **1910** 80). Über die Unterlassungsklage aus mangelnder Überwachung siehe S. 59. Note 16.

§ 16. § 16.

Schutz von Namen, Firmen und sonstigen gewerblichen Bezeichnungsmitteln.

Wer im geschäftlichen Verkehr einen Namen, eine Firma oder die besondere Bezeichnung eines Erwerbsgeschäfts, eines gewerblichen Unternehmens oder einer Druckschrift in einer Weise benutzt, welche geeignet ist, Verwechselungen mit dem Namen, der Firma oder der besonderen Bezeichnung hervorzurufen, deren sich ein anderer befugterweise bedient, kann von diesem auf Unterlassung der Benutzung in Anspruch genommen werden.

Der Benutzende ist dem Verletzten zum Ersatze des Schadens verpflichtet, wenn er wußte oder wissen mußte, daß die mißbräuchliche Art der Benutzung geeignet war, Verwechselungen hervorzurufen.

§ 16. Der besonderen Bezeichnung eines Erwerbsgeschäfts stehen solche Geschäftsabzeichen und sonstigen zur Unterscheidung des Geschäfts von anderen Geschäften bestimmten Einrichtungen gleich, welche innerhalb beteiligter Verkehrskreise als Kennzeichen des Erwerbsgeschäfts gelten. Auf den Schutz von Warenzeichen und Ausstattungen (§§ 1, 15 des Gesetzes zum Schutze der Warenbezeichnungen vom 12. Mai 1804, Reichs-Gesetzbl. S. 441) finden diese Vorschriften keine Anwendung.

Die Vorschrift des § 13 Abs. 3 findet entsprechende Anwendung.

Inhaltsübersicht.

Note 1. **Die Aufgabe, die der § 16 dem Richter stellt,** ist so schwierig, daß kaum eine andere Bestimmung unserer Gesetze zum Vergleich herangezogen werden kann (siehe das Vorwort). Zwar richtet sich die Unterlassungsklage aus § 16 gegen ein nur objektiv widerrechtliches Tun: Es soll genügen, daß jemand sich eines Namens (einer

Firma usw.) befugterweise schon bedient hat, um ihm einen Unterlassungsanspruch zu geben gegen denjenigen, der ein verwechslungsfähiges Unterscheidungszeichen benutzt. Ob aber die Begriffe „befugterweise" und „geeignet, Verwechslungen hervorzurufen" erfüllt sind, kann vom Richter nur geprüft werden, indem er einerseits auf das subjektive Verhalten der Parteien, andererseits auf die den Fall beherrschenden Verkehrsverhältnisse eingeht. In den auf Grund des § 16 anhängig gewordenen Rechtsstreitigkeiten sollte stets diejenige Partei unterliegen, die bei Ausübung ihrer Befugnisse die „allgemeine Verpflichtung" verletzt hat, die RG. in MuW. **13** 25 aufstellt: Der Gewerbetreibende muß „auf die Interessen anderer achten" und darf diese anderen „ohne Not" nicht bedrängen. Der § 16 ist eine Waffe von höchster Biegsamkeit, deren überscharfe Klinge in der Hand eines nicht auf der Höhe seiner Aufgabe stehenden Richters gemeingefährlich werden kann. [Näheres siehe insbesondere Note 18 („die Unterscheidungsbemühungen"), Note 31 („befugterweise"), Note 6 („Zusammenstoßen mehrerer verwechslungsfähigen Bezeichnungen"), Note 13 (Schlagworte, Sachbezeichnungen), Note 88 (Etablissementsnamen), Note 98 (bildliche Ausdrücke).] Über Zusammenstoßen von Namenrecht und Warenzeichenrecht siehe Note 67; über die unlautere Ausnutzung des Warenzeichenrechts siehe § 1 Note 59—73. § 16.

Zur Sicherung des Verkehrs ergänzt der § 16 sowohl das Namenrecht des § 12 BGB. (Note 50ff.), als auch den Namen- und Firmenschutz des HGB. (Note 70ff.) und des WZG. (Note 65, 74ff.). Selbst die befugte Benutzung des eigenen Namens (der eigenen Firma) kann den § 16 verletzen (Note 24): „Im Gegensatz zu den Vorschriften über das formelle Firmenrecht bezweckt der § 16 WettbG., der hinter dem Unterscheidungszeichen stehenden Erwerbstätigkeit unmittelbar Rechtsschutz angedeihen zu lassen: Das formelle Recht an der Firma muß unter Umständen hinter das stärkere (materielle) Recht zum Schutze der Erwerbstätigkeit zurücktreten. Daher schließt auch die an sich befugte Benutzung des eigenen Namens und der eigenen Firma die Ansprüche des Berechtigten wegen mißbräuchlicher Benutzung auf Grund des § 16 WettbG. nicht aus" (RG. **75** 375). Hiernach kann die Führung einer Bezeichnung firmenrechtlich erlaubt sein und Ansprüche aus § 37 Abs. 2 HGB. gewähren, gleichwohl aber den § 16 WettbG. verletzen (Note 11, 16, 73). Über das Rubrum siehe S. 29. Note 2.

Die Bestimmungen der übrigen Gesetze zum Schutze des Namens, der Firma (der Warenbezeichnung und Warenausstattung) werden durch den § 16 nicht berührt. In Frage kommen die folgenden Vorschriften: BGB. § 12, HGB. §§ 37 und 18 Abs. 2, WZG. §§ 13, 14 Abs. 1, 15, 16, 20. Note 3.

Gegen die in Täuschungsabsicht erfolgende Wahl oder Benutzung von Bezeichnungen sind die §§ 1 WettbG., 826 BGB. ergänzend heranzuziehen. Auf Grund dieser Bestimmungen kann regelmäßig Unterlassung jeglicher Benutzung verlangt werden, nicht nur Unterlassung der mißbräuchlichen Benutzungsart (Note 40, 19, 24). Über täuschende Namen, Firmen, Druckschriften-Titel, Warenbezeichnungen, Herkunfts- und Beschaffenheitsangaben siehe § 1 Note 44ff., 59ff. Insbesondere in den Fällen, in denen eine Firma unter Hinzuziehung eines Strohmannes gegründet wird, um den bekannten Namen eines anderen als Firma zu führen, kann Unterlassung jeglichen Gebrauchs der Firma [sowie Löschung (Note 47)] verlangt werden, und zwar regelmäßig sowohl auf Grund des § 16, als auch des § 1 (§ 826 BGB.). Über den gutgläubigen Erwerb einer solchen Scheinfirma (Schwindelfirma) siehe § 1 Note 46. Vgl. Note 62 und die Beispiele § 1 Note 45 sowie RG. in MuW. **6** 58, wo auf Klage der Sektfirma L. Roederer der Gebrauch der Bezeichnung „Roederer u. Co. Schaum- Note 4.

§ 16. weinkellerei und Weinhandlung GmbH." untersagt worden ist. Ähnlich der Fall Kempinski (RG. in MuW. **15** 125). Siehe auch Note 72, 29 sowie § 1 Note 56 über die Benutzung von Schlagworten.

Note 5. Gegen nicht verwechselungsfähige Bezeichnungen gewährt zwar der § 16 WettbG. keinen Schutz; wohl aber kommen die §§ 823 Abs. 1, 824 und 1004 BGB. in Betracht [bei Täuschungsabsicht die §§ 1 WettbG., 826 BGB.]. Der Gewerbetreibende kann sich dagegen verwahren, daß der weniger gefestigte Ruf, den der fremde Betrieb genießt, auf den eigenen bezogen wird (Lobe in GewRschutz **1912** 186; § 1 Note 14 zu „Wettbewerbszweck"). So kann in der Anmaßung eines fremden Unterscheidungszeichens auch ohne Vorliegen von Verwechselungsgefahr die Behauptung zum Ausdruck gelangen, es lägen Beziehungen zu einem bestimmten Unternehmen vor: „Die Anmaßung des Worts ‚Kompaß', die sich als tatsächliche Behauptung darstellt, ist geeignet, Nachteile für den Erwerb des Klägers herbeizuführen" (RG. in GewRschutz **1911** 240; ferner RG. in GewRschutz **1912** 238; vgl. auch RG. **95** 210; RG. in MuW. **8** 298; OLG. Dresden in GewRschutz **1911** 215). Zuweilen scheitert die Feststellung der Verwechselungsgefahr daran, daß die unmittelbaren Abnehmer auf die — wenn auch geringen — Unterscheidungsmerkmale zu achten pflegen und daher einer Irreführung nicht unterliegen: Gleichwohl „kann dem Kläger nicht zugemutet werden, die Gefahr zu tragen, unter Umständen von dem Rufe der Beklagten und der Beschaffenheit ihrer Waren in Mitleidenschaft gezogen zu werden" (RG. in JW. **1918** 307). Der § 823 Abs. 1 in Verbindung mit dem § 1004 BGB. kommt in Betracht, wenn eine — objektiv rechtswidrige — Benutzung fremder Bezeichnungsmittel „den Kläger in der freien Ausübung seiner Erwerbstätigkeit beeinträchtigt" (RG. in GewRschutz **1911** 240; siehe auch RG. in GewRschutz **1910** 124).

Note 6. **Beim Zusammenstoßen mehrerer verwechselungsfähigen Bezeichnungen** ist der später Auftretende verpflichtet, Unterscheidungsmerkmale anzubringen, durch die eine Verwechselungsgefahr nach Möglichkeit ausgeschlossen wird. Wenn z. B. zwei gleich oder ähnlich lautende Firmen in verschiedenen Städten bestehen und in ihrem Absatz an einem Zwischenorte zusammenstoßen, so muß gemäß § 16 WettbG. diejenige, die später dort auftritt, für dieses Absatzgebiet einen unterscheidenden Zusatz anfügen. [Ein Verbot jeglicher Benutzung der Bezeichnung (nicht nur ein Verbot der mißbräuchlichen Art der Benutzung) kann dann ausgesprochen werden, wenn schon die verkehrsübliche Benutzung der Bezeichnung (z. B. der eingetragenen Firma) die Verwechselungsgefahr herbeiführt; ferner bei der in Täuschungsabsicht erfolgenden Wahl einer Bezeichnung (Note 4). Besonderes gilt für die Benutzung des eigenen Namens (Note 24).] Wird dieselbe Bezeichnung von mehreren Gewerbetreibenden auf demselben Absatzgebiete gleichzeitig in den Verkehr eingeführt, dann liegt Gleichberechtigung vor: Keiner hat gegen den anderen die Ansprüche aus § 16 (RG. 77 29). Werden zwei Firmen gleichzeitig im Handelsregister eingetragen, wird aber die eine früher in Benutzung genommen als die andere, so entscheidet dies für die Vorberechtigung (RG. in MuW. **12** 289). Das Eingetragensein einer Firma berührt die Frage der Vorberechtigung im Sinne des § 16 nicht (Note 84 über „Firma" im Sinne des § 16). Unrichtig ist der Standpunkt des OLG. Hamburg in OLGRspr. **1911** 395: Die Priorität der Benutzung genüge nicht; vielmehr müsse wenigstens objektiv eine mißbräuchliche Benutzung der fremden Firma, ein Eindringen in den wohlerworbenen Interessenkreis des anderen vorliegen. Dazu aber sei erforderlich, daß die klagende Firma in weiteren Kreisen bekannt und so in gewissem Sinne zu einem Eigennamen ihres Inhabers ge-

worden sei, während die Firma des anderen einen ähnlichen Ruf nicht erworben habe. § 16.
Dieser Standpunkt findet im Gesetz keine Stütze. Vgl. Note 69, 85, 90.

Auch durch Ausdehnung des Geschäftsbetriebes auf andere Waren kann ein Zusammenstoßen bewirkt werden. Note 7. Wenn z. B. zwei Gewerbetreibende bisher Waren vertrieben haben, die zwar derselben Gattung angehören, sich aber voneinander deutlich unterscheiden, und wenn dann der eine dazu übergeht, gerade die besondere von dem anderen bisher vertriebene Ware auch seinerseits zu vertreiben, dann ist er verpflichtet, auf dem gemeinschaftlichen Absatzgebiete den Verkauf so zu gestalten, daß Verwechselungen vermieden werden. Vgl. RG. in MuW. **16** 239: „Die Klägerin bedient sich für ihre Spezialmaschinen ihrer Firma auch in der abgekürzten Gestalt ‚Köhler' befugterweise. Die Beklagte ist zwar ebenfalls befugt, ihre Firma in der abgekürzten Form ‚Köhler' zu benutzen, sie darf dies aber gemäß § 16 WettbG. nicht in einer Weise tun, die — rein objektiv — geeignet ist, Verwechselungen mit der Firma der Klägerin hervorzurufen. Es ist nun aber unvermeidlich, daß solche Verwechselungen hervorgerufen werden, wenn die Beklagte, die unter ihrer Firma in der abgekürzten Gestalt nur und allein für Haushaltungsnähmaschinen bekannt war, jetzt auch — wie die Klägerin — Spezialmaschinen für die Industrie herstellt und nun auch diese Maschinen unter dem Worte ‚Köhler' vertreibt, während — bislang — für Spezialnähmaschinen das Wort ‚Köhler' als die Firma und zugleich als Kennzeichen der Ware der Klägerin galt. Auf Grund dessen ist der von der Klägerin geltend gemachte Unterlassungsanspruch für begründet zu erachten." Der vom RG. in Abänderung des vorderrichterlichen Urteils formulierte Klageantrag lautet: „Die Beklagte hat es zu unterlassen, andere Nähmaschinen als Haushaltungsnähmaschinen auf ihren Erzeugnissen selbst oder in Ankündigungen und Preislisten sowie bei Reklamen jeder Art mit dem Worte ‚Köhler' oder den Worten ‚Köhler-Nähmaschinen' zu bezeichnen." Siehe Note 29, 15.

Auch den Gebrauch eines Namens (Firmenbestandteils) Note 8. zur Warenbezeichnung kann der vorberechtigte Namensbenutzer auf Grund des § 16 untersagen, „sofern die Verwendung des betr. Worts dem Durchschnittsverbraucher als Erwähnung der Firma (des Namens) erscheint" (RG. **95** 294). So hat RG. in GewRschutz **1912** 238 den Träger des Namens „Boemel" aus § 16 WettbG. für berechtigt erklärt, die Warenbezeichnung „Seide nach Boemel" zu verbieten. Wenn RG. **74** 308 sogar den § 12 BGB. dahin ausdeutet, daß er auch durch die Benutzung eines Warennamens verletzt werden kann, dann muß für den § 16 WettbG., der den bürgerlichen Namenschutz erweitert, dasselbe gelten. So legt RG. in GewRschutz **1911** 292 dar, daß „durch die Verwendung eines Firmenbestandteils zur Warenbezeichnung die Verwechselungen (im Sinne des § 16 WettbG.) herbeigeführt werden können". RG. in MuW. **8** 298 erklärt „das Klagerecht aus § 16 WettbG. auch dann für gegeben, wenn die Waren selbst nicht verwechselungsfähig sind". Im Widerspruch zu obigen Urteilen heißt es in RG. **87** 150: „Wenn im § 16 von der rechtswidrigen Verwendung eines Namens gehandelt wird, dessen ein anderer sich befugterweise bedient, so ist dabei an die Funktion des Namens gedacht, eine bestimmte Persönlichkeit zu kennzeichnen, und an die Verwendung hierzu. Es muß die Gefahr einer Verwechslung der Persönlichkeit vorliegen, welche gemeint ist. Von der Verwendung von Namen zur Kennzeichnung von Waren handelt der § 5 desselben Gesetzes, der auch ergibt, daß die Fälle, in denen wie hier der Name für die Ware eine sachliche Bedeutung hat, nach §§ 3 und 4 WettbG. zu beurteilen sind." Dieser Standpunkt ist unrichtig; er macht eine gedeihliche Anwendung des § 16 unmöglich, wie der vom RG. in GewRschutz **1911** 290 behandelte

§ 16. Fall ergibt. Wenn z. B. Schuhe unter dem — nachgeahmten — Namen „Salamander" vertrieben werden, wenn demgemäß diese Bezeichnung nicht „die Funktion hat, eine bestimmte Persönlichkeit zu bezeichnen", so hindert das nicht, daß das Publikum glaubt, die Schuhe stammten aus dem Betriebe der Salamander-Schuhgesellschaft, so daß die Gefahr einer Verwechselung der beiden Geschäftsbetriebe vorliegt. Spricht doch auch der § 16 WettbG. ganz allgemein von der „Benutzung eines Namens im geschäftlichen Verkehr". Der § 5 WettbG., auf den RG. **87** 150 zur Stütze seines Standpunkts seltsamerweise sich beruft, behandelt die Frage der Gattungsbezeichnungen und bestimmt, daß diese nicht unter die Vorschriften der §§ 3 und 4 WettbG. fallen. Dies hat mit dem Anwendungsgebiete des § 16 WettbG. nichts zu tun. Daß aber die §§ 3 und 4 WettbG. hier in keiner Weise berühren, bedarf keiner näheren Darlegung: diese Bestimmungen wenden sich, was RG. **87** 150 verkennt, lediglich gegen die unrichtige Reklame und stellen besondere Voraussetzungen auf, die von der Frage der Verwechselungsfähigkeit absehen (Verf. in GewRschutz **1919** 61; vgl. auch Seligsohn in JW. **1915** 1395).

Note 9. Der Gebrauch eines Warenzeichens, das aus einem Namen oder einer Firma gebildet wurde und in verwechselungsfähiger Weise zusammenstößt mit einem der in § 16 WettbG. geschützten Bezeichnungsmittel, kann auf Grund des § 16 WettbG. untersagt werden (der § 16 Abs. 3 Satz 2 spricht nur vom Schutze des Warenzeichens und der Ausstattung). Soweit das WZG. die Bildung eines Warenzeichens aus einem Namen oder aus einer Firma zuläßt, setzt es den rechtlich gestatteten Gebrauch des Namens (der Firma) voraus (RG. in GewRschutz **1911** 35). Dadurch, daß jemand seinen Namen oder seine Firma (ganz oder teilweise) zur Bildung eines Warenzeichens benutzt hat, hört diese Bezeichnung nicht auf, Name (Firma) zu sein, und es enthält deshalb der Gebrauch des Warenzeichens insoweit zugleich den der Firma. Vgl. auch RG. **48** 233; **54** 43; RG. in GewRschutz **1911** 292. Siehe Note 67 über Zusammenstoßen von Namenrecht und Warenzeichenrecht.

Note 10. Die unbefugte Benutzung einer fremden Warenbezeichnung (eines fremden Warenzeichens) als Firmenbestandteil verstößt nur dann gegen den § 16, wenn der Hinweis auf die fremde Ware zugleich einen solchen auf die fremde Firma bedeutet, so daß eine Verwechslungsgefahr eintritt hinsichtlich der beiden Geschäftsbetriebe. So läßt RG. in GewRschutz **1911** 31 die Klageberechtigung aus § 16 entstehen, wenn „gerade durch die Beschaffenheitsangabe (Warenbezeichnung) im Firmenzusatz die Verwechslungsfähigkeit der beiden Firmen bewirkt sein sollte". RG. **100** 267 erklärt, daß aus § 12 WZG. Löschung der Firma verlangt werden kann, die als Bestandteil ein einem anderen eingetragenes Warenzeichen enthält: „Da eine Firma mittelbar auch die Herkunft der aus einem Geschäftsbetriebe stammenden Waren kennzeichnet, so wird das Warenzeichen auch dadurch, daß es in einer Firma als deren Bestandteil gebraucht wird, in einer Weise verwendet, die in den nach § 12 WZG. geschützten Rechtskreis des Warenzeichenschutzes eingreift. Wer in einem Geschäft kauft, das als Firma ein bekanntes oder mit diesem verwechselbares geschütztes Warenzeichen führt, nimmt ohne weiteres an, er erhalte die mit jenem Warenzeichen versehenen und dadurch gekennzeichneten Waren."

Note 11. **Die Verwechslungsfähigkeit** ist nach der Verkehrsanschauung zu beurteilen. „Nicht die Auffassung des Gerichts, sondern die des Publikums über eine Verwechslungsfähigkeit entscheidet" (RG. in MuW. **20** 249). Es kommt darauf an, ob die Möglichkeit besteht, daß die beiden Gewerbebetriebe, auf die sich die Bezeichnungen beziehen, im Verkehr miteinander verwechselt werden: RG. in MuW. **15** 86; RG. in UW. **5** 130 (daß „die Gefahr einer Verwechslung der beiden Geschäfte begründet ist"). So auch RG. in JW. **1921** 270 für den rechtsähnlichen Fall der Warenverwechslung.

Es genügt, daß eine Bezeichnung „geeignet ist, den Eindruck hervorzurufen, als stehe der Vorberechtigte zu dem Betriebe des Nachberechtigten oder zu den von letzterem vertriebenen Waren in Beziehung", sei es „als Hersteller, durch Beaufsichtigung der Herstellung oder dergleichen" (RG. in GewRSchutz **1912** 239; ebenso RG. **95** 210 für den Fall der Warenverwechslung). RG. in MuW. **21** 82 erklärt: „Der § 16 gewährt dem Gewerbetreibenden allgemein davor Schutz, daß ein fremder Gewerbebetrieb mit dem seinigen verwechslungsfähig ist und damit in sein Recht auf freie Gewerbetätigkeit, insbesondere auf Verhinderung jeder Verwischung der Eigenart und Unterscheidungskraft seines Betriebes eingegriffen wird (Rosenthal Note 2 zu § 16)". Nicht fordert der § 16, daß die Verwechselbarkeit unmittelbar dem Wettbewerbe des Nachberechtigten dient. Der § 16 soll „neben dem Schutze des Konkurrenten auch der Reinhaltung des öffentlichen Verkehrs im Interesse des Publikums dienen" (so RG. in MuW. **15** 49 hinsichtlich des § 3 WettbG.; RG. **100** 25 hinsichtlich des WZG.; vgl. Note 2). Entgegengesetzt erklärt das — noch nicht veröffentlichte — Urteil RG. II 344/21: „Der § 16 setzt eine Verwechslungsfähigkeit voraus, die zu Folgen Anlaß geben kann, wie sie sonst aus unlauterem Wettbewerbe hervorgehen, insbesondere die Beschränkung des berechtigterweise bestehenden Kundenkreises des einen durch unrechtmäßige Ausnutzung seiner Arbeitserfolge oder die unliebsame Verwechslung seiner geschäftlichen Persönlichkeit mit der eines anderen bezüglich der beiderseitigen geschäftlichen Leistungen". Diese Auffassung findet im Gesetzeswortlaut keine Stütze und ist unvereinbar mit der oben angeführten bisherigen Rechtsprechung desselben Senats (Verf. in HansRZ. **1922** 97). Wenn nur vereinzelte Abnehmer infolge Nichtbeobachtung der verkehrsüblichen Sorgfalt die beiden Bezeichnungen verwechseln, so ist das belanglos. Wenn aber für einen — nicht unerheblichen — Teil des in Betracht kommenden Personenkreises Verwechslungsgefahr besteht, so genügt dies (RG. in GewRSchutz **1912** 239; RG. in MuW. **12** 295; vgl. § 1 Note 44, § 3 Note 23). „Stattgehabte Verwechselungen, besonders wenn sie in größerer Anzahl erfolgt sind, lassen jedenfalls einen Rückschluß auf das Vorliegen einer Verwechslungsgefahr zu." „Wenn das Berufungsgericht darauf verweist, daß vorgekommene Verwechslungen auf offensichtliche Unaufmerksamkeit der Absender bei Adressierungen zurückzuführen seien, so beruht der Begriff der Verwechslung gerade darauf, daß das Publikum unaufmerksam ist und auf geringe Unterschiede nicht zu achten pflegt" (RG. in MuW. **20** 249; vgl. auch RG. in MuW. **9** 162). Wenn die Verkehrsanschauung sich geändert, z. B. das Publikum sich allmählich daran gewöhnt hat, ursprünglich verwechslungsfähige Bezeichnungen zu unterscheiden, dann entfällt die Anwendbarkeit des § 16 WettbG. wie auch des § 12 WZG. Regelmäßig werden ursprünglich verwechslungsfähige Bezeichnungen erst „durch ungestörten jahrelangen Gebrauch nebeneinander" ihre Verwechslungsfähigkeit verlieren (RG. **100** 265). — Über die Verwechslungsfähigkeit „besonderer" Bezeichnungen eines Erwerbsgeschäfts (einer Druckschrift) siehe Note 88 ff.; über den räumlichen Geltungsbereich Note 41, 93. Über nicht verwechslungsfähige Bezeichnungen siehe oben Note 5. § 16.

Der Gesamteindruck (der Sinn) der Bezeichnungen ist maßgebend (RG. **100** 45, **101** 110). Nicht so sehr auf die Unterscheidungsmerkmale ist Gewicht zu legen als vielmehr auf die Ähnlichkeiten (RG. in MuW. **16** 110). Stets muß beachtet werden, daß im Regelfall beim Publikum ein schwaches Erinnerungsbild besteht und daß die üblicherweise angewandte Aufmerksamkeit gering ist, schon weil man nicht daran denkt, auf Unterscheidungsmerkmale zu achten, geschweige denn, eine Vergleichung vorzunehmen (RG. in MuW. **11** 48, **16** 110). So betont RG. in Note 12.

§ 16. MuW. **19** 30: „Entscheidend ist für die Frage der Verwechselbarkeit die durchschnittliche Auffassung der beteiligten Verkehrskreise, insbesondere der Abnehmer, die wesentlich auf ihr Gedächtnis angewiesen sind. Unerheblich ist, daß für die in der Unterscheidung geschulten kaufmännischen Kreise am Platze bei entsprechender Aufmerksamkeit und Vergleichung die Unterschiede beider Firmen genügend hervortreten." Demgemäß hat RG. **100** 45 Verwechslungsmöglichkeit (sogar im Sinne des § 30 HGB.) angenommen zwischen der Firma „Ostd. Brennstoffvertrieb G. m. b. H." und der Firma „Ostd. Betriebsstoffgesellschaft m. b. H.". — Zuweilen hat das RG. gegen beide Vorinstanzen die Verwechselbarkeit bejaht: vgl. RG. in JW. **1915** 579. In seltenen Fällen hat umgekehrt das RG. die vom Tatrichter bejahte Verwechselbarkeit verneint: RG. in GewRschutz **1912** 71; RG. in MuW. **17** 109, **18** 29. Diese drei Entscheidungen gelangen zu einem falschen Ergebnis (§ 1 Note 73). Übrigens liegt es auf der Hand, daß die Verwechselbarkeit regelmäßig nicht verneint werden sollte, wenn sie vom Tatrichter auf Grund bestimmter Anhaltspunkte bejaht worden ist. Über die richterliche Aufgabe siehe Note 1 und 19.

Note 13. Wenn ein Schlagwort, sei es auch eine Sachbezeichnung, Bestandteil einer Gesamtbezeichnung ist, dann bewirkt die Übernahme dieses Wortes in eine andere Bezeichnung regelmäßig Verwechslungsmöglichkeit. So erklärt RG. in MuW. **15** 86: Da die A. G. „Vereinigte Berliner Kohlenhändler" im Verkehr kurz als „Vereinigte" bezeichnet wird, so ist es naheliegend, daß die Beklagte, die das Wort „Vereinigte" übernommen hat, ebenso bezeichnet werden kann, womit ohne weiteres die Verwechslungsgefahr gegeben ist. RG. **95** 294 kommt zu dem Ergebnis, daß die von der Beklagten geführte Firma „Birresborner Sprudelgesellschaft mit beschränkter Haftung" verwechselt werden kann mit der von der Klägerin geführten Firma „Birresborner Mineralbrunnen Aktiengesellschaft": „Der Schutz des § 16 WettbG. ist der Firma der Klägerin nicht deshalb versagt, weil sie gemäß § 20 HGB. von dem Gegenstande des Unternehmens entlehnt ist und außer dem vorgeschriebenen Zusatz ‚Aktiengesellschaft' nur Worte enthält, die an sich geeignet sind, jeden in Birresborn belegenen Mineralbrunnen zu bezeichnen. Dadurch, daß die Klägerin diese Worte in ihre Firma aufgenommen hat, haben sie in ihrer Eigenschaft als Firmenbestandteile, als Teile des Handelsnamens der Klägerin, individuelle Bedeutung erlangt, kennzeichnen sie das Geschäft der Klägerin (RG. **78** 265). Da die Klägerin diese Worte befugterweise zuerst angenommen hat, hat sie gemäß § 16 WettbG. das Recht erlangt, anderen die Benutzung verwechslungsfähiger Namen zu untersagen. Eine dem § 13 WZG. entsprechende Vorschrift für die Firma besteht nicht." Das RG. fügt hinzu: „Es bleibt der Beklagten unbenommen, die beiden fragl. Wörter (Birresborner Sprudel) durch Einfügung von Zusätzen, die die Verwechslungsgefahr ausschließen, zur Bildung einer neuen Firma zu verwerten" (Noten 94, 98, 108: „besondere" Bezeichnung eines Erwerbsgeschäfts). Ebenso RG. in GewRschutz **1911** 148: „Sachfirmen, die also den Gegenstand des Unternehmens bezeichnen, stehen den anderen Firmen gleich." Mit diesen Entscheidungen ist nicht in Einklang zu bringen das Urteil RG. in MuW. **14** 181: Worte, die nichts anderes sind als eine Warenbezeichnung, die also von jedem Kaufmann, der sich mit der Herstellung oder dem Vertriebe derartiger Waren befaßt, in seine Firma aufgenommen werden können, seien für sich allein betrachtet nicht geeignet, das Unterscheidungsmerkmal einer Firma zu bilden. So könnten die Worte „Göttinger Präzisionswagen" für eine Firmenbezeichnung nicht eine eigentümliche und unterscheidende Bedeutung, nicht den Charakter eines Schlagworts gewinnen. Dieser Standpunkt ist nach obigem zu eng. Siehe ferner Note 16, 94, 105.

Auch durch den Gebrauch einer Warenbezeichnung (eines Warenzeichens) können Verwechslungen im Sinne des § 16 WettbG. herbeigeführt werden (siehe Näheres Note 9, 10). § 16. Note 14.

Nicht lediglich auf den zur Zeit vorhandenen Umfang der Geschäfte darf bei der Prüfung der Verwechslungsmöglichkeit gesehen werden, vielmehr ist, namentlich bei Neugründungen, die voraussichtliche Ausdehnung des Betriebes zu berücksichtigen (OLG. Hamburg in OLGRspr. **1911** 396). Der § 16 gewährt das Recht auf den Schutz jeder voraussehbaren Art der Benutzung einer Geschäftsbezeichnung, insbesondere muß die Freiheit gewahrt bleiben, Zweigniederlassungen an Orten zu errichten, wo solche einstweilen noch nicht bestehen (RG. in UW. **5** 129). Siehe auch Note 7. Note 15.

Ob firmenrechtlich ein genügender Unterschied zwischen den beiden Bezeichnungen vorhanden ist, kommt für den § 16 WettbG. nicht in Betracht. Der § 30 HGB. bezieht sich nur auf die an demselben Ort bestehenden Firmen und behandelt deren Unterscheidbarkeit aus öffentlichrechtlichen Gründen. Die Meinung des Registerrichters darüber, ob den Erfordernissen des § 30 HGB. genügt ist, bindet den Prozeßrichter nicht, vielmehr kann dieser die Verwechslungsfähigkeit auf Grund des § 16 WettbG. anders beurteilen (RG. **63** 140, **75** 372). So erklärt zutreffend RG. in MuW. **15** 86, daß die Zusätze „Berliner" und „Charlottenburger" sowie „Aktiengesellschaft" und „Gesellschaft mit beschränkter Haftung" zwar im Sinne des § 30 HGB. eine genügende Unterscheidung zweier Firmen bewirken, daß aber gleichwohl die den beiden Firmen gemeinsamen Kernbestandteile zu Schlagworten werden können, die sich beim Publikum einbürgern und dadurch eine Verwechslungsmöglichkeit im Sinne des § 16 WettbG. herbeiführen (Note 13). Ebenso RG. **95** 294. Vgl. Note 1, 25, 70 ff. Note 16.

Die besondere Art der Benutzung kann trotz hinreichender Unterscheidungsmerkmale Verwechslungsmöglichkeit bewirken (RG. in MuW. **9** 162). Solchenfalls ist nur diese Art der Benutzung zu untersagen. Note 17.

Die Unterscheidungsbemühungen, die von den Parteien aufgewendet werden, um Verwechslungen auszuschalten, sind für die richterliche Prüfung von mitbestimmender Bedeutung: Wer selbst die Verwechslungsgefahr zu verringern in der Lage ist, kann gegen denjenigen, der zwar nach Möglichkeit, aber nicht mit ganzem Erfolge Zusammenstöße zu vermeiden sucht, nicht ohne weiteres die Ansprüche aus § 16 erheben. Vielmehr muß unter Umständen, wenn trotz aller Unterscheidungsbemühungen ein Rest von Verwechslungsgefahr übrigbleibt, dieser Zustand geduldet werden. So bewirkt z. B. die Schlagkraft eines berühmten oder seltenen Namens, daß die von einem anderen Träger dieses Namens angebrachten Unterscheidungsmerkmale die Verwechslungsmöglichkeit nicht ganz ausschließen. Alsdann müssen schon solche Unterscheidungsmerkmale als hinreichend angesehen werden, die im allgemeinen nicht genügen würden. So haben — mit Recht — LG. Berlin und KG. dem Bruder des bekannten Schuhwarenhändlers Stiller die Firmierung „Carl Stiller junior" gestattet, obwohl diese Bezeichnung nicht jegliche Verwechslungsmöglichkeit mit der vorberechtigten Firma „Carl Stiller" ausschließt. Dagegen haben — ebenfalls mit Recht — die beiden obigen Gerichte unter Billigung des RG. (in GewRschutz **1911** 222) den abgekürzten und daher leichter übersehbaren Zusatz „jr." als nicht ausreichend bezeichnet (siehe Verf. in MuW. **11** 193; GewRschutz **1918** 147 in Übereinstimmung mit einem Gutachten Osterrieths; Elster in GewRschutz **1918** 63; zustimmend RG. und OLG. Dresden in MuW. **16** 190 gegen OLG. Dresden in MuW. **11** 385 [Fall Jasmatzi], das den Standpunkt des Verf. Note 18.

§ 16. betr. die Unterscheidungsbemühungen bekämpft hatte; siehe auch Note 24 über die Benutzung des eigenen Namens, Note 77 über den Schutz des § 13 WZG., sowie Note 94 zur Frage der „besonderen" Bezeichnung eines Erwerbsgeschäfts).

Note 19. Die richterliche Betrachtungsweise bei Prüfung der Verwechslungsgefahr sollte stets von der Frage ausgehen: Weshalb hat der Nachberechtigte die von ihm verwandte Bezeichnung (Ausstattung usw.) „für erforderlich oder jedenfalls für zweckmäßig erachtet"? (OLG. Dresden in JW. **1918** 879, besprochen S. 28). Aus dieser Prüfung ergibt sich regelmäßig ein Rückschluß auf das Bestehen von Verwechslungsmöglichkeit. Der im gewerblichen Leben stehende Nachahmer kann die Verkehrsanschauung meist besser beurteilen als der Richter. So erklärt treffend RG. in MuW. **11** 470, „daß es für die Beurteilung der objektiven Verwechslungsfähigkeit zweier Firmen von Erheblichkeit sein kann, wenn der Nachberechtigte die Verwechslungsmöglichkeit sucht und diese Möglichkeit für vorhanden erachtet". RG. in JW. **06** 440 spricht den grundlegend bedeutsamen Satz aus, „daß, wenn ein Gewerbetreibender in der Absicht, Verwechslungen zu ermöglichen, eine Bezeichnung (Ausstattung) annimmt, sich hieraus eine Vermutung dafür ergibt, daß in Wirklichkeit im Verkehr die Möglichkeit einer Verwechslung zwischen den beiden Bezeichnungen besteht". Es ist also Sache des Nachberechtigten, diese Vermutung zu entkräften. Seltsamerweise aber bleibt in der Rechtsprechung, soweit es sich um die Frage der objektiven Verwechslungsmöglichkeit handelt, die Absicht des Nachberechtigten allzuoft unbeachtet. Eine Quelle von Fehlern ist auch die übertriebene Gründlichkeit und Gewissenhaftigkeit bei der richterlichen Prüfung der Verwechslungsmöglichkeit. Stellt man Versuche an, so ergibt sich, daß Bezeichnungen, die bei einer Vergleichung starke Unterscheidungsmerkmale aufweisen, im Verkehr gleichwohl verwechselt werden. Siehe auch Note 1 und § 1 Note 44 ff.

Note 20. **Eine Nachprüfung der Verwechslungsfähigkeit in der Revisionsinstanz** kann regelmäßig nicht stattfinden, denn es handelt sich um tatsächliche Feststellungen. Insoweit aber aus den Urteilsgründen ersichtlich ist, daß der Vorderrichter von falschen rechtlichen Gesichtspunkten ausgegangen ist, kann eine Nachprüfung vorgenommen werden. RG. in MuW. **11** 48 erklärt, der Vorderrichter habe „die Frage der Verwechslungsgefahr nicht nach den Grundsätzen beurteilt, die in feststehender Rechtsprechung aufgestellt sind". Ebenso RG. in MuW. **11** 198, **14** 181. Soweit die Verwechslungsfähigkeit auf einen Vorstoß gegen die guten Sitten zurückzuführen ist, handelt es sich überhaupt nicht um eine auf tatsächlichem Gebiet liegende Frage, sondern um eine Rechtsfrage, die der Nachprüfung in der Revisionsinstanz unterliegt (§ 1 Note 32).

Note 21. Als **„Benutzung"** gilt jede Handlung, die den Willen kundgibt, sich der Bezeichnung zu bedienen, sei es in eigenem, sei es in fremdem Interesse. Die Berühmung des Rechts zur Benutzung der Bezeichnung genügt. Es ist also nicht erforderlich, daß eine Benutzung stattgefunden hat (bestritten). Öffentlichkeit wird nicht verlangt. Schon in der Anmeldung einer Firma zum Handelsregister mit dem Erfolge der Eintragung liegt eine „Benutzung" der Firma: Denn die Anmeldung der Firma hat die Bedeutung, daß, wenn ihr Folge gegeben wird, dadurch die Kundgebung erfolgt, der Anmeldende werde seine Geschäfte unter diesem Namen betreiben (RG. **80** 436). So ist in der Ankündigung der Geschäftseröffnung unter einer mißbräuchlichen Bezeichnung ein vollendeter Verstoß gegen den § 16 erblickt worden (RG. in JW. **1900** 72; RG. in MuW. **21** 82).

Note 22. Auch die befugte Benutzung der Bezeichnung fällt unter den § 16. Hierin liegt gerade die Erweiterung des Schutzes, den das WettbG. gegenüber dem BGB., HGB. und WZG. gewährt. Näheres siehe Note 6 ff. über Zusammenstoßen.

Auch eine zur Warenbezeichnung und als Warenzeichen erfolgende Benutzung kann den § 16 verletzen (Note 8ff. über Zusammenstoßen). Benutzt jemand ein für einen anderen eingetragenes Warenzeichen als Bestandteil seiner Firma, so kann aus § 12 WZG. die Löschung der Firma verlangt werden (Note 10 sowie § 1 Note 68 über Löschung wegen Warenzeichenmißbrauchs). Note 23.

Die Benutzung des eigenen Namens (der eigenen Firma) kann eine Verletzung des § 16 darstellen. Aber die Benutzung des eigenen Namens im geschäftlichen Verkehr darf, soweit Täuschungsabsicht fehlt, nicht schlechthin verboten werden, vielmehr muß selbst dem Träger eines bekannten Namens die Möglichkeit verbleiben, „eine Form zu finden, die die Verwechslungsgefahr ausschließt": RG. in MuW. **13** 68, 194, wo es heißt: „Die Beklagten heißen Hommel; sie sind also an sich auch befugt, diesen Namen im geschäftlichen Verkehr zu gebrauchen, und es ist ihnen auch durch nichts der Handel mit Hämatogen verwehrt". Siehe über die Fälle „Stiller" und „Jasmatzi" Note 18. Wird der eigene Name zum Zwecke der Täuschung in Handel und Verkehr oder sonst in einer gegenüber dem Vorberechtigten unlauteren Weise verwendet, dann kann jede Art der Benutzung für einen bestimmten Zweig des geschäftlichen Verkehrs untersagt werden. Dies ist insbesondere angezeigt, wenn schon die verkehrsübliche, also nicht mißbräuchliche Art der Benutzung des Namens zur Herbeiführung von Verwechslungen geeignet ist. Adler (S. 76) erklärt, der Gebrauch des eigenen Namens könne niemals schlechthin untersagt werden, vielmehr stets nur die mißbräuchliche Art des Gebrauchs: „Was Rosenthal (GewRSchutz **1918** 148) von der Möglichkeit der Untersagung jeder Art der Benutzung im geschäftlichen Verkehr sagt, bezieht sich nur auf die Firma. Die Untersagung jeglicher Art der Benutzung des eigenen Namens im Geschäftsverkehr würde dem Betroffenen die Betätigung als selbständiger Gewerbetreibender in weitem Umfange unmöglich machen." Hierauf ist zu entgegnen: Ein Recht, den eigenen Namen zum Zwecke der Täuschung im geschäftlichen Verkehr zu gebrauchen, besteht nicht. — Über Scheingründungen (Schwindelfirmen) siehe Note 4 und § 1 Note 45; über den Klageantrag und die Urteilsformel siehe S. 59. Note 24.

Für die Benutzung der eigenen Firma sind entsprechende Gesichtspunkte maßgebend: „Es ist immer der Bestand der befugterweise benutzten Firma soweit zu schonen, als noch die Möglichkeit vorliegt, durch Hinzufügung anderer Unterscheidungsmittel die Verwechslungsgefahr auszuschließen. Und das muß in besonderem Maße gelten, wenn es sich um Firmen von Zweigniederlassungen handelt, deren Hauptgeschäfte vertraglich eine an sich verwechslungsfähige Firma führen und führen dürfen" (RG. in MuW. **20** 249). Doch sind Bezeichnungen von Zweiggeschäften, die Verwechslungen hervorzurufen geeignet sind mit vorberechtigten Firmen desselben Verkehrsbezirks, nicht deshalb ohne weiteres zulässig, weil sie sich an die Bezeichnung des Hauptgeschäfts anlehnen. Insbesondere ist zu prüfen, ob vermutlich aus dem Kernbestandteil im Verkehr ein verwechslungsfähiges Schlagwort gebildet werden wird (Note 13). Vgl. Verf. in HansRZ. **1922** 97. Note 25.

Die Benutzung einzelner Bestandteile einer Gesamtbezeichnung fällt unter den § 16, wenn die Benutzung geeignet ist, Verwechslungen hervorzurufen. So kann z. B. das Publikum in der Benutzung eines Firmenbestandteils eine derart wirksame Kennzeichnung erblicken, daß es unter der abgekürzten Firma die ganze Firma versteht (RG. **56** 417, **75** 373; RG. in JW. **09** 285). Die Entscheidung RG. in JW. **1900** 133 spricht nur von dem durch den § 37 HGB. gewährten Schutz (bestritten). Siehe auch Note 29 über die Benutzung von Schlagworten. Note 26.

§ 16.

Note 27. **Angaben über die Bestimmung von Waren** dürfen auf einen fremden Namen (ein fremdes Warenzeichen) Bezug nehmen, wenn eine andere deutliche Kennzeichnung nicht möglich ist. Alsdann muß es dem Gewerbetreibenden gestattet sein, kundzugeben, daß seine Ware geeignet ist, als Ergänzung für die von einem anderen vertriebene Ware verwendet zu werden. Jedoch sind an solche Kundgebungen strenge Anforderungen zu stellen: Insbesondere ist eine enge Wortverbindung des Zusatzes mit dem Namen (Warenzeichen) zu vermeiden. Unstatthaft sind z. B. Ausdrücke wie Rex-Form, Weck-Form usw. für Konservengläser-Gummiringe, die nicht von den Firmen Rex und Weck vertrieben werden, und zwar — abgesehen von der Möglichkeit einer Irreführung des Verkehrs — schon deshalb, weil sie die fremde Bezeichnung in die Gefahr bringen, sich zum Gattungsnamen zu entwickeln. Siehe RG. **95** 212 über die Wortverbindung „Nadeln zur Pfaff-Nähmaschine": „Es bleibt der Beklagten unverwehrt, auf ihren Nadelbriefchen zu vermerken, daß die darin enthaltenen Nadeln sich zum Gebrauch für die Nähmaschine der Klägerin (Pfaff) eignen. Sie darf dies aber nicht in der bisherigen Art, in der besprochenen Wortverbindung tun, weil dadurch über die Bedeutung einer Bestimmungsangabe hinaus in weiten Kreisen von Verbrauchern der Anschein erweckt wird, es handele sich um von der Klägerin vertriebene Nadeln." Zu beachten ist auch RG. **95** 295: „Jede Verwendung der als Zeichen geschützten Worte in geschäftlichen Ankündigungen ist als warenzeichenmäßige Verwendung anzusehen, es sei denn, daß die Art und Weise der Ankündigung auch den unbefangenen Durchschnittsverbraucher klar und unzweideutig erkennen läßt, es handele sich um eine bloße Beschaffenheitsangabe und um eine andere Ware als die des Zeicheninhabers." Siehe auch Note 28; § 5 Note 4, 5, 6 über die Verkehrsanschauung; Kent in JW. **1922** 97; Verf. in LZ. **1915** 610. Für Beschaffenheitsangaben gilt Entsprechendes. Vgl. RG. **54** 43: Fall Sylvestersches Wasser; besprochen Note 51.

Note 28. **Die Benutzung von Zusätzen wie: „System..." „Ersatz..." „Ware nach..."** unterliegt der gleichen Behandlung. Zwar darf auf die Zugehörigkeit einer Ware zu einem bestimmten (bekannten) System wahrheitsgemäß hingewiesen werden, ferner auf die Eignung als Ersatz einer bestimmten (bekannten) Ware. Aber als unbefugte bzw. täuschende Benutzung eines fremden Namens (einer fremden Firma, einer Herkunftsbezeichnung, eines Warenzeichens) ist es anzusehen, wenn Zusätze wie „System", „Ersatz" usw. in eine enge Wortverbindung mit der fremden Bezeichnung gebracht werden, so daß der Verkehr eine Beziehung vermutet (siehe § 5 Note 6 über den rechtsähnlichen Fall der erläuternden Zusätze zu Herkunftsangaben). Ist allerdings der Ausdruck im Verkehr als Gattungsname anerkannt (z. B. Liberty für bestimmte Seidensatinwaren), dann sind Wortverbindungen wie „System..." unbedenklich, vorausgesetzt, daß von einem System überhaupt gesprochen werden kann und daß auch sonst der Hinweis nicht irreführend ist (RG. in JW. **1917** 293). Hiernach stellen die Zusätze „System", „Ersatz" nicht lediglich einen Hinweis auf gleiche Art, Güte oder Zweckmäßigkeit dar, vielmehr kann es sich um eine den Verkehr verwirrende Anlehnung an die in Bezug genommene Bezeichnung handeln. Es ist rechtsirrig, was RG. in MuW. **11**, 199 (unter Berufung auf RG. **38** 106; RGSt. **29** 332, **30** 353, **31** 33) darlegt, daß nämlich Zusätze wie „Ersatz", „System" usw. nicht zu beanstanden seien, wenn sie „deutlich hervortreten". Die „enge Wortverbindung" bewirkt gerade die Rechtswidrigkeit der Zusätze, und zwar schon deshalb, weil der Gesamtausdruck als Systembezeichnung wirkt und somit die Entwicklung von Herkunftsbezeichnungen zu Gattungsnamen befördert (Verf. in LZ. **1914 345**, **1915** 610; ferner in Mit. **1917** 98; siehe auch Katz in LZ. **1912** 721; Finger in MuW. **14** 356; Lobe in MuW. **17** 129). Auf Grund des § 16 WettbG. hat RG. in GewRschutz **1912** 238 den Gebrauch der Bezeichnung „Seide nach

Voemel" als unbefugte Namensbenutzung verboten: Wenn der Verkehr sich gewöhnt hat, unter der Bezeichnung zu verstehen, daß jemand zu der Ware als Hersteller oder durch Beaufsichtigung der Herstellung oder dgl. in Beziehung steht, so wird leicht auch unter der neuen Bezeichnung das Vorliegen solcher Beziehungen verstanden werden. Wird aber gar die Bezeichnung „Ware nach ..." („System ...", „Ersatz ..." usw.) gewählt, um die eingetretene Ähnlichkeit nach Möglichkeit zu verdecken, so würde wohl kaum mehr gesagt werden können, daß eine solche Bezeichnung befugt gebraucht wird. „Wenn auch die Mehrheit — und die weitaus überwiegende Mehrheit — der beteiligten Kreise in der Bezeichnung ‚Seide nach Voemel' nicht zum Ausdruck gebracht gefunden hat, daß der Kläger zu den Waren als Hersteller oder durch Beaufsichtigung der Herstellung oder dgl. in Beziehung steht, so schließt das nicht aus, daß der übrige, vielleicht auch noch erhebliche Teil der beteiligten Kreise in den Bezeichnungen des Beklagten jene Beziehung des Klägers zu der Ware ausgedrückt findet. Ist aber letzteres der Fall, so hat der Beklagte den Namen des Klägers in einer Weise benutzt, die geeignet ist, Verwechslungen mit dem Namen des Klägers herbeizuführen." — Über die täuschende Benutzung der Bezeichnung „Ersatz" hat RG. **86** 125 in Übereinstimmung mit Verf. in LZ. **1915** 612 folgendes dargelegt: „Es verstößt gegen die guten Sitten, wenn die Beklagten ihre Ware mit einem Namen (Garlock-Ersatz) in den Verkehr bringen, der als auffälligen Bestandteil nicht den eigenen Namen, sondern den Namen eines Wettbewerbers (The Garlock Packing Co.), wenn auch in abgekürzter Form, enthält, ohne daß dieser letztere Name eine allgemeine Bezeichnung für Waren von bestimmten Eigenschaften geworden ist. Eine solche willkürliche, nicht aus der Notwendigkeit einer sachlich zutreffenden Bezeichnung der Ware entsprungene Verwendung des Namens eines Wettbewerbers, der auf diese Weise der eigenen Ware anhaften soll, kann nur den Zweck haben, den Absatz der eigenen Ware gerade dadurch zum Schaden des Wettbewerbers zu erleichtern, daß dessen Name und der damit verknüpfte Ruf, den die von ihm hergestellten Waren infolge seiner Tätigkeit erlangt haben, benutzt wird, um der eigenen Ware Eingang zu verschaffen. Dies ist auch dann der Fall, wenn ein dem Namen des Wettbewerbers hinzugefügtes Wort (‚Ersatz') die Wirkung hat, zum Ausdruck zu bringen, daß die Ware der Beklagten nicht die bekannte Ware der Klägerin und auch nicht von der Klägerin hergestellt, sondern nur ebensogut, ebenso dienlich sei. Um das letztere zum Ausdruck zu bringen, brauchten die Beklagten für ihre Ware nicht einen Namen zu wählen, der den Namen der Klägerin in sich aufnahm. Wenn sie es trotzdem taten, so kann ihre Absicht sich nicht darauf beschränkt haben, damit ihre Ware als eine ebenso gute, wie die der Klägerin, zu bezeichnen, vielmehr muß ihre Absicht weiter dahin gegangen sein, ihrer Ware den Namen der Klägerin anzuheften, um dadurch, wenn auch nicht das Publikum zu täuschen, so doch in Ausnutzung des von der Klägerin für ihren Namen und ihre Erzeugnisse erworbenen guten Rufes den eigenen Wettbewerb zu erleichtern und den der Klägerin zu erschweren." — Mit dieser Entscheidung ist die frühere, abweichende Rechtsprechung des RG. (z. B. RG. in GewRSchutz **1912** 105) überholt. RG. in Bl. **1913** 227 hat die Bezeichnung „System Vermorel" sogar für strafbar erklärt: die Möglichkeit von Verwechslungen sei „keineswegs ausgeschlossen". Vgl. Katz in JW. **1921** 1550 über den rechtsähnlichen Fall einer Verletzung des WZG. durch die Zusätze „Absaat" und „Nachbau". § 16.

Die Benutzung eines Schlagworts, das im Verkehr als Kennzeichen eines fremden Namens (einer fremden Firma usw.) angesehen wird (Note 7, 13, 26), ist nicht deshalb zulässig, weil das Schlagwort eine Abkürzung auch des Namens des Benutzenden darstellt. Denn der § 16 WettbG. wendet sich gerade gegen die Note 29.

§ 16. an sich befugte Benutzung einer Bezeichnung, auch des eigenen Namens. Siehe die Fälle „Mercier", RG. in MuW. 8 297; „Horch", RG. in GewRschutz 1911 176; „Köhler", RG. in MuW. 16 239; „Hoff", RG. in GewRschutz 1911 290. In letzterem Falle klagte die Firma „Johann Hoff", Berlin, gegen die Firma „M. Hoff", Hamburg, mit dem Antrage, es zu unterlassen, Malzextraktbier mit der Bezeichnung „Hoff's Malzextrakt" zu versehen und zu vertreiben. Die Klägerin stützte sich sowohl auf ihr Warenzeichen- als auch auf ihr Firmenrecht. Sie behauptete, daß unter der Bezeichnung „Hoff's Malzextrakt" im Verkehr ausschließlich ihr Erzeugnis verstanden werde. LG. und OLG. Hamburg wiesen die Klage ab. Das RG. hob auf. Es erkannte an, daß der Bezeichnung „Hoff's Malzextrakt" die Bedeutung eines Schlagworts innewohne, möge auch das Wort „Malzextrakt" eine Beschaffenheitsangabe sein. Werde das Schlagwort im Verkehr auf die Erzeugnisse der Klägerin bezogen, so sei der Beklagte durch den § 13 WZG. nicht gedeckt: „Der Verwechslung würde die Klägerin nur dann nicht entgegentreten können, wenn unter dem Namen oder der Abkürzung der Firma des Beklagten ‚M. Hoff' in ‚Hoff' von den Abnehmern der Waren nur die Firma des Beklagten verstanden würde und diese abgekürzte Bezeichnung vom Beklagten mit dieser Wirkung schon vor der Klägerin geführt worden wäre. Denn dann wäre es vielmehr die Klägerin, die durch Verwendung ihres Firmenbestandteils ‚Hoff' zur Warenbezeichnung die Verwechslungen herbeiführte, und das Recht des Beklagten an dem von ihm vorbenutzten Schlagwort würde ihm auch nicht durch die von der Klägerin erwirkte Eintragung entzogen werden können." Es sei also zu prüfen, ob eine schlagwortähnliche Bezeichnungskraft des Worts „Hoff" ausschließlich für die Firma und die Waren des Beklagten sich gebildet habe. [Eine solche Bildung sei nicht als rechtmäßig anzusehen, wenn das von der Klägerin behauptete Warenzeichen ihres Rechtsvorgängers entgegengestanden habe (RG. 64 67).] Das RG. erklärt dann, daß, wenn die Bezeichnung „Hoff's Malzextrakt" in den Abnehmerkreisen ganz allgemein auf das Erzeugnis der Klägerin bezogen werde, der Beklagte sich dieser Bezeichnung für seine Waren nicht so bedienen dürfe, daß eine Verwechslung hinsichtlich der Herkunft erzeugt wird. Siehe auch Note 7 und Note 71, 77, 78. Über den Schutz schlagwortartiger Abkürzungen aus § 12 BGB. siehe Note 56. Über sittenwidrige Scheingründungen unter Verwendung eines fremden Schlagworts siehe § 1 Note 45. Über die täuschende Verwendung von Schlagworten siehe § 1 Note 56.

Note 30. **„Hervorrufen"** kann nur durch positives Tun erfolgen. Doch ist die Ausnutzung eines Irrtums dann gleichzustellen, wenn hierbei ein positives Tun vorgenommen wird.

Note 31. **„Befugterweise."** Das Befugtsein ist Voraussetzung des gerichtlichen Unterlassungsgebots (RG. 88 311), muß also am Schluß derjenigen mündlichen Verhandlung noch vorliegen, die der Urteilsfällung vorangeht. Das subjektive Verhalten der Parteien und die Verkehrsanschauung dürfen bei der Feststellung, ob der Begriff „befugterweise" erfüllt ist, nicht unberücksichtigt bleiben (Note 1 und das Vorwort). Es kommt darauf an, ob die eine Partei gerade gegenüber der anderen der Bezeichnung „sich befugterweise bedient". Enthält die Gesamtbezeichnung einen Bestandteil, der objektiv zu Unrecht geführt wird, dann ist der Begriff „befugterweise" nicht erfüllt (RG. 88 311). Ob auch noch ein anderer „befugt" ist, bleibt außer Betracht (OLG. Darmstadt in MuW. 12 419). Doch ist der § 16 nicht anwendbar, wenn der einen Partei die gleiche Befugnis zusteht wie der anderen, also etwa bei Gebrauchsüberlassung eines Namens (einer Firma usw.): Hier steht dem Recht des Namensträgers das Recht des Lizenznehmers gegenüber. Siehe auch Note 35, 36 über die Klage- § 16. berechtigung und den Beklagten.

Rechtmäßig und gutgläubig muß die Bezeichnung angenommen worden Note 32. sein und fortgeführt werden: „Der Berufungsrichter schließt die Berechtigung (der Beklagten, Widerklägerin) zu der Bezeichnung aus deren Wahrheit, und er hält diese Wahrheit für das allein Entscheidende. Das ist bei der Lage der Sache unzutreffend. Die Beklagte hat die Befugnis, sich ihrer Bezeichnung zu bedienen, dann nicht erworben, wenn sie bei ihrer Annahme und Führung gegen die Gesetze verstoßen hat. Der Kläger hat behauptet, die Beklagte habe sich mit der Annahme der Bezeichnung des unlauteren Wettbewerbes schuldig gemacht ... Daß auf Grund eines solchen Handelns nicht Befugnisse erworben werden können, ist unzweifelhaft" (Note 28, RG. **88** 312; ebenso RG. in MuW. **12** 290). Auch darf die „Annahme oder Führung" der Bezeichnung nicht eine unrichtige Angabe im Sinne des § 3 WettbG. darstellen (OLG. Kolmar in MuW. **12** 300), oder eine Verletzung fremder Rechte, z. B. eines fremden Warenzeichenrechts (RG. **64** 63). Wird eine Scheinfirma (Schwindelfirma) gutgläubig erworben, so benutzt auch der gutgläubige Erwerber die Firma nicht „befugterweise": Ist die Firma von vornherein nicht rechtmäßig zustande gekommen, so steht dieser Mangel auch dem gutgläubigen Erwerber entgegen (§ 1 Note 46).

Über die Gebrauchsüberlassung an einem Namen usw. siehe Note 61; ebendort über die Klagebefugnis des Nutzungsberechtigten.

„Im geschäftlichen Verkehr" muß die Verletzung der Unterscheidungszeichen Note 33. des § 16 erfolgt sein. Näheres über den Begriff „geschäftlicher Verkehr" siehe S. 32. Der Verkehr innerhalb eines geschäftlichen Betriebes wird vom § 16 nicht umfaßt (Keidel in MuW. **13** 309).

Rückwirkende Kraft. Über die Behandlung der Verwechslungsfähigkeit von Note 34. Bezeichnungsmitteln, die schon vor dem Inkrafttreten des WettbG. von 1909 nebeneinander geführt wurden, siehe § 30.

Die Ansprüche.

Klageberechtigt ist derjenige, dem die Schutzgegenstände des § 16 zu- Note 35. stehen. Über die Klagebefugnis des Nutzungsberechtigten siehe Note 61. Da der § 16 die gewerbliche Tätigkeit vor Beeinträchtigungen schützen will, so ist Voraussetzung für seine Anwendbarkeit, daß der Kläger gewerblich tätig ist. Zieht sich der Kläger aus dem geschäftlichen Verkehr zurück, so kommt es darauf an, ob er „bereit und imstande ist, seine Tätigkeit bei Gelegenheit wieder auszuüben" (RG. **101** 230). Klagt der Inhaber einer Firma, so ist es belanglos, ob sie im Handelsregister eingetragen ist (Note 83 über den Begriff „Firma" im Sinne des § 16 WettbG.). Bei unbefugter Benutzung des Titels einer Druckschrift ist klageberechtigt der Verleger der Druckschrift, außer ihm der Inhaber des Urheberrechts, sofern es den Titel umfaßt. Während der Dauer der Liquidation eines Unternehmens wird die Klageberechtigung aus § 16 nicht berührt. Näheres siehe S. 47 ff., 59 ff.

Der Beklagte braucht kein Mitbewerber desjenigen, dessen Rechte er verletzt, ja Note 36. er braucht nicht einmal Gewerbetreibender zu sein. Das bewußte und gewollte Zusammenwirken mit dem Benutzenden genügt. Der Beklagte braucht also nicht der Inhaber des Betriebes zu sein, dessen Bezeichnungsmittel den § 16 verletzen. Einwendungen aus dem Rechte Dritter kann er nicht erheben, also nicht etwa geltend machen, ein Dritter könne vom Kläger die Unterlassung des Gebrauchs fordern (RG. in Bl. **26** 143; RG. II. 486/20). Es kommt nur darauf an, ob der Kläger gegenüber dem

§ 16. Beklagten die Bezeichnung „befugterweise" führt (ob der Beklagte dies gewußt hat, ist belanglos). Es bleibt dem Dritten überlassen, seine Rechte selbst zu wahren. Der Beklagte kann auch nicht geltend machen, der Kläger habe die Benutzung stillschweigend geduldet. Bei Druckschriften kommen als mißbräuchliche Benutzer sowohl der Verfasser als auch der Verleger und Verbreiter in Betracht (GewRschutz 97 252). Nicht aber der Drucker (im Regelfall), denn die Herstellung der Druckschrift ist keine Benutzung „im geschäftlichen Verkehr": Bestritten, siehe Keidel in MuW. 13 309, der zum Teil unzutreffend argumentiert: der Drucker handle nicht zu Zwecken des Wettbewerbes, und dies verlange der § 16. Ein solches Tatbestandsmerkmal wird aber im § 16 nicht aufgestellt. Näheres über den Beklagten siehe S. 54 ff.

Note 37. Über die Verjährung der Ansprüche aus § 16 siehe § 21.

Note 38. 1. **Der Anspruch auf Unterlassung.** Näheres siehe S. 37 ff. Über die von der Unterlassungspflicht umfaßte Beseitigungspflicht siehe S. 45. Hierüber hinaus ist ein Beseitigungsanspruch gegeben gemäß S. 83 ff. Über den Klageantrag und die Urteilsformel siehe S. 59. Über das Rubrum siehe S. 29.

Note 39. Die mißbräuchliche Art der Benutzung ist zu untersagen, wenn diese Art, nicht schon die verkehrsübliche Benutzung des Bezeichnungsmittels die Verwechslungsgefahr herbeiführt. Das Verbot richtet sich gegen das Tun des Beklagten, so wie es in die Erscheinung getreten ist. Zu verbieten ist also die vom Beklagten vorgenommene Art der Benutzung (S. 60). Es bleibt ihm überlassen, eine Form zu finden, wie er die Bezeichnung fortan benutzen zu dürfen glaubt.

Note 40. Ein Verbot jeglicher Benutzung der Bezeichnung kann dann ausgesprochen werden, wenn jede Art der Benutzung sich als unzulässig darstellt. Dies ist der Fall, wenn schon die verkehrsübliche Führung der Bezeichnung (z. B. der eingetragenen Firma) die Verwechslungsgefahr hervorruft (RG. 75 373). Besonderes gilt, wenn es sich um die Benutzung des eigenen Namens handelt (Note 24). Ein Verbot jeglicher Benutzung ist ferner dann auszusprechen, wenn die Wahl der Bezeichnung in Täuschungsabsicht erfolgt ist; hier macht der unsittliche Zweck die gesamte Benutzung zu einer mißbräuchlichen (Note 4; RG. 63 139). Vgl. Note 4.

Note 41. Ein beschränkter Anspruch auf Unterlassung ist gegeben, wenn der Gebrauch einer Bezeichnung nur für ein örtlich beschränktes Gebiet unzulässig ist. Dieser Fall tritt namentlich dann ein, wenn zwei Gewerbetreibende, die verwechslungsfähige Bezeichnungen führen, durch Ausdehnung des Absatzgebietes über den bisherigen Umfang hinaus in einem bestimmten Bezirk zusammenstoßen. In solchen Fällen kann die Benutzung nicht vollen Umfangs verboten werden, vielmehr ist in die Urteilsformel eine Beschränkung aufzunehmen. Siehe auch Note 45 und S. 61. Wenn ein Gewerbetreibender in seinem Geschäft unter einheitlicher Firma Waren verschiedener Art führt, in Ansehung deren der Gebrauch der Firma teilweise erlaubt, teilweise (weil das Publikum getäuscht wird) unzulässig ist, so hat dies nicht die Rechtsfolge, daß er für seinen gesamten Geschäftsbetrieb unterschiedslos die Firma führen darf, vielmehr muß er die Führung der Firma überhaupt so lange unterlassen, als er Waren vertreibt, bezüglich deren der Gebrauch der Firma unstatthaft ist. „Das Unrecht kann nicht dadurch zum Recht werden, daß es in Verbindung mit Erlaubtem auftritt" (RG. in MuW. 16 191). Dieselben Grundsätze gelten für Warenzeichen.

Note 42. Außer und neben dem Antrage auf Löschung kann Unterlassung des Gebrauchs der Bezeichnung verlangt werden. Denn die Löschung hat nicht zur Folge, daß der hierzu Verurteilte die Bezeichnung nicht mehr gebrauchen darf (RG. in GewRschutz **1911** 176; siehe auch hinsichtlich der Löschung eines Warenzeichens RG. in GewRschutz **1912** 137). **§ 16.**

Wenn Angestellte oder Beauftragte eine Zuwiderhandlung gegen den § 16 begangen haben, so ist gemäß § 16 Abs. 4 die Unterlassungsklage gegen den Geschäftsinhaber als solchen gegeben. Siehe Näheres § 13. Note 43.

2. **Der Anspruch auf Löschung** einer Firma ist gegeben, wenn die Firmenbenutzung „stets oder in der Mehrzahl der Fälle zu der Gefahr einer Verwechslung mit der Firma, deren ein anderer sich befugterweise bedient, Anlaß gibt, da in solchem Falle die Verurteilung zur Unterlassung des Gebrauchs der Firma im Erfolge ihrer Löschung gleichkäme und das bloß formelle Fortbestehen der Eintragung der Firma mit dem tatsächlichen Rechtszustande in Widerspruch stehen würde": RG. in MuW. **17** 164; vgl. auch RG. **95** 294; RG. in JW. **1918** 307; RG. in MuW. **19** 30; a. M. Marquardt in MuW. **19** 159. Für die Löschung der von einer G. m. b. H. geführten Firma gilt nichts Besonderes. „Der Einwand, daß eine G. m. b. H. nicht ohne Firma sein kann, versagt schon deshalb, weil die Gesellschaft durch Abänderung des Gesellschaftsvertrages jederzeit eine neue Firma anzunehmen vermag" (RG. in MuW. **15** 86; KG. in MuW. **19** 117; a. M. das schon in den früheren Auflagen bekämpfte Urteil des OLG. Hamburg in HansGZ. **1912** 115). Über die vom Registerrichter vorzunehmende Löschung siehe Note 71, 72. Salinger in LZ. **1919** 1210 hält den Anspruch auf Löschung nur dann für begründet, wenn beim Beklagten die subjektiven Voraussetzungen vorliegen, unter denen Schadensersatz verlangt werden kann: es handle sich nicht um ein Dauer-, sondern um ein Zustandsdelikt; die Verpflichtung zur Unterlassung einer Handlung umfasse nicht die Verpflichtung, eine Handlung vorzunehmen, die zur Verhinderung der verbotenen Handlung geeignet sei. Damit werden die obigen Erwägungen des RG. nicht widerlegt, die einer Verstärkung des Unterlassungsgebots gelten. Es bedarf auch keiner „Handlung" des Beklagten, vielmehr reicht die Rechtskraft des die Löschung anordnenden Urteils aus, um den Registerrichter zur Löschung zu veranlassen (RG. in GewRschutz **1911** 177). Allerdings kann der Klageantrag statt auf Löschung auch dahin lauten, daß der Beklagte dem Registerrichter anzeige, er führe die Bezeichnung fortan nicht mehr (RG. in MuW. **15** 125). Siehe auch Note 63. Note 44.

Ein beschränkter Anspruch auf Löschung ist gegeben, wenn zu Firmenbezeichnungen Zusätze eingetragen sind, die sich als rechtswidrig darstellen (vgl. Note 71). Ferner kommt eine beschränkte Löschung in Frage, wenn einzelne Worte einer Gesamtfirmenbezeichnung „unrichtige Angaben" sind, die gegen den § 3 verstoßen (siehe hierzu § 3 Note 15). Wenn aber gegen die ganze vom Beklagten benutzte Firmenbezeichnung ein Unterlassungsanspruch gegeben ist, muß auch, soweit überhaupt Löschung verlangt werden kann (Note 44), dem Anspruch auf Löschung unbeschränkt stattgegeben werden. Im Falle RG. **95** 294 handelt es sich um die Worte „Birresborner Sprudel" in der Firma „Birresborner Sprudel-Gesellschaft mit beschränkter Haftung". Das RG. betont hier: „Es bleibt der Beklagten unbenommen, die beiden fragl. Worte durch Einfügung von Zusätzen, die die Verwechslungsfähigkeit ausschließen, zur Bildung einer neuen Firma zu verwenden." Demgemäß ist vorerst die bisher benutzte Bezeichnung zu löschen. Siehe auch S. 61; RG. in MuW. **12** 295; **13** 27. Note 45.

Selbständig neben dem Unterlassungsanspruch besteht der Löschungsanspruch. Es kann also gemäß § 301 ZPO. ein Teilurteil erlassen werden (RG. in MuW. **11** 162). Eine Verbindung der Löschungsklage mit der Unterlassungsklage ist grundsätzlich gestattet (RG. in LZ. **1919** 258). Vgl. § 1 Note 66. Note 46.

Werden auf Täuschung berechnete Bezeichnungen in eine Note 47.

§ 16. Firma aufgenommen, stellt etwa schon die Wahl der Firma einen unlauteren Wettbewerb dar, so ist der Anspruch auf Löschung auch aus § 1 WettbG. herzuleiten (Note 4; § 1 Note 68; RG. **48** 241, **63** 138, **75** 374, **80** 436; RG. in MuW. **15** 86).

Note 48. 3. **Der Anspruch auf Schadensersatz.** Für ihn ist Voraussetzung, daß der Benutzende wußte oder wissen mußte (fahrlässigerweise nicht wußte), daß die mißbräuchliche Art der Benutzung geeignet war, Verwechslungen hervorzurufen. Ein Verschulden des Benutzenden wird regelmäßig fehlen, wenn er durch Beifügung geeigneter Zusätze die Verwechslungsmöglichkeit auszuschließen bestrebt war (RG. in JW. **98** 174, 250; RG. in MuW. **9** 203). Auf die Absicht zum Hervorrufen von Verwechslungen kommt es nicht an. Unbeachtlich ist es auch, ob der Benutzende der Befugnis des anderen zur Benutzung der in Frage stehenden Bezeichnung sich bewußt gewesen ist (RG. in JW. **99** 498). Näheres über die Schadensersatzklage siehe S. 89 ff. Soweit mangels Verschuldens Schadensersatz nicht in Frage kommt, kann ein Anspruch auf Bereicherung gegeben sein (Lobe I S. 363; Adler 113).

Note 49 Die Fortsetzung einer mißbräuchlichen Benutzung nach Kenntnis des Sachverhalts genügt, mag auch zu Beginn der Benutzung Verschulden nicht vorgelegen haben (RG. in JW. **03** 189; RG. **41** 84). Andererseits kann, mag auch ursprünglich Fahrlässigkeit bestanden haben, die weitere Benutzung unter Umständen schuldlos vor sich gehen, wenn nämlich die Annahme des Benutzenden berechtigt erscheint, daß infolge des — lange Zeit fortwährenden — Nebeneinanderbestehens der beiden Bezeichnungen Verwechslungsmöglichkeit nicht mehr besteht (RG. in JW. **98** 300).

I. Der Name.

Note 50. **1. Der Namenschutz des BGB.** Der § 12 BGB. regelt den allgemeinen Namenschutz: Der Namenträger hat, soweit sein „Interesse" dies erfordert, das Recht auf den ausschließlichen Gebrauch seines Namens gegenüber jedem, der nicht ebenfalls ein Recht auf diesen Namen hat. Es ist nicht gefordert, daß der fremde Name gerade zur Bezeichnung der Persönlichkeit verwendet wird (Note 57). Über Zusammenstoßen von Namenrecht und Warenzeichenrecht siehe Note 67; über Gattungsnamen siehe § 5.

§ 12 BGB.

Wird das Recht zum Gebrauch eines Namens dem Berechtigten von einem anderen bestritten oder wird das Interesse des Berechtigten dadurch verletzt, daß ein anderer unbefugt den gleichen Namen gebraucht, so kann der Berechtigte von dem anderen Beseitigung der Beeinträchtigung verlangen. Sind weitere Beeinträchtigungen zu besorgen, so kann er auf Unterlassung klagen.

Note 51 **Der Begriff „Interesse"** ist in weitestem Sinne aufzufassen: Jedes berechtigte Interesse genügt, sei es wirtschaftlicher oder ideeller Art (RG. **56** 166, **74** 310, **86** 123, **101** 171, 231; RG. in MuW. **11** 435; Lobe in GewRSchutz **1912** 186). Maßgebend ist die Verkehrsauffassung (RG. **101** 171). Stimmt z. B. ein zur Bezeichnung von Waren gewähltes Phantasiewort mit einem Namen überein, dann ist das Interesse des am Namen Berechtigten verletzt, wenn der Verkehr in der Benutzung den Hinweis auf eine bestimmte Person oder Familie erblickt. Es genügt alsdann, daß der am Namen Berechtigte diesen Namen überhaupt nicht, oder nur soweit es ihm gefällt, von anderen benutzen lassen will. RG. **54** 43 erklärt: Zwar ist der Beklagte berechtigt, das von ihm nach dem Rezept des Klägers (Sylvester) hergestellte Mundwasser als Sylvestersches Wasser zu bezeichnen. Allein aus dieser Befugnis, die Eigenschaft des Wassers anzugeben, folgt nicht, daß der Beklagte den Namen des Klägers für sich als Waren-

zeichen eintragen lassen darf. So hat RG. **74** 311 der Löschungsklage des Grafen § 16.
Zeppelin aus § 12 BGB. stattgegeben gegen einen Händler, der für seine Waren den Namen „Graf Zeppelin" als Warenzeichen hat eintragen lassen. RG. in MuW. **20** 188 erklärt: „Im allgemeinen braucht sich niemand gefallen zu lassen, daß seinen Namen ein anderer unbefugt zur Bezeichnung seines Geschäfts benutzt." Je seltener ein Name ist, desto eher wird eine Interessenverletzung anzunehmen sein. Bei weit verbreiteten Namen kann wegen der abgeschwächten Unterscheidungskraft das Schutzinteresse des einzelnen Trägers wegfallen (RG. **100** 187; RG. in MuW. **20** 188; Dunkhase in MuW. **14** 322). Siehe die — verschieden beurteilten — Fälle RG. in DJZ. **06** 543; KG. in LZ. **1914** 1734; KG. in MuW. **12** 526 („Bartolo"); KG. in MuW. **14** 341 („Montebello"); LG. Berlin in MuW. **14** 342 („Modiano"); OLG. Hamburg in MuW. **15** 368 („Krongold"); OLG. Dresden in MuW. **15** 366. Vgl. Note 67 über Zusammenstoßen von Namenrecht und Warenzeichenrecht.

Daß nach der Verkehrsauffassung Beziehungen vermutet werden zwischen dem Namensträger und dem Benutzer dieses Namens, genügt, um eine Interessenverletzung anzunehmen. So hat RG. **101** 172 anerkannt, daß eine Stadtgemeinde aus § 12 BGB. auf Unterlassung der Bezeichnung „Stadttheater" klagen kann: „Die Verhältnisse können auch da, wo von unlauterem Wettbewerb nicht die Rede ist, so liegen, und regelmäßig wird es der Fall sein, daß eine Stadtgemeinde ein wesentliches Interesse daran hat, daß für ein gewerbliches Unternehmen nicht eine Bezeichnung gebraucht wird, die den Anschein erweckt, als ob es von ihr betrieben, unterstützt, geleitet werde oder zu ihr in ähnlichen Beziehungen stehe, wenn das tatsächlich nicht der Fall ist" (ähnlich RG. **101** 231). LG. Leipzig in JW. **1919** 841 hat angenommen, daß eine A.-G., die den Namen ihres Gründers führt, aus § 12 BGB. den Gebrauch eines übereinstimmenden Phantasiewortes verbieten und Löschung des Warenzeichens verlangen kann, weil „die Möglichkeit besteht, daß Waren der Beklagten unter dem beanstandeten Wortzeichen in Gegenden vertrieben werden, wo der Name der klagenden A.-G. und der Familie wohl bekannt ist". Der Einwand der Ungleichartigkeit der Waren wurde zurückgewiesen. Siehe auch Note 57. Note 52.

Schutzgegenstand des § 12 BGB. sind der bürgerliche Name und das Pseudonym (der Deckname), und zwar auch „mundgerechte Abkürzungen", z. B. nur der Vorname, wenn er den beteiligten Kreisen als Hinweis auf den Namensträger gilt (RG. **101** 230; RG. in JW. **1921** 522, 621; RG. in JW. **1921** 348; RG. in OLGRspr. **41** 4). Der Name der juristischen Personen und nicht rechtsfähigen Vereine steht dem Namen natürlicher Personen gleich: RG. **74** 114, **78** 101, **101** 170. Note 53.

Auch der Handels- und Gewerbename genießt den Schutz des § 12 BGB., mag er mit dem bürgerlichen Namen übereinstimmen oder nicht (entgegengesetzt die herrschende Meinung; siehe insbesondere RG. **59** 286 und das dort angeführte Schrifttum). Die firmenrechtlichen Bestimmungen des HGB. sind als vorbeugende handelspolizeiliche Vorschriften anzusehen; sie verhindern nicht, daß die — weitergehenden — Bestimmungen des § 12 BGB. herangezogen werden (Osterrieth in GewRschutz **1918** 29; Verf. in GewRschutz **1918** 106; Gerdes in MuW. **18** 1; Adler S. 124 ff.; LG. I Berlin in JW. **1918** 381). RG. **59** 286 beruft sich auf die Motive zum BGB., ohne die rechtlichen und wirtschaftlichen Gesichtspunkte einer Erörterung zu unterziehen. Das Urteil kommt zu dem Ergebnis, daß „der Inhaber einer Firma den Schutz des § 12 BGB. nicht für einen Namen beanspruchen kann, den er selbst nicht trägt, der vielmehr nur in der von ihm geführten Note 54.

§ 16. Firma vorkommt". Der Rechtsvorgänger dieses Firmeninhabers hätte hiernach weitergehende Rechte als sein Zessionar, so daß lediglich infolge der Firmenübertragung (zu beachten ist § 24 Abs. 2 HGB.) ein Rechtsverlust eingetreten wäre. Daß nicht nur der ererbte Name den Schutz des § 12 BGB. genießt, sondern auch der frei gewählte, ist schon in RG. **74** 114, **78** 101 dargelegt. Der frei gewählte Name sichert dem Kaufmann und Industriellen eine Unterscheidungsmöglichkeit, die der ererbte Name häufig nicht bietet. Der § 12 BGB. kann erst dann die ihm zukommende praktische Bedeutung gewinnen, wenn er in obigem Sinne ausgelegt wird (Verf. in GewRSchutz **1918** 106).

Note 55. Die für eine Firma zugelassene Telegrammadresse genießt den Schutz des § 12, wenn sie den beteiligten Kreisen als Hinweis auf die Firma erscheint: RG. **102**, 89 fordert unter Berufung auf RG. **56** 418, daß die Telegrammadresse „als Abkürzung der Firma in den beteiligten Abnehmerkreisen bekannt ist und diese daraus die wirkliche Firma zu erkennen und zu rekonstruieren vermögen". Außerdem ist die Telegrammadresse als „besondere Bezeichnung eines Erwerbsgeschäfts" geschützt (Note 96).

Note 56. Auch schlagwortartige Abkürzungen genießen den Schutz des § 12 BGB., wenn das Schlagwort sich als eine Phantasiebezeichnung darstellt, die einen wesentlichen Bestandteil des Gesamtnamens bzw. der eingetragenen Gesamtfirmenbezeichnung bildet und als Abkürzung dieser Gesamtbezeichnung die Anerkennung der beteiligten Verkehrskreise gefunden hat. Siehe hierzu die Mitropa-Entscheidung des LG. I, Berlin (JW. **1918** 381), die nur darin zu weit geht, daß sie es genügen läßt, daß der schlagwortartig hervortretende Firmenbestandteil zur kurzen Kennzeichnung des Geschäftsbetriebes dienlich ist, während nach obigem verlangt werden muß, daß das Schlagwort als Abkürzung mit Erfolg in den Verkehr eingeführt worden ist (Verf. in GewRSchutz **1918** 106). Nur soweit die Kennzeichnungskraft des Schlagworts reicht, liegt ein „Interesse" im Sinne des § 12 BGB. vor. Mit dieser Einschränkung ist es zu billigen, daß die Bezeichnung „Mitropa" als die schlagwortartige Abkürzung der Firma „Mitteleuropäische Schlafwagen- und Speisewagen-A.-G." auf Grund des § 12 BGB. geschützt und daß demgemäß ein gleichlautendes Warenzeichen zur Löschung gebracht worden ist, dessen Eintragung für Sensen und Sicheln seitens einer Stahlfirma erst nach dem Bekanntwerden der das Wort „Mitropa" enthaltenden Firma beantragt worden ist. [Wenn Schlagworte, die zwar in den Verkehr eingeführt worden sind, aber die Anerkennung der beteiligten Verkehrskreise noch nicht erworben haben, in unlauterer Weise von einem anderen benutzt werden, so hat der Vorberechtigte zwar kein Namenrecht, wohl aber unter Umständen die Rechte aus §§ 826 BGB., 1 WettbG. (§ 1 Note 77).] Näheres siehe Verf. in GewRSchutz **1918** 106 (ferner Osterrieth in GewRSchutz **1918** 29; Gülland in MuW. **17** 245; Gerdes in MuW. **18** 1; a. M. Niebour in MuW. **17** 149). Über den Schutz, den der § 16 WettbG. den Abkürzungen und Schlagworten gewährt, siehe Note 29; über die täuschende Verwendung von Schlagworten siehe § 1 Note 56.

Note 57. Ein **„Gebrauch"** des Namens liegt vor, wenn die Art der Verwendung als ein Hinweis auf den Namensträger erscheint, und zwar genügt es, daß die Meinung hervorgerufen wird, es beständen Beziehungen (RG. **101** 172) zwischen dem Namensträger und dem Benutzenden (Note 52, 67, Adler in JW. **1921** 1551). Nicht wird erfordert, daß der Name gerade zur Bezeichnung der Persönlichkeit verwendet wird. Dies ergibt sich aus den Darlegungen (Note 51) zum Begriff „Interesse" (unrichtig RG. 71 265, **91** 350). Auch ein Gebrauch zur Bezeichnung eines Geschäfts kann den § 12 verletzen, sowie ein Gebrauch zu Reklamezwecken oder zur Bezeichnung von Waren, insbesondere durch Eintragung eines Warenzeichens (RG. **54** 42, **74** 311, **100** 186; hier greift auch der Schutz des § 14 WZG. ein, aber nur bei Verwechslungsfähigkeit). Siehe Näheres Note 52. Vgl. Adler in JW. **1921** 522, 621. Über Systembezeichnungen siehe Note 27. **§ 16.**

„Unbefugt" bedeutet, daß der Name objektiv rechtswidrig gebraucht wird (Note 31). **Note 58.**

Unter einem **„gleichen"** Namen ist nicht lediglich ein im Klang und in der Schreibart völlig übereinstimmender Name zu verstehen, sondern ein dem Klange nach gleicher und der Schreibweise nach verschiedener Name oder ein Name, der so geringe Abweichungen aufweist, daß er im maßgebenden Verkehr verwechselbar ist (RG. in JW. **1910** 799; bestritten). **Note 59.**

Das **„Bestreiten"** kann wörtlich erfolgen oder durch Handlungen, die das Recht zum Gebrauch des Namens antasten. Objektive Widerrechtlichkeit genügt. **Note 60.**

Die Gebrauchsüberlassung eines Namens durch Lizenzvertrag ist gestattet, und zwar sowohl die Überlassung für einen bestimmten gewerblichen Zweck, als auch für den ganzen geschäftlichen Verkehr. Die Überlassung ist nur insoweit wirksam, als eine Täuschung des Publikums vermieden wird, insbesondere eine Täuschung über die Herkunft von Waren (gewerblichen Leistungen). Der Nutzungsberechtigte darf einem Dritten die Beeinträchtigung des Namenrechts untersagen, soweit ihm vertraglich dieses Verbietungsrecht übertragen worden ist. Ein selbständiges Klagerecht hat er ebensowenig wie derjenige, dem die Lizenz an einem Warenzeichen erteilt worden ist (RG. **87** 149; vgl. Note 82 sowie RG. **64** 398; bestritten; vgl. Salinger in JW. **1921** 1503). Es geht zu weit, wenn RG. IV 539/06 dem Nutzungsberechtigten die Befugnis erteilt, den fremden Namen als Warenzeichen für sich eintragen zu lassen, sofern ihm der Namensträger die unbeschränkte Verwertung der unter seinem Namen in den Verkehr gebrachten Waren gestattet hat (vgl. Note 51). **Note 61.**

Die Widerruflichkeit der Gebrauchsüberlassung hängt von der Auslegung des Parteiwillens ab (RG. in JW. **1921** 825). Hinzu treten allgemeine rechtliche Erwägungen, auf Grund deren ein Widerruf aus triftigem Grunde möglich ist, insbesondere wenn der Name trotz Abmahnung so gebraucht wird, wie es gegenüber dem Namensträger nach Treu und Glauben unzulässig erscheint. Auch ohne Abmahnung kann auf Unterlassung der mißbräuchlichen Benutzung geklagt werden. Veräußert jemand ein Unternehmen oder das Recht an einem Verfahren, das er mit seinem Namen versehen hat, so ist anzunehmen, daß er zugleich auch das Recht, weiterhin dieses Unternehmen (Verfahren) mit seinem Namen zu bezeichnen, übertragen hat (RG. in JW. **1900** 829). Aber auch in solchen Fällen kann die Gebrauchsüberlassung widerrufen werden, wenn der Nutzungsberechtigte eine Verletzung des Vertrages oder der Grundsätze von Treu und Glauben sich zu schulden kommen läßt. Maßgebend ist das „Interesse" des Namensträgers bzw. seiner Erben. Angesichts der höchstpersönlichen Natur des Namenrechts muß die Beurteilung streng sein (Note 51, 52). Vgl. den rechtsähnlichen Fall RG. in MuW. **21** 84.

Wenn zu Zwecken unlauteren Wettbewerbes der Gebrauch eines Namens überlassen wird, so gelangt weder ein abgeleitetes Namenrecht zur Entstehung, noch ein Firmenrecht. Das gleiche gilt, wenn Gesellschaftsverträge (Scheinverträge) geschlossen werden, um einen in dem Geschäftszweige bekannten Namen zu erwerben: Siehe Note 4 und § 1 Note 45. **Note 62.**

§ 16.

Note 63. Als **Ansprüche** aus einer — objektiv rechtswidrigen — Verletzung des § 12 gibt das BGB. die Beseitigungsklage und, wenn weitere Beeinträchtigungen zu befürchten sind, die Unterlassungsklage. Verlangt werden kann die Entfernung der Reklame mit dem angemaßten Namen, die Vernichtung des Titelblattes eines Buches, notfalls eine öffentliche Erklärung des Beklagten. Besteht die Verletzung des Namenrechts darin, daß jemand den Namen als Firma oder Warenzeichen sich hat eintragen lassen, dann kann auf Löschung geklagt werden (RG. **54** 42, **74** 311; Note 44). Die Schadensersatzklage ist bei Verschulden des Beklagten nach Maßgabe der §§ 823 ff. BGB. gegeben.

Note 64. **2. Der Namenschutz des HGB.** Der § 37 HGB. behandelt den Schutz desjenigen, der „in seinen Rechten" dadurch verletzt wird, daß ein anderer eine Firma unbefugt gebraucht. Zu diesen „Rechten" gehört, wie das Firmen-, Patent- und Warenzeichenrecht, so auch das Namenrecht. Demgemäß kann eine Verletzung des Namenrechts die Ansprüche aus § 37 Abs. 2 geben (RG. **56** 190; OLG. Hamburg in MuW. 7 131). Aber diese Ansprüche richten sich lediglich gegen eine unberechtigte Firmenführung, nicht z. B. gegen die Benutzung des Namens als Firmenzusatz (RG. **88** 424) oder zur Bezeichnung von Waren. Wer Verletzung seines Namenrechts behauptet, muß die Beeinträchtigung beweisen, insbesondere, daß im Verkehr der Name als Hinweis auf ihn aufgefaßt werden kann (Adler S. 115). Über die Bezeichnungen „Ersatz", „System" usw. in Verbindung mit einem fremden Namen siehe Note 28. Ob der Verletzte Kaufmann ist, bleibt außer Betracht. Vgl. auch § 24 Abs. 2 HGB.: unbefugter Gebrauch des Namens des aus einer Firma Ausgeschiedenen.

Note 65. **3. Der Namenschutz des WZG.** Durch die §§ 14, 20 WZG. wird der Name (ebenso wie die Firma) gegen den unbefugten Gebrauch zur Warenbezeichnung geschützt. Jeder Name, nicht nur derjenige des Kaufmanns, ist geschützt, auch der abgekürzte, wenn das Wort im Verkehr als Name des Klägers aufgefaßt wird (vgl. Note 74 über den Firmenschutz des WZG.). Ist ein Name als Warenzeichen eingetragen worden, dann genießt er außerdem auch den Warenzeichenschutz. Dieser bezieht sich — im Gegensatz zu demjenigen des BGB., HGB. und WettbG. — nicht auf den mündlichen Mißbrauch des Namens (der Firma).

Note 66. Ohne Rücksicht auf Verwechslungsfähigkeit der Bezeichnungen und auf Gleichartigkeit der Waren ist der Name, auch gegen eine Benutzung als Warenbezeichnung, durch den § 12 BGB. geschützt (Note 50 ff.).

Note 67. **Zusammenstoßen von Namenrecht und Warenzeichenrecht.** Ist der Gebrauch eines Namens „unbefugt", so kann er zu einem befugten nicht dadurch werden, daß der andere sich den Namen als Warenzeichen eintragen läßt. Die den Namengebrauch regelnden Vorschriften stehen selbständig neben denen des WZG. (siehe hierzu Note 8 ff., § 5 Note 4). Aber es liegt nicht etwa stets dann ein Zusammenstoßen von Namenrecht und Warenzeichenrecht vor, wenn ein einem Namen gleich oder ähnlich lautendes Wortzeichen eingetragen worden ist. So ist es nicht selten, daß derjenige, der sich das Bildzeichen eines Hasen, Bären, Löwen, einer Rose usw. eintragen läßt, den Zeichenschutz ergänzt durch Eintragung der Worte Hase, Bär, Löwe, Rose usw. Dadurch werden solche Worte, die vielfach auch als Namen vorkommen, nicht als Namen gebraucht. Das „Rosetti"-Urteil (RG. in MuW. **14** 218) legt dar, das für die Zigarettenfabrik Josetti als Defensivzeichen geschützte Phantasiewort „Rosetti" verletze das Namenrecht des Klägers Eugen Rosetti, weil „der Kläger unter seinem Namen mit Tabak, Zigarren und Zigaretten Handel treibt und dabei also seinen Namen braucht, sowie ferner, weil der Name des Klägers in seinem Kundenkreise bekannt ist". „Dieser Kreis wird daher", erklärt das RG. a. a. O., „das Wort ‚Rosetti' als Namen, und zwar des Klägers, auffassen und mit dem Kläger in Verbindung bringen. Insofern liegt auf seiten der beklagten Firma Josetti — sei es bewußt, sei es unbewußt — ein Gebrauch des Namens des Klägers vor; dieser Gebrauch aber ist unbefugt und kann zu einem befugten auch dadurch nicht werden, daß der Kläger sich das Wort als Warenzeichen hat eintragen lassen. Daran, daß hierdurch das Interesse des Klägers verletzt wird, kann ein Zweifel nicht bestehen. Der Kläger wird dadurch nicht nur gehindert, das Wort Rosetti für sich zur Eintragung zu bringen, sondern es droht ihm auch jeden Augenblick die Gefahr, daß die Beklagte das Zeichen ‚Rosetti' in tatsächlichen Gebrauch zur Bezeichnung ihrer Waren nimmt". Die diesem Urteil zugrunde liegende Auffassung wird von Dunkhase in MuW. **14** 322 bekämpft: Der Namensträger habe nicht ohne weiteres ein Recht darauf, seinen Namen als Warenzeichen sich eintragen zu lassen. Es bilde für ihn keinen Unterschied, ob diese Eintragung daran scheitert, daß der Name schon einem anderen Träger desselben Namens eingetragen worden ist, oder daran, daß jemand, der einen ganz anderen Namen führt, das betr. Wort als Phantasiebezeichnung sich hat eintragen lassen. Dunkhase fährt fort: „Es scheint fast undenkbar, daß das RG. die von ihm im Falle ‚Rosetti' gezogene Konsequenz auch für den Fall Rose, Bär, Adler, Rabe, Löwe, Kaiser, Ritter, Schiff usw. zu ziehen bereit gewesen wäre. Eine solche Konsequenz würde zahllose beim Patentamt eingetragene Zeichen in ihrem Bestande gefährden, weil sich leicht Träger des gleichen Namens finden würden, die, um das eingetragene Zeichen zu beseitigen und ihr eigenes Namenzeichen an dessen Stelle zu setzen, nichts weiter zu tun hätten, als für ihr bereits bestehendes oder neu zu gründendes kleines Konkurrenzgeschäft ihr Namenrecht geltend zu machen. Auch hier würde das Gericht konsequenterweise die Feststellung treffen müssen, daß der ältere Zeicheninhaber — bewußt oder unbewußt — einen fremden Namen unbefugt gebrauche und dadurch den Träger des Namens beeinträchtige." Diese Annahme Dunkhases trifft nicht zu: Es ist ein erheblicher Unterschied, ob der Name „Rosetti" in Frage steht oder ein Name wie Rose, Bär, Adler (Note 51 über den Begriff „Interesse"). Im Falle Rosetti hat das RG. zutreffend dem Recht des Namensträgers Rosetti ein größeres Gewicht beigemessen als dem Recht der Firma Josetti an einem von ihr gebildeten Phantasiewort. § 16.

4. Der Namenschutz des WettbG. kennzeichnet sich vornehmlich dadurch, daß auch der befugte Gebrauch eines Namens getroffen wird, soweit eine Verwechslungsmöglichkeit besteht. Der Schutz umfaßt auch die abgekürzten Namen und die Pseudonyme, soweit sie im Verkehr auf den Namen bezogen werden. Es gilt das zu § 12 über den Schutzgegenstand Dargelegte. Näheres, insbesondere über die Benutzung des eigenen Namens, siehe Note 24, 83, 88. Note 68.

Die Priorität der Ingebrauchnahme läßt die Rechte aus § 16 Abs. 1 WettbG. zur Entstehung gelangen, ohne daß es auf Anerkennung seitens beteiligter Verkehrskreise ankommt (Note 6; RG. **74** 349; RG. in GewRschutz **1911** 148). Note 69.

Über das Zusammenstoßen mehrerer verwechslungsfähiger Namen siehe Note 6 ff.

II. Die Firma.

1. Der Firmenschutz des BGB. Siehe Note 50 ff. Note 70.

2. Der Firmenschutz des HGB. Die §§ 18 Abs. 2 und 37 HGB. geben Bestimmungen gegen einen solchen Gebrauch der Firma, der firmenrechtlich unzulässig ist, während der § 16 WettbG. von der Frage der firmenrechtlichen Zulässigkeit absieht. Gemäß § 17 HGB. ist die Firma eines Kaufmanns der Name, unter dem er ein Handelsgeschäft

§ 16. betreibt und die Unterschrift abgibt. Ein Firmengebrauch im Sinne des § 37 HGB. ist jede Handlung, die „sich unmittelbar auf den Geschäftsbetrieb bezieht und den Willen bekundet, sich bei diesem Betriebe der Firma zu bedienen" (RG. in JW. **01** 310). Ob Zusätze, die der eingetragenen Firma angefügt werden (z. B. „früher ...", „Schüler von ..."), einen Firmengebrauch darstellen, ist nach der Auffassung der beteiligten Verkehrskreise zu beurteilen (RG. **88** 424). Der Zusatz kann einen Bestandteil der Firma bilden, auch wenn er nicht mit eingetragen ist; zu berücksichtigen ist, ob der Zusatz häufig und deutlich verwendet wird (RG. in GewRschutz **1911** 174). Von der Firma zu unterscheiden ist der Etablissementsname, d. i. die zur Unterscheidung von anderen Unternehmungen geführte Geschäftsbezeichnung. Diese genießt, wenn sie nicht mit in die Firma aufgenommen worden ist, keinen Firmenschutz, sondern wird als „besondere Bezeichnung eines Erwerbsgeschäfts" gemäß § 16 WettbG. (Note 88), auch gemäß § 13 WZG. (Note 76) geschützt. Die Bezeichnung der eigenen Ware mit einer fremden Firma fällt nicht unter den Firmenschutz des HGB. Über den Namenschutz des HGB. siehe Note 64.

§ 18 Abs. 2 HGB.

Der Firma darf kein Zusatz beigefügt werden, der ein Gesellschaftsverhältnis andeutet oder sonst geeignet ist, eine Täuschung über die Art oder den Umfang des Geschäfts oder die Verhältnisse des Geschäftsinhabers herbeizuführen. Zusätze, die zur Unterscheidung der Person oder des Geschäfts dienen, sind gestattet.

Note 71. Der Abs. 2 des § 18 HGB. gibt in manchen Fällen eine gute Handhabe gegen den unlauteren Wettbewerb durch Firmenmißbrauch: Ein Verstoß gegen diese Bestimmung begründet die Anwendbarkeit des § 37 HGB. Ferner kann der Registerrichter bzw. das übergeordnete Landgericht gemäß §§ 142, 143 FGG. die Firma löschen, und zwar die ganze Firma, nicht etwa nur den beanstandeten Zusatz. Es genügt, daß der Firmenzusatz geeignet ist, eine Täuschung zu bewirken, z. B. den Irrtum zu erregen, daß Beziehungen zu einer anderen Firma bestehen (OLG. Stuttgart in JW. **1920** 848). Verschulden ist nicht erforderlich. Als unzulässige Zusätze kommen in Betracht unwahre Angaben wie „erste", „einzige", „staatliche", „alt" (OLG. Stuttgart in JW. **1920** 848; vgl. RG. **44** 18); ferner Bezeichnungen wie „Fabrik" oder „Bank", wenn kein Fabrikationsbetrieb bzw. keine bankmäßige Geschäftsführung vorliegt; ferner ist der Zusatz „Fabriken" täuschend, wenn nur eine Fabrik betrieben wird (OLG. Hamburg in HansGZ. **1912** 115). Auch die Verwendung von Schlagworten, die im Verkehr auf ein anderes Unternehmen bezogen werden, kann den § 18 Abs. 2 verletzen; ferner unrichtige Herkunftsbezeichnungen, z. B. „Pilsener Brauhaus" für eine nicht in Pilsen gelegene Brauerei (RG. **79** 250), die Bezeichnung „Braunschweiger Wurstfabrik" für eine im Hildesheimer Firmenregister eingetragene Firma (Bondi in GewRschutz **1916** 146). Schließlich kommen in Betracht unrichtige Angaben über Rechtsvorgänger und Rechtsnachfolger (RG. in UW. **4** 39; RG. in GewRschutz **1911** 174). Über nicht ernst zu nehmende Firmenzusätze siehe OLG. Dresden in JW. **1921** 853; Hachenburg ebendort; OLG. München in MuW. **21** 111.

§ 37 HGB.

Wer eine nach den Vorschriften dieses Abschnitts ihm nicht zustehende Firma gebraucht, ist von dem Registergericht zur Unterlassung des Gebrauchs der Firma durch Ordnungsstrafen anzuhalten. Die Höhe der Strafen bestimmt sich nach § 14 Satz 2.

Wer in seinen Rechten dadurch verletzt wird, daß ein anderer eine Firma unbefugt gebraucht, kann von diesem die Unterlassung des Gebrauchs der Firma ver-

langen. Ein nach sonstigen Vorschriften begründeter Anspruch auf Schadensersatz bleibt unberührt. **§ 16.**

Der Abs. 1 des § 37 HGB. regelt die Zwangsmittel des Registerrichters. Diese wenden sich gegen jeden, der eine Firma in einer gegen das Firmenrecht verstoßenden Weise benutzt. Auch kann gemäß §§ 142, 143 FGG. der Registerrichter bzw. das übergeordnete Landgericht eine Firmeneintragung von Amts wegen löschen, wenn sie mangels einer wesentlichen (materiellen) Voraussetzung unzulässig war. [Hierher gehört insbesondere die den § 18 Abs. 2 verletzende Firmeneintragung, ferner diejenige auf Grund eines Scheingeschäfts: UW. **5** 105; Fall Boenicke & Eichner.] Von der obigen Befugnis soll der Registerrichter Gebrauch machen, wenn ein öffentliches Interesse oder ein Interesse der Beteiligten an der Löschung besteht. Die Organe des Handelsstandes (Handelskammern, Älteste der Kaufmannschaft) sind gemäß § 126 FGG. zur Unterstützung des Registerrichters berufen, und zwar nicht nur zwecks Berichtigung des Handelsregisters, sondern auch zwecks Verhütung unrichtiger Eintragungen. Sie können beim Registerrichter entsprechende Anträge stellen; ebenso beim übergeordneten Landgericht, wenn dieses auf Grund von § 134 HGB. einschreitet. Siehe auch § 1 Note 46; OLG. München in LZ. **1922** 31. Note 72.

Der Abs. 2 des § 37 HGB. gewährt ein Klagerecht demjenigen, der durch den unbefugten Gebrauch einer Firma in seinen Rechten verletzt wird. Objektive Widerrechtlichkeit genügt. Klageberechtigt ist auch der Nichtkaufmann. Der Ausländer ist klageberechtigt, wenn ihm das Recht seines Heimatstaates den gleichen Anspruch gewährt (RG. **82** 167). Geschützt werden durch den § 37 Abs. 2 nicht nur Firmen- und Namenrechte, Patent- und Warenzeichenrechte, sondern überhaupt das gewerbliche Betätigungsrecht (Lobe I 193, 291). Jedenfalls wird in der Rechtsprechung die Störung des eingerichteten und ausgeübten Gewerbebetriebes als eine Rechtsverletzung im Sinne des § 37 Abs. 2 behandelt (RG. in MuW. **9** 161). Die Klage ist auch gegen den gutgläubigen Erwerber einer nicht rechtmäßig zur Eintragung gelangten Firma gegeben (RG. **82** 166; vgl. auch § 1 Note 46). Die Ansprüche aus § 16 WettbG. können gegen den Inhaber einer eingetragenen Firma ohne Rücksicht auf die Eintragung geltend gemacht werden (Note 84). Note 73.

3. Der Firmenschutz des WZG. Durch die §§ 14, 20 WZG. wird die Firma (ebenso wie der Name) gegen den unbefugten Gebrauch zur Warenbezeichnung geschützt. Auch auf eine abgekürzte Firmenbenutzung erstreckt sich der Schutz des WZG., wenn die Abkürzung den wesentlichen Bestandteil des Firmennamens wiedergibt derart, daß trotz der Abweichung Verwechslungsgefahr im Verkehr begründet ist. Eine auch nur teilweise mit dem Firmennamen eines anderen übereinstimmende Kennzeichnung der eigenen Ware kann hiernach als Gebrauch jener Firma gelten (RGSt. **40** 395; RG. in MuW. **8** 213, **12** 348). Ist eine Firma als Warenzeichen eingetragen worden, dann genießt sie auch den Warenzeichenschutz. Dieser bezieht sich — im Gegensatz zu demjenigen des WettbG., BGB. und HGB. — nicht auf den mündlichen Mißbrauch der Firma (des Namens). Note 74.

Die den Firmengebrauch regelnden Vorschriften stehen selbständig neben denjenigen des WZG. Soweit letzteres die Bildung eines Warenzeichens aus einer Firma zuläßt, setzt es den rechtlich gestatteten Gebrauch dieser Firma voraus (Note 9 über Zusammenstoßen). Note 75.

Eine allgemeine Schutzbestimmung für Namen, Firmen und Beschaffenheitsangaben wird im § 13 WZG. gegeben.

§ 16. **§ 13 WZG.**

Durch die Eintragung eines Warenzeichens wird niemand gehindert, seinen Namen, seine Firma, seine Wohnung, sowie Angaben über Art, Zeit und Ort der Herstellung, über die Beschaffenheit, über die Bestimmung, über Preis-, Mengen- oder Gewichtsverhältnisse von Waren, sei es auch in abgekürzter Gestalt, auf Waren, auf deren Verpackung oder Umhüllung anzubringen und derartige Angaben im Geschäftsverkehr zu gebrauchen.

Note 76. Der Zweck des § 13 WZG. ist, die Rechte des Zeicheninhabers einzuschränken. Denn der für den Verkehr unentbehrliche Gebrauch eines Worts zu Namens- oder Firmenzwecken usw. soll gesichert und es soll verhindert werden, daß ein Zeicheninhaber solche Angaben dem Verkehr entzieht. Das Recht aus der Warenzeicheneintragung wird also nicht dadurch verletzt, daß jemand seinen Namen usw. auf seinen Waren anbringt. Doch darf die Art der Anbringung nicht zur Folge haben, daß die Bezeichnung „dem Durchschnittsverbraucher als Zeichen der Herkunft aus einem bestimmten Betriebe erscheint, daß sie also warenzeichenmäßig verwendet wird". „Jede Verwendung der als Zeichen geschützten Worte in geschäftlichen Ankündigungen ist als warenzeichenmäßige Verwendung anzusehen, es sei denn, daß die Art und Weise der Ankündigung auch den unbefangenen Durchschnittsverbraucher klar und unzweideutig erkennen läßt, es handele sich um eine bloße Beschaffenheitsangabe und um eine andere Ware als die des Zeicheninhabers" (RG. **95** 295; vgl. ferner RG. **95** 211). Auch dann versagt die Schutzbestimmung des § 13 WZG., wenn bei der Anbringung des Namens die besondere individualisierende figürliche Gestaltung nachgeahmt wird, für die der andere den Zeichenschutz besitzt (RGSt. **32** 313, **33** 307). „Wer sich für eine Ware ein Wort als Warenzeichen eintragen läßt, das ein anderer schon zuvor als Abkürzung seines Namens oder seiner Firma für gleiche oder gleichartige Waren in den Verkehr eingeführt hatte, kann auf Grund seines — später entstandenen — Warenzeichenrechts nicht verlangen, daß der andere seinen Namen oder seine Firma — sei es auch in der abgekürzten, jedoch auch in dieser kenntlichen Gestalt — immer nur gerade für die ursprünglich von ihm erzeugten oder vertriebenen, nicht aber wenigstens auch für gleichartige Waren ferner gebraucht." Wohl kann der § 16 WettbG. in Betracht kommen (RG. **90** 90). Siehe Note 7, 29, 56; § 1 Note 56 ff. Durch ein B i l d kann eine Beschaffenheitsangabe im Sinne des § 13 WZG. nicht gemacht werden: der § 13 soll nur den für den Verkehr unentbehrlichen Gebrauch eines W o r t s zu Namens- oder Firmenzwecken usw. sichern. RG. **101** 346 läßt das Bild einer Ähre als Beschaffenheitsangabe im Sinne des § 13 WZG. zu, weil dieses Bild als verkehrsüblicher Hinweis auf die Art der Ware diene. Dieser Standpunkt ist bedenklich (vgl. R u h f u s in MuW. **21** 32; a. M. RG. in Bl. **1915** 138; W a s s e r m a n n in JW. **1921** 1540).

Note 77. E i n R e c h t a u f E i n t r a g u n g von Namen und Firmen als Warenzeichen wird durch den § 13 WZG. nicht gewährt. Der Schutz des Warenzeichens ist nach § 12 WZG. umfangreicher, als der den Firmen als solchen zustehende. Der aus §§ 12, 20, 9 WZG. in Anspruch genommene Beklagte kann sich auf den § 13 WZG. nur berufen, wenn er das Wort nicht warenzeichenmäßig benutzt hat (RG. in JW. **1921** 1540 unter Hinweis auf F r e u n d - M a g n u s und F i n g e r). Siehe Note 76.

Note 78. N u r d e r r e d l i c h e G e s c h ä f t s v e r k e h r wird durch den § 13 WZG. geschützt. Diese Bestimmung beseitigt keineswegs die allgemeinen Schranken, die durch die §§ 1004, 826 BGB., 1, 3 und 16 WettbG. gezogen werden (RG. in GewRschutz **1911** 30, 290; OLG. Dresden in GewRschutz **1912** 160). Insbesondere kommen also für den Schutz nur wahrheitsgemäße, jegliche Irreführung ausschließende Bezeichnungen in Betracht. So ist z. B. der § 13 nicht anwendbar, wenn eine „Angabe über die Beschaffenheit" in den beteiligten Verkehrskreisen die Bedeutung hat, das Erzeugnis eines anderen zu kennzeichnen. In solchen Fällen darf das in § 13 WZG. gewährte formale Recht nicht ausgeübt werden, da in dieser Ausübung eine unerlaubte Handlung im Sinne des § 826 BGB. liegen würde (RG. in MuW. **17** 213; RG. in GewRschutz **1911** 30; siehe § 1 Note 47 über täuschende Herkunfts- und Beschaffenheitsangaben). Durch Zusätze wie „in verbesserter Ausführung" wird eine Irreführung im Regelfall nicht verhindert (RG. in MuW. **11** 469). Sobald auch nur die M ö g l i c h k e i t einer Täuschung vorliegt, findet der § 13 keine Anwendung, insbesondere dann nicht, wenn das Publikum zu der Annahme gebracht wird, es habe das durch das Wortzeichen geschützte Erzeugnis vor sich. [Vgl. OLG. Dresden in SächsAnn. **34** 448 ff.: Durch die Eintragung der von der Klägerin (Schuhfabrik Herz in Frankfurt a. M.) angenommenen Warenzeichen wird der Beklagte an sich nicht gehindert, seine Firma N. Herz auf den von ihm zum Verkauf gestellten Schuhwaren beliebig anzubringen, selbst wenn daraus Verwechslungen zwischen den beiderseitigen Waren entstehen sollten. Insoweit kann vielmehr in erster Reihe der Beklagte als der Älterberechtigte verlangen, daß die Klägerin ihre später erworbenen Warenbezeichnungsrechte bloß in einer Weise ausübe, die Verwechslungen mit der Firma des Beklagten oder den mit ihr bezeichneten Waren nach Möglichkeit ausschließt. Diese Verpflichtung der Klägerin folgt aus der allgemeinen Rechtspflicht jedes Gewerbetreibenden, sich im Geschäftsverkehr redlich und anständig zu zeigen. Könnte daher die Klägerin schon durch eigene Gegenmaßnahmen, z. B. dadurch, daß sie selbst ihren Warenzeichen überall ihren Niederlassungsort beifügt, jede Verwechslungsgefahr beseitigen, so würde sie Unterlassungsansprüche gegen den Beklagten nicht erheben dürfen. Im vorliegenden Falle bleibt aber ein Teil der Verwechslungsgefahr auch dann noch bestehen, und deshalb ist der Beklagte verpflichtet, seinerseits in loyaler Weise dazu mitzuwirken, daß trotz der Ähnlichkeit seiner Firma mit den verschiedenen Warenzeichen der Klägerin die entsprechend bezeichneten beiderseitigen Waren so wenig wie möglich miteinander verwechselt werden. Anstatt sich dementsprechend zu verhalten, ist der Beklagte geflissentlich darauf ausgegangen, die Verwechslungsmöglichkeit zu steigern. Die beharrliche Weglassung des Niederlassungsorts ist eben nur daraus zu erklären, daß der Beklagte, weil er sich davon Vorteil verspricht, Verwechslungen herbeizuführen sucht. Der Beklagte darf also seine Firma ohne Hinzufügung nicht auf den Schuhwaren und in Ankündigungen verwenden.] Vgl. auch Note 27, 28, 29 und RG. in MuW. **13** 25, besprochen § 1 Note 44. § 16.

N u r f ü r d i e n o t w e n d i g e n B e s t a n d t e i l e, nicht aber für willkürlich gewählte Zusätze kann derjenige, dessen Firma später eingetragen ist als ein Warenzeichen, sich diesem Warenzeichen gegenüber auf den Schutz des § 13 WZG. berufen. Dagegen kann die als Schlagwort dem wesentlichen Inhalt der Firma entnommene willkürliche Abkürzung den Schutz des § 13 WZG. beanspruchen, wenn sie v o r der Eintragung des Warenzeichens als Abkürzung der Firma im Verkehr anerkannt war. Es muß also für die Abkürzung zur Zeit der Eintragung des Warenzeichens schon ein Besitzstand vorhanden sein (RG. **56** 421, **64** 65; RGSt. **30** 13, **40** 398; RG. in GewRschutz **1911** 292, **1916** 61; RG. in MuW. **14** 224; OLG. Dresden in GewRschutz **1912** 160). Siehe Note 29, 56, 77. Ist die Firma erst n a c h der Eintragung des Warenzeichens benutzt worden, dann ist der Gebrauch nur der zum G e m e i n g u t gewordenen Abkürzungen (z. B. chem. statt Chemisches) zuzulassen, aus denen jedermann die wirkliche Firma zu erkennen vermag (RG. in JW. **1921** 1540 unter Berufung auf F r e u n d - M a g n u s und F i n g e r). Note 79.

§ 16.

Note 80. Eine Geschäftsbezeichnung (Etablissementsbezeichnung), die im Verkehr anerkannt und in lauterer Weise sachgemäß für ein besonderes Unternehmen gewählt worden ist, genießt denselben Schutz des § 13 WZG., wie eine Firmenbezeichnung. Einer solchen Geschäftsbezeichnung, die dem Handelsnamen gleichzuachten ist, muß wegen der Gleichheit des Grundes der im § 13 WZG. der Firma gewährte Schutz des Besitzstandes zuteil werden (Osterrieth S. 340; Kohler in MuW. **10** 108, **11** 61; RG. 77 76; bestritten, insbesondere von Finger in GewRschutz **1912** 323 unter Berufung auf Freund-Magnus und Seligsohn). Für die schlagwortartige Abkürzung einer Geschäftsbezeichnung gelten die oben Note 79 dargelegten Grundsätze.

Note 81. Auch ein Familienname kann durch Übung und Gewöhnung des Verkehrs zu einer die Anwendung des § 13 WZG. rechtfertigenden Gattungsbezeichnung für Waren von bestimmten Eigenschaften und damit zu einer „Angabe über die Beschaffenheit" dieser Ware werden. Dies ist anzunehmen, wenn der Verkehr sich daran gewöhnt hat, unter der betr. Bezeichnung lediglich eine besonders geartete Ware ohne Rücksicht auf ein bestimmtes Geschäft oder eine bestimmte Ursprungsstätte zu verstehen (RG. **56** 166). Über Bestimmungs- und Systembezeichnungen siehe Note 27, 28.

Note 82. Derjenige, auf den die Befugnis zum Gebrauch eines fremden Namens übertragen worden ist, genießt nicht den Schutz des § 13 WZG. Diese Bestimmung beschränkt das durch die Eintragung eines Warenzeichens erlangte ausschließliche Recht des Eingetragenen nur zugunsten desjenigen, der seinen eigenen Namen, seine eigene Firma usw. zur Bezeichnung seiner Waren gebraucht (RG. in GewRschutz **1916** 124; vgl. Note 61 zur Gebrauchsüberlassung eines Namens).

Note 83. **4. Der Firmenschutz des WettbG.** „Firma" im Sinne des § 16 WettbG. bedeutet ganz allgemein die Bezeichnung, unter der ein Geschäft oder ein Gewerbe betrieben wird (durchweg bestritten bis auf Lobe 78; a. M. auch die früheren Auflagen). Die Firma ist, wie Lobe (a. a. O.) zutreffend darlegt, kein Rechtsbegriff, sondern ein Begriff des Verkehrs. „Das Gegenteil ist nicht aus dem HGB. zu folgern. Wenn dieses den Rechtsbegriff der Firma eines Kaufmanns definiert, so folgt daraus noch nicht, daß nur der Handelsname eines Kaufmanns Firma sei." Die Beschränkung des im § 16 WettbG. gewährten Firmenschutzes auf die Firma im Sinne des § 17 HGB. entspricht keinesfalls dem Zweck des § 16 WettbG. Diese Bestimmung will alle „im geschäftlichen Verkehr befugterweise" benutzten gewerblichen Bezeichnungsmittel schützen, und so hat sie die in Betracht kommenden Gruppen sämtlich zusammengefaßt: den Namen, die Firma, die besondere Bezeichnung eines Erwerbsgeschäfts, eines gewerblichen Unternehmens oder einer Druckschrift. Wenn demgemäß die Etablissementsbezeichnung und der Druckschriftentitel geschützt sind, so ist nicht einzusehen, weshalb der Firmenschutz nicht ausnahmslos allen Firmen gewährt sein sollte (Verf. in HansRZ. **1920** 31). Hiernach ist auch die Firma der Minderkaufleute durch den § 16 WettbG. geschützt. Der Handelsname der Minderkaufleute wird auch vom Namenschutz des § 16 WettbG. umfaßt (Note 68, 88). Über den Schutz der Telegrammadresse siehe Note 53, 96.

Note 84. Ob die Firma eingetragen ist, bleibt für die Anwendung des § 16 WettbG. außer Betracht. Abwegig ist die von Finger (Ebermayer, Osterrieth und Kahn-Weiß) vertretene Ansicht, „daß man unter Firmen im Sinne des § 16 WettbG. lediglich die gültig im Handelsregister eingetragenen zu verstehen hat". So ist der Etablissementsname, der nicht als Zusatz (§ 18 Abs. 2 HGB.) in die Firmenbezeichnung aufgenommen wird, keine Firma, aber gleichwohl durch den § 16 WettbG. geschützt, wie auch der Name und der Druckschriftentitel, für die eine Eintragung gar nicht in Betracht kommt. Hiernach wird durch die Löschung der Firma der Schutz des § 16 nicht berührt, vielmehr entscheidet, ob die Firma fortbenutzt wird, und zwar „befugterweise". Belanglos ist es also, ob von zwei im Sinne des § 16 WettbG. verwechslungsfähigen Firmen die eine eingetragen ist und die andere nicht. Es kommt lediglich auf die Priorität der Benutzung an (RG. in MuW. **12** 289; Verf. in HansRZ. **1920** 31; oben Note 6). Hieraus ergibt sich, daß der rechtmäßige Benutzer einer nichteingetragenen Firma die Eintragung einer verwechslungsfähigen Firma verhindern kann. „Schon in der Anmeldung einer Firma zum Handelsregister mit dem Erfolge der Eintragung liegt ein ‚Gebrauch' der Firma" (RG. **80** 437). Dieses Ergebnis widerspricht nicht dem § 30 HGB., wonach der eingetragene Firmeninhaber das Recht hat, von dem Benutzer einer anderen Firma die Anbringung ausreichender Unterscheidungsmerkmale zu verlangen. Der § 30 HGB. regelt lediglich das formelle Firmenrecht, und zwar als vorbeugende handelspolizeiliche Vorschrift, wie ja auch der Registerrichter von Amts wegen löschen kann (§§ 142, 143 FGG.). Eine Bezeichnung kann firmenrechtlich erlaubt sein und gleichwohl den § 16 WettbG. verletzen (Note 1). § 16.

Die Priorität der Ingebrauchnahme läßt die Rechte aus § 16 Abs. 1 WettbG. zur Entstehung gelangen, ohne daß die Anerkennung seitens der beteiligten Verkehrskreise von Bedeutung ist: „Es kommt weder darauf an, ob die Firma der Klägerin eine besonders eigenartige Bezeichnung ihres Erwerbsgeschäfts darstellt, noch darauf, ob sie beim Publikum bekannt ist; denn entscheidend ist allein die Priorität der Annahme der Firma. Wer sie im geschäftlichen Verkehr zuerst angenommen hat, hat sie erworben und den Schutz gegen unbefugte Anmaßung erlangt" (RG. in GewRschutz **1911** 148). Vgl. Note 6. Note 85.

Beispiele verwechslungsfähiger Firmen: „Johann Maria Farina Georgsplatz 9" und „Johann Maria Farina gegenüber dem Jülichsplatz" (RG. II 359/1900); „Mumm & Co. G. m. b. H." und „G. H. Mumm & Co." (OLG. Kolmar in UW. **5** 27); „Birresborner Mineralbrunnen Aktiengesellschaft" und „Birresborner Sprudel-Gesellschaft mit beschränkter Haftung" (RG. **95** 294); „Brikett Vertriebsgesellschaft mit beschränkter Haftung" und „Brikettvertrieb Westen mit beschränkter Haftung" (RG. in MuW. **19** 30); „Ostd. Brennstoffvertrieb G. m. b. H." und „Ostd. Betriebsstoffgesellschaft m. b. H." (RG. **100** 45). Note 86.

Über die in Täuschungsabsicht erfolgende Wahl oder Benutzung von Firmen siehe Note 4. Note 87.

III. „Die besondere Bezeichnung eines Erwerbsgeschäfts, eines gewerblichen Unternehmens". Note 88.

Zur Kennzeichnung eines Erwerbsgeschäfts können frei gewählte Bezeichnungen (Geschäftsbezeichnungen, Etablissementsnamen) geführt werden, z. B. Kaufhaus des Westens, Hotel Esplanade. Vielfach besteht die Geschäftsbezeichnung in einem Zusatz zu einer eingetragenen Firma: Die Auffassung der beteiligten Verkehrskreise entscheidet darüber, ob ein solcher Zusatz als Geschäftsbezeichnung anzusehen ist, oder ob er zusammen mit der Firma ein einheitliches Ganzes, nämlich einen neu gebildeten Handelsnamen darstellt und demgemäß Firmenschutz genießt. Ein Name kann sowohl als Firma, als auch als Etablissementsname gebraucht werden. Doch ist dies nur dann anzunehmen, wenn der Name bewußterweise unterschiedlich zur Bezeich-

§ 16. nung bald des Geschäftsinhabers, bald des Betriebes als solchen verwandt wird (RG. **88** 425). Allgemeines über Verwechslungsfähigkeit siehe Note 11. Über Sachbezeichnungen siehe Note 13.

Note 89. „Gewerbliches Unternehmen" bedeutet, daß auch die besondere Bezeichnung einzelner Abteilungen eines Erwerbsgeschäfts unter den Schutz des § 16 fällt. Über den Begriff der Gewerbetätigkeit siehe S. 29.

Note 90. Die Priorität der Ingebrauchnahme der Geschäftsbezeichnung läßt die Ansprüche aus § 16 Abs. 1 zur Entstehung gelangen. Auf Anerkennung seitens beteiligter Verkehrskreise kommt es — im Gegensatz zum Geschäftsabzeichen — nicht an (Note 6; RG. **74** 346; RG. in GewRSchutz **1911** 240). Erforderlich ist die Benutzung der Geschäftsbezeichnung, nicht genügt es, daß sie im Verkehr auf ein bestimmtes Unternehmen bezogen wird. Die öffentliche Ankündigung der bevorstehenden Benutzung einer Geschäftsbezeichnung ist ausreichend, um das Recht an ihr entstehen zu lassen, wenn die Benutzung tatsächlich nachfolgt und das geschäftliche Unternehmen schon gegründet ist (RG. in Recht **06** Nr. 1208).

Note 91. Das Erlöschen des Rechts an der Geschäftsbezeichnung erfolgt durch endgültigen Nichtgebrauch, sei er freiwillig oder erzwungen; ferner dadurch, daß die Geschäftsbezeichnung zur Gattungsbenennung wird.

Note 92. Eine Veräußerung der Geschäftsbezeichnung kann nur zugleich mit dem Geschäft, dem sie als Kennzeichen dient, stattfinden (RG. **88** 425). Der Erwerber erlangt das Recht, wenn er seinerseits die Bezeichnung in Benutzung nimmt. Wird ein Erwerbsgeschäft als Ganzes veräußert, so ist anzunehmen, daß auch die Geschäftsbezeichnung mit übertragen worden ist.

Note 93. Über das Zusammenstoßen mehrerer verwechslungsfähiger Geschäftsbezeichnungen siehe Note 6 ff. Die Verwechslungsfähigkeit ist je nach der Art der in Frage stehenden Geschäfte verschieden zu beurteilen. Eine häufig benutzte Geschäftsbezeichnung, z. B. eine „Schwanen-Apotheke", ein Gasthof „Zum weißen Hirsch" oder ein Bazar „Zur goldenen Neun" ist nicht verwechslungsfähig mit ebenso benannten Erwerbsgeschäften im Nachbarort. Dagegen ist z. B. die Kölner Weingroßhandlung und Weinstube „Zum Treppchen" berechtigt, die für eine hamburgische Weinstube geführte gleiche Geschäftsbezeichnung wegen der gegebenen Verwechslungsmöglichkeit zu verbieten (RG. in UW. **5** 129, wo auch der Gesichtspunkt herangezogen wird, daß die Klägerin nicht gehindert sein darf, in Hamburg eine Zweigniederlassung unter der Bezeichnung „Zum Treppchen" zu errichten; die Klägerin habe auf Grund des § 16 WettbG. das Recht auf den Schutz jeder voraussehbaren Art der Benutzung ihrer Geschäftsbezeichnung). Vgl. auch OLG. Hamburg in LZ. **1915** 1544. Über die Bedeutung der Unterscheidungsbemühungen der um eine Bezeichnung streitenden Parteien siehe Note 18.

Note 94. Eine **„besondere"** Bezeichnung des Erwerbsgeschäfts ist eine wörtliche oder bildliche Kennzeichnung, die dazu bestimmt und geeignet ist, das Geschäft von anderen Geschäften zu unterscheiden. Den Gegensatz bildet die Gattungsbezeichnung (Note 97), nicht aber ein bildlicher Ausdruck, dem vielmehr eine — wenn auch im Regelfall geringe — Kennzeichnungskraft innewohnen kann (Note 98, 108). Je eigenartiger (seltener) der wesentliche Bestandteil einer Gesamtbezeichnung ist, desto strengere Anforderungen sind an die Kennzeichnungskraft der Zusätze zu stellen, mit denen ein anderer für sein Unternehmen die Kernbezeichnung übernimmt. Wer dagegen eine naheliegende und daher schwache Bezeichnung als wesentlichen Bestandteil der Gesamtbezeichnung seines Geschäfts wählt, der muß damit rechnen, daß andere die Kernbezeichnung übernehmen, wobei dann an die Unterscheidungskraft der Zusätze geringere Anforderungen zu stellen sind (siehe Note 98, 108 sowie die allgemeinen Darlegungen über die Verwechslungsfähigkeit Note 11 ff.). Bildet eine Gattungsbezeichnung den wesentlichen Bestandteil zweier Gesamtbezeichnungen, dann scheidet sie für die Prüfung der Verwechslungsfähigkeit aus. So hat RG. in MuW. 8 150 die Bezeichnungen „Wohnungszeitung des Westens" und „Berlinische Wohnungszeitung" für nicht verwechslungsfähig erklärt, da der Bestandteil „Wohnungszeitung" als „besondere" Bezeichnung nicht in Betracht komme. Ebenso RG. **91** 212, wo das Wort „Sparkasse" als Gattungsbezeichnung in dem Wort „Kreissparkasse" behandelt wird. Siehe auch Note 100 über Druckschriftentitel. RG. **90** 183 hat die Bezeichnungen „Illustrierte Zeitung" und „Neue Leipziger illustrierte Zeitung" für nicht verwechslungsfähig erklärt: „Es handelt sich nicht darum, daß die Unterscheidungskraft der Bezeichnung „Illustrierte Zeitung" abgeschwächt, sondern darum, daß sie verlorengegangen ist; sie besteht für diese Bezeichnung überhaupt nicht mehr, und es kann daher auch nicht von einer ‚besonderen' Bezeichnung gesprochen werden. Der Verkehr ist stärker gewesen, als das monopolartige Recht der Klägerin, das diese durch die erstmalige Benutzung der früher individuellen Bezeichnung ‚Illustrierte Zeitung' erworben hatte. Die Bezeichnung ist Allgemeingut geworden; ein Monopol an ihr kann es daher nicht geben." Dieser Auffassung ist zu widersprechen: Nach dem Standpunkt des RG. (§ 1 Note 58) sind Monopole nur insoweit unzulässig, als sie eine unbillige Einschränkung des freien Verkehrs bewirken. Eine solche würde vorliegen, wenn der Herausgeber der „Illustrierten Zeitung" den Gebrauch dieser Worte zur Kennzeichnung von Zeitschriften überhaupt verbieten wollte, also auch in Verbindung mit kennzeichnenden Zusätzen. Der Titel „Illustrierte Zeitung" ist tatsächlich im Verkehr als „besondere Bezeichnung" anerkannt. Daher darf sich nicht etwa eine andere Zeitschrift „Illustrierte Zeitung" nennen, vielmehr müssen Zusätze gewählt werden, die eine Verwechslungsmöglichkeit beseitigen. [Ob man den Zusatz „Neue Leipziger" für ausreichend hält, ist eine Tatfrage]. So stehen Sachfirmen (die den Gegenstand des Unternehmens bezeichnen) den anderen Firmen hinsichtlich der Verwechslungsfähigkeit gleich (Note 13 über den Gesamteindruck der Bezeichnung). Werden also die Worte „Illustrierte Zeitung" als Bestandteil eines anderen Titels übernommen, dann kommt es für die Frage der Verwechslungsfähigkeit auf die Kennzeichnungskraft der Zusätze an (vgl. RG. **101** 109; Osterrieth in GewRschutz **1917** 195; Elster in JW. **1920** 277). Über die Benennung einer Artistentruppe als „besondere" Bezeichnung eines Erwerbsgeschäfts siehe RG. **101** 226. Siehe auch Noten 98, 105—108. § 16.

Die Verbindung eines Ortsnamens mit einer Gattungsbezeichnung genügt im Regelfall nicht, um die Gesamtbezeichnung zu einer „besonderen" zu machen. So ist „Dortmunder Möbelhaus" im Zweifel nicht unterscheidungskräftig; auch dürfen solche Wortverbindungen nicht für ein einzelnes Geschäft mit Beschlag belegt werden (OLG. Hamm in MuW. **14** 31). Note 95.

Die Telegrammadresse genießt den Schutz als „besondere" Bezeichnung eines Erwerbsgeschäfts, mag sie den bürgerlichen Namen (die Firma) in abgekürzter Form wiedergeben oder aus einem frei erfundenen Wort bestehen. In ersterem Falle tritt auch der Namen- und Firmenschutz des § 12 BGB. ein (Note 55). Hierzu erklärt RG. **102** 89: „Der Auffassung Rosenthals, der die Telegrammadresse nur als Geschäftsabzeichen ansehen will (Komm. zum WettbG. § 16 Anm. 125) kann nicht beigetreten werden. Ebenso wie die Firma eine Bezeichnung des Geschäfts im weiteren Sinne ist, der Name, unter dem der Kaufmann dieses sein Geschäft betreibt und mit Note 96.

§ 16. dem er es bezeichnet, ebenso ist die Telegrammadresse, die lediglich an Stelle der Firma tritt, ein eigenartiges Individualisierungsmittel des Geschäfts in Form der Bezeichnung des Geschäfts. Sie ist nicht irgendein beliebiges Kennzeichnungsmerkmal, durch das auf das bestimmte Geschäft hingewiesen wird, sondern ein Kennzeichnungsmerkmal nach Art des Namens oder der Firma, aus deren Bestandteilen sie in der Regel auch gebildet ist. Sie verfolgt den gleichen Zweck wie der Name und die Firma mit gleichartigen Mitteln, nur daß an Stelle des bürgerlichen oder geschäftlichen Namens ein künstlich gebildeter Name tritt. Hiernach hat der Berufungsrichter mit Recht den Abs. 1 des § 16 WettbG. und nicht den Abs. 3 zur Anwendung gebracht. Dann entscheidet aber ausschließlich die Priorität der Annahme der Geschäftsbezeichnung, und es kommt nicht noch an auf die weiteren in Abs. 3 erforderten Voraussetzungen. An der Natur einer Geschäftsbezeichnung im Sinne von § 16 Abs. 1 WettbG. wird auch dadurch nichts geändert, daß diese nur in einem besonderen Teile des geschäftlichen Verkehrs, nämlich im Telegrammverkehr, verwendet wird. Die Bezeichnung dient auch dort der Bezeichnung des ganzen Geschäfts, der Gesamtheit der geschäftlichen Beziehungen. Ebensowenig ist von Bedeutung für das Wesen dieser Bezeichnung, ob sie bestimmt ist, für die Dauer verwendet zu werden oder nicht. Solange sie befugterweise verwendet wird, genießt sie jedenfalls den Schutz des § 16 WettbG." Verf. gibt zugunsten dieser Auffassung seinen früheren Standpunkt auf.

Note 97. **Gattungsbezeichnungen.** Stellt sich eine Bezeichnung nur als eine allgemeine Beschreibung des betr. Geschäfts bzw. der in ihm vertriebenen Waren (gewerblichen Leistungen) dar, oder ist sie eine für das Unternehmen notwendige bzw. sich von selbst ergebende, dann liegt eine „besondere" Bezeichnung nicht vor (RG. **74** 346). Hierher gehören Bezeichnungen wie „Kurhaus", „Stehbierhalle", „Metallwarenfabrik", „Patentbüro" (RG. **60** 81), „Hospiz" (RG. in MuW. **12** 507), „Sparkasse" (RG. **91** 212), „Prüfungs- und Überwachungsanstalt für elektrische Anlagen" (RG. in UW. **8** 35), nicht aber Ausdrücke wie „Wach- und Schließgesellschaft" „Jungborn", „Normalzeit", „Echo" Note 94, 98, 107). OLG. Naumburg in OLGRspr. **41** 7 betont, daß „Bergwerkszeitung" kein Gattungsbegriff sei, wie z. B. „Zeitschrift für Bergbau", „Organ für Bergindustrie", „Bergbauzeitung". RG. **91** 212 legt dar: Wenn in einzelnen Verkehrskreisen entgegen dem allgemeinen Sprachgebrauch eine Gattungsbezeichnung nicht als solche aufgefaßt wird, so kann dadurch diese Gattungsbezeichnung ihres Charakters als Gemeingut nicht entkleidet werden. So kommt es nicht in Betracht, daß an einem bestimmten Ort die Bezeichnung „Sparkasse" seitens der Landbevölkerung auf die öffentliche Kreissparkasse bezogen wird. Näheres über Gattungsbezeichnungen siehe § 5 Note 3 ff.

Note 98. **Bildliche Ausdrücke,** mögen sie auch im allgemeinen Gebrauch stehen oder naheliegen, können eine „besondere" Bezeichnung darstellen, die zwar für sich allein im Regelfall keine wesentliche Unterscheidungskraft besitzt, die aber andererseits auch nicht als Gattungsbezeichnung anzusprechen ist: Es handelt sich um „die Übertragung eines Begriffs auf einen ihm an sich nicht zukommenden Gegenstand" (RG. **101** 109). So werden vielfach Erholungsheime als „Jungborn" bezeichnet. Dies ist ein bildlicher Ausdruck, der, mag er im allgemeinen Gebrauch stehen, nicht etwa eine Gattungsbenennung für Erholungsheime darstellt. Hierzu wäre erforderlich, daß man Anstalten dieser Gattung allgemein mit dem Ausdruck „Jungborn" bezeichnet, daß also „Jungborn" schlechthin Erholungsheim bedeutet. Der Umstand allein, daß häufig die Bezeichnung „Jungborn" für einzelne Erholungsanstalten als Geschäftsbezeichnung gewählt wird, hebt die Eigenschaft als „besondere" nicht auf (RG. in GewRschutz

1912 158). RG. **78** 266 legt dar, die Geschäftsbezeichnung „Normalzeit" sei keineswegs als ein Schlagwort aufzufassen, dessen sich als Geschäftsbezeichnung jeder bedienen dürfe, der Normalzeit übermittelt; vielmehr könne ein solcher Ausdruck dazu dienen, ein Unternehmen zu kennzeichnen. RG. in JW. **1915** 455 betont, daß ein Uhrengeschäft, das die Geschäftsbezeichnung „Normalzeit" mit Rücksicht auf die Priorität eines gleichartigen Geschäfts sich nicht beilegen darf, nicht gehindert ist, Uhren mit dem Ausdruck „Normalzeit" zu vertreiben [vgl. hierzu § 1 Note 58 über Monopolbildungen (Schlagworte)]. So ist das Wort „Kompaß" zur Kennzeichnung einer Schrift, die auf einem schwer zu beherrschenden Gebiete als Wegweiser dienen soll, keineswegs ein Gattungswort; denn hier liegt in der Übertragung eines Begriffs auf einen anderen Gegenstand die Eigenart und Kennzeichnungskraft (RG. in GewRschutz **1911** 239). Das gleiche gilt für Bezeichnungen wie „Echo" und „Spiegel" (RG. **101** 109; RG. in GewRschutz **1912** 158). Die Verwechslungsmöglichkeit hinsichtlich der Zeitschriftentitel „Echo" und „Welt-Echo" ist bejaht worden, weil der Sinn beider Bezeichnungen „durchaus derselbe" und letztere Bezeichnung „ebenso farblos und allgemein" sei, wie erstere. Zwar stehe gemäß § 16 WettbG. dem Kläger kein Monopol an der Bezeichnung „Echo" zu, so daß er nicht schlechthin den Gebrauch dieses Worts dem Beklagten verbieten könne; aber die Bezeichnung „Welt-Echo" erscheine selbst bei Berücksichtigung des Umstandes verwechslungsfähig, daß der häufige Gebrauch des Wortes „Echo" für Zeitschriften, die eine Rundschau über ein bestimmtes Gebiet geben wollen, diesem Worte von seiner Kraft, als Schlagwort zu dienen, viel genommen hat und somit Hinzufügungen zu dieser Bezeichnung stärkere unterscheidende Bedeutung gewinnen (RG. **101** 109). Es gilt das gleiche wie für sog. schwache Warenzeichen: Note 94. (Die Kritik, die Osterrieth in GewRschutz **1921** 60 und Elster in GewRschutz **1921** 117 an dem Urteil RG. **101** 109 üben, ist nicht überzeugend: die Urteilsbegründung führt in scharfer Gedankenentwicklung zwingend zum Endergebnis; überall zeigt sich Beherrschung des schwierigen Stoffs, sowohl in juristisch-technischer als auch in wirtschaftlicher Hinsicht. Siehe hierzu Verf. in JW. **1921** 1546).

Über die in Täuschungsabsicht erfolgende Wahl oder Benutzung von Geschäftsbezeichnungen siehe Note 4. Note 99.

IV. Die besondere Bezeichnung einer Druckschrift.

Für Druckschriften sind dieselben Grundsätze maßgebend wie für Geschäftsbezeichnungen. Als besondere Bezeichnung (Titel) einer Druckschrift gilt eine frei gewählte Bezeichnung, die dazu bestimmt und geeignet ist, die Druckschrift von anderen zu unterscheiden. Der Titel kann bestehen in Worten, in Buchstaben oder in einer bildlichen Darstellung (verbunden mit Worten und ohne Worte). Nicht nur der eigentliche Titel einer Druckschrift, sondern auch Untertitel sowie Titel bestimmter Abteilungen werden geschützt (RGSt. **29** 134; Kohler in UW. **3** 107; a. M. Ebner in MuW. **11** 105). Zuweilen ist gerade der Untertitel beim Publikum allgemein bekannt, z. B. „Vossische Zeitung" (eigentlich: „Privilegierte Berlinische Zeitung"). Auch eine Verletzung der §§ 1 und 3 kommt in Betracht: „Der Titel muß äußerlich und innerlich wahr sein. Kann dem mit einem bestimmten Titel nicht genügt werden, so muß ein anderer, wahrer Titel gewählt werden" (RG. **93** 190). Note 100.

Der Begriff „Druckschrift" umfaßt sowohl die periodischen, als auch die nicht periodischen Veröffentlichungen und beschränkt sich keineswegs auf Druckschriften im Sinne des PreßG. oder auf solche, die durch das Urheberrechtsgesetz vom 19. Juni 1901 geschützt sind (RG. in MuW. **8** 129). Hier ist also unter Note 101.

§ 16. Umständen der Nachdruck erlaubt, der Titel aber — bei Verwechslungsmöglichkeit — geschützt. Demgemäß ist es belanglos, daß 30 Jahre nach dem Tode des Urhebers das fragl. Werk nicht mehr geschützt ist (unrichtig KG. in JW. **1916** 687). Zu den Druckschriften gehören auch musikalische Werke und Photographien; ferner Lichtbildfilme (KG. und OLG. Köln in OLGRspr. **30** 288). Als Warenbezeichnung, die etwa in die Zeichenrolle eingetragen werden könnte, ist die Bezeichnung einer Druckschrift nicht anzusehen; denn der Titel soll nicht die Druckschrift als Ware bezeichnen.

Note 102. Die Ausstattung einer Druckschrift ist durch den § 16 nicht geschützt. Auf die Ausstattung findet der § 15 WZG. sowie der § 1 WettbG. (§ 826 BGB.) Anwendung. Wohl kann die Ausstattung auch für den § 16, nämlich bei der Feststellung der Verwechslungsmöglichkeit, mit berücksichtigt werden (RG. in UW. 1 92; RG. in MuW. 17 154). Aber die Feststellung, die beiden Titel seien nicht verwechslungsfähig, darf nicht damit begründet werden, daß die Ausstattung einer Verwechslung entgegenwirke; denn nicht jedesmal, wenn eine Verwechslung in Frage kommt, liegen Exemplare der beiden Druckschriften vor.

Note 103. Für Erwerb, Verlust, Veräußerung des Rechts gilt dasselbe, wie für die „besondere Bezeichnung eines Erwerbsgeschäfts". Hiernach läßt die erstmalige Benutzung eines eigentümlichen Titels die Ansprüche aus § 16 zur Entstehung kommen (RG. **74** 349; RG. in GewRschutz **1911** 36; RG. in JW. **1900** 76; RG. in MuW. **11** 155), und zwar regelmäßig erst mit der Veröffentlichung der Druckschrift. Nicht genügt schon die Abfassung oder Drucklegung. Doch ist die öffentliche Ankündigung der Druckschrift unter ihrem Titel ausreichend, wenn das Erscheinen tatsächlich nachfolgt (RG. in UW. 2 65). Schon die Versendung der Druckschrift an andere Personen genügt (RG. in GewRschutz **01** 271). Veräußerung des Rechts am Titel ohne das Recht an der Druckschrift ist unzulässig. Ebenso Verpfändung (RG. **68** 49; RG. in MuW. **8** 129). Die Duldung ähnlicher Titel bewirkt nicht den Verlust des Rechts (RG. in UW. 2 65). Das gleiche gilt für die behördliche Einziehung der Druckschrift.

Note 104. Über das Zusammenstoßen mehrerer verwechslungsfähigen Bezeichnungen siehe Note 6ff. und Note 93.

Note 105. **„Besondere"** Bezeichnung einer Druckschrift. Es gilt Entsprechendes wie für die „besondere Bezeichnung eines Erwerbsgeschäfts". Benutzt jemand den Titel eines gemeinfrei gewordenen Romans für einen Lichtbildfilm, so kann dieser Titel zur „besonderen" Bezeichnung des Lichtbildfilms werden. OLG. Dresden in GewRschutz **1916** 118 läßt den Titel des Bulwerschen Romans „Die letzten Tage von Pompeji" als „besondere" Bezeichnung eines Lichtbildfilms nicht zu und begründet dies damit, daß jeder aus einer Quelle schöpfen darf, die Allgemeingut ist, daß also jeder sein Unternehmen als „Kneippsche Heilanstalt" oder als „Röntgeninstitut" bezeichnen kann. Aber in letzteren Fällen handelt es sich um die Bezugnahme auf bestimmte Systeme oder Erfindungen, so daß eine Monopolisierung durch einen einzelnen nicht statthaft ist. Wohl aber kann ein gemeinfrei gewordener Romantitel, der vielleicht sonst in Vergessenheit geraten wäre, zur „besonderen" Bezeichnung eines Lichtbildfilms werden (Hellwig in GewRschutz **1916** 118).

Note 106. Beispiele verwechslungsfähiger Druckschriftenbezeichnungen: „Manufakturist" und „Berliner Manufakturist" (RG. in JW. **1900** 75); „Die Tonindustrie" und „Tonindustrie-Zeitung" (OLG. Dresden in SächsArch. **14** 479); „Der Schneidermeister" und „Deutscher Schneidermeister" (KG. in OLGRspr. **32** 259); „Deutsche Konkurrenzen" und „Architektur-Konkurrenzen" (RG. **74** 346); „Jahr" und „Welt-Jahr"

(RG. in OLGRspr. 41 4); „Zentralblatt für die gesamte Medicin" und „Zentralblatt für die gesamte innere Medicin und ihre Grenzgebiete" (RG. in MuW. 17 162). Als nicht verwechslungsfähig wurde angesehen „Berlinische Wohnungszeitung" und „Wohnungszeitung des Westens", weil nach Sachlage der Bestandteil „Wohnungszeitung" als eine „besondere" Bezeichnung nicht anzusehen sei (RG. in MuW. 8 150); ebenso „Drogisten-Zeitung" und „Allgemeine Drogisten-Zeitung" (RG. in MuW. 17 154); letztere Entscheidung ist bedenklich: siehe Verf. in JW. **1921** 1546 zu dem „Echo"-Urteil RG. **101**, 109). Über die Bezeichnungen „Illustrierte Zeitung" und „Neue Leipziger illustrierte Zeitung" siehe Note 94. Über die für ein Buch verwendete Bezeichnung „Die besten Witze aus den Münchener Fliegenden Blättern" siehe OLG. Dresden in GewRschutz **1911** 177. § 16.

Gattungsbezeichnungen. Besteht der Titel nur aus einer allgemeinen Beschreibung der Druckschrift (z. B. „Zeitung", „Tageblatt", „Anzeiger", „Wörterbuch", „Reiseführer") oder ergibt er sich ohne weiteres aus ihrem Inhalt (z. B. „Chemiker-Zeitung", „Wohnungs-Zeitung", „Drogisten-Zeitung"), dann liegt eine „besondere" Bezeichnung nicht vor (RG. 74 346; RG. in MuW. 17 154, 162; Note 94 über den Begriff „besondere" Bezeichnung, insbesondere über „Illustrierte Zeitung"). Siehe auch Note 97. Note 107.

Bildliche Ausdrücke, mögen sie im allgemeinen Gebrauch stehen oder naheliegen, können eine „besondere" Bezeichnung darstellen (Note 94ff. und die dort besprochenen Druckschriftentitel). Näheres über bildliche Ausdrücke, auch als Druckschriftentitel, siehe Note 98. Note 108.

Über die in Täuschungsabsicht erfolgende Wahl oder Benutzung von Druckschriften-Titeln siehe Note 4.

V. Geschäftsabzeichen.

Der besonderen Bezeichnung eines Erwerbsgeschäfts stehen Geschäftsabzeichen und sonstige zur Unterscheidung des Geschäfts von anderen Geschäften bestimmte Einrichtungen gleich, sofern sie innerhalb beteiligter Verkehrskreise als Kennzeichen des Erwerbsgeschäfts gelten. Die Priorität der Ingebrauchnahme ist also im Gegensatz zum Abs. 1 des § 16 hier nicht ausreichend. Der Abs. 3 des § 16 ist durch das Gesetz von 1909 hinzugefügt worden. Die Begründung des Entwurfs äußert sich hierzu folgendermaßen: „Neuerdings hat sich auch die Gewohnheit bemerkbar gemacht, die Unterscheidung von anderen Geschäften durch die besondere Art der äußeren Anordnung, der Gestalt oder Ausstattung von Geschäftseinrichtungen hervorzuheben, z. B. durch die Ausstattung von Geschäftswagen oder sonstiger Wirtschaftsgegenstände, die Wahl eindrucksvoller Kleidung für die Bediensteten des Geschäfts, durch Anbringung von Emblemen, Bildern und sonstigem Aufputz an den Geschäftshäusern, oder durch die Ausstattung der Schaufenster, Warenkataloge, Zirkulare und sonstigen Druckschriften. Die Erfahrung zeigt, daß derartige Veranstaltungen einen eigentümlichen und unterscheidenden Charakter gewinnen und, nachdem sie im Publikum Ansehen und Anerkennung gefunden haben, von anderen Gewerbetreibenden mißbräuchlich zu dem Zwecke verwendet werden, um Verwechslungen hervorzurufen." Note 109.

Der Begriff des Geschäftsabzeichens umfaßt alle Merkmale der Kennzeichnung des Zusammenhangs mit einem bestimmten Geschäft. [Z. B. figürliche Zeichen, Bilder am Geschäftshause, die besondere Form oder Farbe von Rabattmarken (Wertheimer in MuW. 7 95; Finger in MuW. 8 180).] Die Umgebung, in der das Geschäftsabzeichen verwendet wird, ist für die Beurteilung der Verwechslungsfähigkeit nicht Note 110.

§ 16. entscheidend. Das Verbot des § 16 Abs. 3 richtet sich dagegen, daß jemand „Geschäftsabzeichen in einer Weise benutzt, welche geeignet ist, Verwechslungen mit dem Geschäftsabzeichen hervorzurufen, dessen sich ein anderer befugterweise bedient". Es kommt also, wenn die beiden Zeichen in gleichartigen Geschäftsbetrieben benutzt werden, lediglich auf die Verwechslungsfähigkeit der Zeichen an. Folgender Fall aus der Praxis diene zur Erläuterung: Eine „Wach- und Schließgesellschaft" benutzt als Geschäftsabzeichen zwei sich kreuzende Schlüssel. Dieses Zeichen befindet sich insbesondere auf den runden, weißen Blechschildern, die sie an den von ihr bewachten Häusern anzubringen pflegt. Ein Mitbewerber verwendet an den von ihm bewachten Häusern ein viereckiges, grünes, mit dem runden, weißen Schilde der Wach- und Schließgesellschaft nicht verwechslungsfähiges Schild, auf dem sich das gleiche Zeichen der gekreuzten Schlüssel befindet. Die vorberechtigte Gesellschaft erhebt Klage auf Unterlassung der Verwendung des von ihr seit Jahren eingeführten Schlüsselzeichens und macht auch geltend, daß die Kennzeichnungskraft des Schlüsselzeichens für ihr Geschäft verlorengehen müsse, wenn sie die Benutzung durch den Mitbewerber dulde; dann entfalle also die Voraussetzung, unter der überhaupt der § 16 Abs. 3 Schutz gewährt. Das OLG. Hamburg hat diesen Standpunkt gemäß LZ. **1916** 967 gebilligt; ebenso OLG. Hamburg in JW. **1918** 148: „Da das Zeichen selbst die Täuschung begründet, so erscheint es gleichgültig, wo es angebracht ist."

Note 111. **Der Begriff „sonstige Einrichtungen"** ist gegenüber dem des Geschäftsabzeichens der weitere; er umfaßt z. B. auch die architektonische Gesamtausstattung eines Geschäftshauses.

Note 112. Die Entstehung des Rechts am Geschäftsabzeichen bzw. an der „Einrichtung" erfolgt nicht, wie bei den Schutzgegenständen des § 16 Abs. 1, durch die Priorität der Ingebrauchnahme, vielmehr erst in dem Zeitpunkt, in dem die Kennzeichnungskraft „innerhalb beteiligter Verkehrskreise" eintritt.

Note 113. Das Erlöschen des Rechts am Geschäftsabzeichen erfolgt durch endgültigen Nichtgebrauch, sei er freiwillig oder erzwungen; ferner dadurch, daß die Kennzeichnungskraft „innerhalb beteiligter Verkehrskreise" aufhört; schließlich dadurch, daß das Geschäftsabzeichen zum Gewerkzeichen wird (Note 120).

Note 114. Eine Veräußerung des Geschäftsabzeichens ohne das Geschäft ist unzulässig, da der Schutz am Betriebe haftet (RG. in GewRschutz **1911** 320).

Note 115. Stoßen mehrere Geschäftsabzeichen auf demselben Verkehrsgebiete zusammen, dann ist vorberechtigt derjenige, der das von ihm benutzte Geschäftsabzeichen zuerst auf diesem Gebiete zur Anerkennung seitens beteiligter Verkehrskreise gebracht hat. Der später Auftretende ist verpflichtet, seine Bezeichnungsmittel in einer die Verwechslungsgefahr ausschließenden Weise zu unterscheiden. Näheres siehe Note 6 ff., 93, 119.

Allgemeines über Verwechslungsfähigkeit siehe Note 11 ff.

Note 116. **Die Kennzeichnungskraft „innerhalb beteiligter Verkehrskreise"** ist Voraussetzung des Schutzes der Geschäftsabzeichen und „sonstigen Einrichtungen". Es genügt also nicht, wie bei den Schutzgegenständen des § 16 Abs. 1, die Priorität der Ingebrauchnahme. Vielmehr muß man innerhalb beteiligter Verkehrskreise das Geschäftsabzeichen (die „sonstige Einrichtung") auf ein bestimmtes Geschäft beziehen, wobei außer Betracht bleibt, ob der Inhaber bekannt ist (RGSt. **32** 149; RG. in GewRschutz **1911** 319).

Note 117. Beteiligte Verkehrskreise sind die Zwischenhändler, die Kleinhändler und das verbrauchende Publikum (gleichviel, ob im In- oder Auslande), nicht aber die Mitbewerber als solche (RG. in Bl. **96** 370, **1900** 89, **05** 170; RG. in MuW. 7 22; RGSt. **38** 435). Vgl. § 5 Note 4. **§ 16.**

„I n n e r h a l b" bedeutet, daß die Einrichtungen zwar nicht dem gesamten Kreise, aber doch einem bestimmten erheblichen Teile desselben als Kennzeichen bekannt sein müssen, z. B. den Abnehmern einer bestimmten Gegend (RGSt. **32** 149; RG. in JW. **06** 613). Vgl. § 5 Note 4. Note 118.

Für die F e s t s t e l l u n g d e r K e n n z e i c h n u n g s k r a f t innerhalb beteiligter Verkehrskreise gelten (entsprechend) die Grundsätze, die in § 3 Note 21, 39 für die Feststellung der Verkehrsauffassung dargelegt worden sind. Eine gewisse Zeitdauer für den Erwerb der Kennzeichnungskraft wird nicht erfordert, vielmehr kann unter Umständen schon durch die erste Benutzung des Geschäftsabzeichens (der „sonstigen Einrichtung") die erforderliche Kennzeichnungskraft bewirkt werden (so RG. **77** 432 für den analogen Fall der Ausstattung). Jedenfalls wird die Kennzeichnungskraft um so schneller erworben, je eigenartiger das Geschäftsabzeichen gestaltet ist (RG. in JW. **1911** 827; RG. in GewRschutz **1911** 319). Sowohl örtlich, als auch hinsichtlich der Verschiedenheit der in Betracht kommenden Verkehrskreise kann die Kennzeichnungskraft mehr oder minder ausgedehnt sein. Maßgebend ist stets, wieweit die unterscheidende Kraft des Bezeichnungsmittels im Einzelfalle reicht. Nur auf die ö r t l i c h e Kennzeichnungskraft kommt es an, sofern der in Betracht kommende Verkehrskreis ein örtlicher ist. Unter Umständen beschränkt sich dieser Verkehrskreis auf einen einzelnen Stadtteil. Ein und dasselbe Geschäftsabzeichen kann für m e h r e r e bestimmte Geschäfte Kennzeichnungskraft besitzen, wenn die Geschäfte in verschiedenen Verkehrsbezirken liegen (RG. in GewRschutz **1911** 320; OLG. Hamburg in LZ. **1915** 1544, **1916** 967). Die Beweislast für die Kennzeichnungskraft hat derjenige, der das Bezeichnungsmittel für sich in Anspruch nimmt. Behauptet ein Mitbenutzer, daß die Kennzeichnungskraft erloschen ist, so muß er dies beweisen (RG. **79** 295; RG. in MuW. **12** 186). Siehe Note 115. Note 119.

Gewerkszeichen, die allgemein von einem Kreise Gewerbetreibender verwendet werden, genießen nicht den Schutz des § 16 Abs. 3. Hierher gehören z. B. die Messingbecken der Barbiere, denn diese Abzeichen sind in Deutschland nicht nur in einzelnen Städten, sondern allgemein als Kennzeichen für Barbiergeschäfte bekannt, vermögen also für ein bestimmtes Geschäft keine Kennzeichnungskraft zu erlangen. Dasselbe gilt von solchen Bezeichnungen, die für das in Frage stehende Unternehmen notwendig sind (ein Handschuh für ein Handschuhgeschäft). Dagegen können Phantasiezeichen selbst dann Kennzeichnungskraft für ein einzelnes Unternehmen gewinnen, wenn sie auf die G a t t u n g bestimmter Unternehmungen hinweisen. Es gelten die Grundsätze, die Note 98, 108 für bildliche Ausdrücke dargelegt sind. Siehe RG. in JW. **1911** 827; OLG. Hamburg in LZ. **1915** 1544, **1916** 967. In diesen Entscheidungen handelt es sich um das Zeichen der sich kreuzenden Schlüssel für sog. Wach- und Schließgesellschaften. OLG. Hamburg legt in LZ. **1915** 1544 zutreffend dar, daß dieses Zeichen nicht etwa lediglich eine allgemeine Beschreibung des Geschäfts bzw. Geschäftszweiges darstellt, auch nicht etwa von einem ganzen Kreise Gewerbetreibender als Gewerkszeichen verwendet wird derart, daß es der ihm an sich innewohnenden Kennzeichnungskraft entkleidet ist. OLG. Hamburg in LZ. **1916** 967 erklärt: „In Frage steht, ob das Geschäftsabzeichen der gekreuzten Schlüssel innerhalb beteiligter Verkehrskreise, also des Hamburg-Altonaer Publikums, als Kennzeichen des Geschäfts der Klägerin gilt. Die Tatsache, daß dieses Zeichen zur Zeit im übrigen Deutschland in mehr oder minder erheblichem Umfange von gleichartigen Unternehmungen benutzt wird, ist nur Note 120.

§ 16. insofern von Bedeutung, als der Schutz des § 16 WettbG. dann zu versagen ist, wenn die Abbildung der sich kreuzenden Schlüssel nichts weiter als eine Gattungsbezeichnung ist, die lediglich auf die Art solcher Gewerbebetriebe hinweist und daher Gemeingut aller ist, oder wenn sie im Verkehr so allgemein gebräuchlich geworden ist, daß sie den unterscheidenden Charakter verloren hat. Daß dieses Geschäftsabzeichen dem Gewerbebetriebe der Klägerin notwendig sei und nichts anderes als den Gegenstand ihres Unternehmens bezeichne, läßt sich nicht annehmen. Denn die bildliche Darstellung der Schlüssel weist nicht notwendig auf den Gewerbebetrieb einer Wach- und Schließgesellschaft hin, wie z. B. die Uhr auf ein Uhrmachergeschäft. Da auch noch andere bildliche Darstellungen als zwei gekreuzte Schlüssel zur Bezeichnung eines solchen Geschäfts denkbar und in Übung sind, so kann das Zeichen der Klägerin sehr wohl einen unterscheidenden Charakter gewonnen haben, und dieser kann bei der nur örtlichen Wirksamkeit derartiger Geschäfte in Hamburg-Altona anerkannt sein, an anderen Orten fehlen. Es kommt aber auch lediglich darauf an, ob das Zeichen, selbst wenn es in Deutschland längst bekannt und gebräuchlich ist, in Hamburg-Altona einen eigentümlichen und unterscheidenden Charakter gewonnen und im Publikum als Hinweis auf das Geschäft der Klägerin Anerkennung gefunden hat."

Über die in Täuschungsabsicht erfolgende Wahl oder Benutzung von Geschäftsabzeichen siehe Note 4.

Note 121. **Warenzeichen und Ausstattungen** gehören nicht zu den in § 16 WettbG. behandelten Unterscheidungszeichen. Dies ist in Abs. 3 Satz 2 des § 16 ausdrücklich hervorgehoben. Siehe über Warenzeichen- und Ausstattungsschutz § 1. Das WettbG. will in seiner Generalklausel allgemein und gegen jede Art unlauteren Wettbewerbes, ohne irgendwelche Einschränkung, schützen. Die Ausnahme in § 16 Abs. 3 betrifft nur die Sondervorschrift des § 16, nicht den § 1 (RG. in GewRSchutz **1912** 138; RG. in MuW. **11** 202). [Die verschiedene Behandlung, die der Gesetzgeber den Warenbezeichnungen, den Ausstattungen und den Geschäftsabzeichen angedeihen läßt, ist sinnwidrig: § 1 über Ausstattungsschutz.]

§ 17.

§ 17.

Geheimnisverrat und unlautere Verwertung fremder Geheimnisse.

Mit Gefängnis bis zu einem Jahre und mit Geldstrafe bis zu fünftausend Mark oder mit einer dieser Strafen wird bestraft, wer als Angestellter, Arbeiter oder Lehrling eines Geschäftsbetriebes Geschäfts- oder Betriebsgeheimnisse, die ihm vermöge des Dienstverhältnisses anvertraut oder sonst zugänglich geworden sind, während der Geltungsdauer des Dienstverhältnisses unbefugt an andere zu Zwecken des Wettbewerbes oder in der Absicht, dem Inhaber des Geschäftsbetriebes Schaden zuzufügen, mitteilt.

Gleiche Strafe trifft denjenigen, welcher Geschäfts- oder Betriebsgeheimnisse, deren Kenntnis er durch eine der im Abs. 1 bezeichneten Mitteilungen oder durch eine gegen das Gesetz oder die guten Sitten verstoßende eigene Handlung erlangt hat, zu Zwecken des Wettbewerbes unbefugt verwertet oder an andere mitteilt.

Inhaltsübersicht. § 17.

Über die Geltungsdauer des Dienstverhältnisses hinaus gewährt das WettbG. Note 1. keinen Strafschutz dagegen, daß Angestellte, Arbeiter oder Lehrlinge Betriebsgeheimnisse, die ihnen vermöge des Dienstverhältnisses zugänglich geworden sind, „unbefugt an andere zu Zwecken des Wettbewerbes oder in der Absicht, dem Betriebsinhaber Schaden zuzufügen, mitteilen". Einen solchen Verrat belegt der § 17 nur dann mit Strafe, wenn die unbefugte Mitteilung „während der Geltungsdauer des Dienstverhältnisses geschah" (Abs. 1) oder wenn die Kenntnis des Geheimnisses auf ungesetzliche oder unlautere Weise erlangt wurde (Abs. 2). — Der Schutz des § 17 (und des § 18) gilt der Persönlichkeit des am Geheimnis Berechtigten. Das Persönlichkeitsrecht wird hier zum Geheimnisrecht (Kohler 17, 246; Lobe I 328). Das Unternehmen einer erfolglosen Anstiftung zu einem Verstoß gegen den § 17 Abs. 1 (§ 18) ist im § 20 behandelt. — Mit dem Verrat von Geheimnissen befassen sich insbesondere auch das StGB. in §§ 299, 300 und die VO. gegen Bestechung und Geheimnisverrat nicht beamteter Personen vom 3. Mai 1917/12. Februar 1920 (RGBl. 1917, 393; 1920, 230). Über eine Lücke im § 17 siehe Verf. in RuW. **1918** 92.

Die zivilrechtlichen Folgen eines Vergehens gegen den § 17 sind Note 2. im § 19 behandelt. Über die sittenwidrige Verletzung des Geheimbezirks eines Mitbewerbers siehe § 1 Note 104. Über den Anspruch des Betriebsinhabers, daß der Angestellte, der Geheimnisse an einen anderen verraten hat, von diesem nicht beschäftigt werde, siehe S. 45, 46.

Das Verhältnis des Abs. 1 des § 17 zum Abs. 2: Bei Abs. 1 Note 3 können nur Angestellte (Arbeiter oder Lehrlinge) in Frage kommen, die während der Geltungsdauer des Dienstverhältnisses den Geheimnisverrat begehen. Dagegen handelt es sich bei Abs. 2 um die Verwertung oder Mitteilung von Geheimnissen, deren Kenntnis entweder durch eine der im Abs. 1 bezeichneten Mitteilungen, oder durch eine gegen das Gesetz bzw. die guten Sitten verstoßende eigene Handlung erlangt wurde. Im ersteren Falle muß auf seiten desjenigen, der dem Täter das Geheimnis offenbart hat, in objektiver und in subjektiver Hinsicht ein Verstoß gegen den Abs. 1 des § 17 vorliegen. Möglich ist Anstiftung zum Begehen des Geheimnisverrats und darauf folgend unlautere Verwertung gemäß Abs. 2.

§ 17.

I. Verrat von Geheimnissen durch Angestellte.

Note 4. Als Täter kommen Angestellte, Arbeiter und Lehrlinge eines Geschäftsbetriebes in Betracht.

Note 5. Zu den „Angestellten" gehören alle in einem geschäftlichen Betriebe arbeitenden, den Weisungen des Inhabers unterworfenen Personen (siehe Näheres § 13).

Note 6. Zu den „Arbeitern" gehört auch das Gesinde, wenn es im Gewerbebetriebe tätig ist.

Note 7. „Lehrlinge" sind nicht nur die zu Angestellten, sondern auch die zu Arbeitern auszubildenden Personen, mögen sie Entlohnung erhalten oder nicht.

Note 8. Nichtangestellte können als Anstifter oder Gehilfen in Frage kommen.

Über den Begriff **„Geschäftsbetrieb"** siehe S. 31.

Note 9. **„Geschäfts- oder Betriebsgeheimnisse"** im Sinne des § 17 sind Tatsachen, die 1. im Zusammenhang mit einem Geschäftsbetriebe stehen, die 2. nicht offenkundig sind und die 3. nach dem Willen des Betriebsinhabers geheimgehalten werden sollen. Da das Gesetz die Geschäfts- und Betriebsgeheimnisse der gleichen Behandlung unterwirft, so hat es keinen praktischen Wert, die Begriffe gegeneinander abzugrenzen. (Näheres siehe unten zu 1—3.)

Note 10. Gegen ein gesetzliches Verbot oder gegen die guten Sitten (nach Art ihres Gegenstandes) verstoßende Geheimnisse fallen ebenfalls unter den § 17 (bestritten). In solchen Fällen liegt ein schutzwürdiges Persönlichkeitsrecht auf Wahrung des Geheimnisses allerdings nicht vor. Daher sind zivilrechtliche Ansprüche gegen den Täter nicht ohne weiteres gegeben. Aber die Strafvorschrift wird hierdurch nicht berührt. So muß auch derjenige nach § 242 StGB. wegen Diebstahls bestraft werden, der einem Dieb den gestohlenen Gegenstand stiehlt.

Note 11. Bei Übergang des Rechts zur gewerblichen Verwertung des Geheimnisses auf einen anderen Gewerbetreibenden ist es nicht ausgeschlossen, daß immer noch ein Geheimnis des früheren Betriebes vorliegt, sofern nämlich trotz des Übergangs bei dem Veräußerer der Geheimhaltungswille gegenüber allen anderen Personen mit Ausnahme des Erwerbers bestehenbleibt. Wenn man annehmen wollte, daß nach der Veräußerung nur noch ein Geheimnis des erwerbenden Betriebes vorliegt, so würde der Angestellte des veräußernden Betriebes, der nach stattgehabtem Erwerbe das Geheimnis einem Konkurrenten des Erwerbers verrät, straflos ausgehen. Der Geschäftsherr dieses Angestellten, der allein aus § 17 Abs. 1 das Antragsrecht hat, könnte keinen Strafantrag stellen, weil kein Geheimnis seines Betriebes verraten worden ist. In den Fällen der Übertragung des Rechts zur Verwertung eines Geheimnisses wird regelmäßig anzunehmen sein, daß der Veräußernde vertraglich zur Geheimhaltung verpflichtet ist. Sein Wille zur Geheimhaltung besteht jedenfalls so lange, als er oder sein Partner ein Interesse daran haben, das Offenkundigwerden zu verhindern. Vgl. Lobe in MuW. **11** 416; Kohler 258; a. M. RG. in JW. **1911** 869. In diesem Urteil wird dargelegt, es handele sich nach der Veräußerung nur noch um ein Geschäftsgeheimnis des Erwerbers, wenn auch der Veräußerer ein Interesse daran gehabt haben möge, daß eine Mitteilung des Geheimnisses an Dritte durch seine Angestellten nicht erfolge. Lobe a. a. O. weist treffend darauf hin, daß es nicht darauf ankommt, ob der Veräußerer an dem veräußerten Geheimnis noch ein absolutes Recht habe und dieses Immaterialgut noch insoweit ein Erwerbsmittel für seinen Geschäftsbetrieb bilde. Denn das Geheimnis sei ein Bestandteil (ein Vorkommnis) seines Betriebes geblieben, wenn er trotz der Veräußerung verpflichtet war, es dritten Personen nicht zur Kenntnis zu bringen (vgl. Note 15). § 17.

1. **Im Zusammenhang mit einem Geschäftsbetriebe** muß die geheime Tatsache stehen, und zwar muß der Inhaber des Betriebes an der Geheimhaltung der — üblicherweise nicht zu offenbarenden — Tatsache ein gewerbliches Interesse haben. Ob ein solches vorliegt, ist jeweils auf Grund der Sachlage zu entscheiden. Hat der Betriebsinhaber ein nur privates Interesse an der Geheimhaltung der Tatsache, so liegt ein Geschäfts- oder Betriebsgeheimnis nicht vor. Dadurch, daß der Inhaber gegenüber den Angestellten eine private Tatsache als eine geschäftliche bezeichnet, wird sie noch nicht zu einer solchen, auch nicht durch Aufnahme in die Handelsbücher (RGSt. **13** 62, **29** 431; RG. in JW. **06** 497; RG. in MuW. **10** 314). Ob das Geheimnis im Betriebe benutzt wird, ist belanglos. Auch die Frage des Formalschutzes scheidet aus. Note 12.

Erfahrungen und Fähigkeiten, die vermöge des Dienstverhältnisses erlangt worden sind, können als solche nicht Gegenstand eines Geheimnisses sein; wohl die Methode zu ihrer Erlangung (vgl. Julius Seligsohn S. 10). Note 13.

Die Beziehung der Tatsache zu einem bestimmten Geschäftsbetriebe genügt. Nicht ist erforderlich, daß die Tatsache eine Besonderheit dieses Betriebes darstellt. So kann Gegenstand eines Geheimnisses sein, daß eines von mehreren an sich bekannten Verfahren in einem bestimmten Betriebe angewandt wird (RG. in JW. **06** 496; RG. in MuW. **11** 541). Es ist also nicht nötig, daß der Gegenstand des Geheimnisses zur Ausübung des fragl. Gewerbes dient (Lobe in MuW. **11** 416). Ein Geheimnis kann auch darin bestehen, daß zur Herstellung einer Ware nur bekannte und nicht wertvolle Stoffe benutzt werden (RG. in MuW. **12** 511). Note 14.

Auch ein vereinzeltes Geschäftsvorkommnis, z. B. die Vorverhandlung zu einem Geschäftsabschluß, ist geeignet, ein Geheimnis darzustellen. Aus den Umständen muß sich ergeben, daß der Geschäftsinhaber ein gewerbliches Interesse an der Geheimhaltung des — üblicherweise nicht zu offenbarenden — Vorganges hat. Ein Geschäftsgeheimnis kann also darin bestehen, daß eine bestimmte Tatsache in einem Geschäft vorgekommen ist, vorkommt oder vorkommen wird (RG. in MuW. **10** 314; Ludwig Cahen in LZ. **1915** 282; Lobe in MuW. **11** 416). So kann ein geschäftlicher Plan, z. B. eine Ware in bestimmter Ausstattung zu einem für den Umsatz wichtigen Zeitpunkt plötzlich auf den Markt zu werfen, ein Geschäftsgeheimnis sein (RGSt. **48** 14), auch der Plan, sich an einer Ausschreibung zu beteiligen (RG. in UW. **5** 71). Note 15.

2. **Nicht offenkundig** darf die Tatsache sein, und zwar ist maßgebend der Zeitpunkt des Verstoßes gegen den § 17 (RGSt. **31** 90; **38** 108; **40** 406). Offenkundig ist eine Tatsache, die der Kenntnis einer unbegrenzten Anzahl von Personen zugänglich oder der zufälligen Kenntnisnahme durch beliebige Dritte ausgesetzt ist. Die Kenntnis mehrerer Personen, ja selbst einer großen Anzahl, hebt den Begriff des Geheimnisses nicht auf, sofern die Personen, z. B. die Angestellten und Arbeiter, innerhalb des am Geheimnis beteiligten Kreises stehen. Zu diesem Kreise gehören auch die zu Unterhandlungen herangezogenen Personen. Der Verrat des Geheimnisses an außerhalb des Kreises stehende Personen bewirkt nicht ohne weiteres Offenkundigkeit (RGSt. **28** 160, **29** 426, 430, **38** 108, **40** 406, **42** 394; RG. in MuW. **10** 313, Note 16.

§ 17. 15 81). Durch Besprechung in der Fachpresse wird in der Regel Offenkundigkeit der Tatsache bewirkt (RGSt. 38 108; einschränkend RGSt. 40 407: es komme auf die Verbreitung und den Leserkreis der Fachzeitschrift an, sowie auf die Art und den sachlichen Umfang der Besprechung). — Durch die Patenterteilung wird Offenkundigkeit der Tatsache bewirkt, abgesehen von Geheimpatenten; und zwar kommt als Zeitpunkt der Offenkundigkeit regelmäßig nicht erst die Erteilung des Patents, sondern schon die Zulassung der — formgerecht angebrachten und das Vorhandensein einer patentfähigen Erfindung ergebenden — Patentanmeldung in Frage (RGSt. 40 407; RG. in MuW. 10 281; RG. in JW. 08 370). — Inwieweit das Bekanntsein von Einzelheiten eines Geschäftsgeheimnisses Offenkundigkeit bewirkt, ist nur von Fall zu Fall zu entscheiden. — Ein Verfahren, bei dem zur Herstellung eines Gegenstandes bekannte Methoden angewendet werden, ist nicht offenkundig, wenn „durch die besondere Ausführung und Gestaltung der einzelnen Operationen bezüglich der Güte des Produkts oder der Sicherheit des Erfolges besondere Vorteile erreicht werden. Allerdings dürfen die dabei in Betracht kommenden Besonderheiten des Verfahrens nicht dergestalt bekannt sein, daß sie jeder Interessent ohne größere Schwierigkeiten und Opfer in Erfahrung und zur Anwendung bringen kann" (RG. 65 333). Wenn „nur einzelnen Interessenten das einem Bau zugrunde liegende Prinzip" erkennbar geworden ist, dann „hat die öffentliche Aufstellung fertiger Bauten, ihre Besichtigung und Benutzung weder ganz allgemein, noch auch für Fachleute das Geheimnis klargelegt" (RG. in LZ. 1916 481).

Note 17 Neuheit der geheimzuhaltenden Tatsache ist nicht erforderlich, nur darf nicht durch das Fehlen der Neuheit Offenkundigkeit bewirkt sein. So kann die Herstellung eines Erzeugnisses, das zu früheren Zeiten bereits bekannt gewesen, dann aber in Vergessenheit geraten ist, als ein Geheimnis angesehen werden (RG. 65 333).

Note 18. Ist auch in anderen Geschäften die Tatsache bekannt, so ist sie damit an sich noch nicht offenkundig: es kommt darauf an, ob für diejenige Personengruppe Offenkundigkeit besteht, vor welcher der Geschäftsinhaber die Tatsache geheimhalten will (Abnehmer, Mitbewerber, Arbeitnehmer). So kann z. B. ein Musterbuch, das zwar den Bestellern vorgelegt wird, den Mitbewerbern aber unbekannt ist, ein Geheimnis darstellen (RGSt. 31 90, 42 394). Sobald aber ein Muster auf den Markt gebracht und dadurch dem kaufenden Publikum bekannt und der allgemeinen Verwertbarkeit preisgegeben ist, kann von einem Geheimnis nicht mehr gesprochen werden (RG. in JW. 1911 870).

Note 19 Nur wenn auf normalem Wege eine sichere und dauernde Kenntnis der Tatsache zu erlangen ist, kann Offenkundigkeit angenommen werden. Nicht genügt eine vorübergehende Kenntnisnahme, die mit der Zeit wieder in Vergessenheit gerät (RGSt. 33 66). War also demjenigen, dem das Geheimnis mitgeteilt wurde, dieses Geheimnis früher einmal bekannt, so folgt daraus nicht, daß die Kenntnis auch zur Zeit der unbefugten Mitteilung noch bestand. So fällt die Mitteilung einer geheimen Tatsache an einen früheren Angestellten, der sie gekannt hat, unter den § 17, wenn er nicht mehr in der Lage ist, sich über alle wesentlichen Einzelheiten klar zu werden (RGSt. 39 85).

Note 20. **3. Der Geheimhaltungswille.** Es gehört zum Begriff des Geheimnisses, daß der Berechtigte die Tatsache der Kenntnis bestimmter Personen (Personengruppen) entziehen will, also etwa den Mitbewerbern, den Abnehmern oder Arbeitnehmern (RGSt. 38 108, 40 406, 42 394, 48 13). Ist dieser Wille nicht vorhanden, dann ist die Tatsache lediglich unbekannt oder nur wenigen bekannt. (Liegt Offenkundigkeit vor, dann kann der Geheimhaltungswille die Eigenschaft als Geheimnis nicht mehr sichern: Ludwig Cahen in LZ. **1915** 282.) Ist die geheimzuhaltende Tatsache mehreren Personen bekannt, die eine Mitherrschaft über das Geheimnis ausüben, dann müssen alle den Geheimhaltungswillen haben. Dagegen kommt es nicht auf den Willen anderer Personen an, z. B. des Angestellten, der vermöge des Dienstverhältnisses das Geheimnis kennengelernt hat, oder des Lieferanten einer Firma, die ihren Abnehmern gegenüber den Bezug ihrer Waren geheimhält. Vgl. Note 11, 24. § 17.

Eine nach außen hin wirkende Erkennbarkeit des Geheimhaltungswillens muß vorhanden sein, d. h. der Täter muß an der Art, wie die geheimen Tatsachen im Geschäftsbetriebe behandelt wurden, jenen Willen zu erkennen in der Lage gewesen sein. Diese Kenntnis ist ohne weiteres als vorhanden anzunehmen, wenn es sich um einen Geschäftsvorgang handelt, dessen Nichtoffenbarung üblich ist oder hinsichtlich dessen es sich von selbst versteht, daß der Geschäftsinhaber an der Geheimhaltung ein gewerbliches Interesse hat (RGSt. **25** 48, **26** 6, **29** 430; RG. in JW. **02** 610; RG. in MuW. **9** 391, **10** 314). Note 21.

Beispiele: Sammlung von Mustern, die den Kunden vorgelegt werden (RGSt. **42** 394); Listen von Kunden oder Lieferanten (RGSt. **31** 93, **33** 62, **39** 321, **40** 406; RG. in JW. **06** 497; RG. in MuW. **9** 392, **10** 95); die Zahl der im Buchhandel vorrätigen Exemplare eines Werkes (Kohler 257); die geplante Beteiligung an einer Submission (RG. in UW. **5** 71); Modelle von Schuhen und Pantoffeln, die zwar offen ausgestellt, aber hierdurch nicht ohne weiteres verwertbar sind (RG. in DJZ. **98** 210); die Gestaltung und die Maße eines Kochkessels (RG. in MuW. **15** 48); eine eigenartige Zimmereinrichtung, deren Nachbildung nur an der Hand der Zeichnung möglich ist (RG. in MuW. **15** 81). Siehe Noten 14, 15. Note 22

„Vermöge des Dienstverhältnisses“ muß dem Angestellten das Geheimnis zugänglich geworden sein. Es ist nicht gefordert, daß das Dienstverhältnis die alleinige und unmittelbare Beziehung bildet, oder daß es sich um Geheimnisse handelt, mit denen der Angestellte in Verrichtung der ihm zugewiesenen Beschäftigung in Berührung gekommen ist. Entscheidend ist vielmehr, ob er auch ohne das Dienstverhältnis (im weitesten Sinne) die Kenntnis des Geheimnisses erlangt haben würde. Hiernach genügt eine zufällige Kenntniserlangung, wenn der Angestellte ohne das Dienstverhältnis mit dem Geheimnis nicht in Berührung gekommen wäre (RGSt. **33** 354). Note 23.

Der Begriff **„anvertraut oder sonst zugänglich geworden“** bildet ein zusammengehöriges Ganzes. Die Aufnahme des Worts „anvertraut“ zeigt, daß eine Tatsache, die dem Angestellten „sonst zugänglich geworden“ ist, so zu seiner Kenntnis gelangt sein muß, daß er ihre Eigenschaft als Geschäfts-(Betriebs-)Geheimnis zu erkennen in der Lage war. Läßt man dies nicht gelten und behandelt, wie es die herrschende Meinung tut, „anvertraut“ und „sonst zugänglich geworden“ als zwei getrennte Begriffe, dann bleibt es unverständlich, weshalb der Gesetzestext das Wort „anvertraut“ erwähnt, wo dieses doch in dem „sonst zugänglich geworden“ aufgeht. Unter den Begriff „anvertraut oder sonst zugänglich geworden“ fallen alle Arten, wie ein Angestellter in den Besitz von Geschäfts- oder Betriebsgeheimnissen kommen kann, z. B. durch eigene, erlaubte, verbotene, ja strafbare Handlung (RGSt. **33** 356). Ist eine Tatsache zuerst in dem Geschäftsbetriebe nicht als Geheimnis behandelt worden, hat aber der Geschäftsinhaber später zu erkennen gegeben, daß er diese Tatsache als Geheimnis behandelt wissen will, so ist sie dem Angestellten als Geheimnis anvertraut bzw. zugänglich geworden. Note 24.

§ 17.

Note 25. Durch die Tätigkeit von Angestellten geschaffene Geheimnisse, also insbesondere Erfindungen (Verbesserungen vorhandener Erfindungen) gehören hierher, soweit der Geschäftsinhaber ein Ausschlußrecht daran erworben hat. Alsdann ist sein Geheimnis in Frage, sofern er hinsichtlich der Erfindung den Geheimhaltungswillen hat oder die Geheimhaltung nach Sachlage selbstverständlich ist. Es handelt sich solchenfalls um ein Geschäfts- (Betriebs-) Geheimnis, und dieses ist dem Angestellten „vermöge des Dienstverhältnisses anvertraut oder sonst zugänglich geworden" (RGSt. **32** 136, 218).

Note 26. Ein Ausschlußrecht des Geschäftsinhabers ist, abgesehen von einer dahingehenden vertraglichen Vereinbarung zwischen ihm und dem Angestellten (RGSt. **32** 137), anzunehmen, wenn die Erfindung in den Rahmen des Geschäfts und der dem Angestellten vertraglich obliegenden Dienstleistungen fällt, oder wenn sie in Erfüllung einer dienstlichen, auf einer besonderen Anweisung beruhenden Aufgabe erfolgt ist (RG. in Recht **08** Nr. 3205; RG. in GewRschutz **05** 340). Alsdann handelt es sich nicht um eine Erfindung des Angestellten, sondern um eine sog. Etablissementserfindung. „Allerdings hat der Dienstherr eines Angestellten nicht schon wegen der dienstlichen Stellung des letzteren ein Recht an jeder Erfindung, zu der jene Stellung ihm den äußeren Anlaß gab. Dagegen hat er dieses Recht immer dann, wenn der Angestellte eben wegen seines Dienstverhältnisses die Aufgabe hatte, zu versuchen, in welcher Weise die Fabrikationsmethoden zu verbessern sind, und wenn gerade die zu diesem Zwecke angestellten Versuche zu der Erfindung einer Verbesserung führten. Die Gewinnung der Erfindung stellt sich in diesem Falle lediglich als ein Teil der Dienstleistung dar, die der Angestellte vertragsmäßig dem Dienstherrn schuldete" (RGSt. **32** 218). Hiernach ist es nicht ausreichend, daß der Angestellte zu seiner Erfindung durch Benutzung von Werkzeugen und Materialien des Geschäfts gelangt ist (RG. in JW. **98** 365; RG. in Recht **1910** Nr. 4065; KG. in MuW. **8** 61).

Note 27. Der Begriff **„während der Geltungsdauer des Dienstverhältnisses"** bezieht sich auf die rechtliche Geltungsdauer, nicht auf die tatsächliche. Es kommt also auf die Beendigung des Dienstvertrages an. Hat z. B. der Angestellte vertragswidrigerweise den Dienst verlassen, so wird dadurch die Geltungsdauer des Dienstverhältnisses nicht beendigt. Das gleiche gilt für den Fall, daß der Betriebsinhaber grundlos gekündigt hat oder die Annahme der Dienste verweigert. Leistet der Angestellte seine Dienste schon vor dem im Vertrage bestimmten Zeitraum, so fallen diese Dienste unter die „Geltungsdauer", denn hier ist eine vertragliche Vordatierung anzunehmen. Entsprechendes gilt für die Fortsetzung der Dienste über den Endpunkt des Vertrages hinaus.

Note 28. Ein vertragliches Schweigegebot, das zwischen dem Betriebsinhaber und dem Angestellten (Arbeiter oder Lehrling) hinsichtlich bestimmter Geschäfts- oder Betriebsgeheimnisse vereinbart worden ist, verlängert die „Geltungsdauer des Dienstverhältnisses", vorausgesetzt, daß die Verpflichtung nach Zeit und Dauer das Fortkommen des Angestellten nicht unbillig erschwert oder ihm ein angemessenes Entgelt gezahlt wird (§§ 74 ff. HGB., §§ 133 f. GO.). Das RG. steht — in Übereinstimmung mit der Rechtslehre und den Motiven — auf dem entgegengesetzten Standpunkt, obwohl es den Begriff „Geltungsdauer" ausdrücklich auf die rechtliche Dauer des Dienstverhältnisses bezieht (RGSt. **33** 65). Man kann aber in der vertraglichen Abmachung, wonach der Angestellte über bestimmte ihm zugänglich gewordene Geheimnisse Schweigen bewahren soll, eine — beschränkte — Fortsetzung des „Dienstverhältnisses" erblicken. Die wirtschaftlichen Erfordernisse gebieten eine scharfe Auslegung. Vgl. § 1 Note 104, 105.

„An andere mitteilen“ bedeutet Bekanntgabe in irgendeiner Form, doch so, daß eine Verwertung ermöglicht wird. Insoweit genügt auch eine teilweise Mitteilung. Die Mitteilung muß an eine oder mehrere oder unbestimmt viele Personen gelangt sein, die nach dem — erklärten oder als selbstverständlich zu vermutenden — Willen des Inhabers keine Kenntnis von dem Geheimnis erlangen durften. Der „andere“ kann auch ein Mitangestellter sein (RGSt. **51** 191). Ob die Mitteilung für den „anderen“ bestimmt war oder ob er nur als Übermittler dienen sollte, ist belanglos. Nicht nur ein positives Tun kommt in Betracht, sondern unter Umständen auch ein Geschehenlassen, soweit dieses nach Sachlage einem positiven Tun gleichzuachten ist (z. B. ein Angestellter läßt absichtlich Briefe mit Geheimnissen liegen, um einem anderen die Erlangung der Kenntnis zu ermöglichen). Ein „Mitteilen“ liegt auch darin, daß der Angestellte ein geheimes Rezept einem anderen anvertraut mit dem Auftrag, es für ihn einstweilen aufzubewahren, damit ihm die künftige Verwertung gesichert werde. Hier ist nur erforderlich, daß der andere die Eigenschaft der Aufzeichnung als eines Rezepts zu erkennen in der Lage ist, nicht aber kommt es darauf an, ob derjenige, der das Rezept übergibt, eine Mitteilung machen wollte (RGSt. **51** 189). Ob der Mitteilungsempfänger die Mitteilung zu verstehen oder zu benutzen vermag, ist belanglos, desgleichen, ob eine endgültige und dauernde Überantwortung des Geheimnisses an ihn beabsichtigt oder erfolgt ist (RGSt. **51** 189). Auch wird nicht verlangt, daß der Mitteilende das Geheimnis selbst kannte. Wenn der „andere“ das Geheimnis schon kannte, so entfällt die Anwendbarkeit des § 17 Abs. 1 nur dann, wenn die Kenntnis eine so sichere und dauernde war, daß sie zur Verwertung des Geheimnisses ausreichte (RGSt. **39** 86; Note 19). Eine „Mitteilung an andere“ kann auch darin liegen, daß der Angestellte (Arbeiter) einen Gegenstand anfertigt und vertreibt, der bis dahin Geheimnis seines Geschäftsherrn war (RGSt. **33** 8). Note 29.

„Unbefugt“ ist eine Mitteilung, zu der der Mitteilende nach seinen Vertragspflichten gegenüber dem Geschäftsherrn nicht berechtigt ist. Gebieten öffentlich-rechtliche Vorschriften eine Mitteilung, oder erklären sie eine solche für zulässig, dann kommt es auf die Vertragspflicht nicht an. So z. B., wenn der Angestellte eine Strafanzeige wegen eines Vergehens des Geschäftsinhabers nur unter Mitteilung von Betriebsgeheimnissen erstatten kann. Auch eine Offenbarung von Geheimnissen durch Zeugen im Strafprozeß ist zulässig (RG. **53** 317; bestritten). Es ist davon auszugehen, daß die Zeugnispflicht dem Zeugen nicht nur die Pflicht auferlegt, die Wahrheit zu offenbaren, sondern ihm auch das Recht dazu gibt. Übrigens hat die Streitfrage keine praktische Bedeutung, da der Wettbewerbszweck in obigen Fällen nicht vorliegt und eine Schädigungsabsicht nicht schon daraus sich ergibt, daß die Aufklärung des Falls (durch die staatlichen Organe) erstrebt wird. Note 30.

Subjektive Voraussetzungen. Die unbefugte Mitteilung muß vorsätzlich geschehen. Bedingter Vorsatz genügt. Der Vorsatz erfordert auch das Bewußtsein der mangelnden Befugnis zur Mitteilung. Irrt der Täter über seine Befugnis, sei es selbst aus Fahrlässigkeit, dann ist er gemäß § 59 StGB. straffrei. Desgleichen, wenn er über andere Tatbestandsmerkmale irrt, so über das Anstellungsverhältnis oder über die Voraussetzungen, die die geheimzuhaltende Tatsache zum Geheimnis stempeln. Note 31.

Die **Absicht** des Täters muß entweder auf Wettbewerb oder darauf gerichtet sein, dem Inhaber des Geschäfts Schaden zuzufügen. Note 32.

a) **„Zu Zwecken des Wettbewerbes.“** Über diesen Begriff siehe § 1 Note 6. „Daß ein Wettbewerb gerade von seiten desjenigen, dem die Mitteilung zuerst und un- Note 33.

§ 17. mittelbar gemacht wird, in Aussicht genommen werden müsse, besagt das Gesetz nicht" (RGSt. **39** 86). Hiernach „braucht der Mitteilungsempfänger nicht derjenige zu sein, der den Wettbewerb betreiben soll. Es genügt, daß er nur Vermittler ist und nur den Wettbewerb, den der Mitteilende selbst oder ein Dritter beabsichtigt, fördern soll" (RGSt. **51** 190). Ein Wettbewerb zu eigenen Gunsten des Angestellten kann z. B. in Frage kommen, wenn dieser ein Geschäft zu eröffnen beabsichtigt, das seinem Geschäftsherrn Konkurrenz machen soll, und wenn er bei den Vorkehrungen hierzu Geschäftsgeheimnisse an andere mitteilt. Hier liegt ein Verstoß gegen den § 17 Abs. 1 vor, selbst wenn der „andere", an den die Mitteilung erfolgt, der zukünftige Teilhaber des Angestellten ist. Es kommt auch nicht darauf an, ob die Verwertung des in obiger Weise mitgeteilten Geheimnisses erst nach Beendigung des Dienstverhältnisses erfolgt. Entscheidend ist nur, ob die Mitteilung „während der Geltungsdauer des Dienstverhältnisses" vorgenommen wurde (bestritten; vgl. RGSt. **33** 8).

Note 34. b) **„In der Absicht, Schaden zuzufügen."** Der Ausdruck „Absicht" (Erfolgswille) weist darauf hin, daß das Bewußtsein der Möglichkeit der Schädigung nicht genügt (RG. **92** 136; RGSt. **29** 426, **31** 88). Aber das Bewußtsein der Rechtswidrigkeit ist nicht erforderlich (RG. in MuW. **10** 314). Die Schadenszufügung braucht nicht das einzige Ziel des Täters zu sein (RGSt. **51** 194).

Note 35. Schade bedeutet unmittelbarer oder mittelbarer Vermögensschade (bestritten). Daß nur ein Vermögensschade in Frage kommt ergibt sich schon daraus, daß der § 17 den Schutz der Gewerbebetriebe, also der gewerblichen Tätigkeit der Inhaber, anstrebt. Es läßt sich in der Praxis kaum ein Fall denken, in dem der Verrat von Geschäfts- oder Betriebsgeheimnissen lediglich einen ideellen Schaden verursachen könnte und die Absicht des Täters auf Zufügung dieses ideellen Schadens ging. Muß doch das Geheimnis im Zusammenhang mit dem Geschäftsbetriebe stehen. Auch der in RGSt. **29** 429 entschiedene Fall, in dem der Täter ein Geheimnis (den Jahresgewinn) verraten hat, um die streikenden Arbeiter der Fabrik zur Fortführung des Streiks zu bewegen, läßt erkennen, daß eine Absicht der Vermögensbeschädigung vorgelegen hat; denn der Inhaber sollte nicht an seiner Ehre, sondern wirtschaftlich geschädigt werden. Näheres über Vermögensschaden siehe S. 89.

Note 36. **Vollendung des Vergehens** liegt vor, sobald der Mitteilungsempfänger von dem verratenen Geheimnis Kenntnis erhält. Erreicht die Mitteilung des Täters den von ihm bestimmten Empfänger nicht, gelangt sie aber zufällig an einen anderen, dann ist der Täter gleicherweise strafbar. Er braucht nicht etwa die Kenntnisnahme anderer Personen in seinen Willen aufgenommen zu haben. Nach dem Gesetzeswortlaut genügt jede Mitteilung an „andere" (bestritten). Über die Vollendung des „Verwerten" siehe Note 45. Über das Unternehmen der erfolglosen Anstiftung zu einem Verstoß gegen den § 17 Abs. 1 siehe § 20.

Über **Einziehung** siehe § 18 Note 16.

II. Rechtswidrige Mitteilung oder Verwertung von Geheimnissen.

Note 37. Über das Verhältnis des Abs. 2 des § 17 zu Abs. 1 siehe Note 3.

Note 38. **Täter.** Angestellte (Arbeiter, Lehrlinge) kommen auch hinsichtlich des Abs. 2 als Täter in Frage.

Note 39. **„Kenntnis"** bedeutet nicht das vorübergehende, sondern das zuverlässige und bleibende Wissen, also der — die Möglichkeit einer Verwertung des Geheimnisses schaffende — Zustand des Kennens (RGSt. **33** 66). Hiernach hat der Angestellte nicht ohne weiteres von allen Geschäfts- und Betriebsgeheimnissen „Kenntnis", die ihm „vermöge des Dienstverhältnisses zugänglich geworden sind": Die für ihn begründete Möglichkeit der Einblicknahme ist nicht gleichbedeutend mit der Kenntniserlangung im Sinne des Abs. 2 des § 17. — Die zufällige Erlangung der „Kenntnis" steht der beabsichtigten gleich. § 17.

Subjektive Voraussetzungen. Auf seiten des Angestellten muß der volle subjektive und objektive Tatbestand des § 17 Abs. 1 vorliegen, wenn Bestrafung aus § 17 Abs. 2, soweit er auf den Abs. 1 Bezug nimmt, eintreten soll. Der Täter nach Abs. 2 braucht davon, daß der Mitteilende ein Vergehen gegen den Abs. 1 begangen hat, im Zeitpunkt der Kenntniserlangung noch nichts zu wissen, wohl aber muß er diese Kenntnis bei Verwertung bzw. Weiterverbreitung des Geheimnisses erlangt haben. Irrt der Täter über die obige tatsächliche Voraussetzung, dann ist er nach § 59 StGB. straffrei. Wenn der Täter nach Abs. 1 das Geheimnis an einen Außenstehenden verrät, und dieser es wieder in Kenntnis des Sachverhalts an einen anderen weitergibt, der es nunmehr, ebenfalls in Kenntnis der voraufgegangenen Straftaten, für seine gewerblichen Zwecke verwertet, dann sind beide nach Abs. 2 als Mittäter strafbar. Note 40.

Über den Begriff **„zu Zwecken des Wettbewerbes"** siehe Note 33. Das Tatbestandsmerkmal des Wettbewerbszweckes bezieht sich sowohl auf „Verwerten", als auch auf „Mitteilen". Note 41.

„Eine gegen das Gesetz oder gegen die guten Sitten verstoßende eigene Handlung." Hier muß die Kenntniserlangung auf einer eigenen Handlung des Täters beruhen. Bedient sich jemand anderer Personen, läßt er z. B. eine Briefgeheimnisverletzung durch einen Angestellten begehen (RGSt. **38** 108), dann liegt gleichwohl eine „eigene" Handlung vor. Note 42.

Der Begriff **„gegen das Gesetz"** umfaßt sowohl die Bestimmungen des Strafrechts, als auch diejenigen des Zivilrechts. Note 43.

Der Begriff **„gegen die guten Sitten"** in bezug auf die Verwertung (Mitteilung) von Geschäfts- oder Betriebsgeheimnissen ist in § 1 Note 104, 105 erläutert. Note 44.

Über den Begriff **„unbefugt"** siehe Note 30.

Über den Begriff **„an andere mitteilen"** siehe Note 29.

„Verwerten" ist jegliche Benutzung des Geheimnisses, auch die teilweise Benutzung. Der Begriff ist unter Umständen schon dann erfüllt, wenn die Kenntnis des Geheimnisses zu einer sicheren und dauernden gestaltet wird, etwa indem ein Angestellter eine heimlich von ihm angefertigte Zeichnung an sich nimmt. Es ist nicht zuzugeben, daß, wie RGSt. **51** 190 meint, Strafbarkeit erst eintritt, wenn der Angestellte die Zeichnung später gewerblich verwertet (oder an andere mitteilt). Denn in dem Ansichnehmen der Zeichnung liegt nicht etwa nur die Schaffung oder Sicherung der Verwertbarkeit, sondern schon ein „Verwerten". Die wirtschaftlichen Erfordernisse gebieten eine scharfe Auslegung des Begriffs „Verwerten". Der Standpunkt des RG. (RGSt. **39** 85, **40** 408; RG. in MuW. **10** 96), wonach eine „praktische Verwertung zu gewerblichen Zwecken" verlangt wird, findet im Gesetz keine Stütze. Denn daß nur eine gewerbliche Verwertung getroffen werden soll, ergibt sich aus dem ferneren Tatbestandsmerkmal des § 17 Abs. 2, wonach die Verwertung (Mitteilung an andere) „zu Zwecken des Wettbewerbes" erfolgt sein muß. Hiernach kommt irgendeine, wenn auch heimliche Benutzung des Geheimnisses als „Verwerten" in Betracht, sofern die übrigen Tatbestandsmerkmale des § 17 Abs. 2 erfüllt sind. Note 45.

§ 17. So hat RGSt. **40** 408 — unter Berücksichtigung der „Gefährdung des Berechtigten" — angenommen, daß „schon die Herstellung einer (nachgebildeten, geheimen) Maschine an sich eine Verwertung darstellt", ohne daß ein Inbetriebsetzen oder Inverkehrbringen, also eine „praktische Verwertung zu gewerblichen Zwecken", stattgefunden hat. Die „Gefährdung des Berechtigten" ist in obigem Falle des Ansichnehmens der Zeichnung gleich groß, und auch sonst liegt das Typische der beiden Fälle gleich.

Note 46. Wenn erst nach Beendigung des Dienstverhältnisses die Verwertung (oder Mitteilung) erfolgt, so ist dies für die Strafbarkeit belanglos (RGSt. **31** 94, **33** 6, 63; RG. in MuW. **14** 149).

Note 47. Wird der Gegenstand des Geheimnisses gestohlen, und erfolgt die Verwertung (oder Mitteilung) später auf Grund eines besondern Entschlusses, so liegen selbständige Straftaten vor (RG. in MuW. **14** 149).

§ 17.

§ 18.

Unlautere Verwertung fremder Vorlagen.

Mit Gefängnis bis zu einem Jahre und mit Geldstrafe bis zu fünftausend Mark oder mit einer dieser Strafen wird bestraft, wer die ihm im geschäftlichen Verkehr anvertrauten Vorlagen oder Vorschriften technischer Art, insbesondere Zeichnungen, Modelle, Schablonen, Schnitte, Rezepte, zu Zwecken des Wettbewerbes unbefugt verwertet oder an andere mitteilt.

Inhaltsübersicht.

Note 1. Der § 18 beruht auf dem im Abs. 2 des § 17 aufgestellten Grundsatz der Strafbarkeit unlauteren Eigennutzes. Geschützt wird das auf Geheimhaltung gerichtete Persönlichkeitsrecht des Anvertrauenden. Über die Entstehungsgeschichte des § 18 siehe Wertheimer in MuW. **9** 79, auf dessen Anregung hin die — ursprünglich zu eng gefaßte — Gesetzesbestimmung ihren endgültigen Wortlaut erhalten hat. Über den bisherigen Strafschutz siehe Breit in MuW. 8 71. Das Unternehmen einer erfolglosen Anstiftung zu einem Verstoß gegen den § 18 ist im § 20 behandelt.

Note 2. **Täter** kann sowohl ein selbständiger Gewerbetreibender sein, als auch der Angestellte eines solchen (bestritten; zutreffend Wertheimer in LZ. **1910** 731). Siehe auch Note 5.

Note 3. Angestellte (Arbeiter, Lehrlinge) des Anvertrauenden kommen als Täter nicht in Frage. Maßgebend ist, ob im Zeitpunkt des Anvertrauens das Dienstverhältnis bestand, mag es zur Zeit der Tat gelöst sein oder nicht (so ins-

besondere Wertheimer in LZ. **1910** 723 ff.; GewRschutz **1910** 245 und ihm folgend RGSt. **44** 152, 250; **48** 13; RG. in MuW. **11** 10, 381, **12** 86, 567; bestritten). § 18.
Zutreffend weist RGSt. **44** 152 im Anschluß an Wertheimer (a. a. O.) darauf hin, daß unter den Begriff „im geschäftlichen Verkehr" trotz seiner „nicht zu leugnenden Unbestimmtheit und Vieldeutigkeit nur gezwungen die Beziehungen gebracht werden können, die nach innen den Geschäftsinhaber und seine Angestellten verbinden". Vielmehr komme lediglich die — auf Erwerb gerichtete — Tätigkeit gegenüber einem bestimmten anderen Unternehmer bzw. gegenüber der Gesamtheit der Abnehmer in Betracht, mithin die Tätigkeitsentfaltung nach außen. Ferner sei zu beachten, daß der § 17 Abs. 1 die Verwertung von Geschäfts- und Betriebsgeheimnissen — und als solche kommen die Schutzgegenstände des § 18 meist in Betracht — für die Zeit nach Beendigung des Dienstverhältnisses straflos läßt, sofern nur die Kenntnis nicht durch eine gegen das Gesetz oder gegen die guten Sitten verstoßende Handlung erlangt worden ist. „In diese den Angestellten verliehene soziale Schutzwehr würde der § 18 eine klaffende Lücke reißen", wollte man ihn auf Angestellte des Anvertrauenden anwenden (RGSt. **44** 155). Diese letztere Erwägung bedarf der Richtigstellung: Die Handlungen, die der § 17 straflos läßt, sind nicht ohne weiteres rechtlich erlaubt (§ 1 Note 105). Von einer „sozialen Schutzwehr" kann man nicht sprechen. Der § 17 wird in weitem Umfange durch den § 1 ergänzt. Das gleiche gilt für den § 18: Angestellte (Arbeiter, Lehrlinge) des Anvertrauenden verletzen die guten Sitten, wenn sie die Vorlagen zu Zwecken des Wettbewerbes unbefugt verwerten oder an andere mitteilen.

Ein Vertragsverhältnis zwischen dem Täter und dem Anvertrauenden braucht nicht zu bestehen. Demnach kommt z. B. als Täter in Frage auch der Lohnmaschinenbesitzer, der ein Stickmuster „verwertet", das ihm vom Fabrikanten mit der Anfrage zugesandt worden ist, ob er es zu einem bestimmten Preise vervielfältigen wolle (Wertheimer in MuW. **8** 169, **9** 79; LZ. **1910** 731; GewRschutz **1910** 244; Alsberg in LZ. **1910** 112). Note 4.

Der Begriff **„im geschäftlichen Verkehr"** (S. 32) ist für den § 18 im engeren Sinne auszulegen: Der Strafschutz erstreckt sich nur auf die Beziehungen von Unternehmer zu Unternehmer, von Geschäft zu Geschäft, nicht auf die Beziehungen des Gewerbetreibenden zu seinen Abnehmern (RGSt. **48** 78). Ergänzend treten ein der § 17 Abs. 2 WettbG., § 1 WettbG., § 826 BGB. und die Urheberrechtsgesetze. Note 5.

Anvertrauen bedeutet ein Übergeben der Vorlagen mit der Erklärung, daß sie nur im Interesse oder nach Weisung des Anvertrauenden verwendet werden dürfen. Einer solchen Erklärung steht es gleich, wenn der Empfänger der Vorlagen aus der Sachlage zu erkennen vermag, daß eine andere Verwendung unzulässig sein soll. Die bei der Übergabe der Vorlagen vorgesehene Art der Nutzbarmachung braucht nicht in einer gewerblichen Verwendung zu bestehen; es genügt z. B., daß der Empfänger den Auftrag hat, die Ausführung technisch oder juristisch vor Behörden vorzubereiten (KommB. S. 68). Auch ein Geschäftsangestellter kann (als Beauftragter oder als Geschäftsführer ohne Auftrag) die Vorlagen „anvertrauen". Das gleiche gilt für den Lizenznehmer. Es ist nicht gefordert, daß die Schutzgegenstände des § 18 gerade seitens oder im Auftrage desjenigen anvertraut worden sind, der später als der Verletzte in Betracht kommt. Ob die anvertrauten Vorlagen rechtmäßig in den Besitz des Anvertrauenden gelangt sind oder ob dieser der Verletzung eines fremden Urheberrechts sich schuldig gemacht hat, ist belanglos (Königsberger in GewRschutz **09** 257 und Wertheimer in MuW. **9** 83). Note 6

§ 18.

Note 7. **Der Bewahrungswille.** Nur so lange, als ein auf Bewahrung der Vorlagen gerichteter Wille des Anvertrauenden vorliegt, gelten sie als „anvertraut". Dies entspricht dem Erfordernis des Geheimhaltungswillens im § 17. Der § 18 bestraft den Vertrauensbruch als solchen; es muß also objektiv ein Vertrauensbruch gegeben sein. Wenn die Vorlagen weiteren Kreisen bekannt geworden sind, dann kommt ein beim Anvertrauenden etwa noch bestehender Bewahrungswille nicht in Betracht (wie auch im § 17 gegenüber der Offenkundigkeit der Tatsachen der Geheimhaltungswille belanglos ist). Übrigens wird es, wenn die Vorlagen weiteren Kreisen bekannt geworden sind, auch an dem Erfordernis fehlen, daß die Verwertung der Vorlagen objektiv geeignet ist, einem Wettbewerbszwecke zu dienen.

Note 8. Über den Begriff **„Verwerten"** siehe § 17. Eine teilweise Verwertung genügt. Es ist also belanglos, ob eine vollkommene Nachahmung vorliegt, oder eine freie Benutzung (Wertheimer in MuW. **9** 84 unter Billigung des Standpunkts von Fuld).

Über den Begriff **„an andere mitteilen"** siehe § 17. Eine teilweise Mitteilung genügt.

Über den Begriff **„Unbefugt"** siehe § 17.

Note 9. Über den Begriff **„Zu Zwecken des Wettbewerbes"** siehe § 17. Eine unlautere Verwertung ohne den Wettbewerbszweck lediglich in der Absicht, den Geschäftsinhaber zu schädigen, bleibt (im Gegensatz zum § 17 Abs. 1) hier straflos. Nicht nur die „Verwertung", sondern auch die „Mitteilung" muß zu Zwecken des Wettbewerbes erfolgt sein. Der Wettbewerbszweck kann sowohl bei dem Mitteilenden (Verwertenden), als auch bei dem Mitteilungsempfänger vorhanden sein. Im Zeitpunkt der Verwertung der Vorlagen bzw. ihrer Mitteilung an andere muß die Wettbewerbsmöglichkeit noch vorliegen. Sind die anvertrauten Vorlagen weiteren Kreisen bekannt, dann ist ihre Verwertung (Mitteilung an andere) nicht objektiv geeignet, einem Wettbewerbszwecke zu dienen.

Note 10. **Die Schutzgegenstände des § 18** brauchen keine Geschäfts- oder Betriebsgeheimnisse zu sein (RG. in MuW. **10** 350; Wertheimer in MuW. **9** 80). Auch Teile der Schutzgegenstände, sofern sie wesentlich sind, fallen unter den § 18.

Note 11. **„Vorlage"** ist alles, was als Erzeugnis einer gewerblichen Tätigkeit (S. 29) in Betracht kommt, auch Werke der Kunst und Wissenschaft, Bühnenmanuskripte, Filmtexte (Goldbaum in LZ. **1914** 903; MuW. **18** 103), ferner Vorveröffentlichungen aus literarischen Werken (Wertheimer in MuW. **9** 84).

Note 12. **„Vorschriften technischer Art"** sind sowohl schriftliche, als auch mündliche Anweisungen über einen technischen Vorgang, d. h. Beschreibungen über Mittel und Verfahren. Auch künstlerische und wissenschaftliche Vorschriften kommen in Betracht, z. B. Baupläne, bühnentechnische Zeichnungen, ärztliche Entwürfe medizinischer Werkzeuge.

Note 13. **Die Dauer des Strafschutzes.** Der Strafschutz endigt mit dem Aufhören des Vertrauensverhältnisses zwischen dem Anvertrauenden und dem Empfänger der Vorlagen (RG. in JW. **1914** 251). Dies ergibt sich aus dem Wesen des § 18 als einer den Vertrauensbruch als solchen ahndenden Strafvorschrift. Die Feststellung der Fortdauer des Vertrauensverhältnisses setzt voraus, daß der Bewahrungswille des Anvertrauenden noch andauert, und daß im Zeitpunkt der Verwertung oder Mitteilung der Vorlagen eine Wettbewerbsmöglichkeit noch besteht.

Note 14. **1.** Bei Vorliegen eines Vertrages zwischen dem Anvertrauenden und dem Empfänger der Vorlagen hört das Vertrauensverhältnis regelmäßig mit der

Beendigung des Vertrages nicht auf. Vielfach ergibt sich gerade aus dem Zweck der vertraglichen Beziehung, daß die Geheimhaltung der Vorlagen noch andauern soll. So darf der Fabrikant, dem der Grossist ein Muster zur Anfertigung übergibt, nach der Lieferung der Ware das Muster nicht verwerten; denn in der vertraglichen Vereinbarung liegt ohne weiteres die Pflicht des Fabrikanten, die Vorlage so lange zu bewahren, als der Geheimhaltungswille des Grossisten besteht, der vielleicht das Muster erst in der kommenden Saison herausbringen will (Wertheimer in GewRschutz **1910** 246). Besteht der Bewahrungswille des Anvertrauenden nicht mehr oder ist die Wettbewerbsmöglichkeit entfallen, dann kommt eine Bestrafung aus § 18 schon aus diesem Grunde nicht mehr in Betracht. § 18.

2. Sind außerhalb eines Vertrages die Vorlagen anvertraut worden, so ist der Zeitpunkt, in dem das Vertrauensverhältnis als erloschen, die Verwertung der Vorlagen nicht mehr als Vertrauensbruch anzusehen ist, nach den gleichen Grundsätzen festzustellen. Wenn z. B. ein Fabrikant einem Lohnmaschinenbesitzer ein Stickmuster übersendet mit der Anfrage, ob er ihm nach diesem Muster Stickereien zu einem bestimmten Preise herstellen wolle (Wertheimer in MuW. **8** 169, **9** 82), und wenn alsdann der Fabrikant mangels Fortbestehens seines Bewahrungswillens das Muster von dem Lohnmaschinenbesitzer nicht zurückverlangt, obwohl dieser auf seinen Vertragsantrag schweigt, dann kann, wenn etwa das Muster erst nach längerer Zeit verwertet wird, keine Bestrafung eintreten. Wertheimer (a. a. O.) will auch für diese Fälle den Strafschutz, und zwar so lange, als die Möglichkeit eines Wettbewerbes besteht. Dies ist nicht zu rechtfertigen, denn es würde damit unter Umständen ein zeitlich unbegrenzter Strafschutz eintreten. Wertheimer legt aber selbst (in MuW. **9** 82) dar, daß eine zeitliche Begrenzung notwendig ist (Wehner in LZ. **1910** 443 und in GewRschutz **1910** 41 f.). Die Beendigung des Vertrauensverhältnisses läßt sich mit der auch für eine Strafvorschrift ausreichenden Bestimmtheit feststellen: In dem obigen Beispiel ist das Vertrauensverhältnis beendigt, wenn unter normalen Umständen der Fabrikant vom Maschinenbesitzer, der auf sein Angebot hin schweigt, die Stickerei zurückverlangen würde. Wenn Wertheimer darlegt, es sei nicht angängig, ohne Rücksicht „auf die fernere Möglichkeit eines Wettbewerbes" die Zeitdauer des Schutzes zu begrenzen (GewRschutz **1910** 245), weil damit ein Tatbestandsmerkmal des § 18 (der Wettbewerbszweck) „einfach ausgeschaltet werde", so ist dem entgegenzuhalten, daß es auf dieses Tatbestandsmerkmal nicht mehr ankommt, sobald ein Vertrauensbruch mangels Bewahrungswillens des Anvertrauenden überhaupt nicht mehr als gegeben zu erachten ist. Denn nur bei Vorliegen eines Vertrauensbruchs ist eine Bestrafung aus § 18 möglich. (Eine Zusammenstellung der streitigen Meinungen gibt Tuma in GewRschutz **1912** 66.) Note 15

Über **die Vollendung** des Mitteilens und des Verwertens siehe § 17.

Der **Einziehung** unterliegen Gegenstände, die durch unlautere Verwertung fremder Vorlagen hervorgebracht sind, z. B. Vervielfältigungen der Vorlagen sowie Erzeugnisse, die nach den fremden Vorschriften hergestellt worden sind (§§ 40 ff. StGB.). Die Einziehung solcher Gegenstände kann auch im objektiven Strafverfahren stattfinden. Durch einstweilige Verfügung kann im Zivilverfahren die Herausgabe solcher Gegenstände an einen Gerichtsvollzieher angeordnet werden. Note 16.

Das Verhältnis des § 18 zu den Urheberrechtsgesetzen.

a) Das Gesetz, betr. das Urheberrecht an Mustern und Modellen, vom 11. Januar 1876. Soweit es sich um ein gemäß § 7 geschütztes Muster oder Modell handelt, das dem Täter unter den Voraussetzungen Note 17.

§ 18. des § 18 WettbG. anvertraut worden ist, kann ein Vergehen gegen den § 18 in Idealkonkurrenz mit einem Vergehen gegen die §§ 5, 14 des Gesetzes von 1876 vorliegen. Der § 18 greift weiter, da er von der Neuheit und Eigentümlichkeit der Schutzgegenstände absieht und nicht lediglich den Urheber schützt. Auch ist der Schutz des Gesetzes von 1876 von begrenzter Dauer, während die Muster und Modelle gegen unlautere Verwertung gemäß § 18 WettbG. geschützt bleiben.

Note 18. b) Das Patentgesetz. Auch hier kann der Schutz mit dem des § 18 WettbG. konkurrieren, soweit die im § 18 behandelten Vorlagen zugleich eine Erfindung im Sinne des Patentgesetzes darstellen. Der Schutz des § 18 WettbG. geht wegen Fehlens des Erfordernisses der Neuheit und wegen der unbegrenzten Schutzdauer weiter als der Patentschutz.

Note 19. c) Das Gesetz, betr. den Schutz von Gebrauchsmustern. Es gilt das unter a) und b) Dargelegte.

Note 20. d) Das Gesetz vom 9. Januar 1907 kommt in Frage, soweit die Vorlagen künstlerische Eigenart aufweisen.

Note 21. e) Das Gesetz, betr. das Urheberrecht an Werken der Literatur und Tonkunst, vom 19. Juni 1901 wird durch den § 18 WettbG. ergänzt, insbesondere hinsichtlich der Vorveröffentlichung einzelner, urheberrechtlich nicht geschützter Teile des Werks (Wertheimer in MuW. 9 83).

§ 19.

§ 19.

Zuwiderhandlungen gegen die Vorschriften der §§ 17, 18 verpflichten außerdem zum Ersatze des entstandenen Schadens. Mehrere Verpflichtete haften als Gesamtschuldner.

Note 1. Im § 19 wird nur der Schadensersatzanspruch behandelt. Dieser Anspruch aber ergibt sich schon aus dem § 823 Abs. 2 BGB. (Ergänzend treten die §§ 1 WettbG., 826 BGB. ein.) Die im Schlußsatz des § 19 festgesetzte Gesamthaftung ergibt sich aus den §§ 830, 840 BGB. Der § 19 ist also entbehrlich. Allgemeines über die Ansprüche siehe S. 37 ff. Über die sittenwidrige Verletzung des Geheimbezirkes eines Mitbewerbers siehe § 1 Note 104.

Note 2. **Der Anspruch auf Schadensersatz** aus § 19 setzt voraus, daß (wie dies auch für den § 823 Abs. 2 gilt) der volle Tatbestand der §§ 17 oder 18 erfüllt ist (bestritten). Das im Strafverfahren ergangene Urteil ist für den Zivilrichter nicht bindend. Hat aber der Verletzte die Zuerkennung einer Buße durchgesetzt, dann ist damit sein Anspruch auf Schadensersatz verbraucht.

Note 3. Klageberechtigt ist bei einem Verstoß gegen den § 17 der Geschäftsinhaber, bei einem Verstoß gegen den § 18 der an den Vorlagen Berechtigte, wobei es belanglos ist, ob er sie selbst oder ein anderer für ihn dem Täter anvertraut hat.

Note 4. **Der Anspruch auf Unterlassung** ist in § 19 nicht erwähnt. Er ergibt sich, soweit ein sittenwidriges Tun vorliegt, schon aus dem § 1 WettbG. (§ 826 BGB.). Auch auf Grund der objektiv widerrechtlichen Verletzung des die Geheimhaltung schützenden Persönlichkeitsrechts kann die Unterlassungsklage erhoben werden (§ 17 Note 1; § 18 Note 1 und S. 37 ff.). Außerdem ist der deliktische Unterlassungsanspruch stets dann gegeben, wenn ein Verstoß gegen die §§ 17 oder 18 in Vollendung vorliegt und Wiederholungsgefahr besteht (RG. 53 400; siehe Näheres S. 41). Über die von der Unterlassungspflicht umfaßte Beseitigungspflicht siehe S. 45. § 19.

Über den **Anspruch auf Herausgabe des Erlangten** siehe S. 96.

Über den **Anspruch auf Rechnungslegung** siehe S. 97.

§ 20.

§ 20.

Unternehmen der Verleitung zum Vergehen gegen den § 17 Abs. 1 und § 18.

Wer zu Zwecken des Wettbewerbes es unternimmt, einen anderen zu einer Zuwiderhandlung gegen die Vorschriften des § 17 Abs. 1, § 18 zu bestimmen, wird mit Gefängnis bis zu neun Monaten und mit Geldstrafe bis zu zweitausend Mark oder mit einer dieser Strafen bestraft.

Inhaltsübersicht.

Mit Rücksicht auf die Tragweite schon des „Unternehmens" der Bestimmung zum Geheimnisverrat und zum Vertrauensbruch (im Sinne der §§ 17 Abs. 1, 18) ist dieses „Unternehmen" an sich im § 20 als besonderes Vergehen unter Strafe gestellt worden. Bei der von Erfolg begleiteten Bestimmungshandlung kommt der § 20 nicht zur Anwendung, vielmehr wird der Täter als Anstifter mit der für die Tat selbst ausgesetzten Strafe belegt, also mit der — schärferen — Strafe der §§ 17 Abs. 1 und 18. Auch eine Anstiftung zu dem „Unternehmen" im Sinne des § 20 ist möglich (RG. in MuW. 11 151). Ein Rücktritt vom Unternehmen ist begrifflich undenkbar, denn das „Unternehmen" ist mit der Kundgabe der Bestimmungsabsicht vollendet. Deshalb ist auch der Versuch eines Verstoßes gegen den § 20 nicht möglich, da jede Versuchshandlung das Vergehen vollendet (RGSt. 39 321; RG. in JW. 07 416). Note 1.

Der **Täter** braucht kein Mitbewerber desjenigen zu sein, gegen den die strafbare Handlung sich richtet. Hat jemand eine Mittelsperson, etwa der Geschäftsinhaber seinen Handlungsgehilfen, mit der Ausführung des Unternehmens der Verleitung zum Vergehen gegen §§ 17 Abs. 1, 18 beauftragt, und führt dieser den Auftrag aus, dann ist neben dem Geschäftsinhaber auch der Handlungsgehilfe strafbar, wenn bei ihm die subjektiven Voraussetzungen, die der § 20 erfordert, vorhanden sind. Sonst aber ist die Mittelsperson lediglich Werkzeug des Täters (RG. 33 354, 35 136; UW. 2 15, 26). Note 2.

„Unternehmen" ist jedes Handeln, das die Absicht kundgibt, zum Verrat oder zum Vertrauensbruch (im Sinne der §§ 17 Abs. 1, 18) zu bestimmen. Hiernach umfaßt der Begriff die in die Erscheinung tretenden Vorbereitungshandlungen, und zwar sowohl diejenigen, die das Vorhaben unmittelbar zur Ausführung bringen, als auch diejenigen, die es nur mittelbar fördern, z. B. durch Einwirkung auf eine Mittelsperson. Note 3.

„Bestimmen" heißt, den Willen des zu Bestimmenden zum Handeln hervorzurufen. Hierzu genügt unter Umständen schon eine bewußt auf die Verleitung abzielende Frage an den zu Bestimmenden (RGSt. 32 308, 309; RG. in LZ. 08 702), um so mehr jeg- Note 4.

§ 20. liches Ansinnen (RGSt. **33** 354) oder die Absendung des Aufforderungsbriefes. Ob die Handlung geeignet ist, zu einer Zuwiderhandlung gegen die §§ 17 Abs. **1**, 18 zu bestimmen, ist belanglos.

Note 5. „Einen anderen bestimmen." „Andere" sind die gemäß §§ 17 Abs. 1, 18 als Täter in Betracht kommenden Personen, ferner die dem Täter als Mittelsperson Dienenden (RGSt. **35** 136, **39** 324; RG. in JW. **03** 147). Der „andere" muß eine bestimmte Person sein oder sich wenigstens innerhalb eines umgrenzten Personenkreises befinden. Daß der Täter bei dem Verleiten einer Mittelsperson weiß, auf wen diese ihrerseits einwirken soll, ist nicht nötig, ebensowenig, daß der zu Verleitende zur Zeit der Aufforderung sich bereits im Besitz des Geheimnisses befindet (RGSt. **33** 355). Ob der zu bestimmende „Angestellte" zur Zeit der Bestimmung schon Angestellter war, ist belanglos (RGSt. **50** 131).

Subjektive Voraussetzungen.

Note 6. **1.** „Zu Zwecken des Wettbewerbes". Über diesen Begriff siehe §§ 1 und 17. Soweit es sich um den von dem „anderen" verfolgten Wettbewerbszweck handelt, kommt es nur darauf an, daß das, was der „andere" nach der Absicht des Täters tun sollte, im Sinne des WettbG. Wettbewerb war oder gewesen wäre. Ob der Täter es auch seinerseits für Wettbewerb gehalten hat, ist belanglos. Wenn er es trotz Kenntnis der tatsächlichen Verhältnisse nicht dafür gehalten haben sollte, so liegt darin lediglich ein unbeachtlicher Strafrechtsirrtum (RGSt. **47** 128).

Note 7. **2.** Was der Täter sich **vorgestellt** hat, muß im Falle der Verwirklichung auf seiten des „anderen" nach seiner Meinung eine Verfehlung gegen §§ 17 Abs. 1, 18 sein, gleichviel, ob seine Annahme der Wirklichkeit entsprach oder nicht (RGSt. **35** 136, **39** 324, **42** 266, **45** 259, **48** 16; RG. in MuW. **11** 150, **12** 86, 569): „Zur Erfüllung des Tatbestandes genügt es insoweit, daß der Gegenstand der gewollten Mitteilung nach den Vorstellungen, die der Angeklagte von ihm hatte, im Sinne des Gesetzes die Merkmale eines Geschäfts- oder Betriebsgeheimnisses aufwies und daß nach seinem Willen die Mitteilung erfolgen sollte, noch während das Dienstverhältnis bestand" (RGSt. **48** 16). Die Vorstellung muß sich insbesondere auf den ganzen inneren Tatbestand der §§ 17 Abs. 1, 18 erstrecken. In dieser Beziehung braucht der Unternehmende nur vorsätzlich zu handeln. Bedingter Vorsatz reicht aus: „Auf seiten des Unternehmenden würde also die Vorstellung von der Möglichkeit genügen, daß der Angestellte die bezeichnete Willensrichtung haben werde oder habe, verbunden mit dem Willen, die Tat, d. h. das Unternehmen, auch für den Fall auszuführen, daß dies auf seiten des Angestellten zutrifft, d. h. daß der Angestellte mit Schädigungsabsicht oder bewußt zu Zwecken des Wettbewerbes handeln werde oder handele" (RGSt. **45** 260; ebenso RGSt. **33** 4). Hinsichtlich des § 17 Abs. 1 ist noch zu prüfen, ob nach den Vorstellungen des Täters der Verrat des Angestellten erfolgen sollte, während dessen bisheriges Dienstverhältnis fortdauerte. Ob es sich wirklich um ein Geschäfts- oder Betriebsgeheimnis handelt, bleibt außer Betracht: Es kommt nur auf die Vorstellung des Unternehmenden an, also darauf, ob dieser ein Geschäfts- oder Betriebsgeheimnis als vorliegend angenommen hat (RGSt. **39** 324; RG. in GewRschutz **1912** 193, **1915** 104).

Note 8. Auf die Vorstellungen des zu Verleitenden kommt es nicht an. Insbesondere braucht er sich nicht bewußt zu sein, daß er unbefugt oder zu Zwecken des Wettbewerbes handelt. Ob er zur Tat bereits entschlossen war, ist für die Bestrafung des Verleitenden belanglos (RG. in Recht **08** 508; RG. in GewRschutz **1912** 193).

§ 21. § 21.

Verjährung.

Die in diesem Gesetze bezeichneten Ansprüche auf Unterlassung oder Schadensersatz verjähren in sechs Monaten von dem Zeitpunkt an, in welchem der Anspruchsberechtigte von der Handlung und von der Person des Verpflichteten Kenntnis erlangt, ohne Rücksicht auf diese Kenntnis in drei Jahren von der Begehung der Handlung an.

Für die Ansprüche auf Schadensersatz beginnt der Lauf der Verjährung nicht vor dem Zeitpunkt, in welchem ein Schaden entstanden ist.

Inhaltsübersicht.

In dieser Bestimmung ist nur die Verjährung der zivilrechtlichen Ansprüche, die aus einer Zuwiderhandlung gegen die Vorschriften des WettbG. entspringen, geregelt; die Verjährung der Strafverfolgung und Strafvollstreckung richtet sich nach den in den §§ 66 ff. StGB. aufgestellten Grundsätzen, und, soweit Preßvergehen in Frage kommen, nach dem § 22 des Preßgesetzes. Über die Verjährung des Anspruchs auf Buße siehe § 26. Note 1.

Im Wege der Einrede ist die Verjährung geltend zu machen. Eine Berücksichtigung von Amts wegen findet nicht statt. Auch soll das Gericht nicht etwa auf die Verjährung hinweisen (RG. in MuW. **9** 164). Note 2.

Die Gegeneinrede der Arglist kann der Einrede der Verjährung entgegengehalten werden, und zwar nicht nur dann, wenn das arglistige Verhalten unmittelbar auf eine Verhinderung rechtzeitiger Klageerhebung gerichtet war (RG. **57** 376), sondern auch dann, wenn die Berufung auf die Verjährung mit dem früher betätigten Verhalten nach den Grundsätzen von Treu und Glauben unvereinbar ist (RG. **78** 133, **87** 283; RG. in LZ. **1916** 935; RG. in JW. **1918** 304, **1919** 103). Note 3.

Eine erwerbende Verjährung wegen Nichteinschreitens gegen unlauteren Wettbewerb gibt es nicht: „Aus dem bloßen Nichteinschreiten gegen den unlauteren Wettbewerb vermag der Beklagte Rechte — dahin, daß er den unlauteren Wettbewerb weiterbetreiben dürfe — nicht abzuleiten. Eine erwerbende Verjährung nach dieser Richtung hin gibt es nicht" (RG. in GewRschutz **1916** 71; vgl. auch RG. **80** 436). Note 4.

Ein Anspruch auf Herausgabe des Erlangten (S. 96) steht nach Vollendung der Verjährung dem Berechtigten gemäß § 852 Abs. 2 BGB. zu (bestritten). Die Nichterwähnung dieses Anspruchs im WettbG. ist kein Grund für die Annahme, daß er nicht gegeben sei, denn gerade die Bestimmungen der §§ 823 ff. BGB. sind berufen, die Lücken der gewerblichen Schutzgesetze auszufüllen Note 5.

§ 21. und als die allgemeinen Vorschriften den besonderen jener Gesetze ergänzend zur Seite zu treten (S. 34).

Note 6. Zugleich gegen ein Urheberrechtsgesetz verstoßende Handlungen können nach Ablauf der kurzen Verjährung des § 21 WettbG. noch auf Grund der Verletzung des Urheberrechtsgesetzes — innerhalb der dort festgesetzten längeren Verjährung — verfolgt werden.

Note 7. Unterbrechung und Hemmung der Verjährung erfolgen nach den Bestimmungen des BGB.

Note 8. Ist Ruhen des Prozesses vereinbart, so muß rechtzeitig vor Eintritt der Verjährung neu geladen werden (RG. 73 396; OLG. Karlsruhe in MuW. 17 178).

Note 9. **Die dreijährige Verjährung des § 852 BGB.** tritt ein für die Ansprüche aus den Deliktsbestimmungen des BGB., auch für die quasinegatorischen und deliktischen Unterlassungsansprüche, die ebenfalls deliktischer Natur sind (RG. 78 257). Die Erlangung der Kenntnis vom Eintritt eines Schadens ist für die Verjährung auch dieser Unterlassungsansprüche maßgebend (Salinger in JW. **1916** 1244). Ohne Rücksicht auf die Kenntnis tritt die Verjährung ein in 30 Jahren nach der Handlung (RG. in LZ. **1917** 205). Soweit zur Durchführung der Klage die Bestimmungen des WettbG. nicht erforderlich sind, vielmehr die allgemeinen Vorschriften ausreichen, kommt die anderweitige Verjährungsregelung des § 21 WettbG. nicht in Betracht (RG. **74** 436; OLG. Karlsruhe in MuW. **17** 177). In dem Urteil RG. in MuW. **14** 228 heißt es: „Der Berufungsrichter hat freilich den § 826 BGB. nicht angeführt; aber er hat Täuschungsabsicht auf seiten der Beklagten, also ein Handeln gegen die guten Sitten festgestellt, und es geht des ferneren auch eine bewußte Schadenszufügung aus seinen Feststellungen hervor. Es handelt sich also nicht um den § 21 WettbG., vielmehr um die §§ 852, 826 BGB." Vgl. auch RG. in Recht **08** Nr. 2669.

I. Die sechsmonatige Verjährung des Unterlassungsanspruchs.

Note 10. **1. Der Unterlassungsanspruch muß entstanden sein. Er entsteht mit dem Begehen der rechtswidrigen Handlung, gegen die er sich richtet. Begangen ist die rechtswidrige Handlung, wenn sie in Vollendung vorliegt. Wird durch eine und dieselbe Handlung eine mehrfache Gesetzesverletzung bewirkt, dann kommt es gleichwohl nur auf die Vollendung der Handlung an: z. B. jemand gibt dem Verleger einer Zeitung den Auftrag, eine Ankündigung mehrmals abzudrucken. Das Dauerdelikt, d. i. die unerlaubte Handlung, deren Dauer sich auf einen längeren Zeitraum erstreckt, ist so lange nicht vollendet, als der vom Beklagten herbeigeführte Zustand bewußtermaßen aufrechterhalten wird: z. B. jemand stellt ein längere Zeit stehenbleibendes Plakat mit unrichtiger Reklame auf oder hält Waren unter Verletzung eines fremden Zeichenrechts feil. Für wiederholte Handlungen läuft eine besondere Verjährung jeweils mit der Vollendung der einzelnen Handlung. Beim Zustandsdelikt, d. i. die unerlaubte Handlung, die einen über ihre Beendigung hinaus dauernden rechtswidrigen Zustand geschaffen hat, kommt es ebenfalls für die Verjährung nur auf die Beendigung der Handlung an: z. B. die Herbeiführung einer rechtswidrigen Eintragung in das Firmenregister oder die Warenzeichenrolle.** Salinger (in LZ. **1919** 180) weist zutreffend darauf hin, daß die unerlaubte Handlung, die solchenfalls die Ansprüche auf Unterlassung, Löschung und Schadensersatz erzeugt, die Herbeiführung des rechtswidrigen Zustandes ist, nicht der Zustand selbst, auch nicht das nur passive Verhalten bei dem Bestehenlassen des Zustandes. Jene Ansprüche sind daher mit der Herbeiführung der Firmeneintragung entstanden und ihre Verjährung beginnt mit der Kenntnis des Verletzten von der Eintragung bzw.

mit der Eintragung. Unrichtig ist die in RG. **80** 438 (in Übereinstimmung mit RG. **49** 22) gegebene Darlegung, wonach die Verjährung des Anspruchs auf Löschung einer Firma nicht schon mit der Eintragung bzw. der Kenntnis des Verletzten von der Eintragung beginnen könne, weil man alsdann annehmen müsse, daß mit dem Ablauf der Verjährungszeit ein wohlerworbenes Recht auf die Fortbenutzung der Firma entstände. Zwar ist nicht zu bezweifeln, daß die Verjährung nur das Klagerecht zum Erlöschen bringt, nicht aber den unrechtmäßigen Gebrauch zu einem rechtmäßigen macht. Daraus folgt aber, wie Salinger a. a. O. 181 zutreffend darlegt, nichts für den Beginn der Anspruchsverjährung. Übrigens entsteht, wie RG. **80** 438 hinzufügt, „mit jedem Gebrauchsakte (Führung der Firma) der Unterlassungsanspruch und damit beginnt auch der Lauf der (also einer neuen) Verjährung". Hiernach kann derjenige, der von der Eintragung der Firma erst drei Jahre nach erfolgter Eintragung Kenntnis erlangt hat (oder der erst nach Ablauf dieser drei Jahre durch die Eintragung der Firma verletzt wird, indem erst dann ein Zusammenstoßen der beiderseits vertriebenen Waren erfolgt ist), auf Grund der einzelnen Firmengebrauchshandlungen (trotz der Verjährung des Löschungsanspruchs) fordern, daß gemäß § 16 WettbG. die Verwendung der Firma durch ein gerichtliches Unterlassungsgebot untersagt werde. [Unter Umständen ist die Löschung auch jetzt noch zu erreichen, wenn nämlich „das bloß formelle Fortbestehen der Eintragung mit dem tatsächlichen Rechtszustande in Widerspruch stehen würde" (§ 16 Note 44)]. Die Rechtsbildung der „fortgesetzten Handlung" ist nach alledem für die Frage der Verjährung (und Strafantragstellung) überflüssig. Salinger (in LZ. **1919** 126, 174 ff.) betont in umfassender Erörterung — insbesondere gegen Finger in MuW. **17** 13 und gegen den in den früheren Auflagen hier eingenommenen Standpunkt —, daß „das fortgesetzte Delikt eine der streitigsten Materien ist, deren Schwierigkeit und Kompliziertheit in keinem Verhältnis zu ihrer Bedeutung steht". Man muß die Beweisführung Salingers als zwingend ansehen und demgemäß ist der früher hier eingenommene Standpunkt, wonach der Begriff der „fortgesetzten Handlung" nicht entbehrt werden könne, eingeschränkt worden. § 21.

2. Die Kenntnis von der Zuwiderhandlung und der Person des Verpflichteten muß vom Anspruchsberechtigten (vom Strafantragsberechtigten gemäß § 22 WettbG.) erlangt worden sein. Die Kenntnis nicht nur des objektiven, sondern eventuell auch des subjektiven Tatbestandes ist notwendig (RG. in MuW. **8** 111). Das Kennenmüssen (die verschuldete Unkenntnis) steht der Kenntnis nicht gleich. Eine Vermutung oder ein Verdacht sind nicht ausreichend (RGSt. **45** 128; RG. in MuW. **14** 115). Soweit die Unkenntnis von Rechtssätzen das Hindernis bildet, von der Person des Ersatzpflichtigen Kenntnis zu erlangen, schadet die Unkenntnis dem Berechtigten nicht (RG. **76** 63). Auf die Kenntnis von Einzelheiten kommt es nicht an, vielmehr genügt die Kenntnis derjenigen Tatumstände, die einen Schluß auf die Art der begangenen Rechtsverletzung in ihren wesentlichen Beziehungen gestatten. Nicht ausreichend ist es, wenn die Kenntnis sich nur auf die Umrisse der Tat erstreckt und in einer unklaren Vorstellung besteht (RG. in MuW. **14** 341). Vielmehr muß die Kenntnis so weit gediehen sein, daß auf Grund der bekannten Tatumstände die Klage (der Strafantrag gemäß § 22 WettbG.) gegen eine bestimmte Person gerichtet und ausreichend begründet werden kann (RG. **76** 63; RG. in LZ. **1914** 1857, **1916** 806). Der Beklagte, der die Verjährungseinrede erhebt, muß beweisen, daß der Kläger schon früher die Kenntnis gehabt hat (RG. in MuW. **8** 111). RG. in MuW. **20**, 188 erklärt: „Die Einrede der Verjährung scheitert schon daran, daß es während des Laufs der Verjährungszeit Note 11.

§ 21. nicht immer eine und dieselbe Persönlichkeit gewesen ist, gegen die sich der Anspruch auf Unterlassung richtete".

Note 12 Die Kenntnis eines Verbandes ist anzunehmen, wenn in der satzungsgemäßen Vertretung die fragl. Rechtsverletzung besprochen worden ist. Der Vorstand als solcher muß von der Begehung der Handlung und der Person des Täters Kenntnis erlangt haben. Nicht kommt in Betracht, ob etwa ein Vorstandsmitglied die dreimonatige Antragsfrist versäumt hat. Wenn die Kenntnis eines Einzelmitgliedes, das für sich allein den Verband nicht zu vertreten vermag, begründet noch keine Kenntnis des Vorstandes (RGSt. **47** 338; vgl. auch RGSt. **35** 270).

Note 13. Ohne Rücksicht auf die Kenntnis des Verletzten verjährt der auf Grund des WettbG. erhobene Unterlassungsanspruch in drei Jahren seit der Begehung der Handlung.

Note 14. Erst wenn die Handlung vollendet ist, kann die Kenntnis von ihr erlangt werden. Ob vor der Vollendung der Handlung ein Unterlassungsanspruch schon entstanden ist, bleibt außer Betracht (RG. in JW. **1913** 217). Dies gilt auch für die Antragsfrist gemäß § 22 WettbG. (RG. in MuW. **14** 341).

Note 15. Sind mehrere Anspruchsberechtigte vorhanden, so beginnt die Verjährungsfrist für jeden einzelnen gesondert. Im Falle gesetzlicher Vertretung ist die Kenntnis des Vertreters maßgebend.

Note 16. Sind mehrere Verpflichtete vorhanden, so kommt es für jeden getrennt darauf an, wann der Berechtigte die Kenntnis von der Person erlangt. Verjährung gegen den einen bedeutet also nicht auch Verjährung gegen den anderen. Als Verpflichtete kommen bei Handlungen von Angestellten und Beauftragten auch die Inhaber und Leiter des Betriebes in Betracht. Die Person des Verpflichteten ist also nicht immer identisch mit derjenigen des Zuwiderhandelnden. Dies gilt auch dann, wenn eine Gesellschaft für die Handlung eines Organs in Anspruch genommen wird.

Note 17. **II. Die sechsmonatige Verjährung des Schadensersatzanspruchs.** Für den Schadensersatzanspruch ist in Abs. 2 des § 21 besonders bestimmt, daß der Lauf der Verjährung nicht vor dem Zeitpunkt beginnt, in dem ein Schade entstanden ist.

Note 18. Es müssen also hier drei Voraussetzungen erfüllt sein: Kenntnis der Handlung, der Person des Verpflichteten und des Eintritts eines Schadens. Diese Regelung entspricht derjenigen des § 852 BGB. Der Wortlaut des § 21 WettbG. drückt nicht deutlich genug aus, daß der Geschädigte von dem Eintritt eines Schadens Kenntnis haben müsse. Doch kann über den Sinn ein Zweifel nicht aufkommen.

Note 19. Ein Schade ist entstanden, sobald eine nachteilige Folge für das Vermögen des Betroffenen erkennbar wird. Der gesamte aus einer Handlung entspringende Schade ist einheitlich aufzufassen, nicht etwa als eine Summe selbständiger Schädigungen derart, daß für jede sich zeigende selbständige Schädigung eine neue Verjährungsfrist zu laufen anfinge.

Note 20 Für die Kenntnis des Schadens genügt es, wenn der Geschädigte „die Ursache des Schadens in ihren allgemeinen Umrissen kennt, so daß es auf die Kenntnis von Einzelheiten des schädigenden Ereignisses oder Zustandes nicht ankommt" (RG. in JW. **09** 724).

§ 21.

Der Umfang des Schadens braucht nicht bekannt zu sein (RG. in JW. 09 725). Dem Berechtigten steht, um seine Ansprüche zu erhalten, die Feststellungsklage zu. Er ist auf diese angewiesen hinsichtlich desjenigen Schadensbetrages, der bis zum Ablauf der Verjährung noch nicht festgestellt werden kann; denn die Einklagung des festgestellten Betrages unterbricht nicht die Verjährung hinsichtlich des darüber hinausgehenden Betrages (RG. 57 372, 65 398). Vgl. S. 90. Note 21.

III. Die dreijährige Verjährung des Unterlassungs- und Schadensersatzanspruchs. Sind seit der Zuwiderhandlung gegen die Vorschriften des WettbG. drei Jahre verstrichen, dann sind die Ansprüche auf Unterlassung und Schadensersatz verjährt, und zwar unabhängig von der Kenntnis der Handlung, der Person des Verpflichteten oder des Vorhandenseins eines Schadens. Für den Anspruch auf Schadensersatz beginnt der Lauf der drei Jahre nicht vor dem Eintritt des Schadens (§ 21 Abs. 2). Note 22.

§ 22.

§ 22.

Strafverfolgung.

Die Strafverfolgung tritt mit Ausnahme der in den §§ 6, 10, 11 bezeichneten Fälle nur auf Antrag ein. In den Fällen der §§ 4, 8, 12 hat das Recht, den Strafantrag zu stellen, jeder der im § 13 Abs. 1 bezeichneten Gewerbetreibenden und Verbände.

Die Zurücknahme des Antrags ist zulässig.

Strafbare Handlungen, deren Verfolgung nur auf Antrag eintritt, können von den zum Strafantrage Berechtigten im Wege der Privatklage verfolgt werden, ohne daß es einer vorgängigen Anrufung der Staatsanwaltschaft bedarf. Die öffentliche Klage wird von der Staatsanwaltschaft nur dann erhoben, wenn dies im öffentlichen Interesse liegt.

Geschieht die Verfolgung im Wege der Privatklage, so sind die Schöffengerichte zuständig.

Inhaltsübersicht.

I. **Das Antragsverfahren.** Materielle und prozessuale Voraussetzung der Strafverfolgung aus den §§ 4, 8, 12, 15, 17, 18, 20 ist der Strafantrag des Verletzten (§§ 61 ff. StGB.). Das Antragsrecht ist höchstpersönlich und demnach weder übertragbar noch vererblich. Vertragliche Vereinbarungen darüber, daß ein Antrag nicht gestellt bzw. zurückgenommen werden soll, sind rechtswirksam (RG. 42 60). Unter Umständen ist das Strafverfahren auszusetzen bis zur rechtskräftigen Entscheidung des zivilen Verfahrens betreffend Zurücknahme des Strafantrags (RG. in Recht 1910 Nr. 2436). Die Stellung des Strafantrags ist in jeder Instanz selbständig zu prüfen, Note 1.

§ 22. ohne Bindung an die Beweiswürdigung des Vorderrichters. Die Erörterung, ob ein Strafantrag gestellt ist, bildet nicht ohne weiteres (also nicht ohne das Vorliegen besonderer Anträge) einen notwendigen Gegenstand der Hauptverhandlung; auch schreibt der § 266 StPO. nicht vor, daß eine derartige Feststellung in den Urteilsgründen erfolgen muß (RG. in MuW. **11** 117, 206).

Note 2. Die Form des Antrags wird in § 156 Abs. 2 StPO. geregelt. Hiernach kann der Antrag schriftlich oder zu Protokoll bei einem — wenn auch unzuständigen — Gericht oder bei der Staatsanwaltschaft gestellt werden, auch bei der Polizeibehörde. Zulässig ist eine telegraphische Antragstellung.

Note 3. Der Strafantrag verträgt weder Bedingungen, noch sonstige Zusätze, die es ungewiß lassen, ob die Strafverfolgung nach dem Willen des Antragsberechtigten eintreten soll. Wird der Strafantrag von einem Verbande im Sinne der §§ 13 Abs. 1 und 22 WettbG. gestellt und erklären die diesen Antrag stellenden, zur Vertretung des Verbandes berechtigten Personen, daß sie auch für sich persönlich Strafantrag stellen, falls der von dem Verbande gestellte Strafantrag rechtsunwirksam sein sollte, so liegt hier keine Bedingung vor, vielmehr wird unzweideutig zum Ausdruck gebracht, daß Strafverfolgung eintreten soll (RGSt. **14** 96; RG. in MuW. **11** 323). Ein Vorbehalt des Antragstellers, wonach gegen den Mittäter nicht vorgegangen werden soll, ist gemäß § 63 StGB. unbeachtlich, es sei denn, daß der Wille erkennbar ist, der Antrag solle im Falle der Nichtbeachtung des Vorbehalts überhaupt hinfällig sein.

Note 4. **Der Inhalt des Antrags** muß den auf Bestrafung gerichteten Willen erkennbar machen. Des Ausdrucks „Strafantrag" bedarf es nicht, ebensowenig der Bezeichnung der Tat nach ihrer strafrechtlichen Natur oder der Angabe des anzuwendenden Strafgesetzes (RG. in MuW. **12** 569; RG. in JW. **08** 571; RGSt. **23** 273). Die irrtümliche Angabe einer Person als Täter schadet nicht, wenn der Antrag die Absicht ergibt, die Strafverfolgung gegen den Täter als solchen herbeizuführen (RGSt. **31** 168; RG. in MuW. **12** 127). So hat der gegen eine Firma gestellte Strafantrag gegen den Inhaber Geltung (RG. in MuW. **15** 134). Ein gültig gestellter Strafantrag ist darin erblickt worden, daß jemand sich mit einer Eingabe an die Staatsanwaltschaft wandte und darin den Tatbestand des unlauteren Wettbewerbs zur Darstellung brachte unter Hervorhebung des Verstoßes gegen das WettbG. und unter Hinweis auf den erwachsenen Schaden (RG. in MuW. **11** 117; vgl. auch RG. in MuW. **9** 317, **12** 132; RGSt. **25** 176). Ergibt sich der Wille des Antragstellers auf Strafverfolgung, so kommt es nicht darauf an, ob etwa Verfehlungen gegen die §§ 4 und 8 WettbG. nicht zusammentreffen können, sondern sich gegenseitig ausschließen, und ob infolgedessen notwendig in beiden Fällen je eine andere Tat in Frage steht. Die eine wie die andere wird vielmehr gleichmäßig von dem gestellten Strafantrage getroffen (RG. in JW. **1911** 513). Ein aus § 17 Abs. 1 wegen Geheimnisverrats gestellter Strafantrag soll gemäß RG. **31** 93 keine Wirkung haben gegen denjenigen, der das Geheimnis in einer den § 17 Abs. 2 verletzenden Weise für sich verwertet. Diese Auffassung ist nach obigem unrichtig.

Note 5. Der Anschluß als Nebenkläger enthält im Zweifel die Stellung des Strafantrags, denn die Anschlußerklärung bringt den Willen zum Ausdruck, daß der Täter strafrechtlich verfolgt werde (RG. in MuW. **12** 94).

Note 6. Für die Erhebung der Privatklage gilt das gleiche.

Note 7. **Antragsberechtigt** ist der Verletzte (Note 8), nicht der Geschädigte als solcher (z. B. der geschädigte Verbraucher). Für einen gesetzlich Vertretenen hat der gesetzliche Vertreter den Strafantrag zu stellen (§ 414 Abs. 3 StPO.; RGSt. **37** 63); für eine juristische Person ihr vertretungsberechtigtes Organ. Der verletzte Kaufmann kann unter seiner Firma Strafantrag stellen (RGSt. **23** 349, **29** 354, **43** 335). Auch der Konkursverwalter kann, soweit die Rechtsverletzung den ihm unterstehenden Geschäftskreis berührt, Strafantrag stellen (RGSt. **23** 223, **33** 433). Neben dem Konkursverwalter behält der Gemeinschuldner sein Antragsrecht. Über Bevollmächtigung siehe Note 12. § 22.

Im einzelnen sind als antragsberechtigt anzusehen: In den Fällen der §§ 4, 8, 12 die im § 13 Abs. 1 bezeichneten Gewerbetreibenden und Verbände (siehe § 13); im Falle des § 15 der durch die Betriebsgefährdung betroffene Inhaber des Betriebes; im Falle des § 17 derjenige, der im Zeitpunkt des Geheimnisverrats Inhaber des Geschäfts war, zu dem das Geheimnis gehört, sowie derjenige, der zum Vertriebe oder zur Nachbildung des als Geheimnis in Betracht kommenden Gegenstandes berechtigt ist (RG. in MuW. **15** 51). Von mehreren Gewerbetreibenden, denen die Verwertung eines Geheimnisses zusteht, ist jeder strafantragsberechtigt (RG. in JW. **1915** 51). In den Fällen der §§ 18, 20 können den Strafantrag stellen sowohl der Geschäftsinhaber, als auch derjenige, dem ein Verfügungsrecht über die Vorlagen zusteht. Über die Antragsberechtigung im Falle der Geschäftsveräußerung siehe § 17 Note 11. — Bei Verstößen gegen den § 8 kommt es nicht ausschließlich auf die einzelne Ware und insbesondere nicht darauf an, ob der Antragsteller gerade mit einer Ware der vor- oder nachgeschobenen Art handelt. Dieser Umstand würde zwar auch die Antragsberechtigung schaffen, da sich auch auf jene Ware die Ankündigung bezieht. Letztere ergreift aber nicht minder diejenigen Waren, zu denen nachgeschoben wird. Daher ist antragsberechtigt auch derjenige, der ein Geschäft von gleicher oder ähnlicher Art führt, wie das zum Ausverkauf gestellte (RG. in MuW. **13** 110). — Bei Verstößen gegen den § 12 ist als Verletzter in jedem Falle auch der Geschäftsinhaber anzusehen, dessen Angestellter (Beauftragter) bestochen worden ist (§ 12 Note 3). Über stillschweigende Bevollmächtigung siehe Note 12. Note 8.

Ein gesetzlich verbotener oder gegen die guten Sitten verstoßender Gewerbebetrieb kommt für die Berechtigung aus § 22 (§ 13) nicht in Betracht (S. 47). Note 9.

Über den Einwand, der Antragsteller treibe selbst unlauteren Wettbewerb, siehe S. 47. Note 10.

Die Zurücknahme des Strafantrags kann formlos geschehen und braucht nicht gegenüber derselben Behörde vorgenommen zu werden, der der Antrag eingereicht worden ist. Die Zurücknahme ist zulässig bis zur Verkündung eines auf Strafe lautenden Urteils. Ist also der Angeklagte in erster Instanz freigesprochen worden, kann auch noch in zweiter Instanz die Zurücknahme erfolgen. Sie ist unwiderruflich. Ist sie erfolgt, so hat der Antragsteller die bis dahin entstandenen Kosten zu tragen (§ 502 StPO.). Ist ein Verfahren bereits anhängig, so bewirkt die Zurücknahme des Antrags die Einstellung des Verfahrens. Bei mehreren Verfolgten hat die Zurücknahme des Antrags gegen einen nach dem Grundsatz der Unteilbarkeit des Antragsrechts auch die Einstellung des Verfahrens gegen die übrigen zur Folge (§ 64 Abs. 2 StGB.). Sind durch eine und dieselbe Handlung mehrere Strafgesetze verletzt, und läßt nur das eine die Zurücknahme des Strafantrags zu, dann hat die Zurücknahme zur Folge, daß das Strafverfahren wegen der anderen Vergehen fortgeführt wird (RGSt. **32** 280; RG. in JW. **08** 593). Über die Bevollmächtigung zur Zurücknahme des Strafantrags siehe Note 14. Note 11.

§ 22.

Note 12. **Der Bevollmächtigte** kann Strafantrag stellen, und zwar nicht nur auf Grund einer besonderen, vielmehr auch einer allgemeinen Ermächtigung, die formlos (mündlich oder sogar stillschweigend) erfolgen kann. Es ist lediglich zu prüfen, ob der gestellte Antrag dem wirklichen Willen des Vollmachtgebers entspricht. Die Vorschriften des BGB. über die Vertretung finden keine Anwendung (RG. in MuW. **12** 354; RGSt. **35** 267, **44** 438). Die Antragstellung durch einen Nichtbevollmächtigten wird gültig, wenn der Berechtigte sie innerhalb der Antragsfrist genehmigt. Der Generalbevollmächtigte kann Strafantrag stellen, wenn ein seiner Verwaltung unterliegendes Recht betroffen wird (RGSt. **19** 7, **35** 267, **43** 45). Insoweit muß Ermächtigung angenommen werden. RGSt. **15** 144 hält zwar den Prokuristen für antragsberechtigt, wenn die Rechtsverletzung mit dem Geschäftsbetriebe zusammenhängt, nicht aber soll — gemäß RGSt. **12** 329 — der Strafantrag gültig sein, den der Handlungsbevollmächtigte als solcher und den der Agent gestellt hat. Diese Unterscheidung ist unhaltbar: es kann auch hier nur darauf ankommen, ob eine Ermächtigung anzunehmen ist.

Note 13. Ob ein Verein die Ermächtigung zur Strafantragsstellung erteilt hat, soll nach dem Standpunkt des RG. mit einer Weitherzigkeit geprüft werden, die in schroffem Gegensatz zu obigen Urteilen steht und die eine Überspannung bedeutet. RG. in MuW. **12** 354 erklärt: Hat ein Verein in seinen Satzungen oder in sonst geeigneter Weise keine Klarheit darüber geschaffen, wer außer den Vorstandsmitgliedern zur Stellung von Strafanträgen befugt ist, so ist zu untersuchen, ob die Ermächtigung dem Willen des Vereins entspricht. So kann entgegen der Satzung angenommen werden, daß der Strafantrag auf Grund einer Ermächtigung, z. B. an den Vorsitzenden oder an einen Dritten, Geltung haben soll (RGSt. **35** 269). Auch kommt in Frage, ob etwa dem Vorsitzenden eines örtlichen Zweigvereins vom Vorstande des Hauptvereins eine allgemeine Ermächtigung, vielleicht auf Grund einer dahingehenden Übung, erteilt worden ist (RG. in MuW. **12** 558). Es soll sogar genügen, daß der Vorsitzende seine Absicht, Strafantrag zu stellen, den anderen Vorstandsmitgliedern ankündigt und deren stillschweigende Genehmigung vorliegt (RG. in MuW. **15** 90). Ob der Vorsitzende zur Zeit der Begehung des Verstoßes sein Amt schon bekleidet hat, ist belanglos; es genügt, daß der Verein damals schon bestand (RG. in GewRschutz **1916** 125; RG. **60** 418; RGSt. **46** 324).

Note 14. Zur Zurücknahme des Strafantrags ist nicht derjenige ohne weiteres bevollmächtigt, der Vollmacht zur Stellung des Strafantrags hat. Es entscheidet der nach den Umständen des Einzelfalls zu bestimmende Inhalt und Umfang der erteilten Vollmacht. Im Falle RG. in JW. **1913** 1062 hat eine Ehefrau als Firmeninhaberin die Führung des Geschäfts ihrem Ehemanne überlassen. Das RG. hat angenommen, daß die damit gegebene stillschweigende Bevollmächtigung nicht nur die Befugnis zur Stellung des Strafantrags enthielt, sondern auch die Ermächtigung einschloß, gegebenenfalls den gestellten Antrag wieder zurückzunehmen. Es handele sich hier um Zweckmäßigkeitsfragen, die eng mit dem ganzen Geschäftsbetriebe verknüpft seien. Näheres über Zurücknahme des Strafantrags siehe Note 11.

Note 15. **Die Antragsfrist** beträgt drei Monate, beginnend mit dem Tage, an dem der Berechtigte von der Handlung und der Person des Täters Kenntnis erlangt hat (§ 61 StGB.). Die Frist gegen Mittäter, Anstifter und Gehilfen beginnt gleichmäßig zu laufen, eine Folge des im § 63 StGB. enthaltenen Grundsatzes der Unteilbarkeit des Antrags.

Note 16. Über den Begriff „Kenntnis der Handlung und der Person des Täters" siehe § 21 Note 11.

Bei fortgesetzter Handlung soll für den Beginn der Antragsfrist entscheidend sein die letzte Einzelhandlung ohne Rücksicht auf die etwa schon länger als drei Monate vor Stellung des Strafantrags erlangte Kenntnis des Berechtigten von früheren Einzelhandlungen (RGSt. **38** 334, **40** 319; RG. in MuW. **11** 11, 323, **12** 561). Note 17.

Der vorzeitige Strafantrag kann rechtswirksam sein, und zwar sowohl der vor zuverlässiger Kenntnis (RGSt. **38** 434), als auch der vor Begehung einer strafbaren Handlung gestellte: wenn er die — alsbald zu erwartende — Tat, deren Strafverfolgung begehrt wird, in ihrem Wesen und ihrer Gestaltung als ein bestimmtes Geschehnis umgrenzt. Hängt die Strafbarkeit einer Tat von dem Vorliegen äußerer und innerer Tatbestandsmerkmale derart ab, daß die äußeren schon für sich allein als objektiv widerrechtlich sich darstellen, so ist damit ein Teil des deliktischen Tatbestands bereits verwirklicht und deshalb in solchem Falle der Strafantrag überhaupt nicht vor Begehung der Tat schlechthin gestellt (RG. in MuW. **12** 465; einschränkend RGSt. **38** 39, **40** 319, **45** 128). Note 18.

Noch im Laufe des schwebenden Verfahrens, auch in der Berufungsinstanz, kann der Strafantrag gestellt werden, d. h. also vor Erlaß des tatrichterlichen Urteils, mag auch die Einleitung und zeitweise Durchführung des Verfahrens ohne ordnungsmäßigen Strafantrag erfolgt sein (RG. in MuW. **12** 95, 559; RGSt. **40** 319, **43** 287). Doch kann der Strafantrag in der Revisionsinstanz nicht mehr gestellt werden (RGSt. **46** 48). Note 19.

Das erweiterte Antragsrecht des Abs. 1 Satz 2 des § 22. Die Ausdehnung des Antragsrechts entspricht der Berechtigung, die Unterlassungsklage zu erheben (§ 13 Abs. 1) und hat ihren Grund darin, daß es sich bei dem Verstoß gegen die §§ 4, 8, 12 um eine Gefährdung ganzer Gruppen von Mitbewerbern handelt (§ 13). Jeder der Antragsberechtigten hat ein vom Mitberechtigten unabhängiges Antragsrecht. Dieses wird nicht dadurch hinfällig, daß bereits ein anderer Berechtigter, z. B. ein Verband, wegen desselben Verstoßes Strafantrag gestellt hat (Näheres § 13 Note 5ff.). Der für den Verband gestellte Strafantrag kann unter Umständen auch für den Antragsteller persönlich Geltung haben, wenn die Voraussetzung der Mitbewerberschaft vorliegt (RG. in MuW. **12** 559). Über die als bevollmächtigt geltenden Personen siehe Note 12. Note 20.

II. **Die Privatklage** stellt den regelmäßigen Weg der Verfolgung von Antragsvergehen dar. Das Verfahren wird in den §§ 414—431 StPO. geregelt. Widerklage gemäß § 428 StPO. kommt nicht in Betracht. Ist die Voraussetzung der Förderung gewerblicher Interessen bei einem klagenden Verbande entfallen, so muß die Einstellung des Privatklageverfahrens erfolgen (§ 433 Abs. 1 StPO.). Ein Sühneverfahren ist für die Verfolgung von Verstößen gegen das WettbG. nicht vorgesehen. Im übrigen gelten die Darlegungen über den Strafantrag, sowie zu § 13 über die Klageberechtigung der Verbände entsprechend für die Befugnis zur Erhebung der Privatklage. Note 21.

Hat einer der Antragsberechtigten die Privatklage erhoben (sei es, daß mehrere Verletzte oder die in § 13 Abs. 1 genannten Berechtigten in Frage kommen), dann können die übrigen Berechtigten (innerhalb der Antragsfrist) nur dem Verfahren beitreten, und zwar in der Lage, in der es sich zur Zeit des Beitritts befindet (§ 415 StPO.). Der Beitritt erfolgt durch Erhebung der Klage gemäß § 421 StPO. Der Beitretende wird Mitkläger, nicht Nebenkläger. Note 22.

Note 23. Die Zurücknahme der Privatklage kann nicht nur bis zur Verkündung des erstinstanzlichen Urteils erfolgen, sondern auch noch bis zur Verkündung des Urteils in der Berufungsinstanz (§ 431 StPO.), nicht aber in der Revisionsinstanz. Durch die Zurücknahme der Privatklage seitens eines Berechtigten wird das Privatklagerecht eines anderen nicht berührt. Die Zurücknahme einer Privatklage hindert die Einleitung und Durchführung der öffentlichen Klage wegen der (zuerst mit der Privatklage verfolgten) Tat nicht, es sei denn, daß in der Zurücknahme der Klage nach der Absicht des Klägers zugleich eine Zurücknahme des Strafantrags liegt.

Note 24. III. **Die Nebenklage** ist gegeben bei Übernahme der Privatklage durch die Staatsanwaltschaft oder wenn von vornherein die öffentliche Klage erhoben war (StPO. §§ 435 Abs. 1 und 443). Die Vorschrift des § 435 StPO. ist sinngemäß auf den § 22 WettbG. auszudehnen, obwohl die im WettbG. geregelten Fälle der Privatklage erst nachträglich geschaffen worden sind (RGSt. **46** 46). Der Berechtigte kann sich jederzeit, soweit er Strafantrag gestellt hat, dem Verfahren als Nebenkläger anschließen, auch nach einem freisprechenden Urteil.

Note 25. Die Kosten des Nebenklägers sind vom verurteilten Angeklagten zu tragen, ohne daß es eines Ausspruchs im Urteil bedarf (RG. in MuW. **10** 58). Aber nur die notwendigen Auslagen sind zu ersetzen. Bei Freisprechung des Angeklagten hat der Nebenkläger seine eigenen Kosten zu tragen, nicht aber diejenigen des ganzen Verfahrens. Vgl. § 26 Note 24.

Note 26. IV. **Die öffentliche Klage** soll von der Staatsanwaltschaft erhoben werden, wenn dies im allgemeinen Interesse liegt (Begr. S. 13). In mehreren Bundesstaaten haben die Justizverwaltungen Anweisungen erteilt (vgl. den Erlaß des preußischen Justizministers vom 21. 12. 1901 in UW. **1** 156, betr. das Kurpfuschertum).

Note 27. Beschwerde ist gegeben, wenn die Staatsanwaltschaft dem Antrage nicht stattgibt. Gerichtliche Entscheidung gemäß § 170 kann nur dann erbeten werden, wenn aus anderen Gründen als wegen Fehlens eines öffentlichen Interesses, z. B. wegen mangelnden Beweises, die öffentliche Klage nicht erhoben wird. Handelt es sich um ein von Amts wegen zu verfolgendes Vergehen (z. B. gegen den § 263 StGB.) in Idealkonkurrenz mit einem Antragsvergehen des WettbG., dann kann die Staatsanwaltschaft nicht die Verfolgung des letzteren wegen mangelnden öffentlichen Interesses ablehnen, vielmehr muß das Strafverfahren wegen beider Verstöße eingeleitet werden (RGSt. **11** 128).

Note 28. Das Verfahren bei öffentlicher Klage ist in den §§ 151 ff. StPO. geordnet. Auch wenn der Antragsberechtigte bereits Privatklage erhoben hat, kann die Staatsanwaltschaft in jeder Lage des Verfahrens, bis zur Rechtskraft des Urteils, die Verfolgung übernehmen (§ 417 StPO.). Mit der Übernahme durch die Staatsanwaltschaft erhält der Privatkläger die Stellung eines Nebenklägers.

Note 29. V. **Örtliche Grenzen der strafrechtlichen Bestimmungen des WettbG.** Jede im Inlande erfolgte Zuwiderhandlung gegen die strafrechtlichen Vorschriften des WettbG., mag ein Ausländer oder ein Inländer Täter sein, ist nach dem Territorialitätsprinzip strafbar (§ 3 StGB.). Siehe § 28 Note 10. Hat ein Deutscher im Auslande ein Vergehen (nicht eine Übertretung) gegen die Strafbestimmungen des WettbG. begangen, und liegt auch nach den Strafgesetzen des Auslandes Strafbarkeit vor, dann ist die Strafverfolgung gegen den im Inlande befindlichen Täter möglich (§ 4 Ziff. 3 StGB.), sogar dann, wenn der Täter zur Zeit der Begehung Ausländer war und erst nachher Deutscher geworden ist (§ 4 Ziff. 3 Abs. 2 StGB.). In diesem Falle bedarf es aber eines

Antrags der zuständigen — d. h. der im internationalen Verkehr den Staat vertretenden (RGSt. 16 216) — Behörde des Landes, in dem die Straftat begangen worden ist. Das ausländische Strafgesetz ist anzuwenden, soweit es milder ist. Bei Übertretungen deutscher Staatsangehöriger im Auslande ist eine Strafverfolgung im Inlande nur möglich, wenn sie durch besondere Staatsverträge für zulässig erklärt ist. Für das Gebiet des WettbG. fehlt es an solchen Verträgen. Eine Auslieferung auf Grund von Verstößen gegen das WettbG. findet nach den bestehenden Auslieferungsverträgen nicht statt (vgl. Finger in UW. 2 110). § 22.

§ 23. § 23.

Bekanntmachung.

Wird in den Fällen der §§ 4, 6, 8, 12 auf Strafe erkannt, so kann angeordnet werden, daß die Verurteilung auf Kosten des Schuldigen öffentlich bekannt zu machen sei.

Wird in den Fällen des § 15 auf Strafe erkannt, so ist zugleich dem Verletzten die Befugnis zuzusprechen, die Verurteilung innerhalb bestimmter Frist auf Kosten des Verurteilten öffentlich bekannt zu machen.

Auf Antrag des freigesprochenen Angeschuldigten kann das Gericht die öffentliche Bekanntmachung der Freisprechung anordnen; die Staatskasse trägt die Kosten, insofern sie nicht dem Anzeigenden oder dem Privatkläger auferlegt worden sind.

Ist auf Grund einer der Vorschriften dieses Gesetzes auf Unterlassung Klage erhoben, so kann in dem Urteile der obsiegenden Partei die Befugnis zugesprochen werden, den verfügenden Teil des Urteils innerhalb bestimmter Frist auf Kosten der unterliegenden Partei öffentlich bekannt zu machen.

Die Art der Bekanntmachung ist im Urteil zu bestimmen.

Inhaltsübersicht.

Nach ihrer Rechtsnatur stellt sich die Bekanntmachung im Sinne des Abs. 1 Note 1.
und 2 des § 23 als eine Strafe dar, die Bekanntmachung im Sinne des Abs. 3 als eine dem Freigesprochenen gewährte Genugtuung, die Bekanntmachung im Sinne des Abs. 4 als Hilfsanspruch neben dem Unterlassungsanspruch, „ein dem Privatrecht angehängtes Sicherungsmittel" (Kohler in ArchZivPrax. 88 261; RG. in JW. 07 527, 08 371; RG. in MuW. 12 182).

Auch wenn sich das Urteil auf das BGB. stützt, ist die Mög- Note 2.
lichkeit vorhanden, die Entscheidung auf Kosten des Beklagten zu veröffentlichen. Bestätigend OLG. Köln in UW. 5 25; RG. in LZ. 1915 133. Das RG. erklärt in

§ 23. diesem Urteil: Der Antrag, den Kläger zur Bekanntgabe des Urteils auf Kosten des Beklagten zu befugen, ist gerechtfertigt, wenn der Beklagte fahrlässig gehandelt hat, also der Tatbestand des § 824 BGB. vorliegt. Denn dann ist der Beklagte zum Schadensersatz verpflichtet. Er würde also gemäß § 249 BGB. den Zustand wiederherzustellen haben, der ohne die unrichtige Mitteilung bestehen würde. Dazu ist es zweckdienlich und geboten, daß demselben Kreise, in dem die unrichtige Mitteilung verbreitet ist, auch das ihre Wiederholung verbietende Urteil bekanntgegeben wird. Hiernach ist also die Veröffentlichung eines Urteils oder einer einstweiligen Verfügung ganz allgemein, unabhängig vom § 23 WettbG., auf Kosten des Verletzers möglich. Und zwar braucht die Veröffentlichung sich nicht, wie bei § 23 WettbG., auf die Urteilsformel zu beschränken, kann vielmehr das ganze Urteil oder Teile desselben umfassen, wenn der Wiederherstellungszweck dies erfordert. (Siehe auch S. 74 über eine sofort zu veröffentlichende tatsächliche Feststellung des Gerichts.) Finger (S. 43) macht die Einschränkung, daß bei übler Nachrede in nichtöffentlicher Form auch die Bekanntmachung nicht öffentlich, also nicht etwa in einer Zeitung, erfolgen dürfe. Dies ist nicht richtig: Die Art der Bekanntmachung wird lediglich bestimmt durch den Wiederherstellungszweck, und dieser kann unter Umständen die öffentliche Bekanntmachung erfordern. Es gelten dieselben Grundsätze wie beim Anspruch auf Widerruf (S. 87).

Note 3. Auf seine Kosten kann — über den § 23 WettbG. hinaus — der Verletzte sofort nach der Verkündung des Urteils sowie nach der Erwirkung einer einstweiligen Verfügung die Entscheidung veröffentlichen. Auch der Freigesprochene und derjenige, gegen den ein Strafverfahren geschwebt hat und eingestellt worden ist, kann eine Veröffentlichung vornehmen. Eine irreführende (etwa im Wortlaut unrichtige oder unvollständige) Veröffentlichung kann eine Schadensersatzverpflichtung aus §§ 826 BGB., 1 WettbG. zur Entstehung bringen. So z. B., wenn die Handlung des Prozeßgegners aufgebauscht und zu eigenen Reklamezwecken ausgebeutet wird. Auch muß die Veröffentlichung in angemessener zeitlicher Beziehung zu dem veröffentlichten Urteil erfolgen, nicht darf sie absichtlich zur Schädigung des Gegners hinausgezögert werden (OLG. Dresden in GewRSchutz **1912** 109; SächsArchR. **1912** 473; OLG. Kiel in MuW. **13** 328). So erklärt RG. in JW. **07** 228: „In einer nach Zeit, Versendungsweise und Personenkreis der Empfänger über alles vernünftige Maß hinausgehenden Versendung von Abdrücken kann ein Handeln gegen die guten Sitten erblickt werden." Siehe auch Note 13.

Note 4. Die vorläufige Vollstreckbarkeit des Urteils genügt zur Ausübung der Veröffentlichungsbefugnis (bestritten). Müßte die in erster Instanz siegreiche Partei die Rechtskraft des Urteils abwarten, dann wäre die Veröffentlichung häufig wirkungslos. Die Nachteile der Veröffentlichung eines erstinstanzlichen, später abgeänderten Urteils für die endgültig siegreiche Partei sind Nachteile der vorläufigen Vollstreckbarkeit als solcher.

I. Die Bekanntmachung im Zivilverfahren.

Note 5. Nur für die Unterlassungsklage sieht der § 23 eine Bekanntmachung des Urteils vor. Die Widerklage auf Unterlassung steht der Klage gleich. Die Veröffentlichungsbefugnis kann in allen Fällen zuerkannt werden, in denen auf Grund des WettbG. eine Unterlassungsklage erhoben wird. Bedeutungslos ist, ob in den einzelnen Vorschriften der Unterlassungsanspruch erwähnt ist oder ob er aus den allgemeinen Regeln folgt, wie bei den §§ 15, 17, 18, 20 WettbG. Über die

Rechtsnatur der Bekanntmachung siehe Note 1. Auch durch einstweilige Verfügung kann eine Veröffentlichungsbefugnis gewährt werden (§ 25). Über die Bekanntmachung vorläufig vollstreckbarer Urteile siehe Note 4 und 11. § 23.

Nur für den verfügenden Teil der Entscheidung ist die Veröffentlichungsbefugnis zu gewähren, also für die Urteilsformel, nicht, wie im Strafverfahren, für das ganze Urteil. Das Rubrum (vgl. S. 29) darf mit veröffentlicht werden. Nur soweit über den Unterlassungsanspruch entschieden worden ist, kommt die Veröffentlichungsbefugnis in Betracht, so daß der den Schadensersatzanspruch betreffende Teil der Urteilsformel ausscheidet. Hinsichtlich des Beseitigungsanspruchs, soweit er vom Unterlassungsanspruch mit umfaßt wird (S. 45), kann die Veröffentlichungsbefugnis ausgeübt werden. Auch bei Verurteilung zur Einwilligung in die Löschung einer Firma oder eines Warenzeichens ist der § 23 anwendbar, da die Anordnung der Löschung ein Mehr gegenüber der Unterlassung des Gebrauchs der Bezeichnung bedeutet (bestätigend OLG. München in MuW. **16** 162). Note 6.

Das freie Ermessen des Gerichts entscheidet über den Zuspruch der Veröffentlichungsbefugnis. Das Ziel ist: Wiederherstellung des gefährdeten Interessenbezirks des Mitbewerbers, nicht Schaffung einer Genugtuung für diesen. Daher ist es bedeutsam, ob die Folgen der Zuwiderhandlung schon als beseitigt erscheinen (KG. in UW. **1** 31; LZ. **1911** 320). Stets ist zu prüfen, ob zur Aufklärung des Publikums die Bekanntmachung angebracht ist und ob der Nachteil, den sie dem Betroffenen zufügt, in einem richtigen Verhältnis zu der von ihm begangenen Rechtsverletzung steht. Die Veröffentlichungsbefugnis ist nicht zu gewähren, wenn es sich um geringfügige Fälle handelt. Wird der Geschäftsinhaber als solcher wegen eines Verstoßes von Angestellten (Beauftragten) zur Unterlassung verurteilt, dann ist die Veröffentlichungsbefugnis nur unter besonderen Umständen zuzusprechen, keinesfalls dann, wenn der Geschäftsinhaber seiner Überwachungspflicht genügt hat. Note 7.

Der obsiegenden Partei ist die Veröffentlichungsbefugnis zuzusprechen. Siegt jede Partei teilweise ob, so kann die Befugnis nach richterlichem Ermessen nur einer Partei zugesprochen werden, z. B. derjenigen, die zum erheblicheren Teile gesiegt hat. Das Gericht kann in solchem Falle auch eine Teilung der Befugnis vornehmen. Note 8.

Der Antrag der Partei ist für den Zuspruch der Veröffentlichungsbefugnis erforderlich (gemäß dem Grundsatze des § 308 ZPO.). Wird der Antrag im Urteil übergangen, dann kann die benachteiligte Partei Ergänzung des Urteils gemäß § 321 ZPO. verlangen: es handelt sich um einen Nebenanspruch im Sinne des § 321 ZPO. Wird dem Antrage nicht stattgegeben, dann hat die beschwerte Partei das Rechtsmittel der Berufung. Auf die Versagung der Veröffentlichungsbefugnis kann aber nicht die Revision gestützt werden. Kosten wegen der Abweisung des Antrags dürfen der — im übrigen obsiegenden — Partei nicht auferlegt werden. Dies ergibt sich schon aus der Natur der Bekanntmachung als eines dem Privatrecht angehängten Sicherungsmittels (Note 1). Auch ist regelmäßig „die Zuvielforderung eine verhältnismäßig geringfügige und hat keine besonderen Kosten veranlaßt" (§ 92 Abs. 2 ZPO.). Note 9.

Die Art der Bekanntmachung muß im Urteil festgesetzt werden, ohne daß hierbei das Gericht an die Parteianträge gebunden ist. Bei fehlender Festsetzung ist das Urteil gemäß § 321 ZPO. zu ergänzen. Note 10.

Eine bestimmte Frist, innerhalb deren die Veröffentlichung zu erfolgen hat, ist im Urteil festzusetzen. Der Beginn der Frist kann sowohl von der Rechts- Note 11.

§ 23. kraft, als auch von der vorläufigen Vollstreckbarkeit des Urteils an bestimmt werden. Ist der Beginn der Frist nicht bestimmt, so entscheidet die Rechtskraft. Bei Nichtbestimmung einer Frist im Urteil kann gemäß § 321 ZPO. eine Ergänzung stattfinden (bestritten). Der Lauf der Frist regelt sich nach §§ 221 ff. ZPO. Reicht die Frist nicht aus, so kann der Berechtigte, sofern er das seinerseits Erforderliche zur Einhaltung getan hat, gemäß § 224 Abs. 2 ZPO. um Verlängerung nachsuchen.

Note 12. Die Kosten der Bekanntmachung sind zu den Kosten der Zwangsvollstreckung zu rechnen (§ 788 ZPO.) und können in dieser beigetrieben werden (bestritten). Regelmäßig wird eine Festsetzung der Kosten gemäß § 104 ZPO. nicht erforderlich sein, sonst kann sie — zu Lasten der unterliegenden Partei — erfolgen. Einwendungen gegen die Art und Weise der Bekanntmachung sind gemäß § 766 ZPO. zu erheben.

Note 13. Der Aufwand für die Veröffentlichung ist insoweit zu erstatten, als er „notwendig" im Sinne des § 91 ZPO. erscheint. Ist der Kläger durch eine Wettbewerbshandlung empfindlich in seinem geschäftlichen Rufe beeinträchtigt worden, so können größere Aufwendungen zugebilligt werden, als gemeinhin bei amtlichen Bekanntmachungen in Frage kommen (OLG. München in SeuffA. **66** 199).

Note 14. Eine Anwaltsgebühr für die Mitwirkung bei der Veröffentlichung des Urteils entsteht gemäß § 23 Nr. 2 in Verbindung mit § 89 GebO. f. RA. (OLG. Breslau in MuW. **11** 55).

II. Die Bekanntmachung im Strafverfahren.

Note 15. Die Bekanntmachung ist im Strafverfahren bei Freispruch stets möglich, sowie bei Verurteilung in den Fällen der §§ 4, 6, 8, 12 WettbG., **obligatorisch** im Falle des § 15. Im Strafverfahren ist nicht, wie im Zivilverfahren, nur eine Veröffentlichung des verfügenden Teils, also der Formel des Urteils, anzuordnen, sondern des ganzen Urteils oder eines — vom Gericht zu bestimmenden — Teiles.

Note 16. 1. **Bei Verurteilung des Angeklagten.** Die Verurteilung zu einer Strafe ist Voraussetzung der Anordnung der Bekanntmachung. (Über die Rechtsnatur der Bekanntmachung siehe Note 1). Ist die Bekanntmachung angeordnet worden, dann darf hinsichtlich der Art, wie sie zu erfolgen hat, eine Ergänzung stattfinden. Die Anordnung ist unabhängig davon, ob es sich um ein Offizial- oder Privatklageverfahren handelt. Auch auf die Höhe der verhängten Strafe kommt es nicht an. Der § 23 findet keine Anwendung bei Idealkonkurrenz eines Vergehens des WettbG. mit einem anderen Vergehen, wenn die Verurteilung aus diesem als demjenigen, für das die schwerere Strafe angedroht ist, erfolgt (RGSt. **26** 406). Möglich ist die Bekanntmachung bei Realkonkurrenz (RGSt. **23** 325).

Note 17. Die Vollstreckung der Anordnung der Bekanntmachung erfolgt durch die Vollstreckungsbehörde, gleichviel ob das Verfahren auf öffentlicher oder privater Klage beruht. Erst nach eingetretener Rechtskraft des Urteils kann die Bekanntmachung vorgenommen werden. Tod oder Geisteskrankheit des Verurteilten vor Rechtskraft des die Bekanntmachung anordnenden Urteils verhindern die Vollstreckbarkeit (bestritten).

Note 18. Die Unterlassung der Anordnung der Bekanntmachung kann mit der Berufung gerügt werden. Revision ist nur für den — den § 15 WettbG. betreffenden — Abs. 2 des § 23 gegeben, denn nur hier ist die Zuerkennung für den Richter bindend, nur hier also kommt eine Gesetzesverletzung in Frage. Eine nachträgliche Anordnung der Bekanntmachung durch Ergänzungsbeschluß ist nicht zulässig. § 23.

a) **Die Bekanntmachung in den Fällen der §§ 4, 6, 8, 12 WettbG.** Die Anordnung der Bekanntmachung ist in das freie Ermessen des Gerichts gestellt. Sie ist (auch bei der Privatklage) unabhängig von einem Antrage. Maßgebend ist das öffentliche Interesse. Insbesondere ist die Bekanntmachung in Fällen anzuordnen, in denen es sich um eine Täuschung des Verkehrs handelt (RG. in DJZ. **03** 502). Eine Frist, innerhalb deren die Bekanntmachung zu vollziehen ist, wird vom Gericht nicht bestimmt. Die Vollziehung ist von der Strafvollstreckungsbehörde, wie jede andere Strafe, möglichst rasch zu bewirken. Die Kosten trägt der Verurteilte (§ 498 StPO.). Die Beitreibung erfolgt durch die Behörde, auch bei Privatklage. Den eventuellen Verlust trägt die Staatskasse. Note 19.

b) **Die Bekanntmachung im Falle des § 15 WettbG.** Hier ist eine Sondervorschrift gegeben: Der Richter ist verpflichtet, ohne daß es eines Antrages bedarf, dem Verletzten die Veröffentlichungsbefugnis zuzusprechen. (Über deren Rechtsnatur siehe Note 1.) Die höhere Instanz hat den vom Vorderrichter unterlassenen Zuspruch der Veröffentlichungsbefugnis nachzuholen, es sei denn, daß nur der Verurteilte (oder die Staatsanwaltschaft zu seinen Gunsten) das Rechtsmittel eingelegt hat. Da es zulässig ist, die Anfechtung des Urteils auf die fehlende Veröffentlichungsbefugnis zu beschränken (RGSt. **42** 30, 241), so tritt die aus §§ 343, 330 Abs. 1 StPO. zugunsten des Angeklagten sich ergebende Wirkung nur in den Grenzen der Anfechtung ein. Das Urteil ist also, soweit es die Tatbestandsfeststellung und die Hauptstrafe betrifft, unangefochten rechtskräftig (RG. in MuW. **14** 111). Der Berechtigte kann die Kosten der Bekanntmachung, wenn der Verurteilte nicht zahlt, im Wege der Zivilklage einfordern. Auch können die Kosten durch das erkennende Gericht als Vollstreckungskosten festgesetzt werden (§§ 496 Abs. 2, 497 StPO.). Note 20.

Eine Ausfertigung des Urteils ist dem Berechtigten auf Kosten des Verurteilten zu geben, denn er braucht das Urteil zur Bewirkung der Veröffentlichung. Note 21.

2. **Bei Freisprechung des Angeklagten** ist für jede Strafbestimmung des WettbG., nämlich für die §§ 4, 6, 7, 8, 9, 10, 11, 12, 15, 17, 18, 20 eine öffentliche Bekanntmachung des freisprechenden Urteils möglich. Maßgebend für die Anordnung der Bekanntmachung ist das Interesse des Freigesprochenen, soweit es vom Gericht — nach freiem Ermessen — als berechtigt anerkannt wird. Die Einstellung des Verfahrens steht der Freisprechung nicht gleich (bestritten). Über die Rechtsnatur der Bekanntmachung siehe Note 1. Note 22.

Der Antrag des Freigesprochenen ist Voraussetzung für die Anordnung der Bekanntmachung. Über die Zeit der Stellung des Antrags und über seine Form hat das Gesetz keine Bestimmung getroffen. Der Antrag kann demnach mündlich oder schriftlich, persönlich oder durch einen Bevollmächtigten gestellt werden; dies kann in der Hauptverhandlung vor dem Urteil geschehen, auch noch in der Rechtsmittelinstanz. Note 23.

Wird der Antrag zurückgewiesen (im Falle der Anbringung im Hauptverfahren), dann kann der Berechtigte Berufung einlegen. Erfolgt die Zurückweisung durch Beschluß, dann ist Beschwerde gegeben. Wird dem Antrage durch Beschluß stattgegeben, dann haben weder der Privatkläger und der Nebenkläger noch die Staatsanwaltschaft ein Beschwerderecht. Note 24.

§ 23.

Note 25. Die Kosten der Bekanntmachung werden bei Freisprechung von der Staatskasse getragen. Im Falle des § 501 StPO. (Anzeige wider besseres Wissen oder aus grober Fahrlässigkeit) können die Kosten dem Anzeigenden auferlegt werden. Bei der Privatklage fallen sie gemäß § 503 Abs. 2 StPO. dem unterliegenden Privatkläger zur Last.

§ 24.

§ 24.

Der Gerichtsstand.

Für Klagen auf Grund dieses Gesetzes ist ausschließlich zuständig das Gericht, in dessen Bezirke der Beklagte seine gewerbliche Niederlassung oder in Ermangelung einer solchen seinen Wohnsitz hat. Für Personen, die im Inlande weder eine gewerbliche Niederlassung noch einen Wohnsitz haben, ist ausschließlich zuständig das Gericht des inländischen Aufenthaltsorts, oder wenn ein solcher nicht bekannt ist, das Gericht, in dessen Bezirke die Handlung begangen ist.

Inhaltsübersicht.

Note 1. Der § 24 bestimmt den Gerichtsstand für die auf Grund des WettbG. zu erhebenden zivilrechtlichen Ansprüche, und zwar tritt diese Sonderregelung nur dann ein, wenn der Klagetatbestand ausschließlich unter das WettbG. fällt (Näheres S. 80). Der Gerichtsstand für die Strafbestimmungen des WettbG. ergibt sich aus den §§ 7 ff. StPO.

Note 2. Die Gerichtsstände des § 24 sind ausschließliche, d. h. sie schließen einerseits die Gerichtsstände der ZPO., andererseits sich selber untereinander aus. Eine Prorogation nach §§ 38—40 ZPO. ist nicht möglich, wohl die Bestimmung eines gemeinschaftlichen Gerichtsstandes durch das übergeordnete Gericht (letzteres ist ständige Praxis des RG. und des KG.).

Note 3. Von Amts wegen ist die Zuständigkeit zu prüfen, jedoch, mag es sich auch um einen ausschließlichen Gerichtsstand handeln, nicht mehr in zweiter Instanz, wenn in erster Instanz mündlich zur Hauptsache verhandelt worden ist (§ 528 Abs. 1 ZPO.).

Note 4. Der Zeitpunkt der Klageerhebung ist für den Gerichtsstand entscheidend. Später eintretende Änderungen der die Zuständigkeit begründenden Umstände sind nach dem Grundsatz der perpetuatio fori ohne Einfluß (§ 263 Abs. 2 Ziff. 2 ZPO.). Andererseits wird der bei Klageerhebung etwa vorhandene Mangel der Zuständigkeit des Gerichts nicht durch später eintretende Umstände, die die Zuständigkeit begründen würden, geheilt.

Note 5. Im Wege der Widerklage kann ein Anspruch aus dem WettbG. geltend gemacht werden, wenn der Prozeß an dem Orte geführt wird, wo ein Gerichtsstand für den im Wege der Widerklage zu erhebenden Anspruch gemäß dem WettbG. vorhanden ist. (Beachtliche Vorschläge de lege ferenda macht Daffis in MuW. 12 400, der auf die Unzuträglichkeiten hinweist, die aus obiger Behinderung der Widerklage sich ergeben.) § 24.

1. **Der Gerichtsstand der gewerblichen Niederlassung.** „Gewerblich" ist im weitesten Sinne zu fassen (S. 29). Unwesentlich ist die handelsgerichtliche Eintragung (sowie die Erlangung der Konzession für konzessionspflichtige Gewerbe). Auch auf die Entrichtung von Gewerbesteuern kommt es nicht an. „Niederlassung" im Sinne des § 24 bedeutet sowohl Haupt-, als auch Zweigniederlassung. Der Gesetzgeber hat offensichtlich an den Fall einer Mehrheit von inländischen Niederlassungen des Beklagten nicht gedacht, wie die Ausdrucksweise „seine gewerbliche Niederlassung" zeigt. Jedenfalls muß es sich um eine Niederlassung mit wirtschaftlicher Selbständigkeit handeln. „Unter Niederlassung ist eine Geschäftsstelle zu verstehen, die einesteils in ihren Einrichtungen und Veranstaltungen, insbesondere auch hinsichtlich des darin tätigen Personals, sich äußerlich im Geschäftsverkehr mit dem Publikum als ein Zweiggeschäft des Hauptgeschäfts betätigt, und der anderenteils eigene Entschließung und Selbständigkeit gegenüber dem Hauptgeschäft, wenn auch nicht in unbeschränktem Umfange zusteht. Hierdurch unterscheidet sich die Niederlassung von einer bloßen Niederlage und einer Agentur, die bloß Geschäfte vermittelt und mangels des Rechts eigener Entschließung an die bestimmten, vom Hauptgeschäft ausgehenden Weisungen gebunden ist. Hieran ändert es nichts, wenn die Agentur gelegentlich in einzelnen besonderen Fällen auch Geschäfte abschließt" (RG. in LZ. **1918** 1217 zu § 21 ZPO.). Lediglich eine Niederlage oder Agentur, nicht aber eine Niederlassung liegt vor, wenn ein Gewerbetreibender in einer anderen Stadt ein Musterlager unterhält und Angebote entgegennehmen läßt (bestritten); ferner wenn eine Fabrik Verkaufsniederlassungen einrichtet. Das gleiche gilt für Empfangs- und Aushändigungsstellen von Waren (RG. **44** 362); ferner für technische Bureaus oder Werkstätten, von wo aus Geschäfte nur vorbereitet, nicht abgeschlossen werden (bestritten). Ob es sich um eine Niederlassung oder um eine Niederlage (Agentur) handelt, entscheidet sich nach dem äußeren Anschein im Geschäftsverkehr. Ob z. B. das innere Verhältnis einer äußerlich als Zweigniederlassung erscheinenden Geschäftsstelle zur Hauptniederlassung eine solche Abhängigkeit begründet, daß von einer wirtschaftlich selbständigen Geschäftsstelle, also einer Niederlassung, nicht die Rede sein kann, bleibt außer Betracht: Maßgebend ist die Auffassung, die dasjenige Publikum gewinnt, das mit der Geschäftsstelle in Verbindung tritt (RG. in LZ. **1918** 1217; OLG. Kolmar in LZ. **1914** 412; OLG. Hamburg in OLGRspr. **29** 14). Note 6.

Auch die Zweigniederlassung kann den Gerichtsstand der gewerblichen Niederlassung begründen (RG. **44** 361). Der Gerichtsstand der gewerblichen Niederlassung an mehreren Niederlassungsorten ist ebensogut möglich wie der Gerichtsstand des Wohnsitzes oder der begangenen Tat an mehreren Wohn- bzw. Tatorten. Ebenso OLG. Frankfurt in Recht **07** Nr. 1244, OLG. Braunschweig in GewRschutz **1912** 110; a. M. Salinger in GewRschutz **1914** 10, der — mit beachtlicher Begründung — das Gericht der Hauptniederlassung des Beklagten für ausschließlich zuständig hält. Note 7

Hat ein Gewerbetreibender mehrere Niederlassungen, dann kann die Klage jedenfalls gegen die Hauptniederlassung gerichtet werden (bestritten). Wenn der § 24 dasjenige Gericht für zuständig erklärt, „in dessen Bezirk der Beklagte seine gewerbliche Niederlassung hat", dann muß die Klage sicherlich an dem Orte der Hauptniederlassung erhoben werden dürfen. Im übrigen kann der Gewerbetreibende im Bezirk derjenigen Zweigniederlassung verklagt Note 8.

§ 24. werden, auf die die Handlung sich bezieht (nicht notwendigerweise, wo sie begangen oder von wo sie ausgegangen ist): RG. **44** 361; OLG. Braunschweig in OLGRspr. **25** 367; OLG. Dresden in SächsAnn. **1912** 148. Hierbei ist der äußere Anschein der Handlung maßgebend: bezieht sich die Handlung in Wirklichkeit, aber für den Außenstehenden nicht erkennbar, auf eine andere Niederlassung, so berührt dies den Kläger nicht (OLG. Breslau in OLGRspr. **29** 16; vgl. auch RG. **87** 130).

Note 9. Befindet sich eine Niederlassung im Inlande, so begründet diese einen inländischen Gerichtsstand, auch wenn im Auslande noch Niederlassungen bestehen, mag auch die im Auslande befindliche Niederlassung die Hauptniederlassung sein oder diejenige, auf die die Wettbewerbshandlung sich bezieht (RG. **87** 130; OLG. Dresden in JW. **1918** 379).

Note 10. 2. **Der Gerichtsstand des Wohnsitzes** (§ 7 BGB.) kommt nur in Ermangelung einer gewerblichen Niederlassung in Betracht. Hat jemand mehrere Wohnsitze, so sind auch mehrere Gerichte zuständig. Der Kläger kann wählen. Der Wohnsitz ist nicht zu verwechseln mit dem Wohnort, d. h. dem Ort, wo jemand sich tatsächlich dauernd aufhält. Vielmehr ist der Begriff „Wohnsitz" ein Rechtsbegriff: der Ort, wo im Rechtssinne und normalerweise die Lebenstätigkeit einer Person (Inländer oder Ausländer) zentralisiert erscheint. Für juristische Personen tritt an die Stelle des Wohnsitzes der Ort, wo die Verwaltung geführt wird (§ 24 BGB.; § 17 ZPO.). Doch kommt der Gerichtsstand des Wohnsitzes nur für solche juristischen Personen in Frage, die kein Erwerbsgeschäft betreiben, da die Erwerbsgesellschaften stets eine gewerbliche Niederlassung haben. Der Wohnsitz wird aufgehoben, wenn die Niederlassung mit dem Willen aufgehoben wird, sie aufzugeben (§ 7 Abs. 3 BGB.). Hier ist also eine subjektive und eine objektive Voraussetzung notwendig.

Note 11. 3. **Der Gerichtsstand des inländischen Aufenthaltsorts** ist gegeben, wenn es sowohl an dem Gerichtsstande der gewerblichen Niederlassung, als auch an demjenigen des Wohnsitzes mangelt. Der Gerichtsstand des Aufenthaltsorts kommt hauptsächlich in Frage für Ausländer, die im Inlande weder eine gewerbliche Niederlassung noch einen Wohnsitz haben, und für diejenigen Inländer, die ein Wandergewerbe betreiben, z. B. herumziehende Musiker, Artisten, Meßbudenbesitzer usw. Ob der Aufenthalt ein freiwilliger oder erzwungener ist, bleibt außer Betracht (RG. in JW. **97** 302). Der kürzeste Aufenthalt genügt, wenn die Zustellung der Klage bewirkt werden kann.

Note 12. 4. **Der Gerichtsstand des Orts der begangenen Handlung** kommt in Frage, wenn der Aufenthaltsort nicht bekannt ist. Es genügt, daß der Kläger die Nachforschungen angestellt hat, die ihm nach Sachlage zugemutet werden dürfen. Siehe Näheres über den Ort der begangenen Handlung S. 80.

§ 25.

§ 25.

Einstweilige Verfügungen.

Zur Sicherung der in diesem Gesetze bezeichneten Ansprüche auf Unterlassung können einstweilige Verfügungen erlassen werden, auch wenn die in den §§ 935, 940 der Zivilprozeßordnung bezeichneten Voraussetzungen nicht zutreffen. Zuständig ist auch das Amtsgericht, in dessen Bezirke die den Anspruch begründende Handlung begangen ist; im übrigen finden die Vorschriften des § 942 der Zivilprozeßordnung Anwendung. § 25.

Inhaltsübersicht.

Der § 25 soll, soweit es sich um Unterlassungsansprüche handelt, in Ergänzung der §§ 935 ff. ZPO. eine Erleichterung schaffen. Die vorläufige Regelung durch eine einstweilige Verfügung ist gerade im Wettbewerbskampf von besonderer Bedeutung. Ist auf Grund der bürgerlich-rechtlichen Bestimmungen die Klage erhoben, aber auch auf Grund des WettbG. gerechtfertigt, so kann insoweit eine einstweilige Verfügung gemäß § 25 WettbG. erlassen werden. Sonst kommen die §§ 935, 940 ZPO. zur Anwendung (RG. in JW. **1900** 301). Über die Glaubhaftmachung (Beweislast) siehe S. 53 und § 14 Note 24; über einstweilige Verfügungen gegen kreditgefährdende Äußerungen (trotz öffentlicher Strafandrohung) siehe S. 74. Note 1.

Die Erleichterung hinsichtlich der Voraussetzungen besteht darin, daß es genügen soll, wenn die beantragte einstweilige Verfügung nach Sachlage eine angemessene Regelung darstellt (RG. in JW. **98** 606). In solchem Falle hat nach dem Sinne des § 25 das angerufene Gericht die Verfügung zu erlassen, vorausgesetzt, daß der erhobene Anspruch überhaupt einer Regelung bedarf. Es kommt nicht darauf an, ob „die Verwirklichung des Rechts einer Partei vereitelt oder wesentlich erschwert werden könnte" (§ 935 ZPO.), oder ob der Erlaß einer einstweiligen Verfügung aus bestimmten Gründen „nötig erscheint" (§ 940 ZPO.). So erklärt RG. in JW. **05** 744: „Der § 25 WettbG. will zum Zweck raschen Einschreitens gerade von einer Besorgnis, daß die Verwirklichung des Rechts einer Partei vereitelt oder wesentlich erschwert werden könnte, die Erlassung einer einstweiligen Verfügung nicht abhängig machen. Dem Gericht ist durch den § 25 WettbG. völlig freies Ermessen darüber eingeräumt, ob — nach erfolgter Glaubhaftmachung der Voraussetzungen — eine einstweilige Verfügung erforderlich ist oder nicht" (§ 938 ZPO.). [Lobe I 357, 358 und Eltzbacher 245 legen dar, die im § 25 gewährte Erleichterung sei bedeutungslos. Mag dies theoretisch zutreffen, so zeigt doch die obige Rechtsprechung, daß der § 25 die Gerichte im Sinne einer weitherzigen Gewährung einstweiliger Verfügungen beeinflußt.] Note 2.

Die zu treffenden Maßnahmen sollen nach freiem richterlichen Ermessen bestimmt werden. Auch noch im Zeitpunkt der Verkündung des in der Hauptsache erlassenen Urteils kann eine einstweilige Verfügung sich rechtfertigen, wenn nämlich das Urteil nur gegen Sicherheitsleistung vorläufig vollstreckbar ist (RG. in JW. **05** 744). Die richterlichen Anordnungen müssen innerhalb des Antrages bleiben: Die Vorschrift des § 308 ZPO., wonach das Gericht nicht mehr zusprechen darf, als beantragt ist, gilt auch für einstweilige Verfügungen (RG. in JW. **08** 434). Siehe Näheres S. 59 ff. über den Klageantrag, ebendort über die genügend bestimmte Fassung als Grundlage für die Zwangsvollstreckung. Note 3.

Nur ein vorläufige Regelung ist zu treffen. Die Grenzen, die aus der Natur der einstweiligen Verfügung als eines vorläufigen Sicherungsmittels sich ergeben, dürfen nicht überschritten werden. Vor allem darf daher die einstweilige Verfügung die Entscheidung über das zu sichernde Recht nicht vorwegnehmen mit der Folge, daß dem Beklagten ein später nicht wieder gutzumachender Note 4.

§ 25. Nachteil zugefügt wird. So ist die Löschung einer Firma oder eines Warenzeichens als eine vorläufige Maßnahme unzulässig (RG. in JW. **08** 434).

Note 5. Zulässige Anordnungen sind z. B. die Untersagung der begonnenen unrichtigen Reklame; des Vertriebes einer Ware; der Verbreitung einer Druckschrift; der Benutzung eines Namens, eines Geschäftsabzeichens, einer Auszeichnung, eines Warenzeichens, einer Ausstattung. Auf Grund der §§ 7, 9 WettbG. kann das Verbot weiterer Ankündigungen ohne Angabe des Ausverkaufsgrundes erlassen werden, nicht aber kann der Verkauf selbst auf Grund dieser Bestimmungen verboten werden, wohl auf Grund der §§ 3, 4 und 8 WettbG. Die Beseitigung einer Bildreklame kann gemäß § 25 angeordnet werden, weil es sich hier um eine Folge des Unterlassungsgebots handelt; ferner die Herausgabe eines Rezepts oder Modells an einen Gerichtsvollzieher, weil diese Maßnahme der Sicherung des dem Berechtigten zustehenden Unterlassungsanspruchs dient.

Note 6. Auch die Veröffentlichungsbefugnis kann durch einstweilige Verfügung gewährt werden. Siehe den Fall LZ. **1915** 1259: Der Antragsteller ist in der einstweiligen Verfügung, die widerrechtliche Ankündigungen verbot, für befugt erklärt worden, die einstweilige Verfügung in denjenigen Zeitungen abdrucken zu lassen, in denen die Ankündigungen erschienen sind. Vgl. S. 74. (Auf seine eigenen Kosten kann der Antragsteller stets eine von ihm erlangte einstweilige Verfügung veröffentlichen: § 23 Note 3.)

Note 7. **Zuständig gemäß § 25 Satz 2** ist auch das Amtsgericht, in dessen Bezirk die den Anspruch begründende Handlung begangen ist. Die Anrufung des Amtsgerichts ist hier im Gegensatz zu § 942 ZPO. auch in nicht dringlichen Fällen gestattet. (So die herrschende Meinung, und zwar entgegen der Begründung des WettbG. von 1896, die vom Gesetzeswortlaut nicht getragen wird und daher unbeachtlich ist.) Neben diesem Gerichtsstande ist auch noch derjenige des § 942 ZPO. für Eilfälle gegeben (Amtsgericht, in dessen Bezirk der Streitgegenstand sich befindet). Diese beiden Gerichtsstände sind keineswegs in allen Fällen dieselben. Hat z. B. ein Gewerbetreibender einen Boten mit Zirkularen, die eine kreditgefährdende Behauptung über einen Mitbewerber enthalten, in die Nachbarorte geschickt, um sie an Kunden zu verteilen, dann ist an denjenigen Orten, wo die Verteilung stattgefunden hat, ein Tatort vorhanden; an denjenigen Orten, wo der Bote mit den Zirkularen vor der Verteilung sich aufhält, ist der Ort, wo der Streitgegenstand sich befindet.

Note 8. Das Verfahren richtet sich in beiden Fällen nach § 942 ZPO. In dem die einstweilige Verfügung erlassenden Beschluß (hier ist die Form der Androhung stets der Beschluß) hat das Amtsgericht zugleich eine Frist festzusetzen, innerhalb welcher der Antragsteller die andere Partei zur mündlichen Verhandlung über die Rechtmäßigkeit der Verfügung zu laden hat, und zwar vor das Gericht der Hauptsache, nicht vor das anordnende Gericht. Denn die Tätigkeit des letzteren beschränkt sich auf die Anordnung und bei Versäumung der Frist auf die Aufhebung der Verfügung. Erfolgt die Ladung nicht innerhalb der bestimmten Frist, dann kann der Beschwerte Aufhebung der einstweiligen Verfügung beantragen. Nur dieser Rechtsbehelf ist ihm gegeben, nicht etwa der Widerspruch oder der Antrag auf Wiederaufhebung. RG. in JW. **97** 420 hält letztere Rechtsbehelfe für zulässig, wenn die Fristsetzung vom Gericht verabsäumt worden ist. Indessen kann hier der Beschwerte das Gericht um die Nachholung der Fristsetzung angehen. Gegen die Abweisung des Gesuchs hat der Antragsteller die einfache Beschwerde, gegen die Aufhebung der einstweiligen Verfügung nach Ablauf der gesetzten Frist die sofortige Beschwerde (§ 934 Abs. 4 ZPO.). Die Aufhebung erfolgt nur auf Antrag, nicht von Amts wegen. § 25.

§ 26. §.26.

Buße.

Neben einer nach Maßgabe dieses Gesetzes verhängten Strafe kann auf Verlangen des Verletzten auf eine an ihn zu erlegende Buße bis zum Betrage von zehntausend Mark erkannt werden. Für diese Buße haften die dazu Verurteilten als Gesamtschuldner. Eine erkannte Buße schließt die Geltendmachung eines weiteren Entschädigungsanspruchs aus.

Inhaltsübersicht.

Nach ihrer rechtlichen Natur ist die Buße keine Strafe, sondern eine die Entschädigung des „Verletzten" bezweckende Privatgenugtuung für den zugefügten Vermögens- und ideellen Schaden (RGSt. **31** 334, **48** 330; RG. in MuW. **10** 350). Schon aus dem Wortlaut des § 26 ergibt sich dies: „Neben einer ... Strafe kann auf Verlangen des Verletzten ..." und „Eine erkannte Buße schließt die Geltendmachung eines weiteren Entschädigungsanspruchs aus". Demnach wird eine rechtskräftig zugesprochene Buße durch die Begnadigung des Verurteilten nicht berührt. Note 1.

Der Anspruch auf Buße ist höchst persönlich. Infolgedessen geht er nicht auf die Erben des Berechtigten über (§§ 444 Abs. 4, 481 StPO.), d. h. der Berechtigte muß die Rechtskraft des auf Buße erkennenden Urteils erleben. Note 2.

Eine Abtretung des Bußeanspruchs kann vor Rechtskraft des die Buße auferlegenden Urteils nicht erfolgen. Note 3.

Auch bei Verstößen gegen die gewerbepolizeilichen Bestimmungen der §§ 6, 7, 9 (10) und 11 WettbG. kann begrifflich eine Verletzung im Sinne des § 26 vorliegen (bestritten). Der Einwand, es komme hier auf eine Verletzung bestimmter Personen nicht an, ist nicht stichhaltig: Gibt doch der § 13 Abs. 2 Ziff. 2 gegenüber der vorsätzlichen oder fahrlässigen Übertretung jener gewerbepolizeilichen Vorschriften ausdrücklich dem Geschädigten den Schadensersatzanspruch. Eine einschränkende Auslegung ist bei der allgemein gehaltenen und weitreichenden Fassung des § 26 nicht haltbar. Note 4.

Sind mehrere durch eine Zuwiderhandlung verletzt worden, dann hat jeder für den ihn treffenden Schaden einen selbständigen Bußeanspruch. Mehrere Inhaber eines Gewerbebetriebes, die Schaden erlitten haben, Note 5.

§ 26. sind als Gesamtgläubiger anzusehen. Dem einzelnen Gesellschafter darf eine Buße in Höhe des ganzen der Gesellschaft entstandenen Schadens zugesprochen werden (RGSt. **52** 81).

Voraussetzungen.

Note 6. 1. **Das Vorhandensein eines Verletzten.** Nur der Geschädigte ist „Verletzter" im Sinne des § 26, nicht ohne weiteres der gemäß § 22 WettbG. zum Strafantrag und zur Erhebung der Privatklage Berechtigte, also nicht ein Verband im Sinne des § 13 Abs. 1 (§ 22) als solcher. „Die formelle (prozessuale) Berechtigung, Strafantrag zu stellen, fällt nicht mit dem sachlichen (materiell-rechtlichen) Anspruch auf Buße zusammen. Der Schaden ist nicht dem Verbande, sondern den Mitgliedern zugefügt worden. Ebensowenig wie ein Verband im Sinne des § 22 WettbG. auf Entschädigung klagen könnte, kann er Buße beanspruchen" (RGSt. **48** 330).

Note 7. 2. **Eine nach Maßgabe des WettbG. verhängte Strafe.** Es muß auf Strafe erkannt sein. In Betracht kommen die §§ 4, 6, 7, 8, 9, 10, 11, 12, 15, 17, 18, 20. Wird das Verfahren eingestellt oder der Angeklagte freigesprochen, aus welchem Grunde es auch immer sei, dann ist der Anspruch auf Buße hinfällig geworden. Andererseits genügt die geringste Strafe, um die Zuerkennung von Buße zu ermöglichen. Wird neben dem Täter auch ein Teilnehmer bestraft, dann kann auch gegen diesen Buße festgesetzt werden (RG. in MuW. **9** 57, **13** 205; RGSt. **38** 194). Siehe auch Note 4.

Note 8. Auf Grund des WettbG. muß die Strafe verhängt worden sein, mag auch im Einzelfall das WettbG. keine Schadensersatzverpflichtung aufstellen, diese vielmehr aus allgemeinen Rechtsgrundsätzen sich herleiten (RGSt. **35** 127). Wird das Strafverfahren auf eine Bestimmung des WettbG., z. B. Geheimnisverrat, in Realkonkurrenz mit Diebstahl des geheimgehaltenen Gegenstandes gestützt und erfolgt Freisprechung wegen der ersteren und Verurteilung wegen der letzteren Straftat, dann kann auf Buße nicht erkannt werden. Dagegen liegt eine nach Maßgabe des WettbG. verhängte Strafe vor, wenn der Täter der Zuwiderhandlung gegen das WettbG. schuldig gesprochen und mit aus diesem Grunde zu Strafe verurteilt wird, sei es auch, daß die Strafe wegen einer einheitlich zusammentreffenden anderen Straftat aus einem anderen schwereren Strafgesetze bemessen werden muß (RGSt. **42** 317; RG. in MuW. **13** 205).

Note 9. 3. **Der Antrag des Verletzten.** Aus der rechtlichen Natur der Buße (Note 1) folgt, daß sie nicht von Amts wegen dem Verletzten zugesprochen werden kann, sondern daß der Zuspruch durch dessen Antrag bedingt ist. Der Antrag unterbricht nicht die Verjährung des Schadensersatzanspruchs. Ist Privatklage erhoben worden (§§ 4, 8, 12, 15, 17, 18, 20), dann kann das Bußeverlangen vom Privatkläger bis zur Verkündung des Urteils erster Instanz gestellt werden. Dem Privatkläger steht der gemäß § 415 Abs. 2 ZPO. Beitretende gleich. Ist öffentliche Klage erhoben, dann muß der zum Bußeverlangen Berechtigte dem Verfahren als Nebenkläger sich anschließen.

Note 10. Über die Form des Antrags auf Zuerkennung von Buße ist nichts Besonderes bestimmt. Der Antrag kann sowohl mündlich als schriftlich gestellt werden, jedoch nicht vor dem Zeitpunkt des Beitritts als Nebenkläger (RGSt. **21** 156) und nicht nach der Verkündung des Urteils. Den Betrag der verlangten Buße hat der Berechtigte in einer bestimmten Geldsumme anzugeben (§ 445 StPO.). Er kann den Betrag erhöhen. Eine Rente kann als Buße nicht beantragt werden. Derjenige, der für den Privatkläger oder Nebenkläger als Vertreter aufzutreten befugt ist, kann an dessen Stelle Buße verlangen (§ 414 Abs. 3, § 435 StPO.). Die Stellung des Antrags durch Prozeßbevollmächtigte ist nach den allgemeinen Grundsätzen zulässig. § 26.

Die Höhe der Buße wird vom Gericht nach freiem Ermessen bestimmt (§ 260 StPO.). Über den verlangten Bußebetrag darf das Gericht nicht hinausgehen (§ 445 StPO.; RG. **48** 330). „Einer näheren Begründung (des richterlichen Ermessens) bedarf es nicht" (RG. in MuW. **11** 434). Denn die Buße ist Pauschalentschädigung, die unabhängig von den Vorschriften über die Beweisaufnahme (§§ 243, 244 StPO.) festzusetzen ist (RGSt. **44** 294). Eine genaue Ermittlung der Schadenshöhe ist nicht erforderlich (RGSt. **17** 190, **30** 367, **44** 299). Hat das Gericht die Überzeugung gewonnen, daß dem Verletzten ein Schaden erwachsen ist, dann muß es — nach freiem Ermessen — den Bußebetrag festsetzen. Hierbei ist nicht etwa nur das vom Nebenkläger beigebrachte Material zu berücksichtigen. Vielmehr „ist der Inbegriff der Hauptverhandlung auch für die Buße entscheidend" (RG. in MuW. **7** 210). Dem Nebenkläger liegt nicht ob, besondere Beweismittel für die Schadenshöhe zu benennen. Sogar ist es belanglos, ob der Nebenkläger (ausdrücklich oder stillschweigend) erklärt, er könne den genauen Betrag seines Schadens nicht angeben. „In der bloßen Unsicherheit der Festsetzung des Schadensbetrages ist kein Hindernis zu finden" (RG. in MuW. **7** 210). Das Verlangen auf Buße darf also nicht zurückgewiesen werden wegen der Schwierigkeit der Feststellung des erlittenen Schadens (RGSt. **42** 166; RG. in MuW. **14** 115; RG. in Recht **1910** Nr. 1475). Den vom Nebenkläger gestellten Beweisanträgen ist, soweit sie sachdienlich erscheinen, stattzugeben. Doch kann aus der Ablehnung ein Revisionsgrund nicht hergeleitet werden (RG. in MuW. **11** 482). „Nicht zu vermeiden ist die Gefahr, daß die Buße zu niedrig bemessen wird, wenn weitere Beweiserhebungen über den Schadensbetrag dadurch abgeschnitten werden, daß zur Hauptsache die Entscheidung spruchreif ist und ergeht" (RG. in MuW. **7** 210). Nur die Beweismittel des Strafverfahrens kommen in Betracht. Der Nebenkläger kann eidlich als Zeuge vernommen werden (§ 437 StPO.). Der Begriff „Schade" bestimmt sich nach den zivilrechtlichen Regeln; der entgangene Gewinn ist also zu berücksichtigen. Note 11.

Als Zumessungsgründe kommen in Betracht: Entschädigungen, die der Verletzte bereits erhalten hat (RGSt. **31** 364); ein konkurrierendes Verschulden des Verletzten bei der Entstehung oder Abwendung des Schadens (§ 254 BGB). Note 12.

Der Höchstbetrag der Buße ist auch bei einer Dauerhandlung auf 10000 Mark zu begrenzen, während bei wiederholten Handlungen für jede einzelne Zuwiderhandlung bis zum gesetzlichen Höchstbetrage erkannt werden kann. Sind mehrere Verletzte zugleich bußeberechtigt, so kann jedem eine Summe bis zum Höchstbetrage von 10000 Mark zugesprochen werden. Note 13.

Der Kostenaufwand, den der Verletzte zur Vorbereitung und Durchführung der Strafverfolgung gehabt hat, ist zu ersetzen, soweit dadurch die Bestrafung bewirkt oder mitbewirkt worden ist (RGSt. **42** 166; RG. in DJZ. **09** 1500). Note 14.

Ein zivilrechtlicher Vergleich oder ein Verzicht beseitigen das Recht, Buße zu verlangen (RGSt. **31** 335) sowie im Zweifel auch das Recht, einen (weiteren) Entschädigungsanspruch geltend zu machen (Daffis in MuW. **12** 398). Note 15.

Rechtsmittel. Ist der Antrag auf Buße abgelehnt oder übergegangen, dann steht dem Bußeberechtigten die Möglichkeit offen, durch Einlegung eines Rechtsmittels eine ihm günstige Entscheidung herbeizuführen, und zwar kann er sich des Rechts- Note 16.

§ 26. mittels auch bedienen, um lediglich seinen Anspruch auf Buße zu verfolgen. Das Urteil unterliegt dann nur insoweit der Nachprüfung (RGSt. **44** 295). Dem Antrage auf Zuerkennung einer Buße steht die Vorschrift des § 398 Abs. 2 StPO. nicht entgegen, wenn der Antrag bereits durch ein früheres Urteil abgelehnt, dieses Urteil aber lediglich auf Revision des Angeklagten aufgehoben wurde (RGSt. **44** 294).

Note 17. Wegen einer aus rechtsirrtümlichen Gründen erfolgten Ablehnung des Antrags steht dem Bußeberechtigten die Revision zu. So z. B. ist im Falle RGSt. **17** 190 die Nichtzuerkennung von Buße als eine Gesetzesverletzung angesehen worden, weil die Vorinstanz sich außerstande geglaubt hat, auf Grund der festgestellten Tatsachen den Umfang des Schadens auch nur schätzungsweise zu bemessen. Ist Buße zugesprochen worden, so kann in der Revisionsinstanz der zugesprochene Betrag als unangemessen nur bemängelt werden, wenn aus der Begründung des Urteils ein Rechtsirrtum ersichtlich ist.

Note 18. **Das Verfahren** bestimmt sich nach §§ 443—446 StPO. Die Zuerkennung der Buße muß im verfügenden Teile des Urteils erfolgen. Ein nachträglicher Beschluß, wonach Buße noch zuerkannt wird, ist unzulässig (RGSt. **42** 341). Eine Absprechung der Buße darf nicht im verfügenden Teile erfolgen. Sie ist mit Gründen zu belegen.

Note 19. **Gesamtbuße.** Daß mehrere Verurteilte gemäß §§ 421 ff. BGB. als Gesamtschuldner haften, folgt aus der zivilrechtlichen Natur der Buße. Auch der verurteilte Teilnehmer haftet für den durch sein Zusammenwirken verursachten Schaden mit dem Täter als Gesamtschuldner. Ist der entstandene Schaden in gleicher Weise, wie auf die Handlung des Haupttäters, so auch auf die Tätigkeit des Teilnehmers ursächlich zurückzuführen, so ist auf einen einheitlichen Bußebetrag zu erkennen, nicht etwa die Buße in mehrere Teile zu zerlegen und jedem Teilnehmer nur einer dieser Teile aufzuerlegen (RGSt. **37** 400; RG. in MuW. **13** 205). Sonst sind die einzelnen Angeklagten zu einer verschieden hohen Buße zu verurteilen derart, daß der durch Zusammenrechnung sich ergebende Gesamtbetrag die vom Bußeberechtigten verlangte, durch den Höchstbetrag von 10000 Mark begrenzte Summe nicht übersteigt. Alsdann tritt hinsichtlich der sich deckenden Beträge Gesamthaftung ein (RGSt. **30** 368).

Note 20. Nur wenn wegen eines und desselben Vergehens die Verurteilung der Angeklagten erfolgt ist, handelt es sich um eine Gesamtbuße. Gleichartige Handlung und gleichzeitige Verurteilung ist nicht genügend (RGSt. **33** 14). Sind mehrere Personen wegen eines Vergehens gegen den § 4 WettbG. in Idealkonkurrenz mit § 15 WettbG. angeklagt, und werden die einen nur aus § 4, die anderen dagegen aus §§ 4 und 15 verurteilt, dann ist eine Verurteilung aller Täter zu einer Gesamtbuße nicht angängig.

Note 21. **Die Geltendmachung eines weiteren Entschädigungsanspruchs** wird durch die erkannte Buße ausgeschlossen. Der geringste zugesprochene Bußebetrag genügt. Ob er beitreibbar ist, bleibt außer Betracht. Aber nur gegen die zu Strafe und Buße verurteilte Person kann ein weiterer Entschädigungsanspruch nicht geltend gemacht werden: Wie gegen den Freigesprochenen auf Schadensersatz geklagt werden kann, so auch gegen denjenigen, gegen den eine Anklage nicht erhoben worden ist (RG. **79** 148, **97** 230). Abweisung des Antrags auf Buße, seine Zurücknahme, ferner die Einstellung des Verfahrens sind ohne Einfluß auf den Entschädigungsanspruch (RGSt. **44** 296). Ob der Strafrichter das Bestehen eines Schadens verneint oder mangelndes Verschulden festgestellt hat, ist für den Entschädigungsanspruch ohne Bedeutung. Der Zivilrichter kann anders entscheiden und auch weitere Beweise erheben.

§ 26.

Die Vollstreckung der rechtskräftig zuerkannten Buße richtet sich nach den Regeln über die Zwangsvollstreckung im Zivilverfahren (§ 495 StPO.; §§ 724, 753 ZPO.). Denn der durch rechtskräftiges Strafurteil zur Entstehung gelangte Bußeanspruch hat den rechtlichen Charakter einer zivilrechtlichen Forderung. Die Vollstreckung der Buße wird demnach nicht von Amts wegen vorgenommen„ sondern sie hat auf Betreiben des Berechtigten zu erfolgen. Zu diesem Zweck muß das rechtskräftige Urteil zugestellt werden, nachdem eine vollstreckbare Ausfertigung erteilt worden ist. Voraussetzung der Vollstreckung ist, daß der Berechtigte die Rechtskraft des die Buße zusprechenden Urteils erlebt. Ist die Buße nicht beizutreiben, dann hat der Berechtigte lediglich die Zwangsmittel der Zivilprozeßordnung. Eine Begnadigung des Verurteilten ist ohne Einfluß auf die rechtskräftig zuerkannte Buße. Die Vollstreckungsverjährung erfolgt gemäß § 218 BGB. (30 Jahre). Note 22.

Die Verjährung des Anspruchs auf Buße folgt der Verjährung der Strafverfolgung (§§ 66 ff. StGB.) und ist von der Verjährung des zivilrechtlichen Anspruchs auf Schadensersatz unabhängig (RG. in MuW. **10** 350; RGSt. **44** 296). Ein verjährter zivilrechtlicher Anspruch auf Schadensersatz kann daher, sofern die Verjährungsfrist der Strafverfolgung die längere ist, noch als Bußeanspruch verfolgt werden. Die Stellung des Antrags auf Zuerkennung einer Buße unterbricht nicht die Verjährung des zivilrechtlichen Schadensersatzanspruchs. Letztere Verjährung erfolgt gemäß § 852 BGB. (3 Jahre) bzw. § 21 WettbG. (6 Monate). Note 23.

Die Kosten des Nebenklägers, soweit sie nach seinem Beitritt entstanden sind, trägt, auch wenn der Anspruch auf Buße abgewiesen worden ist, der verurteilte Angeklagte. Den Nebenkläger treffen auch bei Freispruch des Angeklagten nicht die Kosten des Verfahrens, doch können die §§ 501 und 504 StPO. in Betracht kommen. Note 24.

§ 27. § 27.

Sachliche Zuständigkeit.

Bürgerliche Rechtsstreitigkeiten, in welchen durch die Klage ein Anspruch auf Grund dieses Gesetzes geltend gemacht wird, gehören, sofern in erster Instanz die Landgerichte zuständig sind, vor die Kammern für Handelssachen.

In bürgerlichen Rechtsstreitigkeiten, in welchen durch Klage oder Widerklage ein Anspruch auf Grund dieses Gesetzes geltend gemacht ist, wird die Verhandlung und Entscheidung letzter Instanz im Sinne des § 8 des Einführungsgesetzes zum Gerichtsverfassungsgesetze dem Reichsgerichte zugewiesen.

Der § 27 behandelt die sachliche Zuständigkeit für die auf Grund des WettbG. erhobenen zivilrechtlichen Ansprüche. Die Regelung gilt nicht nur für die Klage, sondern auch für die Widerklage (bestritten). Was der § 27 für die Klage bestimmt, muß sinngemäß auch für die Widerklage gelten. Note 1.

Beruht die Zuständigkeit des Gerichts sowohl auf dem § 32 ZPO., als auch auf dem § 24 WettbG., dann hat der Kläger die Wahl zwischen der Zivilkammer und der Kammer für Handelssachen (Lobe I 389; Salinger in JW. **1916** 1245; a. M. Freiesleben in SächsArchR. **1911** 72; Note 2.

§ 27. Kirchberger in MuW. 13 13). Der Beklagte kann nicht Verweisung nach § 103 GVG. beantragen. Werden dagegen in einer Klage Ansprüche aus den §§ 823 ff. oder sonst aus dem BGB. mit Ansprüchen aus dem WettbG. verbunden (§ 260 ZPO.), dann trifft zwar die Zuständigkeit der Zivilkammer mit derjenigen der Kammer für Handelssachen zusammen, aber die Zivilkammer hat den Vorrang. Nur mit Zustimmung des Beklagten kann der Prozeß vor der Kammer für Handelssachen verhandelt werden (Lobe I 390).

Note 3. Nachträglich kann der Kläger eine Verweisung des Prozesses von der Zivilkammer an die Kammer für Handelssachen nicht beantragen. Dagegen muß die Verweisung auf Antrag des Beklagten (Berufungsbeklagten) geschehen (§ 104 GVG.), sofern dieser den Antrag vor der Verhandlung zur Hauptsache gestellt hat (§ 106 GVG.). Zu einer Verweisung von Amts wegen ist die Zivilkammer nicht befugt (§ 104 Abs. 3 GVG.).

Note 4. Berufungsinstanz für die vom Amtsgericht entschiedenen Prozesse sind für Rechtsstreitigkeiten auf Grund des WettbG. die Kammern für Handelssachen. Diese sind in solchen Sachen auch Beschwerdegericht.

Note 5. Das Kaufmannsgericht oder Gewerbegericht kommt für Klagen, die sich auf eine Verletzung der §§ 823 ff. BGB. oder des WettbG. stützen, nicht in Frage. Doch gibt es Fälle, in denen ein solcher Verstoß zugleich eine Verletzung vertraglicher Pflichten bildet, für den diese Gerichte zur Entscheidung berufen wären. Z. B. ein Arbeiter oder ein Handlungsgehilfe begeht Geheimnisverrat oder verwertet Modelle in unbefugter Weise oder begeht eine Bestechung. In diesen Fällen tritt eine Haftung sowohl auf Grund des Dienstvertrages ein, als auch auf Grund der Bestimmungen des WettbG. Die Vertragsklage gehört vor das Kaufmannsgericht oder vor das Gewerbegericht, die Klage aus dem rechtswidrigen Verhalten vor die ordentlichen Gerichte. Eine Verbindung dieser beiden Klagen ist unzulässig (OLG. Karlsruhe in MuW. 17 174).

§ 28.

§ 28.

Ausland und Ausländer.

Wer im Inland eine Hauptniederlassung nicht besitzt, hat auf den Schutz dieses Gesetzes nur insoweit Anspruch, als in dem Staate, in welchem seine Hauptniederlassung sich befindet, nach einer im Reichs-Gesetzblatt enthaltenen Bekanntmachung deutsche Gewerbetreibende einen entsprechenden Schutz genießen.

Note 1. Der § 28 WettbG. hat gemäß Art. 274 des Friedensvertrages von Versailles weiter an Bedeutung verloren. Schon nach dem früheren Rechtszustande wurde er nur da praktisch, wo die Bestimmungen der Pariser Übereinkunft nicht Platz griffen. Dieser Übereinkunft gehörten am 1. Januar 1921 folgende Staaten an: Deutschland, Österreich, Belgien, Brasilien, Cuba, Dänemark, Dominikanische Republik, Spanien, Vereinigte Staaten von Amerika, Frankreich (Algier und Kolonien), Großbritannien, Australien, Ceylon, Neuseeland, Trinidad und Tobago, Ungarn, Italien, Japan, Marokko, Mexiko, Norwegen, Niederlande, Niederländisch-Indien, Surinam und Curacao, Polen, Portugal mit Azoren und Madeira, Rumänien, Jugoslavien, Schweden, Schweiz, Tschechoslowakei, Tunis. Demgemäß hatte der § 28 nur noch Bedeutung für die Angehörigen eines Nichtverbandstaates oder für solche Personen, die nicht in einem Verbandstaate ihren Wohnsitz oder eine gewerbliche Niederlassung haben. Aber auf Grund des BGB. konnten auch diese gegen unlauteren Wettbewerb vorgehen, ohne als Ausländer einer Beschränkung unterworfen zu sein (Note 9; siehe über den typischen Fall, in dem ein Ausländer Firmenschutz verlangt, RG. in GewRschutz **1911** 148). Durch die Washingtoner Konferenz (15. Mai bis 3. Juni 1911) war dann der § 28 WettbG. in seiner Bedeutung weiterhin abgeschwächt worden: Der in Washington beschlossene und vom Deutschen Reich (RGBl. **1913** 236) ratifizierte weitere Ausbau der Pariser Übereinkunft, insbesondere auch des Schutzes gegen unlauteren Wettbewerb, hat für die einzelstaatlichen Gesetzgebungen die Notwendigkeit bewirkt, sich den Neuerungen anzupassen. Dies ist für Deutschland geschehen durch das Gesetz zur Ausführung der revidierten Pariser Übereinkunft vom 2. Juni 1911 zum Schutze des gewerblichen Eigentums (vgl. Wertheimer: Die internationale Bekämpfung unlauteren Wettbewerbs, im Jahrbuch für den internationalen Rechtsverkehr 1912/1913 S. 365 ff.; Osterrieth: Die Washingtoner Konferenz, 1912). § 28.

Die beiden den unlauteren Wettbewerb betreffenden Bestimmungen des Friedensvertrages lauten: Note 2.

Artikel 274.

Deutschland verpflichtet sich, alle erforderlichen Gesetzgebungs- oder Verwaltungsmaßnahmen zu treffen, um die Roh- oder Fertigerzeugnisse einer jeden alliierten oder assoziierten Macht gegen jede Art von unlauterem Wettbewerb im Handelsverkehr zu schützen.

Deutschland verpflichtet sich, durch Beschlagnahme und durch alle anderen geeigneten Rechtsbehelfe die Ein- und Ausfuhr sowie für das Inland die Herstellung, den Umlauf, den Verkauf und das Feilbieten aller Erzeugnisse oder Waren zu unterdrücken und zu verhindern, die auf dem betreffenden Gegenstand selbst oder seiner unmittelbaren Aufmachung oder seiner äußeren Verpackung irgendwelche Marken, Namen, Aufschriften oder Zeichen tragen, welche unmittelbar oder mittelbar falsche Angaben über Ursprung, Gattung, Art oder charakteristische Eigenschaften dieser Erzeugnisse oder Waren darstellen.

Artikel 275.

Deutschland verpflichtet sich unter der Bedingung der Gegenseitigkeit auf diesem Gebiet, die in einem alliierten oder assoziierten Lande geltenden und durch die zuständigen Behörden Deutschland gehörig bekanntgegebenen Gesetze und in Übereinstimmung mit diesen Gesetzen ergangenen Verwaltungs- oder Gerichtsentscheidungen zu beobachten, wodurch das Recht auf eine Lagebezeichnung für die in dem betreffenden Lande erzeugten Weine oder geistigen Getränke bestimmt oder geregelt wird, oder wodurch die Bedingungen bestimmt oder geregelt werden, an welche die Erlaubnis zum Gebrauch einer Lagebezeichnung geknüpft ist. Die Ein- und Ausfuhr, die Herstellung, der Umlauf, der Verkauf oder das Feilbieten von Erzeugnissen oder Waren, die den obengenannten Gesetzen oder Entscheidungen zuwiderlaufende Lagebezeichnungen tragen, sind von Deutschland zu untersagen und durch die im vorigen Artikel vorgeschriebenen Maßnahmen zu unterdrücken.

Article 274.

L'Allemagne s'engage à prendre toutes les mesures législatives ou administratives nécessaires pour garantir les produits naturels ou fabriqués originaires de l'une quelconque des Puissances alliées ou associées contre toute forme de concurrence déloyale dans les transactions commerciales.

§ 28. L'Allemagne s'oblige à réprimer et à prohiber, par la saisie et par toutes autres sanctions appropriées, l'importation et l'exportation ainsi que la fabrication, la circulation, la vente et la mise en vente à l'intérieur, de tous produits ou marchandises portant sur eux-mêmes, ou sur leur conditionnement immédiat, ou sur leur emballage extérieur des marques, noms, inscriptions ou signes quelconques, comportant, directement ou indirectement, de fausses indications sur l'origine, l'espèce, la nature ou les qualités spécifiques de ces produits ou marchandises.

Article 275.

L'Allemagne, à la condition qu'un traitement réciproque lui soit accordé en cette matière, s'oblige à se conformer aux lois, ainsi qu'aux décisions administratives ou judiciaires prises conformément à ces lois, en vigueur dans un Pays allié ou associé et régulièrement notifiées à l'Allemagne par les autorités compétentes, déterminant ou réglementant le droit à une appellation régionale, pour les vins ou spiritueux produits dans le pays auquel appartient la région, ou les conditions dans lesquelles l'emploi d'une appellation régionale peut être autorisé; et l'importation, l'exportation, ainsi que la fabrication, la circulation, la vente ou la mise en vente des produits ou marchandises portant des appellations régionales contrairement aux lois ou décisions précitées seront interdites par l'Allemagne et réprimées par les mesures prescrites à l'article qui précède.

Article 274.

Germany undertakes to adopt all the necessary legislative and administrative measures to protect goods the produce or manufacture of any one of the Allied and Associated Powers from all forms of unfair competition in commercial transactions.

Germany undertakes to prohibit and repress by seizure and by other appropriate remedies the importation, exportation, manufacture, distribution, sale or offering for sale in its territory of all goods bearing upon themselves or their usual get-up or wrappings any marks, names, devices or descriptions whatsoever which are calculated to convey directly or indirectly a false indication of the origin, type, nature, or special characteristics of such goods.

Article 275.

Germany undertakes on condition that reciprocity is accorded in these matters, to respect any law, or any administrative or judicial decision given in conformity with such law, in force in any Allied or Associated State and duly communicated to her by the proper authorities, defining or regulating the right to any regional appellation in respect of wine or spirits produced in the State to which the region belongs, or the conditions under which the use of any such appellation may be permitted; and the importation, exportation, manufacture, distribution, sale or offering for sale of products or articles bearing regional appellations inconsistent with such law or order shall be prohibited by the German Government and repressed by the measures prescribed in the proceeding Article.

Note 3. Art. 274 verpflichtet Deutschland einseitig, den unlauteren Wettbewerb zu bekämpfen, dem Angehörige der alliierten Mächte ausgesetzt sind. Art. 275 schafft im Falle der Gegenseitigkeit bestimmte Verpflichtungen Deutschlands hinsichtlich der Verwendung unrichtiger Herkunftsangaben bei Weinen und Spirituosen. Den Forderungen des Art. 274 entspricht das deutsche Gesetz und hat im wesentlichen auch die deutsche Rechtsprechung schon bisher entsprochen. Außer dem WettbG. und den Bestimmungen des BGB. über Delikte und Namenschutz kommen hier in Betracht die §§ 15—17, 23 WZG., betr. Schutz von Warenausstattungen und Herkunftsangaben.

§ 28.

Die Bedeutung des Art. 274 Abs. 1 liegt darin, daß der Schutz gegen unlauteren Wettbewerb allen Staatsangehörigen der alliierten Mächte zugute kommen soll, auch wenn sie nicht zur Pariser Union gehören und die Gegenseitigkeit nicht verbürgt ist. Die Bedeutung des Art. 274 Abs. 2 liegt darin, daß durch Beschlagnahme die Ein- und Ausfuhr sowie für das Inland die Herstellung, der Umlauf, der Verkauf und das Feilbieten aller Waren unterdrückt werden muß, die mit falschen Angaben über Ursprung, Gattung, Art usw. versehen sind. Die Beschlagnahme kann sowohl auf Antrag der Staatsanwaltschaft erfolgen, als auch auf Antrag der Beteiligten, auch im Zivilverfahren, und zwar sowohl im Hauptprozeß, als auch im Verfahren betr. einstweilige Verfügung. Damit greifen die Bestimmungen des § 17 WZG. auf den Schutz aller Angehörigen der alliierten Mächte über. Nach § 17 WZG. unterliegen ausländische Waren, die mit einer deutschen Firma und Ortsbezeichnung oder mit einem in die Zeichenrolle eingetragenen Warenzeichen widerrechtlich versehen sind, bei ihrem Eingang nach Deutschland zur Einfuhr oder Durchfuhr auf Antrag des Verletzten und gegen Sicherheitsleistung der Beschlagnahme und Einziehung. Der § 17 bezieht sich nicht auf den Inlandsverkehr. Daher soll die Beschlagnahme durch die Zoll- und Steuerbehörde erfolgen, die Festsetzung der Einziehung durch Strafbescheid der Verwaltungsbehörden (§ 459 StPO.). Im Inlandsverkehr war für die Beschlagnahme bisher nur der Weg der gerichtlichen einstweiligen Verfügung gegeben (siehe zu allen diesen Fragen Hermann Isay, Die privaten Rechte und Interessen im Friedensvertrag, S. 211 ff.; Wassermann, Die Behandlung des unlauteren Wettbewerbs im Friedensvertrag; Osterrieth, Komm. zu Artt. 274, 275 S. 53 ff.). Im Falle einer strafbaren Verletzung des WettbG. oder WZG. gewähren die §§ 40—42 StGB. die Möglichkeit der Beschlagnahme (Wassermann in JW. **1919** 893). Note 4.

Von nebensächlicher Bedeutung ist es, daß der Art. 274 Abs. 2 Bestimmungen gegen die Herstellung und den Vertrieb der mit falschen Herkunfts- oder Beschaffenheitsangaben versehenen Waren gibt, während das deutsche Gesetz (§§ 3—5 WettbG., 16 WZG.) sich nur gegen die unrichtigen Angaben als solche wendet, nicht gegen die Herstellung, den Verkauf, die Ein- und Ausfuhr. Zutreffend bemerkt Isay S. 213, daß es sich hier nur um einen Unterschied in der Gesetzestechnik handelt, daß in dem Verbote, Waren mit einer bestimmten Angabe zu versehen, das Verbot enthalten ist, so bezeichnete Waren in den Verkehr zu bringen. Zutreffend bemerkt ferner Isay, daß Art. 274 Abs. 2 nur solche Angaben trifft, bei denen die fremdsprachliche Aufschrift darauf berechnet (calculated) ist, einen falschen Anschein hervorzurufen: „Es wird also, sofern sachlich die Aufschrift richtig ist und sofern das Land der Herkunft sonstwie sich aus der Aufschrift ergibt, gegen die Verwendung fremdsprachlicher Aufschriften kein Einwand aus Art. 274 hergeleitet werden können. Es wäre z. B. für südamerikanische Konsumenten unmöglich, aus rein deutschen Aufschriften zu entnehmen, um was für eine Ware es sich handelt." Note 5

Art. 275 bedeutet einen Fortschritt auf dem Wege zur Vereinheitlichung des Rechts der Herkunftsbezeichnungen (Wassermann a. a. O.; Lobe in JW. **1920** 611). Er enthält für den Fall seiner Durchführung drei Bestimmungen, die Isay (S. 217) wie folgt zusammenfaßt: Note 6

1. Die verbindliche Kraft der Entscheidungen ausländischer Gerichte und Verwaltungsbehörden, betreffend die Berechtigung zum Gebrauch örtlicher Lagebezeichnungen, für deutsche Gerichte und umgekehrt. Maßgebend ist das Gericht des Staates,

§ 28. in dessen Gebiet sich die Lage befindet. Die Verbindlichkeit tritt noch nicht ohne weiteres, sondern erst mit der amtlichen Mitteilung ein.

2. Das Verbot der Einfuhr, Ausfuhr, Herstellung, des Vertriebs usw. von Waren, die eine Lagebezeichnung tragen, welche der amtlichen Entscheidung zuwiderläuft.

3. Die Verpflichtung, alle erforderlichen Mittel zur Verhinderung der verbotenen Herstellung, des verbotenen Verkaufs usw. anzuwenden, insbesondere auch die Beschlagnahme.

Note 7. Da Frankreich bereits erklärt hat, daß es Deutschland die Gegenseitigkeit einräumen will, und da hierdurch der auf die Bezeichnungen Champagner und Kognak sich beziehende Streit erledigt ist, so entfällt das Bedenken, das Deutschland bisher zurückgehalten hat, dem Madrider Abkommen zur Unterdrückung der falschen Herkunftsbezeichnungen beizutreten. Der Berliner Kongreß von 1920 des deutschen Vereins für den Schutz des gewerblichen Eigentums hat sich einstimmig dafür ausgesprochen, daß Deutschland nunmehr dem Madrider Abkommen beitritt (GewRschutz **1921** 174). Näheres siehe bei Wassermann S. 100 ff., 129 ff.

Note 8. Klagt ein Ausländer gegen einen Deutschen in Deutschland, so ist das deutsche Recht anzuwenden. Nur die Frage, ob dem Ausländer das Persönlichkeitsrecht, wegen dessen Verletzung er klagt, zusteht, ist nach dem Rechte des Heimatsstaates des Verletzten zu entscheiden: Besteht hiernach ein Recht zur Führung eines Namens, einer Firma, eines Warenzeichens nicht, dann ist eine Verletzungsklage dieses Ausländers in Deutschland nicht durchzuführen (RG. **40** 61, **46** 125; OLG. Dresden in GewRschutz **1911** 218). Besteht dagegen ein Recht zur Führung, dann wird der Ausländer so angesehen, als ob er in Deutschland seine gewerblichen Bezeichnungsmittel „befugterweise“ führt. Anerkennung seitens der deutschen Verkehrskreise ist belanglos, soweit sie nicht vom deutschen Gesetz ausdrücklich erfordert wird (RG. in JW. **1911** 378; RG. in GewRschutz **1911** 148). Ein Ausländer, der im Inlande eine Hauptniederlassung hat, genießt den gleichen Rechtsschutz wie der Inländer. Der § 28 WettbG. spricht nur von demjenigen, der „im Inlande eine Hauptniederlassung nicht besitzt“. Ist der Ausländer gemäß Art. 10b der Pariser Übereinkunft bzw. der Washingtoner Zusatzakte hinsichtlich des Schutzes gegen unlauteren Wettbewerb den Inländern gleichgestellt, dann kann er sich ohne weiteres sowohl auf das WettbG. als auch auf die sonstigen gegen unlauteren Wettbewerb gerichteten gesetzlichen Vorschriften stützen, insbesondere auf die §§ 15 und 16 WZG. Im übrigen bestimmt sich der Schutz der §§ 15 und 16 WZG. nach § 23 WZG. Hiernach muß die verbürgte Gegenseitigkeit eine vollkommene sein, während nach § 28 WettbG. eine relative genügt.

Note 9. Der Schutz des BGB. steht dem Ausländer ohne weiteres zu, wenn er durch eine in Deutschland begangene rechtswidrige Handlung beeinträchtigt worden ist, denn das BGB. unterscheidet überhaupt nicht zwischen Inländern und Ausländern. Es kommt hier also nicht darauf an, ob der Ausländer den Schutz des § 28 WettbG., den der Pariser Übereinkunft oder den der Artt. 274, 275 des Friedensvertrages von Versailles genießt (RG. in JW. **05** 239; RG. in UW. **5** 35; RG. in GewRschutz **1911** 239; KG. in MuW. **11** 155; Lobe I 416).

Note 10. Im Auslande begangene Wettbewerbshandlungen können verfolgt werden, soweit nicht nach dem ausländischen Recht eine besondere Befugnis zu dem fraglichen Tun bestand (RG. **45** 145, **54** 414). „Das Unterlassungsgebot hat eine über das deutsche Reichsgebiet hinausgehende Wirksamkeit“ (RG. in UW. 1 63; vgl.

auch RG. in JW. **01** 851, **03** 297; KG. in OLGRspr. **30** 256). Das Urteil RG. **55** 199 betont, daß die im Auslande begangene Zuwiderhandlung auf die geschäftlichen Beziehungen ebenso einzuwirken vermag, wie wenn sie im Inlande begangen wäre. Insbesondere umfaßt der Schutz der gewerblichen Bezeichnungsmittel (des Namens, der Firma, der Geschäftsabzeichen, des Warenzeichens, der Ausstattung) auch die im Auslande vorgenommenen Verletzungen (RG. **45** 145; Lobe I 400). Die Frage des Verschuldens ist nach den Gesetzen des Orts zu behandeln, wo die Handlung begangen wurde (RG. **57** 142). Hierbei gilt als Begehungsort auch derjenige Ort, an dem der Erfolg der Handlung eingetreten ist (SeuffArch. **56** 175; KG. in OLGRspr. **30** 256). Sind die Vorkehrungen zu der unerlaubten Handlung im Inlande vorgenommen worden, so ist schon aus diesem Grunde ein inländischer Begehungsort gegeben, mag auch die Schädigung, also etwa die Täuschung der Abnehmer, sich im Auslande vollzogen haben. Sind bei einem gegen den § 1 WettbG. verstoßenden Gesamtverhalten des Beklagten einzelne zur Erreichung des sittenwidrigen Zwecks dienliche Handlungen im Gebiete des Deutschen Reichs vorgenommen worden, dann ist ebenfalls ein inländischer Begehungsort gegeben (RG. in MuW. **13** 26; SeuffArch. **62** 257, **56** 308). Befindet sich der Anstifter im Auslande, während der Täter im Inlande den Verstoß begeht, dann ist auch für den Anstifter Begehungsort der (inländische) Ort, wo der Täter die Handlung verübt hat. Wenn z. B. eine ausländische Firma einen deutschen Geschäftsfreund dazu anstiftet, einen Angestellten zu bestechen, so kann die Klage (falls es an einem der sonstigen Gerichtsstände des § 24 WettbG. mangelt) an demjenigen Ort erhoben werden, wo die Bestechung stattgefunden hat. Das gleiche gilt für die Beihilfe und die mittelbare Täterschaft. — Ausländer können wie Inländer verklagt werden, wenn gegen sie gemäß § 24 WettbG. ein Gerichtsstand begründet ist. Insbesondere kommt der Gerichtsstand des Orts der begangenen Handlung in Betracht, so bei schriftlichen Mitteilungen, die vom Auslande ins Inland geschickt worden sind. § 28.

Die strafrechtliche Verfolgung der im Auslande begangenen Wettbewerbshandlungen richtet sich nach den Bestimmungen des StGB. (siehe Näheres § 22 Note 29). Der Ausländer, der im Inlande die Strafvorschriften des WettbG. verletzt, wird gleich dem Inländer bestraft. Note 11.

Die Rechtslage für die der Pariser Übereinkunft angeschlossenen Länder Note 12.

(gemäß den Beschlüssen der Washingtoner Konferenz; deren Zusätze sind in den einzelnen Artikeln durch Sperrdruck hervorgehoben).

Die Angehörigen der Verbandsstaaten genießen, ohne Rücksicht auf ihre Staatsangehörigkeit, Schutz gegen unlauteren Wettbewerb. Belanglos ist es, wo sich ihr Wohnsitz oder ihre gewerbliche Niederlassung befindet. Aber auch die Angehörigen eines Staates, der der Pariser Übereinkunft nicht beigetreten ist, und ferner Personen, die keine Staatsangehörigkeit besitzen, aber eine gewerbliche Niederlassung in einem Verbandsstaate haben, sog. Schutzgenossen, werden gegen unlauteren Wettbewerb geschützt. Der Schutz bezieht sich auf alle Vorschriften des WettbG. sowie auf die gegen unlauteren Wettbewerb anwendbaren Bestimmungen des BGB. und der §§ 15, 16 WZG. (RG. in JW. **05** 743; RG. in MuW. **6** 29). Ob und in welchem Umfange auch ein Heimatsschutz gegen unlauteren Wettbewerb gewährt wird, ist im Regelfall belanglos. Dies ergibt sich schon aus Art. 2 (RG. **60** 217; RG. in GewRschutz **1912** 189; OLG. Dresden in GewRschutz **1911** 217; in SächsArch. **1910** 216; Damme in MuW. **6** 49).

§ 28.

Pariser Verbandsübereinkunft vom 20. März 1883 zum Schutze des gewerblichen Eigentums,

revidiert in Brüssel am 14. Dezember 1900 und in Washington am 2. Juni 1911.

Artikel 1.

Die vertragschließenden Länder bilden einen Verband zum Schutze des gewerblichen Eigentums.

Artikel 2.

Die Untertanen oder Bürger der vertragschließenden Länder sollen in allen übrigen Ländern des Verbandes in betreff der Erfindungspatente, der Gebrauchsmuster, der gewerblichen Muster oder Modelle, der Fabrik- oder Handelsmarken, der Handelsnamen, der Herkunftsbezeichnungen und der Unterdrückung des unlauteren Wettbewerbes die Vorteile genießen, welche die betreffenden Gesetze den Staatsangehörigen gegenwärtig gewähren oder in Zukunft gewähren werden. Demgemäß sollen sie denselben Schutz wie diese und dieselbe Rechtshilfe gegen jeden Eingriff in ihre Rechte haben, vorbehaltlich der Erfüllung der Förmlichkeiten und Bedingungen, welche den Staatsangehörigen durch die innere Gesetzgebung auferlegt werden. Die Verpflichtung, einen Wohnsitz oder eine Niederlassung in dem Lande zu haben, wo der Schutz beansprucht wird, darf den Verbandsangehörigen nicht auferlegt werden.

Artikel 3.

Den Untertanen oder Bürgern der vertragschließenden Länder werden gleichgestellt die Untertanen oder Bürger der dem Verbande nicht beigetretenen Länder, welche auf dem Gebiet eines der Verbandsländer ihren Wohnsitz oder tatsächliche und wirkliche gewerbliche oder Handelsniederlassungen haben.

Artikel 4.

a) Derjenige, welcher in einem der vertragschließenden Länder ein Gesuch um ein Erfindungspatent, ein Gebrauchsmuster, ein gewerbliches Muster oder Modell, eine Fabrik- oder Handelsmarke vorschriftsmäßig hinterlegt, oder sein Rechtsnachfolger soll zum Zwecke der Hinterlegung in den anderen Ländern während der unten bestimmten Fristen und vorbehaltlich der Rechte Dritter ein Prioritätsrecht genießen.

b) Demgemäß soll die hiernächst in einem der übrigen Verbandsländer vor Ablauf dieser Fristen bewirkte Hinterlegung durch inzwischen eingetretene Tatsachen, wie namentlich durch eine andere Hinterlegung, durch die Veröffentlichung der Erfindung oder deren Ausübung, durch das Feilbieten von Exemplaren des Musters oder Modells, durch die Anwendung der Marke nicht unwirksam gemacht werden können.

c) Die oben erwähnten Prioritätsfristen sollen zwölf Monate für Erfindungspatente und Gebrauchsmuster und vier Monate für gewerbliche Muster oder Modelle sowie für Fabrik- oder Handelsmarken betragen.

d) Wer die Priorität einer vorhergehenden Hinterlegung in Anspruch nehmen will, hat eine Erklärung über die Zeit und das Land dieser Hinterlegung abzugeben. Jedes Land bestimmt, bis wann die Erklärung spätestens abgegeben werden muß. Die Angaben sind in die von der zuständigen Behörde ausgehenden Veröffentlichungen, insbesondere in die Patenturkunden und die zugehörigen Beschreibungen aufzunehmen. Die vertragschließenden Länder können von demjenigen, welcher eine Prioritätserklärung abgibt, fordern, daß er die frühere Anmeldung (Beschreibung, Zeichnungen usw.) in einer Abschrift vorlegt, die von der Behörde, welche die Anmeldung empfangen hat, als übereinstimmend bescheinigt ist. Diese Abschrift soll von jeder Legalisation befreit sein. Es kann gefordert werden, daß ihr eine von dieser Behörde ausgestellte Bescheinigung über die Zeit der Hinterlegung und eine Übersetzung beigefügt wird. Andere Förmlichkeiten für die Prioritätserklärung dürfen bei der Hinterlegung des Gesuchs nicht gefordert werden. Jedes vertragschließende Land wird die Folgen der Außerachtlassung der durch den gegenwärtigen Artikel vorgesehenen Förmlichkeiten bestimmen, jedoch dürfen diese Folgen über den Verlust des Prioritätsrechts nicht hinausgehen. § 28.

e) Später dürfen andere Nachweisungen gefordert werden.

Artikel 4b.

Die Patente, deren Erteilung in den verschiedenen vertragschließenden Ländern von den zur Wohltat der Übereinkunft nach Maßgabe der Artikel 2 und 3 verstatteten Personen beantragt wird, sollen von den für dieselbe Erfindung in anderen zum Verbande gehörenden oder nicht gehörenden Ländern erteilten Patenten unabhängig sein.

Diese Bestimmung ist ohne jede Einschränkung zu verstehen, insbesondere in dem Sinne, daß die während der Prioritätsfrist angemeldeten Patente sowohl hinsichtlich der Gründe der Nichtigkeit und des Verfalls als auch hinsichtlich der gesetzmäßigen Dauer unabhängig sind.

Sie findet auf alle zur Zeit ihres Inkrafttretens bestehenden Patente Anwendung.

Für den Fall des Beitritts neuer Länder soll es mit den im Zeitpunkt des Beitritts auf beiden Seiten bestehenden Patenten ebenso gehalten werden.

Artikel 5.

Die durch den Patentinhaber bewirkte Einfuhr von Gegenständen, welche in einem oder dem anderen Verbandsland hergestellt sind, in das Land, in welchem das Patent erteilt worden ist, soll den Verfall des letzteren nicht zur Folge haben.

Gleichwohl soll der Patentinhaber verpflichtet bleiben, sein Patent nach Maßgabe des Gesetzes des Landes, in welches er die patentierten Gegenstände einführt, auszuüben, jedoch mit der Einschränkung, daß der Verfall eines Patents wegen Nichtausübung in einem Verbandsland erst nach Ablauf von drei Jahren seit der Hinterlegung des Gesuchs in dem Lande, um das es sich handelt, und nur dann ausgesprochen werden kann, wenn der Patentinhaber Gründe für seine Untätigkeit nicht dartut.

§ 28.

Artikel 6.

Jede im Ursprungslande vorschriftsmäßig hinterlegte Fabrik- oder Handelsmarke soll so wie sie ist in allen anderen Verbandsländern zur Hinterlegung zugelassen und geschützt werden.

Es können jedoch zurückgewiesen oder für ungültig erklärt werden:

1. Marken, die geeignet sind, Rechte zu verletzen, die von Dritten in dem Lande, wo der Schutz beansprucht wird, erworben sind.
2. Marken, die jeder Unterscheidungskraft entbehren oder ausschließlich aus Zeichen oder Angaben zusammengesetzt sind, die im Verkehre zur Bezeichnung der Art, der Beschaffenheit, der Menge, der Bestimmung, des Werts, des Ursprungsorts der Ware oder der Zeit der Erzeugung dienen können, oder die in der üblichen Sprache oder in den redlichen und ständigen Verkehrsgepflogenheiten des Landes, wo der Schutz beansprucht wird, gebräuchlich geworden sind.

   Bei der Würdigung der Unterscheidungskraft einer Marke sind alle Tatumstände zu berücksichtigen, insbesondere die Dauer des Gebrauchs der Marke.
3. Marken, die gegen die guten Sitten oder die öffentliche Ordnung verstoßen.

Als Ursprungsland soll das Land angesehen werden, in welchem der Hinterlegende seine Hauptniederlassung hat.

Liegt die Hauptniederlassung nicht in einem der Verbandsländer, so soll als Ursprungsland dasjenige angesehen werden, welchem der Hinterlegende angehört.

Artikel 7.

Die Natur des Erzeugnisses, auf welchem die Fabrik- oder Handelsmarke angebracht werden soll, darf in keinem Falle die Hinterlegung der Marke hindern.

Artikel 7b.

Die vertragschließenden Länder verpflichten sich, Marken, die Verbänden gehören, deren Bestehen dem Gesetze des Ursprungslandes nicht zuwiderläuft, zur Hinterlegung und zum Schutze auch dann zuzulassen, wenn die Verbände eine gewerbliche oder Handelsniederlassung nicht besitzen.

Es steht jedoch jedem Lande zu, frei darüber zu bestimmen, unter welchen besonderen Bedingungen ein Verband zum Schutze seiner Marken zugelassen werden kann.

Artikel 8.

Der Handelsname soll in allen Verbandsländern, ohne Verpflichtung zur Hinterlegung, geschützt werden, gleichviel, ob er den Teil einer Fabrik- oder Handelsmarke bildet oder nicht.

Artikel 9.

Jedes widerrechtlich mit einer Fabrik- oder Handelsmarke oder mit einem Handelsnamen versehene Erzeugnis ist bei der Einfuhr in diejenigen Verbandsländer, in welchen diese Marke oder dieser Handelsname Recht auf gesetzlichen Schutz hat, zu beschlagnahmen.

In den Ländern, deren Gesetzgebung die Beschlagnahme bei der Einfuhr nicht zuläßt, ist diese Beschlagnahme durch das Verbot der Einfuhr zu ersetzen.

Die Beschlagnahme ist auch in dem Lande vorzunehmen, wo die widerrechtliche Anbringung stattgefunden hat, oder in dem Lande, wohin das Erzeugnis eingeführt worden ist.

Die Beschlagnahme erfolgt gemäß der inneren Gesetzgebung jedes Landes auf Antrag entweder der Staatsanwaltschaft oder einer anderen zuständigen Behörde oder einer beteiligten Partei, sei diese eine Einzelperson oder eine Gesellschaft.

Die Behörden sollen nicht gehalten sein, die Beschlagnahme im Falle der Durchfuhr zu bewirken.

Gestattet die Gesetzgebung eines Landes weder die Beschlagnahme bei der Einfuhr, noch das Einfuhrverbot, noch die Beschlagnahme im Inland, so sind diese Maßnahmen durch diejenigen Klagen und Rechtsbehelfe zu ersetzen, die das Gesetz dieses Landes im gleichen Falle den Staatsangehörigen sichert.

Artikel 10.

Die Bestimmungen des vorigen Artikels sollen auf jedes Erzeugnis anwendbar sein, welches als Bezeichnung der Herkunft fälschlich den Namen eines bestimmten Ortes trägt, wenn diese Bezeichnung einem erfundenen oder einem zum Zwecke der Täuschung entlehnten Handelsnamen beigefügt ist.

Als Beteiligter gilt jeder Produzent, Fabrikant oder Kaufmann, welcher die Produktion oder Fabrikation des Erzeugnisses oder den Handel mit demselben betreibt und in dem fälschlich als Herkunftsort bezeichneten Orte oder in der Gegend, in der dieser Ort liegt, seine Niederlassung hat.

Artikel 10b.

Alle vertragschließenden Länder verpflichten sich, den Angehörigen des Verbandes einen wirksamen Schutz gegen unlauteren Wettbewerb zu sichern.

Artikel 11.

Die vertragschließenden Länder werden den patentfähigen Erfindungen, den Gebrauchsmustern, den gewerblichen Mustern oder Modellen sowie den Fabrik- oder Handelsmarken für Erzeugnisse, welche auf den auf dem Gebiet eines von ihnen veranstalteten, amtlichen oder amtlich anerkannten internationalen Ausstellungen zur Schau gestellt werden, in Gemäßheit der Gesetzgebung jedes Landes einen zeitweiligen Schutz gewähren.

§ 28. **Artikel 12.**

Jedes der vertragschließenden Länder verpflichtet sich, eine besondere Behörde für das gewerbliche Eigentum und eine Zentral-Hinterlegungsstelle zur Mitteilung der Erfindungspatente, der Gebrauchsmuster, der gewerblichen Muster oder Modelle und der Fabrik- oder Handelsmarken an das Publikum einzurichten.

Dieses Amt wird nach Möglichkeit eine amtliche Zeitschrift herausgeben.

Artikel 13.

Das unter dem Namen „Internationales Bureau zum Schutze des gewerblichen Eigentums“ zu Bern errichtete internationale Amt ist der hohen Autorität der Regierung der Schweizerischen Eidgenossenschaft unterstellt, die seine Einrichtung regelt und seine Geschäftsführung überwacht.

Das internationale Bureau hat die auf den Schutz des gewerblichen Eigentums bezüglichen Mitteilungen aller Art zu sammeln und in einer allgemeinen Statistik zu vereinigen, welche an alle Regierungen zu verteilen ist. Es hat sich mit gemeinnützigen Studien, welche für den Verband von Interesse sind, zu beschäftigen und mit Hilfe des ihm von den verschiedenen Regierungen zur Verfügung gestellten Aktenmaterials ein periodisches Blatt in französischer Sprache zu redigieren, welches die den Gegenstand des Verbandes betreffenden Fragen behandelt.

Die Nummern dieses Blattes sowie alle von dem internationalen Bureau veröffentlichten Schriftstücke sind auf die Regierungen der Verbandsländer im Verhältnis der Zahl der unten erwähnten Beitragseinheiten zu verteilen. Die außerdem von den genannten Regierungen oder von Gesellschaften oder Privatpersonen etwa beanspruchten Exemplare und Schriftstücke sind besonders zu bezahlen.

Das internationale Bureau hat sich jederzeit zur Verfügung der Verbandsmitglieder zu halten, um ihnen über die auf die internationale Verwaltung des gewerblichen Eigentums bezüglichen Fragen die besonderen Mitteilungen zu machen, deren sie bedürfen könnten. Über seine Amtsführung hat es jährlich einen Bericht zu erstatten, welcher den Mitgliedern des Verbandes mitzuteilen ist.

Die Amtssprache des internationalen Bureaus soll die französische Sprache sein.

Die Ausgaben des internationalen Bureaus werden gemeinsam von den vertragschließenden Ländern getragen. Sie dürfen in keinem Falle die Summe von 60 000 Franken jährlich übersteigen.

Um den Beitrag jedes Landes zu dieser Gesamtsumme der Kosten zu bestimmen, werden die vertragschließenden Länder und diejenigen, welche dem Verbande später beitreten möchten, in sechs Klassen geteilt, von denen jede im Verhältnis einer bestimmten Zahl von Einheiten beiträgt, nämlich: § 28.

die 1. Klasse	25 Einheiten,	
„ 2. „	20	„
„ 3. „	15	„
4.	10	„
„ 5. „	5	„
„ 6. „	3	„

Diese Koeffizienten werden mit der Zahl der Länder jeder Klasse multipliziert, und die Summe der so erhaltenen Produkte bildet die Zahl von Einheiten, mit der die Gesamtausgabe zu dividieren ist. Der Quotient ergibt dann den Betrag der Ausgabeeinheit.

Jedes der vertragschließenden Länder wird bei seinem Beitritt die Klasse angeben, welcher es zugeteilt zu werden wünscht.

Die Regierung der Schweizerischen Eidgenossenschaft wird die Ausgaben des internationalen Bureaus überwachen, die nötigen Vorschüsse leisten und die Jahresrechnung aufstellen, welche allen anderen Regierungen mitgeteilt wird.

Artikel 14.

Die vorliegende Übereinkunft soll periodischen Revisionen unterzogen werden, um Verbesserungen herbeizuführen, welche geeignet sind, das System des Verbandes zu vervollkommnen.

Zu diesem Zwecke werden der Reihe nach in einem der vertragschließenden Länder Konferenzen zwischen den Delegierten der genannten Länder stattfinden.

Die Regierung des Landes, in welchem die nächste Konferenz tagen soll, hat mit Hilfe des internationalen Bureaus die Arbeiten dieser Konferenz vorzubereiten.

Der Vorsteher des internationalen Bureaus hat den Sitzungen der Konferenzen beizuwohnen und an den Verhandlungen ohne beschließende Stimme teilzunehmen.

Artikel 15.

Man ist einverstanden, daß die vertragschließenden Länder sich das Recht vorbehalten, einzeln miteinander besondere Abmachungen zum Schutze des gewerblichen Eigentums zu treffen, sofern diese Abmachungen den Bestimmungen der vorliegenden Übereinkunft nicht zuwiderlaufen.

Artikel 16.

Die Länder, welche an der vorliegenden Übereinkunft nicht teilgenommen haben, sollen auf ihren Antrag zum Beitritt zugelassen werden.

Dieser Beitritt ist auf diplomatischem Wege der Regierung der Schweizerischen Eidgenossenschaft und von dieser den übrigen anzuzeigen.

Er hat mit voller Rechtswirkung den Anschluß an alle Bestimmungen und die Zulassung zu allen Vorteilen zur Folge, welche in der vorliegenden Übereinkunft ver-

§ 28. einbart sind, und tritt einen Monat nach der Absendung der Anzeige durch die Regierung der Schweizerischen Eidgenossenschaft an die übrigen Verbandsländer in Kraft, sofern das beitretende Land nicht einen späteren Zeitpunkt angibt.

Artikel 16 b.

Die vertragschließenden Länder haben das Recht, der gegenwärtigen Übereinkunft jederzeit für ihre Kolonien, Besitzungen, abhängigen Gebiete und Protektorate oder für einzelne von ihnen beizutreten.

Sie können zu diesem Zwecke entweder eine allgemeine Erklärung abgeben, durch die alle ihre Kolonien, Besitzungen, abhängigen Gebiete und Protektorate in den Beitritt einbegriffen werden, oder ausdrücklich diejenigen nennen, welche darin inbegriffen sind, oder aber sich darauf beschränken, diejenigen anzugeben, welche davon ausgeschlossen sind.

Diese Erklärung soll schriftlich der Regierung der Schweizerischen Eidgenossenschaft und von dieser allen übrigen bekanntgegeben werden.

Die vertragschließenden Länder können in gleicher Weise die Übereinkunft für ihre Kolonien, Besitzungen, abhängigen Gebiete und Protektorate oder für einzelne von ihnen kündigen.

Artikel 17.

Die Ausführung der in der vorliegenden Übereinkunft enthaltenen gegenseitigen Verbindlichkeiten unterliegt, soweit nötig, der Erfüllung der Förmlichkeiten und Vorschriften, welche die verfassungsmäßigen Gesetze derjenigen vertragschließenden Länder erfordern, die deren Anwendung herbeizuführen gehalten sind, was sie in möglichst kurzer Frist zu tun sich verpflichten.

Artikel 17 b.

Die Übereinkunft soll auf unbestimmte Zeit bis zum Ablauf eines Jahres vom Tage der Kündigung ab in Kraft bleiben.

Diese Kündigung soll an die Regierung der Schweizerischen Eidgenossenschaft gerichtet werden. Sie erstreckt ihre Wirkung nur auf das Land, welches sie ausspricht; für die übrigen vertragschließenden Länder bleibt die Übereinkunft wirksam.

Artikel 18.

Die gegenwärtige Akte soll ratifiziert und die Ratifikationen sollen in Washington spätestens am 1. April 1913 hinterlegt werden. Sie tritt in den Ländern, welche sie ratifiziert haben, einen Monat nach Ablauf dieser Frist in Kraft.

Diese Akte mit ihrem Schlußprotokoll wird zwischen den Ländern, die sie ratifiziert haben, ersetzen: die Pariser Übereinkunft vom 20. März 1883; das Schlußprotokoll dazu; das Madrider Protokoll vom 15. April 1891, betreffend die Ausstattung des Internationalen Bureaus; und die Brüsseler Zusatzakte vom 14. Dezember 1900. Jedoch bleiben die angeführten Akte in den Beziehungen zu denjenigen Ländern in Kraft, welche die gegenwärtige Akte nicht ratifiziert haben. § 28.

Artikel 19.

Die gegenwärtige Akte wird in einem einzigen Exemplar unterzeichnet, das im Archiv der Regierung der Vereinigten Staaten hinterlegt werden wird. Eine beglaubigte Abschrift wird von dieser den Regierungen der Verbandsländer übermittelt werden.

Schlußprotokoll.

Zu Artikel 1.

Die Worte „gewerbliches Eigentum" sollen in ihrer weitesten Bedeutung verstanden werden; sie umfassen jede Produktion auf dem Gebiete der Landwirtschaft (Wein, Getreide, Früchte, Vieh usw.) und der Gewinnung der Bodenschätze (Mineralien, Mineralwässer usw.).

Zu Artikel 2.

a) Unter der Bezeichnung „Erfindungspatente" sind die von den Gesetzgebungen der vertragschließenden Länder zugelassenen verschiedenen Arten gewerblicher Patente, wie Einführungs-, Verbesserungs- usw. Patente inbegriffen, und zwar sowohl für Verfahren als auch für Erzeugnisse.

b) Es besteht Einverständnis, daß die Bestimmung des Artikel 2, welche die Verbandsangehörigen von der Verpflichtung eines Wohnsitzes und einer Niederlassung befreit, auslegender Art ist und daher auf alle Rechte Anwendung finden muß, die auf Grund der Übereinkunft vom 20. März 1883 vor dem Inkrafttreten der gegenwärtigen Akte entstanden sind.

c) Es besteht Einverständnis, daß die Gesetzgebung der vertragschließenden Länder über das Verfahren vor den Gerichten und die Zuständigkeit dieser Gerichte sowie die Vorschriften der Gesetze, betreffend Patente, Gebrauchsmuster, Marken usw., über die Wahl des Wohnsitzes oder die Bestellung eines Vertreters durch die Bestimmungen des Artikel 2 in keiner Weise berührt werden.

Zu Artikel 4.

Es besteht Einverständnis, daß, wenn in einem Lande ein gewerbliches Muster oder Modell unter Inanspruchnahme eines auf die Anmeldung eines Gebrauchsmusters gegründeten Prioritätsrechts hinterlegt wird, die Prioritätsfrist nur diejenige sein wird, die der Artikel 4 für gewerbliche Muster und Modelle bestimmt hat.

§ 28. **Zu Artikel 6.**

Es besteht Einverständnis, daß die Bestimmung des ersten Absatzes des Artikel 6 nicht die Befugnis ausschließt, vom Hinterlegenden eine von der zuständigen Behörde ausgestellte Bescheinigung der ordnungsmäßigen Eintragung im Ursprungslande zu verlangen.

Es besteht Einverständnis, daß der Gebrauch von öffentlichen Wappen, Abzeichen oder Ehrenzeichen, der nicht durch die zuständigen Stellen gestattet wurde, oder der Gebrauch der in einem Verbandsland eingeführten amtlichen Prüfungs- und Gewährzeichen und -stempel als gegen die öffentliche Ordnung verstoßend im Sinne der Nr. 3 des Artikel 6 angesehen werden kann.

Es sollen jedoch Marken nicht als gegen die öffentliche Ordnung verstoßend angesehen werden, wenn sie mit Ermächtigung der zuständigen Stellen die Darstellung von öffentlichen Wappen, Abzeichen oder Ehrenzeichen enthalten.

Es besteht Einverständnis, daß eine Marke nicht schon deshalb als gegen die öffentliche Ordnung verstoßend angesehen werden kann, weil sie einer Vorschrift des Markenrechts nicht entspricht, es sei denn, daß diese Bestimmung selbst die öffentliche Ordnung betrifft.

Das gegenwärtige Schlußprotokoll, welches gleichzeitig mit der am heutigen Tage geschlossenen Akte ratifiziert werden soll, soll als wesentlicher Teil dieser Akte angesehen werden und dieselbe Kraft, Gültigkeit und Dauer haben.

Gesetz zur Ausführung der revidierten Pariser Übereinkunft vom 2. Juni 1911 zum Schutze des gewerblichen Eigentums. Vom 31. März 1913 (RGBl. S. 236).

Artikel I.

Die Vorschriften im § 13 Abs. 1 des Gesetzes, betreffend den Schutz von Gebrauchsmustern, vom 1. Juni 1891 (Reichs-Gesetzbl. S. 290), im § 23 Abs. 1 des Gesetzes zum Schutze der Warenbezeichnungen vom 12. Mai 1894 (Reichs-Gesetzbl. S. 441) und im § 28 des Gesetzes gegen den unlauteren Wettbewerb vom 7. Juni 1909 (Reichs-Gesetzbl. S. 499) finden auf Reichsangehörige keine Anwendung.

Artikel IV.

Dieses Gesetz tritt gleichzeitig mit der revidierten Pariser Übereinkunft vom 2. Juni 1911 zum Schutze des gewerblichen Eigentums in Kraft.

§ 29.

§ 29.

Höhere Verwaltungsbehörde.

Welche Behörden in jedem Bundesstaate unter der Bezeichnung höhere Verwaltungsbehörde im Sinne dieses Gesetzes zu verstehen sind, wird von der Zentralbehörde des Bundesstaats bestimmt.

Diese Bestimmung bezieht sich nur auf die §§ 7 Abs. 2 (Ausverkäufe), 9 Abs. 2 (Saison- und Inventurausverkäufe) und 10 des Gesetzes. (Vgl. dortselbst.)

§ 30.
§ 30.

Inkrafttreten des Gesetzes.

Dieses Gesetz tritt am 1. Oktober 1909 in Kraft.

Mit diesem Zeitpunkte tritt das Gesetz zur Bekämpfung des unlauteren Wettbewerbes vom 27. Mai 1896 (Reichs-Gesetzbl. S. 145) außer Kraft.

Wenn hinsichtlich zweier vor dem 1. Oktober 1909 benutzten **Firmen** (oder sonstigen Unterscheidungszeichen im Sinne des § 16) eine Verwechslungsgefahr sich herausstellt, so hat diejenige Firma das bessere Recht, die vor dem 1. Oktober 1909 die Priorität der Benutzung besaß. Dabei ist es belanglos, ob die derzeitige Benutzung nicht gegen den § 8 des WettbG. von 1896 verstieß. Denn die derzeitige Erlaubtheit konnte kein wohlerworbenes Recht entstehen lassen, wonach fernerhin unter der Herrschaft eines anderen Gesetzes Verwechslungen hervorgerufen werden dürfen. Maßgebend ist vielmehr der Grundgedanke des § 16, wonach derjenige, dessen Interessen später auftreten, verpflichtet ist, seine Firma von anderen in einer die Verwechslungsgefahr ausschließenden Weise zu unterscheiden. A. M. RG. **77** 27, **78** 265 (1. ZS.); RG. in MuW. **11** 487 (2. ZS.); hiergegen zutreffend **Lobe** in GewRSchutz **1912** 184. Siehe auch die Abhandlung des **Verf.** in LZ. **1912** 881 und das Nachwort **Düringers**. Auch dessen Beweisführung überzeugt nicht von der Richtigkeit des Standpunkts des RG., wonach bei Inkrafttreten des neuen WettbG. die beiden Firmen gleichberechtigt nebeneinanderstehen. Für die Gleichberechtigung der beiden Firmen fehlt die Grundlage. Mit Recht bezeichnet **Lobe** (a. a. O.) die Feststellung einer solchen Gleichberechtigung als eine willkürliche Fiktion. Übrigens hat der 2. ZS. des RG. (in JW. **1911** 827 und in GewRSchutz **1912** 158) in zwei bedeutsamen Urteilen hinsichtlich der sonstigen Unterscheidungszeichen des § 16 (soweit es sich also nicht um eingetragene Firmen handelt) keineswegs eine Gleichberechtigung der beiden schon vor dem 1. Oktober 1909 nebeneinander geführten Bezeichnungen angenommen. Es handelt sich um den Namen „Jungborn" für ein geschäftliches Unternehmen und um ein Schlüsselmotiv als Geschäftsabzeichen. In beiden Fällen hat der 2. ZS. den Umstand, daß die Bezeichnungen schon vor Inkrafttreten des neuen WettbG. geführt wurden, **nicht** zu der Feststellung benutzt, die Bezeichnungen ständen „gleichberechtigt" nebeneinander. Hierauf verweist treffend **Ludwig Cahen** in LZ. **1913** 532. Daß aber die in § 16 behandelten Unterscheidungszeichen hinsichtlich der Frage, ob der § 16 rückwirkende Kraft hat, gleichstehen, kann einem Zweifel nicht unterliegen.

Sachregister.

(Die Zahlen bedeuten die Seiten.)

FSC
www.fsc.org
MIX
Papier | Fördert
gute Waldnutzung
FSC® C083411

Kolibri 360 GmbH
Ferdinand-Jühlke-Straße 7
99095 Erfurt, Deutschland
produktsicherheit@kolibri360.de